W0076966

Zu diesem Buch

»Ich selbst bin immer noch Pole genug, um gegen Chopin den
Rest der Musik hinzugeben«, schrieb Friedrich Nietzsche in
»Ecce Homo«. Gibt es noch Rätsel in diesem oft beschriebenen
Künstlerleben? Selbst wer glaubt, schon alles über Frédéric Cho-
pin zu wissen, wird von dieser neuen Biographie überrascht wer-
den. Denn Bernard Gavoty ist bei seinen Recherchen auf viele
Details gestoßen, die seinen Vorgängern nicht ins Konzept paß-
ten.

»Je weiter man sich durch das dicke Buch hindurchfrißt, desto
mehr Appetit bekommt man, desto lebendiger wird sein genialer, zwiespältiger Protagonist.« (Kurt Honolka in »Hannover-
sche Allgemeine Zeitung«)

Bernard Gavoty, unter dem Pseudonym »Clarendon« den Lesern des »Figaro« als brillanter Musikkritiker längst ein Begriff,
ist in Frankreich auch als Autor von zwanzig Musikbüchern
vielgerühmt. Gavoty ist außerdem Organist der Kirche Saint-
Louis-des-Invalides.

Bernard Gavoty

CHOPIN

Eine Biographie

Deutsch von
Susi Piroué

Rowohlt

Die französische Originalausgabe erschien 1974
unter dem Titel »Chopin« im Verlag Bernard Grasset, Paris
Umschlaggestaltung Wolfgang Kenkel
(Gemälde »Chopin im Salon des Fürsten Anton Radziwill,
Schloß Antonin bei Posen, März 1829«
von Henryk Siemiradzki, 1887
Archiv für Kunst und Geschichte, Berlin)

Veröffentlicht im Rowohlt Taschenbuch Verlag GmbH,
Reinbek bei Hamburg, Dezember 1990
Copyright © 1977 by Rowohlt Verlag GmbH,
Reinbek bei Hamburg
Erste deutsche Ausgabe Verlag Rainer Wunderlich
Hermann Leins Tübingen
Copyright © 1974 Editions Grasset & Fasquelle
Gesamtherstellung Clausen & Bosse, Leck
Printed in Germany
1680-ISBN 3 499 12706 7

In Erinnerung
an zwei geliebte Schatten
– meine Mutter, meine Schwester –,
an deren Seite
ich zum Musiker wurde

Ich selbst bin
immer noch Pole genug,
um gegen Chopin
den Rest der Musik hinzugeben.

FRIEDRICH NIETZSCHE
ECCE HOMO, 1888

Wir müssen in Wahrheit
diese seltsame Hingabe an das Schöne
um seiner selbst willen
an Chopin bewundern,
die ihn der herkömmlichen Neigung,
jedes Körnchen Melodie zwischen
hundert Orchesterpulte zu verteilen,
entsagen ließ und ihm gestattete,
die Mittel seiner Kunst zu bereichern,
indem er lehrte,
dieselben auf den geringsten Raum
zu konzentrieren.

FRANZ LISZT, 1852

Inhalt

ZWEITER TEIL · FRANKREICH

Präludium

BERNARD PRIVAT UND ROBERT DE SAINT JEAN haben mich schon vor Jahren aufgefordert, dieses dicke Buch zu schreiben. Es sollte unter Berücksichtigung der neuesten Forschungen den letzten Stand der Erkenntnisse über einen Musiker darstellen, über den es schon eine ganze Reihe von Werken, davon einige in Romanform, gibt. Es ist ja eine erwiesene Tatsache: je mehr wir uns zeitlich von einem berühmten Menschen entfernen, desto umfangreicher wird seine Geschichte durch Fakten, die erst im Lauf der Zeit ans Licht gehoben werden.

Außerordentlich groß ist die Zahl der französischen, polnischen, russischen, englischen, italienischen und spanischen Arbeiten, die in den letzten dreißig Jahren Frédéric Chopin gewidmet wurden. Einige von ihnen stützen sich auf zweifelhafte Hypothesen, die wir mit den notwendigen Vorbehalten vorstellen werden. Andere bringen neue Tatsachen, die sorgfältig überprüft wurden, oder Genaueres über das, was die französischen Biographen immer zu kurz behandelt haben: die Jugend in Polen.

Den Biographen zufolge gibt es nämlich zwei Chopins. Einerseits den Polen mit Leib und Seele, den von Geburt an Schwindsüchtigen, den zaghaften Liebhaber, den ewig Nostalgischen, den Komponisten, von dem die jungen Mädchen träumen und die Musikwissenschaftler heroische Geschichten faseln.

Auf der anderen Seite den Franzosen, der nach Paris, in das Land seiner Väter zurückkehrt, den fröhlichen, gesunden, robusten Mann, den kecken Liebhaber, der gegen Ende seines Lebens ein paar gesundheitliche Schwierigkeiten hat, an denen er stirbt, ohne sich allzusehr zu beklagen.

Ich habe viele Bücher beider Richtungen gelesen. Keine der biographischen Thesen hat mich überzeugen können.

Ganz einfach, weil die Wahrheit – die überhaupt nicht, wie man so sagt, »in der Mitte liegt« – ganz anders ist.

Das Erbe Chopins liegt in den beiden Ländern, in denen seine Eltern geboren sind: Polen und Frankreich. In ihrem Eifer, Chopin total für sich zu beanspruchen, sind die Polen so weit gegangen, zu behaupten, daß Nicolas, der Vater Frédérics, einer slawischen Familie entstamme und mit richtigem Namen »Szop« heiße. Einer jener Eiferer ist extra zu mir nach Paris gekommen, um mir mitzuteilen, daß zur Zeit der Geburt von Chopins Vater (1771) in Marainville in den Vogesen Lothringen wegen Stanislaus Leszczinski polnisch gewesen sei. Ein anderer hat mir ohne den geringsten Beweis erklären wollen, daß Frédéric Chopin der Sohn von Justyna, einer Polin, und eines Offiziers des Königs Leszczinski gewesen sei. Es hat mir außerordentlich viel Spaß gemacht, diese Betrüger zu entlarven.

Chopin ist also, wenn man es so sagen darf, ein »Mischblut«. Er entstammt zwei Völkern. Es ist jedoch ganz klar, daß die ersten neunzehn Jahre, die er in Warschau gelebt hat, seine Entwicklung stark beeinflußt haben. Unbestreitbar ist die Grundlage seiner Musik polnisch, was aber nicht verhindert hat, daß Pariser Kultur und Atmosphäre eine bedeutende Rolle in der Entfaltung seines Genies spielten. In dem Kapitel seiner *Aspects de Chopin*[1]: »Was Chopin Frankreich schuldet«, trägt Alfred Cortot dieser Tatsache Rechnung. Wenn man die in Warschau und Paris komponierten Werke genau studiert, kommt man in dieser Hinsicht zu der gleichen Überzeugung.

Von höchstem Interesse ist daher die ausführliche Beschreibung der Zeit, in der sich ein so ausgeprägtes Talent heranbildet, und des Wesens eines jungen Mannes, der sich von dem Tag, an dem er Warschau verläßt, bis zu dem Tag, an dem er in Paris stirbt, kaum noch ändert. Wenn wir hier die polnische Zeit (1810–1830) so genau behandeln, glauben wir, der Wahrheit gerecht geworden zu sein und vielleicht Neues hinzugefügt zu haben.

Der Wunsch, Chopin so zu malen, wie er war, hat uns dazu

veranlaßt, alle schmeichelhaften, aber unrealistischen Stellungnahmen sorgfältig zu vermeiden.

Schwindsüchtig von der Wiege an? Nein, sicherlich nicht. Aber zart von Geburt, Opfer besorgniserregender Infektionen, für die heutige Medizin harmlos, nicht aber für die des 19. Jahrhunderts, die noch wenig wußte. Anämisch, von nur mäßiger Männlichkeit, unfähig zu längeren physischen Anstrengungen. Nach ein paar Jahren Atempause in Paris zeigen sich deutlich die Symptome tuberkulöser Schwindsucht. Ist es unsere Schuld, wenn die Ärzte, die ihn behandeln, von einer chronischen Kehlkopfentzündung sprechen? Eine merkwürdige Laryngitis, die Bluthusten, Beklemmungen, Nervenentzündungen, Erstikkungsanfälle, Lymphknotenentzündungen usw. hervorruft.

Daß Chopin trotz dieser Qualen oft fröhlich und charmant war, ist offensichtlich. Wie jeder große Geist hat er von allem etwas: vom Überschwang und der Melancholie, vom Übermut und der Verzweiflung. Vergessen wir seinen Wahlspruch nicht: »Menschen, die niemals lachen, sind keine ernsthaften Menschen...« Homo duplex.

Daß dieser zarte Mann mit dem aristokratischen Äußeren manchmal derbe Worte gebrauchte und starke Witze riß, ist ebenso sicher. Der Mensch ist von seinem Wesen her vielfältig, und dieser große Mann bildet keine Ausnahme von der Regel.

Über das recht enttäuschende Verhalten unseres Helden in puncto Liebe spreche ich im Verlaufe dieses Buches lange genug, so daß ich hier nicht in wenigen Zeilen einen sehr komplexen »Fall« zusammenfassen will, der genügend verwirrende und letztlich unsichere Aspekte enthält. Die lange Zeit seiner Verbindung mit George Sand ist sehr heikel. Ich wollte weder »Chopianer« noch »Sandianer« sein und habe ganz einfach versucht, nach bestem Ermessen all die Fragmente eines Prozesses zusammenzutragen, der wahrscheinlich niemals zu einem abschließenden Urteil kommen wird. Hier stehen sich zwei sowohl gegensätzliche als auch komplementäre Charaktere gegenüber. Ein Roman des Umfangs, wie die Sand sie schrieb – jedoch wahr und aufrichtig –, wäre nicht zuviel, um George das zuzubilligen, was George gebührt und Chopin das, was ihm rechtens zusteht.

Daß das Unglück Polens eine wichtige Rolle in seinem Leben gespielt hat, bedeutet jedoch in keiner Weise, daß Chopin bei jeder Note, die er zu Papier brachte, die Tränen hinunterschlucken mußte, die wegen der bedrängten Situation seines Heimatlandes in ihm aufstiegen. Alle Walzer, alle Etüden, und auch die Barcarole, die Berceuse, die Tarantella, der Bolero, die Ecossaisen usw. sind kaum als Anspielungen auf das Golgatha Warschaus unter dem russischen Stiefel zu betrachten. Wer jedoch Chopin als Pariser Dandy zeigt, der sich mehr um sein Wohlleben als um die Leiden seines unterdrückten Landes kümmerte, der täuscht sich noch mehr. Das Bild des Exilpolen, des fernen Lautenschlägers einer schwer geprüften Nation, ist keineswegs lächerlich, es entspricht sogar den Tatsachen, die Chopin seinen nächsten Freunden anvertraut hat.

Literarisch? Nicht im mindesten. Suchen wir nicht gewaltsam mit Hilfe von Eigenschaftswörtern und sturmbewegten Bildern eine Realität in seinem Werk, das ausschließlich musikalisch sein will. Die Poesie hat diesen Dichter aller Dichter niemals gereizt, und zweifellos ist die Abneigung gegen die Musik Schumanns – der wiederum dem Werk seines Kollegen und Zeitgenossen sehr aufgeschlossen gegenübersteht – der Tatsache zu verdanken, daß Schumann der Literatur den Wert der Inspiration zugesteht, den Chopin ihr, bis auf zwei oder drei Ausnahmen, verweigert. Chopin kommentiert seine Gefühle nicht, er erlebt sie, am Klavier oder an seinem Schreibtisch. Niemals redet er über ein Ereignis, einen Verlust, ein Leid. Sein Tagebuch schreibt er nicht mit Worten, sondern nur mit Noten. Weder Delacroix noch Balzac und noch weniger George Sand interessieren ihn als Künstler. »Musiker, ausschließlich Musiker«, urteilt die Verfasserin von *Lélia* ganz richtig. Und seine berühmtesten Kollegen – wie Schumann, Liszt, Berlioz und Mendelssohn – erhalten von Chopin eher Tatzenhiebe als Liebkosungen. Gleichgültig gegen alles, was nicht sein Werk, seine Familie und die »Seinen«, die Polen, betrifft. Er ist kein Egoist, er ist Egozentriker.

Zeichnet sich also auf diesen ersten Seiten das Bild eines enttäuschenden Künstlers ab? Überhaupt nicht. Ich kenne wenige so anziehende Menschen wie Chopin und keinen, vielleicht au-

ßer Mozart und Schubert, der in diesem Maße Zuneigung auslöst. Die anderen bewundert man: diesen liebt man. Aus Liebe.
Also versuchen wir, ihn auf eine klarsichtige Art zu lieben.

Warum ein so dickes Buch? Dazu muß ich sagen, daß es mir
kurz, zu kurz erschien, denn ich habe so wenige Fakten wie möglich ausgelassen, ich habe mit meinem Helden tagaus, tagein zu-
sammengelebt und mich dabei so mit ihm verbunden gefühlt,
daß ich fast glaubte, sein Freund zu sein und nicht sein Biograph.
Ich halte diese Vertrautheit des Erzählers mit dem Gegenstand
seiner Erzählung für sehr fruchtbar und hoffe, daß viele meiner
Leser für Chopin das gleiche leidenschaftliche Interesse verspü-
ren werden, wie er es in mir hervorgerufen hat. Es gibt nur wenig
erregendere Abenteuer, wenig so komplizierte Menschen. Ich
mußte ein Leben durchleuchten und eine unruhige Seele durch-
forschen. All das braucht Zeit und Raum.

Ein Vorwort ist immer mehr oder weniger ein Plädoyer, in
dem man als sein eigener Anwalt auftritt – der beste und der ergebenste, den es gibt. Nachdem ich jetzt dem Leser erklärt habe,
warum das Buch so umfangreich geworden ist, hoffe ich, daß
ihm die Geschichte kurz erscheint. Deswegen habe ich dieses Leben nicht durch musikalische Analysen belastet, die die Autoren
im allgemeinen in ihre Arbeit einstreuen, wahrscheinlich um
dem Leser Übung im Überspringen zu verschaffen. Langwierige
Beschreibungen erleiden das gleiche Schicksal. Dies nur zur
Rechtfertigung, daß ich ein eher technisches, detailliertes Kapitel
über die musikalischen Werke von Chopin angehängt habe. Hier
soll nachschlagen, wer Lust dazu hat. Die anderen werden davon
nicht behindert.

Und jetzt endlich: zur Sache!

B.G.

17

ERSTER TEIL · POLEN

> *»Alles ist so schön, wenn man sich
> zurückwendet und man weiß, man
> kehrt nie wieder.«*
>
> BARBEY D'AUREVILLY

Ein Brief

MEIN LIEBER VATER UND MEINE LIEBE MUTTER!

Da ich nicht sicher bin, ob meine Briefe Sie erreicht haben, schreibe ich Ihnen heute nur ein paar Worte, um zu erfahren, ob Sie gesund sind, und um Ihnen meinen Respekt und meine Zuneigung zu beweisen. Seit zwei Jahren habe ich nichts mehr von Ihnen gehört, und ich weiß nicht, welchen Umständen ich das zuzuschreiben habe; jedoch, liebe Ältern[1], vermehrt mein Fernsein nur meinen Respekt zu Ihnen, da ich jetzt zu spüren bekomme, welches Glück mir entgeht, da ich Sie so lange nicht sah und keine Nachricht von Ihnen bekam. Frau Weydlich hat Ihnen ebenfalls eine Reihe von Briefen geschrieben, in denen sie Sie beauftragt, sich über ihre Geschäfte in Straßburg zu informieren. Sie jedoch niemals darauf geantwortet haben. Ich teile Ihnen mit, daß Wir zwar wissen, daß Herr Malard bezahlt worden ist, daß aber wir nicht wissen, ob er Geld für die Gläubiger bekommen hat. Da die Geschäfte mit dem Grafen Pac noch nicht abgeschlossen sind und er eine Abrechnung über das Grundstück von Marainville verlangt, war ich schon bereit, nach Straßburg zu fahren, um die genanten Geschäfte im Namen von Herrn Weydlich zu tätigen. Da wir aber erfahren haben, daß Frankreich durch die Revolution noch immer keine Ruhe gefunden hat, sah ich mich veranlaßt, meine Reise aufzuschieben, aber ich glaube, daß ich bald fahren kann, denn Herr Weydlich hat mit einem Bankier eine Übereinkunft getroffen, und dieser wird nicht zögern, bald nach Frankreich zu reisen. Doch bevor ich abfahre bitte ich Sie, mir mitzuteilen, ob die Miliz nicht noch strenger geworden ist, als sie war, denn man hat uns gesagt, daß alle jungen Männer ab achtzehn Jahre Soldaten sind: dies möchten wir unbedingt erfahren, denn da ich in einem fremden Land bin, wo ich meinen Weg machen kann, könnte ich es nur unter größtem Bedauern verlassen, um Soldat zu werden, wenn auch in meinem Vaterland, vor allem weil Herr Weydlich sehr gütig zu mir ist und ich noch einen weiteren günstigen Verlauf voraussehe. Ich bitte Sie also, libe Ältern, mir so bald wie möglich eine Antwort zu geben, damit ich voller Sicherheit abreisen kann, und das Glück genießen, Sie zu sehen, sowie all meine lieben Verwanden. Ich habe die Ehre, im tiefsten Respekt zu verbleiben, lieber Vater und liebe Mutter Ihrer Kinder, als Ihr sehr untertäniger und gehorsamer Sohn

Nicolas Chopin.

Warschau, den 15. September 1790.

P.S.: Herr und Frau Weydlich lassen Sie herzlich grüßen, mit der Bitte, sie dem Herrn Pfarrer zu empfehlen. Ich bitte Sie, das Gleiche auch von meiner Seite zu tun. Ich umarme meine Schwestern von ganzem Herzen, sowie all meine Verwanden und Freunde. Ich gebe Ihnen meine Adresse, da ich befürchte, daß der Brief nicht angekommen ist, denn ich kann nicht begreifen, warum ich seit zwei Jahren keinen anzigen Brief bekommen habe. Hier ist sie:

An Herrn
Herrn Chopin
Über Dresden nach Warschau
in Polen
(postlagernd)

Von Lothringen nach Polen

So lautet der Brief, den Nicolas Chopin als Emigrant in Polen nach zwei Jahren Abwesenheit an seine in Lothringen gebliebenen Eltern richtete. Dieser reinblütige Franzose schrieb in seiner Muttersprache mit mehr Unsicherheit als später einmal sein Sohn, der in Warschau geboren wurde und halber Pole war. Allerdings waren die Chopins aus Lothringen von bescheidener Herkunft und geringer Bildung. Der Großvater des Musikers, dessen Geschichte wir erzählen, war gleichzeitig Stellmacher und Weinbauer in seinem Dorf Marainville am Fuße des Sion-Hügels bei Nancy. 1949 wurde anläßlich des 100. Todestages von Frédéric Chopin eine Tafel an der Mauer des einfachen Bauernhauses der Chopins in Marainville angebracht. Sie besteht aus einem Stein aus Zelazowa-Wola, der Geburtsstadt des Komponisten, und erinnert daran, daß »in diesem Hause am 15. April 1771 Nicolas Chopin, der Vater des genialen polnischen Komponisten, geboren wurde«. Die Chopins wohnten schon seit vielen Generationen in Lothringen. Man findet ihre Spuren in einer Reihe von Dörfern in den Vogesen: in Ambacourt, in Bralleville und in Marainville. Einige Polen, die Chopin gerne ganz für sich allein beanspruchen möchten, haben behauptet, seine polnischen Vorfahren, »Szop«, seien mit Stanislaus Leszczinski nach Lothringen gekommen. Diese Hypothese, die von Wanda Landowska stammt, wird heute nicht mehr aufrechterhalten. In Marainville können die Weinberge einen Menschen nicht das ganze Jahr über beschäftigen und ernähren. In den Pausen zwischen den Zeiten der Feldarbeit reparierte François Chopin Wagen, setzte Naben und Pfluggriffe an und baute Schubkarren.

Aus seiner Verbindung mit Marguerite Deflin wurde nach zwei Töchtern am 15. April 1771 ein Sohn, Nicolas, geboren. Die beiden Tanten, die ihr ganzes Leben in Marainville verbrachten, lebten noch zu der Zeit, als Frédéric sich in Paris aufhielt. Jedoch war er niemals neugierig genug, sie zu besuchen oder ihnen zu schreiben. Im übrigen scheint es nicht so, als habe Nicolas Chopin seinen Sohn in der Verehrung seiner französischen Familie erzogen. Frédéric berief sich nie auf eine Nationalität, die allein die französischen Historiker ihm voller Stolz zusprachen. »Ich bin Masowier mit Leib und Seele«, erklärte der junge Musiker, der frisch vom Warschauer Konservatorium kam. Ein einziges Geständnis jedoch am Ende seines Lebens: »…die Franzosen, die ich am Ende ebenso liebte wie die Meinen…«. Aber kommen wir zum Vater zurück, der unserer Meinung nach zu wenig bekannt ist.

Warum beschloß der junge Lothringer von 17 Jahren, der ein Abgangszeugnis der Oberschule erhalten hatte – die Orthographie[2] des oben zitierten Briefes zeigt, daß die Bildung des Schreibers zu wünschen übrig ließ –, seine Provinz und seine Familie zugunsten eines fernen, unruhigen Landes zu verlassen? Das werden wir sicher niemals erfahren – es sei denn, es tauchten noch weitere Briefe[3] auf und beleuchteten diesen immer noch dunklen Punkt in der Geschichte. Man weiß nur, daß das Lehen von Marainville von jetzt an einem polnischen Grundbesitzer, Michael Pac, gehörte, der im Gefolge des Königs Stanislaus Leszczinski nach Lothringen gekommen war. Der lothringische Besitz wurde von einem gewissen Adam Weydlich verwaltet, den Nicolas Chopin seit seiner Kindheit oft besuchte. Ist er, an das polnische Milieu gewöhnt, durch das Erbe des väterlichen Berufes nicht besonders verlockt und ehrgeizig geworden durch den Erfolg seiner klassischen Studien, ganz einfach Weydlich gefolgt, als dieser beim Näherkommen der Französischen Revolution nach Polen zurückkehrte? In diesen Zeiten umständlicher Reisen und unsicherer Karrieren gingen die jüngsten Söhne gern außer Landes, mit dem oft illusorischen Ziel, woanders ihr Glück zu machen. Im vorliegenden Fall war die Wahl Polens einer Reihe von Zufällen zu verdanken.

Das Schicksal Polens

Dieses unglückliche Land, das im Lauf der Jahrhunderte niemals eine dauerhafte Einheit erringen konnte, war das Opfer seiner geographischen Lage. Eingezwängt zwischen Preußen, Österreich und Rußland, durch den baltischen Korridor von Schweden getrennt, erhielt sich Polen zeitweise seine Unabhängigkeit, indem es sich mit Deutschland verbündete, um die mongolischen Eindringlinge zurückzutreiben, oder mit Österreich, um die Türken zu schlagen. Zwischen zwei Angriffen der Barbaren mußte es der Begehrlichkeit seiner schrecklichen Nachbarn begegnen, die ihm mit einem Biß ein Stück Land, eine Stadt oder eine Provinz entrissen.

Polen spielte damals die Rolle des Pferdes eines Pikadors, an dem der wütende Stier seine Wut ausläßt. Immerhin genoß es, da es am Ende des 10. Jahrhunderts christlich geworden war, die Unterstützung des päpstlichen Stuhls. Doch auch hier war es eher eine Schachfigur als ein Verbündeter. Der Heilige Stuhl beschützte Polen, soweit er es für politisch klug hielt, sich dem Machtzuwachs der deutschen Kaiser zu widersetzen. Als Vasall von Rom litt Krakau unter den Auswirkungen päpstlicher Launen. Zeiten der Ruhe waren ihm nur spärlich zugedacht. Damit Polen nur einen Augenblick frei sein konnte, sein Schicksal selbst zu bestimmen, mußten der Kaiser und der Papst anderswo beschäftigt sein. Unter der Dynastie der Piasten, die bis 1370 dauerte, konnte die polnische Nation ihre ethnische Einheit festigen. Die Polanen hatten sich Masowien und Schlesien einverleibt und Böhmen der Kontrolle Deutschlands überlassen. Polen blieb vor allem eine kirchliche Provinz mit einer beachtlichen Priesterschaft und einem ehrgeizigen Adel. Doch sicherten die Piastenherrscher – Boleslaw, Kasimir, Mieszko – dem Land einen relativen Wohlstand und Frieden, als Vorläufer der Jagiellonen, durch deren Thronbesteigung sich Polen und Litauen vereinten. Unter ihrer Obhut wurden die Polen und Litauer Herren oder Lehnsherren von Westpreußen und dem Herzogtum Preußen, von Livland, Kurland und dem größten Teil der Ukraine, bis zum Kosakenaufstand 1648. Kurz darauf überfielen die Schweden unter der Regierung von Karl X. Polen. Um jedoch diesen Angriff, bei dem Louis XIV. zu schlichten versuchte, wieder gutzumachen, schlug Johann Sobieski die Türken vor den Mauern von Wien und bewirkte so den Abstieg der osmanischen Macht, die so lange die Geißel der christlichen Welt gewesen war. Nach Sobieski erfuhr das Land eine Epoche des Niedergangs. Am Ende des 17. Jahrhunderts hörte Polens Unabhängigkeit auf. Preußen, Österreich und Rußland verbündeten sich gegen dieses Land wie die Barbaren – aber die christlichen Reflexe waren so stark, daß sie eine der Teilungen ihres Feindes »im Namen der hochheiligen Dreifaltigkeit« erklärten, ohne dabei zu sagen, ob diese Heilige Dreifaltigkeit in ihrem irdischen Bündnis bestand oder in der Verbindung göttlicher Persönlichkeiten im Himmel!

Dank dieser Teilung bekommt Friedrich der Große Westpreußen und den ganzen Nordteil des großen Polen zurück.

Österreich eignet sich Galizien an, und Rußland besetzt das riesige Territorium jenseits der Düna und des Dnjepr. Durch die Teilungen von 1793 und 1795 wird das Land noch mehr verstümmelt. Am Ende des Jahres 1795 dankt der letzte polnische König in Grodno ab und geht nach Rußland, dort stirbt er. Nach acht Jahrhunderten einer oft glorreichen Geschichte ist das Polen der Piasten und Jagiellonen verschwunden. Die drei Teilungsmächte verpflichten sich gegenseitig, niemals einen Titel zu verwenden, der an die Existenz eines polnischen Königreiches erinnern könnte. Wenn auch das Königreich gefallen ist, so wird noch wenigstens die Ehre des Landes durch den Aufstand gerettet, an dessen Spitze sich Kosciuszko hervortut. Aber trotz vielen vergeblich eingesetzten Heldentums hat Polen aufgehört zu existieren.

Polen 1788

Nicolas Chopin, der 1788 während dieser Ereignisse in Warschau ankam, beteiligte sich an dem Aufstand von Kosciuszko. Nur durch Zufall entging er dem Tod. Seine Kompanie unter dem Oberbefehl des Schusters Kilinski wurde vor dem Angriff und dem Massaker im Vorort Praga als Vorposten in das Stadtzentrum gerufen. Nicolas Chopin, der sich zwischen zwei Feuern oder zwei Risiken befand – zu den französischen Fahnen gerufen zu werden oder freiwillig in den Reihen einer fremden Macht zu kämpfen –, hatte das zweite gewählt.

Was er in Polen vorfand, bot einer Abenteurerseele trotz allem Befriedigung. Nicolas Chopin, der dem monotonen Schicksal einer bäuerlichen Existenz entgangen war, kam in ein Land, dessen Unglück seinen angeborenen Mut anstachelte. Während der russischen Besatzung entfaltete sich tatsächlich eine erstaunliche intellektuelle und künstlerische Blüte. Dem Unterdrücker zum Trotz wehte der Wind der Freiheit über dem Land. Sicherlich, es gab immer noch Sklaverei: erst 1863 wurde sie abgeschafft. Aber die Bauern, die der unkontrollierten Tyrannei ihrer Herrschaft ledig waren, standen jetzt unter dem Schutz der öffentlichen Gewalt. Der Adel, dessen übertriebene Privilegien bis auf das 13. Jahrhundert zurückreichten, sah seine Macht schwinden, die Kasimir der Gerechte ihm einst zugestanden hatte. Dieser Schwertadel hatte sich beachtliche Güter erworben. Die Radziwills besaßen 600 Dörfer. Die Lubomirskis verfügten über ein riesiges Vermögen. Von einer sehr betagten Krakauer Prinzessin behauptet die Legende, sie habe so viele Millionen besessen, wie sie Jahre zählte. Die ganze polnische Ebene war übersät von wundervollen Schlössern. Doch hatte sich diese wie alle anderen vom Geld regierte Nation trotzdem den Sinn für ideelle Werte erhalten.

Eine christliche Nation

Nach acht Jahrhunderten erinnerte sich Polen an seine Berufung als christliche Nation, die ihm einen aktiven und sogar despotischen Klerus eingebracht hatte. Die schwarze Jungfrau von Czestochowa, die Polen im Mittelalter beschützt hatte, wurde als Schutzpatronin des Landes betrachtet. Nationalheilige gab es im Überfluß: den heiligen Hyazinth, den heiligen Adalbert, den heiligen Czeslaw, die heilige Kunigunde, den heiligen Stanislaus Kostka, die heilige Bronislawa, die heilige Jadwiga. Im Jahre 1000 unternahm Kaiser Otto III., damals Herrscher über das Heilige Römische Reich, zusammen mit König Boleslaw Chrobry eine Pilgerfahrt zum Reliquienschrein des heiligen Adalbert, der ein paar Jahre zuvor bei den Preußen an der Ostsee den Tod gefunden hatte. Die beiden Herrscher – der von Rom und der künftige polnische König – gingen einen großen Teil des Weges zu den Reliquien von Gnesen zu Fuß. Das ganze Land war vom Christentum durchdrungen: es war mit einem Mal zum Glauben und zum nationalen Leben erwacht. Die Symbiose von Christentum, Kirche und Staat, die von Anfang an bestanden hatte, war lebendiger denn je. So ist es merkwürdig, daß Nicolas Chopin, der sich auf dem Nährboden des Katholizismus befand, niemals das geringste religiöse Gefühl entwickelte. Sein großes Interesse für das Werk Voltaires – er hatte einen Band von ihm aus Marainville mitgebracht – erklärt bis zu einem gewissen Grad seine Gleichgültigkeit metaphysischen Dingen gegenüber. Dazu muß man sagen, daß auch sein Sohn Frédéric vor seiner letzten Krankheit niemals das mindeste Interesse für das Jenseits zeigte und sich ebenso wenig mit dem Übernatürlichen befaßte. Der Name Gottes, der Gedanke an Gott kamen ihm in dreißig Jahren nicht einmal unter die Feder.[4]

Orient – Okzident

Mit einer Flöte, einer Geige und ein paar Büchern in Polen angekommen, fand Nicolas Chopin in seiner Wahlheimat das, was die Vogesen ihm verweigerten: die Möglichkeit, seine Ausbildung zu vervollständigen und eine höhere Bildung zu erlangen. Der Vergleich zwischen dem oben zitierten Brief und anderen Briefen, die er später an seinen Sohn richtet, zeigt die recht schnelle Wandlung eines kleinen französischen Bauern zu einem polnischen Bürger der besten Art. Nicolas Chopin sprach und schrieb jetzt französisch, englisch, polnisch, deutsch und lateinisch – alles Sprachen, die er später seinem Sohn beibrachte.

Um 1794 erlebte das Land trotz seines Unglücks den stärksten Aufschwung in Kunst und Literatur seit der glänzenden Renaissancezeit. Durch seine Vergangenheit, seine Religion, die allgemeine Tendenz seiner Kultur und seines Wesens gehörte es geistig von jeher zum Westen. Die harte Prüfung durch die russische Besatzung belebte den Patriotismus, der wie eine zweite Religion betrachtet wurde. Warschau zählte zu seinen hunderttausend Einwohnern die intellektuelle und gesellschaftliche Elite des Landes. Im ganzen hatte Nicolas Chopin eine glückliche Entscheidung getroffen, als er Weydlich nach Polen folgte. Sicherlich, er war auf der Flucht vor der Revolution in eine nationale Erhebung hineingeraten. Aber welche europäische Nation konnte sich am Ende des 18. Jahrhunderts rühmen, den Frieden zu genießen? Die glückliche Folge so vieler kriegerischer Auseinandersetzungen wurde langsam spürbar, und die Symptome einer Erneuerung waren schon zu erkennen: es näherte sich die Romantik.

Zum Lehrberuf

Im Jahre des Heils 1794 kümmerte sich Nicolas Chopin sehr wenig darum. Er mußte leben: In seiner von Grund auf realistischen Denkungsart war kein Raum für Träume. Dieser in Polen akklimatisierte Lothringer hatte mit seinem armseligen Gepäck die Tugenden seines Landes mitgebracht: einen hellen Kopf, eine pedantische Seele und einen soliden Instinkt fürs Wirtschaftliche, der sein ganzes Tun beherrschte. Später legte er sogar von seinem Lehrergehalt die Summe von 20000 Rubel beiseite, die er dann seinem Schüler Michael Skarbek lieh. Musikalisch, begeistert von der brillanten Kunst des 18. Jahrhunderts und als Amateur Flöten- und Geigenspieler, verstand er genug vom Fach, um sofort die außergewöhnlichen Fähigkeiten seines Sohnes zu erkennen. Er behielt dabei immer einen kühlen Kopf, und in gewissem Maße erbte Frédéric diese Diskretion in Gefühlsdingen. Nicolas wurde ein guter, wenig mitteilsamer Vater, ein pflichtgetreuer Ehemann, ein kluger Hausherr, ein solides und tolerantes Familienoberhaupt, um das seine Kinder später mit dem Schmerz trauerten, der Männern mit Gleichmut und geregeltem Lebenswandel so oft gilt. Er ging mehreren Beschäftigungen nach, war aber dabei nicht so unklug, sich zu verzetteln. Gleich bei seiner Ankunft in Warschau freundete er sich mit einem Landsmann an, der eine kleine Tabakmanufaktur leitete. Nicolas machte für ihn die Buchführung. Der Aufstand von 1793 hatte die Schließung der Fabrik zur Folge. Nicolas erwarb zwar während der Straßenschlachten den Offiziersrang, verlor aber seinen Broterwerb. Als wieder Friede herrschte, fragte er sich: Was tun? Zweimal wollte er nach Frankreich zurückkehren: zweimal zwang ihn eine harmlose Krankheit, dazubleiben. Seine Mittel wurden knapp. Französisch lehren? Gut – aber dazu mußte er sich erst in einer Sprache weiterbilden, die er nur unvollkommen beherrschte. Ein guter Lehrer wird man, indem man selbst lernt. Nicolas Chopin gab also Französischstunden. Er hatte viele Schüler. In Warschau wie in Moskau oder Petersburg galt es als Gipfel der Vornehmheit, französisch zu sprechen.

Zu den Schülern von Nicolas Chopin gehörte auch eine junge Aristokratin, Maria Laczynska von Czerniejew, die unter dem Namen Maria Walewska ein historisches Schicksal erwartete. Sie, die damals nicht einmal den Namen Napoleons kannte, dessen unglückliche Geliebte sie werden sollte, spielte in aller Unschuld mit dem jungen, zehn Jahre alten Friedrich Skarbek. Die Gräfin Skarbek schätzte den Hauslehrer der jungen Laczynskis, sie vertraute ihm die Erziehung ihrer fünf Kinder an, die mit ihr etwa sechzig Kilometer von Warschau entfernt mitten auf dem Land in Zelazowa-Wola lebten.

Zelazowa-Wola

Inmitten eines schönen kapriziös angelegten Gartens mit Ulmen und Kastanien, von einem Bach durchflossen, der sich in einen kleinen See ergoß, erhob sich ein Herrenhaus mit hohen, von Kletterpflanzen bedeckten Mauern. Das Haus im bäuerlichen Stil war komfortabel.[5] In diesem ländlichen Rahmen half der geschiedenen Frau Skarbek eine arme, verwaiste Kusine, Justyna Krzyzanowska, bei der Erziehung ihrer Kinder. Dieses junge Mädchen, eine entfernte Verwandte der Skarbeks, war damals zwanzig Jahre alt – in dem Alter, »sich zu entscheiden«, das heißt, einen Ehemann zu finden. Ihr Posten als Hausdame war keine Lebensstellung. Sicher, sie wurde gut behandelt, und die Kinder, von denen das älteste zu jener Zeit zehn Jahre alt war, vergötterten sie. Justyna war ein bescheidenes Mädchen, nicht wirklich hübsch, jedoch zart und von gutem Benehmen. Ihr Gesicht erhellten zwei sehr blaue Augen, die gebogene Nase sollte sie ihrem Sohn vererben, und ihren Kopf krönte dichtes blondes Haar. Ohne die geringste Affektiertheit brachte sie es fertig, sich zurückzuhalten: man bemerkte sie kaum. Schon ihr bescheidenes Auftreten nahm für sie ein. Nicolas Chopin, der sie jeden Tag sich gegenüber am Tisch sitzen sah, ihr unaufhörlich in den Korridoren des kleinen Hauses begegnete, der wie sie keinerlei Abwechslungen außer denen des Landlebens hatte, fühlte bald, wie sein Interesse für dieses einfache, charmante junge Mädchen er-

wachte. Ihr ausgeglichener Charakter erschien ihm als Unterpfand für sein Glück. Er beobachtete sie ohne Hast, mit der
Überlegenheit seiner einunddreißig Jahre, die es ihn gelehrt hatten, sich für ernste Dinge Zeit zu lassen. Vier Jahre lang beobachtete er seine künftige Frau, erlebte er mit ihr den Wechsel der
Jahreszeiten. Während der langen Winterabende spielte er Geige
oder Flöte, am Klavier begleitet von Justyna, die ein liebenswürdiges Amateurtalent besaß. Zusammen sangen sie die polnischen und französischen Romanzen. Nicolas befaßte sich mit
Poesie, er schrieb kleine Gedichte in der einen oder anderen
Sprache. Um sich gut kennenzulernen und die Wesensart des anderen beurteilen zu können, gibt es nichts Besseres als dieses zu-
rückgezogene Landleben. Um so mehr als jeder der Gäste von
Zelazowa-Wola außerhalb seiner festgelegten Rolle im Haushalt auch andere kleine Dienste leisten mußte. Nicolas Chopin
nahm der Gräfin Skarbek die Sorge um die Buchführung ab,
die sie belastete. Er begleitete Justyna zu den benachbarten Bauern, die von der Schloßherrin unterstützt wurden. Bei ihrer gemeinsamen wohltätigen Beschäftigung lernten sie sich
schätzen.

Ohne große Geständnisse wurde ihnen eines Tages ihr Gefühl
füreinander klar. Am 2. Juni 1806 schlossen sie in der Kirche von
Brochow die Ehe. Nicolas war fünfunddreißig Jahre alt – elf
Jahre älter als seine Frau. Er fühlte sich insgeheim geschmeichelt,
eine »Aristokratin« zu heiraten, hatte aber niemals versucht,
seine einfache Herkunft zu verbergen. Sein gutes Aussehen, ein
Zeichen der Vornehmheit, sprachen mehr zu seinen Gunsten als
ein Adelsbrief.

Das junge Paar richtete sich in einem Häuschen in der Nähe
des Haupthauses ein: in drei notdürftig möblierten Zimmern.
Nach außen hin änderte sich nichts im täglichen Lebensrhyth-
mus. Die junge Frau Chopin half weiterhin ihrer Kusine und
teilte sich mit der ältesten Tochter in die Führung des Haushalts.
Der älteste der Skarbek-Söhne kam nach Warschau ins Gymnasium. Ungetrübtes Glück regierte über dem Haushalt von Nicolas Chopin.

Ungetrübt, was die Gefühle betraf – aber nicht ohne nationale Unwetter.

Im Mai 1806 führte Napoleon, nach seinen Siegen von Jena und Austerlitz, seine Armeen nach Warschau. Die polnischen Bataillone, die unter französischer Fahne in Italien gekämpft hatten, waren stark dezimiert in ihr Land zurückgekehrt. Sie brachten trübe Nachrichten. Vier Jahre zuvor waren 5000 von ihnen nach Santo Domingo geschickt worden, um hier eine Revolte zu unterdrücken, und die Malaria hatte ihre Reihen gelichtet. Der Kaiser hatte immer mehr Versprechungen gemacht und Friedensverträge unterzeichnet, während er Krieg nach Krieg führte. Seine Ankunft in Polen verkündete Unheil, niemand glaubte an seine Versprechungen. Nicolas Chopin, den die Machenschaften der Politik vollkommen kalt ließen, sagte sich, es sei unklug von dem Kaiser der Franzosen, die Lage eines Landes zu verschlimmern, das sich schon unter dem Stiefel der russischen Besatzung befand. Nicolas verspürte keinerlei patriotische Sympathie für Napoleon. Er bewunderte Voltaire und Rousseau zu sehr, um einem Diktator, auch wenn er eine Krone trug, nicht zu mißtrauen.

Sicherlich, Napoleon hatte die drei Feinde Polens beträchtlich geschwächt: wäre jetzt nicht die Gelegenheit günstig gewesen, dem Land, das so unter Preußen, Österreich und Rußland gelitten hatte, die Unabhängigkeit wiederzugeben? Die polnischen Legionen, die ihn auf seinem siegreichen Marsch begleiteten, hätten das Rückgrat der erneuerten Armee sein können. Doch der Friede von Tilsit vom 7. Juli 1807 enttäuschte viele Hoffnungen. Da Napoleon fürchtete, den Zaren zu verärgern, wenn er das Königreich Polen wieder hätte aufleben lassen, begnügte er sich damit, die Zentralprovinz – ein Fünftel des Landes – unter der Herrschaft von Friedrich August König von Sachsen zum »Herzogtum Warschau« zu erheben.[6] Später versprach er Maria Walewska, daß ihr Sohn Alexander eines Tages König von Polen würde. Ein Trugbild, an das nicht einmal sie irgendwelche Hoffnungen knüpfte. Auch der Friede von Wien, geschlossen am 14. Oktober 1809, brachte nicht die volle Befriedigung – da die Russen die Rückgabe aller im Jahre 1795 den Polen entwendeten Gebiete ablehnten.

Frédérics Geburt

Genau in dem Augenblick, als das »Herzogtum Warschau« unter die Kontrolle der französischen Verwaltung geriet, wurde den Chopins das erste Kind geboren: Louise (Ludwika) kam am 6. April 1807 zur Welt. Zwei Jahre später kündigte sich ein zweites Kind an. Der Winter 1810 war extrem hart: War es da nicht unvorsichtig, auf dem flachen Lande zu entbinden? Nicolas beschloß, der ausgezeichneten Gesundheit seiner Frau zu vertrauen.[7] Und er behielt recht, denn am Freitag, den 1. März 1810, stieß Frédéric-Francis Chopin, der ohne Komplikationen auf die Welt gekommen war, seinen ersten Schrei aus. Zwei Monate später taufte ihn der Pfarrer von Brochow in Zelazowa-Wola und benutzte diese Gelegenheit, um ihn beim Standesamt anzumelden, wobei ihm ein grundlegender Irrtum unterlief: in dem offiziellen Register wurde die Geburt unter dem Datum vom 22. Februar eingetragen. Nicolas Chopin, der die Urkunde in Anwesenheit von zwei Zeugen, Josef Wyrzykowski und Friedrich Gert, unterzeichnete, berichtigte den Fehler nicht.[8] Das Kind wurde am 23. April von Abt Dochnowski in der Kirche von Brochow getauft. Die Gräfin Skarbek hielt ihn über das Taufbecken.

Im Jahre 1810 kamen Chopin, Schumann und Musset zur Welt. Ein Jahr später wurde Liszt geboren. 1813 war Wagner an der Reihe. Die »Jahrgangsqualität« in dieser Zeit ist hervorragend.

Die Pension Chopin

Frédéric verbrachte nur die ersten sechs Monate seiner Kindheit in Zelazowa-Wola. Da der Französischlehrer der unteren Klassen am Warschauer Gymnasium krank wurde, bat der Rektor Bogumil Linde Nicolas Chopin, ihn zu vertreten. Dieser Vorschlag wurde um so lieber angenommen, als das Herrenhaus sich langsam leerte. Die Skarbek-Kinder verließen es eines nach dem anderen, und die Eltern Frédéric Chopins sahen ihre Aufgaben immer geringer werden. Das Gymnasium von Warschau bot ihnen eine große Wohnung und so bescheidene finanzielle Bedingungen, daß Nicolas Chopin sehr bald wie viele andere Lehrer an dieser Schule die Erlaubnis beantragte, Schüler in Pension zu nehmen, und diese auch bekam. Seine ersten Gäste waren die beiden Skarbek-Söhne und drei ihrer Vettern. So entwickelte sich auf ganz natürliche Weise der Ruf der Pension Chopin, die in der Hauptstadt als »schick« galt. Nach dem Beispiel der Skarbeks vertraute so manche aristokratische oder bürgerliche Familie ihre Sprößlinge Nicolas und Justyna Chopin an, deren gut geführtes Haus so außerordentlich renommiert war. In seinen Memoiren lobte Graf Friedrich Skarbek, selbst Professor an der Universität von Warschau geworden, die Qualitäten seines ersten Erziehers. Nicolas Chopin hielt auf den Standard seiner Pension; mit sicherem Gespür nahm er nur junge Männer aus guter Familie auf, die später die ersten Freunde von Frédéric wurden: Titus Woyciechowski, Julian Fontana, Jan Matuszynski, die Brüder Wodzinski, Jan Bialoblocki.

Am 9. Juli 1811 wurde bei den Chopins ein drittes Kind, Isabelle, geboren. Der Vater bewarb sich angesichts der gesteigerten Kosten um zwei neue Stellungen: er wurde Französischlehrer an der Militärvorbereitungsschule und an der Artillerie- und Ingenieurschule. Als zwei Jahre später Emilie zur Welt kam, wurde Nicolas mit besserer Bezahlung an die höheren Klassen des Gymnasiums befördert. Es herrschte Ordnung, wenn auch nicht in Warschau, so doch zumindest in der Pension Chopin.

Nationale Unruhen

Im Lande wurde die Lage immer schlimmer. 1812 erklärte Napoleon Alexander I. den Krieg. Die Polen sahen darin zu Unrecht eine Möglichkeit zur Rückkehr in die Unabhängigkeit. In Wirklichkeit warb der Kaiser 100000 Polen an und stellte ein

Drittel davon unter den Oberbefehl von Jozef Poniatowski. Er schickte sie nach Smolensk, Borodino und an die Beresina, wo ihre Bataillone zusammenschmolzen, und ließ schließlich zu, daß die Russen Warschau besetzten. Am 26. September 1815 beim Wiener Kongreß erlitt Polen seine vierte Teilung. Das ehemalige Herzogtum Warschau wurde ein bißchen verkleinert Rußland zugeschlagen, Krakau wurde freie Stadt, ein österreichisches und ein preußisches Polen wurden künstlich geschaffen. Pro forma erhielt das Land die nationale Souveränität, aber der größte Teil geriet wieder unter den russischen Stiefel. Noch einmal ging das intellektuelle und künstlerische Leben aus dieser Prüfung nicht geschwächt, sondern erneuert hervor. 1818 wurde in Warschau eine Universität eröffnet. Die Gesellschaft für Naturwissenschaften nahm einen lebhaften Aufschwung, das literarische Leben florierte mehr denn je, die Musik gedieh. Stanislaus Potocki, der Erziehungsminister, leitete sein Ministerium mit ungewöhnlicher Durchsetzungskraft. Unglücklicherweise wurden Adam Czartoryski, der ehemalige Außenminister, und Kosciuszko, der oberste General des Zaren, jetzt Königs von Polen, aus ihren Positionen entfernt. Hieraus erwuchs neuer Haß: In allen polnischen Häusern brütete man Rachepläne gegen die verfluchte Besatzung aus. Ein leidenschaftlicher Kult galt den Helden, die durch die Jahrhunderte hindurch für das Vaterland gekämpft hatten: Kosciuszko, Sobieski und neuerdings Poniatowski. Die Polonaise, ein Volkstanz, war in doppeltem Sinne Mode. Es ist daher nicht erstaunlich, daß Chopin ihr den Ausdruck seines Genies verlieh. An seiner Wiege wurde nur Rache gesungen.

Frédéric Chopin im Alter von achtzehn Jahren.
Ölgemälde von Ambroise Miroszewski.
Sammlung L. Chiechomska, Warschau.

ÜBER DIE ERSTEN LEBENSJAHRE des Musikers ist leider nichts
Genaues bekannt. Das leidenschaftliche Interesse, das wir heute
den geringsten Kleinigkeiten im Leben von Frédéric Chopin ent-
gegenbringen, kann natürlich nicht einem Kind gelten, das von
allen – und zuallererst von seinen Eltern – als ein Kind wie jedes
andere angesehen wird. Man weiß nur, daß sich unter den vier
Chopin-Kindern ziemlich früh zwei Clans bildeten, der »Club
der Großen« mit Louise und Frycek und die »Ecke der Kleinen«,
in der sich Isabelle und Emilie betätigten. Louise war die kräftig-
ste und gesündeste. Die anderen hatten unaufhörlich Schnupfen
und litten unter Blutarmut. Die Kinderheilkunde steckte zu Beginn des 19. Jahrhunderts noch in den Kinderschuhen, und die
Ärzte Roemer und Malcz, die oft von Frau Chopin gerufen wurden, begnügten sich mit der Verabreichung von Mittelchen, die
gerade Mode waren.

Erster Kontakt

Der erste Kontakt des künftigen Komponisten mit der Musik
war enttäuschend. Frycek hörte eine Fanfare und schrie aus vollem Hals. Damit schmähte er gleich beim ersten Mal die laute
und leere Musik. Später, wenn er auf dieses Kindheitserlebnis zu
sprechen kam, brandmarkte er die »Kupferfanfaren« seines
Freundes Berlioz, die er als »dröhnend und leer« verurteilte. Er
liebte die »Musik, die die Dinge halblaut sagt«, und haßte lauthals hervorgebrachte Äußerungen. So wartete gleich zu An-
beginn seiner Laufbahn eine Enttäuschung auf ihn. Glücklicher-

weise waren die folgenden Erlebnisse auf diesem Gebiet positiv. Voller Freude hörte er seinem Vater als Amateurflötisten und -geiger zu.[1] Seine Schwester Louise, die sich schon früh für alle möglichen Studienfächer begabt zeigte, lernte Klavier, »um Frycek ein Beispiel zu geben«. Sie war es, die als erste die Finger des kleinen Bruders auf die Tasten des Familienklaviers legte. Da wir das Ergebnis der ersten Lektion nicht kennen, müssen wir diese Phase überspringen. Zumindest wissen wir mit Sicherheit, daß »sich eine offensichtliche Begabung zeigte« – und zwar in dem Maße, daß Frycek mit drei Jahren schon kleine Stücke auf dem Klavier improvisierte und darum bat, ihn frei nach seinem Gutdünken spielen zu lassen. Die Schwester übergab ihn der Mutter, die eines Tages erklärte, für ein so begabtes Kind müsse man einen geeigneten Lehrer suchen. Die Stunde von Zwyny war gekommen.

Eine Dickensfigur

Adalbert Zwyny, Geiger und Klavichordspieler, war mit dem Fürsten Sapieha aus Böhmen gekommen. Als Hofpianist hatte er sich großen Hoffnungen hingegeben, die mit dem Hof selbst zu Fall gebracht wurden. Enttäuscht hatte sich Zwyny in das mittelmäßige Dasein eines Lehrers geflüchtet, der von Tür zu Tür ging und Kinder unterrichtete, die es allgemein gar nicht verdienten.

Der Mann sah, so wie sein Schüler ihn schilderte, skurril aus: rothaarige, schief sitzende Perücke, eine Eisenbrille auf der langen, spitzen Nase, in deren Löcher er eine Prise nach der anderen steckte, ein großes rotkariertes Taschentuch und statt des Kavalierstüchleins ein riesiger Bleistift, der ihm notfalls als Stock für falsch spielende Finger diente. Seinen kleinen Schüler sprach er förmlich in der dritten Person an, wie das im Deutschland des 18. Jahrhunderts Brauch war. Die Lauterkeit des alten Herrn – er war einundsechzig Jahre alt – begeisterte den schelmischen Frycek. Eines Tages, als er fünfzehn Jahre alt war, schrieb er seinem Freund Jan Bialoblocki.

Lieber Jas![2]

Mein lieber Jalek – und noch einmal, mein liebster Jasiek! – sicherlich findest Du es seltsam, daß ich Dir so lange nicht geschrieben habe. Hier also der Brief. Vor drei Tagen saß ich an meinem Tisch, die Feder in der Hand. Ich hatte den ersten Absatz schon geschrieben. Da er musikalisch klang, las ich ihn mit lauter Stimme Zwyny vor, der dem über dem Klavier fast eingenickten Gorski[3] gerade eine Stunde gab.

Da klatschte Zwyny plötzlich in die Hände, putzte sich die Nase, rollte sein Taschentuch zusammen, steckte es in die Tasche seines *grossen grienen gutt gepolsterten Gehrocks*, setzte seine Perücke zurecht und sagte:

»An wen schreibt Er denn diesen Brief?«

Ich antworte:

»An Bialoblocki.«

»Hm, hm, an Herrn Bialoblocki?«

»Aber ja, an Bialoblocki!«

»Schön, und wohin schickt Er den Brief?«

»Wohin? Nach Sokolowo, wie gewöhnlich.«

»Und wie geht es Herrn Bialoblocki? Weiß Er das nicht?«

»Recht gut«, sagte ich, »seinem Bein geht es besser.«

»Ah, es geht ihm besser. Hm, hm, hm, na schön! Und er, hat er an Herrn Friedrich geschrieben?«

»Er hat mir geschrieben«, antwortete ich, »aber es ist schon ziemlich lange her.«

»Ah, und wie lange ist es her?«

»Warum fragen Sie mich das?«

»He he hi he hi«, fing Zwyny an zu lachen.

Erstaunt fragte ich ihn:

»Wissen Sie etwas von Ihm?«

»He he he he he!« und er schüttelte sich vor Lachen und wakkelte dabei mit seinem entzückenden kleinen Kopf.

»Er hat Ihnen also geschrieben?«

»Natürlich hat er mir geschrieben!«

Und da teilte er uns die traurige Neuigkeit mit: Deinem Bein geht es nicht besser, und Du bist zur Kur in das alte Preußen gefahren, um es auszuheilen.

»Aber wo ist er hingefahren? Wo ist er denn?«

»In Bischofswerder.«

Es war das erste Mal, daß eine menschliche Stimme mir diesen Namen nannte. Sonst hätte ich bestimmt niesen oder lachen müssen. In diesem Augenblick jedoch hat er mir viel Kummer bereitet.

Wenn man diese Geschichte liest, stellt man sich Zwyny wie einen jener köstlichen barocken Greise vor, von denen es in den Romanen von Dickens wimmelt. Aber diesem Kasperl, »der im Hause die Seele aller Vergnügen ist, der sich mit eingezogenem Kopf von Mama hereinlegen läßt«, kam ein seltenes Verdienst in bezug auf den kleinen Chopin zu. Zuerst einmal erkannte er fast sofort in ihm ein außergewöhnliches Talent. Außerdem, statt Frycek die entsetzlichen Modestücke spielen zu lassen, entsann er sich der Verehrung, die er selbst als Kind für die großen Klassiker, insbesondere für Bach und Mozart, empfunden hatte. Er offenbarte sie Frycek, für den sie von nun an Götter waren. Wesentlich später spielte Chopin in Paris einem vor Staunen erstarrten Schüler einige Präludien und Fugen aus dem »Wohltemperierten Klavier« auswendig vor. »So etwas vergißt man nicht...«, sagte er lächelnd. Es ist tatsächlich so: Was man in jungen Jahren gelernt hat, was die erwachende Phantasie genährt hat, wofür man Liebe auf den ersten Blick empfunden hat, das bleibt uns im Gedächtnis bis ans Ende unserer Tage.

So ließ ihn Zwyny von seinem siebenten Lebensjahr an, nach einem Jahr methodischen Unterrichts – Chopin hat jedoch, wie er selbst zugab, nie mehr als drei Stunden am Tag Klavier geübt –, Sonaten von Mozart und einfachere Präludien und Fugen aus dem schrecklichen »Wohltemperierten Klavier« spielen. Frycek fühlte sich darin »wie zu Hause«, Bach und Mozart waren ihm künstlerisch verwandt. Ganz ohne Zweifel hat Chopin seine Stilelemente aus dieser Quelle. Auch im Feuer des wildesten Temperamentsausbruchs wird er niemals vergessen, was ihn diese beiden klassischen Meister durch ihr Schaffen und ihr Denken gelehrt haben.

Worin bestand um 1817 in Warschau das Repertoire eines
Klavierschülers? Außer Bach und Mozart – die schon erwähnt
wurden und denen Frycek eine für diese Zeit außergewöhnliche
Vorliebe entgegenbrachte[4] – spielte man Beethoven (Chopin hat
mehrere Sonaten bis zum Opus 58 erarbeitet. Über eines der letzten Trios von Beethoven schrieb er, daß er »noch niemals etwas
so Schönes gehört habe: Beethoven spricht der ganzen Welt
Hohn…«), Händel, Scarlatti, Weber. Später spielte er ein paar
Stücke von Mendelssohn, nichts von Schumann und auch nichts
von den französischen Klavierkomponisten des 17. und
18. Jahrhunderts. Natürlich spielte er auch die Komponisten
und Pianisten seiner Zeit – Ries, Hummel, Kalkbrenner – sowie
die polnischen Zeitgenossen und ihre direkten Vorläufer wie
Oginski, Kaczkowski, Kawriewski, Lessel, Maria Szymanowska, Kurpinski, Lipinski, Mirecki, Nowakowski, Nidecki,
Dobrzynski, Elsner usw. Da er nicht das geringste historische Interesse[5] empfand, hat er wahrscheinlich von der alten polnischen
Kunstmusik, der monodischen wie der polyphonen, nur das gekannt, was er hier und da in einer Kirche anläßlich eines Gottes-
dienstes hören konnte. Von den einheimischen Komponisten seit
dem 15. Jahrhundert, von Radomski, Johann von Lublin, Leo-
politanus, Szadek, Zarka und Krainski, hat er zweifellos nichts
geahnt. Im Musiktheater – ganz neu: die Oper von Warschau
stammt aus dem Jahre 1765 – hörte er von seinem 15. Lebensjahr an Werke von Rossini (er liebte den *Barbier* sehr und
schätzte das Finale aus dem 1. Akt des *Grafen Ory* als Meisterwerk), Weber *(Der Freischütz)*, Cimarosa, Onslow, Spontini,
Elsner und Kurpinski. Seit seiner Kindheit interessierte er sich
außerordentlich für die Volksmusik des Landes, er ließ sich von
einer »Dorf-Catalani« Mazurken vorsingen, und als er die Polonaisen von Oginski und Kaczkowski las, bekam er eine Vorstellung, wenn nicht überhaupt ein Vorbild des so charakteristischen Rhythmus dieses Tanzes. Er besuchte die Vorlesungen
über populäre ästhetische Philosophie von Brodzinski. Das mu-

sikalische Leben in Warschau zwischen 1810 und 1830 war außerordentlich rege. Außer einigen durchreisenden Virtuosen hatte man oft Gelegenheit, Orchester zu hören, die von den herrschaftlichen Familien oder reichen Bürgern unterhalten wurden. So versammelte man sich oft, um in den Salons der Jablonowskis, Nakwaskas, Kickas, Zamoyskis, Platers, Brzostowskis und Grabowskis Musik zu machen oder zu hören. Die Amateure der Gesellschaft spielten eine wichtige Rolle. Ganz ohne Zweifel hat Chopin oft diese kunstgelehrten Musiker der Gesellschaft gehört, unter denen sich Namen befanden wie die Prinzessin von Württemberg, Laura Potocka, F. Kochanowska, die Gräfin Chodkiewicz, Graf Rzewuski und Fräulein Beydale. Für diese Zeit ist ein solcher musikalischer Horizont, wenn er auch nicht sehr weit ist, doch beachtlich. Aber kommen wir zu den Anfängen des Wunderkindes zurück.

Ein geborener Pianist

Das Erstaunliche ist, daß man das kleine Küken nicht im Brutkasten aufzog. Nicolas Chopin gebührt das seltene Verdienst, daß er diesen besonderen Jungen normal behandelte und Zwyny zu einem zugleich geraden und strengen Verhalten seinem Schüler gegenüber zwang. Man war sich darüber klar, daß Frycek ganz offensichtlich seit seinen frühesten Jahren die ideale Pianistenhand hatte, ferner ein flinkes und genaues Gedächtnis, Geschmack im Vortrag, die Gabe der Imitation, die sich auf diesem Gebiet wie auf allen anderen zeigte – kurz, daß sich bei ihm sehr früh der schöpferische Instinkt bemerkbar machte, der sich in kleinen Kompositionen, die typisch und mehr als ermutigend waren, ausdrückte. Der Junge arbeitete brav, ohne sich jemals bitten zu lassen; bei ihm ging alles »von allein«, ohne Probleme oder Gewissensfragen, die Musik war sein Element, er fühlte sich darin wie ein Fisch im Wasser. Ein Detail ist nicht ohne Bedeutung: er liebte zwar die Musik mehr als alles andere, aber er war in seinem Geschmack und in seinen Gewohnheiten keinesfalls einseitig; er machte seine Schularbeiten korrekt und, anders als manchen Wunderkindern, die man nicht so leicht ihrem Klavier oder ihrer Geige entreißen konnte, war es ihm sehr recht, wenn er die Beschäftigung wechseln, Übungen machen, sich zerstreuen durfte.

Frycek war ein sensibles, aber ausgeglichenes Kind. Die Musik war sein Hauptanliegen, aber kein Klotz am Bein: Er kannte andere Horizonte – aber sein Blick war auf einen Stern fixiert, der ihn im Dunkel seiner Jugend leitete.

Wir besitzen kein Kinderportrait von Chopin.[6] Niemand – weder Eltern noch Lehrer – haben etwas über den Charakter des Kindes niedergeschrieben. Wir wissen nur, daß er von spontanem Wesen war, gern Späße machte, ohne Grund lachte, seine Schwestern neckte, ungestüm war, von ihnen voller Zuneigung behandelt wurde, jedoch ohne allzu große Beachtung seiner erstaunlichen Gaben, daß er seinen Eltern respektvoll gegenübertrat, gesundheitlich ein bißchen anfällig war, unter Appetitmangel litt und oft Zahnschmerzen hatte. Eine solche Familienatmosphäre kann man einem Kind seiner Art nur wünschen: Disziplin, verbunden mit warmer Zuneigung. Durch die Pension Chopin hatte Frycek ständig Altersgenossen um sich, die zum großen Teil seine Freunde blieben. Die meisten von ihnen waren Söhne von Grundbesitzern, die ihre Kinder außerhalb des Hauses erziehen lassen mußten. Sie hießen Titus Woyciechowski, Jan Bialoblocki, Julian Fontana, Jan Matuszynski, Pruszak, Skarbek, Gorski, Zabolli, Rogozinski, Podbielski, Lesser, Wolowski, Zaleski, Witwicki, Magnuszewski, Mochnacki usw. Wir werden im Verlauf dieser Erzählung mehr als einem von ihnen wiederbegegnen. Sie alle gehörten der wohlhabenden Schicht an und hatten eine sorgfältige Erziehung genossen, so daß sie für Frycek die angenehmste Gesellschaft waren. Das Kind erwarb durch den Kontakt mit ihnen gute Umgangsformen, die es bald hervorhoben. Kein Musiker der Welt hat eine so vornehme Erziehung genossen wie Chopin. Die vielzitierte Bezeichnung »junger Fürst« ist in dieser Hinsicht vollkommen zutreffend.

Kurz nach ihrer Ankunft in Warschau zogen die Chopins um. Das Gymnasium, das sich in den Räumen des Sächsischen Palais befunden hatte, war jetzt im ehemaligen Palais Kasimir in der Krakauer Vorstadt untergebracht. Alle Vorteile waren hier vereint: die neue Wohnung der Familie Chopin war geräumiger als die vorige. Sie lag in einem Anbau des eigentlichen Schlosses: so gab es keinerlei Verwechslung zwischen den Pensionären von Nicolas Chopin und den externen Schülern des Gymnasiums. Frycek und seine Freunde brauchten nur einen Hof zu überqueren, um den Unterricht zu besuchen. Ein Park umgab die Schulgebäude. Schließlich war durch einen glücklichen Zufall das Musikkonservatorium ganz nah, in der gleichen Straße. Der Ausdruck »alles in Reichweite haben« – Familie, Haus, Schule, Garten – trifft hier absolut zu. Man lebte mitten in Warschau und doch in der Natur. Ein Blick – und man kam sich vor wie auf dem Land. Ein Schritt – und man stand auf der Straße. Das Schauspiel hier war sehenswert.

Warschau 1820

Warschau erwachte schon früh am Morgen. Ab vier Uhr hörte man das Rollen der mit Obst und Gemüse beladenen Wagen, die die Märkte versorgten – die großen hölzernen Karren, die über die neu gepflasterten Straßen knarzten und rumpelten, trafen mit Heu, Korn und Geflügel an den Schranken von Mokotow, Wola und Marymont ein. Bei tiefer Dunkelheit legten die Bäcker frisches Brot und duftendes Gebäck auf die Regale. Die Fischer sortierten die am Abend vorher gefangenen Schleie, Hechte und Lachse in Kübel. Den Arbeitern aus den Außenbezirken servierten die Garküchen Wurst, Borschtsch und gedünsteten Kohl. Noch bevor der Tag anbrach, war die Hälfte der Warschauer bereits auf den Beinen.

Um fünf Uhr öffneten Manufakturen und Fabriken ihre Tore. Auf den Baustellen nahm man die durch die Nacht unterbrochene Arbeit wieder auf. Um sechs Uhr erschienen die ersten Hausfrauen auf den Straßen. Sie gingen zu den Hauptmärkten – auf den Pode Lwem (Löwenplatz) hinter Zelazna Brama (dem Eisernen Tor) im Stadtviertel Grzibow, oder in die Altstadt, um bei den Bauern direkt Geflügel, Mehl, Grieß, Butter, Käse, Eier, Gemüse und Obst zu kaufen. Das Leben auf den Freimärkten rückte die Stadt in die Nähe eines riesigen Dorfes. Wären nicht die hohen Häuser und das Gewirr der schmalen Gäßchen gewesen, man hätte geglaubt, man sei auf dem Lande.

Um sieben Uhr im Sommer, um acht Uhr im Winter ergoß sich der Strom der uniformierten Schüler in die Straßen, die Schultasche in der Hand, das Pausebrot in der Tasche. Diese lärmende Jugend verschwand hinter den mächtigen Gittern, die so vielen Schulen das Aussehen von Gefängnissen geben. Aber das Leben auf den Straßen ließ deswegen nicht nach. Den ganzen Tag über kamen mit Baumstämmen und Brettern beladene Wagen aus dem Stadtviertel Praga, die Fiaker kreuzten sich und blieben manchmal stecken, große, flache Wagen lieferten Fässer mit Wein und Bier an die Einzelhändler. Leichte Breaks fuhren im Galopp ihrer Vollblüter vorüber und ließen mühelos die Lastfahrzeuge hinter sich, die Sand, Ziegel, Kalk und Steine transportierten. In den Wohnvierteln nahmen sich die Karossen das Vorfahrtsrecht. Der Verkehr war dicht, und in den Straßen ohne Gehsteige mußten sich die Fußgänger mühevoll ihren Weg bahnen.

Gegen neun Uhr schlossen die Märkte, und Büros und Behörden öffneten. Die vornehmen Leute steckten ihre Nase hinaus, der müßige Teil der Stadt erschien vor den Türen. Die Läden in den vom Adel bewohnten Straßen – Krakowskie, Przedmiescie, Nowy Swiat, Krolewska und Miodowa – erhielten Zulauf. Die feine Welt genoß ihre Morgenschokolade bei Lessel, Buol oder Semadeni. Die Höfe der Privathäuser wurden überschwemmt von Straßenhändlern, Drehorgelspielern, Lumpenhändlern und Knoblauchverkäufern. Auf den öffentlichen Plätzen traten zwischen vier Seilen oder auf schnell aufgeschlagenen Tribünen Jongleure, Possenreißer und Leierspieler auf. Die Armee defilierte zum Klang von Militärkapellen.

Die Mittagsstunde brachte Ruhe. Restaurants und Gasthöfe füllten sich. Um zwei Uhr leerten sich die Ministerien: der Arbeitstag des Beamten war zu Ende.

Gegen fünf Uhr konnte man kaum noch einen Fuß vor den anderen setzen: die Arbeiter kamen aus den Fabriken, die Kinder aus den Schulen, die vornehmen Leute vom Essen in der Stadt.

Die Damen brachen zu Spazierfahrten in die Umgebung von Warschau auf, oder sie blieben in der Stadt und gingen in den Saski- oder Lazienski-Park. Herren in modischen Anzügen, mit gestärkten Kragen und Manschetten, Lackschuhen und hohen Hüten begleiteten die Damen oder promenierten allein. In der Gesellschaft gehörte es zum guten Ton, die frische Luft zu fürchten: »Ich finde, daß du heute nicht sehr gut aussiehst«, erklärte Fürst Czartoryski seiner Frau, »ich wette, du bist wieder in den Feldern spazierengegangen!«

Auf Schritt und Tritt begegnete man Ausländern – Franzosen, Italienern, Deutschen –, die an ihrer Kleidung zu erkennen waren. Und wäre man nicht auf so viele polnische oder russische Soldaten, auf so viele Spione und Polizeispitzel getroffen, wäre man sich vorgekommen wie in Paris! Am Abend waren die Schenken umlagert, und wer nicht zu Hause aß, verbrachte den Abend in einem der unzähligen Cafés, die für Unterhaltung und Muße die angenehme Atmosphäre komfortabler Salons boten: Pod Kopciuszkiem (Aschenputtel), Dziurka (das Löchlein). In »Alt-Polen« waren die Cafés Brzezinska und de Paris die beliebtesten. Gegen elf Uhr endeten die Vorstellungen im Nationaltheater und in der Heca. Cafés und Restaurants schlossen ihre Pforten, die letzten Wagen rollten durch die Stadt, die jungen Herren von Welt strebten nach Hause.

Eine seltsame Stadt

Zu der Zeit, in der diese Erzählung spielt, war Warschau mit seinen 100 000 Einwohnern eine Großstadt[7] – eine der größten Europas. Sie bot einen recht seltsamen Anblick, da in der gleichen Straße Palais' und alte Gemäuer, schöne Patrizierhäuser und armselige Hütten nebeneinander standen. Die Palais', etwa hundertfünfzig an der Zahl, waren im italienischen Stil erbaut. Große Steinhäuser mit ihren verzierten Fassaden wechselten ab mit einfachen Holzhäusern, die erstaunlich leicht in Flammen aufgingen. Die Straßen waren entsetzlich. Wenn es regnete, versank man beim Überqueren in einen schlammigen Strom. Eine Müllbeseitigung gab es kaum, sanitäre Maßnahmen überhaupt nicht. Unter Wojda, der ab 1815 der Stadtverwaltung vorstand, machte eine relative Sanierung schnelle Fortschritte. Doch in fünfzehn Jahren wuchs die Bevölkerung der Stadt gut um die Hälfte.

Durchzugsstadt – Stadt der Kontraste, in der man, laut Tolstoi, »eine Verbindung asiatischen Pomps mit grönländischem Schmutz« beobachten konnte. Moskau war zur gleichen Zeit kaum appetitlicher anzusehen, und im Hinblick auf Sauberkeit und Hygiene war Paris kaum besser als Warschau. Ganz gleich, wie der Zivilisationsstand des Landes war, wies jede Stadt bis zu der Zeit der modernen Entdeckungen auf dem Gebiet der Müllbeseitigung ähnliche Mängel auf. Diese hier genoß den Vorzug des »Lokalkolorits« und einer extremen Vielfalt von Menschentypen: vornehme Leute, die nach der letzten Pariser Mode gekleidet waren, Offiziere in Garnison mit Schwertern und roten Stiefeln, bärtige Juden, Türken, Griechen, Russen, Italiener, ein paar Franzosen – Warschau, wie es Chopin kannte, war ein Kreuzungspunkt, wo sich die westliche Zivilisation und die feste Tradition eines farbigen Ostens begegneten. Die Stadt hatte Charakter.

Aber in vieler Hinsicht ließ dieses Land zu wünschen übrig.

Eine Bauernnation

Im Jahre 1815 hatte Polen im ganzen 3200000 Einwohner. In den folgenden fünfzehn Jahren wuchs die Bevölkerung um eine Million.

In der ersten der beiden Zahlen sind nach den Statistiken 2400000 Bauern, 400000 Bürger, 200000 Aristokraten und Angehörige des »Kleinadels« und 200000 Juden enthalten. Eine hauptsächlich landwirtschaftlich orientierte Nation (nur 21% der Bevölkerung lebten in der Stadt), deren Ländereien zum größten Teil den Großgrundbesitzern gehörten. 30% der Bauern besaßen kein eigenes Land und mußten für ihren Lebensunterhalt bei den Reichen arbeiten. Die persönliche Freiheit war den Bauern durch die Verfassung von 1815 zugesprochen worden – mit anderen Worten, die Sklaverei war abgeschafft –, aber paradoxerweise blieb der Frondienst erhalten. Dazu hatte der Grundbesitzer das Recht, den Bauern, mit dem er nicht zufrieden war, von seinem Land zu vertreiben. Er machte von diesem Recht überreichlich Gebrauch[8], denn die schlecht geleitete Arbeit wurde auch schlecht ausgeführt, und die Erträge waren erbärmlich. Trotz der unsicheren und oft elenden Situation der bäuerlichen Klasse waren Aufstände selten. Zwischen den Proletariern und den reichen Grundbesitzern befand sich die Mittelklasse der kleinen Grundbesitzer, die chronisch verschuldet waren.

Drei Gesellschaftsklassen gab es im Lande. Die »große Welt«: Aristokraten und die besitzende Schicht – Bankiers, Industrielle und Fabrikanten, oft Ausländer. Ein mittleres Bürgertum, dessen Leben mit dem des kleinen Landadels zu vergleichen war: es hatte zwar keinerlei Einfluß auf das gesellschaftliche Leben des Landes, nahm aber dafür an seinen Freizeitvergnügungen teil. Die Arbeiterklasse, zu der sich Händler und Angestellte gesellten. Die Arbeitszeit – zwölf bis sechzehn Stunden – erlaubte dieser Klasse keinerlei Feizeitbetätigung. Schließlich der Pöbel, unter dem es eine Menge Gefangene und Landstreicher gab.

Eine fürstliche Erziehung

Nur ein Drittel der Bevölkerung hatte Zugang zu einer Ausbildung. Die beiden anderen Drittel gehörten zur Masse der Ungebildeten, ja sogar der Analphabeten. Die Lage an der Universität und an den Schulen war kritisch: es gab nur wenig Lehrer und Professoren, und die wurden auch noch schlecht bezahlt.[9] Aber wie gewöhnlich in einem Land mit niedrigem Bildungsniveau, waren die Gebildeten außergewöhnlich hochgebildet. In den Salons wurde französisch gesprochen. Außer dieser Sprache, die ihm sein Vater beigebracht hatte, lernte Frédéric Chopin Griechisch, Latein, Deutsch, Englisch und Italienisch! Neben dem Gymnasium und dem Konservatorium besuchte er Kurse in freier Rede und Vortragskunst, eine Religionsklasse und einen höheren Gesangskurs. Außerdem nahm er gern an literarischen Diskussionen teil. Es soll hier noch einmal bemerkt werden, daß Chopin sich durch seine außergewöhnliche Erziehung von Jugend an auf gleichem Niveau mit den Fürsten seines Volkes befand, deren Gesellschaft er jeder anderen vorzog, nicht aus Snobismus, sondern aus einem Gefühl geistiger Gleichheit: er dachte wie sie, er sprach ihre Sprache.

Er hoffte zusammen mit allen anderen Studenten auf ein positives und fruchtbares Wirken des Großfürsten Konstantin, eines Bruders des Zaren, der zusammen mit Nowosiltsow de facto Polen regierte. Ihm zur Seite standen die beiden Kammern des Reichstages: diese konnten sich jedoch unglücklicherweise nur in Gegenwart des »Königs« versammeln. Jedoch begann Konstantin schnell – und vor allem seit dem Tod Alexanders I. im Jahre 1825, dessen Nachfolger auf dem Zarenthron Nikolaus I. war – nach mehr oder weniger ernsthaften Versuchen der liberalen »Öffnung«, mit einer Politik übermäßiger »Russifizierung«. Die Grundlagen der Verfassung, die der Fürst Adam Czartoryski in guter Absicht für sein Land niedergelegt hatte, wurden außer Kraft gesetzt, und es formte sich eine geheime Opposition, vor allem in Studentenkreisen. Zwei Geheimorganisationen – »Panta Koina« (Alles gemeinsam) und der von Mickiewicz gegründete »Bund der Filomaten« (Wissenschaftsfreunde) – wurden aufgedeckt, ihre Initiatoren deportiert. Es gab wohl ein Dutzend Zeitungen in Warschau, aber sie wurden von der Zensur kontrolliert und erhielten keinerlei ernsthafte politische Information. Daraus resultierte die bedeutende Rolle, die den Geheimbünden und vor allem den Freimaurern zufiel. Diese Vereinigungen unterstützten 1828 den ersten Aufstand und bereiteten von langer Hand die nationale Erhebung von 1830 vor.

Dies war das politische und gesellschaftliche Klima, in dem der junge Chopin bis zu seinem zwanzigsten Lebensjahr aufwuchs.

Sehr bald war er in Warschau berühmt – berühmt, wie man es zu seiner Zeit war: das heißt, daß drei- oder vierhundert Menschen von ihm sprachen, ihm zuhörten und ihn schätzten. Aber diese Privilegierten waren allmächtig in der Stadt. Ihnen war der schnell erworbene Ruhm zu verdanken.

Obwohl die Eltern nichts dazu taten, um Fryceks frühen Aufstieg zu fördern, wurde dieser ziemlich rasch der Liebling der Salons. Man sprach von ihm wie von einem zweiten Mozart. Man kann über Wunderkinder spotten oder sich über sie ärgern wie man will, nichts begeistert das Publikum so wie die extreme Frühreife von Talenten. Im Alter von sieben Jahren spielte der kleine Chopin mit ebensoviel Geschmack wie Temperament. Als geborener Pianist überwand er mit Leichtigkeit die Schwierigkeiten des Klavierspiels, sein Gedächtnis ließ ihn nie im Stich, und dank seiner schöpferischen Gaben konnte er neben dem klassischen Repertoire kleine Stücke aus eigener Feder anbieten. Im Jahre 1817 erfuhr eine erste Polonaise, gewidmet der jungen Gräfin Viktoria Skarbek, der Tochter seiner Patin, die Ehre, gestochen zu werden. Ein befreundeter Priester, der Abt Cybulski, ließ dieses Werkchen des kurzbehosten Komponisten drucken, das auch noch eine Lobeshymne in der »Warschauer Revue« erhielt: »Der Komponist dieses polnischen Tanzes ist erst acht Jahre alt. Er ist der Sohn von Nicolas Chopin, eines Lehrers für Französisch und Literatur am Warschauer Gymnasium. Er spielt nicht nur auf dem Klavier mit bemerkenswerter Leichtigkeit und Geschmack die schwierigsten Stücke – sondern er hat schon mehrere Tänze und Variationen komponiert, die Kenner und Kritiker in Erstaunen versetzen. Wäre er in Deutschland oder Frankreich geboren, er wäre zweifellos schon in allen Ländern der Welt berühmt. Dieser Artikel möge den Leser daran erinnern, daß auch unser Land Genies hervorzubringen vermag…«

Frycek las diesen Artikel. Bildete er sich etwas darauf ein? Überhaupt nichts. Er war ein kluges Kind mit schalkhaftem, zärtlichem Wesen, er blieb seinen Schwestern ein freundlicher

Spielkamerad und empfand den Eltern gegenüber heftige Zärtlichkeit. Dies bezeugen zwei Briefe – die beiden ersten aus seiner Feder –, die er in seinem sechsten und siebenten Lebensjahr Nicolas und Justyna zum Namenstag schrieb:

Lieber Papa, wenn alle Deinen Namenstag feiern, dann freue ich mich auch und wünsche Dir, daß Du glücklich bist, niemals Unannehmlichkeiten erleiden mußt und immer ein gütiges Schicksal hast. Dies sind die herzlichen Wünsche von
F. Chopin. (6. Dezember 1816)

Ich sende Dir, Mama, meine herzlichsten Glückwünsche zum Namenstag! Der Himmel möge wahr machen, was mein Herz begehrt: Du sollst immer gesund und glücklich sein. Mögest Du ein langes Leben in Glückseligkeit verbringen.
F. Chopin. (16. Juni 1817)

Die Familie

Leider wissen wir sehr wenig über die Familienmitglieder. Von Frau Justyna besitzen wir drei Briefe an ihren Sohn, die während seines Aufenthalts in Paris geschrieben wurden. In diesen Briefen drückt sich rührende Fürsorge aus (»die ergebenste aller Mütter«, schreibt sie vor der Unterschrift) sowie ein dringender Appell an den Beistand und die Güte Gottes, keine Phantasie, vernünftige Urteilsfähigkeit, die Ordnungsliebe einer guten Hausfrau und die Wachsamkeit einer liebenden Mutter. Das ist alles, was wir von ihr wissen. Frycek war und blieb für sie ein zärtlicher, respektvoller Sohn. Äußerlich hatte er von seiner Mutter die vollen Lippen, die Adlernase und die unruhigen Augen. Vom Vater hatte er die Zurückhaltung, die Mäßigung geerbt, von denen sein ganzes Handeln geprägt war. Sehr bald schon durchzog sein ganzes Wesen so etwas wie eine Trennwand: auf der einen Seite herrschte die ungebundene Phantasie, genährt von der Sensibilität eines Kranken – auf der anderen Seite das klare und unbeirrbare Urteilsvermögen. Vergeblich würde man in seiner Korrespondenz und in Berichten über ihn nach einer Spur von Eitelkeit, nach einem Zeugnis seiner Selbstzufriedenheit suchen. An der Scheide zweier Jahrhunderte geboren, verdankte er dem zweiten fieberhafte Glut, dem ersten hochgespannte geistige Klarheit. Als geborener Romantiker, jedoch mit klassischer Bildung und Erziehung, wich er unter keinen Umständen von seinem genauen kritischen Sinn ab. Noch unter schlimmsten Widrigkeiten blieb seine musikalische Handschrift durchsichtig, und sein literarischer Stil gehörte im Grunde dem 18. Jahrhundert an. Sein ganzes Leben lang lieferte er ein ausgezeichnetes Beispiel für eine durch den Stil gebändigte Leidenschaft. Hierin unterschied er sich von den anderen Romantikern.

Louise, seine ältere Schwester und Hauslehrerin, war selbst eine ausgezeichnete Musikerin, die es nicht müde wurde, mit Frycek vierhändig zu spielen. Sie war und blieb die Vertraute ihres Bruders, den sie später in Nohant und Paris besuchte. Sie war bei ihm, als seine letzte Stunde schlug. Intelligent, gebildet, sehr französisch in Kultur und Geist, gesprächig, auf alles neugierig, verstand sie Frédéric, dem sie sehr ähnlich war. Sie hörte niemals auf, ihn als große Schwester, die ihre Aufgabe versteht und die Zerbrechlichkeit des brüderlichen Herzens kennt, liebevoll zu beraten. Später heiratete sie einen Professor für Recht und Verwaltung am Landwirtschaftlichen Institut von Marymont, Kalasanty Jedrzejewicz.

Die zweite Schwester, Isabelle, hatte einen weniger ausgeprägten Charakter. Sie war eine gute, jedoch keine glänzende Musikerin und heiratete einen ehrenwerten, langweiligen Mann, Anton Barcinski, von dem sie keine Kinder bekam. Die jüngste Schwester, Emilie, war zur Dichterin geboren. 1824 schrieb sie mit elf Jahren zusammen mit dem Bruder – zum Geburtstag von Herrn Chopin – eine Komödie in Versen, die sie mit ihm zusammen aufführte. Drei Jahre später übersetzte sie zusammen mit Isabelle einen langen Roman aus dem Deutschen. Dann taten sich die beiden Älteren, Louise und Isabelle, zusammen, um Kinderbücher zu schreiben. Die vier Chopin-Kinder waren also musikalisch, intelligent, lebhaft, fröhlich, ungestüm und für alles begabt. Sie spielten Komödien, gründeten einen Literatur- und Theaterverein, erfanden Scharaden, machten Gedichte, für die Frycek die Musik schrieb, und begeisterten all ihre Freunde durch ihr sprudelndes Leben.

Dazu muß noch vermerkt werden, daß Frycek schon sehr früh eine verblüffende Begabung für das Zeichnen bewies. Kaum hatte er ein neues Gesicht gesehen, schon skizzierte er es voller Humor. Als geborener Karikaturist erfaßte er sofort das Typische einer Gestalt oder die Eigenheit eines Profils. »Wenn der Lehrer im Gymnasium einen Sachbegriff nennt«, notierte einer seiner Schulkameraden, »skizziert Frédéric ihn mit dem Bleistift.« Mit einem Sprung begab er sich vom Klavier zum Tisch, unterbrach die Arbeit an einer Mazurka, um »hübsche kleine Nichtigkeiten« zu malen, die, so schreibt Ferdinand Hoesick, zeigten, daß er ein großer Maler hätte werden können, »wenn er sich Bleistift und Pinsel gewidmet hätte«. Aus Spaß schrieb Frédéric eines Tages an seine Familie: »Ich habe beschlossen, Maler zu werden, denn nichts ist einfacher, als mit einem Pinsel über Papier zu fahren, und man bleibt dennoch ein Sohn Apolls.« Als er »in die Welt hinauszugehen« begann, trug sein Karikaturtalent, verbunden mit seiner erstaunlichen Imitationsgabe, mindestens ebensoviel zu seinem legendären Ruf bei wie seine Erfolge als Komponist und Pianist. So breit gefächerte Anlagen sind selten. Aber kommen wir auf den Wunderpianisten zurück.

Erste Konzerte

Seinen ersten Ruhm in der Gesellschaft verdankte er der Gunst des Großfürsten Konstantin. Mehrere Male spielte das Kind im Palais Belvedere vor, und der Bruder des Zaren, der Vizekönig von Polen, »lancierte« ihn. So wie David die Wutausbrüche Sauls zu beschwichtigen vermochte, so verstand Frycek das Geheimnis, den rasenden Zorn des Vizekönigs zu bändigen: man ließ ihn ins Schloß kommen, wenn ein Unwetter drohte. Andererseits interessierte sich auch Fürst Radziwill, der Statthalter von Posen, für Frycek. Er selbst war ein ausgezeichneter Musiker, Cellist und Komponist, Verfasser der ersten Musik zu Goethes *Faust*.[10] Radziwill, mit einer preußischen Prinzessin verheiratet, die ihrem Gatten am Tag der Hochzeit die Befreiung der in schlesischen Festungen sitzenden polnischen Kriegsgefangenen schenkte, hatte sich mitten im Wald, nahe der schlesischen Grenze, ein komfortables Jagdhaus bauen lassen.

Inmitten von Hochwald und Teichen erhob sich die Holzfassade des Gutes Antonin, in dessen großen und schönen Räumen die Familie des Fürsten und seine immer zahlreichen Gäste angenehme Tage verbrachten. Frycek kam als Kind dorthin, spielte Klavier, begeisterte seine Zuhörer und bestach durch seine schon früh vollendeten Manieren. Er war schon jetzt der »Fürst unter Fürsten«, als den ihn Franz Liszt später bezeichnete.

Im Palais Radziwill in Warschau durfte Frédéric dann auch, nachdem er sich lange hatte bitten lassen, mit Erlaubnis der Eltern sein erstes öffentliches Konzert geben. Ein paar Tage vor seinem achten Geburtstag, am 24. Februar 1818, spielte er einen Satz aus einem Klavierkonzert des Tschechen Gyrowetz, des Kapellmeisters an der Kaiserlichen Oper in Wien. Der kleine Junge war von seiner Mutter für diesen Anlaß prächtig herausgeputzt worden, während sie selbst zu aufgeregt war, um an dem Konzert teilzunehmen. Am Abend fragte sie ihn gespannt, wie es gewesen sei: »Nun, wie ist es gegangen? Hat man applaudiert? Was ist am besten angekommen?« »Mein weißer Kragen, Mama...« Darauf kann man wirklich nicht sagen, daß das Wunderkind Starallüren hatte! Julian Ursyn Niemcewicz, ein bedeutender Politiker und Dichter, der Verfasser der *Historischen Gesänge der Polen*, ein fortschrittlicher Publizist und Satiriker, bat den kleinen Chopin inständig, zugunsten des Wohltätigkeitsvereins von Warschau zu spielen. Er selbst schrieb in der ihm eigenen humoristischen Art über das Konzert.[11]

Eine Uhr

Durch dieses Beispiel verlockt und durch sein Ansehen auf den Geschmack gebracht, ließen nacheinander der Fürst Czartoryski, der Fürst Czetwertynski, der Fürst Sapieha, der Fürst Lubecki, der Vizekönig Zajaczek, die Gräfin Adam Zamoyska, Frau Grabowska »Chopinek« auftreten. Im folgenden Jahr, am 21. November 1819, gab die berühmte Sängerin Angelica Catalani mit enormem Erfolg in Warschau vier Konzerte. Im Salon von Frau Kermançon, einer Verwandten, stellte man ihr den kleinen Chopin als den »besten Pianisten der Stadt« vor. Entzückt von seinem Spiel, schenkte sie ihm eine goldene Uhr, von der sich Frédéric nie mehr trennte. In ihrem Gehäuse steht die folgende Widmung:

Frau Catalani
für Frédéric Chopin
zehn Jahre alt
Warschau
den 3. Januar 1820.

»Musikalisches Genie...«

Auch die Mutter des Zaren, Maria Teodorowna, wollte das Wunder des Tages hören, das zu diesem Anlaß zwei selbstkomponierte Polonaisen vortrug. In der gleichen Zeit spielte Frycek wieder einmal im großfürstlichen Palais, wo er die junge Alexandrine de Moriolles, Tochter des Vormundes von Fürst Paul, kennenlernte: Sie wurde eine seiner Schülerinnen.

Ohne daß es einer Propaganda bedurfte, mehrte sich der Ruf des kleinen Virtuosen und Komponisten ganz von allein. Bald wußte er nicht mehr, wie er es fertigbringen sollte, »allen Einladungen nachzukommen, die ihm in reichem Maße zufließen«.[12]

»Vergiß nicht dein eigenes Klavier!«[13] flehte der gute Zwyny. Aus dem Professor, der früher für 4 Zloty die Stunde Privatunterricht gegeben hatte, war eine Institution der Pension Chopin geworden, eine Art guter Onkel, dessen schlecht sitzende Perücke und zeremonielle Art die Kinder entzückte. So merkwürdig es scheinen mag: einen anderen Klavierlehrer bekam Chopin nicht. Der Unterricht wurde 1822 beendet. Frycek war zwölf Jahre alt. »Ich kann ihm nichts mehr beibringen!« seufzte

Zwyny in seiner komischen Art. »Er hat mich alles gelehrt«, sagte Chopin.[14]

Zum Geburtstag am 21. April 1821 schenkte Frédéric seinem alten Lehrer eine *Polonaise in As-Dur*. Es ist das erste Manuskript, das bis heute erhalten ist. Wie soll man dieses Stück beurteilen? Von einem Erwachsenen würde es durch ziemliche Unerfahrenheit überraschen. Von einem elfjährigen Kind versetzt es aus vollkommen entgegengesetzten Gründen in Erstaunen: die Einfachheit der Abfassung wird ausgeglichen durch einen angeborenen Sinn für Proportionen, den Chopin sich sein ganzes Leben lang erhielt, und durch einen sehr sicheren Instinkt für Harmonie. Die Bässe stehen an der richtigen Stelle, einige sind sogar kunstvoll, und an mehr als einem Detail erkennt das geübte Auge die Keimzelle eines großen Talents. Das ist Zwyny sicherlich nicht entgangen, aber seine Meinung ist durch eine ganz natürliche Voreingenommenheit gefärbt.

Ein anderer Musiker, den man keiner prinzipiellen Nachsichtigkeit beschuldigen kann, erkannte sofort die Fähigkeiten des Jungen, den man ihm anvertraut hatte: Josef Antonin Franciszek Elsner. Dieser Schlesier, 1769 geboren, gründete im selben Jahr, 1821, das Warschauer Konservatorium. Er war schon Direktor der Zentralschule für Musik und blieb noch für drei Jahre Kapellmeister an der Oper des Nationaltheaters. Er hatte viel religiöse, symphonische und auch Kammermusik komponiert, außerdem einige Opern historischen Inhalts *(Wladyslaw Lokietek)*. Er träumte davon, Schöpfer der polnischen Oper zu werden, aber er wußte um seine Grenzen: so lag er dem jungen Chopin von seinem siebzehnten Lebensjahr an in den Ohren, er solle sich seinem Lieblingsgebiet zuwenden: »Schreiben Sie eine Oper!« sagte er immer wieder zu ihm. »Die Oper hat ihren Gipfel noch nicht erreicht. Durch gemeinsame Bemühungen der Dichter und Komponisten aller zivilisierten Nationen muß sie dorthin geführt werden. Sie sind es sich schuldig, zu diesem Gebäude Ihren persönlichen Stein beizutragen.« Vielleicht ahnte Elsner die große Zukunft, die dieser Kunstrichtung durch Wagner eröffnet – und übrigens wieder verschlossen – wurde, und die für ihn das »totale Schauspiel« bedeutete. Nicht Chopin, sondern Moniuszko verwirklichte mit seinem recht geringen Talent die Hoffnung von Elsner, wenigstens zum Teil.

Im allgemeinen werden die Verdienste von Chopins Lehrern zu gering gewürdigt. Wir haben diese Darstellungsweise in bezug auf Zwyny verurteilt, den viele Historiker wie einen lächerlichen alten Vogel beschreiben. Die gleichen Autoren verleihen Elsner die Züge eines ehrenwerten, sturen und borierten Kapellmeisters. Elsner war zwar kein Genie, aber er beherrschte seinen Beruf von Grund auf, und ihm gebührt dazu noch das große Verdienst, daß er sich selbst richtig einschätzte. Als geborener Pädagoge gab er zu, daß man »in der Kompositionslehre niemals zu detaillierte Rezepte vermitteln soll, vor allem nicht Schülern, deren Fähigkeiten klar und deutlich sind. Sie müssen sie selbst finden, damit sie frei werden und zu entdecken vermögen, was bisher noch nicht entdeckt worden ist«.

Als er Frédéric Chopin sah, ihn hörte und seine ersten Harmoniearbeiten las, ahnte er mit beispielhaftem Scharfsinn den außergewöhnlichen Menschen und — weit davon entfernt, ihm die Gaben, die den seinen ganz klar überlegen sind, zu neiden — begeisterte er sich für ein Talent, das er niemals erreichte. Mit kluger Selbstverleugnung wußte er, daß es »in der Kunst, wenn es einen Fortschritt geben soll, nicht nur gut ist, wenn der Schüler seinen Lehrer einholt und sogar überholt, sondern daß er auch etwas eigenes mitbringt, was ihn berühmt macht«. Als erfahrener Kompositionslehrer wußte er, wie schwierig es ist, auf einem Gebiet Lehren zu erteilen, auf dem die schöpferische Eingebung ebenso wichtig, wenn nicht überhaupt wichtiger ist als die Erfahrung. Diesen Funken, ohne den ein Musikstück ein trauriges Geklimper bleibt, ahnte er sofort bei dem kleinen Chopin. Was lehrte er ihn? Die Harmonie, um seinen Instinkt in Bahnen zu lenken; den strengen Kontrapunkt, um seinen Stil flüssig zu machen; die Analyse von Meisterwerken, um ihm nützliche Anhaltspunkte zu geben.

Über die von dem Schüler komponierten Stücke gab er kluge Urteile ab, die für Frédéric eine Orientierung ohne Einengung bedeuten sollten. Hier endete auch schon der Unterricht in einer Kunst, die man aus sich schöpfen, aber nicht lernen kann. Statt eifersüchtig zu sein, wie das sicherlich bei einigen engherzigen Lehrern der Fall gewesen wäre, bewunderte er ihn. »Unser Frédéric«, sagte er nach vielen Jahren der Unterweisung, »weiß gar nicht, wie sehr ich ihn respektiere und liebe. Als genialer Künstler hat er ein Recht darauf von seiten aller, die fähig sind, das zu begreifen.«

Das große Wort »Genie« hatte er schon am Ende seines dritten Studienjahres in Frédérics Schulheft geschrieben: »Besondere Fähigkeit, musikalisches Genie.«[15] Wirklich, Chopin hatte die Lehrer, die er verdiente.

Das ganze Jahr 1822 nahm der »kleine Chopin« Privatstunden bei Elsner. Er komponierte eine *Polonaise in gis-Moll,* die er einer gewissen Frau Dupont widmete. Im folgenden Herbst schickte Nicolas Chopin, der seinen Sohn ausreichend vorbereitet zu haben glaubte, Frédéric in die vierte Klasse des Warschauer Gymnasiums.[16]

Im Gymnasium

Nichts von alldem erinnert an das Bild, das man sich gewöhnlich von der Jugend eines Romantikers macht. Frédéric genoß eine strenge, umfassende, kluge und nutzbringende Erziehung. Sein genau festgelegter Zeitplan ließ ihm nur wenig Zeit zur Muße. Denkt man eigentlich genügend daran, daß er gleichzeitig eine musikalische Ausbildung und allgemeinen Unterricht erhielt, während die meisten anderen Kinder seines Alters sich entweder mit dem einen oder dem anderen begnügten? Und die taten sich dabei nicht so hervor wie Frédéric, der ein ausgezeichneter Schüler in allen Fächern war. Linde, der Rektor des Gymnasiums, hatte ihn sehr gern, und der kleine Chopin dankte es ihm: mit Talent zeichnete er das Portrait des Rektors, der manchmal unvorbereitet einen fehlenden Lehrer vertrat – und Frau Linde widmete er sein *Rondo in c-Moll* op. 1. Die Lehrer – Jasinski (Mathematik), Maciejowski (alte Literatur), Dziekonski (polnische Literatur), Vogel (Zeichnen), Skrodzki (Physik, Chemie, Naturgeschichte), Ciampi (griechische Literatur) –

rühmten den pianistisch begabten Schüler, der drei Jahre hintereinander Preise mit den Glückwünschen des Rektors entgegennahm. Diese Erfolge wurden im »Warschauer Kurier« erwähnt. Chopins Name stand auf der Ehrentafel, ebenso die von einigen seiner Freunde, unter ihnen Ostrowski, Matuszynski, Fontana, Potocki, Kolberg, Pruszak und der treue Titus Woyciechowski mit seinem Halbbruder Charles Weltz. Titus – ein guter Musiker, Sohn eines reichen Grundbesitzers – gehörte zusammen mit Fontana, Bialoblocki und Matuszynski zu den Kostschülern von Nicolas Chopin, ebenso wie Magnuszewski, der künftige Romancier und Dramatiker, Marylski, der sich in der Literatur einen Namen machte[17], die drei Brüder Wodzinski (Anton, Casimir und Felix, Brüder von Maria) und Wilhelm von Kolberg.[18] Die meisten dieser jungen Männer waren ein bißchen älter als Frédéric, der unbewußt von der Erfahrung der Älteren profitierte und durch den Kontakt mit ihnen relativ früh heranreifte. Zwei Studienaufseher von Nicolas Chopin verkehrten häufig in der Familie: Anton Barcinski (er heiratete Isabelle Chopin) und Podowski, dessen breites Wissen und unpedantische Art Frédéric zu schätzen wußte. Elsner und Linde waren treue Freunde des Hauses. Ein ehemaliger Soldat Napoleons, Casimir Bradzinski, machte sich zum Vorkämpfer der heraufziehenden Romantik und ließ die Gedichte des von den Russen verhafteten Mickiewicz veröffentlichen. Jacob-Friedrich Hofman, ein Universitätsprofessor, vertraute Frédéric sein Steckenpferd an, er interessierte ihn für den Bau eines neuen Musikinstruments, das »Äolomelodikon« oder »Choralion«, mit dem er die Kunst zu revolutionieren hoffte.

In dieser Atmosphäre der Bildung – Gewächshaus, jedoch kein Treibhaus – entwickelte sich unser Held schnell.

»Hanswurstiaden«

Vor allem darf man sich keine strenge Umgebung oder kleinliche Lebensbedingungen vorstellen. Im Clan der Chopin-Kinder herrschte eine gelöste Fröhlichkeit. Frédéric imitierte den armen

Petzel von der reformierten Kirche und erfreute damit seine Kameraden. Der Junge konnte wirklich unwiderstehlich komisch sein. Als geborener Komödiant träumte er vom Theater ebenso wie von der Musik, und statt richtige Stücke zu spielen, erfand er mit seinen Schwestern Scharaden, lebende Bilder, die er selbst »Hanswurstiaden« nannte. An manchen Tagen überschlugen sich die Späße – zum Beispiel als Frédéric es für die Darstellung des Königs Sigismund August für richtig hielt, die Freimaurertracht von Nicolas anzuziehen. Die Geschichte erregte großes Aufsehen. Am nächsten Tag war Frédéric klug genug, seine Bibel verschwinden zu lassen, auf deren erste Seite er seinen Namen in Stottersilben geschrieben hatte, um die Freunde zum Lachen zu bringen: »Chochochochochopin«. Er fand jetzt schon Geschmack an Spitznamen. Für seinen ein bißchen älteren Herzensfreund Titus Woyciechowski war und blieb er »Chopinek«. Das ging so weit, daß er es nicht übelnahm, wenn ihn viel später George Sand mit mehr oder weniger geschmackvollen Kosenamen belegte – »Chip«, »Chop«, Chipette« oder sogar »mein lieber Leichnam«.[19]

Ein besonders gelungener Abend brachte Frédéric und seiner jüngsten Schwester Emilie Starruhm ein. Sie hatten zusammen ein Stück in Versen geschrieben – *Das Versehen oder Das Ende des vermeintlichen Spitzbuben* – und spielten die beiden Hauptrollen unter den durchsichtigen Pseudonymen Frédéric und Emilie Pichon. Die Rolle eines dickbäuchigen, asthmatischen Bürgermeisters war ein Riesenerfolg für Frycek. Ein bekannter Schauspieler, Pisarski, hörte ihn und bestätigte, der junge Mann habe das Zeug dazu, ein großer Schauspieler zu werden. Sein ganzes Leben lang liebte er Verkleidungen, Imitationen und Possen. Aber im Mannesalter ähnelten diese Heiterkeitsausbrüche eher Blitzen an einem sonst düsteren Himmel, während in der Jugend Frycek jeden Augenblick »vor Lachen losplatzte«. Seltsames Schicksal!

Eine Kindheit ohne Aufregungen und eine im ganzen sehr glückliche Jugend lassen in keiner Weise das Ende der Geschichte vorausahnen. Vom Tage seiner Ankunft in Paris an wurde Frédéric ein vollkommen anderer Mensch. Da er in einer freudvollen Umgebung großgeworden war, brachte er aus seiner Heimat Polen eine Erinnerung mit, die ihn durch die Entfernung schmerzlich belastete.

In Szafarnia

Seine Ferien 1824 verbrachte er fröhlich in der Familie seines Freundes Domenik Dziewanowski, eines Schülers von Nicolas Chopin, in Szafarnia, in vornehmer Umgebung von den Gästen her, und doch wieder bäuerlich durch die Lage des Hauses mitten auf dem Lande. Frédéric amüsierte sich königlich. Und er dachte sicherlich nicht nur an die Musik.

»Ich amüsiere mich gut«, schrieb er an seinen Freund Wilhelm von Kolberg. »Nicht nur Du kannst reiten, auch ich kann es jetzt! Frage mich nicht, wie – aber ich kann es: wie ein Affe auf einem Bären! Ich bin noch nicht heruntergefallen, weil mein Pferd es noch nicht gewollt hat, aber ich werde an dem Tag herunterfallen, an dem es ihm Spaß macht...«

Für seine Familie, die in Warschau geblieben war, schrieb er in Nachahmung des »Warschauer Kuriers« einen »Kurier von Szafarnia«, der – gezeichnet mit »Sieur Pichon«, der Umkehrung von Chopin – die Chronik seiner Ferien war.

Meine geliebten Eltern!

Es geht mir Gott sei Dank gut, und die Zeit vergeht höchst angenehm. Ich lese nicht, ich schreibe nicht, aber ich spiele Klavier, ich zeichne, ich genieße die gute Luft, wenn ich mit dem Wagen ausfahre oder, wie gestern, auf dem weißen Partizip des Verbs »connaître«[20] über Land reite.

Ich habe einen ungewöhnlichen Appetit. Aber um meinen dünnen Bauch vollkommen zufriedenzustellen, genügte eigentlich die Erlaubnis, daß ich mich mit dem Landbrot sattessen darf.

Am Sonnabend waren viele Leute da. Sonntag waren wir in Gulbiny, und heute sind wir in Sokolowo.

Wir haben eine wichtige Nachricht erhalten: eine Truthenne hat zufällig in einem Winkel des Speichers gebrütet, ein junger

Truthahn kam auf die Welt. Das große Ereignis trägt nicht nur zur Vergrößerung der Familie der geflügelten Tiere bei, sondern auch zu den Steuereinnahmen und wird ihre Weiterentwicklung sichern. Gestern hat sich die Katze in die Garderobe geschlichen und eine Sirupflasche zerbrochen. Wenn sie es auch einerseits verdient, gehängt zu werden, so muß man ihr doch andererseits wieder gratulieren, weil sie sich die kleinste ausgesucht hat!

Bei einem Musikabend hat Sieur Pichon sich mit dem *Klavierkonzert* von Kalkbrenner vor einigen Persönlichkeiten und Halbpersönlichkeiten hervorgetan. Dieses Werk hat vor allem bei den Zuhörern geringerer Bedeutung nicht so viel Erfolg eingebracht, wie *Der kleine Jude*[21], den Sieur Pichon anschließend vortrug.

Das Erntedankfest wurde in Obrow gefeiert. Das ganze Dorf war vor dem Schloß versammelt und hat sich ehrlich gefreut, vor allem nach dem Wodka. Und die Kinder haben schrill, unmelodisch und falsch das folgende Lied gesungen:

Vor dem Schloß schwimmen die Enten im Pfuhl
Unsere Herrin ist ganz aus Gold.
Vor das Schloß ist ein Seil gespannt,
Unser Herr taucht unter.

Vor dem Schloß hängt eine Schlange
Unser Fräulein Marianne heiratet.
Vor dem Schloß ist eine Mütze,
Unsere Kammerfrau ist ein bißchen blöd!

P.S. Sieur Pichon hat Zwistigkeiten mit den Vettern, denen er in Szafarnia begegnet ist, wo sie sich in Massen drängen. Sie beißen ihn, soviel sie können, aber glücklicherweise verschonen sie seine Nase, die sonst noch größer würde.[22]

Volksmusik

Zum erstenmal bekam Frédéric Kontakt zu dem polnischen Land und den Bauern, die darauf wohnten. Das Erntedankfest von Obrow hatte ihm wertvolle Bilder geliefert. Eines Tages sah er eine Bäuerin, die an einem Wiesenrand lauthals ein Lied sang. Er sprach »diese Dorf-Catalani« an und bot ihr »drei Groschen, damit sie ihr Lied wiederholte«. Lange Zeit erklärte sie sich für nicht fähig. Endlich entschloß sie sich und sang eine Mazurka, deren erste Strophe lautete: »Sieh, wie hinter den Bergen der Wolf tanzt, hinter den Bergen der Wolf tanzt. – Aber er hat keine Frau, und deshalb grämt er sich so (zweimal).« Bei einer anderen Gelegenheit überraschte der Hausherr »Klein-Pichon«, wie er seine Mazurka *Der kleine Jude* spielte: »Er ruft sofort seinen israelischen Pächter und fragt ihn, was er von dem Spiel des jungen Virtuosen halte. Mosiek tritt ans Fenster, steckt seine wundervolle Hakennase in das Zimmer, hört zu und meint schließlich, wenn Sieur Pichon bei jüdischen Hochzeiten spielen wollte, könne er jedesmal mindestens zehn Taler verdienen. Diese Erklärung wird Sieur Pichon ermuntern, so oft wie möglich in dieser Musikart zu arbeiten, und vielleicht wird er sich in Zukunft so einträglichen Harmonien widmen!« Diese kurzen Schlaglichter, dieser sporadische Kontakt mit dem polnischen Land und dem bäuerlichen Leben genügten ihm, um auf realer, doch zerbrechlicher Grundlage ein Phantasiegebäude zu errichten, das echter ist als die genaueste »Reportage«. Die Artikel und die Filme, in denen der junge Chopin gezeigt wird, wie er sein Leben inmitten des Volkes verbringt, täuschen uns in doppelter Hinsicht. Zuerst einmal stimmen die Fakten nicht. Ferner zeugen sie von der Unkenntnis dessen, was im Kopf eines Künstlers vorgeht: es ist wie eine Landschaft, die durch einen Funken erhellt wird, eine chemische Reaktion, bei der es kein Verhältnis zwischen Ursache und Wirkung gibt. Während einer Stunde ländlichen Spazierganges in seinen Kinderferien hat Chopin in Wirklichkeit mehr gesehen als die Bauern, die ihr ganzes Leben auf dem Feld zubringen.

Unser Chopin zeigt in der Blüte seiner vierzehn Lenze in jenem köstlichen »Kurier« – es ist das erste gesicherte Dokument von seiner Hand – jene Frische der Eindrücke, jene Lebensfülle, jene Gabe der optischen Wahrnehmung, jenen Sinn für Karikatur, die wir bereits hervorgehoben haben. Für ein junges verhätscheltes, geachtetes, umschmeicheltes Genie ist er nicht eingebildet.

Er ist einfach, bekennt sich zu seiner Jugend, ist vollkommen gelassen – das ist sehr selten bei einem Jungen seines Alters. Seine
Wesenszüge sind charmant, spontan und überhaupt nicht melancholisch. Die Gesundheit ist zwar nicht einwandfrei, aber
auch noch nicht sehr schlecht. Mehrere Male erklärt er, er befinde sich »in gutem Zustand«, und er beklagt sich niemals über
Müdigkeit. Nicht die geringste Spur des nur selten definierten
berühmten »Zal«, auf das man sich immer wieder beruft, wenn
man die verborgenen Züge Chopins zeichnen will. Was ist
»Zal«? Wenn man Liszt glauben soll, kam dieses Wort Chopin
immer dann in den Mund, wenn man ihn fragte, welche Gefühle
er in seine Musik gesteckt habe. »Zal« ist schwer zu definieren.

»Zal!« ruft Liszt lyrisch aus, »seltsames Wort, von seltsamer
Vieldeutigkeit und noch seltsamerer Philosophie! Verschiedenen
Sinnes, umfaßt es alle Rührung und demütige Ergebung in einen
resignierten und klaglosen Schmerz, wenn es direkt auf Tatsachen und Dinge angewandt wird. Sobald es jedoch auf den Menschen angewandt und seine Beziehung indirekt wird, bedeutet es
das Gären des Hasses, der Vorwürfe, den Vorsatz der Rache, die
Drohung, die unversöhnlich im Inneren grollt, sei es auf Vergel-
tung lauernd oder sich von unfruchtbarer Bitterkeit nährend! In
Wahrheit, dies Zal färbt alle Arbeiten Chopins mit einem bald
milden, bald glühenden Widerschein!«

Nun, Zal fehlt in den ersten Werken von Chopin wie übrigens
auch in den Charakterzügen des Heranwachsenden.

Ein junger Virtuose

Die folgenden Jahre vergingen in Harmonie. Im Gymnasium
arbeitete Frédéric regelmäßig. Im Mai 1825 kam Zar Alexander I. zu einem öffentlichen Konzert in der evangelischen Kirche
in Warschau. Er wollte damit die Erinnerung an ein Ereignis vergessen machen, das sich tief in die Herzen der Polen eingeprägt
hatte: ein Prozeß gegen einen Offizier, der überführt worden
war, einen Geheimbund gegründet zu haben – der junge Musi-

ker hatte mitten in der Menge der schrecklichen Degradierung beigewohnt. Hier wurde ein seltsames, von Brunner und Hofman erfundenes Instrument vorgestellt: das »Äolomelodikon«, eine Art von Harmonium mit Kupferpfeifen.[23]

Frédéric, der von dem Pianisten Würfel Orgelunterricht und seltsamerweise auch Kontrabaßunterricht erhalten hatte, improvisierte auf dem »Äolomelodikon«. Der begeisterte Zar schenkte ihm einen goldenen Ring mit Brillanten.

Kurz darauf – am 20. Mai und am 10. Juni 1825 – spielte Frédéric Chopin noch zweimal vor Publikum. Er wirkte bei Konzerten mit, bei denen das »Äolopantalon«[24], eine von dem mit Chopin befreundeten Kunsttischler Dlugosz gebaute, verbesserte Variante des ersten, vorgestellt werden sollte. In dem zweiten Konzert versammelten sich hundertsiebzig Zuhörer, eine beachtliche Zahl für die damalige Zeit. Die »Allgemeine Musikalische Zeitung« in Leipzig äußerte sich lobend darüber und schrieb: »Unter den Händen des talentvollen jungen Chopin, der sich durch einen Reichtum musikalischer Ideen auszeichnet und ganz Herr dieses Instruments ist, machte es großen Eindruck...« Vor den Improvisationen spielte er das Allegro aus einem Klavierkonzert von Moscheles.

Seit dieser Zeit spielte der Junge regelmäßig während der von den Schülern des Gymnasiums gesungenen Messe die Orgel bei den Visitandinerinnen. »Ich bin Organist geworden«, schrieb er an Bialoblocki. »Meine Frau und alle meine Kinder müssen aus zwei Gründen Respekt vor mir haben! Ha! Mein lieber Herr, wie bin ich bedeutend. Ich spiele die zweitwichtigste Rolle nach dem Herrn Pfarrer!« Eines Tages geriet er sich mit dem hauptamtlichen Organisten, einem gewissen Bialecki, in die Haare – »ein braver Mann, der sich in seiner Kunst bewegt wie ein Pferd im Walkstock«. Chopin, der sein schlechtes, immer gleiches Spiel nicht ertragen konnte, setzte sich an den Spieltisch und begann mit einer Improvisation, ohne auf den Priester zu achten, der die Messe las. »Manchmal, wenn er eine falsche Note oder eine Dissonanz nicht ertragen konnte, schob er Bialecki mit Gewalt beiseite, setzte sich an den Spieltisch und spielte für ihn an seinem Platz.«[25]

Seine Ferien 1825 verbrachte er in Szafarnia. Er machte Ausflüge und hielt sich kurz in Kowalewo, in Danzig, Plock und Thorn auf, wo er das Geburtshaus von Kopernikus besuchte. Vor allen Dingen aber träumte er und gab sich seinen Impressionen hin:

»Es ist jetzt acht Uhr morgens, und wir stehen niemals vor sieben auf. Die Luft ist kühl, die Sonne scheint herrlich, die Vögel zwitschern. Es gibt keinen Bach, denn er würde Lärm machen. Aber dafür ist ein Teich da, und die Frösche quaken wundervoll. Am lustigsten ist die Amsel, die mir vor dem Fenster ihre Abenteuer erzählt – und außer der Amsel die kleine Kagila. Sie ist knapp zweieinhalb Jahre alt. Sie hat sich mit mir angefreundet und plappert: ›Kagila liebt Sie!‹ So wie Kagila für mich, brenne ich eine Billion Male für Sie, Papa und Mama. Ich küsse Ihnen Hände und Füße [26]!«

Frédéric, der noch ein Kind war, wenn er an seine Eltern schrieb, benutzte große Worte, um seinem Freund Matuszynski zu imponieren. Er »stilisierte« sichtlich und beschwor frische Erinnerungen an die Klassik herauf: »Ah! Selbst Frau von Sévigné wäre nicht fähig, meine Freude über Deinen so unerhofften Brief zu beschreiben. Eher hätte ich den Tod erwartet als eine solche Überraschung. Ich hätte niemals gedacht, daß dieser verknöcherte Bücherwurm, dieser Philologe, der bis zur Nase in seinem Schiller steckt, die Feder ergreifen und dem wie der Sturmwind ungebändigten Zymbalisten [27] schreiben würde; an einen, der noch nicht einmal eine einzige Seite Latein gelesen hat, an das Ferkel, das sich mit Unrat mästet und mindestens um ein Zehntel dicker werden will von Deinem Fett!

Du hast mir mit Deinem Hasen imponieren wollen? Ich will meinerseits den unerfahrenen Jäger, der Du bist, mit meinem Hasen beschämen, der sicherlich viel größer ist als Deiner, und mit vier jungen Rebhühnern, die ich gestern von den Feldern mitbrachte.

Ich habe das Geburtshaus von Kopernikus gesehen und das

Zimmer, das heute leider ziemlich entweiht ist. In der Zimmerecke, wo Kopernikus zur Welt kam, befindet sich das Bett eines Deutschen, der sicherlich, wenn er zuviel Kartoffeln gegessen hat, öfter einmal Zephire losläßt...«

Bei einem Bauernfest zur Erntezeit tanzte er den Kujawiak – einen Volkstanz der Provinz Kujawien – und sah voller Freude zu, wie die Erntearbeiter Walzer und Oberek tanzten, ergriff einen »einsaitigen, staubigen Baß und begann mit so viel Eifer darauf zu spielen, daß alle einen Kreis um ihn bildeten«. Eine Frau von Jasiek »sagte ihm ein Lied auf, dessen zweite Strophe das Werk eines Mädchens war, das er ein paar Stunden vorher quer über die Felder verfolgt hatte«. Ein anderes Mal traf er jüdische Händler und ließ sich von ihnen den Hochzeitsmarsch aus den Synagogen – den *Majufes* – vorspielen, ließ sie tanzen und wurde zu einer jüdischen Hochzeit eingeladen. Kurz, er amüsierte sich und sammelte Bilder und Erinnerungen, die er niemals vergaß.

Zu Anfang des Schuljahres im Oktober 1825 hörte er im Nationaltheater den *Barbier von Sevilla* in einer sehr guten Aufführung des einheimischen Ensembles. Das Werk von Rossini begeisterte ihn: er hat übrigens diese spontane Musik immer geschätzt, die ohne sichtbare Anstrengung einer außerordentlich fruchtbaren Phantasie entspringt. Sofort komponierte er eine Polonaise, nach einem Thema aus dem *Barbier*. In der gleichen Zeit komponierte seine Schwester Louise einen *Mazur* [28], »wie man lange keinen ähnlichen in Warschau gehört hat. Es ist ihr *Nonplusultra*«.

Er applaudierte dem Pianisten Rembielinski, der »Klavier spielt, wie ich es bisher noch von niemandem gehört habe. Ich mag seine Walzer sehr...«

Rückkehr nach Zelazowa-Wola

Die WEIHNACHTSFERIEN 1825 verbrachte er mit Louise in Zelazowa-Wola, wo er sich oft mit seiner Familie aufhielt.[1] Zwei Kinder der Gräfin Skarbek – Anna (später Frau Wiesiolowska) und Friedrich – waren seine Paten. Als er einmal mit seinem Vater zum Essen bei Jawurek, einem Professor am Warschauer Konservatorium, eingeladen war, hörte er einen tschechischen Pianisten – »über sein Spiel kann man nicht viel sagen« – und einen gewissen Zak, Schüler am Konservatorium zu Prag, einen Klarinettisten, der »mit einem einzigen Atemzug zwei Töne hervorzubringen vermag«!

Im Februar 1826 litt er an Drüsenschwellungen. Doktor Roemer stellte einen Katarrh fest und setzte ihm Blutegel an die Kehle. Seit jener Zeit – und sogar schon früher – wurde Frédéric dem gesunden Menschenverstand zuwider nach den Überzeugungen der damaligen Zeit behandelt, die leider auf keinerlei ernsthaften Kenntnissen beruhten.

Das Abitur – dessen Prüfung man lateinisch »Maturitas« nannte – hob zu Beginn des Frühjahres 1826 drohend den Zeigefinger: »Nicht einen Brief von Dir seit mehreren Monaten«, schrieb Frédéric an seinen Freund Bialoblocki im Juni. »Comment? Cur? Warum? Pourquoi? Ich habe kaum Zeit zum Schreiben, denn – du weißt es genau – ich bemühe mich, mein Diplom zu erringen, aber es scheint mir, die Wurst ist nicht für den Hund: Operam et oleum perdidi[2], wenn Du Latein noch nicht vergessen hast... P.S. Linde hat ein Töchterchen: ecce femina, non homo.«

Und, o Wunder, Chopin, der Abiturient, war jetzt im Besitz des berühmten »Reifezeugnisses«, das ihm im Herbst die Pforten der Universität öffnete. Um sich von den Anstrengungen zu erholen und seine Gesundheit zu kräftigen, fuhr er mit seiner Mutter und den Schwestern zur Kur an die Heilquellen von Bad Reinerz. Vorher hatte er eine Aufführung der *Diebischen Elster* gesehen; ein Thema daraus inspirierte ihn zu einer kurzen Polonaise.

Kur in Reinerz

Das Dorf Reinerz – heute Duszniki Zdrój – ist ein Badeort im preußischen Schlesien. Es liegt 568 m hoch in einem Tal mit einem reißenden Fluß, umgeben von hohen Bergen und verfügt über wohlrenommierte Mineralwässer. Frédéric lebte dort wie alle anderen, bekam aber zusätzlich Molke und kräftige Nahrung. Da er extrem mager war, mußte er sich ein bißchen auspolstern. Voll Ungeduld ließ er die Reihe der monotonen, erholsamen Tage über sich ergehen. Immer bereit, die Lächerlichkeit der Kurgäste aufzuzeichnen, schrieb er seinem Freund Kolberg: »Morgens, spätestens um sechs Uhr, versammeln sich alle Patienten um die Quelle. Ein Blasorchester aus ein paar Karikaturen jeglicher Sorte spielt, während die Kur-Gaeste[3] langsam promenieren. Danach geht jeder nach Hause zum Mittagessen. Dann gehe ich spazieren. Am Nachmittag noch größere Maskerade als am Morgen, weil jeder sich herausgeputzt hat und sich in einem anderen Anzug sehen läßt…«

Während dieses Kuraufenthalts, der bis zum 11. September dauerte, gab Chopin im örtlichen Theater zwei Wohltätigkeitskonzerte zugunsten zweier Waisenkinder. Und er fuhr nach Warschau zurück, wo sich düstere Ereignisse anbahnten.

Zuerst einmal beschloß Frédéric, auf das Universitätsstudium, das ihm nun offenstand, zu verzichten, um sich ganz der Musik zu widmen. Da er sich jedoch für Allgemeinbildung interessierte und einige bestimmte Fächer studieren wollte, schrieb er sich in die Vorlesungen für freie Rede, Literatur und Geschichte bei den Professoren Brodzinski und Bentkowski ein und nahm Italienisch- und Religionsunterricht[4]. Im Konservatorium[5] setzte er den Unterricht bei Elsner, bei dem er bisher nur Privatstunden gehabt hatte, fort. Harmonie, Kontrapunkt, Komposition: sieben Stunden Unterricht oder praktische Übungen in jedem Fach. Sonst schonte er sich. Doktor Malcz hatte ihm geraten, viel zu gehen und Brechmittel und Hafermehl zu nehmen, damit er ja zunehme – und außerdem auf alle überflüssigen Zerstreuungen zu verzichten: »Tees, abendliche Zusammenkünfte, kleine Bälle, alles ist verboten…« Die Freunde aus dem Gymnasium hatten sich zerstreut. Titus Woyciechowski studierte Jura, Jan Matuszynski Medizin. Fontana, der Pianist, blieb Mitschüler von Frédéric im Konservatorium. Bialoblocki behandelte in Sokolowo sein knochentuberkulöses Bein. Dieser junge Mann, der sehr jung starb, war von außerordentlicher Schönheit. Frédéric spöttelte über ihn, weil er Jozefowa, die alte Köchin der Chopins, erobert hatte, die ihn »schöner findet als alle jungen Herren, die hierher kommen. Weder Herr Woyciechowski noch Herr Jedrzejewicz, noch sonst jemand, niemand ist so schön…«

Emilies Tod

In dem gleichen Brief an »Jeannot« Bialoblocki berichtet Frédéric, daß in jenem Monat März 1827 seine Familie von Krankheit heimgesucht sei: »Seit vier Wochen liegt meine Schwester Emilie zu Bett. Sie hatte zu husten begonnen, dann spuckte sie Blut, und Mama ist furchtbar erschrocken. Malcz ordnete einen Aderlaß an, dann noch einen zweiten. Man hat ihr unzählige Blutegel angesetzt und Blasenpflaster und Senfpflaster aufgelegt. Welch eine Aufregung! Während der ganzen Zeit hat sie nicht gegessen und ist so stark abgemagert, daß man sie kaum noch erkennt. Du kannst Dir vorstellen, was wir alle durchgemacht haben…

Der alte Benik, Pate von Isabelle, ist tot. Seine Tochter ist soeben, nach neun Monaten Ehe, gestorben. Der Gipfel des Unglücks ist die letzte – glücklicherweise falsche – Nachricht, die uns, ich weiß nicht woher, zu Ohren kam, sicherlich aus der Hölle: die Deines eigenen Todes. Ich habe viele Tränen darüber vergossen. Stell Dir vor, ich wäre tot… (N.B.: ich lebe…)«

Einen Monat später trugen die Chopins die kleine Emilie zum Friedhof von Powazki. Das Grab hat die folgende Inschrift:

Emilia Chopin
Gestorben im vierzehnten Lenz ihres Lebens
Wie eine erblühte Blume
Mit der Hoffnung auf eine herrliche Frucht
10. April 1827

Seit diesem Ereignis, das für die Überlebenden jener zärtlich vereinten Familie so grausam war, trug Frau Chopin Trauer und legte sie niemals mehr ab. Die drei Kinder waren tief erschüttert. Nehmen wir uns die Zeit und sammeln wir uns ein paar Minuten an dem Grab eines Kindes, das man nicht heilen konnte, und versuchen wir, den Zustand unseres Helden genau zu erkennen. Horchen wir Chopin ab, wie man es hätte tun müssen, um ihn zu behandeln und zu retten!

Schwächliche Gesundheit

Über die Vorfahren der beiden Eltern wissen wir nur wenig. Die Chopins aus Lothringen waren gesunde Menschen, die lange lebten. Von den Krzyzanowskis wissen wir überhaupt nichts. Die Mutter von Chopin wird über achtzig Jahre alt, und ihr Mann stirbt mit dreiundsiebzig an einer Lungenentzündung. Die vier Kinder sind von schwächlicher Gesundheit. Louise stirbt mit achtundvierzig Jahren, Isabelle mit siebzig, Frédéric mit neununddreißig, Emilie mit vierzehn. Im Zeitalter der Romantik ist die durchschnittliche Lebenserwartung recht gering.

Frédéric wird von seinen Biographen mal als zarte Blume, mal als Athlet dargestellt, je nachdem, ob der Autor, unter totaler Mißachtung der historischen Tatsachen, die krankhafte Seite seiner Kunst oder im Gegenteil die erstaunliche Männlichkeit seiner Musik betont. Tatsächlich hat das Werk von Chopin abwechselnd – und sogar gleichzeitig – sowohl vom einen wie vom anderen etwas. Kaum hat man ein Buch zugeschlagen, das ihn als ausgezehrten Prinzen beschreibt, der zwischen zwei Hustenanfällen komponiert, schlägt man ein anderes auf, in dem Chopin als »kräftiger Mann«[6] erscheint, der ein Beispiel erstaunlicher amouröser Heldentaten gibt – die leider nur in der Einbildung geschehen sind! Wo ist die Wahrheit?

Während seiner frühen Kindheit ist Frédérics Gesundheitszustand normal, aber er ist recht zart. Der Junge von acht bis zehn Jahren wird uns von Augenzeugen als »schwächlich, anfällig, kränklich« beschrieben. Im Erwachsenenalter ist er für die Zeit groß – 1,70 m –, aber er wiegt nicht so viel wie bei seiner Größe notwendig wäre: 97 Pfund im Jahre 1840. Er erreicht niemals ganz die 50 Kilo! Da er immer friert, zieht er dicke Kleider übereinander. Da er zu dünn ist, versucht er zuzunehmen. Leider sind die diesbezüglichen Ratschläge der Ärzte vollkommen abwegig: Er kann nicht dicker werden, wenn er sich mit Haferbrei vollstopft – und auch nicht, wenn er, dieses Mal gegen den Rat der Mediziner, Roggenbrot ißt. Vielmehr überlastet er damit seinen gesunden, aber empfindlichen Magen. Sein Herz ist sehr gut, aber die Bronchien sind anfällig, und er hat eine Neigung zu Drüsenschwellungen im Bereich des Halses, die eigentlich ein Alarmzeichen hätten sein müssen. Dazu ist das Klima von Warschau rauh, und zwei seiner besten Freunde, Pensionäre in seinem Heim – Jan Bialoblocki und Jan Matuszynski – sind tuberkulös, sicherlich ansteckend und zum Tode verurteilt. Der eine stirbt mit dreiundzwanzig, der andere mit dreiunddreißig Jahren, der erste an Knochentuberkulose, der zweite an der Schwindsucht. Zu jener Zeit richtet die Tuberkulose Verheerungen an. Man kann sie weder feststellen noch heilen. Es ist klar, daß bei einem Menschen, der genau beobachtet werden muß, weil er ein paar Symptome von Anämie zeigt, weder Brechmittel noch Kräutertees, noch Gewürzbrot – und noch weniger die Blutegel und Aderlässe, Blasenpflaster und Kompressen, die zu jener Zeit in Gebrauch sind – etwas nützen! Keinerlei Hygiene, das ist selbstverständlich: weder Sport noch körperliche Betätigung, noch Ferien in den Bergen. Dafür geht Chopin seit seiner frühen Jugend zuviel aus, tanzt bis zur Erschöpfung »bis zwei Uhr morgens«, arbeitet wie besessen, nimmt sich keine freie Zeit, kurz, er führt ein Leben, das ganz im Gegensatz zu seinem

Gesundheitszustand steht. Sicherlich ist er schon krank, als er nach Paris kommt, und die etwa zwanzig Mediziner, die er dort aufsucht, versagen vollkommen und bringen ihn in seinem vierzigsten Lebensjahr ins Grab. Weder die Bäder im eiskalten Indre mit George Sand noch die Ferien auf den Balearen während eines regnerischen Winters unter besonders unbequemen Umständen, noch am Ende die Reise zu den englischen und schottischen Nebeln können das Fortschreiten des Übels verhindern.

Außerdem geht Chopin sein ganzes Leben lang spät zu Bett, während ein Mensch seiner Art vor zehn Uhr im Bett sein und sich außerdem Ruhepausen gönnen müßte. Wenn man Chopin liebt, tut es einem weh, wenn man ihn in einer Zeit leben sieht, in der die Medizin mangels elementaren Grundwissens herumprobiert – während heute jeder aufmerksame Mediziner dem kostbaren Patienten ein langes Leben bescheren würde. Fruchtlose Hirngespinste.

Das schwierige Alter

Die Pubertät brachte dem jungen Mann keinerlei Schwierigkeiten: zumindest sagt er nichts darüber. Über dieses Thema äußerte er sich immer zurückhaltend. Bis auf ein kleines Detail[7] entbehren seine Briefe jeglicher galanter oder auch nur eitler Vertraulichkeiten. Daß er den jungen Mädchen gefiel, ist sicher – aber es kümmerte ihn nicht. Ein einziges Mal erzählte er Titus zum Spaß auf Komödien-Italienisch, daß »das Fräulein Gouvernante des Hauses in der Marszalkowskastraße ein Kind im Bauch hat, und die Herrin des Hauses will den Verführer nicht mehr sehen. Stell Dir vor, bevor die Wahrheit entdeckt wurde, sah man in mir diesen Verführer, unter dem Vorwand, ich sei länger als einen Monat in Sonniki gewesen und oft mit der Gouvernante im Garten spazierengegangen. Aber ich bin nur spazierengegangen, nicht mehr. Sie ist nicht charmant. Und ich, Dummkopf, ich hatte keinen Appetit, zu meinem Glück…« Das ist nicht sehr ungezogen, es ist sogar ausgesprochen unschuldig. Nur in der Musik macht uns Chopin geheimnisvolle Andeutungen, über die er im Leben eisern schweigt.

Zweideutigkeiten

Wenn Chopin an seine Mitschüler schrieb, schlug er manchmal einen so überschwenglichen Ton an, daß man weniger reine Gefühle vermuten könnte. Wenn er um seinen siebzehnten Geburtstag – und sogar noch ein bißchen später – an Titus Woyciechowski, an Jan Matuszynski oder an »Jas« Bialoblocki schrieb, spickte er die Briefe mit zärtlichen, fast verliebten Ausdrücken »Meine Seele« oder »Mein Liebling«, »Mein Jas«, »Mein Geliebter«. Sicherlich muß man die romantische Übertreibung in Betracht ziehen, die Überspanntheiten einer Zeit gelten lassen, die Übersteigerungen gebrauchte und mißbrauchte – man muß auch gelten lassen, daß Frycek von Frauen, zwischen seiner Mutter und seinen Schwestern, aufgezogen wurde, daß er der einzige Junge in der Familie war und daß er durch den Kontakt mit ihnen eine leicht weibliche Art angenommen hatte. Dennoch stimmen diese von heftiger Leidenschaft geprägten Beziehungen zu Männern nachdenklich. Aber das ist nicht alles. Muß man annehmen, daß der russische Brauch unter Männern, sich auf den Mund zu küssen, zu Beginn des 19. Jahrhunderts auch in Warschau üblich war? »Ich küsse Dich herzlich auf den Mund, erlaubst Du?« schrieb Chopin an Titus. Er kam darauf zurück, wenn man so sagen darf, mit einem Mangel an Schamgefühl und mit einer Ungezwungenheit, die wieder eher für seine Unschuld spricht – um so mehr, als er Titus mehrere Male zum Zeugen seines Gefühls für Konstanze Gladkowska machte. Jedoch »Hab mich lieb, mein Geliebter!« – »Reiche Deinem Freund die Lippen!« – »Ich liebe nur Dich…« – oder auch burschikos: »Gib Deinen Mund!« – das sind merkwürdig zweideutige Sätze, die jedoch zu jener Zeit nach polnischer Sitte gebraucht wurden. Eines Tages schrieb er an Titus, als er sich von seinem Freund verabschiedete, um zum Essen zu gehen: »Sogleich zur Grütze! Aber jetzt zu Deinem Mund!« Was für verschiedene Arten von Appetit hintereinander! Man versteht, daß kleinliche Exegeten bei einem solchen Überschwang in der Sprache »gezuckt« haben.

Etwas ist sicher: die große Zurückhaltung Chopins dem schwachen Geschlecht gegenüber. »Er verachtet die Realität des Fleisches«, gestand George Sand bedauernd: »Er sagt, gewisse Dinge könnten die Erinnerung trüben…« Tatsächlich empfand er eine Art von Widerwillen, den Schritt zu tun, eine einfache Zuneigung des Herzens durch eine körperliche Bindung zu krönen. Er sträubte sich immer gegen den Liebesakt: sagen wir, er suchte keine Gelegenheit oder gab keiner Versuchung nach, er bemühte sich vielmehr, vor ihnen zu fliehen. Das alles ist wahr. Aber schließlich macht man weniger Aufhebens um eine frigide Frau…

Was soll man daraus schließen? Daß die Sexualität Chopins schwach und seine feminine »Komponente« stark war. So wie bei ihm die Phantasie die Oberhand über das Gefühl für die Wirklichkeit behielt, so erschien ihm die Idee der Liebe interessanter als die Liebe selbst in ihrer körperlichen Form. Muß man annehmen, daß er in seiner Jugend eine geheime Anziehung zu einigen seiner Freunde verspürte? Seine Freude an Worten enthob ihn wahrscheinlich jeder Verwirklichung seiner Neigungen. Wenn man seine späteren Beziehungen zu Titus oder Jas bedenkt – die beide von außerordentlicher Schönheit waren –, liegt dieser Gedanke nahe. Bialoblocki starb sehr jung an Tuberkulose. Über Matuszynski ist nichts zu sagen. Titus dagegen, ein kraftstrotzender »Gentleman-farmer«, heiratete Fräulein Poletyllo, nachdem er heiß in Fräulein Pruszak verliebt gewesen war[8]. Er ärgerte sich oft über die Ergüsse seines Freundes, dessen Genie er zu würdigen wußte, den er jedoch ohne weiteres freundlich in seine Schranken verwies: »Ich mag nicht geküßt werden!« fleht er. Es gab keine Homosexuellen unter Chopins Freunden: Allerdings war man zu jener Zeit in dieser Hinsicht außerordentlich verschwiegen. Sicherlich sind »Mein Liebling«, »Dein Mund«, »Deine Lippen« recht merkwürdige Ausdrücke: die Sprache der Romantik! Außerdem muß man bedenken, wie sehr Schüler dazu neigen, überspannte Floskeln an die Stelle echter Gefühle zu setzen. Der Hang zum Verliebtsein ist bei einem jungen Mann so groß, daß er sich auf hundert übertriebene, ungeschickte Weisen äußert. Man kann das Verbum »lieben« auf so viele Arten

abwandeln, ohne auch nur daran zu denken, den idealen Gegenstand nebelhafter Leidenschaft mit dem Blick zu beleidigen. So
schreibt Iwaszkiewicz sehr richtig: »Bevor wir von einer Maitresse träumen, träumen wir von einem Freund«, auf den sich
unsere Gedanken bis hin zu Begierden fixieren. Als Opfer einer
Gefühlsverwirrung, die es öfter gibt, als man meint, empfand
Frédéric sein ganzes Leben lang eine Art widerwilliger Leidenschaft. Hierauf beschränkt sich vielleicht die angebliche »Anomalie«, die ein paar Psychologen beunruhigt hat. Natürlich ist
die Annahme nicht verboten, daß hier wie in anderen Dingen die
extreme Zurückhaltung Chopins vielleicht gewisse Impulse ge-
hemmt hat. Eine zarte Seele, ein Herz, das es zu erobern und sicherlich Gefühle, die es zu erhaschen galt...

Unabhängigkeit

Recht erstaunlich ist die große Unabhängigkeit, die Frédéric
innerhalb seiner Familie in einem Jahrhundert errungen hat, in
dem das Patriarchat regierte. Sicherlich haben die früh entwik-
kelten Talente des Kindes, die wachsenden Erfolge des kleinen
Jungen, die Gunst der Gesellschaft, die seinem Namen Glanz
verlieh, dem jungen Mann zur Emanzipation verholfen. Man
konnte ein »Phänomen« nicht Gesetzen unterwerfen, denen unbekannte Studenten gehorchten. Tatsache ist jedenfalls, daß
Chopin von seinem siebzehnten Lebensjahr an sich eine Freiheit
im Handeln und im Benehmen erworben hat, um die ihn sicherlich mehr als einer seiner Kameraden beneidete. Bald wird er
Reisen machen. Bis zu seinem Exodus wohnte er bei der Familie,
führte jedoch ein Leben für sich. Obwohl er mit seinen Eltern
weiter auf sehr vertrautem Fuß stand, sogar sehr kindlich blieb
in der Art, die Dinge zu sagen, hundert kurze Briefchen zu
schreiben, auf gewisse Weise die gesprochene Zeitung von Warschau zu sein – einer sehr geschwätzigen Stadt –, behielt er seine
Verabredungen, seine Besuche, seine Bälle, seine Tee-Einladun-
gen für sich, ohne seine Arbeit darüber zu vergessen.
    Am Tag nach Emilies Tod verließen die Chopins die Wohnung

im Palais Kasimir, in dem zu viele Erinnerungen an die junge Tote steckten, und zogen in das Palais Krasinski, in der Krakauer Vorstadt 5. Frédéric wohnte zwar weiter mit seiner Familie unter einem Dach, nahm sich jedoch ein Mansardenzimmer, in das er sein Klavier stellte: hier komponierte er. Er verbrachte den Sommer teils in Stryzewo in der Provinz Posen bei seiner Patin, Frau Wiesiolowska, teils in Antonin, bei den Radziwills, wo er sich mit den beiden jungen Prinzessinnen Elisa und Wanda anfreundete. Dann begann das zweite Studienjahr am Konservatorium.

Zum größten Teil waren die Schüler am Konservatorium, wie so oft in kleinen oder mittleren Städten, Halb-Professionelle oder, was auf das gleiche herauskommt, Halb-Amateure. Es gehörte zum guten Ton, am Konservatorium zu studieren, und es war nützlich, wenn man hier ein Diplom machte. Aber so gut der Unterricht war, so niedrig war das Niveau der Schüler. Die berühmte Sängerin Sontag, die die beiden besten Schülerinnen aus Solivas Klasse und Mitschülerinnen von Chopin – die Fräuleins Wolkow und Gladkowska – vorsingen ließ, fand ihre Stimmen »viel zu schrill. Wenn die Unterrichtsmethode an sich ausgezeichnet ist, so machen sie nur schlechten Gebrauch davon. Sie müssen ganz anders singen, wenn sie ihre Stimmen in zwei Jahren nicht ganz verlieren wollen...« So war Konstanze Gladkowska, wenn sie auch das Herz des jungen Chopin rührte, sicherlich nur eine mittelmäßige Sängerin. Die Mitschüler von Chopin machten später achtbare Karrieren. Unter ihnen befand sich Fontana, ein Pianist und Amateurkomponist. Chopin begegnete dem treuen »Famulus« in Paris wieder, ebenso dem Geiger Orlowski. Chopin schätzte vor allem Nowakowski, einen Pianisten und Komponisten, »der so originell ist, daß man nicht zwei davon unter der Sonne findet«, Dobrzynski, Nidecki, einen Opernkomponisten, der später zum Co-Direktor des Theaters ernannt wurde, und Stefani, Verfasser von Polonaisen und Opern. Diesen traf Chopin oft bei Elsner, der musikalische Abende veranstaltete, auf denen jeder seine zuletzt komponierten Stücke vorspielte. Frau und Fräulein Elsner sangen sehr gut, bei dem Leiter der Schule herrschte eine angenehme Atmosphäre, und Chopin ließ sich hier auch außerhalb der eigentlichen Unterrichtsstunden oft sehen. Man spielte, auch vom Blatt, diskutierte, begeisterte sich. Chopin zeigte Joseph Elsner gewissenhaft alle seine Arbeiten. Er widmete ihm übrigens seine *Sonate in c-Moll* op. 4.

»Das Klavier ist meine Welt...«

Während der Jahre 1826–1827–1828 komponierte er sehr viel. Das *Rondo à la Mazur in F-Dur* op. 5, gewidmet der jungen Komtesse Alexandrine de Moriolles, seiner Schülerin; zwei *Walzer in As-Dur* und *Es-Dur,* die später im Album der Tochter von Elsner transkribiert wurden; die *Sonate in c-Moll* op. 4; eine *Polonaise in d-Moll,* einen *Kontertanz in Ges-Dur* (diese beiden letzten Stücke hatte er handschriftlich an Titus Woyciechowski nach Poturzyn geschickt); die *Variationen* op. 2 über das Thema *La ci darem la mano* (Reich mir die Hand, mein Leben) aus dem *Don Juan* von Mozart, Titus gewidmet; die *Polonaise in d-Moll,* die unter op. 71, Nr. 1 veröffentlicht wurde; eine *Mazurka in a-Moll;* ein *Nocturne in e-Moll,* das erst nach seinem Tod veröffentlicht wurde (op. 72, Nr. 1), ein *Trio in g-Moll für Violine, Violoncello und Klavier* op. 8, gewidmet dem Fürsten Radziwill, und schließlich das *Rondo in C-Dur für zwei Klaviere* (op. 73 posthum).

Außer dem Trio, in dem zwei Saiteninstrumente [9] vorkommen, die jedoch keine sehr bedeutende Rolle spielen – ist in all diesen Stücken Klavier, ausschließlich das Klavier vertreten. So bleibt es bis zum Ende seines Lebens, außer in zwei Klavierkonzerten und Variationen, in denen das Orchester – aber ein kaum symphonisches Orchester – mitspielt, der *Sonate für Violoncello und Klavier* und *Liedern.* Die typischen Stücke, die wirklichen Meisterwerke, sind alle für das Klavier geschrieben. Diese Ausschließlichkeit ist fast einzigartig in der Musikgeschichte. Weder das Orchester noch die Kammermusik, noch die menschliche Stimme und noch weniger die Oper haben Chopin jemals auf die Dauer reizen können. Das Klavier ist seine Welt. Aber wenn man diese bis dahin trotz der Errungenschaften [10] Beethovens sehr beschränkte Welt betrachtet, bemerkt man, wie sehr er ihren Horizont durch seine Träume, die er ihr anvertraut, erweitert hat. Tatsächlich ist Chopin der Schöpfer der modernen Klaviermusik. Es gibt in der Musikgeschichte das Klavier vor Chopin – und das danach.

In einem umfangreichen Kapitel über Chopin, voll begeisterter Superlative, hat Liszt einige seiner Neuerungen auf dem Gebiet der Klaviermusik aufgezählt: »Ihm danken wir«, so schrieb er, »die Erweiterung der voll angeschlagenen sowohl als der gebrochenen und figurierten Akkorde, die chromatischen und enharmonischen Wendungen, von denen seine Werke so überraschende Beispiele bieten; die kleinen Gruppen von Zwischennoten, die wie bunt schimmernde Tautröpfchen über die melodische Figur fallen. Er verlieh dieser Art Schmuck, deren Vorbild man bisher nur in den Fiorituren der großen alten italienischen Gesangsschule gefunden hatte, das Unerwartete und Wechselreiche, das die menschliche Stimme nicht erlaubte, die bis dahin in den stereotyp und monoton gewordenen Verzierungen durch das Pianoforte nur sklavisch nachgeahmt worden war. Er erfand jene bewundernswürdigen harmonischen Fortschreitungen, mittels deren er selbst den Musikstücken einen ernsten Charakter aufprägte, deren minder gewichtiger Vorwurf irgend welche tiefere Bedeutung nicht beanspruchen zu dürfen schien.« Man muß dazu sagen, daß Chopin auch in anderer Hinsicht oft und in bedeutendem Maße Neuland erobert hat.

Mit einem Schlag kommt er auf das Geheimnis, wie er das Klavier so zum Klingen bringt, wie es sich gehört und wie er es möchte. Das hängt davon ab, wie sich die Noten, aus denen ein Akkord besteht oder die Teile einer Tonfolge sind, über die Klaviatur verteilen. Die Anfänger in der Harmonie fangen so an, man lehrt sie die verschiedenen Arten, einen bestimmten Akkord zu setzen, einige Noten, aus denen er besteht, zu verdoppeln, und je nachdem den Abstand zwischen den Tönen zu vergrößern oder zu verkleinern. Ein paar Verbindungen klingen gut, andere wieder sehr schlecht.

Berlioz hat, da er nicht Pianist war und die Musik auf der Guitarre gelernt hat, zur gleichen Zeit einen abscheulichen Harmoniestil entwickelt, er verwendete Akkorde, die wie Trauben zusammenhingen: deshalb klingen seine Werke, die symphonisch gedacht sind, so gut mit Orchester und so katastrophal, wenn man sie auf das Klavier »reduziert«.[11] Chopin geht mit dem Instinkt eines Rutengängers direkt auf die Grundkonzeption los, die, ganz abgesehen von der Neuheit oder dem Schillern der Harmonie, die Reize eines Akkords, einer Phrase oder einer Periode am besten zur Geltung bringt. Weit davon entfernt, sich auf eine bevorzugte Tonlage zu beschränken, nutzt er die Tastatur in ihrer ganzen Breite aus: und welche Entdeckungen macht er auf diesem Wege!

Wenn er auch manchmal »Manien« hat, dann wandelt er den Ausdruck so stark ab, daß er mit einem ganzen Arsenal von Möglichkeiten zu jonglieren scheint. Die Schönheit seiner Themen ist dem Genie zu verdanken, hier soll jetzt nur von dem Aspekt des Talents gesprochen werden, das die Reize dieser Themen zur Geltung bringt. Denn in ihm steckte ein großer Künstler und ein sorgfältiger Handwerker: das eine ist ohne das andere nichts wert.

Neuerungen

Als erster verschmäht er Harmonien in kompakten Notenpaketen, als erster fächert er die Akkorde in schwingende Arpeggien ohne Schwere auf, die nicht mehr, wie bei Beethoven, eine rein dynamische Funktion haben, sondern eine vordergründig melodische Rolle spielen. Dieser Tatsache ist es zu verdanken, daß bei ihm der belebte Vortrag niemals gekünstelt oder hohl klingt, denn alle »Stimmen« wirken hier zusammen. Bei Chopin spricht jede Note, singen alle Läufe.[12] Niemals spielen sie eine rein dekorative Rolle oder dienen lediglich der Belebung des Rhythmus: die Läufe haben eine Kontur, einen eigenen Schwung, ein Eigenleben, ein Schicksal. Wir sind weit entfernt von den stereotypen Formeln, die – haben wir den Mut, es auszusprechen – eine Menge klassischer Stücke abwerten, besonders bei Haydn und Beethoven, wo die Kompositionsweise manchmal einem erschütternden Automatismus unterliegt. Wie oft bedient man sich, um eine originale Idee abzuschließen, eines Gemeinplatzes:

während Chopin Arpeggien verwendet, in deren zarten Windungen ebensoviel Erfindergabe steckt wie in seinen allerneuesten Themen. Vor ihm glaubte der Komponist zu lange, wenn er eine kunstreiche Idee oder ein pathetisches Motiv hatte, daß nun das Hauptsächliche getan sei, wenn man einmal so sagen darf. Für die Fassung dieser Perle konnte man ruhig auf altbewährte Methoden zurückgreifen! Die Durchführung befand sich nicht immer auf der Höhe der Grundidee, man vertraute der »Routine«, die »Fertigstellung« erfolgte ohne Sorgfalt, jedermann konnte eine »vorfabrizierte« Periode vollenden – während in der kleinsten Mazurka von Chopin das Auge des Meisters überall ist, es gibt keinen Takt, der nicht »handgemacht« ist!

Chopin stellt alles in Frage. Er trennt nicht naiv den »Inhalt« von der »Form« – das wäre das gleiche, als trennte man bei einem Lebewesen die Seele vom Körper –, er schafft eine Sprache, die sich auf die klassischen Grundlagen stützt, aber das Festgefahrene früherer Zeiten ablehnt.

Wo fand er Vorbilder für den Stil, den er hervorbrachte? Nirgends außer in sich selbst. Field hat ihm Anregungen gegeben, aber seine »Nocturnes« sind leere Rahmen. Das italienische

Theater hat Chopin gezeigt, wie man die Stimme zum Singen bringt: seine eigenen Elegien singen, wenn auch nicht von den gleichen Dingen, so doch zumindest in der gleichen Weise, mit der Flexibilität der menschlichen Kehle. Von Mozart, Weber und Beethoven kennt er die Sonatenform, aber er verwendet für seine klassischen Gebäude ganz andere Materialien. Zuerst einmal merkt man nicht, daß er etwas Neues bringt, und meint, er verirrt sich: »Er schrieb schöne Konzerte und Sonaten«, notiert Liszt, »doch fühlen wir aus denselben leicht mehr Absicht als Inspiration heraus.« Leicht? Wir glauben im Gegenteil, daß es eines außerordentlichen Scharfblicks bedarf, um genau das Gegenteil von der Wahrheit zu sehen! Und wir sind nicht im mindesten mit dem großmütigen Franz – der fetischistisch an Formen hängt, die sein Genie übrigens erneuern wird – der Meinung, daß »seine Anmut sich vornehmlich dann entfaltet«, wenn er »sich dem Gefühl überläßt«. Denn bis in die Halluzination hinein bleibt Chopin klarsichtig und Meister seiner Feder. Wenn er gewisse Strukturen zerbrochen hat, dann geschah das, weil er sich darin nicht wohl fühlte. Er schnürt sich das Korsett, lehnt aber den Schraubstock ab.

Die Färbung seiner Harmonik – seinen »blauen Klang« – findet er sehr früh. Er gehört ihm, wie alles, was er anrührt, vollkommen allein und ist ihm angeboren. Wenn es auch lustige Parodien auf Mozart gibt, die Imitationen von Chopin klingen sofort falsch. Wie viele Tonfolgen erfindet er, wie viele neue Verkettungen kommen dem jungen Mann spontan unter die Feder – wie zum Beispiel in der in Warschau komponierten 2. *Etüde in a-Moll* op. 10. Diese Flucht eines durchsichtigen Vogels in einen schwerelosen Raum gibt uns nach kaum weniger als einundeinhalb Jahrhunderten ein Gefühl ewigwährender Originalität. Der kleinsten Mazurka verleihen ihr bekannter Rhythmus und die sehr einfachen Harmonien einen unerklärbaren Charme, jenes »Ich-weiß-nicht-was«, an dem leider jede Suche nach rationaler Erklärung scheitert, die in bezug auf Chopin gar nicht klar formuliert werden kann. »Keine Musik ohne Hintergedanken«, notiert er einmal. Man könnte hinzufügen: Keine wirkliche Kunst ohne undurchdringliches Mysterium. Soweit die Musikanalyse auch sein mag, sie beschränkt sich darauf, das festzustellen, was sie nicht erklären kann. Die großen Stücke von Chopin – Balladen, Scherzi, Sonaten, Fantasien – entstammen nicht der Anwendung eines Rezepts, sondern einer Art von Logik, die ihnen eigen ist und die Gedanken wie in einem Schwebezustand hält. Die Musik Chopins gibt sich dem Fluß hin – was nicht bedeutet, daß sie ein Spielball der Strömung ist.

Persönlichkeit im Rhythmus; Persönlichkeit in der Melodieführung; Persönlichkeit in der Färbung der Harmonik; Persönlichkeit in der Form; Persönlichkeit in den Begleitungen, die endlich wie Erwachsene behandelt werden und nicht mehr wie Kinder, die man an der Hand führt – es gibt vielleicht auf der ganzen Welt keine Musik, die so total neu und so vollkommen befriedigend ist wie diese. Keine kühnere Musik. Keine Musik, die um sich eine sensiblere Welt schafft und verbreitet, und auch keine ergreifendere. Keine Musik, die mit ihrer Harmonik kunstvolle Instrumentalvorwürfe in den Dienst blitzender Gedanken stellt. Keine so geträumte Musik, die mit so reinen Mitteln übersetzt wurde. In dieser Hinsicht gibt Chopin, der dem Wesen nach Romantiker ist, niemals irgendeiner visionären Hysterie nach. Bis in den Rausch bewahrt er klassische Strenge. Und das alles zwar nicht seit den ersten Stücken, aber doch zumindest schon vor dem Ende der polnischen Zeit. Es muß immer wieder betont werden, daß Chopin zwar Halbfranzose durch seinen Vater, aber in seinem Innern Pole ist und im Jahre 1831 im Vollbesitz seiner genialen Fähigkeiten in Paris eintrifft. Er wird sich in Frankreich noch entwickeln – aber er hat seine Wurzeln anderswo.

Alles, was bis jetzt gesagt wurde, war Elsner im Verlauf des Unterrichts bewußt geworden. Daher stammte auch die Note, die der Wunderschüler erhielt: »Musikalisches Genie.« Die winzigen Einwände des Meisters wurden im Kontakt mit einer so offensichtlichen Größe wirkungslos. Ja, Chopin lehnte es ab, Opern zu schreiben – aber er besang die Geschichte des Landes auf andere Art! Ja, Chopin beschränkte sich auf das Klavier – aber durch ihn überschritten die Dimensionen des Klaviers das Volumen eines Orchesters, und die Fülle seiner Farben wurde ebenso groß. Ja, Chopin vernachlässigte, im Gegensatz zu Brid'oison, die »Fooorm«: aber er erfand neue Strukturen! Sehr schnell sah Elsner, der keine nutzlosen Ratschläge erteilen wollte, die Überlegenheit mit einer Noblesse ein, die dem freiwilligen Beiseitestehen Zwynys gleichkam. Statt die Metamorphose bewirkt zu haben, sind sie die geblendeten Zuschauer der Verwandlung einer Puppe in ein vollkommenes Insekt gewesen: daß es die Flügel ausbreitet und davonfliegt, ist ein Naturgesetz. Zumindest bewahrte Chopin bis ans Ende seiner Tage seinen beiden Lehrern gegenüber eine tiefe Dankbarkeit. Ebenso hing er bis zum Ende zärtlich an »den Seinen«, mit einer Ausschließlichkeit, die die Entfernung noch verstärkte. Sicherlich haben die Eltern ihrerseits geahnt, sie haben gewußt, daß Frédéric nicht war »wie die anderen«.[13] Wie rührend wirkt der junge Chopin, der zugleich allen jungen Männern seines Alters, aller Zeiten und aller Länder gleicht – und durch die Einmaligkeit seines Genies so einzig in seiner Art ist! Einzig und unersetzlich. Allein auf der Welt...

Reise nach Berlin

Wie fröhlich, spontan und gespannt auf Neues war der gleiche Frédéric, der am 9. September 1828 in die Postkutsche nach Berlin stieg! Er hatte die Gelegenheit, einen Freund seines Vaters, Jarocki, Professor der Zoologie an der Universität Warschau, nach Deutschland zu begleiten, wo dieser in Berlin an einem Kongreß der Naturforscher unter Vorsitz von Humboldt teilnahm. Die Reise war lang: fünf ermüdende Tage in einer »auf Stangen montierten preußischen Diligence, wo man sich zerrieben fühlt, wie Pfefferkörner in einer Mühle«! Berlin wirkte auf Chopin wie eine überdimensionierte Stadt: »Sie könnte zur Not doppelt so viele Menschen aufnehmen wie hier wohnen.« Die Sauberkeit, die Ordnung, die richtige Plazierung des kleinsten Details wogen in gewisser Weise den Mangel an Pittoreskem auf.

Pittoreskes fand Frédéric im Überfluß unter den am Kongreß teilnehmenden Wissenschaftlern: »Karikaturen: ich habe sie in drei Klassen eingeteilt!« Das Auge Chopins war ebenso scharf wie sein Ohr. Glänzend erfaßte er das Lächerliche, das Übertriebene, Mängel an einer Sache oder an einem Gesicht. Sein Tischnachbar, ein Botanikprofessor aus Hamburg »drückt mit einem Schlag seiner Bärentatze das Brot zu einem Fladen zusammen, während ich beide Hände brauche, um es abzubrechen! Beim Sprechen verliert er das kostbare Kügelchen, das er geformt hat, und knetet statt dessen meinen Teller, nachdem er die Krümel davon heruntergefegt hat!«

Frédéric wurde Lichtenstein und Humboldt vorgestellt und sah Zelter, Spontini und Mendelssohn. Die Scheu hielt ihn davor zurück, sich ihnen zu nähern. Dafür ging er fünfmal in die Oper, wo er *Ferdinand Cortez* von Spontini, *Die heimliche Ehe* von Cimarosa, den *Kolporteur* von Onslow, *Das unterbrochene Opferfest* von Winter und den *Freischütz* von Weber hörte. Im Konzert begeisterte er sich für das *Cäcilienfest* von Händel. Er machte eine lobende Bemerkung über zwei Sängerinnen, Tibaldi und von Schätzel. In bezug auf ihr Talent »ging es nicht ohne *aber* ab, erst in Paris gibt es dann zweifellos keine *Abers* mehr...« Das beweist, sozusagen ganz nebenbei, daß Chopin schon den Gedanken gefaßt hatte, nach Paris zu reisen, das zu jener Zeit einen beachtlichen künstlerischen Ruf genoß.

Drei Wochen vergehen schnell, wenn man so viel zu sehen und zu hören hat! Chopin nahm sich die Zeit, zu prüfen, ob die Berlinerinnen so schön sind wie ihr Ruf: »Puppen in Wildleder!« Er besichtigte zwei Klavierfabriken, verbrachte zwei Stunden bei dem Musikverleger Schlesinger, und in der Stadtbibliothek las er voller Respekt einen eigenhändigen Brief von Kosciuszko. Er verließ Berlin mit einer Bereicherung seiner »Karikaturensammlung«, die seinem Reich des leisen Gelächters neue Nahrung gab.

Auf dem Rückweg machte er in Züllichau halt, wo die Pferde gewechselt wurden. Chopin sah bei dem Posthalter ein Klavier stehen, öffnete es und begann zu spielen. Die Zuhörerschaft wurde immer größer, begeisterte sich, vergaß die Zeit, hörte nicht auf die Rufe des Postillons, kurz, man trug den jungen Virtuosen im Triumph zu seiner Kutsche. Erfolge beim Volk haben manchmal etwas Gutes...

In Posen wurde er beim Bischof Wolicki, einem Verwandten von Skarbek, zum Abendessen empfangen. Dann besuchte er die Radziwills, spielte mit dem Fürsten Stücke für Klavier und Violoncello – und vierhändig mit Klingohr, dem Lehrer der jungen Prinzessinnen. Der Abend endete mit einer brillanten Improvisation von Chopin. Dann fuhr er nach Warschau zurück, wo er am 6. Oktober eintraf.

Komposition

Sein letztes Studienjahr – 1828/29 – am Konservatorium widmete er vor allem persönlichen Arbeiten. In dem Zimmer, das man ihm im obersten Stockwerk der Wohnung eingerichtet hatte und von dem eine geheime Treppe im »Schrankzimmer« mündete, stellte er ein altes Klavier und einen alten Schreibtisch auf: »Dies ist meine Zuflucht.« Während in der Etage darunter seine beiden Schwestern an einem Roman schrieben, komponierte Frédéric. Er vollendete ein *Trio in g-Moll*, schrieb die *Große Fantasie über polnische Weisen* op. 13, die *Polonaise in B-Dur* op. 71 Nr. 2, das *Rondo à la Krakowiak* mit Orchester op. 14, skizzierte das *Klavierkonzert in f-Moll* und plante eine moderne Fortsetzung zu den Präludien und Fugen von Bach, in der er das in seine eigene Sprache übersetzen wollte, was er bei der Arbeit am Klavier gelernt hatte. Wäre es nicht schön, hierbei einen Schwierigkeitsgrad zu wählen, wie ihn sich die Virtuosen vornehmen, um ihre Technik zu festigen – Ausnutzung der Klaviatur, reichhaltige Chromatik, Arpeggien, Geschicklichkeit, Oktaven usw. – und daraus Stücke zu komponieren, die sowohl technische Meisterschaft erfordern, als auch das musikalische Interesse befriedigen? Frédéric, der einzig und allein das Didaktische im Sinn hatte, schrieb ganz nebenbei an Titus: »Ich habe ein paar Übungen[14] geschrieben, in Deiner Nähe würde ich sie gut spielen.« Diese so bescheiden genannten Übungen sind ganz einfach die *Etüden Nr. 1, 2, 5* op. 10. Drei Skizzen, in denen das Genie in feurigen Läufen aufblitzt, sich mit Arpeggien schmückt, ein chromatisches Band entrollt oder sich damit begnügt, nur die schwarzen Tasten des Klaviers zu berühren. Die Arbeit an einem immensen Werk hat begonnen. Diese drei ersten Etüden, die den folgenden in nichts nachstehen, sind das Werk eines jungen Mannes von neunzehn Jahren. Ohne sich dessen bewußt zu sein, baut er ein unvergängliches Monument für das moderne Klavier. Alle seine persönlichen »Probleme«, die durch das Pittoreske oder Pathetische des Ausdrucks verklärt werden, finden ihre großartige Lösung in dieser begonnenen Sammlung. Er erneuert Bachs Großtaten, indem er dem »Remake« einen ewig gültigen Widerhall gibt. Vielleicht zeigt sich sein Genie niemals deutlicher als in den Etüden, wo er sich einem Postulat beugen muß. Er erfährt wieder einmal, daß der Zwang die Phantasie nicht untergräbt, sondern sie anregt. Der alte Zwyny hatte recht: die Kunst ist ein Kampf.

Portrait

In der Zeit, in der er seine ersten Etüden schrieb, ließ der Maler Miroszewski die fünf Mitglieder der Familie Modell sitzen. Frédérics Bild war das erste von denen, die bis heute erhalten sind. Über sein Aussehen als Kind sind wir auf Hypothesen angewiesen. Hier sehen wir nun sein Gesicht als junger Mann – oder als Mann, der noch sehr jung ist. Chopin trägt ein weites Byronsches Cape, aus dem der Hemdkragen weit herausschaut. Zwei große dunkle Augen – in Wirklichkeit sind sie blau, fast grau – zärtlich und fiebrig – verschlingen das blasse Gesicht und glänzen groß zwischen den mandelförmig geöffneten Lidern. Die große Nase scheint gerade, während sie doch deutlich gebogen ist. Die Lippen zeigen noch nicht die Fülle, die später seinen Mund kennzeichnen wird. Sie öffnen sich leicht, wie um ein Bedauern einzugestehen. In dem dreieckigen Gesicht, das schon die ersten Vorzeichen der Schwindsucht zeigt[15], liegt etwas Feines, Stolzes und Scheues, eine fürstliche Vornehmheit. Die Haare sind glatter, nicht so wild gelockt wie auf der dramatischen Skizze von Delacroix. So aufmerksam man sich auch immer mit den Details befassen mag, man kommt immer wieder auf den sanften, verzehrenden Blick zurück, der auf Visionen aus einer anderen Welt zu ruhen scheint, bevor er die hiesige in Betracht zieht. Natürlich verliere ich mich in Träumereien, weil es sich um Chopin handelt. Immerhin würde man bei einem Unbekannten sagen: den Frauen, den jungen Mädchen war sicherlich dieses Gesicht eines romantischen, sogar schwärmerischen Abiturienten nicht gleichgültig…

Erster Aufruhr

Er war in Wirklichkeit keiner – obwohl wir nichts Näheres über die ersten Gefühlsregungen von Chopin wissen. Es scheint, daß seine große Scheu alle Äußerungen der Sinne und des Herzens bei ihm unterdrückte. Durch seine Erfolge in der großen Welt und als Künstler war er überhaupt nicht kühner geworden. Dazu fürchtete er die unzähligen Lächerlichkeiten, die er bei anderen so glänzend bloßstellte, wie die Pest: und wenn er durch ein unzeitiges Geständnis ein Lächeln oder Spott hervorriefe? Die Angst vor dem, was die Leute sagen könnten, war bei Chopin schon sehr stark ausgeprägt, und er verhielt sich in dieser Hinsicht wie ein typischer Provinzler. Er hatte es sich angewöhnt, den Klatsch zu fürchten, der sich schnell in einer Stadt verbreitet, die groß genug ist, daß Geheimnisse sich ausbreiten, und klein genug, daß alle Leute sich kennen. Wegen der Zurückhaltung Chopins wissen wir nichts über seine Gefühle oder über Gefühle, die er auslöste. Alexandrine de Moriolles, »die Moriolka«, und Maria Wodzinska hatten ganz sicherlich ein »Gefühl« für den verführerischen Maestro: aber er begnügte sich in ihrer Gesellschaft damit, zu scherzen und den Clown zu spielen. Nur der Name von Konstanze Gladkowska tauchte bald in seinen vertraulichen Berichten an Titus auf.

Um sich von seiner Arbeit und den wenigen Stunden, die er gibt, zu erholen, ging Chopin ins Theater – oft und mit Leidenschaft. Corneille, Racine, Molière, Schiller, Shakespeare und einige Autoren geringerer Bedeutung begeisterten ihn. Er selbst spielte Komödie, auf französisch. So spielte er am Ende des Jahres 1828 die Rolle eines witzigen, schalkhaften Burschen, eines hübschen Kerls in einem Stück von Alexandre Duval: *Die Hei-ratspläne*. Er ging viel aus, lief von Veranstaltung zu Veranstaltung, vertauschte den Salon von Frau Wincengerod mit dem Salon von Fräulein Kicka, er kehrte ungeniert zum ersten zurück, spielte oft im privaten Kreis, es sei denn, er flüchtete sich, vor Müdigkeit fast umfallend, in die Improvisation, so daß sogar der aufgeklärte Zuhörer den Boden unter den Füßen verlor, weil er die Spielregeln nicht kannte. Natürlich ließ er sich kein wichtiges Konzert entgehen – aber man muß dazu sagen, daß es im ersten Drittel des romantischen Jahrhunderts nur selten öffentliche Veranstaltungen in Warschau gab, und die wenigen brachten dem Virtuosen nicht viel ein. Er hörte Hummel, Maria Szymanowska, Stephen Heller und seinen Mitschüler Dobrzynski. Schließlich versäumte er nicht ein einziges von den zehn Konzerten, die Paganini im Nationaltheater gab.

Paganini

Der Teufelsgeiger, der zu dieser Zeit siebenundvierzig Jahre alt war, begann seine »Europatournee«, nachdem er auf der Halbinsel Triumphe gefeiert hatte. Ihm voraus ging eine Legende, die Frau Paganini unter Mißachtung ehelichen Respekts in die Welt gesetzt hatte: ihr Sprößling sollte der Sohn des Teufels sein! Als Nutznießer eines so einträglichen Erbes hatte Niccolò Paganini nichts gegen dieses schmeichelhafte Gerücht unternommen. Im Gegenteil, er unterstrich noch künstlich die Blässe seiner Wangen, die Hagerkeit seines Gesichts, seine ungewöhnliche Gestalt, die einem Skelett ziemlich ähnlich sah. Man sagte, eine seiner Geigensaiten sei aus dem Darm einer ermordeten Maitresse gemacht: Paganini ließ der Legende ihren Lauf! Seines Talents und seines wunderlichen Aussehens bewußt, sagte er gern: »Ich bin weder jung noch schön. Im Gegenteil, ich bin sehr häßlich! Aber wenn die Frauen meine Musik hören, fangen sie an zu weinen, und ich werde ihr Idol: sie wälzen sich zu meinen Füßen.« Das traf oft zu. Aber die Damen mit den empfindsamen Herzen waren weitaus nicht die einzigen, die ihm zujubelten.

Meyerbeer folgte ihm überall hin: »Paganini beginnt dort, wo unsere Vorstellungskraft endet«, sagte er. Schumann vertraute Clara an: »Paganini ist der Wendepunkt der Virtuosität…« »Was für ein Mensch, was für eine Geige, was für ein Künstler! Himmel!« rief Liszt aus, als er ihn in Wien hörte. Berlioz hielt ihn für »einzig in seiner Art«. Rossini machte folgende schnurrige Notiz: »Ich habe nur dreimal in meinem Leben geweint. Das erstemal, als meine erste Oper durchfiel. Das zweite Mal, als bei einer Bootsfahrt eine getrüffelte Pute ins Wasser fiel. Das dritte Mal, als ich Paganini hörte.« Schließlich schrieb Goethe an Zelter über die Großtaten des Genueser Virtuosen: »Mir fehlt zu dem, was man Genuß nennt und was bei mir immer zwischen Sinnlichkeit und Verstand schwebt, eine Basis zu dieser Flammen- und Wolkensäule!«

Im Konzert klapperten die Leute mit den Zähnen, die Frauen fielen in Ohnmacht. Ein weitsichtiger Kritiker behauptete, hinter Paganini den Teufel in Person gesehen zu haben, der den Bogen an seiner Stelle führte. Der Geiger riß manchmal drei Saiten von seinem Instrument und zwang sich so, auf der letzten zu spielen, was seine Vorstellung zur Sensation machte. Tatsächlich bewirkte er durch seine geniale instrumentelle Begabung die Wandlung der traditionellen zur modernen Geige, denn sein Spiel grenzte an ein Wunder: analog dazu tat Chopin das gleiche auf dem Klavier. Nur war es bei Paganini, dem geborenen Virtuosen, eine Art von Exhibitionismus – während Chopin, der das Podium nicht liebte, diskretere Mittel einsetzte.

Eine ideale Hand

Dennoch befand sich der junge Chopin, als er Paganini im Nationaltheater von Warschau hörte, nicht einem Rivalen, sondern einem Gleichwertigen gegenüber, denn er hatte seinerseits die Technik des Klavierspiels revolutioniert. Besser als irgend jemand anderer verstand er das doppelte Wunder, das dieser Akrobat zuwege gebracht hatte: das physische wie das künstlerische Wunder. Die Hand von Paganini war so beschaffen, daß er sich Dinge erlauben konnte, die bisher als unrealisierbar galten. Und war die Hand von Chopin nicht die typische Hand des idealen Pianisten? Lange, schlanke Finger, die sich an ihren Wurzeln deutlich trennen, mit vorspringenden Gelenken und kräftigen Sehnen. Große Leichtigkeit beim Auseinanderspreizen und Ausstrecken. Diese Fähigkeit war beim flach aufgelegten Daumen besonders ausgebildet. Eine feine Muskulatur mit kräftigen Bändern: sagte man nicht von ihm, er habe »Samtfinger« oder »Schlangenfinger«? »Der Knochenbau eines Soldaten unter zarter äußerer Erscheinung«, schrieb später einer seiner Schüler, Georges Mathias. Sein bester französischer Interpret, Alfred Cortot, sagt: »Der wunderbarste Pianist unter den Musikern.« Wie sollten Chopin da Paganinis Kunststücke kalt lassen? Ganz sicher war die Musik für ihn etwas ganz anderes als ein Vorwand für ein Brillantfeuerwerk. Dennoch wußte er besser als irgendeiner, daß man bei höchsten Ansprüchen auch auf die geeigneten Mittel zurückgreifen muß. Die Möglichkeiten von Paganini waren ohnegleichen. Seine Taten inspirierten Chopin zu einer recht langweiligen Paraphrase: *Erinnerung an Paganini*. Obwohl sie sich auf kein bestimmtes Ereignis bezieht, legt die *Etüde in Ges-Dur* ein wesentlich interessanteres Zeugnis ab von der Erleuchtung, die ihm der Geiger von jenseits der Alpen vermittelt hat. Dem Himmel sei Dank, daß er Pianist und nicht Geiger ist: um nichts auf der Welt möchte er in der Haut von Karol Lipinski, dem polnischen Nebenbuhler Paganinis, stecken, der gegen seinen gefährlichen Rivalen zu kämpfen versucht, der vor leeren Sälen spielt und endlich die undankbare Stadt verläßt, die ihn gekränkt hat!

Mit Rotstift strich Chopin die Erinnerung an ein Konzert im Konservatorium an, das zwei junge Sängerinnen, seine Mitschülerinnen, die sich zum ersten Mal vor der Öffentlichkeit produzieren, am 21. April 1829 gaben: die Fräulein Meier und Gladkowska. Der zweiten widmete er Augen und Ohren in gleichem Maße.

Die Schlußexamen mündeten in der Bemerkung von Elsner, von der wir bereits berichtet haben: selten kann ein Lehrer über einen Schüler eine solche Beurteilung abgeben. Daraufhin schrieb Nicolas Chopin, als kluger Vater, auf französisch an den Minister Stanislaus Grabowski, um für seinen Sohn eine Subvention zu erhalten, die er für eine Studienreise ins Ausland für notwendig hielt. Wir drucken diesen Brief ab, damit man ihn mit dem Brief vergleichen kann, den der gleiche Nicolas neunundreißig Jahre früher an seine Eltern geschrieben hatte. Welcher Fortschritt in einer Sprache, die er paradoxerweise erst auf fremdem Boden erlernte!

Sehr geehrter Herr Minister!

Da ich jetzt seit zwanzig Jahren im pädagogischen Beruf am Warschauer Gymnasium arbeite und überzeugt bin, daß ich meine Pflichten erfüllt habe, so wie es meine Kräfte mir erlaubten, nehme ich mir die Freiheit, an Eure Exzellenz diese bescheidene Petition zu richten, in der ich Sie bitte, mir von der Regierung eine Gnade gewähren zu lasssen, die ich als die höchste Belohnung empfinden würde.

Ich habe einen Sohn, den sein angeborenes musikalisches Talent für das Studium dieser Kunst prädestiniert. Seine Majestät, der verstorbene Kaiser und König Alexander hat ihm zum Zeichen seiner Zufriedenheit einen wertvollen Ring geschenkt, als mein Sohn die Ehre hatte, vor diesem Monarchen zu spielen. Seine Kaiserliche Hoheit der Großfürst, der allerhöchste Herr, hat erlaubt, daß er des öfteren vor ihm Proben seines sich entwickelnden Talents geben dürfte. Schließlich können viele illustre Persönlichkeiten und Musikkenner die Meinung bestätigen, daß mein Sohn in seinem erwählten Berufe dem Vaterland sicherlich von Nutzen wäre, wenn er die Gelegenheit bekäme, die notwendigen Studien abzuschließen, um darin eine vollkommene Fähigkeit zu erlangen. Er hat seine Vorarbeiten schon abgeschlossen. Hierin beziehe ich mich auf das Zeugnis von Herrn

Elsner, des Rektors der Höheren Musikschule und Professors an der Universität. Jetzt muß mein Sohn nur noch das Ausland besuchen, vor allem Deutschland, Italien und Frankreich, um sich nach guten Beispielen ausreichend zu bilden.

Da für eine solche Reise, die bis zu drei Jahren dauern kann, Geldmittel notwendig sind – Geldmittel, die ich aus meinem bescheidenen Lehrergehalt nicht aufbringen kann –, wende ich mich mit meiner alleruntertänigsten Bitte an Eure Exzellenz, Herrn Minister, und bitte Sie, vom Verwaltungsrat eine Beihilfe aus dem Fonds des Statthalters für die Reise meines Sohnes zu erreichen.

Mit dem Ausdruck meiner tiefsten Hochachtung, verbleibe ich, Eure Exzellenz, Herr Minister,

> als Ihr ergebenster Diener
> Nicolas Chopin
> Lehrer am Gymnasium zu Warschau.

Warschau, den 13. April 1829.

Beim Empfang dieses stilistisch gut abgefaßten Briefes schlug Minister Grabowski vor, Frédéric Chopin für seine Studienreisen eine Summe von 5 000 Gulden zu genehmigen. Die Kommission der Regierung und der Polizei lehnte sie unter dem Vorwand ab, daß es nicht möglich sei, »öffentliche Gelder zur Unterstützung derartiger Künstler zu verschwenden«!

Mit dieser Ablehnung, über die er nur lächelte, in der Tasche und versehen mit ein bißchen Geld von seinem vorsorglichen Vater, begab sich Chopin auf Entdeckungsreise nach Österreich. Ende Juli bestieg er die Postkutsche nach Wien.

Wien

Zu jener Zeit ist Wien zusammen mit Paris eine der beiden großen musikalischen Metropolen in Europa. Beethoven ist hier zwei Jahre früher gestorben, Schubert stirbt im darauffolgenden Jahr, Haydn, Gluck und Mozart haben hier gelebt, der kleine Liszt hat hier bei Czerny und Salieri studiert, eine Menge

Freunde oder Schüler der großen Meister erhalten hier eine lebendige Tradition aufrecht, die Oper genießt einen ausgezeichneten Ruf, die berühmtesten Virtuosen möchten hier spielen. Der Künstler, dem es gelingt, den Beifall der Wiener und Pariser Presse zu erringen, kann seiner Karriere überall woanders ebenfalls sicher sein. Das war zweifellos das Ziel von Frédéric. Es war ihm klar, daß er in Warschau eine gewisse Wirkung hervorgerufen hatte, aber das genügte seinem Ehrgeiz nicht. Wie er an seinen lieben Titus schrieb: »Du mußt wissen, mir ist es gleich, was der ›Warschauer Kurier‹[16] schreibt...« Man mußte die Schlacht auf anderem Boden schlagen. Wien konnte als Sprungbrett für den entscheidenden Aufschwung dienen. Er wollte hier Kontakt mit Verlegern aufnehmen, sich bekannt machen und vorstellen, vielleicht sogar ein Konzert geben?

Er war hier also eingetroffen, nach acht Tagen in Krakau und einer lebhaften Nacht in Ojcow mit vier seiner polnischen Freunde: Hube, Brandt, Celinski und Maciejowski. Von dieser Reise hatte er seit Monaten geträumt: »Noch nie hat er sich so wohl und gesund gefühlt.« In Wien wurde er von allen gefeiert: man gab ihm sogar den Eindruck, als habe man auf ihn gewartet. Er traf seinen alten Orgellehrer Würfel wieder, der Kapellmeister am Theater geworden war: glücklich, seinen glänzenden Schüler wiederzusehen, stellte er ihn überall vor und rühmte sein Talent. Der Verleger Haslinger – der die *Sonate in c-Moll* und die *Variationen über »La ci darem«* veröffentlichen wollte – empfing ihn voll Liebenswürdigkeit. Stein und Graff, zwei rivalisierende Klavierbauer, zeigten ihm ihre schönsten Instrumente: schließlich wählte er ein Graff-Instrument für sein Wiener Debüt. Ein wichtiger Journalist, Vater einer bekannten Pianistin, Blahetka, ließ seine Stücke von seiner Tochter spielen. Er war tief bewegt, als er dem Grafen Gallenberg vorgestellt wurde. Das nämlich war der Mann jener Giulietta Guicciardi, die Beethoven soviel Leid verursachte, ihn zu einem Meisterwerk – der *Mondscheinsonate* – inspirierte und ihm schließlich einen eitlen, geizigen und borniertem Aristokraten vorzog. Gallenberg war Leiter des k.u.k. Theaters. Würde Chopin ihm die Ehre geben, auf seinen ehrwürdigen und gefürchteten Brettern zu spielen? Schüchternheit, unschuldige List, Unsicherheit — Frédéric wich einer Antwort aus. Er war bereit, in die Oper zu gehen, allerdings vorerst als Zuschauer. Hier applaudierte er der *Weißen Dame* von Boieldieu, *Aschenbrödel (Cenerentola)* von Rossini, *Kreuzritter in Ägypten* von Meyerbeer und *Joseph in Ägypten* von Méhul. In den Gängen des Theaters traf er seinen früheren Mitschüler Nidecki, der ihn auf die Persönlichkeiten hinwies, während Würfel ihn vorstellte: Schuppanzigh, dem Leiter eines bekannten Quartetts, den Beethoven sehr schätzte; Seyfried, einem Schüler Mozarts: Chopin hörte von zwei großen Männern reden, als lebten sie noch; Lichnowsky, dem Mäzen, mit dem Beethoven eine dramatische Auseinandersetzung hatte[17], Czerny, dem Erben der großen Tradition, Gyrowetz, dem Verfasser des Klavierkonzerts, mit dem Frycek seine ersten öffentlichen Auftritte bestritt; Lachner, Kreutzer, Merck, Lewi — mein Gott, anscheinend waren die Musiker aus aller Welt hier in Wien zusammengekommen: Sie alle versammelten sich um Chopin, der die schmeichelhafte Rolle des »bekannten Unbekannten« spielte, der »Neuentdeckung des Jahres«, des »Fremden in Schwarz«, von dem man Wunderdinge erzählte. Sie rieten ihm, sich in Wien niederzulassen, zumindest hier den Winter zu verbringen — und vor allem, sich hier ohne Verzögerung zu Gehör zu bringen.

Zwei Konzerte

Da gab der bis dahin zögernde Chopin nach. Man spürte seine Aufregung, als er seiner Familie die große Neuigkeit mitteilte: »Gestern, Dienstag, den 11. August, habe ich mich der Welt in der k.u.k. Oper vorgestellt: man nennt das hier eine ›musikalische Akademie‹.« Gallenberg, der in seinem Geiz berührt war, daß Chopin als Grand Seigneur eingewilligt hatte, »für die Ehre«[18] zu spielen, stellte zumindest ein schönes Programm nach den Gebräuchen der damaligen Zeiten zusammen. Zwischen der *Prometheus*-Ouvertüre und einem Ballett spielte Chopin seine *Variationen über »La ci darem«* und sein *Rondo mit Orchester*, wobei die beiden Stücke noch durch ein Gesangsstück getrennt waren. Ja, aber die Probe zeigte dann ein dermaßen dürftiges Orchester, daß Chopin im letzten Augenblick das *Rondo à la Krakowiak* durch eine Improvisation über ein Thema aus der *Weißen Dame* ersetzte, das beim Publikum so gut ankam, daß er darauf noch über ein Motiv des polnischen Liedes *Chmiel* (Hopfen) improvisierte. Das elektrisierte Publikum spendete dem jungen Künstler Ovationen: »Meine Spione im Parkett sagen, daß man auf den Sitzen bebte…«

Nach dem Beifall die obligatorischen Einschränkungen: Wien verstand es, sich von seiner schwierigsten Seite zu zeigen – Noblesse oblige! Man beurteilte ziemlich allgemein das Spiel von Chopin als »zu leise oder, besser gesagt, zu delikat, da die Wiener Künstler gewohnt sind, auf das Klavier einzuhauen. Das ist mir lieber, als wenn man mir sagte, ich spielte zu laut. Zumindest habe ich die Damen auf meiner Seite: mein Spiel gefällt ihnen…«

Und vom Aussehen müssen sie auch nicht gerade enttäuscht gewesen sein, wenn auch, zugegebenermaßen, eine Dame gerufen haben soll: »Wie schade, daß der junge Mann so wenig Tournüre hat!« Auch das berichtete Frédéric wie alles andere – Lob und Tadel – an seine Eltern mit wirklich ausgesuchter Einfachheit. Die Schwarzenbergs, die Wrbnas rühmten die Eleganz seines Spiels, man fand ihn sympathisch, mit einem Wort: er gefiel. Natürlich bekam er bei den zugezogenen Wienern tschechischen oder slawischen Ursprungs die wärmste Zustimmung. Die deutschstämmigen – jene »eingefleischten Deutschen, von denen ich nicht weiß, ob ich sie habe zufriedenstellen können…« – verharrten in der Reserve. Mit seinem gewohnten Feingefühl hat Chopin genau gespürt, daß es zwischen ihm und den Deutschen eine Unvereinbarkeit in der Gemütsart gab und immer geben würde. Sogar heute gibt es nur selten große Chopin-Interpreten deutscher Abstammung! Er fand und findet die Künstler für seine besondere, lyrische und zugleich zurückhaltende, gewandte und zugleich verschwiegene, immer nur andeutende Art – die die teutonische Sentimentalität vollkommen verwirren muß – in Polen, Rußland, Frankreich und Italien.

Wird er ein zweites Konzert geben? Ja. »Ferner kam mir in den

Sinn, in Warschau könnte man sagen: Was soll das viel bedeuten, ein Konzert hat er gegeben und ist abgereist, vielleicht ist es mißlungen.« Dieses Mal rächte er sich an dem Orchester, und es gelang ihm, daß das berühmte *Rondo* richtig begleitet wurde. Dann improvisierte er und sah sich gezwungen, als da capo seine *Variationen über »La ci darem«* zu geben. Die Musiker hoben das *Rondo* in den Himmel, und die Presse sanktionierte die allgemeine Meinung mit ihrem Lob. Es war ein Sieg über das Publikum und über sich selbst: »Ich habe verzweifelt gespielt«, gab Chopin Titus gegenüber zu. Er hatte sein Lampenfieber und jene seltsame Trägheit überwunden, die ihn in dem Augenblick packte, in dem er die entscheidende Anstrengung machen mußte. Für Chopin war das öffentliche Konzert eine Prüfung, eine zwingende, unangenehme Formalität, die er gern umgangen hätte, wenn es eine andere Möglichkeit gegeben hätte, sich bekannt zu machen. Leider war es die einzige…

Der schüchterne Frédéric fand seine Sicherheit wieder, als er dem Verwalter des Theaters und Blahetka, die gekommen waren, um ihm ein liebenswürdiges Kompliment zu sagen, den Mund stopfte: »Wenn Sie uns jetzt so schnell verlassen, kommen Sie doch wieder zurück zu uns?«

»Vielleicht schon: aber dann nur zum Lernen…«

»Zum Lernen? Aber dann haben Sie ja keinerlei Grund, wieder herzukommen!«

»Aber ja doch, im Gegenteil!«

»Ich habe gehört, daß Sie niemals woanders als in Warschau studiert hätten: das ist kaum zu glauben…«

»Ich kann Ihnen sagen«, schloß Chopin, »bei Zwyny wie bei Elsner würde selbst der größte Esel etwas lernen!«

Seinen Erfolg hinter dem Verdienst seiner Lehrer zu verbergen, ist ein um so bemerkenswerterer Charakterzug, wenn man ein außergewöhnliches Talent besitzt und beide Lehrer nur gute Handwerker sind…

Zweieinhalb Tage für die Besichtigung von Prag, der Stadt mit den tausend Türmen, waren wenig. »Die Stadt ist schön«, schrieb Chopin, »sie hat prachtvolle Ansichten.« Er kam am 21. August in Prag an und versäumte nicht eine Minute, nicht einen Blick. Er ließ sein Gepäck im Hotel zum Schwarzen Pferd und begab sich sofort zu dem Bibliothekar Hanka, einem Freund des Grafen Skarbek. Mit ihm zusammen bewunderte er den Pulverturm, die Zeltnergasse, den Großen Ring in der Altstadt, die Karlsgasse und die Karlsbrücke, von der sich das berühmte Panorama des Prager Schlosses und des St.-Veits-Doms wie basaltene Spitze vom Himmel abhebt. Im Dom meditierte Chopin in der Kapelle des heiligen Wenzel und vor dem Grabmal des heiligen Johann Nepomuk aus massivem Silber.

Pixis, der Geigenlehrer und Kapellmeister, empfing ihn freundlich im Konservatorium und überredete ihn, in Prag zu spielen. Würfel und Blahetka hatten im gleichen Sinne mit ihm gesprochen.

Chopin war unentschlossen: »Ich habe wenig Lust, in Prag den guten Ruf zu verderben, den ich in Wien erworben habe. Da selbst Paganini hier ›scharf kritisiert‹ wurde, werde ich mich hüten, hier aufzutreten.« Schließlich sagte er höflich ab. Er war »gesund und munter«: ein improvisiertes Konzert hätte ihn nur sinnlos aufgeregt.

Statt aufzutreten, besuchte er den Pianisten Klengel, für den er ein Empfehlungsschreiben von Würfel in der Tasche hatte. Klengel empfing ihn sehr gut – vielleicht zu gut, denn dem jungen Chopin, der gar nicht so viel verlangte, spielte er ohne Pause seine Fugen vor, nachdem er ihre alarmierende Gesamtzahl genannt hatte. »Es sind achtundvierzig…sie schließen an die Fugen von Bach an, und es folgen ihnen die gleiche Anzahl Kanons. Ausgezeichnet…ich habe Besseres erwartet (psst! sagt nichts darüber!).« Wir wissen schon, daß Chopin sich nicht so leicht begeisterte. Über Czerny, der in Wien mit ihm vierhändig gespielt hatte, sagte er nur: »Ein braver Mann – nichts weiter (wieder psst!).«

Woran würde man die uneingeschränkte Bewunderung erkennen, wenn nicht an ihrer Seltenheit?

Die einzige musikalische Spur seines kurzen Aufenthalts in Prag besteht in zwei Zeilen in dem Gästebuch, das ihm der gute Hanka mit der Bitte um einen originellen »Gedanken« vorlegte. Um ihm Mut zu machen, gab er ihm einen recht schmeichelhaften Eintrag von Mickiewicz zu lesen. »Maciejowski hat vier Mazurka-Strophen (»Welche Blumen soll ich zu deiner Ehre zu einem Kranz binden, Hanka?«), hineingeschrieben, und ich machte die Musik dazu…«

Nach diesem kurzen Aufenthalt in Prag machten Chopin und seine Freunde in der böhmischen Stadt Teplitz halt, wo sich Beethoven in den Jahren 1811 und 1812 aufgehalten hatte. Liszt, Schumann und Wagner sind ebenfalls hier gewesen. Im Palais von Albrecht Wallenstein in Dux zeigte man ihm ein Stück von dem Schädel des berühmten Feldherrn und die Hellebarde, die ihn tötete. Am Abend Konzert bei der Prinzessin Clary, der Schwester des Grafen Chotek, des Statthalters von Böhmen: »Eine Familie, die praktisch das Zepter in der Hand hat, die riesige Güter besitzt und ganz allein Eigentümerin fast der ganzen Stadt Teplitz ist.« Er wurde gebeten, sich ans Klavier zu setzen, »ich geruhe mich zu setzen«, und da die jungen Prinzessinnen große Begeisterung zeigten, mußte er improvisieren, denn sein normales Repertoire brachte er aus Furcht vor mangelnder Übung nicht zu Gehör. Unglücklicherweise fanden die Zuhörer Geschmack daran, und Chopin spielte vier Improvisationen über Themen von Rossini oder nach polnischen Volksliedern. Über diese Tatsache ist leider nichts weiter zu sagen: man kann sie nur so berichten. Von all den vielen Menschen, die Chopin am Klavier improvisieren gehört haben, gibt es nicht einen persönlichen Eindruck, einen genauen Bericht. Wir lesen: »Es war wundervoll, unbeschreiblich… Wir wußten nicht, was wir mehr bejubeln sollten, die Impulsivität des Pianisten oder die ständig sprudelnde Erfindungsgabe des Musikers«: damit sind wir nicht viel weiter! Es ist nur eine Art unter vielen, uns den Mund wäßrig zu machen… Weder Liszt noch Berlioz, noch Mendelssohn – die alle drei Chopin improvisieren hörten – haben auch nur den oberflächlichsten Hinweis gegeben. Nur George Sand schreibt einmal darüber, aber das Zeugnis einer Romanschriftstellerin, das voller Übertreibungen steckt, ist nicht viel wert. Wie muß ihre rein instinktive Bewunderung Chopin an manchen Tagen geärgert haben, der sich an seinem Freund Liszt ein Beispiel hätte nehmen sollen! Eines Tages hatte dieser »genial« improvisiert, als Frau d'Agoult aufstand, die Hände zusammenschlug, die Augen zum Himmel hob und in einem Gefühlsausbruch erklärte: »Sie sind Dante, und ich bin Ihre Beatrice!« »Gnädige Frau«, antwortete Franz, »vergessen Sie nicht, die Dantes erwählen sich ihre Beatricen selbst, und die echten sterben mit achtzehn Jahren!« Aber hat er das wirklich gesagt? Es wäre zu schön, um wahr zu sein. Kommen wir auf Teplitz zurück.

Um es übrigens gleich wieder zu verlassen. Wir sind jetzt in Dresden, am Morgen des 26. August. Chopin blieb hier bis zum 27. September – er besuchte in dieser Zeit den Zeremonienmeister am Hof zu Dresden und den Kapellmeister Francesco Morlacchi. Vor diesem spielte er privat unter Anwesenheit der Pianistin Antoinette Pechwell, die mit unzähligen Rivalinnen das Privileg teilte, »die beste Pianistin ihrer Zeit« zu sein. Aber Chopin war nun nicht mehr bei jeder Gelegenheit beeindruckt, sein kritischer Sinn war zu stark entwickelt: er fürchtete nicht, ihn anzuwenden, als er Goethes *Faust* im Prager Theater sah, mit dem man den achtzigsten Geburtstag des Altmeisters feierte. Trotz des Talents des Schauspielers Karl Devrient, »den ich schon in Berlin gehört habe«, verurteilte er das Meisterwerk mit fünf Worten: »Eine furchtbare, aber große Phantasie…« Ein Ausflug in die Sächsische Schweiz setzte den Schlußpunkt unter die Reise, die etwas mehr als zwei Monate gedauert hatte. Rückkehr in die Heimat über Breslau.

Junge Mädchen

In die Heimat, aber nicht sofort nach Warschau. Frédéric besuchte die Wiesiolowskis in Strzyzewo und die Radziwills in Antonin: »Die beiden jungen Prinzessinnen waren da, zwei sensible

Evas mit musikalischem Gehör, unendlich lieb und gut. Meine *Polonaise in f-Moll* hat Prinzessin Elisa so interessiert, daß ich sie ihr jeden Tag vorspielen mußte…Ich habe in Antonin eine ›alla polacca‹ mit Violoncello geschrieben. Es ist nur Blendwerk, gut für den Salon, für die Damen. Ich wollte, daß Prinzessin Wanda sie studiert. Ich habe ihr in dieser Zeit sozusagen Unterricht erteilt. Sie ist jung, siebzehn Jahre alt, hübsch, und weiß Gott war es eine Freude, ihr die Finger zu setzen[19]…« Solche immerhin noch sehr reservierten Vertraulichkeiten sind selten bei Chopin — der weder ein frivoler noch durchtriebener junger Mann war. Seine kleinen Erfolge berichtet er, ohne ihnen irgendwelche Bedeutung beizumessen. Seine Schülerin und Kindheitsfreundin Alexandrine de Moriolles, genannt »Diabolek«, machte ihm insgeheim den Hof und scheute nicht davor zurück, ihm am Tag nach einem Konzert einen Lorbeerkranz zu schicken, auf die Gefahr, Frédéric zu verstören, der ständig vor dem Geschwätz der Leute auf der Hut war. Leopoldine Blahetka hat ihm einen »großen Eindruck« gemacht. »Sie ist noch nicht zwanzig und schon die erste Pianistin der Hauptstadt (schon wieder eine!), sie ist geistreich und hübsch, und sie muß mir sehr zugetan sein, wie Du Dich selbst überzeugen kannst, wenn Du die Widmung auf ihrer Komposition liest, die sie mir überreichte…« Aber dabei bleibt es: Chopin hat eine recht bescheidene Vorstellung von dem, was »sehr zugetan« sein kann. Auf dem Rückweg von Antonin nach Warschau verlebte er einen Abend in Kalisch: »Ich habe die Mazur mit den Fräuleins Biarnacka und Niezskowska getanzt, welch letztere noch schöner ist als die erste…« Zwei Walzer ohne Folgen.

Familienrat

Als Frédéric wieder zu Hause war, hielt er ein paar Tage lang so etwas wie Hof in der Familie, so gierig waren die Seinen auf Berichte und Erzählungen. Alle vier saßen dicht gedrängt um ihn herum und hörten unermüdlich zu — und er erholte sich in der Wärme des Heimes, er sammelte neue Kräfte bei so viel wohltuender Zärtlichkeit. Wie kommt es, daß er in diesen Tagen des

Glücks nicht begreift, daß ein langes Exil sein Schicksal sein wird? Er hat ein solches Bedürfnis nach Fröhlichkeit und überströmender Zuneigung, die Nestwärme ist ihm unentbehrlich: wo wird er jemals wieder etwas Gleichwertiges für das finden, was ihm hier in reichem Maße zukommt? Ein seßhaftes Leben im Schoße seiner Familie, in seinem Heimatland, mit Abstechern nach draußen – das braucht er. Wenn jemand im Hafen seiner Jugend verankert bleiben muß, dann ist er es! Tatsächlich ist es mit diesem ganz einfachen Glück wie mit vielen anderen Dingen: Wir schätzen es erst in der Erinnerung und durch den Vergleich. Man muß die Gesundheit einbüßen, um zu erfahren, wie kostbar sie ist, aufhören zu lieben, um zu erleben, wie plötzlich alles erlischt…

Chopin sah die Wiener Presse durch, aus der man ihm die Ausschnitte mit den Berichten über seine Auftritte geschickt hatte. Im ganzen war das Urteil der strengen Kritiker günstig.

Die Warschauer Zeitungen pickten aus der Masse lobender Berichte nur die wenigst schmeichelhaften heraus. Und sie richteten es noch dazu so ein, daß sie unverständlich waren: ein kleiner Klaps für das Kind des Landes, das hinausgegangen war, um sich in der Ferne feiern zu lassen. Dieses eine Mal grämte sich Chopin, was ihm an sich nicht ähnlich sah, über solche Taktlosigkeiten. Eine Liebe hatte von ihm Besitz ergriffen, eine schüchterne, eine stumme Liebe – eine armselige Liebe: gibt es eine große Liebe?

Ein zaghafter Liebhaber

Konstanze

WAS FÜR EIN SELTSAMER LIEBHABER! Alles, was man über zaghafte Liebhaber, schmachtende Seelen und schüchterne Herzen lesen und hören kann, trifft auf Chopin zu, und er überbietet das noch. Seit einigen Monaten ist er in eine seiner Mitschülerinnen, die junge Sängerin Konstanze Gladkowska[1], verliebt. Da er sie bei jeder Gelegenheit in den Gängen des Konservatoriums trifft, braucht er keinen Vorwand, um sie anzusprechen. Er hat oft Gelegenheit, in ihrer Anwesenheit zu spielen, er nimmt zusammen mit ihr an den Übungen der Schüler teil. Mit ihr ein Zwiegespräch anzufangen, wäre die natürlichste Sache der Welt. Und von da bis zum Geständnis seiner Gefühle für sie wäre nur ein leichter Schritt. Aber in keiner Weise! Er führt nicht nur kein Tête-à-tête herbei, man könnte sogar meinen, er will es gar nicht: in der Korrespondenz, in den Vertraulichkeiten Titus gegenüber erwähnt er keinerlei ernstzunehmendes Gespräch. Eines Tages bedenkt Konstanze, als sie aus der Kirche kommt, Frédéric mit einem Blick, und wie vom Blitz getroffen geht er, vor Liebe halb wahnsinnig, von dannen. Aber was für eine stille Leidenschaft! Wenn man all das nebeneinanderhält, was er Titus schreibt, bekommt man ein herzzerreißendes Liebesgeständnis ohne Worte und vor allem, völlig wirklichkeitsfremd: Vielleicht bin ich zu meinem Unglück meinem Ideal begegnet, dem ich treu seit sechs Monaten diene[2], ohne ein Wort von meinen Gefühlen gesagt zu haben. Ich träume von ihr: sie hat mich zu dem Adagio meines *Klavierkonzerts in f-Moll* und heute morgen zu dem kleinen *Walzer*[3] inspiriert, den ich Dir schicke. Niemand wird etwas davon erfahren, außer Dir. Beachte die mit einem Kreuz bezeichnete Stelle. Wie schön wäre es, könnte ich sie Dir vorspielen, mein geliebter Titus…Es ist unerträglich, wenn einen etwas drückt und man kann seine Last nicht absetzen: Du weißt, worauf ich anspiele. Ich erzähle am Klavier, was ich Dir ab und zu anvertraue…

…Sobald ich kann, schicke ich Dir mein Portrait.

Du willst es, Du sollst es bekommen, und niemand anderer als Du, mit Ausnahme einer Person – und nicht vor Dir, denn Du bist mir *der Liebste*. Wie immer trage ich Deine Briefe bei mir…Nachdem ich diesen Brief zur Post gebracht habe, gehe ich Fräulein de Moriolles besuchen: das sind meine eingestandenen Liebschaften. Oft habe ich die Leute in der Einbildung gelassen, daß sie die Ursache meiner Melancholie sei. Man muß den Mantel über den verborgenen Gefühlen respektieren. Ich hätte niemals gedacht, daß ich fähig wäre, so verschwiegen zu sein…Ich habe nicht die Absicht, in Warschau[4] zu bleiben, und wenn Du wie viele andere glaubst, daß mich eine Liebesgeschichte zurückhält, dann verwirf diesen Gedanken, sei überzeugt, daß ich Herr meiner selbst bleiben werde, wenn es sich um mein *Ich* handelt. Und wenn ich verliebt wäre, würde es mir noch ein paar Jahre gelingen, eine Leidenschaft zu verbergen, zu der ich mich *leider heute nicht bekennen kann*… Vielleicht sage ich Dir eines Tages, wovon ich unaufhörlich träume, was mir immer vor Augen schwebt, was ich ständig höre und was mir am meisten Freude macht auf dieser Welt und mich dabei auch am meisten niederdrückt. Dennoch, glaube nicht, ich sei verliebt, denn das verschiebe ich auf später…

Es wäre so schön bei Dir… Wenn ich über mich selbst nachdenke, tut es mir weh, daß ich feststellen muß, wie oft ich das Gefühl für die Wirklichkeit verliere! Wenn mein Blick von Dingen gefesselt wird, die mich stark interessieren, könnten Pferde über mich hinwegrennen, und ich würde nichts merken. Das wäre mir beinahe am Sonntag passiert. Ich wurde in der Kirche gerade in dem Moment von einem unverhofften Blick getroffen, als ich mich in einem Zustand wundervoller Abwesenheit befand. Ich war so verwirrt, daß ich nicht sagen könnte, was sich in der darauffolgenden Viertelstunde abspielte. Ich traf auf der Straße den Doktor Parys, und da ich nicht wußte, wie ich ihm meine Verwirrung erklären sollte, mußte ich einen Hund erfinden, der zwischen meine Beine gelaufen war und mich zum Stolpern gebracht hatte!…

Fräulein Gladkowska ist in meinem zweiten Konzert[5] aufgetreten. Ganz in Weiß mit Rosen im Haar – was ihr wundervoll stand – sang sie eine Kavatine usw.

Seltsame Vertraulichkeiten

Punktum. Und das ist wirklich wenig! Was für seltsame Vertraulichkeiten eines Verliebten, der nicht verliebt ist – der darunter leidet, daß er seine Liebe nicht gestehen kann – der davor zurückschreckt, weil das unmöglich wäre, auf jeden Fall aber verfrüht – der sein Geheimnis noch ein paar Jahre für sich behalten muß…Warum? Und was ist das für ein Geheimnis, von dem Chopin uns zu verstehen gibt, daß es nicht seine Neigung zu Konstanze Gladkowska betrifft? Was zwingt ihn, ein Gefühl, das er leicht zugeben könnte, in dieser Weise zu verbergen? Welche Verirrung veranlaßt ihn dazu, der armen kleinen Alexandrine de Moriolles die wenig schmeichelhafte Rolle des Blitzableiters zuzuschieben? Warum hat er das Bedürfnis, all das einem Freund, und wenn es auch der intimste ist, zu erzählen? Christian de Neuvillette läßt Cyrano die feurigen Episteln für Roxane schreiben: so schreibt Chopin die Liebesbriefe, die er nicht an Konstanze zu richten wagt, an Titus – Leidenschaft über einen Mittelsmann…Auf welche Weise liebte Chopin eigentlich Konstanze? Nicht wie eine Frau, sondern wie einen Schatten oder eher noch wie eine Idee, wie einen musikalischen oder sehnsüchtigen Gedanken. War Konstanze denn so unerreichbar? Und was erwartete er von ihr? Nichts. Hier beginnen unsere Sorgen. Denn die Dichter, die Frauen als Idole respektieren, begehren sie im Grunde ihres Herzens nicht sehr. Sie glauben, in ein Nirwana der Reinheit zu entfliehen, und vergessen dabei, daß diese Realistinnen ihre Unentschlossenheit verhöhnen. Colette sagte es einmal: »Die Appetitlosigkeit ist keine weibliche Tugend.« Diese Übertragung einer Leidenschaft, die er angeblich für Konstanze empfand, auf Titus, ist schon sehr seltsam: »Ich liebe Dich bis zum Wahnsinn! Ich möchte Dich liebkosen und von Dir liebkost werden! Noch einmal, laß mich Dich küssen! Ich umarme Dich innig, denn ich habe nur Dich…« Es war Titus – man reibt sich die Augen –, an den diese glühenden Sätze gerichtet waren, diese wahnsinnigen Worte eines Verliebten. Das gibt Anlaß, wieder ernsthafte Zweifel an Chopins normalen Instinkten zu hegen, und man wird tatsächlich, auch wenn man sich zu eindeutiger Schlüsse enthält, doch unsicher: diesem zarten Mann auf der Suche nach seinem männlichen Gegenstück entschlüpften besorgniserregende Geständnisse! Ah! Wäre Titus nicht jener robuste Gentleman-farmer, den wir kennen, der vernarrt ist in seine Pferde, besessen von der Landwirtschaft, ausgelastet durch anstrengende körperliche Betätigung, trunken von der frischen Luft und Komplikationen abgeneigt – hätte er eines Tages, aus Versehen oder zum Spaß, vor seinem Freund Frédéric die Arme ausgebreitet, hätte er ihm seine Lippen gereicht, worum er am Ende eines jeden Briefes angefleht wird – sicherlich wäre die Geschichte Chopins anders verlaufen. Aber ich schweife ab.

Wenn man dem Wort »lieben« seine volle Bedeutung mit all ihren Weiterungen zubilligt, liebte Chopin nicht, liebte er niemals jemanden. Er war verliebt in die Liebe, er kultivierte diesen seelischen Zustand, wie um ihn auf Distanz zu halten, er steckte ihn in die Musik: gibt es eine schönere Art, um damit fertig zu werden? Andere Geschichten enden, so sagt man, in Liedern. Die seinen lösten sich in Klavierkonzerten, Balladen und verträumten Walzern auf. Das ist sehr schön für uns und sehr traurig für ihn, obwohl es ihm sichtlich Freude machte, Salz in seine Wunden zu streuen: »Ich würde die Gedanken verjagen, die mein Leben vergiften, wenn ich sie nicht mit einem solchen Genuß kultivierte!« Künstler sind oft seltsamen Duplizitäten unterworfen, ihre Leiden können sie sogar bezaubern, die schwärzesten Gedanken gehen mit genauester Arbeit einher.

Denn all die Qualen, von denen wir hier berichten, die totale Unentschlossenheit hindern den, der von sich behauptet, ihr Opfer zu sein, nicht an der Aktivität, der Arbeit und seinen Reisevorbereitungen. Dies ist entschieden: er wird nicht davor zurückschrecken.

Aber er hatte so wenig Lust, fortzugehen!

»Nichts reizt mich außerhalb unseres Landes! Wenn ich fortgehe, folge ich nur meinem Ruf und gehorche dem gesunden Menschenverstand.«[6]

Der gesunde Menschenverstand verlangt vielleicht tatsächlich, daß das ehemalige Wunderkind nicht an Ort und Stelle Karriere macht, was für ihn auch manchen Katzenjammer einbringen könnte: man sieht Phänomene nicht gern in der Heimat groß werden. Vielleicht hätte sich sein so besonderes Genie in Polen weniger entfalten können. Das Fernsein, die durch die Entfernung heraufbeschworenen Traumbilder, die immer wache Angst um die Gefahren, die seine Familie bedrohten, lieferten ihm in Paris ergiebige und auch unerschöpfliche Themen.

Was seine Berufung angeht, so erforderte sie ganz sicherlich, daß Frédéric sich anderswo Podien suchte, wo sein Talent höher geschätzt wurde und reichere Früchte trug. Schließlich hatte ihm der Versuch ja gezeigt, wie unmöglich es für ihn war, seinen Lebensunterhalt in Warschau zu verdienen. Dennoch wurde er im Augenblick der Entscheidung ängstlich:

»Ich habe nicht die Kraft, den Tag meiner Abreise festzulegen. Wenn ich fortgehe, scheint es mir, daß ich mein Heim niemals wiedersehen werde, ich glaube, daß ich in der Ferne sterben werde. Wie traurig muß es sein, in der Fremde zu sterben und nicht dort, wo man gelebt hat…« Seltsame Vorahnung: tatsächlich hatte Chopin, als er diesen Satz schrieb, die größte Chance, recht zu behalten…

Er wollte fort – gut: aber wohin? In diesem Punkt waren seine Vorstellungen sehr ungenau und die seiner Familie nicht minder. Seltsam: sein Vater, der ihm sehr wenig von Frankreich erzählt hatte (nicht eine einzige Erwähnung der Abstammung väterlicherseits in der Korrespondenz), riet ihm nicht besonders zu, nach Paris zu gehen: eher nach Berlin als nach Frankreich – Radziwill gab ihm den gleichen Rat und lud ihn zum Essen ein, um ihn zu einer Entscheidung zu bringen. Aber Chopin hatte eine andere Idee im Kopf: Er wollte nach Wien zurückkehren, wo über ihn noch sehr günstig gesprochen wurde. Er wollte Italien, das Land des Belcanto, kennenlernen. Dahinter...war alles ungewiß: »Ich gehe fort – aber wohin? – Da mich nichts irgendwo lockt...« In Wirklichkeit fuhr er ins Ungewisse, ausgerüstet mit ein paar Empfehlungsschreiben, die man ihm für alle Fälle in die Hand gedrückt hatte. Kein Plan, kein Vorhaben, immer der Nase nach, wer weiß, wohin es geht...

Bevor er seine Koffer packte, hatte er noch eine Menge zu tun. Zuerst einmal mußte er das *Klavierkonzert*, zu dem ihn Konstanze inspiriert hatte und das ihm in Antonin eingefallen war, vollenden. Um sich anzuregen, hörte er viel Musik: den *Othello* von Spohr, den er großartig fand, *Graf Ory* von Rossini, dessen Finale zum ersten Akt er für sehr stark hielt, er hörte den Bianchi Cymmermann, dessen Imitationsgabe er größer fand als seine Flötenkunst: »Seine Stimme erinnert an eine Katze und ein Kalb zugleich. Er hat mit Nowakowski im Duett gesungen. Dieser kniff die Lippen auf ganz bestimmte Art zusammen, so daß die Illusion einer kleinen, sehr falsch spielenden Kindertrompete entstand.« Außerdem erlebte er einen weiteren jungen Pianisten, Wörlitzer, der sechzehn Jahre alt war: »Er ist Jude – also ein offener Geist...«, Fräulein Belleville, eine französische Pianistin, die seine *Variationen über »La ci darem«* studierte und spielte, schließlich die Sontag, zu deren Ehre der junge, keusche, laut ausgesprochener Bewunderung so wenig zugeneigte Chopin seine Verführungskunst spielen ließ und schmeichelhafte Worte fand: »Sie ist nicht schön, aber charmant. Ihre Stimme ist nicht sehr umfangreich, doch außergewöhnlich gut geschult. Aus dem Parkett scheint es, als dufte ihre Stimme nach frischen Blumen, und sie ist wie eine köstliche Liebkosung, die jedoch selten zu Tränen rührt. Dennoch verzaubert sie alle. Ihre ›chromatischen Tonleitern‹ aufwärts sind bemerkenswert, wundervoll die *Variationen* von Rode, mit Koloraturen. Kavatinen aus dem *Barbier* und der *Elster*. Die Arie aus dem *Freischütz* mehr als bewundernswert. Kein Vergleich mit all dem, was man bisher gehört hat. Welche Freude hatte ich, als ich sie in ihrem Zimmer auf einem Kanapee etwas näher kennenlernte – denn mehr haben wir uns nicht erlaubt...«

So ging Chopin oft aus, er wirkte bei einigen Veranstaltungen mit.[7] Vor allem arbeitete er an seinem *Klavierkonzert*, über dessen Adagio Elsner – und in allgemeinerer Form alle Freunde, die es kennenlernen – viele lobende Worte fanden. Das Schlußrondo kostete ihn viel Zeit und Mühe. Das Allegro ist »ganz von allein gekommen«. Er vollendete sein *Trio* op. 8, die *Fantasie über polnische Weisen* op. 13, den *Walzer in h-Moll* op. 69, Nr. 2, die *Mazurken in C-Dur* und *f-Moll*, den *Trauermarsch in c-Moll* op. 72 B, einige *Etüden* und Gesangsstücke nach Gedichten von Mickiewicz und Witwicki – *Die Botin, Mir aus den Augen*. Schließlich bereitete er seinen Abschied von Warschau musikalisch vor.

Konzerte

Er begann mit einer Art Generalprobe: zwei geschlossene Veranstaltungen, auf denen er vor ein paar Freunden das *Klavierkonzert in f-Moll* und die *Große Fantasie über polnische Weisen* ausprobierte. Der »Warschauer Kurier«, dessen Musikkritiker eingeladen war, hob Chopin in den Himmel: »Er übertrifft alle Pianisten, die man bisher gehört hat, er ist der Paganini des Klaviers, seine Werke sind erhaben und reich an neuen Ideen.« Durch diese Lobreden in Sicherheit gewiegt, beschloß Chopin, ein großes öffentliches Konzert mit Orchester unter der Leitung von Kurpinski zu geben. Er mietete das Nationaltheater,

kündigte den Abend für den 17. März 1830 an und erfuhr voller
Freude, daß drei Tage vorher alle Plätze ausverkauft waren. Und
er warf sich ohne zuviel Angst in die Schlacht. Hier das Programm des historischen Konzerts:

Ouvertüre aus *König Leszek der Weiße* . . . . .Elsner
Allegro aus dem *Klavierkonzert in f-Moll* . . . . .Chopin
Divertimento für Horn . . . . .Görner
Adagio und Rondo aus dem *Klavierkonzert in f-Moll* . . .Chopin
Ouvertüre aus *Cecylja Piaseczenynska* . . . . .Kurpinski
Variationen (Gesang: Frau Meier) . . . . .Paër
Große Fantasie über polnische Weisen . . . . .Chopin

Herzliche Aufnahme, gute Presse. »In seinen Kompositionen
Hummel überlegen (!)... Er schien dem Publikum zuzurufen:
Das bin nicht ich, sondern die Musik! ... Die Seele der Heimat
lebt in diesem Künstler auf...« Elsner warf seinem Schüler vor,
er habe vor allem in den Bässen zu leise gespielt, Kurpinski lobte
die Originalität der Komposition. Frédéric, der unter diesen Umständen immer ruhig und klarsichtig blieb, schrieb an Titus:
»Das erste Allegro, das nur wenigen zugänglich ist, bekam Beifall. Beim Publikum schien es zum guten Ton zu gehören, dafür
interessiert zu scheinen. Das Adagio und das Rondo riefen die
größte Wirkung hervor; aufrichtige Zurufe waren zu hören. Die
Fantasie hat meiner Meinung nach ihr Ziel nicht erreicht. Man
spendete Beifall, um beim Hinausgehen nicht den Eindruck zu
hinterlassen, man habe sich gelangweilt...« Niemals über-
schätzte Chopin seinen Erfolg. Über sein Talent schwieg er sich
hartnäckig aus. Was dachte er über sich selbst? Das hat sicherlich niemand erfahren.

Fünf Tage später gab Chopin auf allgemeinen Wunsch ein
zweites Konzert, abermals vor vollem Saal. Das Programm unterscheidet sich teilweise von dem ersten:

Symphonie . . . . .Nowakowski
Allegro aus dem *Klavierkonzert in f-Moll* . . . . .Chopin
Variationen (Violine: Bielawski) . . . . .Bériot

Wie beim ersten Mal hat das Adagio eine große Wirkung:
»Man spricht mich überall darauf an. Ehrlich gesagt, improvisierte ich nicht so, wie ich es gern getan hätte, denn das wäre
nichts für die Leute gewesen…Orlowski hat Mazurken und
Walzer über Themen aus meinem *Klavierkonzert* komponiert.
Man bittet mich, mein Portrait drucken und es im Publikum verteilen zu lassen. Ich widersetze mich, das wäre zuviel auf einmal:
und außerdem möchte ich nicht zum Buttereinwickeln verwendet werden! Ich soll in der nächsten Woche noch ein Konzert geben, aber ich habe nein gesagt. Für mich sind die drei Tage vor
einem Konzert eine Qual. Ich möchte außerdem noch vor den
Feiertagen das erste Allegro meines zweiten Klavierkonzerts fertigstellen. Ich warte, bis die Feiertage vorbei sind, und gebe dann
erst mein drittes Konzert, und ich hoffe, einen beachtlichen Teil
der großen Gesellschaft, der mich noch nicht gehört hat, dafür
zu interessieren.«

Die beiden Konzerte hatten fünftausend Zloty eingebracht.
Die Presse lobte Chopin, war jedoch über Elsner und Kurpinski
geteilter Meinung.

Poturzyn

Im Frühsommer, nachdem er an einem Konzert von Frau
Meier mitgewirkt hatte – nach den *Variationen über »La ci darem«* wird Chopin dreimal herausgerufen – ging er für vierzehn
Tage nach Poturzyn zu dem geliebten Titus. Sie hatten sich viel
zu sagen und machten viel Musik zusammen! Denn Titus, der
ausgezeichnete Landwirt, war auch ein sehr guter Pianist, und
man weiß, mit welch leidenschaftlichem Interesse er die Karriere
des Freundes verfolgte. Frédéric bewunderte diese »Vielseitig-

keit« und die zahlreichen Pläne von Titus: kaum war er mit dem Bau einer Mühle fertig, begann er mit einer Destillerie. Dann beschäftigten ihn die Lämmer und die Schur der Schafe. Dann die Ernte…O fortunatos nimium…Die beiden Freunde ritten – Chopin wesentlich schlechter als Woyciechowski: aber die Gelegenheit war wundervoll, die Natur von nahem zu sehen! Nach Warschau zurückgekehrt, schrieb Chopin: »Ich sehne mich nach Deinen Feldern, die Birke unter meinem Fenster geht mir nicht aus dem Sinn…«[8] Titus ließ ihn mit der Armbrust schießen. Mit ihm hörte er die Lieder der Bauern und nahm an einem Sommerfest teil. Spürte er, daß er sich Augen und Ohren füllen mußte mit den Liedern, den Tänzen, den Bräuchen des Landes? Von diesem Kapital mußte er von jetzt an leben. Kaum hatte er Poturzyn verlassen, erging er sich in Erinnerungen und machte Titus wieder einmal ein Geständnis, das mysteriös ist wie alle anderen. Was meinte er eigentlich? »Sei überzeugt, daß ich alle Opfer bringen werde, die notwendig sind, daß die bei uns so despotische öffentliche Meinung bei mir niemals das entdecken kann, *was mein Unglück ist!* Oh! es handelt sich hier nicht um mein inneres Unglück, um das Unglück meiner Seele, sondern um das, was von außen her eines zu sein scheint. Nennen die Leute nicht oft einen zerlöcherten Mantel, einen alten Hut ein Unglück? Wenn ich nichts mehr zu essen habe, wirst Du gezwungen sein, mich als Schreiber nach Poturzyn zu holen. Ich werde neben dem Pferdestall wohnen, es wird schön sein, in Deiner Nähe zu sein, wie dieses Jahr im Herrenhaus. Vorausgesetzt, daß es mir gut geht, gedenke ich mein ganzes Leben zu arbeiten. Ich habe mich manchmal gefragt, ob ich faul sei oder ob ich mehr arbeiten sollte, als es meine körperlichen Kräfte erlauben. Ganz ernsthaft, ich bin überzeugt, nicht der schlimmste Nichtstuer zu sein, und ich fühle mich in der Lage, wenn die Not mich zwingt, doppelt soviel zu arbeiten wie heute. Wie könnte ich mich besser vor Dir anklagen als durch die Erklärung meiner Unschuld? Es ist vergeblich, ich weiß, daß ich Dich liebe – ich möchte, daß Du mich immer mehr liebst und deshalb verschmiere ich so viel Papier…*Bei Dir kann ich weder etwas gewinnen noch etwas verlieren.* Die Sympathie, die ich für Dich empfinde, zwingt Dein Herz mit übernatürlichen Mitteln, eine ähnliche Zuneigung für mich zu empfinden. Du bist nicht Herr Deiner Gedanken, ich bin es und lasse es nicht zu, daß Du mich verläßt wie die Bäume, die ihr Grün abwerfen, das ihnen Charakter, Freude und Leben verleiht. Selbst im Winter wird in mir alles grün sein! Grün im Kopf und, weiß Gott, in meinem Herzen wird die meiste Glut sein! Reich mir zum Schluß noch Deinen Mund. Für immer Dein?« Seltsam — mehr als merkwürdig!

Vorbereitungen

Er kam nach Warschau zurück und erlebte Konstanzes Debüt an der Oper in *Agnes* von Paër. Das junge Mädchen war entzückend, sie war aufgeregt, wie es sich gehörte, und zollte daher dem Lampenfieber den Tribut einiger winziger Fehler, dann festigte sich ihre Stimme, und sie hatte Erfolg. Trotz seiner Verliebtheit blieb Chopin recht objektiv: »Die Gladkowska ist nahezu perfekt. Sie macht auf der Bühne einen stärkeren Eindruck als im Konzertsaal. An ihrer dramatischen Begabung ist nichts auszusetzen.⁹ Was die Stimme betrifft, so kann man sich, abgesehen von ein paar hohen Fis und G, nichts Besseres wünschen. Ihre Phrasierung würde Dich entzücken und ihre Modulationen sind perfekt.« Am Tag nach der Vorstellung half er Konstanze bei den Vorbereitungen für eventuelle Rollen in der *Diebischen Elster* und der *Vestalin*. Er erkühnte sich dabei, mit ihr zu sprechen, aber es war – natürlich! – nur die Rede von Musik.

Kurzer Sommeraufenthalt in Zelazowa-Wola. Er kam zum letzten Mal hierher, um friedlich unter den großen Ulmen im Kreis seiner Freunde, der Diener des Hauses und der Nachbarn aus der Umgebung Klavier zu spielen. Ein paar Besuche in der Nähe. Ende August war er zurück in Warschau, arbeitete an einer *Polonaise mit Orchester* und legte letzte Hand an das Rondo aus seinem *Klavierkonzert in e-Moll*. Mit dem Adagio war er recht zufrieden: »Es sollte nicht mächtig sein. Es ist eher eine ruhige, melancholische Romanze. Es soll den Eindruck vermitteln, als schaue man auf einen Ort, der in einem tausend zauberhafte Erinnerungen wachruft. Es ist wie eine Träumerei bei schönem Frühlingswetter, aber bei Mondschein. Begleitet wird mit Sordinen, das heißt, den Geigen wird eine Art Kamm auf die Saiten gesetzt, so daß ihr Klang gedämpft wird und sie nasal und silbern klingen…«

Um das neue Klavierkonzert »auszuprobieren«, lud Chopin den Dirigenten Kurpinski, den Violonisten Bielawski, Soliva, Elsner, Zwyny, seine Eltern und ein paar enge Freunde, darunter Matuszynski und Ernemann ein. Das Ergebnis des Abends war ermutigend: »Das Rondo macht Ihnen alle Ehre«, erklärte Soliva. Kurpinski lobte die Originalität und Elsner den Rhythmus. Die Vorzeichen für das Konzert waren günstig. Alle Plätze waren im voraus ausverkauft. Neunhundert Personen füllten den Theatersaal. Das Programm sah folgendermaßen aus:

Symphonie . . . . .Görner
Allegro aus dem *Klavierkonzert in e-Moll* . . . . .Chopin
Arie mit Chor (Gesang: Frau Wolkow) . . . . .Soliva
Adagio und Rondo aus dem *Klavierkonzert* . . . . .Chopin
Ouvertüre aus *Wilhelm Tell* . . . . .Rossini
Kavatine aus *La Donna del Lago*
(Gesang: Fräulein Gladkowska) . . . . .Rossini
Fantasie über polnische Weisen .Chopin

Alles ging gut. Chopin hatte dieses eine Mal kein Lampenfieber. »Ohrenbetäubende Bravorufe« unterbrachen den Vortrag des Allegros. Konstanze sang ihre Kavatine »wie noch nie. Du kennst ›O quante lagrime per te versai‹: sie sang das ›tutto detesto‹ ganz tief, so daß Zielinski meinte, das allein sei tausend Dukaten wert.« Die Fantasie schien besser begleitet gewesen zu sein als das Klavierkonzert, von dem Chopin sagt, der Dirigent Soliva habe »doch immerhin die Partitur mit nach Hause genommen, *um sie zu überfliegen*«. Das stimmt bedenklich über die Art, mit der man zu jener Zeit die Orchesterbegleitung eines neuen Werks probte! Das muß manchmal nur annähernd gestimmt haben, und manchmal war es sicher entsetzlich.

Das Konzert fand am 11. Oktober 1830 statt. Chopin erhielt lobende Kritiken, die aber so nichtssagend waren, daß sie ihn für einen kurzen Augenblick zur Verzweiflung brachten. Nicht, daß er eingebildet gewesen wäre: »Ich bin nichts…« – aber dieses Nichts existiert, und niemand in Warschau hat ihn jemals wirklich persönlich charakterisiert. Keine Frage, er muß fort. Sicherlich würde er woanders besser verstanden. Hier fühlt er sich geliebt, ja sogar geschmeichelt – aber niemand ahnt die Bedeutung, die Reichweite seiner Botschaft, kein Musiker hat gespürt, wieviel persönliche Leidenschaft in seiner Kunst steckt. In Wien, Mailand und Paris herrscht eine andere Atmosphäre, dort wird es Kenner in Massen, versierte Musikfreunde und Kritiker geben, die dieses Namens würdig sind. Also fort – schnell fort!

Um so mehr als es in Politik und Gesellschaft fast überall knistert. Ein erstes Mal wird seine Reise wegen der Unruhen in Sachsen, Meutereien in Wien und des Aufstands in Tirol verschoben. In Frankreich ist während der »drei ruhmreichen Tage« des Monats Juli Charles X. entthront worden. Louis-Philippe hat sich offen mit La Fayette, dem Kämpfer für die Befreiung zweier Kontinente, verbündet. Die Unruhe in Europa greift auf Warschau über, wo die Verhaftungen sich mehren. Lelewel und Mochnacki, Zaleski, Goszczynski, Jelowicki und Gaszynski verbreiten aufrührerische Pamphlete und Gedichte. Einige von ihnen sind Freunde oder Mitschüler von Chopin, der oft im Café mit ihnen zusammentrifft – vor allem im »Loch«, einem ihrer Versammlungslokale. Der Zar weigert sich, Louis-Philippe anzuerkennen, er zieht sogar Truppen in Polen zusammen, die gegen Frankreich marschieren sollen. Doch da kennt er sie schlecht: niemals würden die Polen die Waffen gegen das einzige Land erheben, von dem sie die Befreiung von russischer Sklaverei erhoffen. Im Belvedere zwingt Großfürst Konstantin, den ab und zu seltsame Tobsuchtsanfälle überkommen, seine Truppe, Tag und Nacht zu wachen. Er verbringt seine Nächte außerhalb des Palastes, wechselt jeden Abend die Wohnung und bemerkt voller Schrecken die Inschriften, die immer häufiger auf den Mauern der Stadt erscheinen: »Soldaten, seid bereit, euer Vaterland zu verteidigen.« Er läßt das ironische Plakat beseitigen, das ein Spaßvogel an die Tür des großfürstlichen Palastes genagelt hat: »Wohnung zu vermieten.« Er unterschreibt Deportationsbefehle, verlangt vom Polizeiminister »beruhigende« Verhaftungen, kurz, er dreht sich im Kreise wie ein Mensch in der Falle. In den Straßen von Warschau steigt die Temperatur.

Reisen? Nicht reisen? Qualvolle Angst, von der man sich zu befreien glaubt, indem man sich Aufschub gewährt. Auf jeden Fall, allein reisen. Ja, ohne Titus – vor allem ohne Titus: »Wenn wir zusammen gingen, würden wir uns den Augenblick versagen, der teurer ist als Tausende von eintönigen Tagen, wenn wir uns zum ersten Mal auf fremdem Boden umarmen…« Ihm entsagen, ihn sogar vergessen, um die Wiedersehensfreude zu verzehnfachen! Aber wann soll er Abschied nehmen? Die Reise, die zuerst auf den 16. Oktober festgesetzt war, wird auf den 20. Oktober verschoben, dann bestimmt man, dieses Mal endgültig, das Datum vom 2. November – dem Totengedenktag Allerseelen: das wird entsetzlich traurig, ganz den Umständen angepaßt. Ja, unwiderruflich an diesem Tag »werde ich in die Diligence steigen, die Noten im Bündel, das Band[10] um die Seele, die Seele geschultert…« Nein, dieser Abschied war nicht begleitet von froher Geschäftigkeit, die so mancher Ortsveränderung vorausgeht. Man meint vielmehr, daß ein Begräbnis stattfinden soll: »Ich habe noch keine Schritte wegen meines Passes unternommen. Nach allgemeiner Ansicht werde ich ihn nur für Österreich und die Schweiz bekommen. Für Italien und für Preußen nichts zu machen.« Die Familie schwieg, starr, zustimmend. Sie hatte den Eindruck, dem Vollzug einer unerbittlichen Zeremonie beizuwohnen, die ein ungreifbares Schicksal bestimmt hat. Alles ist fertig, nur die Herzen sind schwer: Unser geliebter Frycek, wie wird er fern von uns leben, er, der so viel Nestwärme braucht, aus der er sich bisher nur entfernt hat, um ganz schnell wiederzukommen? Dieses Mal ist es ein Abschied ohne Wiederkehr. Zumindest sind die Pläne so ungewiß, daß man nicht weiß, wann und wo man sich wiedersehen wird. In zwei Jahren, in drei Jahren, vielleicht länger. Er selbst ist so nervös, so zart, seine Gesundheit so schwankend – verschlimmern wir seine Sorgen nicht noch durch unsere Befürchtungen, helfen wir ihm lieber, die

Koffer zu packen: »Ich habe schon einen Koffer gekauft, meine
Wäsche liegt bereit, die Partituren sind korrigiert, die Taschentücher gesäumt, die Hosen genäht. Ich muß nur noch Lebewohl
sagen: das ist das schmerzlichste.«

Abschied

Abschied von Elsner und Zwyny, die unvergeßlich bleiben!
Abschied von fröhlichen Freunden wie stillen Gefährten! Abschied von den Cafés, wo man sich traf, von der Straße, durch die
er zum Konservatorium ging! Abschied von Konstanze: in seinem Album nahm Chopin Verse mit, die sie am 23. Oktober
1830 für ihn hineingeschrieben hatte:

Du erfährst die Wechselfälle des Schicksals
Wir müssen das Unvermeidliche erfahren.
Aber Du, der Du niemals vergessen wirst, erinnere Dich,
Daß man Dich in Polen liebt!

Damit der Lorbeerkranz niemals welke
Verläßt Du Deine teuren Freunde, Deine geliebte Familie.
Die Fremden werden Dich vielleicht mehr schätzen,
besser lohnen
Doch mehr als wir werden sie Dich sicherlich
nicht lieben können!
K. G.

Darunter schrieb Chopin mit Bleistift wie eine Herausforderung gegen das undankbare Vaterland: »Doch, sie können!«
Am Vorabend seiner Abreise veranstalteten seine Kommilito-
nen und Freunde einen letzten Abend für ihn. Es wurde gegessen,
getrunken, gesungen, Klavier gespielt. Frédéric bekam einen Silberpokal mit einer Handvoll polnischer Erde: dies sollte seine
Wegzehrung sein. »Geh«, sagte einer, »mach den Namen Polen
berühmt. Hier werden wir die Dinge schon regeln...«
Am nächsten Morgen nahm Frédéric in aller Stille Abschied

von den Seinen. Damit wir uns recht verstehen: die Familie stand voll hinter seiner Abreise. Elsners und Nicolas Chopins Zugehörigkeit zur Freimaurerei ist für keinen ernsthaften Historiker, der die Dokumente kennt, ein Geheimnis. Man weiß auch, daß der polnische Aufstand gegen den russischen Eroberer von Freimaurerlogen ausging. Gewarnt von seinen »Brüdern«, hat Nicolas Chopin sicherlich seinen Sohn dazu ermuntert, Polen zu verlassen: Da die Abwesenheit des jungen Musikers durch den legitimen Wunsch, sein Talent im Ausland bekanntzumachen, ausreichend motiviert ist, würde keinerlei Verdacht bei den Besatzern aufkommen. Es ist also sehr wahrscheinlich, daß Frédéric bei seinem Plan, Warschau zu verlassen, keinerlei Widerstand von seiten seiner Familie erfuhr – im Gegenteil. Aber man kann sich daraus erklären, daß nach einer polizeilichen Ermittlung, bei der, wie man weiß, die Freimaurer-Zugehörigkeit von Nicolas Chopin herauskam und dem russischen Generalstab mitgeteilt wurde, Frédéric in der Folgezeit daran gehindert wurde, nach Polen zurückzukehren: sicherlich hätte er nicht den an der Grenze notwendigen Geleitbrief bekommen.[11]

Wie dem auch sei, die Stunde des Abschieds hatte geschlagen. Louise überreichte Frédéric einen Ring aus ihren Haaren. Am Nachmittag begleiteten ihn alle vier auf den Schloßplatz. Die mit vier Pferden bespannte Postkutsche setzte sich auf dem unebenen Pflaster in Bewegung. Im Wagen saßen zwölf Reisende. Ein letzter Blick auf das Haus, wo er glücklich gewesen war. Der Wagen bog um die Ecke, aus! Da waren schon die Vorstädte, die Zollschranken von Wola. Auf der Landstraße nach Kalisch blieb die Kutsche plötzlich stehen. Studenten versperrten den Weg. Sie sangen im Chor, begleitet von einer schrillen Guitarre. Elsner hatte eine kleine Kantate komponiert, um seinem teuren Schüler adieu zu sagen, und es waren die Schüler, seine Kameraden, die da sangen: »Dein Talent, das hier wurzelt, möge anderswo und überall erstrahlen!« Ein Peitschenknall, die Postkutsche fuhr weiter. Chopin beugte sich zum Fenster hinaus. Was er nicht wußte, ahnte er voraus. Die Dichter wissen vieles: »Alles ist so schön, wenn man sich zurückwendet und man weiß, man kehrt nie wieder...«

Aus den Augen...

WIE VIELEN NERVÖSEN GROSSEN MÄNNERN kam Chopin eine erstaunliche Fähigkeit, sich von seinem Kummer abzulenken, zugute. Durch seine stark ausgeprägte Sensibilität spürte er sehr heftig alle seelischen Schläge, aber wenn man so sagen darf, steckte er sie im doppelten Sinne des Wortes ein: zuerst einmal merkte man sie ihm nicht gleich an, und außerdem legte er sie zuerst einmal sozusagen auf Reserve. Sie wurden später gebraucht, als Erinnerungen, die die Zeit beruhigt oder im Gegenteil durch die Entfernung verstärkt hat. Bei Chopin war niemals etwas verloren. Aber seine Reaktionen kamen langsam. Immer nahm er sich die Zeit, zu »verdauen« – ob es sich um einen Schmerz, ein trauriges Ereignis oder eine einfache Nachricht handelte.

So schien er selbst sich bald getröstet zu haben, während wir über seinen Abschied gerührt sind – denn wir kennen das Ende des Abenteuers, und das ist traurig. Zuerst einmal traf er seinen geliebten Titus wieder, der nicht widerstehen konnte, früher zu Frédéric zu stoßen, als ursprünglich vereinbart war. Die beiden Freunde begegneten sich in Kalisch. Und dazu kamen die Freuden der Reise, die kleinen Überraschungen am Wege, das Wiedersehen mit einer Stadt, die Erinnerungen barg... In Breslau ging Chopin in die Oper, besuchte den Kapellmeister Schnabel, spielte für ihn zwei Stücke aus seinem 2. *Klavierkonzert*. »Wie leicht sein Spiel ist!« urteilte der hervorragende Mann. Er wirkte an einem improvisierten Konzert vor einem Liebhaberpublikum mit, dem er sein *Rondo in e-Moll* und eine Improvisation über Themen der von ihm sehr geschätzten Oper *Die Stumme von Portici* vortrug.

In Dresden geriet er zwischen zwei Feuer oder vielmehr zwischen den Wunsch, in der Oper die erwähnte *Stumme* zu hören und die Verpflichtung, im Konzert der Pianistin Pechwell zu applaudieren. Am Ende entschied er sich für beides. Er mietete sich eine Sänfte, die ihn im Konzertsaal absetzte, und am Ende des Konzerts begab er sich schnell ins Theater. Am nächsten Tag traf er den guten Klengel, den Mann mit den achtundvierzig Fugen, und spielte ihm seine Klavierkonzerte vor. Klengel machte ihm Komplimente und riet ihm, ein Konzert zu geben. Chopin lehnte ab. Er hätte »für die Ehre« spielen sollen, wie bei seinem ersten Besuch, während unser Freund, der nur eine bescheidene Reisekasse bei sich führte, gern etwas verdient hätte. Das Klavierspiel war in seinen Augen keinesfalls eine gesellige Kunst, mit der man auf charmante Art die Bürger verzaubert, die davon überzeugt sind, daß Künstler nur von Luft und Liebe leben. Er ging in die Italienische Oper und hörte *Tancredi* in einer recht schlecht gesungenen Aufführung, die jedoch durch ein wunderschönes Violinsolo von Rolla veredelt wurde. Er verbrachte einen ganzen Vormittag in der Gemäldegalerie, aß bei den Komars[1], wurde der örtlichen Aristokratie vorgestellt und empfing Empfehlungsschreiben: überall war er der Liebling der Gesellschaft. Aber er beschloß, nicht vor der Öffentlichkeit aufzutreten, und hielt sich mit gutem Grund daran.

Dann Wien. In einem Brief an Matuszynski erkundigte er sich besorgt nach Konstanze und bat seinen Freund, diskret auf sie aufzupassen: Er wußte, daß Offiziere der Garnison sie umschwärmten, die man ihr soweit möglich vom Halse halten sollte. Titus und er hatten drei elegante Zimmer in einem komfortablen Haus gemietet. Hier wartete er auf ein Klavier von Graff. Dann zogen sie um, da ihnen die Miete zu hoch war. Seine Mittel hob er für die Oper auf.[2] Würfel riet ihm natürlich, öffentlich aufzutreten, aber in Wien wie in Dresden verhielt sich Chopin wie ein Mann, der weiß, was er wert ist und was er will. Der Verleger Haslinger verhandelte mit ihm, versuchte ihm zu schmeicheln, damit er seine Werke herausbringen könne, ohne einen Pfennig herauszurücken: »Schrecklicher Jude!« Malfatti, der letzte Arzt Beethovens, stellte ihn allerseits wichtigen Leuten vor. Kurz, er führte ein leichtes, fast sorgloses Leben!

Darüber brach am 29. November 1830 der Aufstand in Warschau los. Sehr schnell bekam Chopin Nachricht davon. Getreu seiner Art, reagierte er zunächst nicht.

Der Aufstand

Schon seit zwei Jahren hatte der russische Eroberer die Polen unaufhörlich gereizt: Verfolgungen an der Universität von Wilno, die Deportation von Mickiewicz nach Rußland, die Verurteilung des Kommandanten Lukasinski – eine Menge Gründe für Unzufriedenheit und Revolte. Dazu wurde noch bekannt, daß die polnische Armee mit den Russen gegen Frankreich marschieren sollte: dieser Tropfen brachte das Faß zum Überlaufen.

Unter der Leitung von Unterleutnant Wysocki gaben die Schüler der Lehrerbildungsanstalt das Signal zum Aufstand, indem sie die großfürstliche Residenz angriffen. Konstantin, der aus dem Schlaf gerissen wurde, hatte gerade noch Zeit, sich durch einen Geheimgang zu seiner Frau zu flüchten. Die Belagerer erschlugen mit Bajonetten einen russischen General, den sie im Dunkeln für den Großfürsten gehalten hatten, sowie Lubowidzki, den Statthalter von Warschau, der die Gemächer der Fürstin bewachte. Eine Woche später verließ Konstantin die Stadt und zog seine Truppen zurück. Inzwischen hatte sich die Armee mit den Studenten verbündet. Um den 5. Dezember herrschte allgemeiner Aufruhr in der Stadt, die als befreit betrachtet werden konnte. Österreich reagierte, wie vorauszusehen, negativ auf die polnischen Aufständischen.

Was Chopin beim Empfang dieser zugleich entsetzlichen und befreienden Nachrichten empfand, wissen wir absolut nicht. Auf den Straßen schnappte er unfreundliche Bemerkungen auf: »Der liebe Gott hat einen Fehler gemacht, als er die Polen erschuf«, sagte der eine. »In Polen taugt nichts etwas«, fügte der andere hinzu. So war die Stimmung: die Aufständischen waren für die Wiener Bürger nur Leute, die sie am Tanzen hindern wollten. Warum den sowieso schon gefährdeten Frieden der Welt stören? Sicher wagte Chopin es nicht, den Eltern seine Gedanken mitzuteilen, denn er fürchtete, daß man seine Briefe öffnete und die Seinen Repressalien aussetzte. Wollte er damit die Leute auf eine falsche Fährte setzen oder tat er das einfach, weil er so war? Er schien jedenfalls ganz ruhig, als er ihnen am 22. Dezember schrieb: »Ich mußte tanzen und man holte mich zum Kotillon.« Er war Hummel begegnet, und der Sohn des Musikers machte ein Portrait von ihm im Schlafrock. Er hatte den Tänzer Duport, den Direktor am Kärntnertortheater besucht. Er war mit Czerny zu Diabelli gegangen. Malfatti hatte ihm, weil er böse war, daß er zu spät kam, mit einer Operation gedroht, die »so scheußlich ist, daß ich lieber nicht davon reden will«! Der Geiger Slawik machte mit seiner Virtuosität Paganini den Rang streitig: Er machte »sechsundneunzig Staccato-Noten mit einem einzigen Bogenstrich«. Die beiden planten eine Künstlervereinigung. Wenn Merck einverstanden wäre, sollte aus ihrem Duo ein Trio werden. Er träumte davon, ein Klavierkonzert für zwei Klaviere zu schreiben, das er mit Nidecki spielen wollte. Sollte er nun nach Italien fahren oder nicht? Diese Lawine von unwichtigen Nachrichten, von Klatsch, von Fragen stimmt nachdenklich. Die Diskrepanz zwischen der dramatischen Situation in Polen und den oberflächlichen Betätigungen Chopins ist so groß, daß man versucht ist, zu seinen Gunsten Unwissenheit anzunehmen. Es sei denn, es fehlten ein oder zwei Briefe in unserer Sammlung. Sicherlich fürchtete er, seine Eltern zu beunruhigen: »In Wirklichkeit«, schrieb er an Jan Matuszynski, »fühle ich mich schlecht, aber das schreibe ich meiner Familie nicht...«

Chopin mußte Titus voller Bedauern ziehen lassen. Der junge Mann hatte sofort, als er von dem Aufstand erfuhr, eingesehen, daß sein Platz in Polen war, und sich von Frédéric verabschiedet. Haben die beiden sich in Wien voneinander getrennt? Oder soll man jener Legende Glauben schenken, nach der Chopin, verzweifelt über die Abreise von Titus, mit einer Eilpost die Verfolgung der Kutsche aufgenommen habe, und als er seinen Freund nicht einholen konnte, traurig allein nach Wien zurückgekehrt sei? Die Wahrheit dieser Episode wird durch nichts bestätigt.

Äußerlich verlief das Leben weiter friedlich, und Chopin verfiel wieder in seine elegante Gleichgültigkeit. Strauß und Lanner spielten in einem berühmten Lokal, wo er manchmal zu Mittag aß, Wiener Walzer, die er bezaubernd fand, und klassische Potpourris, über die er sich ärgerte. Sein karikaturistisch geschultes Auge suchte ständig Beute: »Gestern haben wir bei den Bayers Mazurka getanzt. Ihr hättet Slawik sehen sollen, wie er artig wie ein Schaf auf dem Boden kniete, während eine alte deutsche Komtesse, eine Dame mit zu großer Nase und pockennarbiger Haut, mit ihren langen dünnen Beinen einen seltsamen Schritt zusammenstöpselte, der ein Walzerschritt sein sollte! Und während sie so tanzte, drehte sie ihrem Kavalier ihr starres Gesicht so steif zu, daß ihre Halsknochen wie Gräten hervorsprangen. Diese würdige, ernste und gebildete Person hat im Grunde *Lebensart* ...«

Inzwischen komponierte er einen Walzer und Mazurken: es wurde weitergeträumt...

Unter den Gewölben des Stephansdoms

Aber eines Nachts gegen zwölf Uhr betrat er, romantischer geht es nicht, den leeren Stephansdom. »Ich stand am Fuß eines gotischen Pfeilers in der dunkelsten Ecke. Unmöglich, die Erhabenheit und Größe der riesigen Gewölbe zu beschreiben. Es war vollkommen still. Nur die Schritte eines Sakristans, der in der Tiefe der Kirche Kerzen anzündete, unterbrachen meine Lethargie. Hinter mir ein Grab. Unter meinen Füßen ein Grab. Es fehlte nur noch eines über meinem Kopf. Eine düstere Harmonie erhob sich in mir, mehr als jemals zuvor spürte ich meine Einsamkeit...« Wieder einmal hatte Chopin verspätet auf die Ereignisse reagiert. Das war seine Art, an die ferne »geliebte Stadt« zu denken. Ebenso wagte er in der Entfernung, Konstanzes Namen zu nennen und seiner Liebe in deutlichen Worten und leidenschaftlichen Bildern Ausdruck zu geben: »Ja, so wie ich sie liebe, möchte ich, daß die Töne, die mir ein blindes, wütendes, entfesseltes Gefühl eingibt, die Kraft hätten, zumindest teilweise die Lieder wiederaufleben zu lassen, die die Armeen von Jan[3] einst gesungen und deren verklungenes Echo noch heute an den Ufern der Donau umherirrt… Ist sie nicht krank gewesen? Wie hat sie die Erschütterung vom 22.[4] überwunden? Sag ihr, daß bis zu meinem Tode, ja sogar noch nach meinem Tode, meine Asche ihr zu Füßen liegen soll. Ich hätte ihr schon lange geschrieben und mich nicht so gequält, aber die Leute! Wenn mein Brief zufällig in fremde Hände fallen sollte, könnte das ihrem Ruf schaden. Also ist es besser, wenn Du mein Überbringer bist, sprich für mich und es wird nur recht sein…« Hier erleben wir Cyrano und Christian de Neuvillette in der Balkonszene wieder!

Und hier endlich der alles aufklärende Satz in dem gleichen Brief an Jan Matuszynski: »In den Salons erscheine ich ruhig, aber zu Hause tobe ich auf dem Klavier…« Der ganze Chopin steckt in dieser Antithese: auf der einen Seite der gelockte, herausgeputzte, elegante, heitere Dandy – auf der anderen ein verschwiegener Mann, der seine Seele nur den Tasten seines Klaviers ausliefert. Genau aus dieser Zeit stammt die erste Skizze zu dem *Scherzo in h-Moll,* das Abbild Chopins mit den zwei Gesichtern: der Sturm und das Wiegenlied, der Haßausbruch und die höchste Zärtlichkeit, ein wildes Thema und eine friedvolle, fast unbewegte Harmonie. Wenn man diese plötzlichen Gegensätze nicht begreift, versteht man weder den Charakter noch das Werk Chopins. Niemals hat der seltsame Ausspruch Schumanns: »Chopin? Kanonen unter Blumen…« besser gepaßt als hier.

Wie wenig ist er der Mensch, der allein leben, die Verantwortung des Lebens selbst auf sich nehmen kann! »Soll ich nach Paris gehen? Sicher, ich bin frei, zu gehen, wohin ich will – aber ich mag nicht…« Zärtlicher Chopin! Nachdem er nichts dazu getan hatte, von Konstanze geliebt zu werden, rang er jetzt die Hände und raufte sich die Haare »bei dem Gedanken, daß sie ihn vergessen könnte…« Sie brauchte nur an ihn zu denken! Der Mann ernährt sich von Träumen – die Frau lebt in der Wirklichkeit, das ist ihr Los und ihre Bürde. Während Chopin sich in der Ferne quälte, lebte Konstanze, getreu ihrem Vornamen, in tiefstem Frieden. Warum sollte sie an den netten Kollegen denken, der sich niemals erklärt hatte? Im nächsten Jahr sollte sie in aller Ruhe einen wohlhabenden Junker[5] heiraten, und am Ende ihres

Lebens faßte sie ihr merkwürdiges Abenteuer mit folgenden vernünftigen Worten zusammen: »Wenn Chopin mich geheiratet hätte, wer sagt mir, daß er mich glücklicher gemacht hätte als mein guter Joseph?« Zur Unterstützung dieses Arguments zeigt uns ein Photo aus dem Jahre 1889 – vierzig Jahre nach dem Tode Chopins! – eine Konstanze mit schönen, edlen, ruhigen, ein wenig harten Gesichtszügen. Die tiefe Ausgeglichenheit ihrer Seelen hilft unseren geliebten Frauen, uns lange zu überleben!

Und gedämpft beginnt der Klatsch wieder: »Obwohl Thalberg großartig spielt, ist er nicht mein Mann! Er ist jünger als ich, gefällt den Damen sehr und macht Potpourris aus der *Stummen*. Er spielt Piano-Stellen mit dem Pedal und nicht mit der Hand: er greift Dezimen wie ich eine Oktave und trägt brillantene Hemdenknöpfe. Moscheles erstaunt ihn nicht, und es ist klar, daß ihm nur die Tutti in meinem Klavierkonzert gefallen. Auch er schreibt Konzerte...« Unter Kollegen täuscht man sich nicht, und Chopin beherrscht unter hundert Künsten die, anderen eins auszuwischen!

Aber langsam bekam er Heimweh – man wunderte sich nur, daß er es nicht schon früher empfunden hatte! Endlich stellte er sich vor, wie das Leben in Warschau während des Aufstandes verlaufen mag: »Du bist in der Armee«, schrieb er an Matuszynski. »Habt ihr Wälle aufgeworfen? Meine armen Eltern! Was machen meine Freunde? Ich bin bei Euch, ich würde gern für Dich, für Euch sterben. Warum bin ich heute so einsam? Sag meinen Eltern, daß ich fröhlich bin. Vielleicht fahre ich in einem Monat nach Paris, wenn es dort ruhig ist. Heute ist ein neues Jahr, und wie traurig beginne ich es! Vielleicht werde ich sein Ende nicht erleben...«

In sein Notizbuch schrieb er: »Ich fühle mich seltsam und traurig! Ich weiß nicht, was ich tun soll: warum bin ich allein? Selbst die Musik tröstet mich heute nicht...«

Sollte er unter diesen Bedingungen ein Konzert geben? Er hatte keine Lust dazu, und die Lage war ungünstig. Durch die Ereignisse von Warschau erschien ein polnischer Künstler in Wien nicht gerade sympathisch, und auch auf ihn fiel ein Schatten des Verdachts. Die Zeiten hatten sich geändert, das Publikum träumte nur von Bällen, Walzern, Vergnügungen. Haslinger druckte nur noch Strauß. Immerhin entschloß Chopin sich, am 11. Juni 1831 im Kärntnertortheater das folgende Programm im Rahmen einer »musikalischen Akademie« zu spielen:

Ouvertüre aus *Euryanthe* ....Weber
Allegro aus dem *Klavierkonzert in e-Moll* ....Chopin
(Gesangsquartett)
Romanze und Rondo aus dem *Klavierkonzert* ....Chopin
Ballett (unter Mitwirkung von Fanny Elßler)

Ein Konzert ohne Geschichte und vor allem ohne Folgen. Zwei Monate vorher hatte er bei einer Matinee der Sängerin Garcia mitgewirkt. Wieder ein »Gratis«-Konzert!

Niederlage

Der zweite Wiener Aufenthalt endete tatsächlich mit einer Niederlage. Man bereitete ihm tausend Schwierigkeiten bei der Auslieferung seines Passes. Er beschloß, ihn für England ausfertigen zu lassen und erwähnte Paris nur als Durchreiseort. In Wien hatte er keinen Pfennig verdient, dafür aber viel Geld ausgegeben. Er hatte seinen Vater bitten müssen, und dieser hatte ihm eine »kleine Unterstützung« geschickt, begleitet von Ermahnungen zur Sparsamkeit. In dieser Hinsicht war Frédéric zugleich empfindlich und heikel: »Ich achte auf meine Ausgaben, so gut ich kann, und umgebe jeden Kreuzer mit der gleichen Sorgfalt wie jenen Ring in Warschau.[6] Den Ring könnt Ihr verkaufen, wenn Ihr wollt: ich koste Euch zu meinem Unglück sowieso schon genug...«

Im Augenblick seiner Abreise erhielt er von seinem Freund, dem Dichter Stephan Witwicki[7], einen bewegenden, hochbedeutsamen Brief. Er entfachte neue Skrupel in Chopin, der nicht das Gefühl hatte, seinem Land während der vergangenen acht Monate sehr gut gedient zu haben. Dieser Brief wurde in den ganzen Jahren des Exils sein Evangelium.

Ein Brief

Lieber Herr Frédéric!

Erlauben Sie mir, daß ich mich Ihnen in Erinnerung bringe und Ihnen für Ihre wundervollen Lieder danke. Sie haben nicht nur mir, sondern all denen gefallen, die sie gehört haben. Und Sie selbst würden zugeben, daß sie sehr schön sind, wenn Sie sie von Ihrer Schwester gesungen hörten. Sie müssen unbedingt der Schöpfer der polnischen Oper werden. Ich bin fest überzeugt, daß Sie das werden und Ihrem Talent als nationaler polnischer Komponist einen fruchtbaren Weg eröffnen könnten, auf dem Sie zu ungewöhnlichem Ruhm gelangen. Vorausgesetzt, daß Sie die Nationalität, die Nationalität und noch einmal die Nationalität im Sinn haben. Dies ist ein fast sinnloses Wort für einen gewöhnlichen Künstler, nicht jedoch für ein Talent wie das Ihre. Es gibt eine Heimat-Melodie wie es ein Heimat-Klima gibt. Die Berge, die Wälder, die Gewässer und die Wiesen haben ihre heimatliche innere Stimme, wenn auch nicht jede Seele sie begreift. Ich bin überzeugt, daß die slawische Oper, wenn sie ein echtes Talent, ein Komponist voll Gefühl und Ideen, zum Leben erweckt, eines Tages in der Musikwelt strahlen wird wie eine neue Sonne. Vielleicht erhebt sie sich über alle anderen und ist dann ebenso melodiös wie die italienische Oper, nur mit noch mehr Gefühl und unvergleichlich mehr Gedanken. Jedes Mal, wenn ich daran denke, lieber Herr Frédéric, wiege ich mich in der süßen Hoffnung, daß Sie der erste sein könnten, der aus den riesigen Schätzen slawischer Melodien schöpft. Wenn Sie diesen Weg nicht einschlagen, verzichten Sie freiwillig auf die schönsten Lorbeeren. Überlassen Sie die Imitation den anderen, damit sollen sich die Mittelmäßigen befassen. Sie dagegen müssen original, national sein. Am Anfang werden Sie vielleicht nicht von allen verstanden, aber Ausdauer und Fleiß auf einem von Ihnen erwählten Gebiet werden ihnen einen Namen bei der Nachwelt sichern. Derjenige, der in irgendeiner Kunst es zu etwas bringen und ein echter Meister werden will, muß immer ein großes Ziel vor Augen haben. Verzeihen Sie, daß ich Ihnen das

geschrieben habe, aber glauben Sie, daß diese Ratschläge und
Wünsche von aufrichtiger Freundschaft und Wertschätzung diktiert sind, die ich vor Ihrem Talent empfinde. Wenn Sie nach Italien fahren, sollten Sie sich eine gewisse Zeit in Dalmatien und
Illyrien aufhalten, um die Lieder dieses Brudervolkes kennenzulernen, ebenso in Mähren und Böhmen. Suchen Sie die slawischen Volksmelodien wie der Mineraloge Steine und Metalle in
den Bergen und Tälern sucht. Vielleicht halten Sie es sogar für
gut, ein paar Lieder aufzuschreiben. Dann hätten Sie eine außerordentliche Sammlung. Die Zeit, die man dafür verwendet,
sollte man nicht bereuen. Verzeihen Sie noch einmal mein zu-
dringliches Gekritzel; ich komme jetzt auf ein anderes Thema.

Ihre Eltern und Ihre Schwester sind wohlauf, ich habe ab und
zu das Vergnügen, sie zu sehen. Wir alle leben hier in einem ständigen Fieber. Meine Gesundheit war bis jetzt so schlecht, daß ich
mich nicht in die Schlacht stürzen konnte. Während die anderen
»mit Kugeln spielten«, amüsierte ich mich mit Pillen. Und doch
gehöre ich der Artillerie der Nationalgarde an. Man hat mir gesagt, daß Sie dort Langeweile und Sehnsucht empfinden. Ich
kann mich in Ihre Lage versetzen, kein Pole vermag es, jetzt ruhig
zu sein, wenn es in seinem Vaterland um Leben oder Tod geht. Es
wäre dennoch zu wünschen, daß Sie immer daran denken, lieber
Freund, daß Sie nicht fortgegangen sind, um sich zu sehen, sondern um sich in Ihrer Kunst zu vervollkommnen und der Trost
und der Ruhm Ihrer Familie und Ihres Landes zu sein. Ich erlaube mir, Ihnen diese Ratschläge mit der Genehmigung Ihrer
ehrenwerten Frau Mutter zu übermitteln. Um wirklich fruchtbar
arbeiten zu können, braucht man einen freien Kopf ohne Sorgen
und Kümmernisse.

Auf Wiedersehen, mein lieber Herr Frédéric, ich wünsche
Ihnen Gesundheit und alles erdenklich Gute.

Ihr Freund Witwicki

Am 20. Juli 1831 verabschiedete sich Chopin von Wien. Er
reiste mit seinem Freund Kumelski. Zusammen fuhren die beiden jungen Leute über Linz und Salzburg. In München gab Chopin am 28. August ein Konzert im Saal der Philharmonischen

Gesellschaft. Das *Klavierkonzert in e-Moll* und die *Große Fantasie über polnische Weisen* wurden gut aufgenommen. Er machte sich nichts daraus. Ihn verfolgten düstere Gedanken: »Ich sehne den Tod herbei; ich möchte meine Eltern wiedersehen. Vor meinen Augen steht das Bild von der, die mir nicht aus dem Kopf will. Was geschieht in der Heimat?«

Als er in Stuttgart war, bekam er Nachrichten: sie waren leider schlecht.

Stuttgart

In Warschau ging der Aufstand, von unfähigen Generälen schlecht geführt, seinem Scheitern entgegen. Der Landtag beriet ununterbrochen, und drinnen wie außerhalb stritten sich die politischen Parteien. Fürst Adam Czartoryski, der Präsident der Staatsregierung, suchte auf diplomatischem Wege Unterstützung bei einer ausländischen Macht. So wurde die polnische Königskrone einem österreichischen Erzherzog angeboten: der Herzog von Reichstadt, den man fragte, ließ antworten, daß er verzichte. Frankreich, das gerade den Schock der Revolution überstanden hatte, verhielt sich still. Die Russen, die merkten, daß Polen geschwächt und geteilt war, würden nicht lange zögern und zu Taten übergehen.

Da brach Chopin, fern von den Seinen, allein, deprimiert über das traurige Resultat einer enttäuschenden Reise, zusammen. Der schwache Deich aus Familienleben, Freunden und musikalischen Erfolgen, der ihn zehn Jahre lang gegen den See von Bitternis abgeschirmt hatte, den er in sich trug, brach plötzlich, und eine Flut kaum gezähmter Gefühle ergoß sich. In seinem Kopf wie unter seiner Feder griffen tragische, erschütternde und makabre Gedanken Raum. Der Tod – dessen Namen er nie nannte, da er fürchtete, ihn dadurch herbeizurufen – der Tod war in seiner Nähe, umgeben von seinen Legionen ruhender Leiber mit Schattenmündern und leeren Augen. Bittere Verhöhnung des Lebens! Ist es nicht ein Wahnsinn, es als ein Gut zu betrachten und seinen Reiz zu rühmen, wenn man weiß, wohin es uns führt? Wie hatte er nur ein fröhliches, sorgloses Kind sein können, voll lautem Gelächter, vom Spiel begeistert, immer bereit zu Späßen und Clownerien? Wie hatte er glauben können, daß die Musik dem Chaos einen Sinn geben, das Ungeordnete ordnen und die Lebenstrauer besiegen kann? Sie linderte nur selten seine Wunden, diese Meisterin der Illusionen, diese Königin eines Phantasiereiches! Endlich hielt er die tatsächliche Realität, die greifbare, pulsierende, schreckliche, unbestreitbare, in der Hand: seine geheimen, immer zurückgedrängten Instinkte hatten ihn also nicht getrogen. Hatte er nicht schon vorausgeahnt, daß diese Rolle ein Fehler war, daß er nur fortging, um in der Fremde zu sterben?

Welcher dumme Hochmut hatte ihn auf der Suche nach eitlem Ruhm auf die Straßen der Welt geschickt? Mußte man nicht wahnsinnig sein, Warschau zu verlassen, wenn das Land sich erhob? Das hatte er vorausgewußt: seit zwei Jahren sprach man unter den Studenten nur davon… Und er hatte genau diesen Augenblick gewählt, um der Gefahr den Rücken zu kehren, seine Zeit in Wien zu vergeuden, spazierenzugehen, zu plaudern, Leute zu sehen!

Oh! die Leute und ihr fruchtloses Treiben, ihre unheilbare Eitelkeit, ihre absolute Gleichgültigkeit gegenüber dem Leid, das einen erstickt! Shakespeare, wie recht du nur hast: a tale by an idiot, full of sound and fury, signifying nothing… Aufhören? Leider kann der Mensch, der dem Tod trotzt, sich nur den Tod geben, ein Übel gegen ein anderes eintauschen. Auswegloses Elend, unerbittlicher Trauermarsch, Abgrund von Schmerzen!

In Chopins Notizbuch überschlugen sich die fieberhaften Visionen.

Notizbuch…

»Stuttgart, September 1831 – Seltsam! Das Bett, in das ich mich legen werde, hat vielleicht mehr als einem Sterbenden gehört, und dieser Gedanke flößt mir heute keinerlei Entsetzen ein. Vielleicht hat hier mehr als eine Leiche gelegen und lange gelegen.

Aber warum ist eine Leiche weniger wert als ich? Eine Leiche weiß auch nichts von Vater und Mutter, von den Schwestern oder Titus!

Auch eine Leiche hat keine Geliebte – kann nicht mit ihrer Umgebung in ihrer Sprache sprechen! Eine Leiche ist so bleich wie ich. Sie ist genauso kalt wie ich es allen Dingen gegenüber bin. Eine Leiche hat aufgehört zu leben, und ich habe auch bis zum Überdruß gelebt. Bis zum Überdruß? Hat eine Leiche wirklich genug vom Leben? Wenn das so wäre, dann sähe sie gut aus, und sie ist doch so elend! Hat das Leben also doch einen so großen Einfluß auf die Züge, den Ausdruck, die Physiognomie des Menschen? Warum leben wir ein so erbärmliches Leben, das uns auffrißt und nur dazu da ist, um aus uns Leichen zu machen!

Es schlägt ein Uhr von den Turmuhren Stuttgarts! Ah! wie viele Menschen sterben in diesem Augenblick auf der Welt? Kinder verlieren ihre Mütter, Mütter verlieren ihre Kinder. Der Böse und der Gute sind tot. Die Tugend und das Verbrechen ebenso. Alle sind Brüder im Tod.

Sicher ist der Tod das Beste, was es gibt. Was ist dann das Schlimmste? Die Geburt, weil sie das Gegenteil des Besten ist. Ich habe also recht, wenn ich mich beklage, daß ich auf die Welt gekommen bin! Warum hat man mir nicht erlaubt, nicht zu kommen, da ich hier doch so untätig bin: Wozu nützt mein Leben? Ich bin unter den Menschen zu nichts nütze, denn ich habe weder Waden noch Muskeln: ein armes Kerlchen... Und selbst wenn ich diese Waden hätte, was hätte ich dann gewonnen? Ginge es mir besser mit Waden? – Aber man muß sie haben! Hat eine Leiche Waden? Eine Leiche hat nicht mehr davon als ich. Eine Ähnlichkeit mehr. Tatsächlich, mir fehlt nicht viel, um mich als Bruder des Todes zu fühlen...

Hat Konstanze nur so getan, als liebte sie mich? Das ist ein Rätsel, das es zu lösen gilt! Ja, nein, ja, ja, nein, ja, nein... Liebt sie mich? Liebt sie mich sicher? Soll sie tun, was sie will! Heute habe ich ein höheres, höheres, viel höheres Gefühl als die Neugier in der Seele. *(Zwei Zeilen unleserlich.)* Vater, Mutter, Kinder, alle, die ihr mir teuer seid, wo seid ihr? Vielleicht tot? Hat mir der Moskowiter einen üblen Streich gespielt? Oh! Warte, warte... Sollten das Tränen sein? Es ist so lang her, daß sie aus meinen Augen flossen. Warum? Eine trockene Traurigkeit hat mich schon so lange heimgesucht, daß es mir seit vielen Tagen unmöglich war, zu weinen! Was ist das für ein Gefühl? Ein gutes und sehnsüchtiges! Es ist nicht gut, sich der Sehnsucht hinzugeben, aber es ist sehr angenehm! Es ist ein merkwürdiger Zustand. Aber auch den Tod fühlt man gut und schlecht zugleich. Er dringt in ein glücklicheres Leben ein, und es bekommt ihm gut, aber er hängt an der Vergangenheit und wird davon sehnsüchtig. Sie fühlt sich wohl wie ich, wenn ich aufgehört habe zu weinen. Es war sicherlich eine Art von vorübergehendem Tod meiner Gefühle – einen Augenblick war ich für mein Herz gestorben. Oder vielmehr war mein Herz einen Augenblick für mich gestorben. Warum nicht für immer? Vielleicht wäre das erträglicher für mich. Allein, allein… *(Drei Zeilen unleserlich.)*

Ah! Man kann mein Elend nicht beschreiben! Kaum kann mein Gefühl es ertragen. Mein Paß läuft im nächsten Monat ab, ich werde nicht mehr im Ausland leben können – zumindest nicht mehr offiziell. Also werde ich einem Toten noch ähnlicher sein…«

Im Dunkel

Seine Vorahnungen hatten ihn nicht getrogen. Aus den Zeitungen erfuhr er, daß am 15. September 1831 die russischen Armeen unter dem Oberbefehl von Feldmarschall Paskiewitsch vor den Mauern von Warschau standen. Am nächsten Tag gingen sie zum Sturmangriff auf die Hauptstadt über. Die Verteidigung erfolgte auf einer Linie, die quer durch die Vorstadt Wola führte: zehn Monate früher war Chopin hier entlanggefahren, als er Warschau verließ. Es gab eine Schlacht Mann gegen Mann innerhalb der Mauern des Friedhofs von Powazki, wo die kleine Emilie begraben lag. Die Schanzen wurden von General Sowinski verteidigt. Letzterer wehrte sich heroisch bis zu dem Augenblick, als er von Feinden umzingelt und von Bajonettstichen durchbohrt starb. An anderen Plätzen boten die Milizen verzweifelten Widerstand, bei dem mehr als ein Zivilist den Tod fand. Am 8. September kapitulierte Warschau. Es bedeutete die totale Demütigung, die Aufgabe jeder Aussicht auf Befreiung, den Abschied von allen Hoffnungen auf Rache, in denen sich eine Generation gewiegt hatte. Deportationen und Beschlagnahmen wurden mit äußerster Härte betrieben und bewirkten eine Massenflucht. Wieder einmal befand sich Polen tief im Abgrund.

Stuttgart, nach dem 8. September 1831.

Ich habe die vorigen Seiten geschrieben, ohne zu wissen, daß der Feind im Hause war. *(Eine Zeile unleserlich.)*

Die Vorstädte sind zerstört, verbrannt. Jas! Sicherlich ist Wilus[8] auf den Wällen gestorben. Ich sehe Marcel in Gefangenschaft. Sowinski, den Braven, in den Händen dieser Verbrecher! O Gott, gibt es Dich überhaupt? Ja, es gibt Dich und Du rächst uns nicht! Gibt es noch nicht genug moskowitische Verbrechen — oder bist Du selbst ein Moskowiter?

Mein armer Vater, mein braver Vater, vielleicht hat er Hunger. Vielleicht kann er kein Brot für meine Mutter kaufen? Meine Schwestern sind vielleicht Opfer der Wut der entfesselten moskowitischen Soldateska geworden? Paskiewitsch – dieser Hund aus Mohilew – bemächtigt sich der Residenz der ersten Monarchen Europas! Der Moskowiter Herr der Welt! *(Zwei Worte unleserlich.)* Oh, mein Vater, das sind die Freuden Deines Alters! Mutter, zärtliche schmerzerfüllte Mutter, Du hast Deine Tochter überlebt, um zu erleben, wie der Moskowiter ihre Gebeine mit Füßen tritt. *(Ein Wort unleserlich.)* Ah! Powonski! Haben sie Dein Grab verschont? Es wird mit Füßen getreten, und tausend andere Leichen liegen darauf. Sie haben die Stadt verbrannt. Ah, warum war es mir nicht gegeben, wenigstens einen dieser Moskowiter zu töten! Oh, Titus, Titus!

Wo ist Konstanze? Vielleicht in den Händen der Moskowiter? Ein Moskowiter drückt sie, würgt sie, mordet sie, tötet sie! Ah, meine Geliebte, ich bin hier allein – komm zu mir – ich trockne Deine Tränen, ich lindere die Wunden der Gegenwart, indem ich Dich an die Vergangenheit erinnere – an die Zeit, als es noch keine Moskowiter gab!

Vielleicht habe ich keine Mutter mehr? Vielleicht hat ein

Moskowiter sie getötet, ermordet? Meine verängstigten Schwestern wehren sich – ja! Mein verzweifelter Vater weiß nicht, was werden soll, es ist niemand da, der meine Mutter aufhebt – und ich sitze tatenlos hier – und ich seufze hier manchmal nur mit leeren Händen, ich vertraue meine Verzweiflung nur dem Klavier an! Wozu soll das gut sein, Gott, mein Gott, erschüttere die Erde, damit sie die Menschen dieses Jahrhunderts verschlinge, daß die schrecklichsten Qualen über die Franzosen kommen, die uns nicht gerettet haben![9]

Am Klavier

In Stuttgart sind höchstwahrscheinlich die *Préludes Nr. 2* und 24 skizziert, die *Etüde in c-Moll,* genannt die »*Revolutionsetüde*« op. 10, Nr. 12 komponiert und das *Scherzo in h-Moll* op. 20 vollendet worden. Zwei vulkanhafte Fresken, zwei Eruptionen, die erstaunlich mit dem Ton des »Stuttgarter Tagebuchs« übereinstimmen. Dieses Beben riß einen Spalt in Chopins Seele, wenn auch nach außen hin verdeckt; er sollte sich niemals mehr schließen. Plötzlich war der trügerische Vorhang, hinter dem sich seine Jugend abspielte, zerrissen. Zwischen dem Chopin von Polen und dem Chopin von Paris liegt sicherlich der Abgrund der Entwurzelung. Vor allem aber liegt dazwischen die Enthüllung, die Tragödie von Stuttgart. Er wird nicht mehr davon genesen.

ZWEITER TEIL · FRANKREICH

»...die Franzosen, die ich am Ende
ebenso liebte wie die Meinen.«

CHOPIN

Paris aus der Vogelperspektive

»...ICH BIN IN PARIS ohne allzuviel Beschwerlichkeiten angekommen – aber unter großen Kosten. Was für eine merkwürdige
Stadt! Alle Franzosen hüpfen und plappern, auch wenn sie keinen Sou mehr besitzen...Ich freue mich über das, was ich in dieser Stadt vorgefunden habe: die ersten Musiker und die erste
Oper der Welt. Sicherlich bleibe ich länger, als ich dachte, nicht
weil es mir hier so gut geht, sondern weil es möglich ist, daß ich
das allmählich erreiche...Hier sieht man zugleich den größten
Luxus und den größten Schmutz, die größte Tugend und das
größte Laster. Auf jedem Schritt Plakate über Geschlechts-
krankheiten – Lärm, Getöse, Gedonner und Schmutz, mehr als
man sich nur vorstellen kann. Man geht in diesem Paradies unter, und das ist recht bequem: niemand kümmert sich über die
Lebensweise des anderen. Man kann mitten im Winter in Lumpen ausgehen und dabei mit der höchsten Gesellschaft verkehren. An einem Tag bekommst Du für zweiunddreißig Sous das
üppigste Mahl in einem gasbeleuchteten Restaurant voller Spiegel und goldenem Zierat, und am nächsten Tag kann es Dir pas-
sieren, daß man Dir in einem anderen eine Spatzenration serviert
und dafür dreimal soviel Geld nimmt: ich habe am Anfang Lehr-
geld zahlen müssen...Ich wohne im Boulevard Poissonnière 27,
im 5. Stock. Du kannst Dir nicht vorstellen, wie hübsch meine
Wohnung ist! Ich habe ein kleines Zimmer mit entzückenden
Mahagonimöbeln, mit Balkon auf die Boulevards, von wo aus
ich Paris vom Montmartre bis zum Panthéon sehen kann. Viele
Leute beneiden mich um den Blick, aber niemand um meine
Treppe. Ich bin vom Winde hierher verweht worden. Man atmet
gut hier, aber vielleicht seufzt man darum um so mehr. Paris ist

alles, was man will. In Paris kann man sich amüsieren, langweilen, lachen, weinen, tun, was man will. Niemand sieht einem nach, denn es gibt Tausende von Menschen, die dasselbe tun, und jeder auf seine Weise...«

Das ist also in kurzen Zügen das Gesicht der Stadt, in der Frédéric Chopin die letzten achtzehn Jahre seines kurzen Lebens zubringen wird. Das Urteil ist ziemlich zutreffend – aber doch ein bißchen summarisch.

Nur selten spielt Chopin auf die politische Lage Frankreichs an. Diese Unbekümmertheit ist um so erstaunlicher, als das Land bei seiner Ankunft in Paris – im September 1831 – ziemlich bewegte Zeiten durchmacht.

Von Charles X. bis Louis-Philippe

Frankreich hatte sich, obwohl seit den »drei ruhmreichen Tagen« des Juli 1830 schon ein Jahr vergangen war, noch nicht ganz von dem Schlag erholt, den es sich selbst versetzt hatte. Als die berühmten Ordonnanzen von Charles X., die die Bombe zum Platzen brachten[1], herauskamen, war Paris mit Barrikaden übersät, und in den Straßen der Hauptstadt tobten heftige Kämpfe. Die königlichen Truppen unter dem Oberbefehl von Marmont wurden mühelos in die Flucht geschlagen. Die Republikaner glaubten schon, Herren der Lage zu sein, als La Fayette und Thiers den Sieg geschickt Louis-Philippe in die Hände spielten, der am 31. Juli 1830 Generalleutnant des Königreichs wurde. Zwei Tage später dankte Charles X. ab, und Louis-Philippe bestieg den Thron, auf dem er als Nachfolger der beiden Brüder von Louis XVI. niemals die Sicherheit der Macht kennenlernen sollte. Der Souverän war nun nicht mehr König von Frankreich, sondern nur noch König der Franzosen. Die ehemals sakrosankte Verfassung zwischen den Untertanen und ihrem Führer wurde durch eine Art Vertrag ersetzt. Das göttliche Recht und die damit verbundenen Privilegien waren abgeschafft.

Der neue König

Man muß zugeben, daß der neue König keine gute Figur machte. Mit seinen siebenundfünfzig Jahren, der kleinen Statur, dem birnenförmigen Gesicht mit dem Toupet darüber, dem dichten Backenbart auf beiden Seiten, den weit hervorstehenden Augen sah der Sohn von Philippe Egalité eher wie ein Krämer aus dem Marais als wie ein Nachkomme des Sonnenkönigs aus. Um seine Bürgerlichkeit zu unterstreichen, trug er meistens einen blauen Anzug mit Goldknöpfen, eine weiße Weste, eine Nankinghose mit Stegen und begnügte sich anstelle des Zepters mit einem Regenschirm – zur großen Freude von Satirikern und Karikaturisten.

Der König, dem Geld lieber war als der Ruhm, der ganz unverhohlen Casimir Delavigne vor Victor Hugo und Delaroche vor Delacroix den Vorzug gab, lobte einen drittklassigen Maler, Alaux, dafür, daß dieser »gut zeichnet, nicht teuer und ein ausgezeichneter Farbkünstler ist«. Nicht daß es ihm an Geist fehlte – aber die Romantik langweilte oder beunruhigte ihn in vielerlei Hinsicht. Er drückte sich gut aus, allerdings mit Längen, zeigte sich gelegentlich als guter Erzähler, schätzte Anekdoten und war auf unkomplizierte Weise geistreich. Der König, der ein klares Urteil mit schwachem Willen verband, lavierte, zauderte und nörgelte, statt zu handeln. Von Natur aus gutmütig, weigerte er sich, seine Gegner als Feinde zu behandeln und bewies den Frondeuren gegenüber eine überraschende Geduld. Er ging sogar so weit, Albert Berthier de Sauvigny einen wichtigen Posten zu geben, obwohl dieser mit seiner Equipage direkt auf den Herrscher zugefahren war und weder mit beleidigenden Blicken noch mit sarkastischen Bemerkungen gespart hatte. Und der König war der erste, der über Karikaturen von sich lachte, ebenso wie über die spöttischen Bemerkungen der Journalisten von der Opposition, die ihn mit dem wenig schmeichelhaften Spitznamen »Untel«[2] belegt hatten! Allerdings wurde der Herzog von Orléans – im Volk »Grand Poulot« genannt: so rufen die normannischen Frauen ihr Erstgeborenes – nicht besser behandelt. Thiers hieß

»Foutriquet«[3]. Die Kurtisanen dagegen wurden je nachdem mit »Raubvögel, Greifvögel oder Federvieh« bezeichnet. In Frankreich, wo man stets zum Spott aufgelegt ist, hat man vor sich selbst ebenso wenig Respekt wie vor seiner Umgebung. Um sich übermäßigen Spötteleien zu entziehen, verließ die königliche Familie, bestehend aus dem Herrscherpaar und seinen acht Kindern – dem Herzog von Orléans, dem Herzog von Nemours, dem Prinzen von Joinville, dem Herzog von Aumale und dem Herzog von Montpensier, Louise, Marie-Christine und Marie-Clémentine von Orléans – ihr Schloß[4] und wohnte nun in den Tuilerien. Der Herzog von Orléans starb früh bei einem Unfall mit dem Wagen. Der Herzog von Aumale, ein tapferer Soldat und unermüdlicher Liebhaber, bereicherte als würdiger Erbe des großmütigen Henri IV. die galante Chronik von Paris, bevor er sich in der Schlacht von Algier mit Ruhm bedeckte. Eine Opernsängerin sagte von ihm: »Unter dem köstlichen Vorwand, daß der Herzog von Aumale ein Prinz von vornehmem Geblüt und ein sehr reicher und schöner Mann war, rühmen sich alle unversorgten Fräuleins, sie seien es seinetwegen.«

Die Opposition

Drei Parteien verschafften der Opposition großen Zulauf: die Legitimisten, die sich ärgerten, daß ein Orléans auf dem französischen Thron saß; die Republikaner, die sich in Geheimbünden mit seltsamen Namen[5] konstituiert hatten; die Bonapartisten, die im folgenden Jahr, 1832, mit dem Tod des Herzogs von Reichstadt ihren Thronprätendenten verlieren sollten – denn niemand zog zu jener Zeit ernsthaft eine Kandidatur von Louis-Napoléon in Betracht. Im übrigen betrieb der König den Bonapartisten gegenüber eine extrem liberale Politik. So wurde am 21. Juli 1833 die Statue Napoléons wieder auf die Spitze der Vendômesäule gesetzt, am 29. Juli 1836 weihte Louis-Philippe den Arc de Triomphe ein, und am 14. März 1840 schließlich traf die Asche des Kaisers aus Sankt Helena in Frankreich ein. Trotz dieser mehr als konzilianten Haltung blieben die Gegner des Königtums aktiv. Selten ist Frankreich von so vielen Pamphleten gegen den König und seine Familie überschwemmt worden wie damals. Man ging sogar so weit, die Herzogin von Angoulême zu beschuldigen, sie sei die Maitresse des Erzbischofs von Paris, Monsignore de Quélen, gewesen. Auch die Herzogin von Berry blieb nicht verschont: die Legitimität ihres Sohnes, des Herzogs von Bordeaux, wurde öffentlich angezweifelt. Die Mitglieder der republikanischen Geheimbünde versahen die Darstellungen von Louis-Philippe mit beleidigenden Zeichnungen und malten das Gesicht des Königs sogar an die Wände, wo sie es als Zielscheibe beim Pistolenschießen benutzten. Der Königsmord erschien den Aufrührern als durchaus legitim. Ein Dutzend Attentate wurden während der achtzehn Jahre Regierungszeit gezählt. In der Zeitung eines gewissen Charles Philipon – *La Caricature* – erschien eine Zeichnung, die auf dem Postament der Place de la Concorde eine Birne zeigte. Die Bildunterschrift lautete: »Monument expiapoire«[6]. Die Zeichnung brachte den Urheber vor das Schwurgericht. Zu seiner Verteidigung erklärte er, indem er auf die Birnenform des königlichen Gesichtes hinwies: »Die Staatsanwaltschaft sieht hierin Anstiftung zum Mord: dabei ist es doch viel eher eine Anstiftung zur Marmelade!« Ein anderes satirisches Blatt, *Le Charivari*, übertraf sich anläßlich der Verhaftung eines Mannes mit Vornamen Louis-Philippe wegen Regenschirmdiebstahles selbst: »Schon einige Zeit hat man das Verhalten eines raffinierten Diebes mit Vornamen Louis-Philippe beobachtet, der seit vielen Jahren vor keiner Missetat zurückschreckt. Dieser Mann, der schon unter der Restauration gewöhnlich um die Tuilerien herumstrich, wurde endlich, nicht weit vom Palais-Royal, beim Diebstahl auf frischer Tat ertappt, und alle werden sich freuen, daß die Gesellschaft endlich Genugtuung erfährt. Dieses Mal war es ein Regenschirm, den dieser geschickte Filou entwendet hat...« Unter der Leitung von Emile de Girardin verschonte das legitimistische Organ *La Mode* keine der Säulen der Juli-Monarchie: Minister, Generäle, Verwaltungsbeamte, hohe Funktionäre – alle kommen dran. Der Ton der Angriffe war unverhohlen beleidigend. So konnte man am 7. Juli 1838 unter der Rubrik *Epingles*[7] lesen: »Herr de Rothschild hat das Haus von Herrn de Talleyrand gekauft. Ausgezeichnet: der Jude wird sich bei dem Abtrünnigen wunderbar wohl fühlen!« Der Ton der Zeit war sehr scharf.

Die legitimistischen und republikanischen Oppositionellen wurden schließlich zur Raison gebracht, ebenso wie 1831 der Aufstand der Seidenweber von Lyon, die das Elend auf die Straßen getrieben hatte, unterdrückt wurde. Trotz allem wurde sich das französische Volk seiner politischen Kraft bewußt: in Zukunft mußte man, ob man nun wollte oder nicht, mit ihm rechnen. Um so mehr als von dieser Zeit an die sozialen Ideologien schnelle Verbreitung fanden, vor allem die Programme der Saint-Simonisten: 1831 bekam *Le Globe*, der bis zum Ende der Restauration liberale Ideen vertreten hatte, den Titel *Journal de la Doctrine de Saint-Simon* und wurde zum kämpferischen Propagandablatt. Eine Welle – oder eher eine Wiederbelebung – des revolutionären Nationalismus erregte die Gemüter. Seltsamerweise ging dieses Erwachen des Nationalgefühls mit einer Erneuerung des liberalen Katholizismus einher, während die Romantik, in Vollendung einer 1830 begonnenen Entwicklung, zur literarischen Revolution des politischen und moralischen Aufstands beitrug. Niemals hätte Hugo vor 1830 einen Augenblick daran gedacht, *Die Elenden* zu schreiben. Ebensowenig wäre die Sand darauf gekommen – in ihrem Privatleben wie in ihren Romanen – ihrem kämpferischen Feminismus Ausdruck zu verleihen. Alles gehört zusammen, alles ist miteinander verwoben.

Eine wirre Zeit

Würde die Monarchie unter Louis-Philippe den Bestrebungen des »jungen Frankreich«, das die Revolution gemacht hatte und sie fortsetzen wollte, Rechnung tragen? Ja und nein – und durch den manchmal blindwütigen Widerstand, den er dieser spontanen Bewegung entgegensetzte, bereitete der König seine Niederlage vor.

Die Gesetze von 1835 schränkten die Pressefreiheit ein. Nach der Wirtschaftskrise von 1839–1840 entfernte der König Thiers, der seiner persönlichen Machtentfaltung schadete, und berief Guizot, dessen Friedens- und Wohlstandspolitik den Besitzenden zugute kam und jede Reform verbot. Trotz der ruhmreichen Episode von Algier reagierten die Franzosen empfindlich auf die Politik der Zurückhaltung, die sich dann auch in der ägyptischen Krise von 1840 schmerzlich bemerkbar machte. Durch die Wirtschaftskrise von 1847 löste sich die bisher getreue Großbürgerschaft vom Regime, und die Agitation im Volk loderte wieder auf, bis das Königtum am Ende zu Fall gebracht wurde. Außerdem schürten während der achtzehn Jahre, die Chopin in Paris lebte, tausend kleine Vorkommnisse das latente Feuer, das jederzeit hätte aufflammen können. Dazu gehörten der neuerliche vendeische Aufstand, die schreckliche Choleraepidemie, die in Paris mehr als zwanzigtausend Opfer forderte, die Festnahme von Chateaubriand, die Meutereien bei den Trauerfeierlichkeiten für General Lamarque, die Plünderung von Saint-Germain-l'Auxerrois, die von Louis-Napoléon Bonaparte angezettelten Aufstände 1836 in Straßburg und 1840 in Boulogne: alles Ereignisse, die Paris in Atem und in einem Zustand ständiger Angst und systematischer Opposition hielten.

Nur weil die Vergangenheit so weit von uns entfernt ist, beurteilen wir eine bewegte Zeit zu Unrecht als freundlich und friedlich. Keine Regierungszeit war so unruhig wie die von Louis-Philippe. Es gab Attentate gegen die Person des Königs. Unaufhörlich Meutereien. Das Arbeiterproletariat im Kriegszustand. Die liberale Jugend in ständigem Aufruhr. Das klassische Bild einer auf dem Vulkan sitzenden Regierung ist vollkommen gerechtfertigt. Der Ausbruch war blutig.

Im September 1831, als Chopin in Paris ankam, umfaßte die Bevölkerung Frankreichs 32,6 Millionen Einwohner. In fünfzehn Jahren wuchs sie um weitere drei Millionen. Um 1846 erreichte die Bevölkerung auf dem Lande einen Höchststand, so daß bei den Bauern Überbevölkerung entstand: Frankreich unter Louis-Philippe war vor allem ein Agrarstaat. In zwanzig Jahren stieg der Reinertrag aus der Landwirtschaft um 38%. Allerdings betrug der industrielle Zuwachs 66%. Im Jahre 1831 näherte sich die Bevölkerung von Paris der Millionengrenze. Und doch war die Stadt flächenmäßig bei weitem nicht so groß wie heute – und sie sah vollkommen anders aus.

Die Straßen

Wenig oder gar keine Gehsteige. »Das Pflaster besteht aus dicken unregelmäßigen Sandsteinblöcken. In der Mitte der Straße fließt ein Bach, bei normalem Wetter ein Rinnsal, ein reißender Strom, wenn es gewittert. In diesem Fall überqueren wir die Straße gegen Bezahlung über ein Brett, das uns ein kleiner Savoyer hinlegt.« Wenn es dunkel wird, sind die Straßen mit Öllampen, Straßenlaternen genannt, mehr schlecht als recht beleuchtet: sie hängen an Gerüsten mittels Seilen, die über Rollen laufen. Wenn der Mond sein erstes Viertel erreicht hat, werden weder Brücken noch Straßen, noch Kais, noch öffentliche Plätze beleuchtet: zum Nutzen der Räuber, Beutelschneider und Mörder.

Wir besteigen ein Coupé und machen eine Rundfahrt durch Paris, das heißt den bewohnbaren und bewohnten Teil der Hauptstadt. Es dauert nicht lange, denn das Paris der Romantik ist nur eine Insel im Ozean unserer Stadt des zwanzigsten Jahrhunderts. Im Jahre 1831 endet die Stadt im Westen an der Place de la Concorde, früher Place Louis XV. Unter Louis-Philippe wird der Platz ausgebaut und mit Baumgruppen aufgelockert, die den früheren Standort der Guillotinen etwas verbergen. Wie die Place de la Madeleine ist die Place de la Concorde unbebaut. »Die beiden Palais de Gabriel, die Chevaux de Marly und die Chevaux de Coysevox umrahmen eine schmutzige Fläche, die hinter den Balustraden von Gräben voller Unkraut, Abfällen und Wasserlachen durchzogen wird.[8]« Man wagt sich in Richtung Champs-Elysées kaum über die Place de la Concorde hinaus. An deren Ende erhebt sich der Arc de Triomphe – oder vielmehr sein Holz-, Stoff- und Pappgerippe, das Symbol für das spätere Gebäude – mitten im Wald an einer Wegspinne. Die Avenue de Neuilly führt quer durch Felder. Entlang des Coursde-la-Reine hat man unterirdische Schenken ausgehoben, wo sich ein zwielichtiges Volk erfrischt und Missetaten plant. Eugène Sue hat dieses Viertel und andere in *Die Geheimnisse von Paris* hervorragend beschrieben. Folgen wir einen Augenblick seinem Helden Rodolphe, dem ein Bandit, der »Schulmeister«, und eine Einäugige, »Eule« genannt, gesagt haben, er solle ein einzeln stehendes Haus in der Allée des Veuves (Avenue Montaigne) ausrauben: »Eine in die feuchte, fette Erde gegrabene Treppe führte auf den Grund eines breiten Grabens. An einem seiner senkrechten Abhänge lehnte eine niedrige, ärmliche Bruchbude; ihr Dach mit den moosbedeckten Schindeln erhob sich kaum über den Boden. Zwei oder drei Hütten aus wurmstichigen Brettern, die als Keller, Schuppen und Kaninchenstall gebraucht wurden, standen neben dem elenden Loch. Diese Schenke, deren Wirt ein gewisser Rotarm war, hieß Blutendes Herz.« »Man muß schon«, schreibt Robert Burnand, »ein armer, mit Familie belasteter Poet sein wie der junge Victor Hugo, um in ein solches Viertel zu ziehen! Und Balzac hatte ziemlichen Mut, als er sich an den Hängen des Chaillothügels ansiedelte!« So sah also eines der heute elegantesten Viertel von Paris aus [9]!

Jetzt stehen wir vor der Madeleine-Kirche. Sie erhebt sich auf einem öden Platz. Über das Pfahlwerk ragen die Säulen heraus und erheben sich unvollendete Wände. Die Baustellen gehören schließlich zur Landschaft, die man im Mondschein betrachtet. »Eines Abends sind wir unter starkem Schutz dorthin gegangen«, schreibt Frau de Girardin. Nehmen wir die Boulevards: obwohl es hier schon Theater, Cafés und Zirkusse gibt, sind sie kaum belebt. »Die Ecke zwischen der Rue de Richelieu und der Avenue de l'Opéra ist eine ärmliche Gegend, erbaut auf den Mühlenhügeln, die ihrerseits wieder aus den Abfällen des alten Paris bestehen.« [10] Neben dem heutigen Théâtre-Français befindet sich das grüne Viereck des Palais-Royal mit Cafés, Restaurants und Ballsälen. In den anliegenden Straßen herrscht ein Gewimmel von finsterem Volk, das bis in das Châtelet-Viertel und die Cité hinüberflutet. Zwischen dem Palais de Justice und Notre-Dame, an dem heute freien Platz, an dem das Handelsgericht steht, »haben die schlammfarbenen Häuser nur wenige

Fenster mit wurmstichigen Rahmen und fast ohne Glasscheiben. Schwarze, stinkende Hausgänge führen zu noch schwärzeren, noch stinkenderen Treppen, die so steil sind, daß man sie nur mühsam an einem Brunnenseil erklimmen kann, das mit Eisenhaken an der feuchten Wand befestigt ist.«[11] Balzac ist kaum optimistischer als Eugène Sue. Sein Paris ist »tobsüchtig, voll versteckter Tragödien, gleisnerischem Äußeren, Intrigen«. Er malt das Viertel von Saint-Merri in den schwärzesten Farben: »ärmlich, unentwirrbar, elend, eine ständige Zelle der Revolution.«

Am rechten Flußufer ist alles furchtbar schmutzig und verfallen, außer der Chaussée d'Antin, wo die Häuser der Finanzleute stehen und die Ausländer wohnen. Chopin lebt hier in der Cité Bergère 4, dann in der Chaussée d'Antin 38. Später zieht er in die Rue Tronchet 5 und zusammen mit George Sand in die Rue Pigalle 16, schließlich an den Square d'Orléans 4, hinter der Trinité.

Vierzehn Brücken – statt heute siebenundzwanzig – führen über die Seine, an der sich statt Kaimauern Erdböschungen erheben, auf denen sich die Treidelpferde bewegen. Der Schlepperverkehr hat damals große Bedeutung, die Dampfschiffahrt steckt noch in den Anfängen.

Die königliche Familie lebt nicht mehr an der Seine im Louvre, der seinen Zweck als Residenz verloren hat, sondern in Neuilly und in den Tuilerien. Das Palais-Royal gilt noch als Herz von Paris. »Cafés, Restaurants, Ballhäuser und Spielhallen«, so schreibt Lucas-Dubreton, »florieren um dieses grüne Viereck, das wie eine Oase inmitten von engen, dunklen Straßen liegt. Hier befinden sich Les Frères Provencaux, Véry und Lemblin, das Café des Bonapartistes et des Libéraux, Dauvilliers, das trotz des Todes seines Gründers seinen Ruf behalten hat, und das Café du Sauvage. Hierher gehört auch der Bal des Etrangers bei Abillard, und die Galérie Corinthienne am Cour des Fontaines. Hier sind vor allem die Spielhäuser, die trügerischen Wirtstafeln, wo gleich nach beendetem Mahl die Karten wie durch Zauberei erscheinen, wo man auf Wartegeld gesetzte Offiziere trifft, die auf ihr Glück hoffen, Offizierswitwen der Großen Armee – zumindest sagen sie es – ›Frauen auf Abruf‹, die nur darauf warten, mit dem Erstbesten Bekanntschaft zu schließen: alles in allem eine zweideutige, vielschichtige Welt, zu der natürlich auch die Gauner gehören.«

Diese haben ihre Hauptquartiere an mehreren Plätzen. In der Cité, in der Rue aux Fèves, in der Schenke Lapin Blanc. Im Viertel Saint-Henri versammeln sie sich in der Rue des Boucheries in der Schenke Belle Olympe. Ein Stück weiter trifft man sie oft in dem Straßengewirr um Saint-Eustache und Saint-Merri. In diesem Viertel, in dem die einzigen großen Verkehrsadern die Rue Montmartre, Rue Montorgueil, Rue Saint-Denis und Rue Saint-Martin sind, findet man eine große Menge »Sackgassen, deren Mauern sich wölben; Kaschemmen, in denen das Licht einer Kerze die Schatten tanzen läßt; Gäßchen, die nach Lumpen und gegerbten Häuten stinken und in denen die Ratten frei herumlaufen.« Man wird auf die Zeit warten müssen, in der das Second Empire in dieses dichte, ungesunde Viertel lange Schneisen, ähnlich den Verästelungen der Atemwege, schlagen läßt.

Damen von zweifelhafter Tugend

Wenn wir schon bei der Gaunerwelt von Paris sind, hier noch ein paar Worte über die öffentlichen Damen, über die ein Arzt der Pitié, Doktor Parent vom Châtelet, eine Art geographischer Statistik aufgestellt hat. Zu jener Zeit enthält Paris nur zwölf Arrondissements. Das mit den meisten dienstfertigen Mädchen ist das zweite: Chaussée d'Antin, Palais-Royal, Feydeau und Boulevard Montmartre (ein Mädchen auf 63 Einwohner beim Palais-Royal). Das vierte Arrondissement (Saint-Honoré, Louvre, die Märkte, die Bank) zählt 479. Im Viertel von Saint-Eustache gibt es nur 4. Dafür wimmelt es davon zwischen Châtelet und Rathaus und in der Cité. Die Arbeiterviertel im Osten sind fast verschont. Das Marais, der Faubourg Saint-Antoine, Popincourt und die Quinze-Vingts bringen es auf 59 bei 72 800 Einwohnern. Logischerweise fehlt die käufliche Liebe in den westlichen Stadtvierteln (Champs-Elysées und Tuilerien), jedoch das Quartier Latin ist seltsamerweise weniger gut ausgestattet als der Faubourg Saint-Germain. Schließlich muß man annehmen, daß auf der Ile Saint-Louis die Keuschheit regiert, denn hier hält sich keine einzige Prostituierte auf.

Bei dieser Gelegenheit sollten wir uns eine merkwürdige Überlegung Chopins vor Augen führen, die dieser nach seiner Ankunft in Paris in einem Brief seinem Freund Norbert-Alphonse Kumelski mitteilte: »Nur Barmherzige Damen in den Straßen von Paris! Sie verfolgen die Passanten. Trotzdem herrscht kein Mangel an kräftigen Hasdrubals. Ich bedaure, daß die Erinnerung an Thérèse – trotz der Bemühungen von Bénédict, der meinen Schmerz als unbedeutend betrachten wird – mich daran hindert, von der verbotenen Frucht zu kosten. Ich kenne schon ein paar Sängerinnen und noch mehr als die Tiroler Sängerinnen verlangen sie nach Duos…« Diese Vertraulichkeit Chopins unter dem Datum vom 18. November 1831 ist die einzige ihrer Art. Niemals vorher hat er auch nur die geringste Anspielung auf irgendein Abenteuer gemacht, die Annahme, er habe in Warschau – wo er sich vor dem Gerede der Leute fürchtete – oder in Wien eine Liaison gehabt, ist durch nichts gerechtfertigt. Man muß also annehmen, daß Chopin sich großtat: doch wäre es wirklich ruhmreich, sich eine wenn auch gutartige Geschlechtskrankheit bei einer heimlichen Begegnung mit zweifelhaftem Kontakt zuzuziehen? Im Laufe der achtzehn Jahre, die Chopin noch lebte, sollte er niemals auch nur die winzigste Andeutung in bezug auf das Sinnenleben äußern[12]. Dies ist in Chopins Leben das einzige Indiz, das auf eine flüchtige Laune hinweist. Sollte wirklich eine erste unangenehme Erfahrung gesundheitliche Folgen bei ihm hervorgerufen haben, dann wurde möglicherweise seine Frauenfeindlichkeit – sagen wir lieber, seine extreme Zurückhaltung Frauen gegenüber – dadurch noch verstärkt. Es gibt Leute, die schon ihn ihrem zwanzigsten Lebensjahr auf diese Weise von »der Liebe geheilt« wurden.

Zu jener Zeit sind die Gärten der Tuilerien, des Luxembourg und der Jardin des Plantes – der im Süden die äußerste Stadtgrenze bildet – die drei einzigen öffentlichen Parks von Paris. Der Bois de Boulogne ist ein Wald, in den man sich nicht hineinwagt. Der Parc de Mousseau – später Parc Monceau – ist Privatbesitz der Familie von Orléans, die ihn mit nachgeahmten antiken Ruinen geschmückt hat. Man muß jedoch dazu sagen, daß zu jener Zeit kein so starkes Bedürfnis nach Grün bestand wie heute. Die Stadt ist wesentlich kleiner. Und vor ihren Toren, wenn man einmal die berühmten »Schranken« passiert hat, beginnt das freie Land. Um Paris herum gibt es einen Reigen von Dörfern: Neuilly, Clichy, Passy, Auteuil und weiter entfernt Montreuil, wo Aprikosen angebaut werden, in Bagnolet Himbeeren und in Montmorency Kirschen. Die Städter fahren in Gehröcken und mit hohen Hüten dorthin. Vaugirard und Grenelle bleiben dem Gemüseanbau verbunden. »In Montmartre, Belleville und Montrouge verschwinden die Mühlen nacheinander aus der Landschaft, aber wenn sich ihre Flügel auch nicht mehr im Winde drehen, so erinnern die Trinkstuben und Tanzböden weiter an sie. Der Pariser Weinbau ist noch beachtlich. In Vincennes erstreckt er sich über vierundzwanzig Hektar. Die Weinberge an den äußeren Boulevards ergeben mehr als achtzehntausend Fässer!«[13]

Das Quartier Latin ist ein Klosterviertel: Schwestern der Heimsuchung, Ursulinen, Karmeliterinnen, die Feuillantinerinnen (wo Victor Hugo seine jungen Jahre verbracht hat, bevor er sich in der Rue de Vaugirard niederließ, ein paar Schritte von Sainte-Beuve, der in der Rue de l'Abbé-Grégoire wohnt), Benediktinerinnen im Val de Grâce. Am Jardin de Luxembourg, der eingerahmt wird von der Rue de l'Est (Boulevard Saint-Michel) und der Rue de l'Ouest (Rue d'Assas) steht das Haus, wo die schöne Marco einmal Musset empfangen wird. Das Odéon, »ohne seine Eselsmütze«, ist durch Bogen mit den Nachbarhäusern verbunden: bis auf diese Kleinigkeit hat sich das Viertel seit jener Zeit kaum verändert. Ein Netz kleiner Straßen erstreckt sich bis zur Seine und umfaßt das Musée de Cluny. Hier flüchtet sich im Jahr 1831 in eine Mansarde der Rue de la Sorbonne die schöne, seltsame Fürstin Belgiojoso, nachdem sie Italien ganz plötzlich verlassen mußte und ihr Vermögen beschlagnahmt worden war. Später residiert sie dann an der Place de la Madeleine. »Eines Tages«, erzählt Dupont de l'Eure, »stieg ich unangemeldet die sechs Treppen hinauf, die zur Fürstin führten. Sie bemalte einen Fächer, während auf einem Regal Gläser trockneten, die sie am Tag zuvor bemalt hatte. In einer Ecke putzte General La Fayette, der sie jeden Tag besuchte, einen Salatkopf auf der Ecke des Nachttischchens. In der Kammer, die als Küche diente und deren Tür offenstand, sah ich Monsieur Thiers mit einem weißen Tuch um den Bauch, der gerade ein Omelett buk. Ich bot meine Dienste an, sie wurden jedoch zurückgewiesen: ich durfte gerade noch den Tisch decken. Als ich die Tür schloß, erregte eine Visitenkarte meine Aufmerksamkeit, die daran geheftet war. Sie lautete: ›Die unglückliche Fürstin!‹«

Der Faubourg

Der Faubourg Saint-Germain ist das wahre Paris der Romantiker. Die schlimmsten Gegner von Louis-Philippe sind in diesem Viertel versammelt und streben nur danach, das vorrevolutionäre Frankreich wiedererstehen zu lassen. Der Faubourg Saint-Germain ist im Jahre 1831, trotz der Ereignisse der »drei glorreichen Tage« vom Juli 1830, immer noch »ein organisiertes Wesen, eine Art von Individuum, das Ihr Verbündeter oder Ihr Feind werden kann: das muß man in den strategischen Voraussagen berücksichtigen[14]«. Die Bewohner dieser eleganten Vorstadt sind nervöse und empfindsame Leute und um so stärker mit ihren Traditionen verbunden, als diese bedroht sind. In einem halben Jahrhundert haben sie eine Menge Umstürze mitgemacht! Stellen wir uns vor, daß 1831 ein Mann von fünfzig Jahren nacheinander das Ancien Régime, die Revolution, das Direktorium, das Konsulat, das Empire, die Erste Restauration, die

Hundert Tage, die Zweite Restauration und die Revolution von 1830 mitgemacht hat! Sein Leben hat sich inmitten eines permanenten Dramas abgespielt, bei dem Frankreich der Einsatz und Paris der Schauplatz war. Ein von Bruderkämpfen zerrissenes, von der Schreckensherrschaft blutendes, von der Polizei mißhandeltes Paris, das pausenlos von Meutereien und Komplotten erschüttert wird. Ein Paris, das ständig auf der Hut ist, das von gegensätzlichen Regimen regiert wird und durch entgegengesetzte Verordnungen kopfscheu geworden ist. Die Pariser Gesellschaft ist durch Schaffott und Emigration dezimiert, die Bevölkerung vom Fieber der Politik geschüttelt, die Amtsgebäude infolge des Prozesses gegen die Minister von Charles X. geschlossen, Festlichkeiten abgesagt: es herrscht ein offener Kampf zwischen den Anhängern von Charles X. und der Polizei von Louis-Philippe. Saint-Germain wartet und ist bereit zur Verteidigung.

Die Grenzen dieses aristokratischen Viertels sind klar: die Seine und die Abbaye-aux-Bois (heute Rue de Sèvres), das Institut und die Esplanade des Invalides. Dieses große Viereck, in das die Kreuzung von Boulevard Saint-Germain und Boulevard Raspail ihr Y noch nicht geschrieben hat, ist durch vier parallel zum Fluß verlaufende Straßen unterteilt – Rue de Varenne, Rue de Grenelle, Rue Saint-Dominique und Rue de l'Université –, die rechtwinklig von der Rue du Bac mit ihren vielen Läden geschnitten werden. Das einzige Café von Saint-Germain, das Café Desmares, hat sich hierher geflüchtet. An den Straßen stehen alte Häuser mit illustren Namen. An den Seiten der Häuser der Familien Castries, de Boisgelin, de Broglie, Matignon, Lamoignon, d'Harcourt, de Luynes, de Maine, de Gramont, Le Vayer, de Mailly und Galliffet befindet sich eine Anzahl schöner Gärten.

»So verschieden sie auch sein mögen«, notiert Henry Bidou, »diese Häuser besitzen sämtlich einen gewissen gemeinsamen Grundriß. Auf die Straße hinaus ein Torbogen, der in einen Ehrenhof führt, an dessen beiden Seiten die Wirtschaftsgebäude liegen. Die Wagen fahren um ein großes Blumenbeet. Man betritt ein schön gekacheltes Vestibül, von dem aus eine Steintreppe nach oben führt. Der Speisesaal wird an einer Seite mit einem weißen Fayence-Ofen geheizt, den man zweimal täglich anzündet. An den Wänden Teppiche. Von der Decke hängt ein Lüster mit vierzig Kerzen. Auf der anderen Seite des Vestibüls liegen die Salons, oft antik eingerichtet, gedämpft mit dicken Vorhängen, jedoch durch Nippsachen aufgeheitert, die die Herzogin von Berry in Mode gebracht hat. Vom ersten Stock, wo sich die Wohnräume befinden, sieht man das Grün des Parks.

Am Morgen schläft der Faubourg noch. Nur die Bediensteten sind tätig. Die Höfe werden gekehrt, Teppiche geklopft, man hört in den Pferdeställen Wasserplätschern und Hufescharren. Die Küchenjungen tragen riesige Körbe. Ein Tor öffnet sich, und heraus kommt schnell ein Kabriolett, gelenkt von einem jungen Mann, der ›Aufgepaßt!‹ schreit und sich auf die Eroberung dessen stürzt, was unsere englischen Nachbarn Sport nennen.«[15]

Vor der Tür der Patrizierhäuser stehen kräftige, mit Hellebarden bewaffnete Schweizer. In den Höfen betätigt sich eine Armee von Hausdienern, Pferdeknechten, Laufburschen, Lakaien und Kindern. Die Reiter lassen das Pflaster ertönen. Wagen jeder Bauart begegnen sich. Kabrioletts, Coupés, Einspänner, Reisewagen, schwere Berlinen bewegen sich am Nachmittag in Richtung Longchamp. Der Bois de Boulogne ist noch in seinem ungestalteten Urzustand, aber es ist der einzige Ort zum Ausfahren, den die Mode erlaubt. Um zu wissen, welches Ziel ein Wagen hat, genügt es, den kurzen Befehl aufzuschnappen, den der Kutscher bekommt: »Au logis!«, wenn man ins Marais fährt, »A la maison!«, für die Île Saint-Louis, »Allez!«, für die Chaussée d'Antin, »A l'hôtel!«, für den Faubourg Saint-Germain.

Verkehrsmittel

Öffentliche Verkehrsmittel gibt es noch kaum. 378 Pferdeomnibusse mit seltsamen Namen – Batignollaises, Béarnaises, Citadines, Constantines, Dames Reunies, Diligentes, Favorites, Gazelles, Hirondelles, Tricycles, Parisiennes oder ganz einfach Omnibus – verbinden die wichtigsten Punkte der Stadt. Der Fahrpreis beträgt einheitlich dreißig Centimes. Die schweren

Privatgefährte früherer Zeiten – Berlinen und Landauer – sind von leichten Wagen verdrängt worden – Kabrioletts, Viktorias, Kaleschen, Tilburys, Briskas und Broughams, nach Lord Brougham, der sehr niedrige Coupés, Ducs und Mylords genannt, in Mode gebracht hat. Im Jahre 1837 wird die erste Eisenbahnlinie zwischen Paris und Saint-Germain eröffnet. In fünfundzwanzig Minuten legen die offiziellen Persönlichkeiten die kurze Strecke zurück, wobei sie in Le Pecq von den Nationalgarden und in Saint-Germain durch eine Artilleriesalve begrüßt werden. Der Herzog von Orléans und der Herzog von Aumale fahren auf einer Bank auf dem offenen Oberdeck des Wagens. Am Abend macht ein Zug von Köhlern auf die unsicheren Reize der neuen Mode aufmerksam. Dennoch gehen alle entzückt nach Hause, und Madame de Girardin notiert lyrisch: »Man bewegt sich mit erschreckender Geschwindigkeit und doch verspürt man keine Angst vor dieser Geschwindigkeit...« Bei Chopins Tod hat Paris fünf Bahnhöfe: Rue Saint-Lazare, Barrière du Maine, Boulevard de l'Hôpital, Boulevard de Strasbourg und Barrière de l'Enfer. Die verschiedenen Vororte – Saint-Germain, Versailles, Corbeil, die Nordregion in Richtung belgische Grenze, Sceaux – werden auf diese Weise verkehrsmäßig angeschlossen.

Die malerische Straße

Der Verkehrszuwachs hat in keiner Weise die Zahl und die Aktivität der kleinen Gewerbetreibenden in den Straßen von Paris verringert. Auf jedem Schritt begegnet man einem unendlich vielfältigen Schauspiel. Ambulante Händler verkaufen Kuchen, Parfüms, Tinte, Kokosnüsse, Torten, Pasteten, Kutteln, Kleingebäck und Brötchen. So mancher Bäcker lockt seine Kundschaft an, indem er von morgens bis abends das gleiche monotone Lied wiederholt:

Meine Brötchen
Sind aus Butter und Eiern.
Sie sind aus Butter und Eiern,

Wer möchte welche?
Kommt herbei, ihr jungen Mädchen
Ich habe etwas, was euch freut,
Wenn ihr nicht herunterkommen wollt,
Winkt mir, ich komme herauf!

Am Pont-Neuf trifft man die Kunst- und Antiquitätenhändler, die Verkäufer von Pommes frites und Schmalzgebäck, die Schuhputzer und die Hundescherer. Einer von ihnen hat ein seltsames Schild ausgehängt:

Joseph Lorin
Scherrt den Hund geht
in die Stadt schneidet den
Katter und seine
Frau. Gäben Si
Ire Adresse.

Anderswo sind es wieder die Seiltänzer, die Straßensänger, die Masse der Zahnreißer, Feuerschlucker, Kartenleser, Bauchredner, Zauberer und Tierbändiger. Auch ein paar Dichter, darunter Charles Pradier, die sich nicht zu schade sind, ihre Verse auf den Straßen vorzutragen. Miette, Moreau, Duchesne, Camus gehören zu den Berühmtheiten unter den Typen von der Straße. Ebenso Carnevale, Liard und Mimi Lepreux, genannt Goldene Hand, die einzig ist in der Kunst, den Leuten das Geld abzunehmen und in ihre Taschen zu stecken! Die Zahl der Attraktionen ist groß: siamesische Zwillinge, eine Truppe von Bajarderen, Tom Pouce, der den Gaffern von Paris die Zeit vertreibt, nachdem er die Cockneys von London unterhalten hat, Hypnotiseure und Magiker. Im Boulevard du Crime hat ein Steinmetz seine Tätigkeit auf einem Schild beschrieben, das am Eingang seines Ladens an der Wand hängt: »Als Interpret des Schmerzes verfasse ich Grabsteininschriften und Begräbnistexte in Prosa und in Versen, formuliere die Beileidswünsche der Familien zu mäßigen Preisen, übernehme Mausoleen, Grabsteine, Einfassungen und Pflege von Grabstätten.« Die Straße, die heute nur noch

Durchgangsstraße ist, bietet zu jener Zeit ständig wechselnde Schauspiele. Ein Gang durch die Straßen ist amüsant und lehrreich zugleich.

Verlassen wir mit Chopin das Haus, das er im Boulevard Poissonnière 27 bewohnt: es existiert noch. Ein paar Häuser weiter, auf Nummer 17, tritt ein Häuschen zurück, als befände es sich auf dem Rückzug. Hier lebt eine alte Dame, Madame de Rovigny. Im Jahre 1906, ihrem Todesjahr, ruft sie die Erinnerung an Chopin wach, den sie dreiviertel Jahrhunderte früher aus seiner Kutsche hat steigen sehen. Ein Stück weiter befindet sich die Nummer 23, das Haus von Montholon, gebaut von Soufflot: hier unterhält vierzig Jahre später Madame Adam einen Salon, von dem aus sie zu gleicher Zeit die Welt der Politik und der Literatur regiert.

Ein Spaziergang...

Auf dem gegenüberliegenden Gehsteig des Boulevard Poissonnière befinden sich nebeneinander das Café Frontin – wo heute die Büros des *Matin* untergebracht sind – und das Café Brébant, früher Café Vachette, berühmt durch das »Dîner Magny«, das jeden Sonnabend hier stattfindet. Veranstaltet von Gavarni und Sainte-Beuve, vereinigt es Künstler, die »glücklich sind, mit offenem Herzen und aufgeknöpfter Weste plaudern zu können«. Sainte-Beuve, der gierig nach Menschenfleisch ist wie der Riese im Märchen und ein Lotterleben führt, ist Stammgast im Café Brébant. Hierher führt er seine Eroberungen im zarten Alter. Eines Abends sitzt ihm gegenüber ein entzückendes Kind, dessen Naivität ihn begeistert. Kaum hat er sich niedergesetzt, fragt er die Unschuld auch schon: »Mein Kind, ich möchte all Ihre Wünsche erfüllen. Fordern Sie von mir das Feinste, Teuerste, Köstlichste, wovon Sie je geträumt haben. Und seien Sie sicher, daß ich nicht auf das Geld sehen werde...«

Das Kind leckt sich die Lippen, lächelt genüßlich, denkt lange nach und sagt dann in einem Atemzug: »Am liebsten mag ich Kutteln!«

Stellen wir uns jetzt vor, Chopin hätte Lust bekommen, alle Boulevards zu durchwandern. Es ist ein langer Spaziergang, der vor ihm liegt. Unsere heutigen Boulevards gehen kaum über die Fläche zwischen der Madeleine und der Porte Saint-Martin hinaus. Im Jahre 1831 erstreckt sich das »pariserische« Leben weit darüber hinaus, bis zum Boulevard du Temple, genannt Boulevard du Crime, in Anspielung auf die Schauspieltheater, die hier stehen. Es ist vielleicht der lebendigste, sicherlich aber der bunteste Abschnitt aller Boulevards. Bobèche und Galimafré überbieten sich hier mit ihren Grimassen. Auf zwei kleinen Bühnen präsentieren sich Marionetten und Harlekins. Fräulein Rose und Fräulein Malaga begeistern die Passanten durch ihre Balanceakte und Taschenspielereien. Es herrscht ständig Jahrmarkt mit Zwergen, Riesen, Skelettmenschen, Schlangenschluckern, Kindern, die kochendes Öl trinken, Hunden, die rechnen können, und Phänomenen aller Art.

Ein Stück weiter unten liegt das Café du Jardin Turc, wo man für einen Sou volkstümliche Konzerte hören kann. Der Salon des Figures ist der Vorgänger des Musée Grévin. Um die gleiche »große Tafel« hatten nacheinander eine Menge Herrscher gesessen: Louis XV. und seine verehrungswürdige Familie; Louis XVI. und seine verehrungswürdige Familie; die drei Konsuln und ihre verehrungswürdige Familie; Napoléon und seine verehrungswürdige Familie; Louis XVIII., Charles X. und heute Louis-Philippe mit ihren verehrungswürdigen Familien.

Nur noch ein paar Schritte, und schon stehen wir vor dem berühmten Restaurant Cadran Bleu; dem Spectacle-Acrobate, wo sich eine Seiltänzerin zeigt; dem Théâtre du Petit-Lazzari; den Automates de Thevelenin, den chinesischen Schattenspielen von Herpin und schließlich der Reihe der Theater: Délassements-Comiques, Folies-Dramatiques, Cirque Olympique, zu deren Vorstellungen ganz Paris läuft. Im Théâtre des Funambules spielt Gaspard Deburau schon seit drei Jahren für fünfunddreißig Francs die Woche. Zwei Jahre später lenkt ein hymnischer

Artikel von Jules Janin das Interesse auf diesen genialen Schauspieler, so daß Balzac, Nerval und Gautier auf ihn aufmerksam werden. Doch Deburau-Pierrot ist weit vom »hochgestochenen« Künstler entfernt, und getreu seinem Ruf als Volksheld rührt er das Herz der Masse durch sein melancholisches Ungeschick. Eines Tages versetzt er aus Versehen oder Pech einem Passanten, der ihn mit »Hallo, Pierrot!« anredet, einen so starken Faustschlag auf den Kopf, daß der Unglückliche tot zusammenbricht. Deburau muß hinter den Mauern von Sainte-Pélagie über die unveröffentlichte Pantomime »Pierrot der Mörder« nachdenken. Dieser ärgerliche Zwischenfall leitet den Niedergang seiner Popularität ein.

Der große Star des Théâtre Historique ist Alexandre Dumas. Gegen Ende seines Lebens hätte Chopin hier *Die Königin Margot, Die Girondisten, Der Graf von Montechristo* (an zwei Abenden) sehen können. Im Porte Saint-Martin erleben *Antony, Lukrezia Borgia, Marion Delorme, Der Turm von Nesle, Richard d'Arlington* Triumphe. Hier empfangen Frédérick Lemaître, Madame Dorval, Sarah Félix, Laferrière, Tautin und Boischeresse Ovationen. Der Direktor des Theaters, Harel, hat merkwürdige Geschäftsmethoden. Harel engagiert Lemaître für 36 000 Francs feste Gage. Eines Tages nach einer Probe gibt er dem berühmten Frédérick gegenüber in einem Anfall von Offenheit zu: »Ihr Engagement ist auf 36 000 Francs abgeschlossen, aber ich möchte Ihnen gleich sagen, daß Sie sie nicht bekommen. Hier mein letztes Angebot: ich verringere Ihre Gage auf die Hälfte, aber diese Hälfte bekommen Sie auch!«

Zu dem Dompteur Amburg, der sich rühmte, mit seinen wilden Tieren in voller Sicherheit vor Publikum zu »arbeiten«, sagte Harel eines Abends: »Sie machen es nicht richtig, Amburg. Wenn den Leuten nicht die Hoffnung bleibt, daß sie sehen, wie Sie eines Tages gefressen werden, kommen sie nicht mehr. Sie werden schon sehen!«

Das Théâtre du Gymnase, früher Théâtre de Madame, steht unter der Leitung eines gewissen Poisson, der ganz von den Sitten und Gebräuchen des Regimes eingenommen ist. Die Idee, Stücke nach dem bürgerlichen Ideal schreiben zu lassen, kommt ihm eines Tages, als er Scribe gegenübersteht, dem er unbefangen erklärt: »Mein lieber Scribe, Sie werden ›Familien‹-stücke für mich schreiben: Tugend, Ehre, Religion, gesellschaftliche Pflichten, Respekt vor der Charta, sanfte Rührung, zärtliche Familienmütter, seufzende Gattinnen, glücklicher Ausgang, leichte Verdaulichkeit. Haben Sie mich verstanden? Also los!«

Drei Tage später bringt Scribe Poisson *Die Vernunftheirat*. Zwanzig Jahre ununterbrochenen Erfolgs stehen vor den beiden Männern. Der Berichterstatter der Zeitung *La Lorgnette* schreckt nicht vor folgender Notiz zurück: »Man tritt sich im Gymnase dramatique tot, und der Erfolg bei den Familien wächst unaufhörlich. Letzte Woche warf sich ein junges Mädchen, nachdem es *Die Vernunftheirat* gesehen hatte, in die Arme ihrer Mutter und gestand ihr, daß sie bereit war, sich entführen zu lassen. Gestern schickten ehemalige Offiziere des Empire dem Autor eine Abordnung, um ihn für die Haltung zu beglückwünschen, die er seinen Helden, alles Obersten und alte Kommandanten, verliehen hat…« Die Tugend zahlt, bis zu dem Tag, an dem das Publikum genug hat. Der Mannschaft Poisson-Scribe folgt das »Zweiergespann« Montigny-Dumas Sohn, und zwanzig weitere Jahre eines vollkommen anders gearteten Ruhms folgen. In diesen Jahren triumphieren: *Diane de Lys, Die Geldfrage, Der natürliche Sohn, Der verlorene Vater, Ein Freund der Frauen, La visite des noces, Héloise Paranquet* und *Princesse Georges*. Dumas Vater teilt die Freude seines Sohnes:

»Wißt ihr«, sagt er zu seinen Freunden, »das Beste an dem Stück habe ich gemacht!«

»Was denn?«

»Den Autor!«

Gleichzeitig mit Dumas Sohn werden auf derselben Bühne die Stücke von d'Augier, Labiche, Sardou und Gordinet mit großem Erfolg gespielt.

Im Faubourg Montmartre, vor dem Faubourg Poissonnière, bemerken wir im Vorübergehen das stark frequentierte Blumengeschäft von Caccuniet-Lefaure, den Spiegelhändler Violet und das hübsche Neuheitengeschäft »À Malvina«, wo d'Ennery[16] als »Stift« angefangen hat.

An der Ecke des Faubourg Montmartre schlägt das Herz der Pariser Presse. Zeitungsnamen an den Häusern, Druckereien, Wagen, die riesige Papierrollen transportieren, Zeitungsausrufer und -verkäufer treffen an diesem Carrefour des Ecrasés zusammen. *Le Constitutionnel* stammt aus dem Jahre 1815. Von ehemaligen Mitgliedern des Konvents gegründet, im Schatten von Louis XVIII. und Charles X. weiterentwickelt, geht die Zeitung 1843 in die Hände von Doktor Véron, dem Direktor der Oper, über. Als enger Freund von Thiers gibt Véron ganz offen das offiziöse Blatt der Regierung heraus. Diese Haltung bringt ihm wenig Glück: je stärker die Zeitung die Politik von Thiers unterstützt, desto mehr sinkt die Auflage. Als *Les Débats* dank der *Geheimnisse von Paris* zehntausend Abonnenten erreicht hat, bestellt Doktor Véron ohne Zögern bei Eugène Sue einen Roman: *Der ewige Jude*, und mit einem Schlag steigt die Auflage wieder.

La Presse wird von dem Marseiller Israeliten Mirès geleitet, der einen merkwürdigen Begriff von der Kompetenz seiner Redakteure hat. Eines Tages sucht ihn Chirac auf.

»Was möchten Sie hier schreiben?« fragt Mirès.

»Verse und Kritiken.«

»Schön: ab morgen beauftrage ich Sie mit der Finanzseite.«

»Aber…«

»Das ist die einzige Möglichkeit, unparteiisch zu bleiben.«

Getreu seinen merkwürdigen Prinzipien, hätte Mirès auch niemals Arsène Houssaye, Hippolyte Castille oder Roger de Beauvoir um eine Gesellschaftschronik gebeten. Mit einer solchen Arbeitsweise bringt Mirès seine Zeitung an den Rand des Bankrotts. Glücklicherweise taucht zu seiner Rettung rechtzeitig

Emile de Girardin auf und führt zwei wichtige Neuerungen ein: die Zeitung zu billigem Preis und die Reportage. Außerdem entwickelt er die Werbung, geht aber nicht so weit, es so zu machen wie Millaud, Direktor des *Nouveau Journal*. Um die Kundschaft anzulocken, stellt dieser auf dem Boulevard einen Mann mit Stentorstimme auf, der plötzlich *Le Nouveau Journal* aufschlägt und vorliest oder so tut, als lese er vor: »Wir haben die traurige Aufgabe, ein neues Verbrechen zu melden, das in seiner Scheußlichkeit alle bisher gekannten übertrifft. Ein Priester hat eine Reihe von Angriffen auf die Tugend kleiner Mädchen, die seiner Obhut anvertraut waren, unternommen. Nicht genug damit, daß er sie vergewaltigte, nein er ermordete sie auch noch…«

Plötzlich hörte er auf, packte einen der Zuhörer beim Rockkragen und fragte: »Nicht wahr, mein Herr, das ist doch gemein?«

»Ja, schrecklich!«

»Na gut«, fuhr der Vorleser fort, »gehen Sie in den ersten Stock, abonnieren Sie, dann können Sie die Fortsetzung lesen.«[17]

Zwischen der Rue Drouot und der Oper, die sich zu jener Zeit in der Rue le Peletier befindet, kommen wir bei dem Schneider Coutard vorbei, bei dem Chopin Kunde wird, dann am Café de Madrid, wo sich die Künstler und Literaten versammeln, bevor es unter dem Second Empire ein Ort wichtiger politischer Begegnungen wird. Stammgäste bleiben dennoch Monselet, Houssaye, Banville, Baudelaire, Villiers de l'Isle-Adam und Mendès. Das Théâtre des Variétés erreicht die Höhe seines Erfolges erst mit den Opere buffe von Offenbach, dem Königreich von Hortense Schneider und ihren galanten Abenteuern mit den Fürsten der Epoche im Second Empire. Doch schon seit dem Jahr seiner Erbauung 1807 besitzt dieses charmante Theater die Gunst der Pariser. Napoléon Musard bringt die Maskenbälle des Théâtre des Variétés in Mode, lanciert den Cancan und lockt die Jeunesse dorée zum Boulevard Montmartre. Neben dem Theater befindet sich die Passage des Panoramas. »Hier sieht man«, laut Amédée Kernel, »mitten am Tag den Überfluß an Vornehmheit mit geschminktem Gesicht, lautem Lachen, behandschuht, besport, hoch erhobenen Kopfes und unsicheren Fußes spazieren gehen.

Diese Passage faßt alle Attraktionen der Stadt zusammen: Véron, Masson und Prosper wissen, wie sie die schönsten Gelüste befriedigen können. Suchen Sie ein Lesekabinett? Es gibt zwei. Einen Musikalienhändler, einen Tabakkenner, ein Süßwarengeschäft, ein Luxus-Papiergeschäft? All das finden Sie. Hätten Sie die Güte, einen Strohhut von Fräulein Lapostole zu probieren? Das ist möglich. Da ist der Laden von Le Mameluck, die Teestube von Marquis, die Orangen- und Zitronenhändlerin, ein Handschuhmacher, der Bäcker Félix, schließlich das Café des Variétés!«[18]

Wenn wir ein bißchen Glück haben und gegen fünf Uhr nachmittags die Tür des Cafés öffnen, sehen wir vielleicht den illustren Frédérick Lemaître in seinen großen Mantel gehüllt, den Filzhut auf dem Kopf, das Gesicht glattrasiert, mit blitzenden Augen, so wie er die Menge in den *Geheimnissen von Paris* und als Robert Macaire begeistert. Gern berichtet der große Schauspieler seinen Nachbarn von seinen Auseinandersetzungen mit den Theaterdirektoren. Der filzige Geiz von Harel, dem Direktor des Porte Saint-Martin, bringt ihn in Wut. So erzählt er auch von einer Unterhaltung Harels mit einem jungen Autor, der ein Vermögen zahlen sollte, damit sein Stück aufgeführt wurde. Der Autor, gepeinigt von der Begierde, seine Dialoge zu hören, unterzeichnet blind einen leoninischen Vertrag, verneigt sich und geht zur Tür. Darauf packt Lemaître Harel am Ärmel und ruft mit dröhnender Stimme: »Wie«, schreit er, »Sie lassen ihn gehen? Er hat doch noch seine Uhr!«[19]

Auf der gleichen Seite wie das Théâtre des Variétés befindet sich der beliebte Bäcker Frascati. Balzac hat eine Zeitlang in dem gleichen Haus gewohnt, in das später *Le Figaro* einzieht. Für den Autor der *Menschlichen Komödie* ist das ein hervorragender Beobachtungsposten. Die Wohnung ist winzig – zwei kleine, kaum möblierte Zimmer – und bequem, weil man ja nach Wunsch auf den Boulevard oder die Rue de Richelieu hinaussieht. Eines Tages bittet ein Verleger, Louis Lurine, der ein großes illustriertes Buch über die Straßen von Paris herausgeben will, Balzac, eine der Straßen zu beschreiben: zum Beispiel die Rue de Richelieu, die er vor Augen hat.

»Ihr Preis ist auch meiner…«

»Das wird Sie ein Vermögen kosten!«

»Warum denn das?«

»Weil ich, um gut schreiben zu können, alles sehen, alles kennenlernen, überall hingehen, jedes Geschäft der Reihe nach studieren will. Fangen wir beim Boulevard an: ich esse mittags und abends immer im Café du Cardinal – dort habe ich meinen Stammplatz. Ich kaufe Partituren bei Brandus, Gewehre bei dem Waffenhändler nebenan, ich lasse beim Blumenhändler ihm gegenüber anschreiben, ich bestelle für dreitausend Francs Anzüge bei dem Schneider dazwischen, ich kaufe beim Juwelier an der Straßenecke alles auf…«

»Schweigen Sie«, schreit Lurine voller Schrecken. »Sie haben recht: das ist ein Unternehmen, das menschliche Kräfte übersteigt! Auf jeden Fall übersteigt es meine Mittel…«[20]

Gegenüber von Frascati, auf der anderen Seite des Boulevards, steht das luxuriöse Gebäude, in dessen Erdgeschoß die Klavierfabrik Pleyel untergebracht ist. Camille Pleyel, ein genialer Klavierbauer, ist zugleich ein hervorragender Pianist. Chopin sagt einmal von ihm: »Es gibt heute nur noch einen Mann, der Mozart spielen kann, und das ist Pleyel!« Der gleiche Mann hat Beethoven improvisieren gehört. Zu allem Überfluß hat er noch ein gutes Herz – das geht so weit, daß er seinem durch seine Verschwendungssucht ruinierten Freund Eugène Sue vorschlägt, ihm ein freundlicher Vormund sein zu wollen, der seine Gläubiger auszahlt, über seine Ausgaben wacht und ihm eine feste Rente zubilligt. Sue ist intelligent genug, diesem vorteilhaften Handel, der ihn vor dem Ruin rettet, zuzustimmen. Im gleichen Haus, im sechsten Stock, unterhält Fräulein Thiers, die Schwester des Premierministers, ganz prosaisch eine … Wirtstafel. Ihr Bruder geruht nicht, zu ihren Gästen zu gehören.

Jetzt sind wir in der Mitte des Boulevards angelangt – dort, wo er Le Boulevard heißt, so sehr überschattet dieser Teil die anderen. Auf weniger als zweihundert Metern sehen wir nacheinander das Café Anglais, das Café Hardy, Tortoni, das Café de Paris und das Café de Foy: von der Restauration bis 1870 findet hier jeden Tag ein riesiges Brillantfeuerwerk statt!

Dieser Teil des Boulevards, der zu jener Zeit Boulevard de Gand heißt, sieht vollkommen anders aus als heute. »Man glaubt sich«, schreibt Jules Bertaut, wohlunterrichteter Historiker des romantischen Paris, »auf einem schönen Promenierplatz mitten in der Provinz, bepflanzt mit großen Bäumen unter mächtigen Laubkronen, die sich über die Häuser erheben, ohne Gehsteige, mit einer Menge Menschen, die ruhig auf Stühlen sitzen und hier und da entzückende Gruppen bilden, während ihre Kinder um sie herum spielen und plappern. Es ist eine Ecke der Tuilerien, die man zwischen das Gymnase und die Rue de la Paix versetzt hat. Die Häuser sind nur selten fünf Stockwerke hoch, es gibt weniger Läden als heute, kleine Hotels und einstöckige Gebäude sind nicht selten. Überall ist Luft, Raum, Sonne und Licht.

Wenn die Menschenmenge auch dicht und die Zahl der zwischen den Bäumen umherfahrenden Wagen beachtlich ist, so hört man doch keinen ohrenbetäubenden Lärm, kein unerträgliches fortgesetztes Getöse, sondern nur das sonore Rollen einer vorbeifahrenden vierspännigen Reiseberline, gelenkt von zwei Postillionen, oder das fröhliche Peitschenknallen eines strahlenden Dandys, der oben auf einem riesigen Kabriolett sitzt, neben sich einen ›Tiger‹ – je kleiner das Kind, desto besser kann es die Rolle spielen –, groß wie ein Stiefel. Die Menschenmenge, die sich vor den Läden drängt, die in die Passage des Panoramas oder Passage de l'Opéra flutet, die kommt und geht, sich bei Coblentz niedersetzt, dem schattigsten Teil des Boulevards zwischen der Rue Taitbout und der Rue du Helder, hat nichts von einer fieberhaften Masse, die der Strom der Geschäfte oder der Vergnügungen mit sich fortreißt. Es ist eine Ansammlung von zum größten Teil eleganten Leuten, von denen sich viele kennen und die unter den ironischen Blicken von ein paar Müßiggängern auf den Stühlen, den unerbittlichen Beobachtern aller Vorübergehenden, herumflanieren und sich amüsieren. Die große Zahl von Reitern, die die Straße überqueren oder anhalten und ihre Pferde an den Bäumen des Boulevards anbinden, trägt noch mehr zu der ländlichen Note bei, macht aus dem Boulevard de Gand tatsächlich eine Verlängerung der Champs-Elysées und des Cours-la-Reine.«

Zu jener Zeit sind wir weit entfernt von den geraden Linien, die unsere Zeit kennzeichnen, in der Dinge und Menschen mit dem Lineal gezogen zu sein scheinen. Die Straßen – der Boulevard selbst – weisen eine Menge Ecken und Winkel auf, die stoßen sich dauernd an dunklen Sackgassen und schäbigen Ausbuchtungen. »Paris ist seit Hunderten von Jahren rein zufallsbedingt gewachsen. Neben schönen Gebäuden stehen Bruchbuden: das ist das Kennzeichen der Urbanität früherer Zeiten (in dieser Hinsicht findet Chopin in Paris das, woran er in Warschau gewöhnt war, wo auch Paläste mit Holzhäuschen abwechseln). Niemandem ist noch in den Sinn gekommen, daß man ganze Viertel abreißen und neue Ausblicke schaffen könnte. Unsere Großeltern nahmen Paris, wie sie es übernommen hatten, sie kümmerten sich nicht um seine Verschönerung, da sie es für die schönste, die vollkommenste Stadt der Welt hielten.«[21]

Bei Tortoni!

Kehren wir zum Boulevard zurück und achten wir darauf, die einzige Seite zu benutzen, wo wir die Leute treffen, auf die es ankommt; die rechte Seite, wenn man von der Rue Drouot zur Madeleine geht. Montigny klärt uns in diesem Punkt in seinem *Provincial de Paris* auf: »Ein Fremder, der auf der dem Café Tortoni gegenüberliegenden Seite geht und glaubt, er bewege sich trotzdem auf dem Boulevard de Gand, begeht einen großen Irrtum. Es ist hier wie mit den Rheinufern in Straßburg: auf einem Ufer Frankreich – auf dem anderen Deutschland. Es gibt nichts Gemeinsames zwischen dem glänzenden Stammgast des Boulevard de Gand und dem anspruchslosen Spaziergänger, der friedlich an der Pâté des Italiens entlanggeht.«

Auf der Seite von Tortoni und dem Café Anglais herrscht ab elf Uhr und am Abend um fünf Uhr ein Gedränge von Dandys, die sich selbst »Löwen« nennen. Roger de Beauvoir beschreibt ihre Art sehr gut: »Der Löwe hat glänzende Haare, einen Spazierstock mit goldenem Knauf, zurückgeschobene Manschetten, Lackstiefel und gelbe Handschuhe, seine Fingernägel sind kunstvoll oval geschnitten. Er trägt einen mittelalterlichen Bart, Krawatten von Boivin und im Mund eine Zigarre. Er liebt Tee, Wetten, den Jockey-Club und alle britischen Importe. Bei Premieren wellt sich seine Mähne, fällt wieder zurück, sträubt sich, er ist die Zielscheibe der Lorgnons. Er beißt, er brüllt, er schäumt, er ist beleidigend, er schneidet das Wort ab, er erklärt, er behandelt den größten Dichter als Idioten. Er ist steif, engherzig, kalt, robust: er ist kein Mensch – sondern eine Verzierung. Er liebt die Boxer, das Reiten und die Frauen. Er raucht, er boxt, er trinkt. Sagen Sie es nicht im Club, aber er ist neulich zu Fuß gesehen worden, wie er mitten im Marais aus dem Haus seiner Tante kam…«[22]

Um elf Uhr also trifft sich alle Welt vor der Terrasse von Tortoni. Die Reiter steigen vom Pferd, binden ihre Tiere an einen Baum des Boulevards, steigen schnell die berühmten Stufen hinauf, wählen mit immer gleicher Geschwindigkeit, die zu der Annahme verführt, sie seien bedeutende Männer, die unter der Last ihrer Verantwortung zusammenbrechen, ihr Menü am Büfett, auf dem kaltes Fleisch, Meeresfrüchte, Fische und das berühmte kalte Hühnerfrikassee Tortoni angeboten werden, und nehmen diesen Imbiß schnellstens zu sich. Im ersten Stock, der mit dicken Teppichen ausgelegt ist, sitzen die friedlicheren Menschen oder solche, die sich nicht einer prinzipiellen Geschäftigkeit opfern. Hier ist man außergewöhnlich höflich zu den Gästen. Einer der Kellner, Prévost, der nach der Mode des Ancien Régime gepudert ist, fragt die Neuankömmlinge feierlich: »Verzeihung, mein Herr, ich bitte tausendmal um Verzeihung! Hat der Herr die Güte, etwas zu wünschen?«

Ab ein Uhr wird es leer, die Löwen begeben sich wieder in ihren Bau, Kabrioletts und Reitpferde entfernen sich in einer Staubwolke, der Boulevard findet wieder zu seinem friedlichen Rhythmus zurück. Zur Zeit des Abendessens und vor allem nach der Oper gibt es wieder Gedränge bei Tortoni, mit dem Unterschied, daß dieses Mal die Löwinnen, die zu Hause zu Mittag gegessen haben, jetzt ein Eis, Kuchen oder einen Fasanenflügel an diesem eleganten Ort zu sich nehmen, wo man sich sehen lassen muß.

Auf der anderen Seite der Rue Taitbout bildet das Café de Paris das Gegenstück zu Tortoni – eigentlich ist jedoch das Restaurant berühmter als das Café. Beefsteaks und Koteletts sind köstlich dick und saftig. Das Café befindet sich in einer der ehemaligen Wohnungen des Fürsten Demidoff: man sieht noch an der feinen Bemalung und den alten Spiegeln sowie an den zauberhaften Holztäfelungen, daß man sich hier in einem guten Haus befindet. Die Parole der Köche stammt von ihrem Chef, der lange Zeit bei der Herzogin von Berry gedient hat. Sie besteht aus drei Worten: sich selbst übertreffen. Eines Tages sagt Balzac, der für den nächsten Tag einen Russen eingeladen hat, den er fürstlich bewirten möchte, zum Restaurantchef, er möge dem Essen äußerste Sorgfalt widmen. Darauf antwortet dieser majestätisch und würdig: »Ich werde es nicht versäumen – um so mehr, Monsieur, als wir die Gewohnheit haben, das jeden Tag zu tun!«

Doktor Véron, Dumas Vater, Nestor Roqueplan, Fürst Belgiojoso und Alfred de Musset gehören zu den Stammgästen des Café de Paris. Doktor Véron, der Direktor der Oper, verantwortlich für eine Zeitung, Teilhaber an zwanzig anderen wichtigen Geschäften, ehemaliger Liebhaber von Rachel – und in dieser Eigenschaft Mitglied eines großen Klubs – erlebt, wie jeden Abend sein Tisch von hundert Bettlern umlagert wird. Wie ist es diesem dicken Mann »ohne Hals, mit verschwollenem Gesicht, Bulldoggenwangen, dickem Bauch, der damit wie ein Wüstling aus der Regentschaft wirkt[23]« nur gelungen, die große französische Tragödin zu verführen? Diese unersättliche Messalina kann nie genug Zärtlichkeit bekommen. Eines Abends, als Rachel zu wiederholten Malen von ihrem Liebhaber Beweise seiner Liebesglut erhalten hat und sie, die überhaupt nicht müde ist, sieht, wie ihr Kavalier gerade in einen erholsamen Schlummer versinken will, ruft sie hochmütig: »Los, hol deinen Bruder!«

Am Nebentisch macht der schöne, geistreiche Roger de Beauvoir Spottgedichte, während er auf sein Essen wartet. Der un-

glückliche Crémieux – der so schmutzig ist, daß er, so sagt man,
beim Handkuß dunkle Kreise hinterläßt – regt Rogers Phantasie
an:

> Ein Gerücht, das wahrscheinlich erfunden ist,
> Verbreitet sich in der Hauptstadt.
> Man sagt, Crémieux habe sich gewaschen:
> Mein Gott, muß das Wasser schmutzig sein!

Damit kann man eine Freundschaft für immer besiegeln!

Nestor Roqueplan – der 1830 die Seidenbänder auf der Ho-
sennaht in Mode gebracht hat – erklärt, er habe die Leitung der
Opéra Comique nur angenommen, »um die Franzosen dieses
ausgesprochen nationalen Genres mehr verabscheuen zu können«. Unsere modernen Roqueplans haben leider den Witz des
illustren Nestor wörtlich genommen! In seiner Ablehnung des
Landlebens ist er mit einem Jahrhundert Vorsprung Reynaldo
Hahn verwandt, der mit vollem Ernst sagt: »Die Landluft ist zu
scharf, ungesund, ohne ernsthafte Referenzen. Reden Sie lieber
von der Pariser Luft, sie hat sich nützlich gemacht und man weiß,
was sie wert ist!«

Roqueplan, der eines Tages sieht, wie man Kastanienbäume
an einer Pariser Straße pflanzt, sagt zu einem Freund: »Sehen Sie,
sogar die Bäume langweilen sich auf dem Land: sie flüchten
hierher. Wie gut ich sie verstehen kann! Übrigens, während der
Hundstage ist es wesentlich kühler in der Passage Choiseul als in
allen Wäldern der Welt…«[24]

Paul Foucher – zu der Zeit noch nicht der Schwager von Victor Hugo – ist sehr häßlich und glaubt an den Teufel. Er ist der
ständige Hanswurst der beiden Mussets und des Grafen von
Viel-Castel, die ihm Kolophonium als Apfelzucker und Nepo-
mucène Lemercier als Schriftsteller aufschwatzen!

An einem anderen Tisch, an dem an diesem Abend Dumas und
Balzac sitzen, erhebt sich eine heftige Diskussion. Oh! es ist nicht
die Rede von Literatur – Bäcker sprechen unter sich niemals von
Kuchen –, sondern von den für jeden der beiden Literaten verschiedenen Vorzügen des Kalbfleisches im Topf, einer berühmten

Spezialität des Café de Paris: »Auf jeden Fall«, schließt Dumas, »ist es viel besser als *Iphigenie*!« – »Ich würde lieber sagen«, korrigiert Balzac, »es ist besser als *Der große Cyrus*. Es ist leichter verdaulich für mich…«

Ein Original

Ein verrückter Kerl, de Saint-Cricq, setzt sich, bestellt ein Himbeer- und ein Vanilleeis, zieht die Schuhe aus und schüttet das eine in seinen linken, das andere in seinen rechten Stiefel. Auf das Eis folgt ein Rapunzel- und Runkelrübensalat, den das Original mit Tabak überstreut. Er verlangt Hautcreme, reibt sich damit das Gesicht ein und schüttelt sich den Rest des Schnupftabaks auf die klebrige Masse; darauf setzt er den Hut auf und geht mit hocherhobenem Kopf nach draußen, wo er mit Fistelstimme seine Pferde verlangt. Eines schönen Abends nähert sich statt einer Equipage ein Polizeiwagen, der ihn in eine Nervenheilanstalt fährt.

Ein weiteres Original: Romieu, der geborene Spötter. Eines Abends – so berichtet Dumas – läßt Romieu um zwei Uhr morgens den Inhaber des Café Deux Magots an der Place Saint-Germain-des Prés wecken:

»Herr Wirt, ich möchte Ihren Teilhaber sprechen.«

»Aber ich habe doch keinen Teilhaber…«

»Na hören Sie: es wäre besser, wenn Sie ihn holen würden!«

»Ich wiederhole, ich…«

»Dann sind Sie, Herr Wirt, ein unehrlicher Mensch!«

»Aber, mein Herr!«

»Und vielleicht ein Mörder!«

»….«

»Wo haben Sie ihn versteckt?«

»Noch einmal, ich habe keinen Teilhaber!«

»Aber warum nennen Sie Ihr Café dann les *Deux* Magots?«

Als er zum Polizeipräfekten eines Departements ernannt wird, übt er seinen Beruf ernsthaft aus, ohne jedoch auf die Witze zu verzichten, in denen er Meister ist. Eines Tages setzt er durch

Verordnung einen Kopfpreis auf die Maikäfer aus, um den Verwüstungen Einhalt zu gebieten, die diese lästigen Insekten in den Kulturen der Bevölkerung seines Bezirks ständig anrichten. Die sicherste Auswirkung dieser Maßnahme ist der beachtliche Zuverdienst eines Journalisten, der behauptet, er habe sich »durch mehrere Jahre zwölftausend Francs Rente zusammenverdient, dank der veröffentlichten Reaktionen über die Maikäfer von Romieu«. Einem Autoren vom Vaudeville, der ihn anfleht, mit ihm zusammenzuarbeiten, erklärt Romieu hochmütig: »Mein Herr, ich habe Ihr Manuskript gelesen. Sie dürfen die Waffe wählen!«

Die Gesellschaft versammelt sich in einem Nebenzimmer – dem Kleinen Kreis –, während die Fremden abseits essen. Und die »Ausschweifung« – die hohe Ausschweifung – hat ihre Ecke für sich. Musset ißt mit ein paar Freunden zu Abend. Darunter befinden sich der unvermeidliche Véron, der dieses eine Mal an einem anderen Tisch sitzt, Roqueplan, Tattet, Arvers, d'Alton Shée, Alfred Arago, Mosselmann, Major Frazer, Belgiojoso. Arvers, der Mann mit dem Sonett[25], ist der Geliebte von Virginie Déjazet. Es kommt vor, daß sich diese Herren in Gesellschaft von leichtlebigen Damen befinden: Mousqueton, Louise la Blonde, Carabine, Louise Guipure, Pauline Fleury, der großen Salomé, Marie Sergent, genannt Königin Pomaré, die zu jener Zeit ganz jung und noch nicht berühmt ist wie später in den vierziger Jahren.

Hinter dem Carrefour Drouot ist der Boulevard löcherig wie ein Schweizer Käse, er hat eine Menge Öffnungen, Passagen, die zur Oper in der Rue le Peletier führen: dem Treffpunkt der reichen Leute. Nicht weit von dort liegt das Restaurant Brossi, das erste italienische Restaurant in Paris. Die größte Attraktion ist nicht ein Gericht, sondern daß jeden Tag um die Mittagszeit der Tenor Mario Candia dort ist, der an der Opéra-Italien singt. In der Rue Laffitte sitzt eine etwas absonderliche Zeitung – *Le Mousquetaire* –, die von vorn bis hinten, oder fast, von Alexandre Dumas geschrieben wird. Wenn ihm die Zeit fehlt, Originalartikel zu schreiben, schneidet Alexandre mit einer großen Schere die Prosa eines Kollegen aus, klebt den Ausschnitt mitten auf ein weißes Blatt und schreibt lediglich über den abgedruckten Artikel: »Ich leihe mir von meinem lieben Freund XY die Erzählung aus, die auf reges Interesse stoßen wird…«

Gegenüber von Café de Paris und Tortoni, auf der anderen Seite des Boulevards, ist das viel ruhigere Café Anglais – der Platz in Paris, wo man am besten ißt. Es wird erst später, nach dem Tod von Louis-Philippe, zum etwas anrüchigen Lokal. An der Ecke der Rue de la Michodière befinden sich die berühmten »Chinesischen Bäder«, wo man den geschwächten Körper regenerieren kann. Im Haus Nr. 1 am Boulevard des Capucines befindet sich ein Café, das einmal das Napolitain werden soll. In der Rue de la Chaussée-d'Antin 2, über dem Restaurant Paillard, hat Rossini eine riesige Wohnung, wo er jeden Sonnabend große Empfänge gibt. Hierher drängen sich natürlich die ehrgeizigen Anfänger. Eines Abends unterbreitet ein liebenswürdiger Melodienschreiber dem Herrn des Hauses seine neuesten Schöpfungen. Rossini legt die erste auf das Notenpult des Klaviers und summt unter seiner eigenen Begleitung dazu. Am Ende von ein paar Takten hört er auf und dreht sich mit maliziösem Blick zu dem vor Aufregung keuchenden Komponisten herum: »Mir ist«, so sagt er mit einer Grimasse, »das andere entschieden lieber!«

Seit zwei Jahren, nach dem Mißerfolg von *Wilhelm Tell*, ist Rossini mit siebenunddreißig Jahren in eine Periode des Schweigens eingetreten, das er nur brechen wird, um religiöse Musik zu schreiben. Es kommt sehr selten vor, daß jemand mitten in der Jugend den Vertrag mit dem Ruhm bricht.

Die Häuser um die Madeleine am Ende des Boulevards stehen am Rande eines öden Geländes, auf das man eine Kirche gesetzt hat. Das Haus von Madame Récamier inspiriert Barbey d'Aurevilly in den *Teuflischen* zu einer wenig positiven Schilderung: »Die Rue Basse-du-Rempart war schon immer eine schlecht beleuchtete, dunkle Höhle, in die man vom Boulevard über zwei einander abgewandte Treppen hinunterstieg. Diese Art von Hohlweg wurde nur recht dürftig begangen, wenn es Nacht wurde.« An der Ecke der Rue Caumartin befindet sich der Cercle de l'Union, vor drei Jahren vom Herzog de Guiche gegründet, der mit der Schwester des Grafen d'Orsay verheiratet und der Modekönig, der Fürst aller Eleganz ist. Die Mitglieder der Union sind, das muß man sagen, auserlesen. Einer von ihnen, de Marcellus, hatte sich für die Kommunion in der Kapelle seines Schlosses Hostien mit seinem Wappen machen lassen. Eines Morgens bemerkt der Priester des Dorfes voller Schrecken, daß der Vorrat an Wappenhostien erschöpft ist. Also nimmt er ein anderes Hostiengefäß und reicht dem alten Aristokraten die gewöhnliche Hostie – die Hostie für jedermann – und entschuldigt sich brummend: »Es muß gegessen werden, was da ist, Herr Graf!«

Chopin findet diesen Ausspruch so lustig, daß er ihn trotz des ein wenig fetischistischen Respekts, den er seit seiner Jugend religiösen Dingen gegenüber hegt, einem polnischen Freund schreibt. Er kann kaum ein besseres Beispiel für den Pariser Geist liefern, der in allen Straßen zu finden ist, der aber vor allem auf dem Boulevard zu Hause ist, und zwar auf beiden Seiten von einem Ende zum anderen. »Und jetzt«, kann er wie Rastignac ausrufen, »jetzt zu uns beiden, Paris: ich kenne dich!«

Musiktheater

Nein, denn er kennt nichts von dem, was ihn in erster Linie interessiert: das intellektuelle und künstlerische Leben der Hauptstadt.

Wir wissen, daß Chopin ein großer Opernfreund war. Er hat die Wahl zwischen drei Opernbühnen, die den Freunden des Belcanto[26] auf verschiedene Weise dienen: die Oper, die Opéra-Comique und das Théâtre-Italien.

Die Oper steht unter der Leitung des »vielseitigen« Doktor Véron, der am 2. März 1831 zum Nachfolger Lubberts ernannt wird. Er verfügt über Subventionen von 810000 Francs, die später herabgesetzt werden. Im September 1831 steht auf dem Spielplan *Euryanthe* von Weber, geprobt wird *Robert der Teufel* von Meyerbeer. Im Vorjahr wurde mit großem Erfolg *Zampa* von Hérold und *Anna Bolena* von Donizetti aufgeführt. Als Chopin in Paris lebt, sind die Stars der Oper Cornélie Falcon,

Nourrit, Duprez, Mme Damoreau-Cinti, Mme Dorus, Dabadie, Levasseur, Derivis und Rosine Stolz. Das Debüt der Falcon in *Robert der Teufel* – wodurch Meyerbeer fast ebenso berühmt wird wie Rossini – ist glänzend, aber ihr Ende eher traurig! Als sie ihre Stimme verloren hat und glaubt, sie wiedergewonnen zu haben, möchte sie bei einem Galaabend auftreten, wo der vierte Akt der *Hugenotten* auf den zweiten Akt der *Jüdin* folgt. Der Abend wird zum Golgatha für die arme Künstlerin, die unfähig ist, richtig zu singen, und zur Qual für ihre Anhänger. Duprez kommt vom Théâtre-Francais, wo er schon als kleines Kind in den Chören von *Athalja* mitgesungen hat. Nach einer Ausbildungszeit im Odéon und einer weiteren bei der Opéra-Comique ist er nach Italien gegangen. Im Jahre 1837 gelingt ihm ein fast triumphaler Beginn an der Oper in *Wilhelm Tell*, wo er trotz seiner geringen Körpergröße und seinem ungünstigen Aussehen wegen seines herrlichen lyrischen Tenors gefeiert wird. Sein Nachfolger und Rivale, Nourrit, verzichtet auf den Kampf und verläßt die Oper. Chopin, der ihn sehr schätzt, spielt im folgenden Jahr bei seiner Beerdigung in Marseille.

Generalmusikdirektor der Oper ist der gute Habeneck, Initiator der Konzertgesellschaft des Konservatoriums, die der Vicomte Sostène de la Rochefoucauld auf Betreiben Cherubinis gegründet hat. Habeneck ist der geschworene Feind von Berlioz, der bei der Aufführung seines *Requiems* im Invalidendom eine frei erfundene Geschichte mit einer Tabaksdose erzählt, um ihn in Verruf zu bringen.

In der Opéra-Comique steht ein merkwürdiges Stück auf dem Spielplan. *Die Marquise de Brinvilliers* ist ein Kollektivwerk von neun bekannten Komponisten: Cherubini, Auber, Batton, Berton, Blangini, Boieldieu, Carafa, Hérold und Paër. Vorbereitet wird *Der Zweikampf* oder *Die Schreibweise* von Hérold. Wenige Stars. Ein einziger bedeutender Sänger, Roger, debütiert im Jahre 1838.

Dies alles ist nichts, verglichen mit dem Triumph des Théâtre-Italien unter der Leitung von Robert und Severini, später von Rossini. Die Stars erreichen hier phantastische Gagen. Tamburini bekommt vierzigtausend Francs für sechzig Abende, sein Rivale, Rubini, vierundvierzigtausend. Mario Candia läßt die Frauenherzen höher schlagen. Die Grisi verdient zwischen Paris und London hunderttausend Goldfranken pro Jahr. Das Publikum tritt sich tot, um diese Künstler erleben zu können, und die satirischen Zeitungen spotten über die Begeisterung des Pariser Publikums. Ich schlage zufällig eine auf. »Die Baronin von B. schreibt an einen Freund: ›Laufen Sie schnell und reservieren Sie eine Loge für die Saison, und *danach* erfahren Sie Neues über meinen Vater, der in den letzten Zügen liegt…‹« »Zwei Gegner haben sich um den letzten verfügbaren Parkettplatz duelliert. Beide sind tot: ein dritter hat ihn bekommen!« Das alles, um der Malibran, der Sontag, Lablache, Jenny Lind, Carlotta Ungher, Mme Viardot, Gianbatista und Giacomo in den Werken von Mozart, Bellini und Rossini zuzujubeln: das heißt *Don Giovanni, Cosi fan tutte, Norma,* dem *Barbier,* der *Italienerin in Algier, Wilhelm Tell,* den *Puritanern, Othello, Semiramis, Lucia di Lammermoor, Don Pasquale, Nebukadnezar,* den *Beiden Foscari* – das sind etwa die Werke, die Chopin unter Begeisterungsstürmen hören wird. Hier kann man nicht mehr von Manie sprechen, es herrscht ein echter Wahn, das Goldene Zeitalter des italienischen Gesangs.

Theater, Malerei, Literatur

In dieser Zeit hat das Theater einen Vorrang vor der Instrumentalmusik. Balzac schreibt trotz seines Genies eine Menge Dummheiten über eine Kunst, die er fast überhaupt nicht kennt. Er sieht das Heil nur im Operntheater. Auch zeigt er auf diesem Gebiet einen recht seltsamen Geschmack. In bezug auf *Moses* von Rossini legt er der Prinzessin Varese folgende köstliche Tirade in den Mund: »Diese herrliche Klage der Opfer eines Gottes, der sein Volk rächt, nur ein Italiener konnte dieses fruchtbare, unerschöpfliche und vollkommen Dantesche Thema behandeln. Ihr alten deutschen Meister Händel, Bach und selbst du, Beethoven, auf die Knie! Hier steht die Königin der Künste, das triumphreiche Italien!« Lieber Balzac, wir wissen, daß die Prinzessin Italienerin ist, wir wissen auch, daß manchmal Ihre Feder schneller ist als Ihre Gedanken. Aber Händel, Bach und Beethoven zu Füßen Rossinis – nein, das geht zu weit!

Auf den Spielplänen der Konzertgesellschaft des Konservatoriums stehen abwechselnd die Namen von Beethoven, Mozart, Händel und Haydn, Boieldieu und Gluck, Onslow und Rode und auch die moderner italienischer Komponisten. Die berühmte Gesellschaft, bei deren Konzerten Chopin die Ehre hat, als Solist aufzutreten, veranstaltet gerade ihr achtes Konzert.

Für das Théâtre-Français, unter Taylor als königlichem Bevollmächtigten, ist das Jahr 31 eines der düstersten. Aber man bereitet *Der König amüsiert sich* vor – böse Zungen behaupten, er sei der einzige gewesen, der sich amüsierte – und *Louis XI.* von Casimir Delavigne. Im Odéon lassen zwei Werke von Dumas und *La Maréchale d'Ancre* von Vigny den Mißerfolg der *Venezianischen Nacht* von Musset vergessen. Wenn Chopin ins Theater gehen will – und er tut es nur zu gern, das wissen wir –, kann er zwischen zwanzig Pariser Bühnen wählen, deren wichtigste Autoren Scribe, Anicet-Bourgeois, Mélesville, Santina, Ancelot, Duvert, Lausanne und Bayard sind, nicht zu vergessen der allgegenwärtige Dumas. Bei den Folies-Dramatiques sieht er Frédérick Lemaître als Robert Macaire; im Théâtre Historique Mélingue in *Königin Margot*, im Porte Saint-Martin Bocage in *Antony*. Schade, daß er für die Premieren von *Hernani* und der *Symphonie fantastique* zu spät kommt.

Chopin, den die Malerei ziemlich wenig interessiert – im Grunde begeistert ihn nur seine Kunst –, könnte die letzten Bilder von Gros sehen, die glänzende Laufbahn der »drei G«, Guérin, Girodet und Gérard verfolgen, »Herrn Ingres« besuchen, die beiden Brüder Devéria kennenlernen, sich für die Jagdbilder von

Carle Vernet interessieren und schließlich das ätzende Genie Daumiers und des jungen Gavarni bewundern. Tatsächlich fühlt er sich nur mit Eugène Delacroix verbunden, der zugleich Bewunderung und Spott bei ihm hervorruft.

Schweren Herzens müssen wir zugeben, daß Chopin, obwohl er hochgebildet ist, sehr wenig liest – eigentlich überhaupt nicht. Und doch liegen bei den Buchhändlern interessante Bücher aus. Kurz nach dem Kampf um *Hernani* veröffentlicht Hugo *Herbstblätter* und *Notre Dame de Paris*. Angekündigt sind *Chagrinleder, Rot und Schwarz, Indiana, Jocelyn*. Musset arbeitet an *Abendlied, Suzon, Rolla, Lipp' und Kelchesrand, Wovon die jungen Mädchen träumen*. Sue bringt *Atar Gull* heraus. Gautier arbeitet an *Albertus*. Gautier und Musset sind bis auf ein paar Monate genau gleichaltrig mit Chopin. Musset sieht Chopin eines Tages in der Comédie Française, und die beiden Männer gleichen Talents und gleichen Alters lernen sich nicht kennen! Chopin lebt im Grunde abseits von vielen Leuten, er verkehrt hauptsächlich mit Landsleuten im Exil, ein paar Freunden oder Pariser Mäzenen und natürlich – aber nicht ohne eine gewisse Geringschätzung – mit den Leuten seines Berufes, seinesgleichen, ob Interpreten oder Komponisten.

Erste Kontakte

CHOPINS ERSTER EINDRUCK war günstig: »Ich habe in dieser Stadt die ersten Musiker und die erste Oper der Welt angetroffen. Ich kenne Rossini, Cherubini, Paër. Die Zahl der Polen, die hier sind, ist unvorstellbar. Ein paar von ihnen verkehren nicht miteinander, suchen sich auch nicht. Mit Valentin Radziwill, den ich hier getroffen habe, esse ich heute abend bei den Komars. Gestern habe ich bei Frau Potocka, der schönen Frau von Miecislas, gegessen. Ich bin gut befreundet mit Kalkbrenner, dem ersten Pianisten Europas: es ist der einzige, dem ich nicht das Wasser reichen kann. Die Herz' sind neben ihm ganz einfache Aufschneider. Ich gedenke, drei Jahre hier zu bleiben.«

Kalkbrenner

Diese Frist hatte ihm Kalkbrenner gesetzt, den er durch Paër kennenlernte. Kalkbrenner, der in Deutschland geboren war und in Paris lebte, wurde – und vor allem von ihm selbst, denn seine Eitelkeit war ohne Grenzen – als erster Pianist der Zeit betrachtet. Er war dreiundvierzig Jahre alt, als Chopin ihn kennenlernte. »Sein Gesicht ist vornehm, seine Züge ein wenig derb, wenn auch regelmäßig. Die sanften, aber unbestimmbaren Augen werden von dicken Wimpern überschattet. Er ist überdurchschnittlich groß, der erste Kontakt verläuft kalt und zeremoniell, er ist von übertriebener Höflichkeit, die er seinem regelmäßigen Umgang mit der großen Welt zu schulden glaubt. Das Klavier bekommt unter seinen Fingern einen wundervollen, niemals schrillen Klang, denn er sucht niemals gewaltsam Effekte. Sein geschmeidiges, zurückhaltendes, harmonisches Spiel bezaubert mehr als es verwundert. Eine untadelige Sauberkeit in den schwierigsten Läufen, eine linke Hand von unvergleichlicher Bravour, vollkommene Unabhängigkeit der Finger, keinerlei Armbewegungen, eine ideale Haltung machen aus ihm einen außergewöhnlichen Virtuosen. Seiner Art zu phrasieren fehlt es ein bißchen an Ausdruck und mitteilsamer Wärme, aber der Stil ist immer edel und beweist die große Schule.«[1]

Kalkbrenner war stolz auf eine Methode, die er sich ausgedacht hatte und nach der man das Klavierspiel mit Hilfe des »Handführers« erlernen konnte. Der Apparat bestand aus einem einfachen Holzstab, der unter der Tastatur angebracht wurde, um den Unterarm in waagerechter Lage zu halten und die Spannung im Handgelenk herabzusetzen: damit die Finger von jedem Gewicht entlastet waren und sich unabhängig bewegen konnten. Stamaty, der Meisterschüler von Kalkbrenner, unterrichtete später Saint-Saëns nach dieser Methode, die er für »ausgezeichnet« hielt, »um den jungen Pianisten zur Ausführung von Cembalowerken und Kompositionen für die ersten Klaviere auszubilden, aber nicht für ausreichend, wenn es sich um moderne Werke und Instrumente handelt«. Sein ganzes Leben lang bemerkt man bei Saint-Saëns diese strenge Schule. Nach seinem untadeligen Spiel, das jedoch entsetzlich trocken ist – es kommt vor, daß er ein ganzes Allegro von Mozart ohne Pedal spielt –, kann man sich ganz sicher das sehr reine, aber etwas sterile Talent von Stamaty und Kalkbrenner vorstellen, dessen mechanische Tarantellen fast so graziös wie Spieldosen klingen.

Als Kalkbrenner den jungen Chopin empfing, warf er sich in die Brust und schlug Rad. Unvorbereitet spielte Chopin ihm sein *Klavierkonzert in e-Moll* vor. Der Meister erklärte feierlich, der junge Mann habe den Anschlag von Field und das Spiel von Cramer, was Frédéric mit großer Freude erfüllte. Chopin verabschiedete sich von Kalkbrenner und freute sich, von ihm erfahren zu haben, »daß ich wunderschön spiele, wenn ich in Stimmung bin und sehr schlecht, wenn ich es nicht bin. Seiner Meinung nach habe ich keine Schule, bin auf bestem Weg, könnte mich jedoch verirren. Dazu sagte er noch, daß es nach seinem

Tod keine Vertreter der großen Klavierschule geben würde und daß ich, selbst wenn ich wollte, keine neue Schule gründen könnte, ohne die alte zu kennen…Nachdem er mich näher kannte, riet er mir, ich solle drei Jahre lang bei ihm Unterricht nehmen und er versicherte mir, aus mir etwas sehr, sehr…«[2] Was uns heute sehr, sehr komisch erscheint, denn hier beurteilt der begabte Virtuose aus der Höhe seiner Größe das Genie, das ihn um eine ganze Länge überragt!

Daß dieser eitle Pfau Chopin imponierte, der sonst wenig zu uneingeschränkter Bewunderung neigte, ist übrigens ganz sicher. Die beiden Männer sahen sich jeden Tag, sie besuchten sich gegenseitig, und Chopins Bewunderung wurde nicht geringer, nein, sie stieg noch: »Wie soll ich seinen ruhigen, bezaubernden Anschlag beschreiben, die unerhörte Gleichmäßigkeit seines Vortrags? Du weißt, wie neugierig ich auf Herz, Liszt, Hiller war? Es sind alles Nullen im Vergleich mit Kalkbrenner! Er ist ein Riese, der uns alle niederstampft.«[3]

Große Aufregung, als man in Warschau diese Ergüsse las! Nacheinander ergriffen die Eltern Chopins, seine beiden Schwestern und der gute Elsner die Feder, um den übertriebenen Enthusiasmus von Frédéric zu dämpfen. Der Vater wunderte sich, »daß man drei Jahre braucht, um aus meinem Sohn einen vollendeten Virtuosen zu machen. Sicherlich ist in Deinem Fall mehr Instinkt als Praxis vorhanden – aber schließlich bedeutet die Meinung der Polen und der Deutschen auch etwas, und die haben gesagt, daß Du schon vor Deinem zwanzigsten Lebensjahr ein außergewöhnlicher Künstler warst. Ist es denn sicher, daß Kalkbrenner jemandem, der schon über einen solchen Fächer an Qualitäten verfügt, noch weitere beibringen kann?« Frau Chopin erinnerte ihren Sohn an die Äußerung von Frau Szymanowska, einer berühmten polnischen Pianistin, über Kalkbrenner: »Er ist ein Filou!« Dazu noch beschwor sie ihn, seine Ambitionen nicht auf das Virtuosentum zu beschränken: Er solle sich in Paris mit der Komposition von Opern befassen. Auf diesem Gebiet konnte man Ruhm ernten.

Das war auch die Meinung Elsners; er widersetzte sich aus der Ferne der Anmaßung Kalkbrenners, dessen Vater er seinerzeit in Paris gekannt hatte. Sehr klar und bescheiden beurteilte er seinen Anteil an der Ausbildung seines Schülers Chopin. Er erklärte ihm, daß eines Tages im Leben eines Künstlers die Stunde komme, da er die Wahrheit nur noch in sich selbst finde. Für Chopin sei diese Stunde gekommen. Außerdem mißfiel ihm, daß man einen Schüler vervollkommnen wollte, in dem er selbst schon einen Meister sah. Frédéric antwortete darauf in dem respektvollen und dankbaren Ton, den er seinen Lehrern gegenüber immer anschlug, auch wenn er über sie sprach, er fühle sich nach reiflicher Überlegung nicht fähig, Opern und Symphonien zu komponieren: vor ihm liege die Laufbahn eines Pianisten, vielleicht werde er eines Tages hier zu den ersten gehören. Man solle ihm also seine »Träumereien« – so schätzte er seine Werke ein – und Kunststückchen auf den Tasten lassen. Im übrigen erhielt er bald die Gelegenheit, vor dem Pariser Publikum zu debütieren. Dank Kalkbrenner, Norblin und Paër – die ihn Cherubini und Baillot vorgestellt hatten – sollte er an einem Konzert neben den besten Künstlern, die es damals in Paris gab, mitwirken: »Baillot, der berühmte Rivale Paganinis, und Brod, der berühmte Oboist, sind dabei. Ich werde mein *Klavierkonzert in f-Moll* und meine *Variationen über La ci darem* spielen. Außerdem spiele ich mit Kalkbrenner auf zwei Klavieren mit Begleitung von vier anderen Klavieren seinen *Marsch*, gefolgt von einer *Polonaise*. Eine recht merkwürdige Sache. Eines unserer Klaviere ist ein riesiges Pantaleon, das rechtmäßig Kalkbrenner zusteht, das andere ein kleines Klavier, monokordisch aber weittragend, wie ebenso viele kleine Glöckchen am Hals einer Giraffe; das steht mir zu. Die vier anderen Klaviere werden von Hiller, Osborne, Stamaty und Sowinski gespielt. Norblin, Vidal und der berühmte Urhan – ein Künstler, wie ich noch keinen gehört habe – wirken ebenfalls an dem Konzert mit. Am schwierigsten wird es sein, Sängerinnen zu finden. Rossini hätte sich gern an der Oper für mich verwendet, aber er fürchtet eine Ablehnung des zweiten Direktors.«

In diesen Jahren der Romantik gab es kein erfolgreiches Konzert ohne die Mitwirkung von Sängerinnen, deren wichtige Rolle darin zu bestehen schien, durch ihre melodischen Akzente die verschiedenen Sätze eines Konzerts voneinander zu trennen! So wollte es die Mode – und Chopin kannte von früh an nichts anderes als den Respekt vor der Mode.

Erstes Konzert

Das Konzert, das zuerst auf den 25. Dezember 1831 – ein schöner Tag, um in Paris auf die Welt zu kommen – festgesetzt war, wurde auf den 15. Januar verschoben, da die unerläßliche Sängerin am Weihnachtsabend nicht frei war, dann schließlich auf den 26. Februar, dieses Mal wegen einer leichten Indisposition Kalkbrenners. Inzwischen hatte sich »die Sängerin in ein weibliches Gesangstrio verwandelt, bestehend aus den Fräulein Isambert, Poméoni und Boulanger. Besser drei Grazien als eine einzige Göttin«.

Der Pleyelsaal – dreihundert Plätze – war mit geladenem Publikum, bedeutende Persönlichkeiten Frankreichs, gefüllt. Die Polen waren spontan gekommen, um ihrem Landsmann Beifall zu spenden. Unter den Zuhörern befanden sich Liszt und Mendelssohn. Liszt applaudierte großmütig dem jungen Älteren und meinte, daß »der stürmischste Applaus nicht zu genügen schien« für seine Begeisterung. In einem bemerkenswerten Artikel der *Revue musicale* lobte Fétis zuerst einmal den Komponisten und bemerkte »die völlig neue Art, sich auf dem Instrument mit einer Fülle ebenso origineller Ideen auszudrücken. Die Einfälle von M. Chopin bringen eine Erneuerung der Form mit sich, die sicherlich eines Tages einen starken Einfluß auf die künftigen Werke für dieses Instrument haben wird«. In dem anschließenden Urteil über den Pianisten lobte er den leichten, charmanten, dazu noch sauberen Vortrag. »Zum Beispiel«, schloß er, »spielt der junge Mann nur sehr leise auf seinem Klavier!« Eine den Ohren Chopins schon vertraute Bemerkung.

Finanziell war das Konzert kein Gewinn: zu viele Einladungen, nur wenige bezahlte Plätze und eine Gagensumme, die den risikofreudigsten Impresario entmutigt hätte. Für Chopin machte sich das Ganze durch den Achtungserfolg bezahlt: Er wurde zum Begriff für die Pariser – ein wichtiger Meilenstein –, aber er hatte kaum Geld in der Tasche. Vater Chopin machte sich Sorgen: Er fürchtete, daß zu große materielle Not die Schöpferkraft des Sohnes lähmen könnte. Sich gesellschaftliche Beziehungen schaffen, gut und schön! Die Leute verwechseln zu leicht Liebenswürdigkeit mit praktischer Hilfe. Könnte Kalkbrenner seinem jungen Kollegen nicht Klavierstunden verschaffen?

In der Oper

Chopin, der im Augenblick über keine anderen Geldmittel verfügte als das wenige Ersparte, das ihm sein Vater großzügig zukommen ließ, der jedoch mit seinem neuen Leben zufrieden war und sich wegen des künstlerischen Erfolgs seines ersten Konzerts keine Sorgen machte, verbrachte viele Abende in der Oper. Als Kenner erklärte er sie zur »ersten Oper der Welt«, und vermischte in einem allgemeinen Bewunderungsgefühl die Académie nationale mit der Opéra-Italien. Er rühmte die Verdienste dieser Oper: »Niemals habe ich den *Barbier* so gehört wie letzte Woche mit Lablache, Rubini und der Malibran. Niemals zuvor habe ich *Othello* so gehört wie von Rubini, Pasta und Lablache, noch *Die Italienerin* wie von Rubini, Lablache und Madame Raimbeaux. Du kannst Dir nicht vorstellen, wie dieser Lablache ist. Von der Pasta sagt man, sie habe nachgelassen, aber ich habe noch nie etwas Erhabeneres gehört. Die Malibran bezwingt durch ihre herrliche Stimme: Wunder über Wunder! Rubini, ein hervorragender Tenor, singt real, niemals mit Falsett. Seine Rouladen dauern manchmal zwei Stunden. Sein Mezza Voce ist unvergleichlich. Ich habe auch die Schroeder-Devrient gehört: sie spielte die Desdemona und Frau Malibran den Othello. Die kleine Malibran und die riesige Deutsche! Es schien, als wolle die Deutsche entgegen jeder Logik den Othello erdrosseln. Das Orchester ist wunderbar, aber dennoch nicht zu vergleichen mit dem der richtigen französischen Oper – der Académie royale. Ich bezweifle, daß jemals auf dem Theater ein solcher Grad von Prunk erreicht worden ist wie in *Robert der Teufel*, der neuesten Oper von Meyerbeer: es ist ein Meisterwerk der neuen Schule. Meyerbeer hat sich damit unsterblich gemacht. Er hat, wie man sagt, zwanzigtausend Francs für die Aufführung ausgegeben. Frau Damoreau-Cinti singt, wie man nicht besser singen kann: mir ist ihr Gesang lieber als der von der Malibran[4]. Jene erstaunt und die andere bezaubert. Nourrit, der französische Tenor, ist bewundernswert durch sein Gefühl...« »In der Opéra-Comique *Zampa*, eine entzückende neue Oper von Hérold. Ich mag auch die *Marquise de Brinvilliers*. Cholet, Prévost und Fräulein Casimir werden darin von allen bewundert. Mit einem Wort, nur hier kann man erfahren, was Gesang ist!« Dies ist aus der Feder eines bedeutenden Ausländers ein großes Lob: zu keiner Zeit hat man auch nur ähnliches vorgefunden. Die Gewohnheit, die französische Oper systematisch zu beschreiben – unsere Landsleute selbst gönnen sich manchmal diesen masochistischen Luxus –, gibt es noch nicht! Der außerordentliche Gefallen, den Chopin an der Oper findet und immer finden wird, kennzeichnet auch eine Seite seines Talents: sein einziger Traum ist, das Klavier zum *Singen* zu bringen – eine große Neuerung zu einer Zeit, in der die Virtuosen vor allem die Präzision eines Automaten erreichen wollen, nachdem sie die Trockenheit zur Tugend erhoben haben: »Sie müssen singen, wenn Sie Klavier spielen wollen«, erklärte er einem seiner Schüler. Für ihn war das Klavier ein Tenor, man mußte den Tasten Vokaleffekte entlocken, die Gesetze des Legato beachten wie ein Sänger – bis hin zum berühmten Rubato, das ganz einfach das Atemholen zwischen zwei Akzenten ist. All das beobachtete Chopin in der Oper und übertrug es auf das Klavier.

Am Ende des Briefes an Titus Woyciechowski, den wir gerade zitiert haben, fügte Chopin wie nebenbei an – es ist jedoch ganz ohne Zweifel eine gespielte Gelassenheit: »Ich werde fast verrückt vor Sehnsucht, vor allem wenn es regnet. Fräulein Gladkowska hat Grabowski geheiratet, aber das ändert nichts an der platonischen Zuneigung...« Wer weiß, ob Chopin, als er diese Zeilen schrieb, sich nicht von seinen Skrupeln erleichtert und wie befreit von einer Verpflichtung fühlte? Jetzt brauchte er nur noch einer Erinnerung treu zu sein und konnte aus der Illusion die Gewißheit schöpfen, früher wirklich in Konstanze verliebt gewesen zu sein. Im Augenblick nannte er seinen lieben Titus in aller Unschuld weiter: »Mein geliebtes Leben.«

In einem anderen Brief an den gleichen geliebten Empfänger kam Chopin nach einer Bemerkung, daß es ihm gesundheitlich ziemlich elend gehe, auf seine Stimmungen und beschrieb ganz ausgezeichnet ihr ständiges Wechseln: »Äußerlich bin ich fröhlich, vor allem unter den Meinen (die Meinen nenne ich die Polen), aber innerlich leide ich unter verschiedenen Dingen: gewissen Vorahnungen, Träumen oder Schlaflosigkeit, Sehnsucht, Gleichgültigkeit, ein Verlangen nach Leben und einen Augenblick später wieder nach dem Tod, köstlicher Heiterkeit, einer Art von Erstarrung. Ich fühle mich weit weg von allem, und manchmal quälen mich deutliche Erinnerungen. Bitteres, Saures, eine schreckliche Gefühlsmischung erschüttert und bewegt mich. Ich bin dümmer denn je. Verzeih mir, mein Leben. Genug davon. Jetzt werde ich mich anziehen, dann nehme ich einen Wagen und fahre zu einem Diner mit mehreren hundert Gästen...« Wenn der Himmel uns das Almosen der Zerstreuung verweigerte – und die Unbefangenheit, uns ihr hinzugeben –, dann müßte uns die Verzweiflung logischerweise umbringen. Sie nagte schon an Chopin, der sich immer in den Fängen von »Zal« – einer »Spezialität« seines Heimatlandes – befand!

Zal...

»Was ist Zal?« fragt Liszt sich in der ungemein lyrischen Biographie seines Freundes Chopin. »Zal bedeutet das Gären des Hasses, der Vorwürfe, den Vorsatz der Rache, die Drohung, die unversöhnlich im Innern grollt, sei es auf Wiedervergeltung lauernd oder sich von unfruchtbarer Bitterkeit nährend!« Aus der Flut an Literatur, in der Liszt die Erinnerung an den Menschen ertränkte, den er rühmen wollte, tauchen ein paar lichtvolle Definitionen auf: dazu gehört diese. Man kann das geheime Leiden, das an Chopin nagte und dessen Spur sich auf jeder Seite seiner Musik findet, nicht besser charakterisieren. Die Episode von Stuttgart ist zwar in den Tiefen seines Bewußtseins versenkt, aber nicht vergessen. Bis zum Ende erscheinen immer wieder an der Oberfläche eines äußerlich ruhigen Lebens die dunklen Blüten der Melancholie.

Glücklicherweise lag Paris vor der Tür des Heimatlosen und lenkte ihn immer wieder von seinem Kummer ab: »Ein sonderbares Volk! Wenn es Abend wird, hört man überall das Ausrufen der Titel von Flugblättern, und für einen Sou kann man drei oder vier Seiten gedruckten Unsinn kaufen, wie: *Die Kunst, Liebhaber zu gewinnen und sie dann zu behalten, Das Liebesleben der Priester, Der Erzbischof von Paris und die Herzogin von Berry* und tausend andere Obszönitäten, die zuweilen recht geistreich geschrieben sind…Du mußt wissen, das Elend ist im Augenblick sehr groß. Wenig Geld im Umlauf. Man begegnet vielen Menschen in Lumpen, mit vielsagenden Gesichtern. Oft hört man Drohungen gegen den Dummkopf Louis-Philippe[5], der nur noch mit einem Haar an seinem Amt hängt. Das Volk ist zutiefst verärgert. Jeden Augenblick ist es bereit, alles zu versuchen, um sich aus seiner Drangsal zu befreien: *leider* wird es jedoch von der Regierung sehr streng überwacht, und die berittene Gendarmerie treibt jede geringste Ansammlung auseinander…«

Wirtschaftskrise

Solche Bemerkungen, dieser Ton sozialer Forderung, das Interesse an dem Elend des Volkes, die – für einen geborenen Aristokraten paradoxe – Tatsache, daß er sich an die Seite des Volkes gegen die Macht stellt, sind sehr selten bei Chopin. Tatsächlich erfaßte in diesem Winter 1832 eine schwere Wirtschaftskrise die Bevölkerung, vor allem in den Städten. Das Bankwesen, das sich unter dem Empire und der Restauration mühsam erholt hatte, war zusammengebrochen. Durch den Mangel an Krediten

waren die Bauwirtschaft, die Textilindustrie und die Metallver-
arbeitung stark davon betroffen. Die Löhne sanken, es herrschte
Arbeitslosigkeit, fast überall brachen Arbeiterrevolten aus. Korn
war teuer. Brot unerschwinglich, Frankreich hungerte, es murrte
ganz leise, bevor es losschlug. Die Rückwirkungen dieser Situation spürte Chopin wie alle anderen. Klavierstunden waren selten, denn diejenigen, denen man welche hätte erteilen können –
die jungen Leute aus der Aristokratie –, befanden sich zum größten Teil in der Provinz hinter den dicken Mauern ihrer Familien-
schlösser. Der Adel blieb dem König und seinem Hof gegenüber
feindselig gesonnen. Als die Faubourgs Saint-Germain und
Saint-Honoré aus Protest gegen das Regime und um der Choleraepidemie zu entgehen, Paris verließen, war die finanzielle Lage
der Chaussée-d'Antin in keiner Weise glänzend. Einige Chopin-Biographen meinen, daß der Komponist, der mit den Bankiers Léo und Albert Grzymala gut befreundet war, an der Börse
spekulierte: aber woher hätte er das Geld für die Investition gehabt? Seine Mutter, die ihm eine Unterstützung von 1200 Francs
schickte, gab ihm zu verstehen, daß diese Art von Großzügigkeit
sich nicht oft wiederholen würde. Sein Vater – der seinen Posten
als Lehrer in Warschau verlor – mahnte ihn, »den sichersten
Weg zu beschreiten, der sich ihm bietet«. Bis sich sein Ruf als
Lehrer festigte, lebte Chopin sehr eingeschränkt. Seine Kompositionen – wir werden das später noch sehen – brachten ihm nur
minimale Erträge ein. Er gab nur selten Konzerte – und oft zugunsten eines guten Werkes. Chopin lebte ausschließlich von
seinen Stunden. Aber er mußte noch ein besonders schwieriges
Jahr überstehen.

Jetzt zu uns beiden, Paris!

Da das Konzert vom 26. Februar 1832 Chopin im ganzen einen gewissen Kredit in der Gesellschaft eingebracht hatte, wollte
er diesen Versuch wiederholen. Mit ruhiger Kühnheit schrieb er
an die Vorstandsmitglieder der Konzertgesellschaft des Konservatoriums am 13. März einen recht selbstbewußten Brief, in dem

er seine Kandidatur für eine der Sitzungen der Gesellschaft vorschlug. Er mußte zwei Jahre warten, bis sein Wunsch in Erwägung gezogen wurde.

In der Zwischenzeit hatte er seinen Unterricht bei Kalkbrenner beendet: Die Flamme der Begeisterung hatte nicht länger als einen Monat gelodert! Mendelssohn hatte Chopin spontan erklärt: »Sie werden nichts lernen: außerdem spielen Sie besser als er…« Seltsam: die Beendigung des Unterrichts brachte keinerlei Abkühlung in den Beziehungen der beiden Männer mit sich, Kalkbrenner widmete seinem jungen Kollegen sogar seine *Brillanten Variationen über eine Mazurka von Chopin*. Um ihm nicht nachzustehen, widmete Chopin dem deutschen Pianisten sein *Klavierkonzert in e-Moll*: die Ehrung hatte ihren Vorteil. Kalkbrenner, der die schöne Geste zu würdigen wußte, stellte Chopin Pleyel vor, dessen Stil der Pole von diesem Tag an vertrat, während Liszt der ständige Verfechter von Erard blieb. Im ganzen gesehen hatte Chopin durch seine Freundschaft mit Kalkbrenner nichts verloren.

Zu den Gründen, sich nicht entmutigen zu lassen, rechnete Chopin ohne Eitelkeit, daß er in Paris »schnell hineingekommen« war. Er kannte »alle Leute«. Paër hatte ihn Rossini, Baillot und Cherubini vorgestellt, welch letzterer nur »über die Revolution und die Cholera faselt«. Reicha war er sicher nicht begegnet, aber »er kann sich darüber hinwegtrösten«! Er verkehrte mit den Sängern, die in Mode waren. Alle Pianisten – Kalkbrenner, Hiller, Osborne, Stamaty, Liszt – waren seine Freunde. Meyerbeer bewunderte ihn. Die in Paris lebenden Exilpolen kannte er alle, aber öfter sah er nur die Komars, die schöne Delphine Potocka, die Wodzinskis, die Brykczynskis, Kernasik, Morawski, Niemojewski, Lelewel, einen bedeutenden Politiker und Historiker, Plichta, Frau Tyszkiewicz, Albert Grzymala. »Was die anderen betrifft«, fügte Chopin hinzu, der kein Blatt vor den Mund nahm, »sind sie ein Haufen Dummköpfe!« Montags spielte er bei dem Fürsten Adam Czartoryski und donnerstags beim Grafen Plater. Pauline Plater war Chopins erste Pariser Schülerin: »Wenn ich jung und schön wäre, mein kleiner Chopin, würde ich Sie zum Gatten erwählen, Hiller zum Freund und

Liszt zum Liebhaber!« Eines Abends ersann sie einen Wettbewerb ganz anderer Art unter den drei jungen Leuten: Welcher von ihnen konnte dem berühmten polnischen Marsch *Noch ist Polen nicht verloren* die größte Fröhlichkeit oder die tiefste Traurigkeit verleihen? Chopin war Sieger des Turniers.

Daß die Damen zu jener Zeit seine schmeichelhaften Redewendungen und seine aristokratischen Manieren bemerkten, ist sicher. Er hatte »eine kleine Nachbarin im fünften Stock seines Hauses, die nichts anderes will, als sich mit ihm unterhalten«. Der kleine Zögling des alten Pixis machte ihm Avancen und erregte damit die Besorgnis des alten Mannes, die sich nicht legte, bis er Frédéric vor die Tür gewiesen hatte. Dieser lachte sich ins Fäustchen: »Es ist das erstemal, daß ich jemandem begegne, der mich verdächtigt, zu so etwas fähig zu sein. Was sagst Du dazu? Ich – ein Verführer!« Niemals konnte Chopin, obwohl er den Frauen gefiel, sich vorstellen, daß er sie interessierte. In ihm steckte keine Spur von männlicher Eitelkeit.

Ein Artikel von Schumann

Ein weiterer Grund zu zaudern: der schmetternde Artikel, den Schumann in der *Allgemeinen Musikalischen Zeitung* über die *Variationen* op. 2 über *La ci darem* schreibt. Der Artikel schloß mit dem temperamentvollen Ausruf: »Hut ab, ihr Herren, ein Genie!« Das war sicherlich ein gutes – besser noch: ein prophetisches – Urteil und höchst verdienstvoll von seiten eines deutschen Komponisten, der ebenfalls einundzwanzig Jahre alt war. Chopin tat, als machte er sich nichts daraus – vielleicht erschien ihm das Lob auch ehrlich übertrieben: »Ein Deutscher aus Kassel hat sich für meine *Variationen* begeistert: nach einer langen umständlichen Einleitung analysiert er sie Takt für Takt, um zu beweisen, daß dies nicht Variationen wie andere seien, sondern eine Art phantastischen Bildes. Diese Lobhudelei ist bei weitem nicht klug, sondern erscheint mir sehr dumm…« Chopin war nun einmal so, daß nichts und niemand ihn wirklich zufriedenstellte. Bei längerem Nachdenken tröstete er sich sicherlich mit dem Gedanken, von einem seiner Rivalen als »Genie« bezeichnet worden zu sein! Man muß jedoch dazu sagen, und das ist eine unerklärliche Absonderlichkeit, daß er niemals auch nur das geringste Interesse für Schumanns Musik zeigte. Obwohl Altersgenossen, waren beide Künstler Antipoden.

Schwere Zeiten

Wie schwer sind doch die Zeiten! Im April 1832 sind sie sogar traurig. Die Cholera fordert immer mehr Opfer, Paris hat sich entvölkert. Kein Unterricht in Aussicht! Die Theaterstars suchen anderswo nach Engagements. »Auch die Pianisten gehen fort. Herz und Mendelssohn gehen nach England, Pixis begibt sich nach Deutschland und Liszt in die Schweiz, Kalkbrenner weiß nicht, wo er hin soll, soviel Angst hat er vor der Cholera. Hiller ist in Frankfurt. Bleiben Bertini und Schunke, die nichts taugen. Soll ich von Sowinski reden? An ihm ist nichts Gutes außer einem guten Gesicht und einem guten Herzen. So was haut auf die Tasten, hüpft auf der Stelle, kreuzt die Hände und schlägt mit einem riesigen Finger, der offensichtlich nur für die Peitsche und die Zügel irgendeines ukrainischen Kutschers gemacht ist, immer auf die gleiche Taste...«

Orlowski[6] spielte in einem Brief an seine Familie in Warschau auf Chopins Gemütszustand zu jener Zeit an: »Es passiert, daß ich ihn besuche und zurückkomme, ohne ein einziges Wort mit ihm gewechselt zu haben, so traurig ist er. Die Ursache ist die Sehnsucht nach seiner Heimat und seiner Familie. Sprechen Sie nicht mit seinen Eltern darüber. Ich bitte Sie: es würde sie zu sehr quälen. In Paris ist die Lage schlecht: die Künstler leben im Elend, denn die reichen Familien sind vor der Cholera in die Provinz geflüchtet...« Immer das gleiche Lied!

Die einzige Gelegenheit für Chopin, vor Publikum aufzutreten, bot sich im Frühjahr 1832 anläßlich eines Konzerts, das der Fürst de la Moskowa zugunsten der Armen veranstaltete. Mit geringerem Erfolg als im Februar spielte er wieder den ersten Satz aus seinem *Klavierkonzert in f-Moll*. Den ganzen Erfolg des

Konzerts erntete der Oboist Brod, der unendlichen Beifall erhielt. Und wieder einmal bemängelte die *Revue musicale* »das wirklich zu geringe Klangvolumen« des polnischen Komponisten. Kein Schüler zeigte sich in der Faubourg Poissonnière. Von seinem Balkon aus sah der Heimatlose den monotonen Zug der Leichenwagen: Die Zahl der Opfer erreichte in Paris allein zwanzigtausend. Der Regierungschef, Casimir Perier, Nachfolger von Laffitte, weigerte sich, die Klagen der Arbeiter anzuhören, die eine Lohnerhöhung forderten. Auf diesen doppelten Schlag – denn natürlich dezimierte die Cholera vor allem die Arbeiterklasse, die in den ungesunden, unterversorgten Vierteln hauste – reagierte das Volk von Paris störrisch, die Scharmützel mehrten sich, blutige Zwischenfälle waren an der Tagesordnung: »Gegen Ende April 1832«, notierte Hugo, »wird die allgemeine Lage schlimmer. Aus dem Gären wird ein Sieden. Man spürt, daß sich etwas Schreckliches anbahnt. Man gewahrt noch ungenau und dunkel die Umrisse einer möglichen Revolution. Frankreich sieht auf Paris. Paris sieht auf den Faubourg Saint-Antoine…«

Da bekam Chopin plötzlich Angst: Warum hatte er diese Galeere bestiegen? Was für ein böses Schicksal hatte ihn aus einem Land, wo der Geist der Rache grollte, in ein anderes vertrieben, das kurz vor einer Explosion stand? Die ganze Welt befand sich in einer latenten Revolution. Vor allem für ihn, Frédéric Chopin, der so weit war von den Seinen, ohne gesicherte Gegenwart und ohne Aussicht auf eine Zukunft, sah es trübe aus. Wäre es nicht besser, wenn er nach Warschau zurückkehrte oder sein Glück in Amerika versuchte? Schließlich war er in Paris nur auf »Durchreise«, wie in seinem Paß verzeichnet. Niemcewicz, der mit Kosciuszko nach Übersee gegangen war, wagte es nicht, seinem jungen Landsmann das Abenteuer anzuraten. Bleiben? Fortgehen? Den weisen Ratschlägen seines Vaters folgen, der ihm empfahl, sich jeder politischen Betätigung fernzuhalten? Für die Revolution arbeiten? Er sah sich nicht mit dem Messer zwischen den Zähnen. Was tun? An manchen Tagen stand er kurz vor der Verzweiflung.

Da reichte ihm der Zufall die rettende Hand.

Begegnung

Eines Tages, als Chopin im Mai 1832 auf dem Boulevard spazierenging, traf er Valentin Radziwill, einen Verwandten des Fürsten Anton, der ihn zu einer Gesellschaft bei James de Rothschild mitnahm. Der junge Mann setzte sich ans Klavier und bekam, ohne daß er sich vorbereitet hatte, einen größeren Erfolg als bei irgendeinem seiner bisherigen Konzerte. Die Spitzen der Gesellschaft waren da: man ließ sich herab, bei einem gewissen Grad an Reichtum auch mit Juden zu verkehren...Von einem Tag zum anderen war der Name Chopin in aller Munde. Man schätzte seine Vornehmheit, sein Talent. Man bat ihn um Unterricht: die Baronin de Rothschild schrieb sich als erste in die Liste ein. Die Fürstin de Vaudemont, Fürst Adam Czartoryski, Graf Apponyi und Marschall Lannes nahmen Chopin unter ihre Fittiche. Plötzlich hatte sich die Situation gewandelt, der Horizont erhellte sich, und Chopin schöpfte wieder Hoffnung. Natürlich war der Lehrerberuf nicht das, was er sich erhofft hatte. Ziemlich langweilig, Stunde auf Stunde zu geben. Aber schließlich *primum vivere*.

Hier ist der Augenblick gekommen, in Klammern über Chopin als Pädagoge zu sprechen.

Unterricht

Dieser Autodidakt – wenn man den ehemaligen Schüler von Zwyny so nennen darf –, dieser von Geburt an schöpferische Mensch, dieser zarte Mann, der all seine Kräfte auf das Schöpferische konzentrieren wollte, dieser wundervolle Pianist, der leider das Konzertpodium nicht liebte und sich vor häufigen Auftritten fürchtete, wurde durch die Umstände gezwungen, ein Leben als Lehrer zu führen. Während der siebzehn Jahre, die ihm noch zum Leben blieben, gab Chopin sechs Monate pro Jahr, von Ende Oktober bis Ende April, vier bis fünf Stunden am Tag. Im Prinzip war die Dauer auf eine Dreiviertelstunde festgelegt, aber wenn der Schüler es verdiente, konzidierte Chopin bis zu zwei und drei Stunden. Alle Vormittage und die erste Hälfte der Nachmittage wurden dem Unterricht geopfert.

Welche Richtung verfolgte er dabei?

Er hatte nicht die geringste vorgefaßte Idee. Ein Kalkbrenner, ein Stamaty, ein Osborne, ein Thalberg gründeten ihren Unterricht auf strengen Methoden, die unveränderbar waren wie göttliches Recht. Chopin, der sicherlich an die besondere Art seiner eigenen Studien zurückdachte, wandte keinerlei fertiges System an, er gründete keine »Schule« und hatte auch nicht die Absicht, eine Tradition einzuführen. Von jedem Schüler verlangte er besondere Mühe, bezogen auf seine Fähigkeiten und das angestrebte Ziel. Natürlich behandelte er den Amateur und den Berufsmusiker nicht gleich: auch machte er eine Reihe von Unterschieden innerhalb der beiden Kategorien. Sein Unterricht war so frei wie möglich, vielseitig und vernünftig. Er holte mehr heraus, als er aufzwang. Aus diesem Grund ist die Vorstellung von einer festen »Tradition«, an der manche Schüler festhielten, die sich später seine »Meisterschüler« nannten, abzulehnen. Ebenso steht es mit der Behauptung mancher Leute, die, nur weil sie zwei- oder dreimal in Gegenwart des Meisters am Klavier gesessen hatten, sich damit schmeicheln wollten, sie seien »der letzte Schüler Chopins« gewesen. Auf diese Art von Zeugnissen darf man sich nicht verlassen, wenn man sich ein Bild von Chopins eigenem Spiel machen will.

Eine weitere Bemerkung: Chopin war weit davon entfernt, den Pädagogenberuf, zu dem ihn die Notwendigkeit des Geldverdienens zwang, auf die leichte Schulter zu nehmen. Er widmete sich ihm mit Gewissenhaftigkeit und Höflichkeit, die er nur bei seinen häufigen Wutanfällen vergaß, wenn ein Schüler sich in falsche Fingersätze verirrte oder schlechten Geschmack bewies. Eine Stunde bedeutete für Chopin nicht die Erledigung einer unangenehmen Pflicht, sondern die Erfüllung einer Aufgabe, von der er die höchste Auffassung hatte.

Fatalerweise setzte sich die »Kundschaft« Chopins mehr aus Amateuren als aus Berufsmusikern zusammen. Er war schließlich bei der Gesellschaft bekannt geworden: seine ersten Schüler gehören der Pariser Aristokratie an. Später hatte er das Vergnügen, auch ein paar begabte Schüler zu unterrichten – etwa fünfzehn, nicht mehr –, von denen der junge Charles Filtsch genannt werden muß, der nicht älter als fünfzehn Jahre wurde und über den Liszt zu seinem Freund sagte: »Wenn dieser Kleine einmal auf Reisen geht, sperr ich meine Bude zu...« Gutmann, der »gutmütige deutsche Riese«, den Chopin ganz besonders gern hatte: ihm galt das letzte Wort des sterbenden Chopin; von Lenz, Verfasser eines Buches über Beethoven und seine drei Stile, Tellefsen, ein norwegischer Pianist, der seit 1842 in Paris lebte. Er begleitete Chopin nach England und teilte sich mit einem weiteren Mitschüler die Ehre, die Werke des Meisters zu kopieren; Mikuli, ein Pole, später die Seele des Musiklebens in Lemberg; Mathias, deutscher Abstammung, künftiger Professor am Pariser Konservatorium, wo Alfred Cortot sein Schüler wurde; Günsberg, der früh starb; Wernick und Gustav Schumann.

Von den Damen ist Fräulein O'Meara zu nennen, später Frau Camille Dubois, die sich ihre ganze Laufbahn über damit befaßte, den Unterricht des Meisters fortzusetzen; Vera von Kologriwof, die Frau des Malers Rubio, Assistentin Chopins bei mehreren Schülern; Friederike Müller, Frau des Klavierbauers Streicher, die Chopin zu den auserwählten Schülern rechnete.

Von den Amateuren – deren es unzählige gab – nennen wir die Fürstin Marcelline Czartoryska, eine Landsmännin und treue Freundin Chopins, die in seiner Sterbestunde anwesend war. Ihr Spiel ähnelte, so scheint es, »täuschend« dem Spiel des Meisters – sagen wir lieber, es enthielt die charakteristischen Modulationen. Es folgte noch eine Unmenge von Damen der Gesellschaft, deren Eifer der Sand ironische Bemerkungen entlockte; sie sprach lächelnd von den »prächtigen Gräfinnen«, den »lieblichen Marquisen«, den »vernarrten Schülerinnen«. Zu ihnen gehörten die Fürstin de Chimay, die Gräfin Potocka, Fräulein de Noailles, Frau Peruzzi, die Gräfinnen de Kalergis, d'Est, Branikka, Esterházy und die Baronin de Rothschild, ebenso wie die Frau des Generals de Courty, Jane Stirling, Emilie von Timm und am Rande die Sängerin Pauline Viardot, die Chopin während seiner Sommeraufenthalte in Nohant gern beriet.

Im ganzen gesehen, machte keiner seiner Schüler eine sehr große Karriere. Für einen Meister, der er sicherlich war, blieb der Unterricht, wie Alfred Cortot notierte[7], ohne »sichtbare Wirkung«. Bittere Feststellung!

Was ließ er seine Schüler arbeiten? Zur Übung die *Etüden* von Cramer, *Gradus ad Parnassum* von Clementi, die *Stiletüden* von Moscheles. Ferner die Präludien und Fugen des *Wohltemperierten Klaviers*, die *Sonaten* von Mozart, die *Klavierkonzerte* und einige *Sonaten* von Beethoven (bis op. 57), das *Klavierkonzert in g-Moll* von Mendelssohn, die *Walzer* und die vierhändigen Stücke von Schubert, die *Sonaten* von Weber, *Klavierkonzerte* und verschiedene Stücke von Field und Hummel, Transkriptionen von Liszt, ein paar Stücke von Händel, Scarlatti, Ries, Hiller und Thalberg. Nichts von Schumann, den er ignorierte: das ging so weit, daß er nicht einmal die *Kreisleriana* spielte, die ihm gewidmet waren. Und natürlich, aber ohne sie aufzuzwingen, seine eigenen Werke. Die Auswahl war begrenzt. Aber wir befinden uns im Jahre 1832, und Chopin war ziemlich spezialisiert.

Grundlage der Unterrichtsmethode war, wie wir bereits erwähnt haben, der Gesang. Wer es nicht versteht, ein Klavier zum Singen zu bringen wie ein Tenor, mit dem Bogen, dem Legato, den unmerklichen durch das Atemholen bedingten Pausen, das richtig eingesetzte Rubato, das Leben gibt, ohne den melodischen Faden zu zerreißen, die dem Sänger eigene Ausdrucksfähigkeit in einem Wort – der kann den Klavierdeckel schließen. Dazu kam noch der natürliche Geschmack, die angeborene Abscheu vor Übertreibung, vor Sentimentalität oder Affektiertheit. Zusammenfassend kann man sagen, daß Chopin vokale Ästhetik lehrte, während Liszt ein Anhänger der orchestralen Kunst war. Zu erwähnen ist noch eine bezeichnende Tatsache: Der Schüler spielte bei Chopin immer auf einem ausgezeichneten Konzertflügel. »Einen Topf wird man nie zum Singen bringen!« sagte er gern. Noch etwas: das absolute Verbot, mehr als drei Stunden täglich zu arbeiten: »Darüber hinaus käme die Abstumpfung!« Man solle, sagte er außerdem, die Zeit, die man sich für sein Studium nehme, durch Lektüre, einen Spaziergang, Träumereien unterbrechen.

Unter den unermüdlich hervorgehobenen Ratschlägen seien die folgenden genannt: mit »bis zu den Zehenspitzen« entspanntem Körper sitzen; sich niemals anspannen; die Hand natürlich in der Luft hängen lassen; die Ellbogen am Körper halten, nur ganz selten das Gewicht des Armes einsetzen; ein strenges Legato beachten; wenn nötig, mit den Händen ineinandergreifen, wie bei der Orgel; jedem Finger seinen individuellen Klang und zugleich seine Unabhängigkeit lassen; die Tonleitern üben, und zwar bei den Tonleitern mit vielen Vorzeichen beginnen: die C-Dur-Leiter sei am schwersten rein zu spielen; den Fingersatz beherrschen; nicht in zu kurzen Phrasen spielen; das Tempo streng einhalten, trotz der Erfordernisse des Rubato (»Du siehst diesen Baum«, sagte Liszt einmal, »seine Blätter bewegen sich im Winde hin und her und folgen der leisesten Regung der Luft, der Stamm aber bleibt dabei in seiner Form unbeweglich stehen. Das ist das Rubato von Chopin«); die Pedale nur sehr mäßig gebrauchen; lernen, ihren Einsatz zu kombinieren; Triller bei der höchsten Note beginnen; die absolute Freiheit des Rhythmus kultivieren; eine musikalische Phrase mit dem Ton, in dem man eine Frage stellt, ausdrücken; in sich den Geschmack für eine erfindungsreiche Interpretation entwickeln. Sicherlich gab Chopin seinen Schülern mündlich noch eine Menge anderer Ratschläge. Einige haben die Anmerkungen des Meisters notiert[8]. Alle haben es bedauert, daß Chopin keine »Methode« hinterlassen hat. Tatsächlich gibt es jedoch eine Sammlung von sehr summarischen Notizen, die den Anfang zu einer Methode bilden: Chopin hatte nicht den Mut, seinen Plan weiterzuverfolgen, so daß er im Zustand des Entwurfs ohne jeglichen Wert blieb[9]. Vergessen wir nicht, daß für ihn das Schreiben eines Briefes schon eine Qual war: um keinen Preis hätte er sich entschlossen, ein langes Werk zu schreiben, das nicht musikalischer Art war.

Versucht man, Chopins Neuerungen in der Klaviertechnik aufzuzählen, findet man etwa folgendes:
– die größere Geschmeidigkeit der rechten Hand;
– die größere Ausdrucksfähigkeit der linken Hand;
– die Erweiterung der gebrochenen Akkorde auf die ganze Klaviatur;

– die Erweiterung der schnell wiederholten oder arpeggierten Akkorde;
– die Schreibweise in doppelten Oktaven;
– die Emanzipation des Daumens, der die schwarzen Tasten anschlagen darf;
– das Übergreifen des dritten, vierten und fünften Fingers in chromatischen Tonfolgen;
– das Übergreifen der gleichen Finger in aufeinanderfolgenden Terzen;
– das Übergreifen des fünften Fingers über den Daumen;
– das Repetieren einer Note mit dem gleichen Finger;
– die Erfindung von Fingersätzen, die nach ihrer Ausdrucksmöglichkeit gewählt werden;
– die Klanghomogenität gewisser Melodiepassagen durch Anschlagen ein und desselben Fingers.

Im ganzen eine Sammlung von entscheidenden Neuerungen. Zur gleichen Zeit, nur auf einem ganz anderen Weg, wurde Chopin zusammen mit Liszt der Schöpfer der modernen Klaviertechnik. Eine andere ist seither nicht erfunden worden.

Man hat noch nie von Luft und Liebe leben können, ebenso wenig wie von Begeisterung und Genie. Dies nur, um einen Einschub zu entschuldigen, den einige für unpassend halten werden, den wir aber für notwendig erachten: Es handelt sich um die materielle Lage von Chopin.

Die Geldfrage

Mit seinen Stunden, für die er 20 Francs [10] verlangte, mit seinen Konzerten (nur drei waren wirklich einträglich) und seinen Werken (die er für insgesamt 17000 Francs an die Verleger verkaufte: ein trauriger Preis!) verdiente Chopin durchschnittlich 14000 Francs im Jahr. Seine Ausgaben setzten sich zusammen aus den Kosten für seine Wohnung (1275 Francs im Jahr in der Rue de la Chaussée-d'Antin, nur 625 Francs auf dem Square d'Orléans), für die Dienstbotengehälter (840 Francs im Jahr),

Die materielle Lage von Chopin...

... war alles andere als rosig: hohe Unkosten und der persönliche Hang zur Großzügigkeit standen in keinem gesunden Verhältnis zu seinen Einkünften, die eher als traurig zu bezeichnen sind, wie sein Biograph anmerkt.

Sparen ist keine Kunst und bringt auch keine Virtuosen hervor – aber zielstrebige und zufriedene Menschen.

Pfandbrief und Kommunalobligation

Meistgekaufte deutsche Wertpapiere - hoher Zinsertrag - bei allen Banken und Sparkassen

Verbriefte · Sicherheit

für seine Garderobe (500 Francs im Jahr), für Lebensmittel (6000 Francs im Jahr), für die Miete seines Kabrioletts (5600 Francs im Jahr) und für Geschenke. Wenn er nicht ab 1837 fünf Monate im Jahr in Nohant bei George Sand gelebt hätte, dann wäre ihm diese Art von Lebensführung nicht möglich gewesen — um so mehr als er, da von Natur aus großzügig, in großem Maße Zuwendungen, Geschenke, Trinkgelder verteilte und Landsleuten in Not Darlehen gewährte. Er hatte, da er an ein bequemes Leben gewöhnt war und sich verpflichtet fühlte, seine Schüler in einem angenehmen Rahmen zu empfangen und ohne persönliches Vermögen wenig Neigung zum Sparen in irgendeiner Weise zeigte, alle Mühe, sein Geld zusammenzuhalten und mußte sich manchmal auch etwas leihen. Sein Beitrag zu den Unkosten während seiner langen Aufenthalte in Nohant war problematisch. Es war nicht die Zeit der »Paying Guests«, und sicherlich nahm George Sand nichts von ihren Gästen an, wenn sie auch noch so oft da waren. Aber Chopin schenkte ihr immerhin ein paar schöne Möbel. Klammer zu.

Der Mann des Tages!

»Ich bin durch!« schrieb Chopin Mitte Januar 1833 an seinen Kindheitsfreund Domenik Dziewanowski, mit dem er einst fröhliche Ferien in Szafarnia verbracht hatte. »Ich bin in die beste Gesellschaft eingeführt, sitze zwischen Botschaftern, Fürsten, Ministern, weiß selbst nicht, durch welches Wunder, denn ich habe mich nicht vorgedrängt. Heute ist dies für mich eine wichtige Angelegenheit, denn von dort stammt, so sagt man, der gute Geschmack; sofort hast Du ein großes Talent, wenn man Dich in der englischen oder österreichischen Botschaft gehört hat. Du spielst besser, wenn die Fürstin de Vaudemont, die letzte Montmorency, Dich protegierte. Ich kann tatsächlich nicht schreiben Dich protegiert, denn die alte Dame ist seit acht Tagen tot…« Auch im Umgang mit der Gesellschaft verlor Chopin seinen natürlichen Humor nicht.

»Ich weiß selbst nicht, durch welches Wunder…«: haben Sie

bemerkt, daß Chopin mit all seinen Gaben der uneitelste Mensch war, den man sich nur denken kann? Er schien immer noch nicht zu wissen – nein: er ignorierte es ganz einfach –, daß seine Eleganz, seine vornehme Art ebensoviel Vertrauen erweckten wie sein Talent. Hatte er sich noch nie im Spiegel betrachtet, um Liszt recht zu geben, der erklärte: »Seine Haltung trug ein so vornehmes Gepräge, daß man ihn unwillkürlich wie einen Fürsten behandelte...«? In diesem bis ins Mark raffinierten, anspruchsvollen Milieu der Pariser Gesellschaft bewegte er sich vollkommen ungezwungen und sicher.

War er nicht seit seiner Kindheit gewöhnt an die Holztäfelungen, die Toiletten, die wohlkalkulierte Atmosphäre aus offensichtlichem Überfluß und verborgener Haltung, die über den eleganten Abendveranstaltungen schwebte? Das war sein Leben, sein Klima, seine Welt. Es kostete ihn keinerlei Mühe, sich hier anzupassen. Ohne selbst ein Snob zu sein, verstand er den Snobismus anderer und verhielt sich aus Konzilianz so, als unterliege er ihm auch. Kurz, man sah ihm von weitem den Edelmann an, und er gab sich so wenig wie möglich als »Pianist«.

Er stand sehr bald im Mittelpunkt lebhaften Interesses und war die Zielscheibe vieler Blicke. Man sah ihn regelmäßig bei der Fürstin Belgiojoso und dem Fürsten de Noailles. Delphine Potocka machte ihn zu einem der großen Männer ihres Salons. Der Marquis de Custine, ein eingefleischter Homosexueller, der ihn vertraulich »Polonaisseur« nannte, schrieb ihm Briefe voller Anspielungen, die bei Chopin auf unbeugsame Zurückhaltung stießen. Die Fürstin Czartoryska empfing ihn regelmäßig im Hotel Lambert. James de Rothschild protegierte ihn weiterhin. Die Exilpolen rissen sich um ihn. Der Schriftsteller Legouvé, ein Mitglied der Académie Française, schrieb ein paar zauberhafte Zeilen über ihn: »Wir stiegen zum zweiten Stock eines kleinen Hauses hinauf: dort stand ich einem eleganten, bleichen und traurigen Mann gegenüber. Er hatte braune Augen von sanftem Ausdruck und unvergleichlicher Reinheit, dunkles Haar, das fast so lang war wie bei Berlioz und ihm genauso über die Stirn fiel. Das beste, was man über Chopin sagen kann, ist nach einem Ausspruch von Heine, er sei eine ›harmonische Dreieinigkeit‹.

Seine Persönlichkeit, sein Spiel und seine Werke bilden eine solche Harmonie, daß man sie ebensowenig wie die Züge eines Gesichts isoliert betrachten kann.«

Das kleine Haus mit den zwei Stockwerken war die Cité Bergère 4. Chopin zog nach einem Jahr am Boulevard Poissonnière dorthin. 1833 lebte er zuerst einmal in der Chaussée-d'Antin Nr. 5, dann, drei Jahre später, ließ er sich in der Nummer 38 der gleichen Straße nieder, bis 1839, als er aus Mallorca zurückkehrte. Die letztgenannte Wohnung war von ausgesuchter Eleganz.

Ein reizvoller Rahmen

Obwohl Chopin sich »offen als Karlist und deshalb Antiphilippist« bekannte, wählte er ein Mobiliar im Louis-Philippe-Stil der Zeit. »Da das Rot meinen Augen weh tut und das Dunkelgrün meine Gedanken nicht gerade aufhellt, habe ich meine Sessel, Stühle und Kanapees mit weißer Seide überziehen lassen. Es ist zart, aber hinreißend schön.« Auf dem Kamin stand eine sehr schöne Penduluhr Louis XV mit passenden Kandelabern. Eine Vitrine enthielt feine Porzellane. Vor dem Herd, der einzigen Heizmöglichkeit, stand ein mit zarten Farben bestickter Wandschirm. Pleyel hatte einen großen Konzertflügel geliefert, der im Salon stand, und für das Schlafzimmer ein schwarzes Pianino[11]. Es kam vor, daß Chopin die Verbindungstür offen ließ, auf dem zweiten Klavier den Orchesterteil eines Klavierkonzertes spielte und so einen Schüler begleitete. Im Vorzimmer ein »schöner Brunnen im Stil Louis XV«, wie Liszt sagte. Am Fenster »große Vorhänge aus heller Seide und schneeweißem Musselin«.

Den Alkoven des Schlafzimmers schloß ein Vorhang aus weißem Tüll ab. Neben dem Bett ein kleiner Sessel, dessen Bezug von Frau Chopin stammte. Ein Sekretär in Einlegearbeit zwischen den beiden Fenstern. Eine silberne Räucherpfanne.

Im Eßzimmer an der Wand ein rotes Samtsofa.

Die Wände waren bedeckt mit »perlgrauem oder blaugrauem Papier: das ist mir das liebste«. Liszt, der seinen Freund Frédéric oft besuchte, notierte »Stiche und Bilder an der Wand von harmonischer Schönheit«. Ein Vorzimmer, eine Küche und ein zweites Zimmer vervollständigten diese Traumwohnung für einen Junggesellen.

Das Bad: In einer Ecke des Schlafzimmers stand auf einem kleinen Tischchen eine Waschschüssel, die so klein war, daß man kaum die Nasenspitze hineintauchen konnte, und eine Konsole mit ein paar Gegenständen, Kämmen, Bürsten, Fläschchen. Die Hygiene war auf das Allernotwendigste beschränkt. »Nehmen Sie Bäder, wenn die Ärzte sie ausdrücklich vorschreiben, aber niemals mehr als einmal in der Woche«: so ein *Handbuch für Lebensart*, in dem über Vorsichtsmaßnahmen im »Falle eines Bades« gesprochen wird. In der Regel durfte man den ganzen Nachmittag nichts essen, bevor man den Fuß in den Kupferoder Weißblechkübel setzte, den man sich von Auvergnern heraufbringen ließ, die gleich die notwendigen Eimer mit warmem Wasser mitbrachten. Im übrigen nahmen Männer selten Bäder. Sie schienen nur die Damen anzugehen, denen anscheinend auch die Zahnbürsten vorbehalten waren. Zum Ende unseres Hausbesuchs sei noch bemerkt, daß ein ganzer Schrank ausschließlich als Hausapotheke diente. Chopin ging allein in Paris zu vierzehn Ärzten.

In der großen Welt

Kehren wir jetzt »in die große Welt« zurück.

Wie gesagt, Chopin machte hier eine gute Figur, wenn man seinem Freund Orlowski glauben darf, der in einem Brief an Chopins Eltern erklärte: »Chopin ist gesund und gut bei Kräften. Er verdreht allen Frauen den Kopf und macht die Männer eifersüchtig. Er ist jetzt Mode. Demnächst werden wir wohl Handschuhe à la Chopin tragen. Nur verzehrt er sich vor Heimweh.«

Außer seinen Beziehungen zur Gesellschaft pflegte Chopin auch seine Freundschaften mit Franzosen – wie mit dem Cellisten Franchomme – und Polen, unter ihnen Fontana, Ostrowski, Orda, Grzymala, Szembek und Casimir Lubomirski. Der Pianist

Fontana, ein ehemaliger Mitschüler Chopins aus Warschau, war in Paris sein Faktotum geworden. Man kann sich kaum einen ergebeneren Freund vorstellen, immer bereit zu helfen, allerlei Gänge, Wege zu den Verlegern zu übernehmen, kurz, der perfekte Sekretär. Grzymala war früher Adjutant beim Fürsten Poniatowski gewesen. Nach dem Rußlandfeldzug 1812 war er drei Jahre in Poltawa in Gefangenschaft. Als Abgeordneter, Berichterstatter über die Bittschriften im Staatsrat und Direktor der Bank der polnischen Regierung hatte er sich in dem Moment in Paris niederlassen müssen, als er hier eine Anleihe, genannt »polnische Subsidien« beantragen sollte. Als enger Freund von Chopin war er auch mit der Sand befreundet, die ihn, ihrer persönlichen Art gemäß, »lieber Mann« nannte.

Liszt

Liszt war nur ein Jahr jünger als Chopin. Er war acht Jahre länger in Paris als er: und zwar kam er als Wunderkind hierher, wenn es überhaupt so etwas gibt. Er kam aus seiner Heimat Ungarn, wo er schon sehr früh am Klavier überraschendes Talent zeigte. Der Vater, ein einfacher Verwalter des Fürsten Esterházy, jedoch Musikliebhaber und -kenner, brachte das Kind nach Wien, wo Czerny und Salieri ihm eine gute Ausbildung gaben. Schon die ersten Konzerte zeigten seine außergewöhnliche Improvisations- und Virtuosengabe. Ist es vielleicht eine Legende, daß Beethoven seinem zweiten Abend beiwohnte und das Wunderkind auf die Stirn küßte? Am Beginn einer Karriere bedeutet so etwas das Siegel des Ruhms. Soviel ist sicher, daß der Urheber der IX. Symphonie an einen Freund schrieb, »Czerny habe ihm gesagt, er solle das Konzert des jungen Liszt nicht versäumen, den jener in den siebten Himmel hebe und mit Mozart in seiner Jugend gleichsetze...«Nacheinander setzte sich in München, Stuttgart und Straßburg der Enthusiasmus von Wien, Pest und Preßburg fort. Jedoch in Paris begann der »kleine Liszt« mit einem Mißerfolg: Cherubini, Italiener mit Leib und Seele, verschloß ihm, als einem »Ausländer«, die Türen des Konservatoriums, dessen Direktor er war. »Ich glaubte alles verloren, die tiefe Wunde blutete lange…« Cherubini mochte keine Wunderkinder. Aber Paris war ganz vernarrt in sie. Paër – der dem kleinen Jungen Kompositionslehre erteilte – riet dem Vater, die Oper zu mieten und seinen Sohn unter Orchesterbegleitung vorzustellen. »Pyramidaler« Erfolg; das Kind erhielt die höchste Ehrung, es durfte nach dem Konzert von Loge zu Loge gehen und die Glückwünsche der illustren Gäste entgegennehmen. Dem Phänomen schlug eine Begeisterungswelle entgegen, die nur mit dem Erfolg Paganinis vergleichbar ist. Der gleiche Erfolg in London und in der französischen Provinz. Mehr noch, die Pariser Oper brachte einen romantischen Einakter *Don Sancho* heraus, gesungen von Nourrit nach einer Musik von Ferenc Liszt, »einem Kind von vierzehn Jahren, geboren in Ungarn«.

Im folgenden Jahr – 1826 – hielt er sich längere Zeit in Marseille auf, wo er seine *Etude en douze exercices* schrieb, ein Brevier für den Klaviervirtuosen, das ganz Europa in Erstaunen versetzen sollte. Da starb der Vater, Adam Liszt, in Boulogne-sur-Mer, nachdem er dem Jungen eine seltsame Weissagung gemacht hatte: »Die Frauen werden dein Leben trüben.« Die Frauen? Franz dachte nicht an sie… Und doch gab es an der Schwelle seines siebzehnten Lebensjahres unter den Schülerinnen des jungen Mannes, dessen Schönheit ebenso groß war wie sein Talent, eine gewisse Caroline de Saint-Cricq, Tochter des Innenministers, die unbedingt die Musik an der Seite eines ebenso verführerischen Maestros entdecken wollte. Frau de Saint-Cricq betrachtete das Idyll mit wohlwollendem Blick, aber ihr Mann fand es lächerlich und unerträglich, und mit höflichen, aber bestimmten Worten bedeutete er Liszt, daß der Unterricht beendet sei. »Ich glaubte zu sterben…«

Die Kanone der »drei glorreichen Tage« rief Franz ins Leben zurück. Während seiner Rekonvaleszenz stürzte er sich mit Leib und Seele auf die französische Literatur und las durcheinander Montaigne, Lamennais, Voltaire, Sainte-Beuve, Rousseau, Lamartine und vor allem Chateaubriand. Um seinen Durst nach Zeugnissen menschlichen Genies zu stillen, freundete er sich mit Paganini, Berlioz und Lamennais an. Paganini enthüllte ihm die

Geheimnisse der hohen Geigenvirtuosität; die beiden Männer
verglichen ihre Entdeckungen. Berlioz vermittelte Liszt mit seiner *Symphonie fantastique* einen Vorgeschmack auf die Pro-
gramm-Musik. Vor Lamennais, der Liszt ebenso wie später
Chopin sofort sympathisch war – hatte er nicht mit Rom in dem
Moment gebrochen, als Gregor XVI. die Ermordung des katholischen Polen durch die abtrünnigen Russen billigte? –, entwik-
kelte er gern seine Theorien. In seinen Augen war die Kunst heilig: ein Abglanz Gottes. Auch die Liebe: er mußte nur noch die
eine finden, die er in den *Worten eines Gläubigen* recht bildhaft
»die erlösende Frau« nannte. Sollte dieses Traumwesen für Liszt
die Gräfin Laprunarède, eine Dunkelhaarige mit Grübchen,
sein, die mit ihm einen ganzen Winter in ihrem Schloß in den Alpen verbrachte? Das ist nicht so sicher.

Am Klavier stellte Liszt durch Beispiele die Gesetze des Orche-
sterspiels auf. Das war seine persönliche Ästhetik. Um dahin zu
gelangen, schaffte er sich eine absolut neue Technik. Eine Her-
kulesarbeit: »Seit vierzehn Tagen schon arbeiten mein Kopf und
meine Finger wie verrückt: Homer, die Bibel, Plato, Locke, Byron, Hugo, Lamartine, Chateaubriand, Beethoven, Bach,
Hummel, Mozart und Weber stehen um mich herum. Ich stu-
diere sie, ich meditiere über sie und verschlinge sie voller Eifer.
Dazu übe ich vier bis fünf Stunden – Terzen, Sexten, Oktaven,
Tremolos, wiederholte Soli, Kadenzen usw. Ah! wenn ich nicht
verrückt werde, wird man einen Künstler in mir wiederfinden!
Ja, einen Künstler, wie man ihn heute braucht…«

Ein Konzert von Liszt! Auf dem Podium bietet ein großer
Erard mit doppelter Auslösung die ganze Breite seiner mechani-
schen und klanglichen Möglichkeiten. Im Saal sitzt »tout Paris«,
das heißt die Elite der Aristokratie und der Finanz. Da kommt
der junge Meister: wie schön, wie blaß er ist! Nach kurzer Ver-
beugung setzt er sich ans Klavier und spielt sogleich eine Sonate
von Beethoven, auf die im allgemeinen eine Symphonie folgt, die
er für das Klavier bearbeitet hat. Ein ernster Anfang für ein le-
benslustiges Publikum, das sich lieber beim Gesang italienischer
Sänger bis zur Ohnmacht begeistert als für die erhabenen Ge-
fühlsausbrüche des Meisters aus Bonn. Ganz gleich: Liszt zwingt

sie, ohne zu fragen. Er spielt auch Weber, Schumann und Chopin. Schließlich seine eigenen Werke. Zuerst die Paraphrasen über berühmte Arien aus beliebten Opern: *Lucia di Lammermoor, Robert der Teufel, Don Giovanni, Die Ruinen von Athen, Der Sommernachtstraum*. Dann Virtuosenstücke wie seine *Etudes transcendantes*, in denen Liszt sehr wirkungsvoll Phantasie mit Technik verbindet. Dann wird mit Hilfe brillanter Virtuosenstücke die Erinnerung an die Heimat wachgerufen: Glöckchen, Kuhglocken, der rhythmische Taumel der Zigeuner! Im Feuer seines Spiels fällt Liszt sogar manchmal in Ohnmacht: eine zusätzliche Attraktion! Manchmal sinkt auch eine sensible Zuhörerin um: der junge Mann ist so schön und die Musik so ergreifend – und ist sie außerdem nicht auch sehr fest geschnürt? Das Konzert dauert drei bis vier Stunden. Wenn der erschöpfte Pianist jedoch aufsteht und sich verneigt, ist der Applaus so stark, der Glanz der Blicke so unerträglich, daß er sich wieder setzen und über ein Thema improvisieren muß, das man ihm zuruft oder das er aus dem Gedächtnis auswählt. Ob er ein Stück spielt oder improvisiert, immer ist es die gleiche Virtuosität, das gleiche Feuer, die gleiche Inspiration und das gleiche pathetische Gesicht, das die Musik selbst zu sein scheint!

Paganini

Manchmal hielt Liszt, obwohl er selbst ein großer Virtuose war, Paganini ernsthaft für das, was er selbst von sich behauptete: für den Sohn des Teufels. Sein Erfolg in Paris war so groß, daß man Gebrauchsgegenständen seinen Namen gab: Spazierstöcke, Handschuhe, Gehröcke à la Paganini wurden verkauft, ja sogar Regenschirme, mit einem Geigenbogen als Griff und Saiten anstelle von Fischbein. Eines Tages ging Paganini am Boulevard in einen Laden und verlangte ganz normal ein Paar Handschuhe. »Paganinihandschuhe?« erkundigte sich die Verkäuferin, die den Kunden nicht erkannt hatte. Da antwortete der Geiger höchst vergnügt: »Haben Sie nicht welche von einem anderen Tier?«

Endlich eine französische Persönlichkeit: Berlioz, auch ein
Freund von Chopin und Liszt. Der junge Autodidakt, der aus
seiner Heimat Isère kam, lenkte mit einem aufsehenerregenden
Werk die Blicke auf sich: der *Fantastique*, in Paris kurz nach der
Juli-Revolution am 5.Dezember 1830 geschrieben. Mit einem
Schlag war er bekannt.

Woran lag es, daß Berlioz nicht der größte Musiker des romantischen Jahrhunderts wurde? An der mangelhaften Beherrschung seines Berufs? Vielleicht. Man sagte von ihm, er sei ein
genialer Mann ohne Talent! Seine Anhänger fand er unter den
Nicht-Musikern, denen die literarische Sauce, in der seine Werke
schwimmen, Appetit machte. Daran, daß er kein Ausländer war,
wie Chopin, Liszt und Paganini? Sicherlich schmeichelte fremder Wohlklang den Ohren. Daran, daß er nicht von den großen
Salons lanciert wurde? Das zählte. Vor allem aber war Berlioz
ein ungeselliges Original, und seine Zeitgenossen hielten ihn für
verrückt. »Das Publikum ist eine Auster«, schrieb er, »ich öffne
es mit meinem Schwert.« Sicherlich, aber schmeichelhaft war
das nicht. Und außerdem übertrieb er in seiner Musik und seinen
Memoiren ständig. Berlioz selbst war es, der in seiner Einbildung
und durch Liszt die Legende vom romantischen Künstler erfand.
Dieser hat jedoch niemals existiert, außer in seinem Kopf und bei
den Cinéasten. Seiner Meinung nach gleicht der künstlerische
Schaffensprozeß einem heftigen Epilepsieanfall: »Alles ist da,
das nervöse Zittern, die Krämpfe, das Zähneklappern, der
Schüttelfrost, der kalte Schweiß, die konvulsivischen Zuckungen und die Bewußtlosigkeit. Ist der Anfall vorbei, findet sich der
Komponist an seinem Tisch wieder, zerschlagen vor Müdigkeit,
erschöpft, keuchend und ohne Erinnerung an das, was passiert
ist. Aber er stellt voller Freude fest, daß sein Notenpapier übersät
ist von fiebrig hingekritzelten Noten und daß er seine Partitur
gerade um ein paar entscheidende Seiten bereichert hat [12].« Das
ist Berlioz!

Sein Wortschatz war wie seine Phantasie. Er schrieb: »Blitz

und Donner!«, wenn wir heute »Verflixt!« sagen würden. Seine Lieblingswörter waren: babylonisch, pharaonisch, pyramidal. Er kannte nur verbale Übertreibungen! In Rom verschreckte er Mendelssohn, als er ihm riet, er solle »Schädel auf den Friedhöfen sammeln und Schinken essen, dessen Gelee aus den Gehirnen toter junger Mädchen stammt!« In *Lélio ou le Retour à la Vie* schreien die Räuber: »Wir trinken auf unsere Weiber aus den Schädeln ihrer Liebhaber!« Er war außerdem ein Mythomane. Auch will er uns einreden, er habe die *Symphonie fantastique* in einer Nacht auf dem Land komponiert, nachdem er mit Chopin und Liszt bei Sternenschein die zugefrorene Seine überquert habe. In diesem Augenblick war Chopin noch in Warschau…

Wir müssen dazu noch sagen, daß Berlioz ein Meister in bissigen Antworten war und die Kunst verstand, sich Feinde zu machen. Sicherlich verzeiht man ihm, denn bei ihm behalten Klarsicht und Ironie trotz seiner Phantasie die Oberhand. Er war sogar besonders witzig. Eines Tages dirigierte er eines seiner Werke, als er zu einem Flötisten sagte:

»Fis! Ich bitte Sie!«

»Aber, Herr Berlioz…«

»Fis, ich glaubte F mit Auflösungszeichen zu hören!«

»Oh! Herr Berlioz, wenn Sie jetzt alle verdächtigen wollen!«

»Mein Freund, ich verdächtige niemanden und nichts. Denn Verdacht bedeutet Zweifel, und ich bin ganz sicher, daß Sie F mit Auflösungszeichen gespielt haben.«

Paër war es, der Chopin Liszt und Berlioz vorstellte. Sogleich verband eine feste Freundschaft das Musikertrio. Eine feste? Sagen wir lieber eine bewegte, denn unter Menschen gleichen Berufs sind Zusammenstöße, Sticheleien und die Verletzung empfindlicher Gefühle unvermeidlich. Außerdem läßt sich ihre Popularität nicht vergleichen. Durch seinen Ruf bei der Gesellschaft überragte Chopin die beiden anderen. Dazu waren sie charakterlich sehr verschieden.

Liszt war vor allem Virtuose, geboren, um zu glänzen und sogar zu unterdrücken. Das Podium war sein Reich, hier war er in seinem Element. Chopin, als Poet von Geburt, besaß bei weitem nicht die athletische Natur seines Rivalen. Ihm war es gegeben, in den Salons zu regieren, und wie wir bereits mehrmals erwähnt haben, war seine Spielweise eher zart als brillant. Er liebte die Atmosphäre von Konzerten nicht. Ohne Umschweife erklärte er Liszt: »Ich bin für Konzerte ungeeignet. Mich machen die Leute befangen, ihr rascher Atem erstickt, ihre neugierigen Blicke lähmen mich; ich verstumme vor den vielen fremden Gesichtern. Du bist dazu berufen, denn wenn du dein Publikum nicht gewinnst, bist du imstande, es dir zu unterwerfen!« Unmöglich, die Vorzüge und die Grenzen der hohen Technik mit einem Satz, der auf ironische Weise zweideutig ist, besser zu definieren.

Trotz seines legendären Rufes, seines Talents und der Ausstrahlung, die von ihm ausging, ist es klar – einige Chopin-Biographen bemerken es, Iwaszkiewicz [13] unterstreicht es –, daß die Pariser Salons, und sogar die, die Chopin uneingeschränkt offenstanden, Liszt einen wesentlich kühleren Empfang bereiteten. Das kommt vielleicht daher, daß Franz in Paris als Wunderkind debütiert hatte und daß die »Gesellschaft« sehr schnell dessen müde wurde, was ihr früher einmal als »unübertrefflich« erschienen war, während Chopin auf der Höhe seines zweifachen Talents als Komponist und Interpret eintraf. Er war mit einem Schlage reif: die Bewunderung, die man ihm gegenüber empfand, kannte jene Hochs und Tiefs nicht, jene Wellenlinien, denen der »Kurs« von Liszt bis zum Ende seines Lebens unaufhörlich ausgesetzt war. Zwischen Chopin, dem vollendeten, unbestreitbaren Künstler, und Liszt, dem glänzenden Virtuosen, den man bewunderte oder verdammte, ist kein Vergleich möglich. Es ist auch niemals einer versucht worden. Nicht daß der eine den anderen »deklassiert« hätte: es handelte sich hier um zwei Männer, zusammengeführt von der Zeit und vom Zufall des Exils, in allem übrigen aber voneinander verschieden.

Eine Freundschaft mit Unterbrechungen

Die Freundschaft zwischen ihnen gestaltete sich ein bißchen oberflächlich, sie war Schwankungen unterworfen. Die weitherzige, großzügige, vor allem gefühlsbetonte Art des Ungarn stieß sich manchmal hart am undurchdringlichen, reizbaren, unruhigen, im Grunde recht übelwollenden Charakter des Polen. »Paß auf, mein Freund«, schrieb ihm sein Vater, »du kannst mir alles sagen, was du willst, aber ich billige Deine vorschnelle Abscheu vor einigen Leuten in keiner Weise!«

Das entging Liszt nicht, der in der begeisterten Studie, die er seinem Freund nach dessen Tod widmete, über die »geheime Unzufriedenheit« schrieb, die immer in Chopin steckte, der eher höflich als natürlich liebenswürdig und nur gelegentlich heiter war. Chopin war das Gegenteil eines »guten Freundes« und eines »unkomplizierten jungen Mannes«. Er war unruhig, mißtrauisch, immer in der Defensive und sehr wohl fähig, nachdem er einen Abend im Restaurant Boule d'Or an der Rue Royale mit Freunden gesprochen hatte, die Runde des Vorabends am nächsten Tag sehr kühl zu behandeln.

Die dauernd wechselnde Stimmung des Kranken erinnert eher an Launen als an überraschende Reaktionen. Glücklicherweise glichen Liszts großzügige Art, sein Optimismus und seine unerschütterliche Gesundheit meist die Schwankungen seines zu empfindsamen Freundes aus.

Im übrigen trennte sie keinerlei Gefühl beruflicher Rivalität; sie bewunderten sich ganz ehrlich gegenseitig. Eines Tages notierte Chopin, als er die Etüden aus dem ersten Heft – die ihm übrigens auch gewidmet sind – von Liszt vorgetragen hörte: »Er verscheucht mir meine anständigen Gedanken. Was gäbe ich dafür, wenn ich meine eigenen Stücke so spielen könnte?« Diese schmeichelhafte Bemerkung war ehrlich gemeint. Ein anderes Mal rügte er dafür einen »Trait«, den Liszt ihrem gemeinsamen Schüler, von Lenz, anriet, mit dem Ziel, eine Mazurka zu »perfektionieren«. »Diese Variante ist nicht von Ihnen, er hat sie Ihnen wohl eingeredet?« erkundigte sich Chopin. »Er muß seine Hand auch an alles legen! Er spielt vor Tausenden von Zuhörern, ich selten vor mehr als zweien…« Liszt hörte Chopin oft spielen. Manchmal berichtete er über dessen Konzerte, und immer, entsprechend dem Wert der Darbietung, waren es sehr warmherzige Lobsprüche: Was sollte er auch von einem Mann fürchten, der keine Karriere machte? Was ihr Schaffen anbetrifft, so war Liszt selbst zu groß, als daß er die mindeste Eifersucht empfunden hätte. Und außerdem bewunderte und verehrte er von Natur aus gern. So lobte er im allgemeinen die Werke seines Freundes, jedoch stehen in dem begeisterten Buch, das er über ihn schrieb, überraschende Einschränkungen neben übertriebenen Würdigungen. Dafür schätzte Chopin fast überhaupt keine der Kompositionen von Franz. Abgesehen von den Klassikern des 18. Jahrhunderts und dem Théâtre-Italien fand Chopin an so gut wie nichts Gefallen. Es gibt wenige Menschen, die so schwierig und so heikel sind, wie er es war.

Salons

Die musikalischen Salons spielten unter Louis-Philippe in Paris eine große Rolle. Trotz der Romanzen von Loïsa Puget, Pauline Duchambge und Labarre wurde hier keine schlechte Musik gemacht. Zu jener Zeit, in der die Kunst die Angelegenheit einer gesellschaftlichen Elite war, hörte man in diesen Salons die Werke der Vergangenheit und die neuesten Schöpfungen, ebenso wie die beliebten Virtuosen, alles durcheinander ohne Unterschied. So wurde am gleichen Abend eine Sammlung von Romanzen und das *Requiem* von Mozart gespielt, über dessen Aufführung in einem Salon sich Madame de Girardin empörte: »Diese Totenmesse«, schrieb sie, »vor schön herausgeputzten Damen mit nackten Schultern und Armen, mit glitzernden Steinen auf der Stirn und kokett leuchtenden Blicken, ist so etwas nicht profan? Wir möchten gern erfahren, in welchem Augenblick des Konzertes das Eis herumgereicht wird. Vor oder nach dem *De Profundis*?«

Jeden oder fast jeden Abend war Chopin, wie wir schon erwähnt haben, bei einem Mäzen in einem der Salons eingeladen, wo musiziert wurde: bei den Rothschilds, der Prinzessin de Beauvau, der Gräfin de Perthuis, Fräulein de Noailles, dem Fürsten Radziwill, der Gräfin Potocka – öfter noch bei den gleich ihm emigrierten Polen, den Czartoryskis, den Niemojewskis, den Morawskis.

Chopin fühlte sich seinen unterdrückten Landsleuten gegenüber verpflichtet. Inmitten des Pariser Gesellschaftslebens stiegen ihm bei der Erinnerung an Warschau die Tränen in die Augen. Das Bild der »geliebten Stadt«, die nationalen Rhythmen, die Tänze, die Mischung aus Glut und Wehmut, die plötzlichen Fieberanfälle, die auf Anfälle von Sehnsucht folgten – alle diese Visionen spiegeln sich unvergänglich in seiner Musik wider. Manchmal bricht wilder Haß oder Rache in einer Etüde, einem Scherzo oder einer Polonaise durch. Seine Musik führt uns unaufhörlich die gegensätzlichen Züge dieses vielseitigen Künstlers vor Augen, der Pole und Pariser zugleich war.

Können Sie sich Chopin vorstellen, wie er in einem der Salons für ein paar wenige Kunstfreunde spielt? Er ist in keiner Weise ein Schandfleck inmitten der aristokratischen Gesellschaft, die ihm zujubelt. Seit seiner Kindheit hat ihn der Zufall des Lebens unter eine internationale Elite gebracht. Sein Auftreten unter den Herzögen und Fürstinnen beschreibt uns Liszt in liebenswürdiger Weise: »Seine ganze Erscheinung erinnert an die Winden, deren auf zartem Stiele sich wiegender Kelch von wunderbarer Farbenpracht, aber von so duftigem Gewebe ist, daß es bei der leisesten Berührung zerreißt.«

Die Stunden verflogen, die Tage vergingen. Chopin behielt an diese Zeit seines Lebens eine angenehme Erinnerung: so etwas wie die Verheißung eines Höhenfluges. Die Flügel öffneten sich.

In der Heimat

In Warschau war die Familie überzeugt, daß eines Tages, vielleicht sogar bald, die Nachricht von Frédérics Verlobung einträfe. 1833 war Konstanze verheiratet. Maria Wodzinska war es noch nicht. Es gab, wie man so sagt, niemanden im Leben von Chopin. Kein Abenteuer, nicht einmal eine Plänkelei. Und später werden wir näher erläutern, was wir von seiner »Liebschaft« mit der schönen Delphine Potocka zu halten haben. Eine sehr diskrete Liebschaft, die nur auf erfindungsreiche Biographen, die nach grellen Histörchen Ausschau halten, Eindruck machte.

In der Heimat jedoch hatte sich Louise Chopin verheiratet. Im September 1832 hatte sie Joseph Kalasanty Jedrzejewicz geehelicht, Lehrer am Landwirtschaftlichen Institut zu Marymont bei Warschau. Die Trauung fand in der kleinen Kirche von Brochow statt, in der Frédéric getauft worden war. Dieser schickte dem jungen Ehepaar »eine Polonaise und eine Mazur, auf daß Ihr springet und Euch wahrhaftig der Fröhlichkeit hingebet, denn Eure Seelen können froh sein...«. Eine Befürchtung trübte jedoch das Glück der Familie, deren Oberhaupt einen Teil seiner Einkünfte zu verlieren drohte: »Du weißt«, schrieb ihm sein Vater zur Zeit von Louises Heirat, »daß ich eine Arbeit hatte, deren Ertrag genügt hat, um uns anständig zu erhalten: heute, nach mehr als zwanzig Jahren Staatsdienst, stehe ich vor der Tatsache, eine meiner Einkünfte zu verlieren [14]... Deine Schwester heiratet, jetzt sind wir zerstreut. Nur Isabelle bleibt bei uns, aber in unseren Herzen seid ihr alle vereint...« Das war eine liebenswürdige Art, Frédéric mitzuteilen, er könne nicht mehr auf die außerordentlich hohe Unterstützung hoffen, die ihm bisher gewährt worden war. Aber, wir haben es bereits erwähnt, das Stundengeben war für ihn eine beachtliche und notwendige, wenn auch nicht ausreichende Geldquelle.

Konzerte

Außerdem trat er in dieser Periode seines Lebens ohne allzuviel Angst und Widerwillen recht oft vor Publikum auf. Das erste Mal zusammen mit Liszt, in einem von Hiller veranstalteten Konzert am 15. Dezember 1832: die drei Künstler trugen »mit seltenem Einfühlungsvermögen und vollendet abgestuftem Klangempfinden«, so eine Kritik, das Allegro des *Konzerts für drei Klaviere* von Bach vor. Am 2. April 1833 folgte ein weiterer Auftritt; Chopin spielte zusammen mit Liszt verschiedene Stücke in den Pausen eines Wohltätigkeitskonzertes, veranstaltet von Harriett Smithson, die noch im gleichen Jahr Hector Berlioz heiratete. Kurz darauf folgte wieder ein Konzert mit zwei und vier Klavieren, gespielt von Chopin, Liszt und den Brüdern

Herz. Mit Amédée de Méreaux spielte er ein Duo in Form einer Paraphrase über Motive aus *Der Zweikampf*. Er allein sicherte den Erfolg eines großen Empfangs bei der Marschallin Lannes. Außerdem bekam der Komponist Chopin jetzt Interpreten: Kalkbrenner, Liszt, Osborne, Hiller, Stamaty, Eduard Wolff und Clara Wieck spielten seine Werke in der Öffentlichkeit.

Der Katalog der Werke war wesentlich umfangreicher geworden, seit der Zeit in Stuttgart, als er in dem fieberhaften Zustand, den wir beschrieben haben, das *1. Scherzo*, eine Etüde, zwei Préludes und einen Walzer schrieb. 1832 wurden nur die *Mazurken Nr. 1 bis 6* veröffentlicht. Dafür war 1833 ein fruchtbares Jahr. Die *12 Etüden* op. 10 wurden fertig, das *Trio* op. 8 veröffentlicht, ebenso das *Klavierkonzert in e-Moll* und die *Variations brillantes* op. 12 über das Rondo aus *Ludovic*. Außerdem erschienen die *Drei Nocturnes* op. 9, die *Große Fantasie über polnische Weisen* op. 13, der *Krakowiak* op. 14, das *Rondo* op. 16, *Vier Mazurken* op. 17, die *Introduction et Polonaise* op. 3 für Klavier und Violoncello. Ein paar von diesen Stücken lagen seit Jahren in Chopins Schublade. Andere waren die Frucht seiner Arbeit dieses Jahres. Jetzt wurde ihnen großes Interesse entgegengebracht, sowohl in der Presse als auch in den Konzertsälen. Chopin war in jeder Hinsicht Mode. Fräulein Mars schickte ihm tausend Grüße. Die Gräfin d'Agoult schwor, sie brauche nur eines seiner Nocturnes zu hören, und schon sei sie von einer schrecklichen Migräne geheilt; sie fand seine Etüden unter den Fingern von Liszt »wundervoll«. Berlioz lud ihn zusammen mit Vigny ein. Er nannte ihn »Chopinetto mio«. Heine und Mickiewicz, auch Niemcewicz, Zaleski und Witwicki suchten seine Gesellschaft. Delphine Potocka sang für ihn. Die polnische literarische Gesellschaft in Paris trug ihm die Mitgliedschaft an. Er speiste bei Lord Stuart Rothsay, dem Botschafter von Großbritannien in Paris, bei Baron Nathaniel de Rothschild, bei dem Bankier Léo. Oft gab er Empfänge in seiner Wohnung in der Rue de la Chaussée-d'Antin. Er war immer mit größter Eleganz gekleidet und vermittelte seinen Bekannten den Eindruck nicht nur eines Dandys, sondern eines wohlhabenden Mannes.

Dabei predigte sein Vater Sparsamkeit[15], riet dem verschwenderischen Sohn, »für unvorhergesehene Fälle ein bißchen Geld beiseitezulegen und auf seine Gesundheit zu achten«. Er erteilte ihm kluge Ratschläge, wie er sich bei den Verlegern verhalten sollte und wunderte sich am Ende, daß die Konzerte seines Sohnes, über die er von mancher Seite so viel Gutes hörte, nicht mehr einbrachten.

Tatsächlich waren die Einnahmen zwar unbedeutend, aber die allgemeine Meinung über Chopin hätte nicht günstiger sein können. Die *Revue musicale* drückte sich so aus: »Chopin entfernt sich kühn von gebahnten Wegen. Sein Spiel und seine Komposition haben von Anfang an eine so starke Beachtung gefunden, einen so großen Ruf erworben, daß er in den Augen vieler Menschen ein unerklärbares Phänomen ist.« Nur ein Flegel namens Ludwig Rellstab, ein pensionierter preußischer Offizier und Gesellschaftskritiker, berühmt durch seine Verrisse, griff Chopin an, bis zu dem Tag, an dem er plötzlich Liszt bat, ihm ein Empfehlungsschreiben für den Mann zu geben, über den er früher unvorsichtigerweise gesagt hatte: »Hätte Chopin diese Kompositionen einem Meister vorgelegt, so würde dieser sie ihm hoffentlich zerrissen vor die Füße geworfen haben.« Rellstab bildet in der Masse der Lobsprüche die Ausnahme, die die Regel bestätigt.

Ein einziges Mal während dieser Periode vor seiner Reise nach Deutschland verließ Chopin Paris. Zusammen mit seinem Freund Franchomme atmete er die gute Luft der Touraine in Le Coteau bei Azay-sur-Cher, nachdem er eine liebenswürdige Einladung von Marie d'Agoult abgelehnt hatte, »beim Milchtrinken den Nachtigallen in Croissy zuzuhören«.

Bei all diesen Festen, Soupers, Abendveranstaltungen, die manch einem zu Kopfe gestiegen wären, blieb Chopin kühl. Er blieb der geborene Sarmate. Immer stärker machten sich die zwei verschiedenen Seelen in seinem zarten Körper bemerkbar. Die Flamme des Geistes leuchtete im Dunkel des Charakters, das Genie erhellte mit Blitzen ein trotz des glänzenden Anscheins recht düsteres Leben. Im Grunde seines Herzens blieb er das Kind, das unter Frauen aufgewachsen war, von ihnen behütet wurde, bis es unter ihren Händen dem männlichen Instinkt entsagt hatte, der aus dem Mann »einen Mann« macht und aus einem verträumten Jungen einen richtigen Erwachsenen. Die Wunde von Stuttgart hatte sich nicht geschlossen, sie sollte niemals heilen. Die Verletzung blieb, sie wurde durch die Entfernung, durch das Bild einer Stadt unter dem Stiefel des Unterdrückers, die Erinnerung an ein Volk, das sich beugen mußte, nur noch schmerzhafter. Das alles lebte in ihm und kommt in seiner Musik direkt zum Ausdruck. Nichts beschreibt den eleganten Auswanderer besser als der Schrei, der ihm mit einem tiefen Schluchzen entfuhr, als ein Schüler eines Abends ihm die 3. *Etüde in e-Moll* vorspielte, in der die wehmütigste aller Liebes- und Sehnsuchtsmelodien erklingt: Oh, mein Vaterland!

Eine mysteriöse Liebesgeschichte

Delphine

SOLLTE CHOPIN Delphine Potocka in Erinnerung an sein fernes Heimatland geliebt haben? Einige Biographen des Komponisten spielen darauf ohne großen Nachdruck an, vor allem aber ohne, über ein paar ziemlich unsichere Dokumente hinaus, die geringste Spur eines Beweises[1] für diese berühmte Liebschaft zu liefern, der ein paar zeitgenössische Historiker Glauben schenken. So ist eine heftige Kontroverse entstanden zwischen denen, die an das Abenteuer glauben und denen, die nicht daran glauben. Wir werden ganz loyal versuchen, Klarheit zu schaffen.

Der Name »Frau Potocka« kam Chopin zum ersten Mal am 27. März 1830 unter die Feder, als er an Titus Woyciechowski schrieb und ihm von seinem ersten Konzert vor zehn Tagen berichtete. Wir wissen im übrigen, daß er 1829 in Dresden der Gräfin vorgestellt worden war. Im folgenden Jahr in Paris erzählte er einem anderen Freund, Kumelski, von einem Diner bei »Madame Potocka, der schönen Frau von Miecislas«. Wer war diese Frau mit dem verführerischen Aussehen?

Delphine Potocka war Polin, eine geborene Gräfin Komar. Winterhalter hat ihr Portrait gemalt, das uns zeigt, wie schön sie tatsächlich war. Einer ihrer Bewunderer beschrieb sie mit schmeichelhaften Worten: »Königliche Haltung, blondes Haar, das in Löckchen auf ihre Brust einer griechischen Göttin fällt. Das Gesicht, das im Dreiviertel-Profil zu sehen ist, hat Züge von zarter Reinheit mit einem klein bißchen Ernst. Der Mund ist voller Anmut, Sanftheit und Gefühl, aber die Stirn zeigt die kalte Majestät einer klassischen Statue, die Augen haben einen durchdringenden Blick. Dafür scheint der Mund jedoch dem kühnen Bewunderer Verzeihung und Belohnung zu versprechen...«

Mit achtzehn Jahren heiratete Delphine den Grafen Miecislas Potocki, Mitglied einer polnischen Adelsfamilie, die es gewagt hatte, gute Beziehungen zu dem russischen Unterdrücker zu pflegen. Miecislas, schön, fröhlich und leichtfertig, tyrannisierte seine Frau, die, des Haders müde, zu ihren Eltern zurückkehrte. Diese nahmen sie schlecht auf. Enttäuscht reiste Delphine durch ganz Europa, und wie viele ihrer Landsleute kam sie 1831 nach Paris und ließ sich dort nieder. Das Geld, das ihr früherer Mann ihr schickte, ermöglichte ihr einen mondänen Lebensstil in Paris und London, wo sie sich oft aufhielt. Hier wie dort hatte sie zahlreiche Liebhaber, darunter den Grafen de Flahaut, den Herzog von Orléans, Kronprinz von Frankreich, Zygmunt Krasinski und den Herzog von Montfort, den Neffen Napoléons I.

Als gute Musikerin, gewandte Pianistin und Sängerin mit angenehmer Stimme wurde sie 1832 Schülerin von Chopin, der ihr zwei seiner Werke widmete: das *Klavierkonzert in f-Moll* op. 21 und den *Walzer in Des-Dur* op. 64. »Eines Abends unterbricht sie Chopin, der wie gewohnt die Stimme und die Bewegungen von ein paar Bekannten nachgeahmt hat, und sagt zu ihm: ›Jetzt bin ich an der Reihe, zeigen Sie mir, wie Sie mich sehen.‹ Da setzt sich Chopin ans Klavier und improvisiert ein melancholisches Lied, mit dem er zeigt, daß er sie kennt und unter den Hüllen, die sie von der Welt trennen, bis ins Innerste versteht.[2]«

Das bedeutet, daß Chopin in keinem seiner an verschiedene Empfänger gerichteten Briefe eine besondere Zuneigung erwähnte. Er nannte den Namen der Gräfin ohne ausdrückliche Betonung. Bis 1945 ist kein Brief des einen an den anderen gefunden worden. Nichts als ein Brief von Delphine an Frédéric, geschrieben drei Monate vor Chopins Tod. Dieser Brief lautet:

Aachen, den 16. Juli 1849

Lieber Herr Chopin!

Ich möchte Sie nicht mit einem langen Brief langweilen, aber ich kann nicht so lange ohne Nachricht über Ihre Gesundheit und Ihre Pläne sein. Schreiben Sie mir nicht selbst, bitten Sie Frau Etienne oder jene hervorragende Großmutter, die von Koteletten träumt, mir mitzuteilen, wie es mit Ihren Kräften, Ihrer Brust, Ihren Erstickungsanfällen usw. steht. Sie sollten für den Winter ernsthaft an Nizza denken[3]. Frau Auguste Potocka hat geantwortet: Sie wird keine Mühe scheuen, um eine Erlaubnis für Frau Jedrzejewicz zu bekommen[4], aber so sagt sie, die Schwierigkeiten in diesem unglücklichen Land sind groß. Es tut mir leid, daß Sie in der Krankheit und im Leid so verlassen sind[5]. Ich bitte Sie, mir ein paar Worte nach Aachen Poste restante zu senden. Ich möchte gern wissen, ob dieser Jude bei Ihnen war und Ihnen geholfen hat.

Hier ist es traurig und langweilig, aber für mich ist das Leben überall gleich: hoffentlich folgen nicht noch größere bittere Schmerzen und Prüfungen, denn das, was man schon durchgemacht hat, genügt. Auch mir hat das Glück auf dieser Erde nicht gelacht. Alle die, denen ich wohl wollte, haben es mir immer mit Undankbarkeit oder verschiedenen anderen Widerwärtigkeiten gelohnt. Im Ganzen ist dieses Leben nur eine große Dissonanz.

Gott behüte Sie, lieber Herr Chopin! Auf Wiedersehen, bis Anfang Oktober.

D. Potocka.

Das ist nicht der Ton einer verliebten Frau – oder einer, die es gewesen ist! Dieser Brief atmet freundschaftliches Vertrauen, Melancholie, eher Hochachtung als Intimität. Man kann sich kaum vorstellen, daß eine ehemals verliebte Delphine an ihren früheren Liebhaber »Lieber Herr Chopin« geschrieben hätte. Man kann sich noch weniger vorstellen, daß sie ihm gesteht, im Grunde niemals das Glück kennengelernt zu haben.

Wo sind die Briefe?

Aber schließlich müssen doch Delphine Potocka und Chopin während einer siebzehnjährigen Freundschaft Briefe gewechselt haben? In seinem Vorwort zur *Correspondance générale de Chopin* schreibt Sydow, daß Feuer, Bomben, Revolutionen und Kriege leider eine große Anzahl von Originalbriefen von oder an

Chopin vernichtet hätten. »Von den Briefen Chopins an George Sand sind nur zwei erhalten: die Schriftstellerin hat die anderen verbrannt, da sie meinte, sie seien ›unbedeutend, voller Wiederholungen‹, und sie befürchtete, ›daß die kindliche Seite darin übertrieben zum Ausdruck kommt‹. Achtzehn Briefe von George Sand an Chopin sind erhalten und veröffentlicht.«

Was ist mit der Korrespondenz zwischen Chopin und Delphine Potocka geschehen? Sydow hat zwei Hypothesen: Entweder hat die Gräfin sie verbrannt oder sie befindet sich in den Händen der Familie Raczynski, der Erben der Potockis, die sie heute noch nicht herzeigen will, »wegen sehr verliebter Passagen, die sich darin befinden[6]«. Oder wurden diese zweifelhaften Briefe im September 1939 bei der Belagerung von Warschau vernichtet?

Eine Schriftfälschung

Im Juni 1945 gab eine gewisse Paulina Czernicka, eine mit der Familie Komar befreundete Musikwissenschaftlerin, im Radio Posen eine interessante Erklärung ab: Sie habe durch Zufall ein ganzes Bündel Briefe von Chopin an die schöne Polin gefunden. Sie las ein paar davon vor. Zeitungen veröffentlichten wichtige Auszüge.

Die Chopin-Spezialisten gerieten in Aufruhr. Bronislaw Sydow besuchte Frau Czernicka, die ihm nur Abschriften von den berühmten Briefen zeigen konnte. Sie verpflichtete sich, Fotokopien von den Handschriften zu liefern.

Die Originale besaß sie nicht, da sie sie angeblich im Jahre 1939 an Edouard Ganche in Paris geschickt hatte. Ganche, ein hervorragender Chopin-Biograph, bestätigte auf Anfrage, er habe nichts erhalten.

Weder Sydow noch Arthur Hedley, ein Londoner Musikwissenschaftler, haben jemals etwas anderes gesehen als Abschriften. Die »Originale«, die nicht an Ganche geschickt worden waren, fand man in kleine Stücke zerrissen, die keiner mehr ordnen konnte. Bei weiterer Suche fand Frau Czernicka ein paar eigenhändige Briefe Chopins, »die in der amerikanischen Ausgabe eines Werkes von Casimir Wierzynski wiedergegeben wurden«.

Hier einige Auszüge aus den strittigen Briefen:

Quälen Sie sich nicht wegen mir, meine Liebe. Ich kann Ihnen ganz ehrlich sagen, daß die Etüden meine Gesundheit nicht angegriffen haben. Nur Frauen sterben manchmal bei einer Geburt. Ich werde jedoch die Geburt meiner Arbeiten sicherlich überleben.

Ich bin mager geworden, meine Nase sieht aus wie eine Messerklinge, und meine Augen sind tief eingesunken. Aber in den Salons werde ich bewundert, man macht mir Komplimente wegen meines guten Aussehens und meines tiefgründigen Blicks. Die Frauen schwirren um mich herum wie die Fliegen um den Honig. Sie wissen genau, daß ich nicht übertreibe und wünsche, daß Sie mir so treu sind, wie ich Ihnen, wenn ich auch grausamen Versuchungen ausgesetzt bin...

...Wenn ich einer großen Liebe erliege, wenn ich der Leidenschaft nicht mehr widerstehen kann, wenn die Versuchungen mich zerreißen wie die Zähne eines Hundes, dann vergesse ich die Welt, wie es bei Ihnen der Fall war; dann bin ich bereit, einer Frau alles zu geben, mein Leben und mein Werk zu opfern. Bei anderen Frauen war das nicht so; bei ihnen habe ich den Kopf nie verloren...

Chopin, der von sich in diesem Ton deutlicher Unbescheidenheit spricht, der sich seiner Erfolge bei den Frauen rühmt und die Eifersucht seiner Geliebten weckt, ist ein ganz neuer Mensch! Man könnte glauben, es habe zwei Chopins gegeben: den traditionellen – elegant und geheimnisvoll – und den wirklichen – stolz auf seinen Charme und seiner Verführungsgabe bewußt. Seltsame Entdeckung!

Wenn ich an Liszt als schöpferischen Künstler denke, dann stelle ich mir vor, wie er geschminkt auf Stelzen fortissimo und pianissimo die Trompeten von Jericho bläst... oder ich sehe ihn große Reden über die Kunst halten, über die schöpferische Kraft und über die beste Schaffensmethode diskutieren. Jedoch ist er ein *Esel* auf dem Gebiet des Schöpferischen! Das weiß er besser als alle anderen. Er möchte den Gipfel des Parnaß auf dem Pegasus eines anderen erreichen. Das bitte *unter uns* ... Er ist ein ausgezeichneter Buchbinder, der die Werke anderer mit einem Einband versieht.

Er ist ein seltsamer Mensch, unfähig, seinem Gehirn auch nur irgend etwas, was einen Wert vor Gott und den Menschen hat, zu entlocken. Aber vor dem Werk läuft ihm das Wasser im Munde zusammen, wie einem Kater, der um eine Sahneschüssel schleicht. Sehen Sie, Liszt benutzt eine Klistierspritze als Teleskop, um die Sterne zu sehen. Dann holt er den Stern, den er gewählt hat, vom Himmel, steckt ihn in einen schlecht geschnittenen Anzug mit Bändern und Spitzen, setzt ihm eine riesige Perücke auf und schickt diese Vogelscheuche in die Welt hinaus. Es gibt Leute, die ihn bewundern, aber ich behaupte, er ist ein geschickter Arbeiter ohne auch nur eine Spur von Talent. Er verbirgt die Armut seiner Einfälle unter geschickten Tricks, er behext und blendet einen so sehr durch seine Kunststücke, daß man schwören möchte, es mit einem genialen Künstler zu tun zu haben, während er nur ein gerissener Gauner ist. Liszt *scheißt* ein Werk mit großer Mühe und unter schrecklichem Gestank heraus...[7]

Von einem engen Freund Liszts, der von diesem nur Beweise von Zuneigung und lobende Kritiken erhalten hat, ist das ein bißchen enttäuschend...

Aber jetzt folgen technische Ratschläge, allerdings vermischt mit verliebten Anspielungen:

Mißtrauen Sie, Findelka, dem Pedal. Es ist ein empfindlicher und schrecklich lauter Spitzbube. Man muß es höflich und umsichtig behandeln...wie eine sehr wertvolle Freundin, deren Freundschaft und Liebe man nur sehr schwer erringen kann. Wie eine große Seele, die auf ihren Ruf hält, läßt es sich nicht auf den ersten Blick herumkriegen. Jedoch wenn es sich ergibt, kann es wahre Wunder vollbringen, wie eine Frau voll verzehrender Liebe.

Eines gibt das andere, und Chopin geht weit über Zweideutigkeiten hinaus:

Findelka, mein Liebling, mein Einziges! Wieder einmal werde ich Sie langweilen, indem ich Ihnen von meinen Einfällen und meinen Werken erzähle, aber Sie werden sehen, daß Sie das auch betrifft.

Ich habe lange über die Inspiration und das schöpferische Werk nachgedacht. Langsam, sehr langsam bin ich zum Hauptpunkt der Frage gelangt. Die Inspiration, neue Ideen kommen mir nur, wenn ich sehr lange den Frauen fern bleibe. Wenn ich mich bei einer Frau verausgabt habe, dann fehlt mir die Inspiration, und es entsteht keine neue Idee in meinem Kopf.

Ist das nicht seltsam und wunderbar? So sind die gleichen Energien dazu da, die Frau zu befruchten, das heißt *den Menschen* und ein Kunstwerk zu erschaffen. Dieses so teure befruchtende Prinzip vergeudet ein Mann für einen Augenblick der Lust!…

Stellen Sie sich einmal vor…Die unwiderstehliche Kraft, die uns zur Frau zieht, kann sich in Inspiration verwandeln…aber das gilt nur für jene, die begabt sind und viel Talent haben…denn wenn irgendein Nichtsnutz sein ganzes Leben lang auf Frauen verzichtet, würde er darunter leiden…und nichts produzieren, was Gott oder der Menschheit zur Ehre gereichen könnte. Gott allein weiß, wieviele meiner Inspirationen und musikalischen Schöpfungen auf diese Weise verloren gegangen sind. *Operam et oleum perdidi* [8]… Balladen, Polonaisen und, was weiß ich, vielleicht ein ganzes Klavierkonzert, wurden verschlungen…So sind Sie also voll Musik und mit meinen Werken schwanger. Meine Idee mag etwas ausgefallen klingen, aber Sie müssen zumindest anerkennen, daß sie originell ist.

Sie ist vor allem abstoßend!
Delphine Potocka, die ausgezeichnet Latein konnte, muß von einem so präzisen Kompliment, das sie zur Bewahrerin von Meisterwerken im Keimzustand machte, geradezu überwältigt gewesen sein. Aber sie war eine zu gute Musikerin, um nicht be-

dauern zu müssen, aus zu großer sexueller Gier kommende Jahrhunderte um die vielen Werke gebracht zu haben, die ihrer Schönheit geopfert wurden!

Was muß man aus all dem schließen? Das, was alle daraus schlossen, die auf die Wahrheit der Dinge bedacht sind, also nicht leichtgläubig und dafür mißtrauisch gegen eine Entdeckung, die zu »sensationell« ist, um wahr zu sein: *die Briefe von Chopin an Delphine Potocka sind in keiner Weise authentisch. Es sind klare Fälschungen.* Hier ein paar schlagende Beweise:

1. Frau Czernicka sagte, sie habe die Originalbriefe im Jahre 1939 an Edouard Ganche in Paris geschickt. Da dieser nichts erhalten hatte, behauptete sie dann, sie habe sie einer Bank in London anvertraut. Diese versicherte, leider keinerlei Depot zu unterhalten. 1949 vergiftete sich Frau Czernicka.

2. Die wenigen sogenannten »Original«-Fragmente der Briefe wurden begutachtet und für unecht erklärt[9].

3. Der Unterschied im Ton zwischen den veröffentlichten Briefen Chopins an verschiedene Empfänger und den angeblichen Briefen an Delphine Potocka liegt klar auf der Hand. Niemals behandelte Chopin Fragen des künstlerischen Schaffens unter philosophischem Blickwinkel. Er hat niemals auf »Minderwertigkeitskomplexe« anspielen können: das Wort gab es zu jener Zeit noch nicht. Noch weniger hat er 1832 sein 17. Prélude erwähnen können, denn es war damals noch nicht komponiert. Und er konnte auch nicht 1833 schon von dem Wahnsinn Schumanns sprechen, der erst 1854 ausbrach: »Schumann wird wahnsinnig: das sage ich voraus, ich könnte es unterschreiben...«

4. Eine weitere Anomalie: der Name des polnischen Dichters Cyprien Camille Norwid taucht oft in der angeblichen Korrespondenz Chopins auf. Er wird zur Zeit der Veröffentlichung der Etüden erwähnt als ein »arrivierter Schriftsteller« und als »Mitglied der Emigration«. Die zweite Etüdensammlung wird 1836 veröffentlicht, und zu der Zeit ist Norwid, der 1821 geboren ist, fünfzehn Jahre alt und lebt in Polen...

5. Wie konnte schließlich Wierzynski nur glauben, daß Chopin, und sei es in einem »Anfall von Geilheit«, Briefe von solcher

Grobheit geschrieben hätte? Ein paar andere unveröffentlichte Briefe, die ich in London bei Arthur Hedley einsehen konnte, der ihre »Abschrift« erhalten hatte, übertreffen an Obszönität die veröffentlichten Briefe bei weitem. Man kann sich kaum vorstellen, daß Chopin, der diskreteste, der feinste Mensch von allen, an seine Geliebte schreiben konnte: »Für mich ist die Schöpfung so etwas wie die Niederkunft bei Frauen: die eine müht sich zu Tode ab, die andere spuckt das Kind aus, wie man einen Obstkern ausspuckt...« Noch schwerer kann man sich den schmachtenden, schweigenden Liebhaber der Konstanze Gladkowska vorstellen, wie er erklärt, daß seine Préludes auf der Wiederholung von elf Noten aufgebaut seien, Abbild einer Nacht, »in der er elfmal liebte«! Die Sand, die sich drei Jahre später in Kenntnis der Ursache über die sehr spärliche Glut Chopins beklagte, wäre über eine solche Energie verwundert gewesen...

6. Übrigens zweifelt Wierzynski stark an der Echtheit der Briefe, auf die er aber nicht verzichten möchte, weil sie seinem Buch Würze geben. »Selbstverständlich«, schreibt er, »müssen diese Briefe sehr genau von Spezialisten untersucht werden: wahrscheinlich sind viel Zeit und Arbeit notwendig, bis man die Lösung all der Probleme findet, die sie aufwerfen. Der Verfasser dieses Buches stellt die Fragmente, die ihm übergeben wurden, *so vor wie sie sind*.« Geschickter kann man sich nicht ausdrükken.

7. Im übrigen begeht Wierzynski einen klaren Fehler. Den einzigen sicher echten Brief von Delphine Potocka an Chopin (der vom 16. Juli 1849 aus Aachen) bringt er wohlweislich nicht in voller Länge: der »liebe Herr Chopin« am Anfang paßt nicht zu dem plump vertraulichen Ton, in dem seiner Meinung nach die beiden Liebenden verkehrten. Außerdem läßt er ihn nicht aus Aachen kommen (wo Delphine sich 1840 tatsächlich nicht aufhält), sondern von dem Gut Tulczyn, wo sie wohnt – und er datiert ihn nicht 1849, sondern 1840, so daß er nach Belieben die Chronologie der angeblichen Liebschaft rekonstruieren kann: von 1832 bis 1835: Idylle, 1835: Trennung. Die Gräfin begibt sich auf ihre Besitztümer. 1840: In einem höchst zweifelhaften Brief fleht Chopin sie an, ihre Liebesbeziehungen wieder aufzu-

nehmen, wobei er behauptet, schon seit zwei Jahren nicht mehr der Liebhaber der Sand zu sein. Umsonst: die Gräfin gibt nicht nach.

So schreibt man Geschichte – indem man sie verfälscht!

8. Wer ist also der Verfasser der gefälschten Briefe? Paulina Czernicka, die seltsame Frau, die krankhafte Lügnerin? Vielleicht Estriecher, ein Journalist, der als Meister in der Anfertigung von Stilnachahmungen gilt und der auf ähnliche Weise schon den armen Hoesick irregeführt hat? So hat auch eine Amerikanerin, Miss Janette Lee, 1907 den unglücklichen Ganche in die Falle eines *Chopin-Tagebuches* gelockt; später gab sie dann zu, es aus Dokumenten aus verschiedenen Werken selbst zusammengestellt zu haben. Der Mythomanen und Neurotiker sind Legion. Und sie finden immer Leichtgläubige.

Denn trotz dieses Bündels von Beweisen bestehen einige »Historiker« steif und fest darauf, daß die Briefe sehr wohl echt seien. Ein gewisser Hertenstein, genannt Mateo Glinski, Direktor einer International Chopin Foundation in den USA, ist ihr überzeugtester Anhänger. Leider gründet sich seine These auf ein ganz persönliches Gefühl. Zwei Gelehrte, Professor Smoter und Ludwik Bronarski, Verfasser ernstzunehmender Studien über Frédéric Chopin, sind überzeugt, daß die *Briefe von Chopin* falsch sind. Ihrer Meinung nach ist es möglich, daß Frau Czernicka durch die mehr oder weniger wahrscheinliche Existenz von echten, jedoch geheim gehaltenen Briefen auf die Idee gekommen war, selbst erfundene Texte in Umlauf zu bringen, die mit plumpen, jedoch frei erfundenen Details gewürzt wurden.

Muß man deshalb das Vorhandensein einer echten Korrespondenz zwischen Chopin und Delphine Potocka leugnen? Sicher nicht. Vielleicht wird sie eines Tages der Neugier der Öffentlichkeit preisgegeben. Ich zweifle jedoch stark, daß diese Briefe, wenn es sie gibt, uns einen Chopin enthüllen, der sich so stark von dem unterscheidet, den wir kennen. Nicht, daß wir uns an das Bild des »Engels mit dem schönen Gesicht, der aussieht wie eine große traurige Frau« klammern, das uns George Sand hinterlassen hat. Uns genügt es, daß Chopin sich selbst gleicht: den Versuchungen des Fleisches wenig geneigt, leidenschaftlich

nur im Geist, mit einer angeborenen Scheu – die, wie wir bemerkt haben, in bezug auf Frauen ein bißchen verdächtig ist –,
und seit seinem neunzehnten Lebensjahr des Abgrunds bewußt,
der die wirkliche Welt, die in dem, was sie bietet, so enttäuschend ist, von der Phantasiewelt trennt, wo er sich frei von Fesseln entfalten kann.[10]

Fürs erste ging Chopin auf Reisen. Nicht ganz ohne Selbst-
überwindung. Von Natur aus häuslich, machte er sich um so zö-
gernder auf den Weg[1], als er seine Pariser Wohnung – Chaussée-d'Antin 38 –, die er mit der Sorgfalt einer Frau eingerichtet
hatte, verlassen mußte[2]. Eine Zeitlang hatte er mit einem Kindheitsfreund, dem Arzt Alexander Hofman, zusammen gewohnt.
An dem Tag, an dem dieser Chopin verließ, kam ein weiterer
Kindheitsfreund, auch er Arzt, Jan Matuszynski, künftiger Professor an der École de Médecine, der leider als noch junger Mann
der Tuberkulose zum Opfer fallen sollte. Die schreckliche
Krankheit zehrte an den beiden Freunden. Aber als Matuszynski, ebenfalls auf der Flucht aus Warschau, in Paris ankam, war
Chopins Freude über die ganz neuen Nachrichten aus der Heimat und von seinen Eltern groß. Doktor Matuszynski schickte
seiner Familie einen optimistischen Bericht: »Meine erste Sorge
war, Chopin zu besuchen. Ich kann unsere beiderseitige Freude
nicht beschreiben, als wir uns nach fünfjähriger Trennung wie-
dersahen. Er ist groß und stark geworden; ich erkannte ihn
kaum wieder. Chopin ist jetzt der erste Pianist hier: und gibt sehr
viele Stunden, keine unter zwanzig Francs. Er hat viel komponiert, und seine Werke sind sehr gesucht. Ich wohne bei ihm in
der Chaussée-d'Antin 5. Die Straße ist zwar ein bißchen weit von
der École de Médecine und den Krankenhäusern entfernt, aber
ich habe gewichtige Gründe, bei ihm zu bleiben: er ist mein Alles! Die Abende verbringen wir im Theater oder bei Freunden, es
sei denn wir bleiben gemütlich zu Hause und vertreiben uns die
Zeit.«

Matuszynski teilte Chopin ein Vorhaben seiner Eltern mit: sie wollten nach Karlsbad kommen, dort Bäder nehmen und vielleicht ihren Sohn wiedersehen, wenn dieser sie besuchen wollte. Diese Aussicht veranlaßte Chopin, auf die Ratschläge seines Freundes Ferdinand Hiller zu hören, der nach Aachen zum Niederrheinischen Musikfest fuhr: warum sollte er ihn nicht begleiten? Chopin, der Unentschlossene, traf dieses Mal eine Entscheidung. Die beiden Freunde hörten ein paar Konzerte (die *Jupitersymphonie* von Mozart, die 9. *Symphonie* von Beethoven, ein Oratorium von Händel) und begegneten Mendelssohn, der an seine Mutter schrieb: »Chopin und Hiller haben ihre Fertigkeit immer mehr ausgebildet, und als Klavierspieler ist Chopin jetzt einer der allerersten – macht so neue Sachen wie Paganini auf der Geige und bringt Wunderdinge herbei, die man sich nie möglich gedacht hätte… Beide laborieren nur etwas an der Pariser Verzweiflungssucht und Leidenschaftssucherei… Ich nun wieder vielleicht zu wenig, und so ergänzten wir uns… Ich kam mir ein bißchen wie ein Schulmeister, und sie sich ein bißchen wie Mirliflores[3] und Incroyables[4] vor…«

Die drei fuhren zusammen nach Düsseldorf, wo Mendelssohn Musikdirektor war. Er stellte die beiden Reisenden Schadow, dem Direktor der Kunstakademie, vor, der von seinen Schülern umgeben lebte wie ein Prophet unter seinen Jüngern. Chopin schien ziemlich eingeschüchtert zu sein.

»Schließlich öffnet sich das Klavier«, schrieb Hiller an seine Mutter. »Ich beginne, Mendelssohn fährt fort. Dann ist Chopin an der Reihe. Nach ein paar Takten reißt Schadow die Augen auf: noch nie hatte er so etwas gehört…«

Am nächsten Tag bestiegen Chopin und Hiller das Schiff nach Koblenz, und Mendelssohn begleitete sie bis Köln, wo sie sich trennten. Rückkehr nach Paris, die Augen erfüllt von den wundervollen Rheinlandschaften.

Chopin fand bei seiner Ankunft mehrere Briefe seiner Familie vor, die ständig um seine Gesundheit besorgt, immer begierig auf

Nachricht und unermüdlich in der Kunst der Familienchronik war. Die Erinnerung an die ferne Heimat bewegte Frédéric sehr: »Ich habe Tränen in den Augen, es ist stärker als ich, ich habe meine Seele dort gelassen…«

Mit Geduld und Respekt nahm er die weisen Ratschläge seines Vaters entgegen, der sich immer wegen der Sorglosigkeit seines fernen Sohnes Gedanken machte. Da er wußte, daß sein Sohn Künstler war, gab Nicolas Chopin seinen Empfehlungen einen poetischen Anstrich:

> Im Alter der Freude, wenn das Schicksal dir lacht,
> Genieße seine Gunst, fürchte seine Unbeständigkeit,
> Laß dich nicht blenden, möge dein Geist immer
> Deine Neigungen steuern und so die Armut fernhalten!

Da Nicolas gerade vor kurzem Michael Skarbek Geld geliehen hatte und dabei hereingefallen war – es handelt sich um mehr als 20 000 Gulden, die post mortem nicht zurückgezahlt wurden[5] –, hatte Vater Chopin guten Grund, gesunde Sparsamkeit zu predigen. Isabelle hatte Barcinski geheiratet, die beiden Eltern lebten allein in Warschau, zwar in der Nähe ihrer beiden Töchter, jedoch fern von ihrem Sohn, den sie wiedersehen wollten: Würde das möglich sein?

Im Augenblick quälte Frédéric ein Gedanke. In Warschau war er mit den drei Brüdern Wodzinski, Pensionären bei Nicolas Chopin, befreundet gewesen: Felix, Anton und Casimir. Ihre Schwester Maria hatte bei Chopin eine zarte, aber dauerhafte Erinnerung hinterlassen. Die ganze Familie war aus Warschau geflohen und nach Genf gezogen, wohin Frédéric eingeladen wurde. Ein ziemlich regelmäßiger Briefwechsel zwischen den jungen Leuten war entstanden. Chopin benutzte den Vorwand eines langen Schweigens seinerseits, um sich geschickt wieder in Erinnerung zu bringen: »Du glaubst sicherlich«, so schrieb er an Felix Wodzinski, »Fryc sei in dunkle Gedanken versunken. Warum sonst hat er nicht auf die Briefe von Maria und mir geantwortet? Wäre ich nicht gerade vom Rhein zurückgekehrt und hätte ich im Augenblick nicht eine Arbeit, die ich unmöglich verschieben kann, so würde ich nach Genf aufbrechen, um mich bei Deiner verehrten Mama zu bedanken und ihre Einladung anzunehmen. Aber das Schicksal ist so hart, es wird nichts daraus. Deine Schwester besaß die äußerste Liebenswürdigkeit, mir eine ihrer Kompositionen zu schicken. Das hat mich unaussprechlich gefreut, und noch am selben Abend habe ich in einem der hiesigen Salons über das liebliche Thema jenes Mariechens improvisiert, mit dem wir in den Räumen des Pszennyschen Hauses Versteck spielten. Und heute nehme ich mir die Freiheit, meiner schätzenswerten Kollegin, Fräulein Maria, einen kleinen Walzer zu schicken, den ich gerade herausgebracht habe. Möge er ihr ein Hundertstel des Vergnügens bereiten, das ich beim Empfang ihrer Variationen empfand. Verbeuge Dich vor ihr sehr elegant und ehrerbietig. Wundere Dich und sage Dir leise: ›Mein Gott, wie ist sie groß geworden!‹«

Ein paar Konzerte lenkten ihn ab. Am 7. Dezember 1834 spielte Chopin bei einem von Berlioz veranstalteten Abend das Larghetto aus seinem *Klavierkonzert in f-Moll*. Drei Wochen später trug er mit Liszt im Pleyelsaal zwei vierhändige Duos vor. Zu Anfang des darauffolgenden Jahres erschien er zweimal vor Publikum, das erste Mal zusammen mit Hiller, das zweite Mal allein. Am 5. April 1835 wirkte er an einem Wohltätigkeitskonzert zugunsten polnischer Flüchtlinge mit, in dem auch Cornélie Falcon, Nourrit, Ernst, Dorus, Pantaleoni, Liszt und Habeneck ihr Talent zur Verfügung stellten. Chopin wurde an diesem Abend ziemlich kühl aufgenommen, aber er revanchierte sich am Ende des gleichen Monats, als er seine *Polonaise précédée d'un andante spianato* bei seiner Galaveranstaltung der Konzertgesellschaft des Konservatoriums zugunsten Habenecks spielte.

Und doch bedauerte er es, sich so »zur Schau gestellt« zu haben und beschloß, so wenig wie möglich Aufforderungen nach seiner Mitwirkung nachzugeben.

Inzwischen wiederholte Frau Wodzinska ihre Einladung: Warum kam Frédéric nicht nach Genf? Er solle doch den Wodzinskis seine Freundschaft erhalten: ihrerseits besitze er sie schon lange! Zu anderen Zeiten wäre Chopin sofort gekommen. Doch

da erreichte ihn im Juli 1835 in Enghien, wo er sich auf Empfeh-
lung von Matuszynski mit Vincenzo Bellini[6] zur Kur aufhielt,
ein Brief seiner Eltern: er kündigte ihre Ankunft in Karlsbad an.
Da er sie noch in Warschau glaubte, hatte Frédéric ihnen gerade
zwei seiner Werke frisch aus der Druckerpresse geschickt: das
Scherzo in h-Moll op. 20, das er in Wien begonnen hatte, und
Vier Mazurken op. 24. Darauf machte er sich auf den Weg zu ihnen.

Wiedersehen

Es war jetzt fünf Jahre her, daß er sein Zuhause verlassen
hatte!

Am 30. Juli 1836 waren Nicolas Chopin und seine Frau aus
Warschau abgereist, sie hatten ein paar Tage in Strzyzewo verbracht, bei ihren Freunden, den Wiesiolowskis, und hatten dann
die Postkutsche über Breslau nach Prag genommen, wo sie am
12. August eintrafen. Am 15. August waren sie in Karlsbad, zuerst im Hotel Goldene Rose, aus dem gerade der letzte Sohn Mozarts, Franz-Xaver, abgereist war. Inzwischen fuhr Frédéric seit
dem 4. August ohne Aufenthalt nach Karlsbad, wo er am gleichen Tag wie seine Eltern ankam. Er wurde ungeduldig von dem
Grafen Friedrich von Thun, dem Komponisten Dessauer und
den Zawadzkis erwartet, die mit der polnischen Pianistin Maria
Szymanowska befreundet waren. Am 16. August um vier Uhr
morgens weckte Zawadzki die Eltern Frédérics. Zusammen hol-
ten sie den verlorenen Sohn aus dem Bett, der seine Koffer packte
und zu seinen Eltern in die Goldene Rose zog. In all der Wiedersehensfreude fand Nicolas Chopin die Zeit, ein paar Zeilen an
seine beiden in Warschau zurückgebliebenen Töchter zu schreiben. Frédéric fügte einen Nachsatz an seine Schwestern hinzu:
»Unsere Freude ist unbeschreiblich. Wir umarmen uns immer
wieder. Die Eltern sind immer die gleichen, nur sind sie mir ein
wenig gealtert. Wir gehen spazieren, führen unser Frau Mütter-
chen am Arm, sprechen von Euch. Wir trinken, wir speisen zusammen, kajolieren und schelten einander: ich bin auf dem Gipfel der Glückseligkeit! In meiner Freude erdrücke ich Euch an

meinem Herzen!« Plötzlich war der natürliche Überschwang Frédérics wieder da, und das Eis seiner Pariser Zurückhaltung schmolz. Jetzt war er wieder so, wie ihn seine Familie kannte: überschwenglich, liebevoll, überschäumend von Fröhlichkeit, glücklich, nicht nur seine Eltern wiederzutreffen, sondern auch eine ganze Anzahl von Landsleuten, die nach Karlsbad gekommen waren, um sich hier dem Zugriff der russischen Polizei zu entziehen. Denn die Spione des Zaren verfolgten im Ausland die Verschwörer der polnischen revolutionären Bewegung.

Während der drei Wochen seines Aufenthalts in Karlsbad spielte Frédéric für seine Eltern und Freunde Klavier, er komponierte eine *Mazurka in C-Dur* op. 67, Nr. 3, und einen *Walzer in As-Dur* op. 34, Nr. 1, sowie eine *Polonaise in cis-Moll* op. 26, Dessauer gewidmet. Am 6. September 1835 fuhren die Eltern mit ihrem Sohn nach Teplitz, wo sie ein paar Tage blieben, und von dort zum Schloß von Tetschen zum Grafen und der Gräfin Franz-Anton von Thun-Hohenstein. Am 14. September traten Nicolas und seine Frau die Rückreise nach Warschau an. Frédéric blieb noch eine knappe Woche bei den Thuns. Am 19. September war er wieder in Paris, nachdem er noch kurz in Dresden bei den Wodzinskis haltgemacht hatte, die sich hier auf einer Etappe ihrer Rückreise nach Polen befanden.

Maria Wodzinska

Die Familie Wodzinski, mit Ausnahme des Ältesten, Anton, der in Genf geblieben war, empfing Frédéric freundschaftlich. Es scheint, daß die drei Brüder der jungen Maria – anstelle der Eltern – einer Heirat ihrer Schwester mit ihrem alten Pensionskameraden nicht abgeneigt waren. Adelsvorurteile kannten sie nicht. Sie wußten, daß ihr Wappen an Glanz verloren hatte und daß die Eltern mit ihrer Behauptung, sie gehörten einer »illustren Familie« an, stark übertrieben. Frédéric hatte Talent, er war ein vornehmer Mann. In Paris verkehrte er mit den Rothschilds wie mit den Czartoryskis; er hätte also einen annehmbaren Schwager abgegeben. Die Woche, die er in Dresden bei den Wodzinskis verbrachte, verlief ungetrübt. Man feierte den wiedergewonnenen Freund. Am 26. September 1835 wurde Abschied genommen. Auf dem Weg nach Paris machte Chopin einen Umweg über Leipzig, um dort Mendelssohn, seit kurzem Leiter des Gewandhausorchesters, und Schumann zu treffen. Zuerst besuchte er Henriette Voigt, eine Freundin der Wiecks, dann stellte er sich bei Friedrich Wieck vor. Der Vater von Clara Schumann, ein leicht gekränkter Mann, ärgerte sich, daß der erste Besuch Chopins nicht ihm gegolten hatte. Clara glich durch ihre Liebenswürdigkeit die üble Laune ihres Vaters aus. Sie spielte dem Reisenden zwei seiner *Etüden* und die *Sonate in fis-Moll* von Schumann vor, dessen Frau sie damals noch nicht war. Chopin spielte sein *Nocturne in Es-Dur* vor Schumann, der in der *Neuen Zeitschrift für Musik* notierte: »Er spielt genau so, wie er komponiert, daß heißt einzigartig. Sein Spiel hat mich tief berührt... Ich fürchte nicht, ihn einen vollendeten Virtuosen zu nennen... Ich habe eine große Freude gehabt, endlich einem echten Musiker zu begegnen. Er hat uns mit einigen seiner neuen *Etüden* bekannt gemacht. Chopin hat mir feierlich geschworen, im Laufe des Winters nach Leipzig zu kommen, und meiner Aufführung meiner Symphonie beizuwohnen, die ich zu seiner Ehre aufführen möchte... «

Nach Leipzig machte Chopin in Heidelberg halt, um hier den Vater seines Schülers Adolph Gutmann zu besuchen. Mitte Oktober war er zurück in Paris. Hier fand er einen liebevollen, fast zärtlichen Brief von Maria Wodzinska vor: »Wie sehr wir Sie vermissen! Meine Mutter erinnert uns jeden Augenblick unter Tränen an irgendeinen Zug ›ihres vierten Sohnes Frédéric‹. Meine Brüder sind niedergeschlagen. Wir hören immer wieder Ihren Walzer[7]: es bereitet mir Vergnügen, ihn zu spielen, denn er erinnert uns an den Bruder, der uns soeben verlassen hat. Ich habe ihn zum Einbinden gebracht. Mama spricht mit mir nur über Sie und Anton: Wenn Sie wüßten, welch ergebener Freund er Ihnen ist! ... Wir bedauern unaufhörlich, daß Sie nicht Chopinski heißen, denn dann könnten uns die Franzosen den Ruhm nicht streitig machen, Ihre Landsleute zu sein... Adieu: bei einem Jugendfreund bedarf es keiner großen Worte. Mama, mein Vater und meine Brüder umarmen Sie zärtlich... Sie haben den Crayon aus Ihrer Brieftasche hier liegen gelassen: wir behüten ihn hier ehrfürchtig wie eine Reliquie. Adieu!«

Dieser Brief rührte Chopin natürlich ans Herz. Auch freute er sich über Anton Wodzinskis Ankunft in Paris. Dieser schrieb an seine in Dresden zurückgebliebene Mutter: »Du hast recht, Mama, Frédéric hat sich nicht verändert: er ist nur noch schöner! Wir sehen uns jeden Tag. Wir waren in der Oper und bei den Italienern und haben dort *Die Puritaner* mit Rubini, Lablache, Tamburini und der Grisi gesehen. An einem anderen Tag Frédérick (Lemaître, nicht Chopin) in *Robert Macaire* mit der wundervollen Déjazet. Wenn nur Mama im kommenden Frühjahr mit Felix und Maria hierherkommen könnte! ... Frédéric steht gerade vom Klavier auf und sagt: ›Vergiß nicht, ihnen zu schreiben, daß ich sie alle schrecklich gern habe – ja, wirklich schrecklich!‹«

Thalberg

Plötzlich eine Abwechslung: die Ankunft des Pianisten Thalberg in Paris. Sein Ruhm war so groß, daß Liszt, der sich mit Frau d'Agoult in der Schweiz aufhielt, Angst bekam und sofort nach Paris reiste, um hier seinen Genfer Rivalen herauszufordern. Zu spät! Thalberg hatte schon die Koffer gepackt. Immerhin gab Liszt zwei Konzerte, im Erard- und im Pleyelsaal, um die Erinnerung an Thalberg bei seinen Anhängern zu verwischen. Ein Triumph für ihn. Aber er mußte unbedingt dem »Terzenmann«, wie ihn Léon Escudier nannte, die Stirn bieten. Darauf mußte er bis zum folgenden Jahr warten. 1836 erfolgte das Duell in vier Begegnungen. Zuerst spielte Liszt eine Transkription der *Symphonie fantastique*, die große Begeisterung auslöste. Drei Monate später errang Thalberg einen beachtlichen Erfolg im Théâtre-Italien. Liszt revanchierte sich, indem er die Oper mietete: in zwei Stunden eroberte er ein Publikum zurück, das nicht mehr wußte, wem es seine Stimme geben sollte. Die Entscheidung fiel in den Salons der Fürstin Belgiojoso anläßlich eines Wohltätigkeitskonzerts. Dieses Mal standen sich die Rivalen gegenüber. Thalberg spielte seine *Fantasie über Moses*, Liszt die seine über *Niobe*. Die Fürstin, eine ausgezeichnete Diplomation, gab geschickt die allgemeine Meinung wieder: »Thalberg ist der erste Pianist der Welt! Liszt ist der einzige!« Chopin, über die Talente Thalbergs befragt, begnügte sich mit der ironischen Antwort: »Das beste an ihm sind seine Hemdenknöpfe aus Brillanten!« Gern parodierte er Thalbergs Art des Klavierspiels, er machte seine Bewegungen nach, er warf beide Hände auf die Enden der Klaviatur, während in der Mitte die beiden Daumen abwechselnd die Melodie anschlugen: »Sieht es nicht so aus«, rief er den amüsierten Zuhörern zu, »als sei er auf Taubenjagd?« Chopin hatte einen scharfen Blick und eine spitze Zunge!

Und eine anfällige Gesundheit. Soll man sein fieberhaftes Warten auf Nachricht von der jungen Maria – oder seine unvernünftige Lebensweise dafür verantwortlich machen? Jedenfalls wurde er krank. Er fieberte, spuckte Blut. Matuszynski behandelte ihn, so gut er konnte, und bemühte sich, die Gerüchte in Grenzen zu halten. Dennoch verbreitete sich die Nachricht von seiner Krankheit in Paris wie ein Lauffeuer. In Warschau war man besorgt: und wenn er gestorben wäre? Am 8. Januar 1836 veröffentlichte der *Warschauer Kurier* ein beruhigendes Bulletin: »Wir teilen hierdurch allen Freunden und Bewunderern des hohen Talents von Frédéric Chopin mit, daß die Gerüchte über seinen Tod, die ein paar Tage in Umlauf waren, jeglicher Grundlage entbehren.« Die fernen Eltern bekamen Angst. Beruhigt waren sie erst, als ein Artikel im *Journal des Débats* über eine Improvisation Chopins berichtete. Sie beschworen ihren Sohn, er solle sich gut pflegen, und schrieben im gleichen Sinne an Matuszynski. Zur geplanten zweiten Reise nach Dresden schrieb Nicolas Chopin ohne Anspielung auf etwaige Heiratsabsichten an seinen Sohn: »Wie dem auch sei, es ist ein schönes Luftschloß. Doch was tut's, bauen wir ruhig daran. Wenn es möglich ist, die Angelegenheit zu einem guten Ende zu führen, wird Dir Deine Mutter die beste Stütze sein – ich kann mich gut für ein paar Wochen von ihr trennen[8]. Aber Du mußt gesund sein und Geld haben: gib unterwegs Konzerte, um die Reisekosten zu decken. Das ist die einzige Möglichkeit für Dich, Dresden wiederzusehen und *was dich dort interessieren kann*, wenn Dein erster Eindruck nicht getrogen hat...«

Einen Monat später schrieb die Gräfin Wodzinska an Frédéric: sie ermahnte ihn, er solle dem »wahnsinnigen Anton« zu Sparsamkeit und Vernunft raten. Anschließend bemerkte sie: »Maria spricht oft auf polnisch von Dir: ›Ich bin sehr traurig, daß ich meinen Bruder nicht mehr sehe und daß ich Chopena nicht mehr sehe‹, und sie weint tatsächlich! Wann können wir Dich wiedersehen? Wenn Du uns wenigstens ein paar Worte schreiben würdest, damit wir wissen, ob Du diesen Sommer kommst...«

Chopin wußte nicht, was er tun sollte! Um so mehr als Schumann und Mendelssohn ihn drängten, er solle beim Niederrheinischen Musikfest in Leipzig mitwirken! Und Liszt wollte, daß er an einem Konzert im Erardsaal teilnähme, bevor er Paris verließ! Chopin sagte zu. Das Konzert am 9. April 1836 war ein Erfolg. Liszt spielte mit großer Brillanz ein paar *Etüden* op. 25 von Chopin, und die beiden Freunde, an zwei Klavieren, wurden für den *Großen Walzer* von Liszt gefeiert. Am Tag nach dem Konzert korrigierte Chopin die Andrucke einiger neuer Werke: das *Klavierkonzert in f-Moll* op. 21, das noch nicht veröffentlicht war, zwei *Nocturnes* op. 27, die *Ballade in g-Moll* op. 23, zwei *Polonaisen* op. 26 und das *Andante spianato und Polonaise* op. 22. Im Juli 1836 waren alle diese Stücke im Handel. Chopin konnte abreisen. Nicht nach Dresden, sondern nach Marienbad.

Von Marienbad nach Dresden

Von Anton Wodzinski erfuhr Chopin, daß die Gräfin Wodzinska und ihre beiden Töchter beschlossen hatten, den Sommer in Marienbad zu verbringen. Sie bezogen am 9. Juli das Hotel zum Weißen Schwan. Chopin, der am 19. Juli aus Paris abgereist war, kam am 28. des gleichen Monats nach anstrengender Reise über Straßburg, Nürnberg, Bayreuth und Eger dort an. Er stieg im gleichen Hotel ab wie die Wodzinskis und schrieb sich stolz als »Grundbesitzer aus Paris« ein! Vom 28. Juli bis zum 24. August durchlebte er vier kurze Wochen des Glücks, über die man im übrigen sehr wenig Einzelheiten kennt. Man weiß nur, daß es Chopin – der immer fröhlich, lustig, voller Streiche und Humor war – schlecht ging. Eine Grippe schwächte den später Tuberkulösen. Das Klima von Marienbad – trockene, heiße Tage und kalte Nächte – tat ihm nicht gut. Doktor Heidler behandelte ihn. Sieht er nicht sehr bleich und kränklich aus auf dem Aquarell, das Maria Wodzinska in Marienbad machte und aus dem sie später in Dresden eine Lithographie herstellen ließ? Ein weiteres Porträt Chopins, von Cornélie Parnas in Marienbad ausgeführt, bestätigt die Wahrheit dessen, was Maria von dem »carissimo maestro« – so nannte sie Frédéric – abgebildet hat.

Die beiden jungen Leute ließen sich nicht aus den Augen. »Er schreibt an niemanden mehr, verbringt alle Abende mit ihr, entweder im Salon, wo er Musik macht, oder im Garten, wo man ihn mit dem jungen Mädchen in der Stille der Nacht spazieren gehen sieht…«⁹ Während dieser Wochen des Glücks komponierte Chopin zwei von den *Etüden* op. 25, Nr. 1 und 2 (letztere trägt auf einer Bleistiftkopie die eigenhändige Inschrift Chopins: »Porträts von Marias Seele«), zwei Lieder (das zweite *Das Ringlein*, nach dem Text von Witwicki, enthält einen merkwürdigen Satz: »Eines andern bist du worden, dennoch lieb ich dich…«) Er skizzierte noch ein paar andere Stücke. Mit einem unter sich ausgemachten Wort – *die graue Stunde* – bezeichnete sie die Stunde ihrer Herzensergüsse.

Am 24. August fuhren Chopin und die Wodzinskis nach Dresden zurück, wo sie bis zum 16. September zusammenblieben. Zwei Tage vor seiner Abreise fragte Chopin Maria, ob sie seine Frau werden wollte, und er bat um das Einverständnis der Gräfin Wodzinska. Er erhielt zwei Zusagen, aber die Gräfin, die sicherlich wegen des Gesundheitszustandes von Frédéric besorgt war, bat ihn, bis zur Zustimmung ihres Mannes das Geheimnis zu wahren. Und Chopin reiste voller Hoffnung nach Paris zurück. Er machte in Leipzig halt und besuchte Schumann, dem er seine *Ballade in g-Moll* vorspielte. »Sie scheint mir sein genialischstes (nicht genialstes) Werk«, schrieb Schumann an den Dirigenten Dorn. »Nach einer langen Pause sagt er (Chopin) mit großem Nachdruck – ›das ist mir lieb, auch mir ist es mein Liebstes‹. Außerdem spielte er mir eine Menge neuer Etüden, Notturnos, Masureks – alles unvergleichlich. Clara ist aber größere *Virtuosin* und gibt seinen Kompositionen fast noch mehr Bedeutung als er selbst.«

Abschied

Am Tag ihrer Abreise aus Dresden – am 16. September – schrieb die Gräfin Wodzinska einen zweideutigen Brief an Chopin: »Wenn die Luft in Böhmen voller Opium ist, so ist die von Polen zweifellos mit Schierling getränkt. Was für eine Aussicht für Maria! Wer weiß, wie es ihr in einem Jahr gehen wird! … Sei von meiner Sympathie überzeugt. Um unsere Pläne wahr zu machen und Eure Gefühle auf die Probe zu stellen, sind ein paar Maßnahmen notwendig. Adieu, geh um elf Uhr ins Bett und trink bis zum 7. Januar Gummiwasser. Dann kommst Du zu uns nach Marienbad ähnlich wie Skozzewski. Leb wohl, lieber Frycek, ich segne Dich von ganzer Seele, wie eine liebende Mutter.«

Zu einem Brief, in dem der aus Warschau zurückgekehrte Casimir Wodzinski Chopin gute Nachrichten von seinen Eltern übermittelte, schrieb Maria als Postskriptum: »Wir sind untröstlich über Ihre Abreise; die drei letzten Tage schienen uns wie Jahrhunderte; geht es Ihnen ebenso? Haben Sie ein wenig Sehnsucht nach Ihren Freunden? Ich antworte für Sie mit Ja, und ich glaube, daß ich mich nicht täusche; zumindest habe ich das Bedürfnis, es zu glauben. Ich sage mir, dieses *Ja* kommt von Ihnen… Adieu, auf Wiedersehen. Ah! könnte es nur eher sein!«

Gleichzeitig mit ihrem Brief schickte Maria Pantoffeln an Chopin, die sie für ihn bestickt hatte. Mangels Besserem nahm er sie an, aber er erwartete etwas anderes.

Das Ganze löste sich auf, ohne daß ein klares Wort gefallen wäre. Die Wodzinskis verbrachten nach ihrer Rückkehr einige Zeit in Warschau, bevor sie sich auf ihrem Besitz Sluzewo verschanzten. Sie sahen mehrere Male Frédérics Eltern: niemand wagte von dem zu sprechen, was den fernen Verliebten beschäftigte. Seiner Natur getreu, konnte dieser sich nicht entschließen, seine »Verlobte« oder die Gräfin Wodzinska zu drängen. Die zwischen Paris und Sluzewo gewechselten Briefe wurden immer banaler. Am 3. Februar 1837 schrieb Maria an Frédéric: »Nichts Neues mitzuteilen, außer daß es taut…« Chopin schickte »Grüße an Fräulein Maria…« Bis zu dem Tag, an dem Maria kurz darauf zum letzten Mal einen gleichgültigen Brief an Chopin schrieb: »Ich vermag Ihnen nur einige Worte zu schreiben, um Ihnen für das hübsche Notenalbum zu danken, das Sie mir gesandt haben. Ich will nicht versuchen, Ihnen zu schildern, welche Freude ich empfand, als ich es empfing; es wäre vergebens. Empfangen Sie bitte die Versicherung all meiner Gefühle der Dankbarkeit, die ich Ihnen schulde. Seien Sie von der Zuneigung überzeugt, die Ihnen unsere ganze Familie und insbesondere Ihre schlechteste Schülerin und Jugendfreundin fürs ganze Leben entgegenbringt. Adieu, Mama umarmt Sie recht herzlich.

Adieu. Behalten Sie uns in Erinnerung. Maria.«

Moja bieda

Es war aus. Die armselige Liebe war verwelkt, bevor sie geblüht hatte. Auf diesen Brief antwortete Chopin nicht. In mehreren späteren Briefen an die Gräfin Wodzinska versicherte er »Fräulein Maria« seines ehrerbietigen Gedenkens. Er kapitulierte still, unfähig, die Initiative zu ergreifen, eine Frau zu erobern. Wie er Konstanze hatte laufen lassen, so überließ er Maria ihrem Schicksal. Das dumme Gänschen heiratete Joseph Skarbek, »weil er Graf, ein hübscher Junge und ihr Nachbar auf dem Lande ist«. Aber Skarbek war degeneriert. Maria ließ wegen »Nichtvollzugs der Ehe« die Scheidung aussprechen und heiratete ihren Verwalter Ladislas Orpisawski, mit dem sie nach Florenz zog. Bis zum Ende ihres Lebens spielte sie auf dem Klavier, das Frédéric ihr bei Pleyel ausgesucht hatte. Von Chopin jedoch – den sie nie wirklich geliebt hatte – war niemals mehr die Rede.

Chopin vereinte die wenigen Briefchen von Maria mit den Briefen der anderen Wodzinskis, fügte eine getrocknete Rose, die Zeugin seiner Liebe, hinzu und steckte das Ganze in einen Umschlag, auf den er zwei Worte schrieb: »Moja bieda« (Mein Kummer). Niemals mehr sprach er von der treulosen Geliebten.

Was war eigentlich geschehen? Ein mittelmäßiges Mädchen hatte sich ein bißchen in einen Jugendfreund ihrer Brüder verliebt. Als gute Musikerin bewunderte sie sein Talent, und vielleicht erwartete sie, bevor sie sich endgültig entschiede, von Frédéric, daß er echtes Gefühl bewies. Doch wenn man glaubt, er sei einer Entscheidung auf diesem Gebiet fähig, kennt man ihn schlecht; Chopin erobert nicht, er muß erobert werden, denn er meint zu Unrecht immer, daß eine Anspielung genüge, daß die Andeutung eines Vorhabens so viel sei wie eine Erklärung. Er verkannte also vollkommen die unbeständige und realistische Seele der Frauen. Im Grunde verhielt er sich bei Maria genau wie einst bei Konstanze: er wartete, er hegte vage Hoffnungen ohne zuviel Nachdruck, und natürlich geschah nichts. Es gibt nichts Unmännlicheres als Frédéric Chopin. Sein männliches Feuer behält er einzig und allein seiner Musik vor. Außerhalb seiner Musik hat er keinen überzeugenden Willen. Sicherlich, weil sein Hauptinteresse im Leben ganz woanders liegt. Jedermann spürt ungefähr, was in seinem Leben wichtig oder nebensächlich ist. Ein solches Verhalten enttäuscht ganz sicher zögernde junge Mädchen, denn sie erwarten von ihrem Partner die Entschlußkraft, die ihnen selbst fehlt.

Hier soll noch eine mögliche, und sogar wahrscheinliche Reaktion des »Grafen«[10] Wodzinski angefügt werden, der von seiner Frau über die während der »grauen Stunde« gefaßten Pläne unterrichtet worden war: »Was zum Teufel soll mir dieser kleine Pianist mit Maria? Sie kann eine viel bessere Partie machen! Wenn er wenigstens gesünder und ein bißchen ehrgeiziger wäre! Aber nein: er hat einen Horror vor Konzerten, und bei jedem Lüftchen bekommt er gleich die Grippe. Nein, hundertmal nein!« Da Maria sicherlich den väterlichen Befehlen nur schwachen Widerstand entgegensetzte, verflog der rosarote Traum. Chopin schrieb weiter an Frau Wodzinska, als wäre nichts geschehen. Seine Selbstachtung war gerettet. Seine »Liebe« war tot.

Sand

SELBST wenn man Frauen nicht besonders liebt, ist es nicht gesagt, daß man sich ihrem Zugriff entziehen kann. Kaum verschwand Maria Wodzinska im Nebel des versäumten Glücks, hob sich schon George Sand vom Horizont ab. Nein, nicht im Dunst erschien die Hauptfrau – sondern in vollem Licht!

In bezug auf die Sand übertreiben fast alle Historiker. Ob sie sie nun rückhaltlos bewundern und dabei so weit gehen, ihre kaum noch verzeihlichen Fehler zu entschuldigen (André Maurois) oder sie in der Luft zerreißen (Baudelaire). Wir werden versuchen – das ist jedoch schwierig –, gerecht zu sein. Sie verdient es.

Man findet eine Erklärung für die Sand nur, wenn man sich über ihren Standort klar ist, wie ihn Maurois definiert: Geboren 1804, »an der Grenze von zwei Klassen und durch ihre Erziehung auf einen schmalen Zeitabschnitt gestellt, wo der Rationalismus des 18. Jahrhunderts und die Romantik des 19. Jahrhunderts einander begegneten«. Das ist sie, ipso facto, in ihrer Art zu denken, zu schreiben, die Welt zu begreifen.

Selbstportrait

Wir wissen, daß sie sehr klein war (1,50 m); das Gesicht war ansehnlich, von dichtem schwarzem Haar umrahmt, mit einem rundlichen Kinn, einem vollen Mund, großen nachdenklichen Augen und einem festen Blick. Hübsch? Nein – und sie sagte es selbst: »Ich bin nur einen Augenblick jugendlich und niemals schön gewesen. Meine Züge waren recht gut geformt, aber ich dachte niemals daran, ihnen auch nur den geringsten Ausdruck zu verleihen. Die Gewohnheit von frühester Zeit, einer Träumerei nachzuhängen, deren ich mir gar nicht bewußt werden konnte, verlieh mir schon recht jung einen törichten Ausdruck. Das haben mir alle gesagt: also muß es wohl wahr sein[1].« Törichter Ausdruck? Vielleicht. Aber es gehört Intelligenz dazu, es einzugestehen.

Keine wirkliche Schönheit, aber ganz sicher Charme. All die Männer, die es in großer Zahl im Leben der Sand gab, sind ihm erlegen, sie haben darüber gesprochen und geschrieben – mit Ausnahme des Mannes, dessen Geschichte wir hier vor uns haben und der sofort mit Blindheit geschlagen war, wenn es darum ging, ein Mädchen oder eine Frau zu beschreiben. Wie sah die Sand in den Augen zweier Zeitgenossen aus? Vigny beschrieb sie zur Zeit ihrer Verbindung mit Jules Sandeau im Jahre 1832 »als eine Frau, die wie eine Fünfundzwanzigjährige wirkt. Sie sieht aus wie die berühmte ›Judith‹ im Museum. Ihr schwarzes, gelocktes Haar fällt auf den Kragen herab wie bei den Engeln von Raffael. Ihre Augen sind groß und schwarz und in der Form gleich denen von allegorischen Figuren und den schönsten italienischen Köpfen. Ihr strenges Angesicht ist unbeweglich. Der untere Teil des Gesichts wenig angenehm, der Mund unschön geformt. Keinerlei Anmut in der Haltung, barsch in der Art zu reden. Ein Mann in der Aufmachung, der Sprache, dem Klang der Stimme und der Kühnheit der Argumente…«[2]

Man weiß, daß an jenem Tag die Sand in engen Hosen und Knopfstiefeln zu Dorval zum Diner kam. Vielleicht hatte sie es, wie so oft, gewagt, den Akzent und die Redeweise der Bewohner von Berry nachzuahmen. Fünf Jahre später, zu der Zeit, als die Liaison zwischen ihr und Chopin begann, zeichnete Balzac von der fruchtbaren Schriftstellerin, die er die »schreibende Kuh« nennt, ein freundschaftliches, farbiges und sicherlich klarsichtiges Porträt: »Ich fand den Kameraden George Sand in seinem Schlafrock vor, nach Tisch in ihrer Kaminecke in einem ungeheuer großen, entlegenen Zimmer eine Zigarre rauchend. Sie trug hübsche Pantoffeln, die mit Fransen verziert waren, kokette Strümpfe und eine rote Hose. Soviel über das Stimmungsmäßige.

Was das Körperliche betrifft, so hat sie inzwischen ein Doppelkinn wie ein Domherr bekommen. Sie hat trotz ihres fürchterlichen Pechs kein einziges weißes Haar; ihr bräunlicher Teint hat sich nicht verändert; ihre schönen Augen sind immer noch leuchtend; sie schaut noch immer gleich dumm drein, wenn sie nachdenkt, denn, wie ich es ihr gesagt, beherrscht das Auge ihren ganzen Gesichtsausdruck. Seit einem Jahr weilt sie in Nohant, ist sehr traurig und ungeheuer arbeitsam. Sie lebt hier in tiefer Abgeschiedenheit, verdammt Ehe und Liebe zugleich, weil sie im einen wie im anderen Stande nur Enttäuschungen erlebt hat. Der Typ Mann, den sie suchte, war schwer zu finden, das ist alles... Man kann sie nur sehr schwer lieben. Sie ist Junggeselle, sie ist Künstlerin, sie ist groß, edelmütig, aufopfernd, rein; ihre Gesichtszüge sind männlich; *ergo* ist sie kein Weib... Sie besitzt hohe Tugenden, Tugenden, die die Gesellschaft zu ihrem Nachteil auslegt... Sie ist eine vortreffliche, von ihren Kindern verehrte Mutter; jedoch steckt sie ihre Tochter Solange in Knabenkleider, und daran tut sie nicht gut. In moralischer Hinsicht gleicht sie einem zwanzigjährigen Mann; denn sie denkt keusch, spröde und ist nur äußerlich Künstlerin... Sie gehört zu jenen, die in der Stille, in der Intelligenz stark sind und angreifbar auf dem Gebiet der Wirklichkeit... Kurz, sie ist ein Mann, und um so mehr Mann, als sie es sein will, die Rolle der Frau aufgegeben hat, und nicht Frau ist. Die Frau zieht an, und sie stößt ab und, da ich stark männlich empfinde, so muß sie, wenn sie diese Wirkung bei mir auslöst, sie auch auf Männer ausüben, die mir wesensverwandt sind; sie wird stets unglücklich sein. Eine Frau sollte immer einen ihr überlegenen Mann lieben, oder doch stark von der Täuschung befangen sein, es sei dem so.«[3]

Hätte Chopin sie mit diesen Augen gesehen, vielleicht hätte er länger gezögert. Aber Chopin war nicht Balzac, dazu fehlte ihm viel. Und außer einer kurzen unfreundlichen Bemerkung zu Hiller gibt es von ihm keine Zeile, keine vertrauliche Bemerkung, keine seelische oder körperliche Skizze der Frau, mit der er acht Jahre lang sein Leben teilte.

Was bleibt nach der inneren und äußeren Beschreibung der

Sand noch zu erwähnen? Eine Menge. Ihr männliches Verhalten; ihr junggesellenhaftes Benehmen, das die Zeitgenossen herausforderte; ihre Art, gestützt auf den Arm eines jungen Mannes, den Hut zurückgeschoben, auf der Straße Zigarren zu rauchen; ihre Männerhosen zu einer Zeit, als ein solcher Aufzug bei einer Frau als skandalös betrachtet wurde; ihre bäuerliche Redeweise: dies alles war das Ergebnis ländlicher Herkunft und Kindheit. Auch die langen Ritte im Herrensitz über die Felder um Nohant an der Seite ihres Halbbruders Hippolyte Chatiron. Die Literatin war vor allem und zuerst einmal ein Mädchen vom Land.

Sie war in direkter Linie, über den Marschall von Sachsen, Sieger von Fontenay, eine Nachfahrin von August II., Kurfürst von Sachsen und König von Polen, und schrieb dieser Abstammung ihre Neigung zum Humanitären und Sozialen zu. Diese Seite, die wir gern als nebensächlich bezeichnen und über die wir manchmal lächeln, machte sie in Rußland berühmt. Sie übte einen starken Einfluß auf Gogol, Dostojewski, Tolstoi und Turgenjew aus, denn diesen Russen glich sie in ihrer Haltung, ihrer Denkweise, ihrer Gabe, sich durch nichts beirren zu lassen, ihrer vollkommenen Gleichgültigkeit westlichen Gebräuchen gegenüber. Die russische Seite der Sand ist typisch[4].

Katholisch? »Ich glaube nicht.«[5] Christlich? Ja, soweit das Christentum sich mit dem Sozialismus überschneidet. Schließlich fand sie ihre Religion in ihrer politischen und sozialen Aktivität: helfen, lieben, sich mühen waren ihre Kardinaltugenden. Ihr Einsatz, ihre Großmütigkeit brachten sie auf den Weg des Heils. Von ihrem Anfall religiöser Schwärmerei, den sie in ihren Jugendjahren im Kloster der Augustinerinnen in Paris durchmachte – »Ein Bach von Tränen überlief mein Gesicht: ich fühlte, daß ich Gott liebte…« –, hatte sie die Gabe und den Sinn für religiöse Verzückung zurückbehalten.

Dieses Naturmädchen, diese rustikale Fee, diese Bacchantin lockte der Gedanke an eine Ehe kaum, denn sie konnte sich nicht vorstellen, einen Mann zum Herrn und Meister zu bekommen. Trotzdem heiratete sie Casimir Dudevant, ohne ihn zu kennen, wie es zu jener Zeit Brauch war. Zuerst liebte sie ihn, obwohl sie ihn fürchtete. Sicherlich waren die ersten körperlichen Begegnungen der beiden ziemlich enttäuschend, wenn man nach dem urteilt, was George Sand ihrem Halbbruder Hippolyte empfahl, als er im Jahre 1843 seine Tochter Léontine verheiratete: »Verhindere, daß dein Schwiegersohn deine Tochter gleich in der ersten Nacht grob behandelt, denn daher stammen eine Menge Leiden bei empfindsamen Frauen. Die Männer wissen gar nicht genug, was für ein Martyrium dieses Vergnügen für uns ist. Sag ihm doch, er solle seine Lust ein bißchen zügeln und warten, bis er seine Frau langsam so weit gebracht hat, daß sie sie verstehen und erwidern kann. Nichts ist furchtbarer als der Schrecken, das Leiden und der Ekel eines armen Kindes, das von nichts weiß und von einem brutalen Rohling vergewaltigt wird. Wir erziehen sie wie Heilige, und dann geben wir sie preis wie junge Stuten…«

Eine versäumte Heirat

Ein solcher Brief sagt eine Menge über die Hochzeitsnacht der Sand aus: es war eine Prüfung ohne Lohn. Dieses robuste, mehr als die Männer in die Natur verliebte Mädchen bekam zweifellos nichts von dem, was sie erwartete. Und doch liebte sie ihren Mann, sie war ganz sicher, daß Liebe und Geduld zusammengehören, doch glaubte sie nicht mehr an gemeinsame Freuden. Verletzt an Körper und Seele, zog sie sich in jener Nacht eine Frigidität zu, die sie ihr ganzes Leben lang verfolgte: »Meine Mutter«, vertraute Solange Sand später Adolphe Brisson an, »hatte eine heiße Phantasie und ein kaltes Temperament.« Von hier ist nur ein Schritt bis zum ewigen Nachlaufen hinter einer unmöglichen Liebe, die sich ständig anbietet und unaufhörlich verweigert – wie der Horizont, der bei der Annäherung immer weiter zurückweicht. Sie versuchte mehrere Male, diesen Schritt zu tun, da sie beschlossen hatte, daß »die Ehe nur angenehm ist vor der Ehe«. Casimir und sie führten vor der Trennung ein Leben totalen Schweigens. Sie erschöpfte sich vergeblich in der Verfolgung des Mannes ihrer Träume. Welcher wäre der richtige, der wahre, der einzige, welcher unter ihnen würde sie verstehen, zärtlich zu ihr sein, sie erzittern lassen? Keiner. Das ist das Thema von *Lélia*, in dem zum erstenmal das Problem weiblicher Frigidität behandelt wird: »Das Begehren bei mir«, so schrieb die Sand, »war eine Leidenschaft der Seele, die die Sinne lähmte, bevor sie sie erwecken konnte. Eine wilde Raserei bemächtigte sich meines Gehirns und konzentrierte sich ausschließlich darauf. Mein Blut gefror ohnmächtig und armselig, während mein Wille sich unmäßig aufbäumte. Man hätte jetzt sterben müssen.« Welch eine Aussicht auf entzückende Liebesszenen zu zweit zwischen einer frigiden Frau und dem wegen seiner sexuellen Gleichgültigkeit keuschen Chopin!

Weder der nette Aurélien de Sèze[6] noch Stéphane Ajasson de Grandsagne (der vielleicht der Vater von Solange Sand war), noch der langweilige Jules Sandeau – »mein kleiner Jules« –, der George statt seiner ganzen Liebe seinen halben Namen gab –, noch der zynische und flatterhafte Mérimée gaben der Sand das Glück, das sie so sehnsüchtig erhoffte. Aber jetzt kam Musset.

Die Liebenden von Venedig

Sie lernten sich bei einem Diner der *Revue des Deux-Mondes* kennen. Die Sand hatte ein Vorurteil gegen den liederlichen Dandy. Er selbst war weit davon entfernt, bei der ersten Begegnung begeistert zu sein. Dennoch war er es, der die Initiative ergriff und George gestand, er sei »ganz einfach, ganz blöd in sie verliebt«. Die Sand stand sofort in Flammen. Da Alfred ein bißchen bleich war, nahm sie ihn mit nach Italien. Nach ein paar Tagen verfiel die Sand in ein böses Fieber – ein gutes gibt es nicht! –, bekam Pickel, wurde häßlich und flüchtete sich in Schreibarbeit: schließlich muß man leben, auch unter venezianischem Himmel! Musset betrachtete sie, fand sie häßlich, verschwand in den Schenken, lief Mädchen nach, kehrte entkräftet zurück, verletzende Worte auf den Lippen: »George, ich habe mich getäuscht, ich bitte dich um Verzeihung, ich liebe dich nicht...« Die Sand war erschüttert. Sie glaubte ihren Ohren nicht zu trauen, als sie während eines Fieberanfalls hörte, wie Musset die gröbsten Verwünschungen ausstieß: »Wenn ich das gewußt hätte wie bei den anderen, dann hätte ich dir zwanzig Francs auf die Kommode geworfen!« O Schreck, war das wirklich die Sprache des Dichters, der für sie die erhabenen Verse geschrieben hatte:

> Je ne veux rien savoir, ni si les champs fleurissent,
> Ni ce qu'il adviendra du simulacre humain,
> Ni si ces vastes cieux éclaireront demain,
> Ce qu'ils ensevelissent.

> Je me dis seulement: »A cette heure, en ce lieu,
> Un jour, je fus aimé, j'aimais, elle était belle.«
> J'enfouis ce trésor dans mon âme immortelle,
> Et je l'emporte à Dieu.[7]

Was hat die Sand auf den oben zitierten ordinären Ausspruch geantwortet? Oh! sie wollte nichts überstürzen. Nur eines Abends, als sie zusammen mit einem jungen italienischen Arzt den bettlägerigen Musset pflegte, betrachtete sie den Gefährten des Zufalls näher. Sie starrte Pietro Pagello an: Schau! ein hübscher Junge! Vielleicht ein bißchen unerfahren: man muß ihn ermutigen! Ihre glühenden Blicke hatten keinen nennenswerten Erfolg. Da zögerte die Sand nicht länger: sie ging zu ihrem Sekretär, und da die Feder ihr sicherstes Werkzeug der Verführung war, schrieb sie an Pagello, um, wie man so sagt, Nägel mit Köpfen zu machen: »Wirst Du mir Stütze oder Herr sein? Wirst Du mich über das Leid trösten, an dem ich litt, bevor ich dich traf? Wirst Du wissen, warum ich traurig bin? Kennst Du Mitleid, Geduld, Freundschaft? Werde ich Deine Gefährtin oder Deine Sklavin sein? Begehrst Du oder liebst Du mich? Wirst Du es mir danken, wenn Deine Leidenschaft befriedigt ist? Wirst Du es mir sagen können, wenn ich Dich glücklich mache? Bist Du nach den Freuden der Liebe keuchend und stumpf oder von göttlicher Ekstase beseelt? Überlebt Deine Seele den Körper, wenn Du die Brust derer verläßt, die Du liebst?«

Sie gab den Brief Pagello. Dieser las ihn, ohne zu begreifen – das ist klar! –, denn im Grunde hatte er ja nichts verlangt, und er

befand sich zum erstenmal in seinem Leben einer Dame gegenüber, die ihm solche Fragen stellte. Er sah sie tatsächlich »keuchend und stumpf« an, aber ohne der Sand jenes Unterpfand der
Erschöpfung geliefert zu haben, das sie als Symbol der Leidenschaft betrachtete. Darauf schrieb die Sand auf dem Gipfel ihrer
Ungeduld als Nachsatz darunter: »An den dummen Pagello!«
Sie reichte dem jungen Arzt noch einmal den verführerischen
Brief, dieser fühlte sich in die Enge getrieben und bequemte sich
endlich.

Eine Bacchantin

Die Episode von Venedig wirft ein Schlaglicht auf die düstere
Seele der Frau, die man ironisch »die gute Dame von Nohant«
genannt hat. Die später liebenswürdige Großmutter war ein sit-
tenloses Weib, das genau die Nachteile ihrer großen Qualitäten
besaß: Energie, männlichen Willen, die rückhaltlose Verfolgung
ihrer Ziele mit merkwürdigen Mitteln. Zuerst einmal log sie,
wenn sie den Mund auftat. Die Literatur bot ihr die Möglichkeit,
nicht nur ihren Lebensunterhalt zu verdienen – und als realistische Frau betrachtete sie diese Tätigkeit ohne ein Fünkchen Poesie[8] –, sondern auch ein ganzes Leben lang ein unendliches, er-
müdendes Plädoyer pro domo abzugeben. Jeden Augenblick
rechtfertigte sie ihr Verhalten, dort wo es am wenigsten zu
rechtfertigen gab. Sie beherrschte wie kaum jemand die Kunst,
andere mit ihren eigenen Fehlern zu belasten und die Tatsachen
geschickt zu verdrehen. Sie wurde die Geliebte von X., nur um
ein armes Kind zu retten, das ohne sie kaum noch drei Monate zu
leben gehabt hätte! Sie brach eine Liaison ab, nur weil ihre reine
Seele in einem solchen Morast zu Schaden kam! Sie verschenkte
die Lust, die sie nicht empfand: was tat's! Niemals verschwieg sie
die Wahrheit, außer wenn sie kein Salz in eine Wunde streuen
wollte! Niemals gab sie ihren Interessen, ihren eigenen Wünschen nach: Gott führte sie über den steinigen Weg, den sie
schicksalhaft erklimmen mußte, die Augen auf das Kreuz gerichtet, das auf dem Gipfel erstrahlte! Es gibt nur wenige Seiten in
der *Geschichte meines Lebens* – jenem schamlosen Zeitungsro-

man –, auf denen sie nicht den Herrn anruft, an den sie nicht glaubt. Hier folgte sie dem Instinkt einer schnurrenden Katze, ihrer Vorliebe für nichtssagende, bedeutungslose Liedchen: Wenn sie sich zufällig einmal in einer schwierigen Lage befand – mit ihrem Mann, mit Musset, mit Chopin – dann erfand sie ganze Briefe, Erinnerungen, Kapitel. Vor Schriftfälschungen schreckte sie nicht zurück. Und wenn sie ihren Zorn entladen oder ihre Etappe gesichert hatte und dabei erwischt wurde – zum Beispiel bei der Veröffentlichung von *Lucrezia Floriani*, wo sie Chopin auftreten ließ oder in *Elle et lui*, wo sie auf ihre Weise ihr Abenteuer mit Musset erzählte – dann leugnete sie unverschämt, jedoch ohne zu überzeugen. Die »gute Dame von Nohant« war ein Luder oder, wenn man so will, ein mißratener junger Mann, ohne irgendwelche Skrupel. Aber kommen wir zu Pagello zurück.

Diese Frau, die in der *Geschichte meines Lebens* friedlich erklärt: »Ich bin die reinste aller Frauen...« verhielt sich hier nicht wie eine Dirne, sondern wie... ein Mann, der unfähig ist, seine plötzliche Begierde zu zügeln. Hier enthüllte die Sand ihre – kaum – geheime Natur! Jetzt versteht man den Ausspruch Mussets in einem Augenblick bitterer Klarheit in seiner ganzen grausamen Wahrheit: »Du warst mir keine Geliebte: du warst mir nur Mutter...«

...Nur Mutter! Ist sie jemals etwas anderes gewesen, kann sie überhaupt etwas anderes sein? Michel de Bourges, der Sohn eines armen Holzhackers, leidenschaftlicher Republikaner, beredt, schön in seiner intelligenten Häßlichkeit, »fesselt sie ganz«. Aber sie verließ ihn. Gustave Planche, Publizist, und Charles Didier, Botaniker und Dichter, zählten in ihrem Leben kaum. Im Jahre 1836 trennte sie sich gerichtlich von ihrem Mann, wegen »seiner Brutalitäten, seines leichtfertigen Lebenswandels, seiner unerträglichen Ausschweifungen«, vor allem aber, weil sie zufällig Casimirs Testament gelesen hatte, in dem er sie hart beschimpfte. In dem Augenblick, als Chopin in ihrem Gesichtskreis auftauchte, hatte sie ein Verhältnis mit einem Kreolen, Félicien Mallefille, dem Lehrer ihrer Kinder: er wog nicht viel in ihrem Leben.

Im Oktober 1836 kam die Sand aus der Schweiz zurück, wo sie bei Liszt und der Gräfin d'Agoult in Begleitung eines geistreichen Genfers, Major Pictet, den Sommer verbracht hatte. Sie hatten sich originelle Spitznamen zugelegt. Liszt und Marie d'Agoult nannten sich die »Fellows«; Liszt hieß »Crétin«; Marie war einmal »Mirabelle« oder »Arabelle« oder auch »la Princesse«, die Sand und ihre Kinder waren die »Piffoëls« wegen ihrer langen Nasen[9].

In das Gästebuch des Hotels schrieb sich die Sand folgendermaßen ein:

Namen der Gäste: Familie Piffoël.
Wohnort: die Natur.
Herkunft: von Gott.
Ziel: der Himmel.
Geburtsort: Europa.
Beruf: Spaziergänger.
Gültigkeit ihrer Papiere: immer.
Ausgegeben von: der öffentlichen Meinung.

Nach drei Monaten philosophischer Unterhaltungen, von denen Liszt[10] hell begeistert war, fuhr die Sand nach Paris zurück. Liszt und seine Gräfin blieben noch bis November. Sowie Liszt wieder zu Hause und im Hotel de France in der Rue Laffitte eingerichtet war, traf er oft mit Chopin zusammen. Die beiden Männer spielten vierhändig oder auf zwei Klavieren, plauderten, tauschten Gedanken aus. Marie d'Agoult mochte weder die Sand noch Chopin. Von der unerschöpflichen Schriftstellerin unterschied sie eigentlich alles: die Herkunft, der Umgang mit der Gesellschaft, ihre eigene Fraulichkeit. Sie war von der Aufrichtigkeit der Sand nicht überzeugt, die gern sagte: »Ich lasse die Stimme der Frau in einem Moment ertönen, da die Frau schweigt.« Die Sand eine Frau? Aber nein! Ein Mann, ein großer Mann, wenn man so will, aber ein Mann! Dafür war sie insgeheim eifersüchtig auf Georges Talent und versuchte, selbst zu schreiben. Sie bereitete in aller Heimlichkeit einen Roman vor. Chopin gegenüber empfand sie eher Mitleid als ehrliche Freundschaft, und sie sparte nicht mit Spott: »Chopin? Eine überzuckerte Auster!« – oder auch: »Bei ihm kann man sich nur auf seinen Husten verlassen.« Liszt lächelte und ließ sie gewähren. Ach, diese Frauen!

Begegnung

Das genaue Datum der ersten Begegnung zwischen Chopin und der Sand? Man weiß es nicht. Gegen Ende des Herbstes 1836 im Hotel de France, das ist gewiß. Franz und Marie hatten ein paar Freunde eingeladen. Die Sand war mit Frau Marliani[11] gekommen, Chopin zusammen mit Ferdinand Hiller. George hatte ihre beiden Kinder dabei, alle drei waren in Hosen, worüber sich Chopin, der Hüter der Konventionen, empörte: »Wie unsympathisch ist doch diese Sand«, sagte er zu Hiller beim Verlassen des Hotel de France. »Ist sie überhaupt noch eine Frau? Ich möchte es fast bezweifeln…«

Und die Sand gab ihm das zurück; sie flüsterte der bei der Begegnung anwesenden Marliani ins Ohr: »Dieser Herr Chopin – ist es ein Mädchen?«

Besser als irgendeine lange Dissertation kommentieren diese beiden Bemerkungen den ersten Eindruck, den die beiden künftigen Liebenden voneinander hatten. Sie erklären außerdem die Atmosphäre ihres Verhältnisses. In Umkehrung der normalen Rollenverteilung spielte die Sand ganz unwillkürlich den Beschützer, Chopin den Beschützten. So glich der Zufall eine gegenteilige Veranlagung aus! Die Sand sagte oft: »Ich muß wählen: lieben oder sterben!«, und sie hatte das Leben gewählt! Bei Chopin dagegen, der kein Wort äußerte, geht aus seiner ganzen Vergangenheit hervor, daß er zugleich erobert und geliebt werden mußte. Die Gemeinschaft mit einem starken und entschiedenen Menschen erfüllte ihm einen verborgenen Wunsch, der sich bisher in unbewußt leidenschaftlichen Briefen an Titus Woyziechowski ausdrückte und der ihn nun in die kräftigen

Arme einer männlichen Frau trieb. So erfüllte sich ihr Schicksal, das stärker war als ihr Wille.

Am 13. Dezember 1836 lud Chopin ein paar Freunde in seine Wohnung in der Chaussée-d'Antin 38 ein. Es kamen Mickiewicz, Heine, Hiller, der Marquis de Custine, Eugène Sue, Meyerbeer, Delacroix, Pixis, Berryer, ein paar Polen – Wlodzimierz, Potocki und sein Bruder Bernard, Grzymala, Niemcewicz und der kürzlich aus Warschau eingetroffene Josef Brzowski –, George Sand und Carlotta Marliani. Mit Liszt spielte Chopin vierhändig die *Sonate in es* von Moscheles. Marie d'Agoult, die zum erstenmal bei Chopin war, lobte die mit viel Geschmack ausgewählte Einrichtung. Gegen Ende des Abends sang Nourrit den *Erlkönig*. Die Sand, die sich an diesem Abend absichtlich in den polnischen Farben gekleidet hatte – weißer Rock mit rotem Gürtel, Jacke mit Tressen – lauschte verträumt dem Duo von Liszt und Chopin. »Auf alles, was sie hörte, verbreitete sich der Widerschein ihres feurigen Genius.« Sie meinte »die leisen Stimmen der Natur zu vernehmen, durch welche sie ihre Lieblinge in ihre Mysterien einweiht...«[12] Und sie trennte sich ungern, nachdem sie Chopin eingeladen hatte, zusammen mit Liszt und Madame d'Agoult im kommenden Frühjahr nach Nohant zu kommen. Schon war ihr Herz für ihn entflammt. Aber Chopin fühlte sich in keiner Weise verpflichtet. Er schlug die Einladung aus, da er andere Pläne hatte, und außerdem verfolgte ihn die Erinnerung an Maria, auf die er vielleicht noch nicht endgültig verzichtet hatte.

London

Würde er das Angebot des Marquis de Custine, dem die Gesundheit des Musikers Sorgen macht, annehmen? »Sie haben nur eine einzige Möglichkeit: sich wie ein Kind und wie ein Kranker behandeln zu lassen. Kommen Sie doch drei Monate nach Bad Ems, und erholen Sie sich bei mir am Ufer des Rheines!« Chopin, der Hartnäckigkeit des Marquis allmählich überdrüssig, lehnte ab. Er verbrachte den Winter 1837 in Paris. Im Sommer darauf gab er den Bitten von Camille Pleyel nach und

fuhr mit diesem nach London. Hier begegneten die beiden
Freunde einem Polen, Stanislas Kozmian, einem Jugendfreund
von Chopin, der sich in England niedergelassen hatte. Obwohl
er beunruhigt war, als er hörte, daß die Wodzinskis nicht aus
Sluzewo fortgehen wollten und also eine Begegnung in einem
deutschen Badeort verschoben war, schrieb er an Julian Fontana, der in London gelebt hatte, einen freundlichen, ziemlich burlesken Brief: »Der Teufel soll Dich holen, weil Du mir gesagt
hast, der Dreck sei hier trocken! Der schöne Dreck hier ist grau!
Später schildere ich Dir den Eindruck dieses italienischen Ruß-
himmels, der nur sehr schwer solche Säulen grauer Luft erträgt.
Du kannst Jasek (Matuszynski) sagen, daß es leicht ist, sich hier
gut zu amüsieren, wenn man nicht zu lange bleibt. Alles ist riesig!
Grandiose Pissoirs, in denen man aber keinen Platz hat, um Pipi
zu machen…Alles hier ist außergewöhnlich und doch gleich-
förmig, alles ist gut erzogen, alles ist gewaschen und noch einmal
gewaschen, und doch so schwarz wie der Arsch eines Edelman-
nes. Ich küsse Dich auf beiden Wangen.« Bei seinen Jugend-
freunden, aber nur bei ihnen, schlug Chopin den lockeren Ton
eines Gymnasiasten an.
Der Londoner Klavierbauer Broadwood, der einst Beethoven
mehrere Instrumente geliefert hatte, führte auch Chopin welche
vor. Dieser gab einen glänzenden Konzertabend. Einen Augenblick erwog er, von London aus nach Holland und Deutschland
zu reisen, wo Titus Woyciechowski ihn gern getroffen hätte.
Doch er ließ den Plan fallen und fuhr am 22. Juli 1837 nach Paris
zurück, tiefbetrübt über den »so traurigen Brief«[13], den er von
Frau Wodzinska erhalten hatte. Den Sommer verbrachte er,
ganz in seinen Kummer versunken, in einem leeren Paris. Ganz
nebenbei lehnte er den Titel eines russischen Hofpianisten ab,
der ihm von dem Grafen Pozzo di Borgo, dem Botschafter des
Zaren in Paris, angetragen worden war: »Wenn ich auch an der
Revolution von 1830 nicht teilgenommen habe, so war ich doch
mit dem Herzen bei denen, die sie machten. Ich betrachte mich
also als Emigrant und neben diesem Titel möchte ich keinen weiteren annehmen…«
Im Oktober 1837 war das zweite Heft, op. 25, der Etüden er-

schienen. 1838 veröffentlichte Chopin *Vier Mazurken* op. 33 und *Drei Walzer* op. 34. Am 25. Februar des gleichen Jahres war er bei Hof eingeladen, um vor Louis-Philippe zu spielen, den er nicht mochte. Seine Werke und eine Improvisation brachten ihm großen Erfolg und ein persönliches Geschenk des Königs ein. Auber, der dank eines Privilegs dem Abend beiwohnte, erklärte Chopin: »Herr Chopin, jetzt kann ich wieder Klavier hören!« Kann es ein größeres Lob geben? Drei Wochen später spielte Chopin zweimal vor Publikum in Paris und in Rouen. Das erste Mal spielte er ein achthändiges Arrangement der 7. *Symphonie* von Beethoven, mit Alkan, Zimmermann und Gutmann vor. Das andere Mal wirkte er auf Bitten seines Freundes Anton Orlowski an einem Wohltätigkeitskonzert mit. Sein *Klavierkonzert in e-Moll* erhielt in der *Gazette musicale* von Legouvé eine lobende Besprechung: »Um seinen polnischen Landsleuten zu helfen, hat Chopin seinen Widerwillen vor öffentlichen Auftritten überwunden. Unnötig zu betonen, daß er einen außergewöhnlichen, unvorstellbaren Erfolg hatte! Die bezaubernden Melodien, die unbeschreibliche Zartheit des Vortrags, die melancholische und leidenschaftliche Inspiration, die Phantasie und Herz gleichermaßen ansprechende Poesie im Spiel wie in der Komposition, haben fünfhundert Menschen überwältigt und bewegt, nicht weniger als sie die acht oder neun Privilegierten entzückten, die ihm sonst stundenlang begeistert zuhören... Wach auf, Chopin! Dieser Triumph möge dich zu einem entscheidenden Schritt veranlassen! Geh aus dir heraus, laß das Licht deines Genies für alle leuchten! Zeig endlich einmal, wer du wirklich bist, und beende den Streit unter den Künstlern. Und wenn man jetzt noch fragt, wer der größte Pianist der Welt sei, Thalberg oder Liszt, dann wird die ganze Welt mit denen antworten, die dich gehört haben: Chopin!«

Aber Chopin, der sich von Natur aus lieber in kleinem Kreis bewegte, empfing, statt den Wunsch von Legouvé zu erfüllen, den Besuch Paganinis. Er spielte mehrere Stunden für den berühmten Italiener, der ihm entzückt lauschte.

Währenddessen wurde die Sand ungeduldig, unruhig. Ziemlich eindeutig ließ sie ihr Interesse für den Undankbaren durch-

blicken, der sie weiterhin ignorierte. Am 2. Januar 1838 schrieb
sie an die Gräfin d'Agoult und verbarg ihr Gefühl unter selbster-
fundenen Dialektausdrücken: »Piffoël fährt vielleicht Ende Januar nach Paris. Piffoël drückt mit schwerem Herz die Hand von
Sopin, wegen dem Crétin und auch wegen Sopin: because Sopin
is very nett.« Etwas später, im Mai, schrieb sie ernsthafter an Delacroix und lud ihn zu einem Abend ein, bei dem Chopin in kleinem Kreis Klavier spielen sollte: »Er ist wirklich überragend...«
In der gleichen Zeit etwa schrieb sie an Frau Marliani einen
Brief, in dem ihre seelische Verfassung klar zutage trat: »Sie wissen, das Wetter zur *Jahreszeit der Liebe ist wechselhaft*. Man
sagt oft *ja* und *nein*, *doch* und *aber* in einer Woche. Oft sagt man
am Morgen: *das ist jetzt wirklich unerträglich*, um am Abend zu
sagen: *tatsächlich ist es das höchste Glück*. Ich warte daher, ehe
ich Ihnen schreibe, allen Ernstes darauf, daß mein Barometer
etwas, wenn auch nichts Stabiles, so doch zumindest Sicheres für
beliebige Zeit anzeigt. Ich habe nicht den geringsten Tadel vor-
zubringen, aber das ist auch kein Grund, zufrieden zu sein...«
Ganz offensichtlich zögerte Chopin, er wich aus, schob seine
Entscheidung auf, denn im Grunde wollte er keine treffen. Lieber hätte er von seinem Kummer geträumt als ein glückliches
Leben aufgebaut. Ein Brief an Albert Grzymala bezieht sich anscheinend auf diese Unsicherheit: »Muß Dich heute unbedingt
sehen. Befürchte keinerlei Umstände für Dich. Es handelt sich
um einen Ratschlag für mich.«
Da schrieb die Sand, die die Dinge vorantreiben wollte, an den
gleichen Grzymala, den sie sehr gut kannte und den sie im übrigen »lieber Mann« [14] nannte, einen ausführlichen Brief, der alle
Nuancen ihrer komplexen Seele enthüllte.

Ein Brief

Nohant, Juni 1838

Stellen wir ein letztes Mal deutlich die Frage, denn von Ihrer
letzten Antwort über dieses Thema hängt mein ganzes künftiges
Verhalten ab, und da es zu einem Entschluß kommen muß, bin

ich mir selber gram, daß ich den Widerwillen nicht überwinden konnte, Sie in Paris deswegen zu befragen. Ich meinte, daß das, was ich hören würde, *meinem Poem* die Farbe nehmen würde. Und tatsächlich, es ist vergilbt, oder vielmehr stark am Verblassen. Aber was tut's!

Hören Sie mir gut zu und antworten Sie klar, kategorisch, deutlich. Ist diese Person[15], die er lieben will oder lieben muß oder lieben zu müssen glaubt, wirklich geeignet, ihn glücklich zu machen, oder wird sie seine Leiden und seine Schwermut noch vermehren? Ich frage nicht, ob er liebt, ob er geliebt wird, ob sie mehr oder weniger taugt als ich. Ich weiß es ungefähr, weil das, was in mir vorgeht, auch in ihm vorgehen muß. Ich möchte nun wissen, *welche von uns beiden* er um seiner Ruhe, seines Glückes, schließlich seines Lebens willen, das mir schwankend und zu zart erscheint, um großem Schmerz zu widerstehen, vergessen oder verlassen muß. Ich möchte nicht den bösen Engel spielen. Ich bin nicht Meyerbeers *Bertram*, und ich werde nicht gegen die Jugendfreundin kämpfen, wenn sie eine schöne reine Alice ist; hätte ich gewußt, daß es eine Bindung, eine Herzensregung im Leben unseres Kindes gibt, dann hätte ich mich niemals heruntergebeugt, um einen Duft zu atmen, der für einen anderen Altar bestimmt war. So wäre er auch sicherlich meinem ersten Kuß ausgewichen, wenn er gewußt hätte, daß ich so gut wie verheiratet bin.[16] Wir haben uns gegenseitig nicht hintergangen; wir haben uns dem Wind überlassen, der uns beide für einige Augenblicke in andere Regionen trug. Aber deshalb müssen wir jetzt, nach der himmlischen Glut und der Reise durch das Reich der Seligen, wieder zur Erde herunterkommen. Arme Vögel, wir haben Flügel, aber unser Nest ist auf der Erde, und wenn der Gesang der Engel uns nach oben lockt, dann holt uns der Ruf unserer Familie wieder herunter! Ich möchte mich nicht der Leidenschaft hingeben, wenn auch im Inneren meines Herzens manchmal noch ein bedrohliches Feuer aufflammt. Meine Kinder werden mir die Kraft geben, mit allem, was mich ihnen entfremden könnte, oder daran hindern, die beste Stütze für ihre Erziehung, ihre Gesundheit, ihr Wohlbefinden usw. zu sein, zu brechen. So kann ich mich nicht für dauernd in Paris niederlassen, wegen der

Krankheit von Maurice usw. Außerdem ist da ein vortrefflicher Mensch [17], *vollkommen*, in Hinblick auf das Herz und die Ehre, *den ich nie im Stich lassen werde*, denn er ist der einzige Mann — er lebt seit fast einem Jahr mit mir zusammen —, der mich kein einziges Mal, *keine einzige Minute* durch seine Schuld hat leiden lassen. Er ist auch der einzige Mann, der mir ganz und gar ergeben ist, ohne Rückblick auf die Vergangenheit und ohne Vorbehalte für die Zukunft. Außerdem ist er so gütig und so verständig, daß ich ihn mit der Zeit nicht dazu bringen möchte, alles zu verstehen, alles zu erfahren. Er ist geschmeidiges Wachs, in das ich mein Siegel geprägt habe, und wenn ich die Prägung ändern will, wird mir das mit einiger Vorsicht und Geduld auch gelingen [18]. Aber heute wäre das nicht möglich, und sein Glück ist mir heilig. Soviel, was mich betrifft, gebunden wie ich bin, ziemlich fest angekettet *für Jahre*, kann ich nur hoffen, daß unser *Kleiner* seinerseits die Ketten zerreißt, die ihn fesseln. Wenn er sein Leben in meine Hände legen würde, so wäre ich darüber ziemlich erschrocken, denn da ich ein anderes schon besitze, könnte ich ihm das nicht ersetzen, was er für mich aufgegeben hätte. Ich glaube, unsere Liebe [19] kann nur unter den Bedingungen andauern, aus denen sie entstanden ist, das heißt, daß wir von Zeit zu Zeit, wenn ein günstiger Wind uns zusammenführt, wieder eine Reise zu den Sternen unternehmen würden, und dann würden wir wieder auseinandergehen, um auf Erden zu wandeln, denn wir sind Kinder der Erde, und Gott hat uns nicht erlaubt, daß wir unsere Pilgerfahrt Seite an Seite vollenden. Wir müssen uns im Himmel (!) begegnen, und die kurzen Augenblicke, die wir dort verbringen, werden so schön sein, daß sie ein ganzes Leben hier unten aufwiegen.

Meine Pflicht ist also vorgegeben. Aber ich kann sie, ohne sie jemals zu verleugnen, auf zwei verschiedene Arten erfüllen: die eine wäre, C(hopin) soweit möglich zu meiden, nicht zu versuchen, in seine Gedanken einzudringen, niemals mit ihm allein zu sein; die andere wäre dagegen, mich ihm soweit möglich zu nähern, ohne die Sicherheit von M(allefille) zu gefährden, mich in seinen Stunden der Ruhe und des Glücks sanft bei ihm in Erinnerung zu bringen, ihn manchmal keusch in meine Arme zu schließen, wenn der himmlische Wind uns aufheben und in die Lüfte entführen will. Nach der ersten Art würde ich handeln, wenn die *Person* geeignet ist, ihm reines und echtes Glück zu geben, ihn zu umhegen, sein Leben zu regeln, zu ordnen und zu beruhigen, wenn es darum geht, daß er durch sie glücklich wird und ich dabei ein Hinderungsgrund bin; wenn sein *übertrieben*, vielleicht *wahnsinnig*, vielleicht einsichtsvoll gewissenhaftes Herz es ablehnte, zwei verschiedene Menschen auf zwei verschiedene Arten zu lieben, wenn die acht Tage, die ich in einer Saison mit ihm verbringen würde, ihn daran hinderten, den Rest des Jahres innerlich glücklich zu sein – ja dann schwöre ich Ihnen, werde ich alles tun, daß er mich vergißt.

Nach der zweiten Art würde ich handeln, wenn Sie mir von zwei Dingen eines sagen: ob sein häusliches Glück mit ein paar Stunden keuscher Leidenschaft und süßer Poesie gestaltet werden kann und muß oder ob häusliches Glück ihm unmöglich ist, und die Ehe oder irgendeine ähnliche Verbindung das Grab für diese Künstlerseele bedeutete, so daß man ihn also um jeden Preis davon fernhalten müßte, und ihm sogar helfen, seine religiösen Skrupel zu überwinden. Ungefähr dort – und ich werde sagen, wo – liegen meine Bedenken. Sie werden mir sagen, ob ich mich täusche; ich nehme an, diese Person ist charmant, aller Liebe und Verehrung wert, denn ein Mensch wie er kann nur das Reine und Schöne lieben. Aber ich glaube, Sie fürchten für ihn die Ehe, das ständige Gebundensein, das Leben in der Wirklichkeit, die Geschäfte, die häuslichen Sorgen, mit einem Wort alles, was seiner Art fernzuliegen und den Eingebungen seiner Muse entgegenzuwirken scheint. Das würde ich auch fürchten; aber in dieser Hinsicht kann ich nichts behaupten und nichts aussprechen, denn es gibt eine Menge Gesichtspunkte, unter denen er mir absolut unbekannt ist. Ich habe nur die sonnenbeschienene Seite seines Wesens gesehen. Sie werden mir also hierin feste Anhaltspunkte geben. Es ist außerordentlich wichtig, daß ich seine Position kenne, um die meine zu bestimmen. In meinem Sinne hätte ich unser Poem so arrangiert, daß ich nichts, absolut nichts von seinem *eigentlichen* Leben erfahren würde, noch er von dem meinen, daß er all seinen religiösen, weltlichen, poetischen, künstlerischen Ideen nachkommen könnte, ohne daß ich ihn jemals um Rechenschaft bitten würde und umgekehrt; daß aber überall, wo und wann in unserem Leben wir uns begegnen würden, unsere Seelen von höchstem Glück und dem Vortrefflichsten erfüllt wären. Denn ich zweifle nicht daran, daß es einem besser geht, wenn man einer erhabenen Liebe huldigt und weit davon entfernt, ein Verbrechen zu begehen, nähert man sich Gott, dem Quell und dem Urgrund dieser Liebe. Vielleicht ist es das, was Sie letzten Endes versuchen sollten, ihm begreiflich zu machen, lieber Freund, und ohne seinen Begriffen von Pflicht, Ergebenheit und religiösem Opfer zu widersprechen, können Sie vielleicht sein Herz erleichtern.

Was ich am meisten auf der Welt fürchten, was mir den größten Kummer bereiten würde, was mich sogar zu dem Entschluß veranlassen könnte, *mich für ihn tot zu stellen*, das wäre, wenn ich merkte, daß ich zum Schrecken und Gewissensbiß für seine Seele würde. Nein, ich kann mich nicht entschließen (es sei denn, sie ist ihm ohne mein Zutun verhängnisvoll), das Bild einer anderen und die Erinnerung an sie zu bekämpfen. Dafür achte ich das Eigentum zu sehr, oder vielmehr ist es das einzige Eigentum, das ich achte. Ich will niemandem jemand wegnehmen, ausgenommen die Gefangenen den Kerkermeistern und die Opfer den Henkern und Polen Rußland. Sagen Sie mir also, ob es ein *Rußland* ist, dessen Bild unser Kind verfolgt; dann würde ich den Himmel bitten, mir alle Verführungskünste der Armida zu verleihen, um ihn daran zu hindern, daß er sich da hineinstürzt; wenn es aber ein *Polen* ist, lassen Sie ihn gewähren. Es gibt nichts, was mit einem Vaterland vergleichbar wäre, und wenn man eines hat, sollte man sich nicht ein anderes suchen. In diesem Fall würde ich für ihn wie ein *Italien* sein, das man besucht, wo es einem im Frühling gefällt, wo man jedoch nicht bleibt, weil es dort mehr Sonne gibt als Betten und Tische und der *Komfort des Lebens* woanders herrscht.

Es ist vielleicht gut, wenn ich Ihnen noch eine letzte Vermutung mitteile. Es könnte sein, daß er die *Jugendfreundin* überhaupt nicht liebt und daß er einen echten Widerwillen vor einer Bindung hat, aber daß das Pflichtgefühl, die Ehre seiner Familie, was weiß ich? ihn zu der harten Selbstopferung verurteilen. In diesem Fall, mein Freund, seien Sie sein guter Engel; ich kann mich da nicht einmischen; Sie aber müssen es; retten Sie ihn aus zu strengen Gewissensnöten, retten Sie ihn vor seiner eigenen Tugend, hindern Sie ihn um jeden Preis daran, sich zu opfern, denn in solchen Fällen steht das Opfer dessen, der seine Zukunft hergibt, in keinem Verhältnis zu dem, was er in der Vergangenheit erhalten hat.

Wenn sein Herz, wie das meine, weit genug ist für zwei verschiedene Lieben, die eine, sozusagen der *Körper* des Lebens, die andere seine *Seele*, dann wäre es so am besten, denn unsere Lage entspräche am meisten unseren Gefühlen und Gedanken. So wie man nicht jeden Tag gehobener Stimmung ist, so ist man auch nicht jeden Tag glücklich. Wir werden uns nicht jeden Tag sehen, wir werden nicht jeden Tag das heilige Feuer in uns spüren, aber es wird schöne Tage und heilige Flammen geben.

Was die Frage des Besitzes oder Nichtbesitzes betrifft, erscheint sie mir, verglichen mit der, die uns jetzt beschäftigt, zweitrangig. Es ist dennoch eine in sich wichtige Frage; sie betrifft das ganze Leben einer Frau, ihr teuerstes Geheimnis, ihre meiststudierte Theorie, ihre mysteriöseste Koketterie. Ich verrate Ihnen ganz offen, als meinem Bruder und Freund, das große Mysterium, über das alle, die meinen Namen aussprechen, so seltsame Kommentare abgeben. Ich habe darüber nämlich gar kein Geheimnis, auch keine Theorie, keine Doktrin, keine vorgefaßte Meinung, keine Position, keine angebliche Macht, keine nachgeahmte Geistigkeit, nichts im voraus Geplantes und keine feste Gewohnheit und, ich glaube, keine falschen Prinzipien, sei es nun in bezug auf Freiheiten oder auf Zurückhaltung. Ich habe immer auf meine Instinkte vertraut, die immer edel gewesen sind[20]; manchmal habe ich mich in den Menschen getäuscht, aber niemals in mir selber.

Ich habe zwanzigmal meinen Sinn geändert[21]! Ich habe über alles an die Treue geglaubt, ich habe sie gepredigt, sie selbst geübt, sie gefordert. Man hat hierin gefehlt, und ich desgleichen. Und doch habe ich keine Gewissensbisse empfunden, weil ich all meine Untreue als eine Art von Schicksalsfügung, als einen In-

262

stinkt für das Ideale erlebte, der mich dazu veranlaßte, das Unvollkommene zugunsten dessen aufzugeben, was mir dem Vollkommenen näher erschien. Ich habe mehrere Arten der Liebe kennengelernt: Künstlerliebe, Frauenliebe, Schwesternliebe, Mutterliebe, Dichterliebe, was weiß ich? Alle sind ganz aufrichtig gewesen. Meiner Wesensart entsprechend trat ich in alle diese verschiedenen Phasen ein wie die Sonne – so sagte Sainte-Beuve – in die Tierkreiszeichen.

Bis jetzt bin ich dem treu gewesen, was ich liebte; vollkommen treu in dem Sinne, daß ich niemals betrogen habe und daß ich niemals ohne triftige Gründe, die die Liebe in mir durch die Schuld anderer (!) töteten, aufgehört habe, treu zu sein. Ich bin vom Wesen her nicht unbeständig. Ich bin im Gegenteil so daran gewöhnt, ausschließlich den zu lieben, der mich liebt, bin so wenig leicht zu entflammen, so gewöhnt, mit Männern zu leben, ohne daran zu denken, daß ich eine Frau bin, so daß ich wirklich etwas verwirrt und verwundert war über die Wirkung, die dieser kleine Kerl bei mir hinterlassen hat.

Nun kommt das, worauf ich hinauswollte, nämlich mit Ihnen über die Frage des Besitzes zu sprechen, die für gewisse Köpfe die ganze Frage der Treue einschließt. *Im Prinzip* glaube ich, daß die vollständige Weihe der neuen Bindung die Verfehlung nicht verschlimmert; aber es ist tatsächlich möglich, daß das Verhältnis nach der Besitzergreifung menschlicher, heftiger, beherrschender wird. Es ist sogar wahrscheinlich, ja sogar sicher. Deswegen muß man, wenn man zusammen leben will, Natur und Wahrheit nicht schmähen, indem man vor einer vollkommenen Vereinigung zurückschreckt. Wenn man jedoch gezwungen ist, getrennt zu leben, ist es sicherlich klug, also Pflicht und wahre Tugend (worin das Opfer besteht), zu entsagen. Möge dieses Opfer eine Art Sühne für die Art von Meineid sein, den ich begangen habe!

Ich sage Opfer, denn ich werde es als schmerzlich empfinden, diesen Engel leiden zu sehen. Er ist bisher sehr stark gewesen, aber ich bin kein Kind. Ich sah genau, daß die menschliche Leidenschaft rasch bei ihm um sich griff und daß es Zeit war, sich zu trennen. Deswegen habe ich die Nacht vor meiner Abreise nicht bei ihm bleiben wollen und hätte Sie beinahe fortgeschickt.

Und da ich Ihnen alles sage, möchte ich Ihnen auch sagen, daß mir ein einziges bei ihm nicht gefallen hat; das ist, daß er selbst schlechte Gründe für seine Enthaltsamkeit hatte. Bis dahin fand ich es schön, daß er aus Respekt vor mir, aus Schüchternheit, sogar aus Treue zu einer anderen enthaltsam war. Das alles war ein Opfer und deswegen sicher stark und keusch. Das war es, was mich am meisten an ihm bezauberte und für ihn begeisterte. Aber bei Ihnen, als wir uns verabschiedeten und als wolle er eine letzte Versuchung überwinden, sagte er mir zwei oder drei Worte, die meinen Vorstellungen nicht entsprachen. Er scheint nach Art der Frömmler die *menschlichen* Grobheiten zu verachten, über die Versuchungen, denen er erlegen war, zu erröten und zu fürchten, unsere Liebe durch einen weiteren Gefühlsausbruch zu beschmutzen. Diese Art, die letzte Liebesumarmung zu betrachten, hat mich immer abgestoßen. Wenn diese letzte Umarmung nicht eine ebenso heilige, ebenso reine, ebenso hingebungsvolle Angelegenheit ist wie alles übrige, dann ist es keine Tugend, wenn man sich dessen enthält. Die Bezeichnung körperliche Liebe, die man verwendet, um das auszudrücken, was nur im Himmel[22] einen Namen hat, *mißfällt* mir und *beleidigt* mich als Pietätlosigkeit und falsche Vorstellung zugleich. Kann es für gebildete Wesen eine rein körperliche und für aufrichtige Naturen eine rein geistige Liebe geben? Ist denn überhaupt eine Liebe ohne einen einzigen Kuß und ein Liebeskuß ohne Wollust denkbar? Das *Fleisch verachten* kann nur weise und nützlich sein bei Menschen, die nur *Fleisch* sind; bei dem jedoch, den man liebt, sollte man sich nicht des Wortes *verachten*, sondern des Wortes *respektieren* bedienen, wenn man sich enthält. Im übrigen sind das nicht die Worte, die er gebrauchte. Ich erinnere mich nicht genau daran. Er hat gesagt, so glaube ich, daß gewisse Dinge die Erinnerung trüben können. Nicht wahr, damit hat er etwas Dummes gesagt, und er denkt eigentlich nicht so? Was für eine unglückliche Frau hat wohl bei ihm solche Eindrücke von der körperlichen Liebe hinterlassen? Hat er also eine seiner unwürdige Geliebte gehabt? Armer Engel! Man sollte alle Frauen hängen, die in den Augen der Männer die ehrwürdigste und heiligste

Angelegenheit der Schöpfung, das göttliche Mysterium, den aufrichtigsten Akt des Lebens und den erhabensten Akt des Weltgeschehens herabwürdigen. Der Magnet umarmt das Eisen, die Tiere binden sich durch den Unterschied der Geschlechter aneinander, die Pflanzen gehorchen der Liebe und der Mensch, der allein auf dieser Erde von Gott die Gabe erhalten hat, das Göttliche zu empfinden, was die Tiere, die Pflanzen, die Metalle stofflich empfinden, der Mensch, bei dem sich die elektrische Anziehungskraft umwandelt in eine empfundene, verstandene, geistige Anziehungskraft, der Mensch allein betrachtet dieses Wunder, das sich gleichzeitig in seiner Seele und in seinem Körper vollzieht, als eine elende Notwendigkeit, und er spricht davon voll Verachtung, Ironie oder Scham! Das ist schon sehr seltsam. Dank dieser Art und Weise, Geist und Körper zu trennen, sind die Klöster und verrufenen Häuser notwendig geworden.

Dies ist mein *Ultimatum*. Wenn er glücklich ist oder durch *sie* glücklich werden sollte, dann lassen Sie ihn gewähren. Wenn er unglücklich werden sollte, dann *hindern Sie ihn daran*. Wenn er durch mich glücklich sein kann, ohne daß er aufhört, es durch *sie* zu sein, *kann ich meinerseits das gleiche tun*. Wenn er mit mir nur glücklich sein kann, wenn er unglücklich mit ihr ist, dann *müssen wir uns aus dem Wege gehen, und er muß mich vergessen*. Über diese vier Punkte hinaus gibt es keinen Ausweg. Deshalb werde ich stark sein, das verspreche ich Ihnen, denn es handelt sich um *ihn*, und wenn ich auch für mich selbst keine großen Tugenden besitze, dann kann ich mich allem, was ich liebe, sehr ergeben zeigen. Sie werden mir klar und deutlich die Wahrheit sagen: damit rechne ich und das erwarte ich.

Der *Kleine* kann nach Nohant kommen, wenn er will; aber in diesem Fall möchte ich vorher Bescheid wissen, weil ich M(allefille) dann entweder nach Paris oder Genf schicken werde. An Vorwänden wird es nicht fehlen[23], und er wird niemals Verdacht schöpfen. Wenn der *Kleine* nicht kommen will, lassen Sie ihn tun, was er mag; er fürchtet die Leute, er fürchtet ich weiß nicht was alles. Bei Menschen, die ich liebe, respektiere ich alles, was ich nicht verstehe. Ich fahre im September vor dem großen Aufbruch nach Paris. Ich werde mich ihm gegenüber Ihrer Antwort gemäß verhalten. Wenn Sie keine Lösung wissen für die Aufgabe, die ich Ihnen stelle, versuchen Sie, sie aus ihm herauszubekommen, *durchwühlen Sie seine Seele, ich muß wissen, was darin vorgeht.*[24]

George Sand.

Skrupel

Ein erstaunlicher Brief. Überlassen wir Maurois die Verantwortung für das Urteil, daß »alle Frauen unter ähnlichen Umständen gleich handeln.« Nein, hundertmal nein: nicht die Frauen – sondern manchmal die Männer! Und hier zeigt sich die Sand wieder einmal eindeutig von ihrer männlichen Seite.

Aus dem soeben zitierten Brief geht eines klar hervor: die Sand und Chopin waren noch kein Liebespaar. Die Schriftstellerin hatte sicherlich die »Vertrauensfrage« gestellt. Zweifellos war sie vorsichtig verfahren. Wenn Chopin einen Brief à la Pagello[25] bekommen hätte, wäre er bis ans Ende der Welt geflohen. Er hatte wie gewöhnlich weder *ja* noch *nein* gesagt. Ein etwas zu temperamentvoller Kuß hatte ihn gewarnt. Und da ihn die Sand ganz sicher ermutigt hatte, sofort weiter zu gehen, hatte er sich gesträubt. Zuerst einmal, gefiel ihm die Sand? Das ist ein ungeklärtes Rätsel: es wird auch niemals gelöst werden. Und außerdem – eine viel wichtigere Frage –, war eine Frau, wie sie auch beschaffen sein mochte, überhaupt fähig, seine Sinne zu erregen? Abgesehen von einem armseligen – dazu noch sehr hypothetischen – Abenteuer in Wien[26], und wenn man seine »Liebesgeschichte« mit Delphine für nicht vorhanden oder zumindest unsicher hält, hat Chopin keine Frau kennengelernt, die seiner Liebe würdig war. Vielleicht war er jungfräulich? Diese Hypothese erscheint ziemlich wahrscheinlich, wenn man die Wege und Irrwege seines schwierigen Charakters betrachtet. Von der Sand in die Ecke gedrängt, zögerte er, machte Ausflüchte, redete von »seinen Prinzipien«, seiner Furcht vor dem, was die Leute sagen, und wer weiß was noch. Die Aussicht auf ein Verhältnis, das er unmöglich seinen Eltern, seiner fernen Familie verheimlichen konnte, mußte ihn in Schrecken versetzen. Überdies, welch eine Plage bedeutete der Eintritt einer Frau, wie sie auch immer sein mochte, in sein Leben, das Vorhandensein eines vertrauten, fragenden und wachsamen Menschen, eines Menschen, der Ordnung in seine Arbeiten und seine Wohnung bringen, der verändern, prüfen, verbessern wollte! War das überhaupt der Mühe wert? Ach, Chopin wußte nicht, was tun. Würde diese Amazone nicht ganz einfach den dünnen Faden der Inspiration zerreißen – oder einfacher gesagt die Freude am Schöpferischen? Jedenfalls bat Chopin um eine Bedenkzeit. Die Sand gewährte sie, aber sie benutzte diese Frist, um Fallen zu stellen, in die der geniale Pole, »der Engel mit dem schönen Gesicht einer großen traurigen Frau…« nolens volens hineintappen sollte. Die Sand durchschaute alles, bis hin zu dem femininen Kern des Mannes, den sie so heiß begehrte.

Alles war so geplant, daß Chopin wie ein Insekt zur richtigen Zeit in die verschiedenen Fallen geriet, die sie ihm mit der Geschicklichkeit eines Wilderers gestellt hatte. Unterdessen beweist uns diese »in Worte gehüllte«[27] Frau, durch die Abfassung dieses Briefes, daß sie die Doppelzüngigkeit als Hygiene betrieb, und bei genauem Hinsehen fand sie immer eine Möglichkeit, sich freizusprechen, das heißt, sich zu rühmen. Sie war nicht so verrückt, die Güter dieser Welt und die Freuden des Fleisches für unter ihrer Würde zu halten, aber sie verlegte sie geschickt »in den Himmel«, wo sie nichts zu suchen haben. Chopin, der Frigide, der wesentlich klüger war als sie, wußte, daß diese durch und durch irdischen Freuden nichts zu tun hatten mit jenen »seltsamen Weiten«, in die sich seine irrende Seele erheben wollte. Hier war alles rein, alles schön, alles frei von menschlichem Schmutz. Wußte diese Frau, die unablässig schrieb, »diese robuste Literaturarbeiterin, die in der gleichen Nacht einen Roman fertigstellt und einen neuen beginnt, ganz abgesehen von einer *Geschichte meines Lebens* in zwanzig Bänden, ich komme aus dem Staunen nicht heraus…«[28] eigentlich, was ein Künstler ist? Sie war stolz, daß sie dank der Literatur ihre Kinder ernähren und ein offenes Haus in Nohant führen konnte, doch war ihr Schaffen eher Handwerk, Gewohnheit und die Notwendigkeit, zu verdienen, als ein Herzensbedürfnis! Im Inneren Chopins gab es nur *Abers*! Wenn nun sein Leben, statt sich zum Glück zu wenden, ins Unbekannte abgefallen wäre? Meine Schwestern, meine Schwestern, wo seid ihr? Und ihr, liebe Eltern, ihr seid doch so klug, warum kann ich euch nicht mit Andeutungen um Rat fragen! Die Familie, aus der man stammt, fällt einem zwar manchmal auf die Nerven, aber sie kennt einen bis ins Innerste, und diese Kenntnis ist jeder Psychologie überlegen; sie wittert einen, wie die Katze ihr Junges, und ihr feiner Spürsinn irrt sich nie. Warum muß man sich unbedingt neben einen Menschen legen, der einem unter manchen Gesichtspunkten verführerisch erscheint, unter anderen aber wieder beherrschend, so wie der Stier sich der Kuh aufdrängt und der Hund die Hündin begattet? Warum? Ist eine Fensterscheibe nicht besser als ein Luftzug? Welcher törichte Hochmut aus dem Höhlenzeitalter treibt den Mann dazu, die Frau zu verführen, indem er sich wie ein Tier mit ihr vereinigt, und das alles, wenn nicht einmal Nachwuchs gewünscht wird? Ist es nicht viel wichtiger zu lieben, und es dabei bewenden zu lassen? Titus, Titus, den ich mit unschuldigem Herzen liebte, bei dir zerstörte nichts den Zauber einer Zuneigung, die weder Beweis noch Bindung forderte!

»Was daraus wird, weiß Gott allein...« Dieses kurze, nicht datierte Briefchen von Chopin an Grzymala verrät wieder Unsicherheit. Das nächste befindet sich, entsprechend den Wünschen der unersättlichen George schon näher an der Wahrheit: »Aurore[29] war gestern im Dunst versunken. Ich hoffe, daß heute die Sonne scheint...«

Wir werden niemals genau den Tag und die Stunde erfahren, in der die »Sonne« aufging. Sicherlich während der Sommermonate 1838. Und nicht ohne reichliche Skrupel von seiten Chopins. Die Sand dagegen sah ganz klar dem Abenteuer ins Gesicht und wußte, daß sie in den vor ihnen liegenden Jahren mehr zu bestimmen als zu erwarten, mehr zu bieten als zu empfangen haben würde. Ihr Schicksal wollte, daß sie im Leben den Menschen in den Kirchenfenstern glich, deren Großzügigkeit durch die Darstellung ihres Bildes oder ihres Wappens gepriesen wird. Es sind die Stifter.

Den Sommer 1838 verbrachte die Sand also in Paris bei Chopin. Sie wagte es nicht, ihn nach Nohant mitzunehmen, weil sie dort von der Eifersucht Mallefilles verfolgt wurde, der zwar spät, jedoch restlos alles über die Untreue der Amazone erfuhr, die vermessen behauptet hatte[30], die Huldigung zweier Kavaliere entgegennehmen zu können, ohne daß der eine etwas von der Existenz des anderen erführe. Das Kartenhaus stürzte, wie vorauszusehen war, eines schönen Tages in sich zusammen: wäre es früher eingestürzt, hätte Mallefille niemals Chopin einen lyrischen Brief über eine seiner *Balladen* geschrieben.

DER HERBST war gekommen – und damit die Zeit der großen
Entscheidungen. Schon länger sorgte sich die Mutter um die Gesundheit des jungen Maurice Sand, der unter heftigen Rheu-
maanfällen litt. Sie suchte für das Kind einen Ort, wo das Klima
milder wäre als in Paris. Drei Freunde der Sand – Minister Mendizabel, Konsul Marliani und der Sänger Francisco Frontera –
empfahlen ihr den Himmel und die lauen Temperaturen einer
der Baleareninseln: Mallorca. Diese Reise reizte die Schriftstellerin: »Warum begab ich mich auf diese Galeere? Weil ich reisen
wollte. Und zu welchem Zweck? Mein Gott, um zu reisen![1]«
Aber sollte sie Chopin mitnehmen, da sie doch nicht wußte, ob
ihm das Klima bekäme? »Als ich mitten in Plänen und Vorbereitungen steckte, sagte mir Chopin, den ich jeden Tag sah und dessen Genie und Charakter[2] ich zärtlich liebte, mehrere Male, daß
er an der Stelle von Maurice auch bald gesund sein würde. Das
habe ich geglaubt, und ich irrte mich. Ich ließ ihn nicht an der
Stelle von Maurice sondern an seiner Seite mitreisen.« Im Zeitalter der Romantik nahm eine Dame, die einen Herrn entführte,
die Kinder mit. So bekam die Eskapade der Verliebten einen familiären Anstrich: wurde die Moral dadurch wieder herge-
stellt?

Als gute verantwortungsbewußte Mutter nicht von zwei, sondern von drei Kindern, ließ die Sand Chopin von Doktor Gaubert untersuchen. Der Arzt schwor, daß er nicht schwindsüchtig
sei: »›Sie können ihm helfen‹, sagte er, ›wenn Sie ihm frische Luft,
Spaziergänge und Ruhe gönnen.‹ Mit Ausnahme von Grzymala,
der nicht so sehr unrecht hatte, waren alle voll Vertrauen. Ich bat
Chopin dennoch, er solle noch einmal prüfen, ob er genügend

innere Kraft dafür aufbringe, denn schon seit mehreren Jahren ist er dem Gedanken, Paris, seinen Arzt, seine Bekannten, seine Wohnung und sogar sein Klavier zu verlassen, nie ohne Entsetzen begegnet. Er war ein Mann mit starken Gewohnheiten, und jede noch so geringe Veränderung war in seinem Leben ein schreckliches Ereignis!«[3]

Ich persönlich sehe, mit dem Zeitabstand, die Szene in einem ganz anderen Licht. Die Sand hatte es sich in den Kopf gesetzt, nach den Balearen zu reisen: sie würde fahren. Sie hatte Chopin sicherlich viel leichter überreden können, als sie behauptete: Wie soll man einem Wortschwall widerstehen? Das Überraschende der Reise, die verlockenden Beschreibungen der obengenannten drei Freunde triumphierten über die Einwände Chopins: vorausgesetzt, man nahm ihn mit und er hatte nichts zu entscheiden...

Aufbruch

Um den 20. Oktober 1838 machte sich die Sand mit ihren beiden Kindern auf den Weg. Chopin reiste, sicherlich der Schicklichkeit wegen, mit Mendizabel, der sich nach Madrid begab. Er erreichte Perpignan nach vier Nächten in der Postkutsche, »frisch wie eine Rose und rosig wie eine Rübe«[4]. An Bord der »Phénicien« – da durch den Bürgerkrieg alle Straßenverbindungen zerstört waren – setzten sie von Port-Vendres nach Barcelona über und wohnten acht Tage in einer »schlimmen Herberge der Stadt, die den übertriebenen Namen Hotel der Vier Nationen trägt«[5]. Die Reisenden blieben eine Woche in der katalanischen Stadt, deren Baudenkmäler sie besichtigten. An Bord des kleinen Dampfers »El Mallorquín«, mit dem Spitznamen »El Pagéo« (*der Bauer*) wegen der Gallionsfigur, die einen Eingeborenen darstellte, kamen sie am nächsten Morgen um halb zwei in Palma an. Hier wartete eine erste Enttäuschung auf sie: kein Hotel zu dieser Jahreszeit. »In Palma muß man empfohlen, zusammen mit zwanzig hochbedeutenden Persönlichkeiten angemeldet und seit Monaten erwartet sein«, stellte die Sand fest, »wenn man hoffen will, nicht auf freiem Feld zu schlafen«: was Mendizabel und Marliani vorher nicht gesagt hatten! Sie suchten lange und fanden schließlich an der Calle de la Marina zwei kleine möblierte oder eher ausgeräumte Zimmer in einem Haus, in dem zu allem Unglück noch ein Böttcher wohnt, »ein außerordentlich lauter Mensch. Wir waren dennoch sehr glücklich, daß jeder ein Gurtbett mit einer weichen, schiefertafeldicken Matratze, sowie einen Korbstuhl vorfand und in puncto Lebensmittel Pfeffer und Knoblauch nach Belieben... Eine Wohnung in Palma besteht aus absolut nackten Wänden, ohne Türen und Fenster. Glasscheiben gibt es nicht, und wenn man sich diese Annehmlichkeit verschaffen will, die im Winter ziemlich notwendig ist, muß man sich die Rahmen machen lassen. Jeder Mieter nimmt bei der Abreise die Fenster, die Rahmen und sogar die Türangeln mit. Sein Nachfolger ist gezwungen, sie zu ersetzen, wenn er kein Vergnügen daran findet, mitten im Luftzug zu leben, und dieses Vergnügen ist in Palma recht verbreitet.«[5] Obwohl November war, herrschte in Mallorca eine Hitze wie im Juni in Paris. Die Begeisterung der Sand ließ nach.

Palma

Seltsamerweise gefiel es Chopin vorerst einmal. Am 15. November 1838 schrieb er an Julian Fontana: »Ich bin in Palma, inmitten von Palmen, Zedern, Kakteen, Oliven-, Orangen-, Zitronenbäumen, Aloe, Feigen-, Granatapfelbäumen, kurz all der Bäume, die in den Gewächshäusern des Jardin des Plantes stehen. Der Himmel ist wie Türkis, das Meer wie Lapislazuli, die Berge wie Smaragd, die Luft wie im Himmel. Den ganzen Tag Sonne. Alle tragen Sommerkleider, denn es ist heiß. In der Nacht hört man stundenlang Gesang und den Klang der Guitarren. Es gibt riesige Balkone, von denen die Reben herabfallen. Die Befestigungen stammen von den Arabern. Die Stadt und alles hier erinnert an Afrika. Kurz, ein wundervolles Leben! Liebe mich! Geh doch bei Pleyel vorbei, denn das Klavier ist noch nicht eingetroffen. Bald bekommst Du die *Préludes*[6]. Ich werde wahrscheinlich in einem wunderschönen Kloster in der schönsten Lage der Welt wohnen: ich werde das Meer, die Berge, die Palmen, einen alten Kreuzritterfriedhof, die Ruinen einer Moschee [7], tausend Jahre alte Olivenbäume vor Augen haben. Ah, was für ein Leben, ich lebe besser, ich bin dem Allerschönsten auf der Welt nahe!«

Im Gegensatz zu dem, was die Sand befürchtet hatte, schien sich Chopin in keiner Weise entwurzelt zu fühlen! Auch nicht »eingetopft«: er nahm weitgehend teil an den Unterbringungssorgen. Wohlgemerkt war er es, der sich in den Palast begab und der Regierung die Beglaubigungsschreiben von vier Personen vorlegte. Im Augenblick herrschten goldene Zeiten, man besichtigte die Louja de Mar, die Kathedrale, den Palacio Real und die Klosterruinen von Santo Domingo, die Arkadenstraßen in der mittelalterlichen Stadt, die höchst malerisch war mit ihrem Gewirr stiller Gäßchen neben den Hauptverkehrsadern und ihren mit unterteilten Fenstern geschmückten Fassaden. Doch bald sollte sie das Pech verfolgen.

Da die Reisenden sich nicht an den Höllenlärm gewöhnen konnten, den unter ihrer Wohnung der Böttcher und seine Gehilfen wie Vulkan und seine Zyklopen vollführten, nahmen sie das Angebot an, das Haus »So'n Vent« in Establiments, einem friedlichen Dörfchen in der Nähe der Hauptstadt, zu beziehen. Es war der Besitz eines reichen Bürgers und wie alle Landhäuser der Gegend eingerichtet: Gurt- oder bemalte Holzbetten, Korbstühle, Tische aus rohem Holz, weiß gekalkte Wände, Fenster mit Scheiben (Luxus!), entsetzliche Stiche, die eingerahmt waren wie die Gemälde großer Meister – so sah die Unterkunft aus, die Señor Gomez der Sand und Chopin anbot.

Von hier aus entdeckten sie die Landschaft von Mallorca, die außerordentlich fruchtbar war und Produkte »von exzellenter Qualität« hervorbrachte. Bei aktiver und durchdachter Bewirtschaftung hätte der Ertrag zehnmal so hoch sein können. Aber der Bauer von Mallorca war träge, rückständig, »traurig und arm: er kann nur beten, singen, arbeiten. Er denkt nie«. Dünger war unbekannt, es fehlten die Verkehrswege, darum waren die Kulturen, die Transporte erforderten – Feigen, Mandeln, Orangen – dem Ruin nahe. Keine Viehzucht, kaum Pferde, keine Maulbeerbäume, also auch keine Seide. Von ihren Fenstern aus sahen die Reisenden Terrassenanbau, magere Weiden, tannenbewachsene Hügel, einen Sturzbach, Strohhütten, das Gebirge im Norden, das Meer im Süden. Die Haupteinnahmequelle der Insel war die Mast und der Export von Schweinen. Diese Tiere waren leicht zu züchten, und ihre Nahrung bestand aus Eicheln, Wurzeln und Johannisbrot, die sie in Hülle und Fülle auf den Heideflächen fanden, wo sie frei weideten. »Dem Schwein ist es zu verdanken«, schrieb die Sand, die sich für alle landwirtschaftlichen Angelegenheiten interessierte, »daß die Zivilisation auch diese Insel erfaßt hat, die sonst wild wäre.« Ruhm sei dem zivilisierenden Schwein!

Das Haus von Senor Gomez war zwar angenehm während der schönen Jahreszeit, aber nicht für den Winter geeignet. Nach drei Wochen in diesem ländlichen Paradies kündigte sich die Regenzeit an. Zwei Monate Sintflut. Die Mauern des Sommerhauses waren so dünn, daß der Kalk an den Wänden durch die Feuchtigkeit aufquoll wie ein Schwamm. Keine Kamine, nur einfache Kohlenbecken, die einen stickigen Rauch aussandten. Chopin hustete, und die Sand machte sich Sorgen. »Ich bin die beiden letzten Wochen krank gewesen wie ein Hund. Trotz 18 Grad Wärme habe ich mich erkältet. Drei Ärzte sind zu mir gekommen. Einer beroch das, was ich spuckte«, schrieb Chopin humorvoll an Fontana, »der andere klopfte, um zu erfahren, woher ich spuckte, der dritte betastete mich und horchte, wie ich spuckte. Der erste sagte, ich müßte krepieren, der zweite, ich sei schon am Krepieren, der letzte, ich sei schon krepiert. Nur mit großer Mühe bin ich den Aderlässen, den Blasenpflastern und Umschlägen entgangen. Dank der Vorsehung fühle ich mich wieder ganz der Alte. Dennoch hat meine Krankheit den *Préludes* geschadet…«

Um die unvollendeten *Préludes* auszuprobieren, hatte Chopin sich ein schreckliches kleines Pianino aus Mallorca geliehen. Er arbeitete, strich, erneuerte, fügte hinzu, ließ weg –, während sich im Zimmer nebenan bei der Sand die Seiten von *Spiridon* häuften, einem der langweiligsten Bücher, die sie je geschrieben hat.

Als unermüdliche Briefschreiberin korrespondierte sie mit ihren Pariser Freunden: Wann, zum Teufel, fand sie Zeit, an die Liebe zu denken? Zumindest erfuhr sie durch die Entfernung die Histörchen und den Klatsch ihrer Freunde nicht. So zog die Gräfin d'Agoult in einem Brief an Carlotta Marliani über die Reise nach den Balearen zu Felde. »Wenn George sich zur Ader lassen ließ, sagte ich immer zu ihr: An Ihrer Stelle würde ich eher Chopin lieben. Wie viele Lanzettenstiche wären ihr erspart geblieben! Soll der Aufenthalt auf den Balearen lange dauern? So wie ich die beiden kenne, werden sie nach einer Woche des Zusammenlebens aufeinander losgehen, denn es sind die verschiedensten Wesen, die es nur gibt...«

Nein, sie gingen nicht aufeinander los: sie zogen nur um. Fünfzehn Kilometer von Palma entfernt, im Gebirge, hatten sie in einer alten leerstehenden Kartause zwei »Zellen« zu mieten gefunden: zweimal drei kleine Zimmer und einen Garten für die bescheidene Summe von 35 Francs im Monat. Trotz der äußersten Primitivität von »So'n Vent«, verließen sie die feuchte Villa nicht freiwillig. In einem groben Brief erklärte Gomez der Sand in spanischem Stil, sie »beherberge« eine Person, die eine ekelerregende Krankheit »beherbergt«, die das Leben seiner Kinder bedrohte. Sie mußten so schnell wie möglich aus seinem »Palais« ausziehen. Chopin hustete, und dieser Husten erregte Aufsehen. Fleury, der französische Konsul in Palma, bot den Reisenden vorübergehend seine Gastfreundschaft an, so daß sie die vergangenen Aufregungen vergessen und neuen Ärgernissen ins Auge sehen konnten. Am 15. Dezember 1838 erkletterten sie mit dem notwendigen Mobiliar[8], teils zu Fuß, teils in einem sehr unbequemen, von einem Maultier gezogenen Wagen, den steinigen Hügel nach Valdemosa[9].

Valdemosa

Die Revolution von 1835 hatte die Mönche vertrieben. Am 15. August des Jahres hatten sich die Brüder nach der Messe umarmt und in weltlichen Kleidern in alle Winde zerstreut. Das

Kloster aus dem 15. Jahrhundert wurde von der Regierung beschlagnahmt, die seine Nebengebäude vermietete. Zu jener Zeit war noch ein gotisches Klostergebäude mit seiner alten Kirche, dem Friedhof der Mönche und der alte Turm erhalten, der einmal als königliches Falknerhaus gedient hatte. In der Mitte des Friedhofs standen eine riesige Arekapalme, ein Oleander und ein paar Zypressen um einen spitzbogigen Brunnen und ein weißes Kreuz. In der Kartause spürte man seit der Revolution überall Angst und Verzweiflung. Und doch lag noch ein Abglanz mönchischen Lebens auf den Gemäuern, als die Sand und Chopin sich in einer der Zellen, mit einer Tür zum Wandelgang, nahe einem würzig duftenden Innenhof häuslich einrichteten.

Die beiden von den Neuankömmlingen gewählten Zellen sind niemals genau identifiziert worden. Man weiß nur, daß sie nebeneinander lagen und jede von ihnen aus drei geräumigen Zimmern bestand. Nach den Worten der Sand hatten sie »elegante Decken, das Licht drang durch hübsch gearbeitete Rosetten in verschiedenen Mustern herein«. Diese Räume mit den dicken Wänden waren durch einen dunklen Korridor vom Kreuzgang getrennt. »Die Küche besteht lediglich in zwei kleinen Öfen vor der Zelle, jedoch leider nicht an der frischen Luft! Ein Wetterdach über dem Garten schützt den Mönch bei seinen Küchenarbeiten vor Regen. Die drei Zimmer im Süden sehen auf ein durch hohe Mauern von den Nachbargärten abgetrenntes Blumenbeet herab.«[10]

Die »Zelle« war armselig möbliert. »Tadellose Gurtbetten«, schrieb die immer optimistische Sand, »nicht zu weiche Matratzen, die teurer sind als in Paris, aber neu und sauber; ausgezeichnete große Decken aus wattiertem Batik; mehrere Tische, mehrere Korbstühle wie in den bäuerlichen Strohhütten; ein üppiges Kanapee aus weißem Holz...« Dazu kam ein hoher gotischer Stuhl, eine Leihgabe des Sakristans. Er gab der Zelle den ursprünglich klösterlichen Anstrich wieder. »An die Wände geklebtes Papier mit lateinischen Gebeten erinnert unaufhörlich an die Bewohner.« In einer Ecke von Chopins Zimmer stand das armselige einheimische Klavier, das die Sand an das Instrument von Bouffé, des Verfassers von *Pauvre Jacques* erinnerte. Er begnügte sich damit bis zum Eintreffen des besseren Klaviers, das bei Pleyel bestellt war und erst ein paar Tage vor ihrer Abreise eintraf.

Der Winter 1838/39 war besonders kalt und rauh: Unwetter, Nebel, düstere Tage. Ununterbrochen fiel Regen und hielt die Reisenden in ihren Zellen fest. »Der Wind heult in den eisigen Korridoren, und ein Nebelmantel hüllt die Landschaft ein wie ein feuchtes Leichentuch«: ein reizender Urlaub! Schon der kleinste Sonnenstrahl brachte den wundervollen Blick zur Geltung, den man von der Kartause aus hatte, aber die schönen Tage waren so selten! Die Beschreibung, die Chopin von diesem paradiesischen Ort gibt, jagt einem kalte Schauer den Rücken hinunter: »Du kannst mich Dir vorstellen zwischen Felsen und Meer in einer Zelle einer mächtigen verlassenen Kartause, hinter einer Tür, die größer ist als irgendein Haustor in Paris. Hier sitze ich unfrisiert, ohne weiße Handschuhe und bleich wie gewöhnlich. Mein Zimmer hat die Form eines großen Sarges, das riesige Gewölbe ist verstaubt, das Fenster klein, davor Orangenbäume, Palmen und Zypressen im Garten. Dem Fenster gegenüber, unter einer maurischen Filigranrosette, ein Gurtbett. Neben dem Bett ein altes *Intouchable*, eine Art viereckigen unbequemen Schreibpults, darauf ein Leuchter aus Blei mit einer Kerze. Auf dem gleichen Pult Bach und mein Gekritzel. Stille…man kann schreien…die Adler schweben über unseren Köpfen. Mit einem Wort, ich schreibe Dir von einem recht seltsamen Ort…«[11]

Der »Service« in der Kartause war sehr bescheiden. Eine gewisse Maria-Antonia, die aus Spanien gekommen war, um dem Elend dort zu entfliehen, hatte eine Zelle gemietet und beutete die Gäste der Kartause aus. Sie war eine abgefeimte Gaunerin und suchte ihren Profit bei allen, denen sie ihre Dienste anbot: »Ich habe niemals einen Dienstbotenmund gesehen, der so gefräßig war, noch eifrigere Finger, die ohne sich zu verbrennen aus kochenden Töpfen schöpften, noch eine dehnbarere Kehle, die den Zucker und den Kaffee der Gäste schlucken und dabei noch ein Lied singen konnte.«[12] Zwei bis drei Mallorquinos halfen ein bißchen im Haushalt. Ein Sakristan, der die Schlüssel des Klosters verwahrte, machte die Runde in den leeren Gängen. Ein

Apotheker, der Eibisch und Quecke führte, verkaufte seine Produkte zu horrenden Preisen. Schließlich irrte ein alter Diener der ehemaligen Ordensgemeinschaft nachts vollkommen betrunken durch die Kreuzgänge und sagte mit klagender Stimme in der Dunkelheit der Kapellen Gebete auf, so daß unsere vier Reisenden aufwachten. Voll Erleichterung begrüßten sie den Tagesanbruch! Selbst wenn es regnete, war das alles besser als die finsteren Nächte!

Bei jedem Wetter ging die Sand mit ihren Kindern spazieren. Der Regen konnte sie nicht zurückhalten, ebensowenig wie die überschwemmten Wege und die großen Bäume, die bei jedem Windstoß Tropfen glitzernden Wassers abluden. Die Gesundheit von Maurice stabilisierte sich bei dieser ruhigen Lebensweise. Ein einziges Mal während des Aufenthalts in der Kartause machte Chopin mit der Sand und den Kindern einen Ausflug zur Dreieinigkeitsklause am Gebirgshang: er kam in einem beängstigenden Erschöpfungszustand zurück und schwor, nie wieder mitzugehen.

Der »Regentropfen«

»Der arme große Künstler war ein fürchterlicher Patient. Er verlor vollkommen die Moral. Sein Leiden ertrug er zwar noch mit recht viel Mut, aber er konnte die Unruhe seiner Phantasie nicht überwinden. Das Kloster war für ihn voller Schrecken und Gespenster, sogar wenn es ihm gut ging. Er sagte das nicht, ich mußte es erraten. Bei der Rückkehr von unseren nächtlichen Streifzügen durch die Ruinen mit den Kindern fand ich ihn um zehn Uhr nachts bleich, mit verstörten Augen und gesträubten Haaren an seinem Klavier vor.«[13] Chopin war so »abwesend«, so weit von den Flügeln irgendeiner Träumerei davongetragen, daß er ein paar Augenblicke brauchte, um seine Freunde wiederzuerkennen. »›Ah!‹ schreit er in seltsamem Tonfall, ›ich wußte doch, daß ihr alle tot seid!‹«[14] Ein Arzt würde heutzutage eine gutartige Schizoidie feststellen, das heißt eine Störung des Kontakts mit der wirklichen Welt. »Ich reise in seltsamen Weiten«, schrieb Chopin und gab damit, ohne es zu wissen, die genaueste Definition des Phänomens künstlerischen Schaffens, das heißt der Flucht in eine abgeschlossene Welt, die nichts mit unserem greifbaren Universum zu tun hat.[15] »Darauf bemühte er sich, zu lachen«, fährt die Sand fort, »und er spielte uns erhabene Dinge vor, die er gerade komponiert hatte oder, besser gesagt, schreckliche und herzzerreißende Gedanken, die ihn gerade in einer Stunde der Einsamkeit, der Traurigkeit oder des Schreckens befallen hatten, ohne daß es ihm bewußt geworden war. Damals hat er die schönsten von den kurzen Stücken komponiert, die er bescheiden *Préludes*[16] nannte. Es sind Meisterwerke. Bei einigen von ihnen denkt man an Visionen von verstorbenen Mönchen und Grabgesängen, die ihn heimsuchten. Andere wieder sind melancholisch und mild: sie kamen ihm in Stunden voll Sonne und Wohlbefinden in den Sinn, beim Laut des Kindergelächters unter dem Fenster und beim fernen Klang der Guitarren, beim Lied der Vögel unter dem nassen Blätterdach, beim Anblick der kleinen bleichen Rosen, die auf dem Schnee aufgegangen waren. Andere wieder sind von düsterer Traurigkeit, sie bezaubern das Ohr und zerreißen einem das Herz.«

Am 22. Januar 1839 schloß Chopin auf dem endlich eingetroffenen und mit hohen Kosten verzollten Pleyel-Klavier, gewissenhaft wie er war, die Bearbeitung seiner *Préludes* ab und schickte sie an Camille Pleyel, der durch Vermittlung Fontanas sein Verleger für Frankreich geworden war. Er verlangte 1500 Francs für Frankreich und England. Er bot ihm außerdem die *Ballade Nr. 2 in F-Dur*, zwei *Polonaisen in A-Dur* und in *c-Moll* und ein *3. Scherzo* an. Für die zweite »Sendung« verlangte er 4000 Francs. Außer diesen Stücken sind sicher die *Mazurka in e-Moll* op. 41, Nr. 2, und die beiden *Nocturnes* op. 37 in Mallorca komponiert und die *Sonate in b-Moll* hier skizziert worden: man kann verstehen, daß eine solche Umgebung Chopin inspiriert hat. Er beklagte sich nach den ersten Wochen nicht mehr, doch seine Gesundheit hatte sich deswegen nicht gebessert. »Er ist seltsam«, notierte die Sand, »ein wirklicher Schmerz schmetterte ihn nicht so nieder wie ein geringer. Was seinen schlechten Gesundheitszustand betrifft, so nahm er ihn bei wirk-

licher Gefahr heroisch auf sich und quälte sich entsetzlich bei
unbedeutenden Verschlechterungen. Das ist die Geschichte und
das Schicksal aller Menschen, deren Nervensystem übermäßig
entwickelt ist.« Gut gesehen und intelligent notiert.

Die Bewohner des Dorfes Valdemosa brachten den Fremden
keinerlei Achtung entgegen. Im Gegenteil, nicht genug, daß sie
sie bei ihren Einkäufen prellten, sie regten sich auch noch über
ihre religiöse Gleichgültigkeit auf – die Sand und Chopin gingen
sonntags nicht in die Kirche –, betrachteten sie als Heiden, Juden
und Mohammedaner, verweigerten ihnen die Lebensmittel und
verkauften ihnen Eier, Fische und Gemüse nur zu überhöhten
Preisen, wodurch die Reisenden gezwungen waren, sich in
Palma durch Vermittlung des französischen Konsuls zu versor-
gen[17]. Welchen Ursprungs es auch sein mochte, das auf spani-
sche Art zubereitete Essen erschien den Parisern alles andere als
appetitlich. Gewärmt von einem einzigen höchst primitiven
Ofen, der mehr Rauch als Hitze verbreitete und dessen Gerüche
sie durch das Verbrennen von Benzoeharz vertrieben, spielten
die Armen so manchen Abend Robinson Crusoe!

Ab und zu besuchte Chopin abends ein junger Mann aus Valdemosa, Vicente Colom. Er brachte seine Geige mit und lehrte
ihn die Volkstanzrhythmen Mallorcas. Diese Tänze wurden den
Franzosen an einem Karnevalsabend von den Leuten aus dem
Dorf vorgeführt, die das Fest auf ihre Art feierten. Abwechslung
für einen Abend…

Abreise

Die ersten Frühlingstage kamen, aber sie besserten die Stimmung der Wintergäste nicht. Sie waren nach kaum zwei Monaten eines Aufenthalts, der in jeglicher Hinsicht enttäuschend war
und Chopins Gesundheit geschadet hatte, fest zur Abreise entschlossen. Am 11. Februar 1839 stiegen sie den Berg hinab. Die
Sand ihrerseits verließ die Kartause mit einer Mischung aus
Freude und Schmerz: »Ich hätte gern zwei oder drei Jahre allein
mit meinen Kindern an diesem verzauberten Ort verbracht…«

Ein Fiasko

In Palma erlitt Chopin am Vorabend der Abreise, nachdem er die Fahrt von Valdemosa nach Palma in einem zweirädrigen Karren hatte zurücklegen müssen, einen Blutsturz. Trotzdem ging man an Bord der *Mallorquín*. Der Kranke verbrachte eine entsetzliche Nacht auf einem fürchterlichen Lager, wobei ihn eine Herde Schweine, die der Dampfer nach Barcelona beförderte, am Schlafen hinderte. Von hier schrieb die Sand an Carlotta Marliani, daß sie »nie mehr einen Fuß nach Spanien setzen« würde. Sie litt an Rheumatismus und war um zehn Jahre gealtert. Und Chopins Zustand hatte sich gefährlich verschlechtert. Im ganzen war die Reise ein Fiasko gewesen. Die siebenundneunzig Tage Mallorca hinterließen bei den vier Reisenden eine bittere Erinnerung! War wenigstens die Liebe auf ihre Rechnung gekommen? Die Sand machte eine Andeutung darüber in einem Brief an Frau Marliani, den sie vor ihrer Abreise aus Palma schrieb: »Wir sind uns näher gekommen, wir finden darin immer größeres Glück. Hat man Grund sich zu beklagen, wenn das Herz lebt?«

Marseille

In Barcelona war die Sand trotz ihrer beherzten Art der Verzweiflung nahe: Ihre beiden Kinder waren müde, das andere Kind traurig und krank… Am achten Tag entdeckte sie im Hafen ein französisches Kriegsschiff, die *Méléagre*. Sie schrieb an den Kommandanten und erhielt von ihm die Genehmigung, an Bord zu gehen und den Schiffsarzt aufzusuchen. Dank seiner Pflege hörten Chopins Blutungen auf. Nach sechsunddreißig Stunden tapfer ertragenen Schlingerns erreichten die vier am 25. Februar Marseille. »Noch einen Monat länger«, schrieb die Sand, »und wir wären in Spanien gestorben, er vor Melancholie und Abscheu und ich vor Wut und Entrüstung.« Ohne weiter auf ihre katastrophale Eskapade einzugehen, schrieb Chopin an Fontana, wiederholte seine Anweisungen über die Bezahlung seiner letzten Werke und bat ihn, das Testament, das er vor seiner Abreise in der Schublade seines Schreibtisches hinterlassen hatte, ungelesen zu verbrennen. »Ich huste«, schloß er, »aber man hält mich noch gar nicht für einen Schwindsüchtigen. Ich trinke weder Kaffee noch Wein, nur Milch. Ich ziehe mich warm an und sehe aus wie ein Fräulein.« Nach ein paar Tagen hatte die gute Pflege des Doktor Cauvière, der Komfort des Hotels Beauvau am Alten Hafen, die milde Temperatur, die Blasenpflaster, die Tabletten, die Bäder »und mehr als all das die unendliche Fürsorge meines Engels mich wieder auf die Beine, auf ein bißchen magere Beine, gebracht...«

Fern von Paris unterhielt Chopin mit seinen Bevollmächtigten Fontana und Grzymala eine komplizierte Korrespondenz, mit einer Menge Empfehlungen für die Herausgabe seiner Klavierwerke und das Verfahren, wie man das eine Probst, das andere Schlesinger, das dritte Pleyel zukommen lassen mußte: »Was willst du«, schloß er, »die Juden werden immer Juden bleiben, und die Teutonen Teutonen! Aber was soll man machen? Ich muß doch mit ihnen handeln...« Die Sand ihrerseits schickte Frau Marliani zu Buloz, damit sie ihre »Angelegenheit mit *Lélia* zum Abschluß bringt. Ich habe noch genügend, um einige Zeit mit dem, was er mir schickt, auszukommen. Chopin seinerseits hat gearbeitet und wird auf Gold gebettet sein...«

Mit einem Dampfer aus Neapel erreichte die traurige Nachricht von Nourrits Tod Marseille. Aus Verzweiflung über den Empfang, den ihm die Neapolitaner bereitet hatten, stürzte sich der große Tenor aus dem Fenster und blieb zerschmettert auf dem Pflaster liegen. Seine Leiche wurde nach Marseille gebracht, Chopin spielte bei seiner Beerdigung auf der Orgel von Notre-Dame-du-Mont. Er improvisierte über ein Thema aus einem Lied von Schubert: *Die Sterne.*

»Die Leute strömten in Massen zur Kirche«, schrieb die Sand, »als sie hörten, daß Chopin spielen würde. Man erwartete, daß er einen Heidenlärm vollführen und mindestens zwei oder drei Orgelpfeifen entzwei bekommen würde. Was für eine Orgel! Ein schrilles, falsch klingendes Instrument, das nur Luft für falsche Töne hatte. Und doch hat unser ›Kleiner‹ das Bestmögliche herausgeholt. Ich war unter der Orgel versteckt und sah durch die Balustrade hindurch den Sarg des armen Nourrit. Der Anblick seiner Frau und seiner Kinder schmerzte mich noch mehr…«

Und wieder einmal waren die Sand und Chopin unzufrieden, weil sie fern von Paris oder Nohant waren. »Marseille ist häßlich. Das ganze literarische Gesindel ist George auf den Fersen – das ganze musikalische Gesindel auf meinen… Es ist eine alte, aber nicht altertümliche Stadt, und sie langweilt uns ein bißchen«, schrieb Chopin. Die Sand wiederum ärgerte sich über »diese Stadt der Geschäftsleute und Händler, wo das Geistesleben vollkommen unbekannt ist. Wir ziehen von einem Gasthof zum anderen. Abgesehen vom Mistral, haben wir recht gutes Wetter. Chopin darf keine kalte Luft atmen. An Mistraltagen umgeben wir uns mit Spanischen Wänden, und jeder beschäftigt sich mit seiner Arbeit. Wenn die Sonne scheint, gehen wir zwischen zwei Mauern, in eine Staubwolke gehüllt, spazieren. Unser Leben ist von primitiver Unschuld und Einfachheit. Jede Kleinigkeit ermüdet Chopin. Trotzdem braucht seine Familie sich keine Sorgen zu machen…«

In Warschau war die Chopin-Familie besorgt über die Nachricht, die sie erhielt, und Frau Justyna hatte schon davon gesprochen, sich auf den Weg zu machen. Durch ihren Sohn beruhigt, verzichtete sie auf den Plan und blieb bei ihrem leidenden Mann, der nur schwer ohne sie auskam. Und schließlich: wurde Frédéric nicht gut gepflegt von seiner Geliebten, die er in einem Brief an Fontana im Plural »meine Engel« nannte: »Du würdest sie noch mehr lieben, wenn Du sie so kennen würdest, wie ich sie heute kenne.«

Die Sand huldigte ihrem Liebhaber in ähnlichen Worten: »Dieser Chopin ist ein Engel. Seine Güte, seine Zärtlichkeit und seine Geduld machen mir manchmal Sorgen: ich kann mir vorstellen, daß er viel zu fein, viel zu zart, viel zu vollkommen ist, um unser grobes und schwerfälliges irdisches Leben lange ertragen zu können. Als Todkranker hat er auf Mallorca Musik gemacht, die ganz und gar nach Paradies roch, aber ich bin so daran gewöhnt, ihn im Himmel zu sehen, daß es mir nicht so scheint, als bedeute ihm sein Leben oder sein Tod etwas. Er weiß selbst nicht genau, auf welchem Planeten er lebt, er bemerkt nichts von dem Leben, wie wir es uns vorstellen und wie wir es empfinden…« Dieses Dokument gegenseitiger Liebe ist der Reise nach den Balearen zu verdanken: Manchmal gibt es auch Glück im Unglück!

... ...
... ...
... ...

Der Friede auf dem Land

NACH EINEM ABSTECHER nach Genua bei entsetzlichem Unwetter erfolgte am 22. Mai 1839 die Heimreise nach Nohant. Die Sand hatte sich ihren Wagen von Châlon nach Arles schicken lassen. Die Rückfahrt verlief angenehm. »Endlich angekommen!« rief Chopin. »Wir alle fühlen uns wohl. Ein schönes Leben: Lerchen, Nachtigallen. Nur Du fehlst noch, mein Vogel!«[1]

Von den Fenstern des Gästezimmers aus sah Frédéric die grünen Laubkronen von Nohant und dahinter das Land von Berry »flach, weit, monoton und bezaubernd«.

Nohant lag mitten in Berry[2]; kein Schloß, sondern ein schönes Bürgerhaus im Stil Louis XV, geräumig, komfortabel im Sinne der Mitte des 19. Jahrhunderts, gut aufgeteilt, in einem von wunderschönen Bäumen beschatteten Park gelegen, wo es von einer erholsamen Ruhe profitierte, die für künstlerische und geistige Arbeiten so förderlich ist. Gleich daneben befand sich ein Weiler und eine romanische Kirche. Zwei Nebengebäude gehörten zum Haupthaus: ein großer gepflasterter Hof mit Ställen und Schuppen auf der einen und einer Schäferei auf der anderen Seite. Eine kleine Einfriedung war den Verstorbenen der Familie vorbehalten; sie hätte düster gewirkt, wenn nicht die alle übergroßen Gefühle besänftigende Natur dieser anderen Seite des Lebens, die der Tod ist, hier einen natürlichen Sinn gegeben hätte.

Das Leben in diesem Haus war sehr angenehm. Mit seinen Rasen, Blumen und Bäumen besaß es den besonderen Reiz von Gebäuden, in denen mehrere Generationen einer Familie aufeinander folgten. »Ein Salon Louis XV, bespannt mit geblümtem Chintz, ein Speisezimmer mit grauer Holztäfelung, eine Küche, die von Kupfergerät glänzt, ein Treppenhaus, mit falschem Marmor bemalt, ein Korridor mit Zugang zum blauen Zimmer, zum gelben Zimmer, zum Schlafzimmer von Madame und zum Kinderzimmer. Unter dem Dach ein Speicher, ein Atelier für Delacroix und Maurice Sand, seinen Schüler – all das atmet so etwas wie den Duft von Kindheit, den wiederentdeckten Geruch nach Ferien. Die Vasen sind voller Blumen, die Bücherregale voller Bücher, die Schränke voller Geschirr, das Haus voller Freude. Jeder hinterläßt eine Zeichnung, eine Kleinigkeit, den Brandfleck einer Zigarre auf einem Tisch, einen Bleistiftstrich am Rande einer Buchseite. Die Sand öffnet einem Nohant und bietet einem damit ihre und ihrer Familie Erinnerungen dar. Alte Strohhüte liegen neben Schäferumhängen für Spaziergänge im Regen. Spazierstöcke, Stiefel und sogar Holzschuhe warten auf den Steinfliesen auf den Wanderer. Auch Körbe stehen da, einer davon mit flachem Boden für die Blumen, ebenso alte Handschuhe und Gartenscheren, mit denen George ebenso eifrig umgeht wie mit ihrer Feder. Auf dem Land legt George übrigens Kleidung und Benehmen eines Dandys ab. Zum Arbeiten trägt sie einen Kittel aus blauem Leinen, bindet ein Seidenband um ihre schwarzen Zöpfe und macht sich wie ein Ackersmann an ein Kapitel.«[3]

Vor dem Tor zu Nohant befindet sich ein winziger Waschplatz, auf dem man *Man spielt nicht mit der Liebe* aufführen könnte. Blasius und Bridaine könnten ihre Dialoge im Schutze seines Wetterdaches sprechen; gleich daneben würde Dame Pluche mit ihrem Toupet auf dem Kopf vom Esel steigen und heilige Männer anklagen. Perdican träte mit dem Spazierstock in der Hand aus einem Busch, und Camille bliebe bei seinem Anblick erstarrt am Ende einer dichten Allee stehen. Er ist ein idealer Hintergrund für die Komödie, die Musset in der vorher beschriebenen seltsamen Atmosphäre in Venedig begonnen hatte. Im zweiten Akt hat er ganz einfach das Ende eines Briefes von George Sand abgeschrieben: »...Ich bin es, die gelebt hat, und nicht irgendein von meinem Hochmut und meiner Langeweile erschaffenes künstliches Wesen!« Für schöpferische Menschen ist alles Nahrung und Profit, bis hin zu ihren Ängsten. Die Sand, die dem Autor diese Szene niemals hatte vorspielen können, stellte sich dafür eines Abends nicht ohne einigen Sadismus vor, wie Chopin, der ausgezeichnete Schauspieler und hervorragende Mime, sich als Perdican verkleidete. So sah sie ihre vergangene Liebe im Spiegel der gegenwärtigen.

Am Tag, an dem sie mit Chopin in Nohant eintraf, schrieb die Sand auf die Rückseite eines Fensterrahmens in ihrem Schlafzimmer: 19. Juni 1839. Jetzt war sie zu Hause, umgeben von »ihren drei Kindern«. Chopin, immer förmlich und von der Abneigung besessen, anderen Einblick in sein Privatleben zu gewähren, bezeichnete seine Geliebte in den Briefen an seine Familie oder an seine Freunde verschleiert als »Madame Sand...meine Gastgeberin...die Hausherrin.« Die Sand dafür gebrauchte zärtliche, mitleidige Worte: »Chip, Chop, Chipette, Chopinski.«

Ein Sommertag

Chopin machte sich nichts aus dem Landleben, zumindest drückte er seine Freude nicht aus: »Ich bin nicht für das Land geboren. Dennoch genieße ich hier die frische Luft...« Seine Ausflüge in die Umgebung von Nohant erledigte er wie eine angenehme Pflicht auf dem Rücken eines Esels, um seine wiedererwachenden Kräfte zu schonen, umgeben von der Sand, ihren Freunden und ihren Gästen. Denn George führte ein offenes Haus. Nicht selten saßen zwölf Personen bei Tisch. In jenem Sommer empfing sie unter anderem Marie Dorval, eine leidenschaftliche, zwielichtige, von innerer Glut verzehrte und großmütige Frau, die heimlich verliebt war in George Sand; sie war die geborene Hugo-Interpretin und deswegen genau das Gegenteil von dem, was Chopin an einer Frau liebte; Emmanuel Arago, genannt Bignat; Delacroix, Rollinat, Grzymala, ein lebhafter Mann, ein glänzender Erzähler und Schürzenjäger; und natürlich den Halbbruder, Hippolyte Chatiron[4], ein Landedelmann, dem Trunk verfallen und schlampig, im übrigen sympathisch, George stark verbunden und Chopin dankbar, daß er das Herz der Rastlosen in Fesseln gelegt hatte. Im Gegensatz zu den Behauptungen von Marie de Rozières, einer Schülerin Chopins mit guten Fingern, jedoch böser Zunge, unterhielt Frédéric zu seinem Halbschwager freundschaftliche Beziehungen.

Der Tag in Nohant verlief so, daß jeder tun konnte, was ihm gefiel. Die Sand kam ihren Verpflichtungen als Hausherrin nach, ihren Aufgaben als gute Mutter und den Zwängen ihrer Verlagsverträge: Nohant war teuer [5], die Gäste waren zahlreich, und zum Leben hatte sie nur ihre Feder, die Zahlungen von ihrem Mann und mäßige Einkünfte. Sie mußte also um jeden Preis schreiben, »Eier legen«, wie sie sagte – jedoch ohne jegliche Mühe, das müssen wir hinzufügen. Ein Strom ergoß sich aus dem Tintenfaß dieser aktiven Frau, die einen Roman nach dem anderen schrieb, ganz abgesehen von der umfangreichen Korrespondenz, die sie mit beispielhafter Regelmäßigkeit führte.

Chopin stand spät auf, ging spazieren, schrieb Briefe, träumte vor sich hin, verweilte lange bei seiner Toilette, aß allein in seinem Zimmer zu Mittag, arbeitete und ging um fünf Uhr hinunter. Bei schönem Wetter wurde draußen auf der Terrasse zu Abend gegessen. Bei bedecktem Himmel oder Regen nahm der große Speisesaal die Sand und ihre Gäste auf. Ohne die pantagruelischen Ausmaße jener Zeit zu erreichen, war der Tisch doch immer reich gedeckt: es gab niemals weniger als eine Bouillon, eine Vorspeise, zwei Fleischgerichte und eine Nachspeise. Nach dem Essen setzte sich Chopin meistens ans Klavier, er spielte oder improvisierte, wenn er nicht Pauline Viardot begleitete oder zusammen mit Solange Sand, die seine Schülerin war, ein Stück vierhändig vortrug. Pauline Viardot diente als Modell für die Sand, die damals *Consuelo* schrieb, worin eine geniale Sängerin vorkommt.

War die Sand musikalisch? Sagen wir, sie hatte Klavier spielen gelernt, sie ging gern ins Konzert oder in die Oper und erkannte natürlich die geniale Begabung Chopins an. Dazu ist noch zu bemerken, daß sie mit rückhaltloser Bewunderung davon redete und das Genie ihres Liebhabers mit einem wahren Kult umgab. Manchmal kam es vor, daß sie in einer romantischen Aufwallung über das Maß hinausging und eine ziemlich sinnlose Orchesterfassung der Klavierwerke von Chopin wünschte: »Der Tag wird kommen, an dem man seine Musik mit Orchester spielen wird, ohne irgend etwas an dem Klavierpart zu ändern, und an dem alle Menschen wissen werden, daß dieses Genie, das ebenso groß, ebenso vollkommen, ebenso weise ist wie die größten Meister, die es in sich aufgenommen hat, sich eine noch erlesenere Individualität bewahrt hat als Johann Sebastian Bach, eine noch mächtigere als Beethoven und eine noch dramatischere als Weber…«

Ohne den völlig ungerechtfertigten Vergleichen der Sand – und ebensowenig und noch weniger sogar der Notwendigkeit einer Orchesterbearbeitung von Chopins Musik (die für das Klavier gemacht und eng an das Klavier gebunden ist, wie man einige symphonische Partituren nicht auf das Klavier reduzieren kann) – zuzustimmen, kann man sagen, daß sie nicht ganz unrecht hatte. Sie ließ sich weder eine Gelegenheit entgehen, Frédérics Talent hervorzuheben, noch ihn zur Arbeit anzutreiben. Eines Abends in Nohant sprach sie von dem Frieden des Landes und den Schönheiten der Natur.

»Wie schön, was Sie da erzählen«, sagte Chopin.

»Finden Sie? Nun, dann übersetzen Sie das in Musik.«

Chopin improvisierte. George Sand neben ihm, eine Hand auf seiner Schulter, murmelte: »Nur Mut, ihr Samtfinger!«

Ganz natürlich begriff die Sand als Literatin die Musik als Übersetzung literarischer und poetischer Seelenzustände. Nicht so gern gab sie zu, daß die Tonkunst eine Sprache für sich ist, die nichts oder nur sehr wenig mit den anderen Künsten zu schaffen hat. Dennoch gab sie Chopin niemals leere oder auch nur unpassende Ratschläge, auf die eine nicht so intelligente Frau bestimmt nicht verzichtet hätte. Und das Bild, das sie uns strickend neben Chopins Klavier zeigt, während dieser ein Nocturne oder eine Mazurka probiert, gehört in einen Bilderbogen. Die Sand hat nicht nur die Arbeit von Chopin nicht gestört, sondern auch niemals aufgehört, ihn durch ihr Beispiel zu ermutigen. Wußte sie nicht besser als jeder andere, welche Ruhe, welche geistige Konzentration eine schöpferische Arbeit benötigt? Alles in Nohant war für die Erfordernisse dieser hohen Aufgabe eingerichtet. Ganz sicher fand Chopin hier die innere Sammlung für seine

Arbeit, wie sie nicht besser hätte sein können. Hier schrieb oder vollendete er übrigens das, was er während der Wintermonate nur in flüchtigen Skizzen niedergeschrieben hatte.

Wie ging es ihm gesundheitlich? Der Hausarzt der Sand, Doktor Gaubert, war während der Mallorcareise gestorben. Jetzt war es Doktor Papet, der Chopin in Nohant abhörte: Er fand »seine Lunge in Ordnung und sagt, langsam könne er wieder ganz gesund werden«. Verschiedenen Briefpartnern[6] berichtete die Sand im Sommer 1839 das Neueste über ihren Gast und Liebhaber: »Das Leben in Nohant bekommt ihm… Dennoch glaube ich, ein bißchen weniger Ruhe, Einsamkeit und Regelmäßigkeit als bei uns, wäre besser für ihn… Er ist mal so, mal so… Immer geht es ihm einmal besser, einmal schlechter, niemals schlecht, aber auch nie ganz gut. Ich glaube, diese kleine, immer vorhandene Mattigkeit ist das Schicksal des armen Kindes: Gott sei Dank ist seine Moral deswegen nicht gesunken. Er ist fröhlich, sowie er ein bißchen Kraft verspürt…« Chopin selbst gab nur kurze und bündige Nachrichten über den Gesundheitszustand der beiden: »Mir geht es schlecht, sie ist leidend… sie liegt im Bett, nachdem sie die ganze Nacht Magenschmerzen gehabt hat.«[7]

»Von ihrem Gast und Liebhaber« haben wir oben geschrieben: Wir stellen uns die Frage, ob zu der Zeit, über die wir hier berichten, als das erste Feuer erloschen war, Chopin diesen Namen wirklich noch verdiente. Das ist ernsthaft zu bezweifeln, wenn man einen Brief vom 12. Mai 1847 liest, in dem die Sand an Grzymala schrieb: »Seit sieben Jahren lebe ich nun schon wie eine Jungfrau, mit ihm und den anderen. Ich bin vorzeitig gealtert und sogar ohne daß es mich Mühe oder Opfer gekostet hätte, so sehr war ich der Leidenschaft müde und aller Illusionen beraubt, und keiner konnte mir helfen… Ich weiß, eine Menge Leute klagen mich an, die einen, daß ich ihn durch das Ungestüm meiner Sinne erschöpft hätte, die anderen, daß ich ihn durch meine mutwilligen Streiche zur Verzweiflung gebracht hätte. Ich glaube, Du weißt, wie es in Wirklichkeit ist. Er selbst beklagt sich bei mir, ich hätte ihn getötet, weil ich mich ihm versagte, während ich die Gewißheit hatte, ihn zu töten, wenn ich anders handelte…« Ein anderes Mal beschuldigte die Sand Chopin, er habe »in den Armen seiner Kammerfrauen ein Mittel gegen seine gesundheitlichen Beschwernisse gesucht…« Was soll man daraus schließen? Nur wenig, denn die Sand war die unaufrichtigste Frau, die man sich vorstellen kann. Sie verstand es ausgezeichnet, sich mit Tugenden zu schmücken, sich ihrer Fehler zu entledigen oder die Verantwortung dafür anderen zuzuschieben. Ihr Werk ist ein immenses Plädoyer, bestimmt für einen unermüdlichen Anwalt. Jedoch, was man über den körperlichen Zustand Chopins weiß, die recht seltene Tatsache, daß sich bei ihm das Lungenleiden durch keinerlei Reizung der Sinne verschlimmerte, und was man über seinen nur mäßigen Appetit auf Frauen ahnt, würde in diesem einen Punkt der Sand recht geben. Man kann sich sehr gut vorstellen, daß sich seit dem Sommer 1839 ihre Liebe in Freundschaft verwandelt hatte. Wer weiß, ob Chopin nicht der Form wegen oder aus Höflichkeit protestierte?

Die Sonate in b-Moll

Die Arbeiten, in die er sich in diesem Sommer 1839 in Nohant vertiefte, waren verschiedener Art. Für seinen eigenen Gebrauch sah er die Pariser Ausgabe der Werke von Bach durch, er korrigierte die Fehler des Notenstechers und solche, die die späteren Interpreten des Kantors hineingebracht hatten. Wesentlich wichtiger war jedoch die Komposition und Ausarbeitung der *Sonate in b-Moll* nach den Skizzen von Valdemosa. Seltsam, er beschrieb diese strahlende Sonate Fontana gegenüber in vollkommen ruhigen, fast gleichgültigen Worten: »Ich schreibe eine *Sonate in b-Moll,* in der der *Marsch* enthalten sein wird, den Du kennst.[8] In dieser Sonate gibt es ein Allegro, ein Scherzo in es-Moll, den Marsch und ein kurzes Finale: vielleicht drei Seiten in meiner Schrift. Nach dem Marsch plaudert die linke Hand unisono mit der rechten…«

Man glaubt zu träumen. Was, das soll dieser Klangorkan, dieses visionäre Monumentalgemälde, dieses wilde Fresko sein? Hier zeigte sich Chopin, wie er war, als reiner Musiker, und in keiner Weise Literat. Vor der »Literatur« empfand er Grauen – sogar vor der, die seine eigenen Werke lobt[9]. Für ihn war die Musik ein Universum für sich. Als Delacroix, der Universal-künstler, ihn aufforderte, die Künste miteinander zu vergleichen, schwieg Chopin; er äußerte sich nicht über den Traum, dem er sein ganzes Leben lang Ausdruck verlieh und den er »den anderen« nicht ausliefern wollte, selbst wenn sie Wunderdinge dar-über sagten. So beurteilte er seine Sonate. Aber eines Tages im vorletzten Sommer seines irdischen Daseins, am 29. August 1848, spielte er in Manchester in einem Salon diese *Sonate in b-Moll.* Nach dem Scherzo flüchtete er, dann kam er zurück und spielte vor seinen Gästen ein paar Augenblicke später den Marsch und das Finale unisono. In der nächsten Ausgabe des »*Manchester Guardian*« wunderte sich der Kritiker in aller Freundschaft über die plötzliche Unterbrechung: War es Chopin übel geworden? Im Moment erhielt man keine Gewißheit. Die Wahrheit geht aus einem Brief[10] von Chopin an Solange Clésin-ger vom 9. September 1848, dreizehn Monate vor seinem Tod, hervor. »Mir geschah etwas Seltsames, als ich meine *Sonate in b-Moll* vor britischen Freunden spielte. Ich hatte das Allegro und das Scherzo etwa richtig gespielt und wollte gerade mit dem Marsch beginnen, als ich plötzlich aus dem halboffenen Klavier-kasten die verfluchten Kreaturen auftauchen sah, die mir an ei-nem düsteren Abend in der Kartause erschienen waren. Ich mußte einen Augenblick hinausgehen, um mich zu erholen, dann habe ich wortlos weitergespielt...« Chopin sprach nicht von seiner Musik: er lebte mit ihr, nachdem er sie geschaffen hatte.

Aus der gleichen Zeit stammt das *Nocturne in G-Dur,* das mit dem *in g-Moll* zusammengehört. Beide sind op. 37, die vier *Ma-zurken* op. 41, ferner gibt es drei weitere in *H-Dur, as-Moll* und *cis-Moll,* die Chopin »schön wie die jüngsten Kinder den altern-den Eltern« erschienen. Nichts als Klavier und immer nur Kla-vier am Horizont! Aus Polen erhielt Chopin einen Brief von dem geliebten Titus Woyciechowski, in dem dieser ihm riet, ein Ora-torium zu schreiben[11]: Warum baut er nicht ein Kloster statt ei-ner Zuckerfabrik? Titus war verheiratet, Vater eines zweiten Sohnes, den er Frédéric genannt hatte: Wie die Zeit verging, die

Gesichter sich entfernten und allmählich die magnetische Anziehung, Quell so vieler Freuden und geheimer Schmerzen, verloren! In Paris war die Frau von Mickiewicz wahnsinnig geworden, man hatte sie in einem Heim unterbringen müssen: Schmerz, Leid, Wahn...

Über die Arbeitsweise Chopins hat die Sand einen interessanten und sicher der Wahrheit entsprechenden Bericht hinterlassen: »Sein Schaffen war spontan, staunenerregend. Die Gedanken kamen ihm ungesucht, unerwartet; manchmal ganz plötzlich am Klavier, vollständig, erhaben – oder es sang in ihm, während eines Spazierganges, und er mußte sich beeilen, nach Hause zu kommen, um die Ideen auf dem Klavier zu fixieren. Dann aber begann die peinlichste Arbeit, die ich jemals gesehen habe: Da war kein Ende mit ungeduldigem und zögerndem Versuchen, gewisse Einzelheiten so festzuhalten, wie er sie innerlich gehört hatte. Was er als Ganzes konzipiert hatte, analysierte er nun beim Niederschreiben voll Angst, und sein Bedauern, daß er nicht alles, wie er es wünschte, zu Papier bringen konnte, stürzte ihn in einen Zustand der Verzweiflung. Dann schloß er sich ganze Tage lang in seinem Zimmer ein, weinte, lief auf und ab, zerbrach die Federn, änderte einen Takt hundertmal, schrieb ihn ebensooft in der alten Form wieder auf, die er hernach wieder durchstrich. Am nächsten Morgen setzte er dann das Werk mit der gleichen ängstlichen und verzweifelten Beharrlichkeit fort. Er arbeitete oft sechs Wochen an einer Seite, um ihr schließlich wieder jene Fassung zu geben, die er schon beim ersten Entwurf skizziert hatte...« Die Sand korrigierte wenig, Chopin war ein »Tüftler«, der vergeblich nach der flüchtigen Vollkommenheit suchte. Er wußte besser als jeder andere, daß die Werke mehr als vom Einfall von der Durcharbeitung lebten, und daß »nur eine allerletzte Anstrengung die letzte Spur von Mühsal zum Verschwinden bringt«. Die schönen Damen mit den gefärbten Nägeln müssen beim Lesen dieses Nocturnes oder jener Mazurka sagen können: »Ach, so was macht sich doch von alleine, das hätte ich auch gekonnt!«

Die Hauptunterhaltung in Nohant war das Puppentheater! Und George Sand machte die Stoffpuppen, seine stummen Darsteller, selbst. Die ursprüngliche Idee für dieses Vergnügen stammte von Chopin. Man begann mit Scharaden, mit Sketches, Einaktern, in denen Chopin an die Spiele seiner Kindheit mit den Schwestern in Warschau anknüpfte. Als ausgezeichneter Schauspieler und bemerkenswerter Mime, der gern den österreichischen Kaiser, einen armen alten Juden oder eine verliebte Dame aus der Provinz nachahmte, brachte Chopin seiner Umgebung, und vor allem Solange und Maurice Sand eine Kunst bei, in der er sich vollkommen heimisch fühlte. Unter seiner Leitung spielten die Schauspieler Szenen oder tanzten Ballett, von ihm auf dem Klavier begleitet. Das gleiche machte er mit den Puppen der Sand: »Er schien sie ganz nach Belieben zu führen und sie ganz nach seinem Geschmack vom Scherz zum Ernst, vom Burlesken zum Feierlichen, vom Graziösen zum Leidenschaftlichen übergehen zu lassen...«[12] Diese harmlosen Festlichkeiten erhellten die Abende.

Muß man dem Bericht von Maurice Rollinat glauben, dem zufolge Chopin in Nohant mit Liszt zusammentraf? Nein, denn sie sind niemals gleichzeitig dort gewesen. Das letzte Mal waren Liszt und Marie d'Agoult 1837 nach Nohant gekommen, als Chopin die Einladung der Sand ausgeschlagen und den Sommer in London und Paris verbracht hatte. Entweder hat Rollinat die folgende Geschichte erfunden, oder er hat sie auf Berry übertragen, nachdem er sie anderswo erlebt hatte: »Eines Abends im Mai, zwischen elf und zwölf Uhr nachts, hatte sich die Gesellschaft im großen Salon zusammengefunden. Liszt spielte ein Nocturne von Chopin und verzierte es wie gewöhnlich auf seine Art, indem er Triller, Tremolos und Fermaten hineinmischte, die gar nicht darin waren. Mehrere Male hatte Chopin ihm ungeduldig Zeichen gegeben, schließlich hielt er es nicht mehr aus, näherte sich dem Klavier und sagte mit seinem englischen Phlegma zu Liszt: ›Aber ich bitte dich, mein Lieber, wenn du mir die Ehre gibst, ein Stück von mir zu spielen, dann spiel das, was dasteht, oder spiel etwas anderes: nur Chopin hat das Recht, Chopin zu ändern!‹

›Na, dann spiel doch selbst!‹ sagte Liszt und stand ein bißchen gekränkt auf.

›Gern‹, sagte Chopin.

In diesem Augenblick wurde die Lampe von einem betäubten Nachtschmetterling gelöscht, der sich gerade die Flügel verbrannt hatte. Man wollte sie wieder anzünden.

›Nein!‹ rief Chopin, ›im Gegenteil, löscht alle Kerzen, mir genügt das Mondlicht.‹

Dann spielte er... er spielte eine volle Stunde.

Wie er spielte, das wollen wir nicht versuchen zu beschreiben. Die Zuhörer in stummer Ekstase wagten kaum zu atmen, und als der Zauberer zu Ende war, waren alle tränenüberströmt, vor allem aber Liszt. Er nahm Chopin in die Arme und rief: ›Ah, mein Freund, du hattest recht! Die Werke eines Genies, wie du es bist, sind heilig, es wäre Gotteslästerung, daran zu rühren. Du bist ein wahrer Poet und ich bin nur ein Gaukler!‹

›Aber, aber!‹ rief Chopin lebhaft, ›jeder von uns hat seine Art, das ist alles. Du weißt genau, daß niemand auf der Welt Weber und Beethoven so spielt wie du. Da, ich bitte dich, spiel mir das Adagio in cis-Moll von Beethoven, aber richtig, so wie du es kannst, wenn du willst.‹

Liszt spielte dieses Adagio aus voller Seele. Es war keine Elegie mehr, sondern ein Drama.

Dennoch glaubte Chopin, Liszt an diesem Abend übertrumpft zu haben. Er rühmte sich dessen mit den Worten: ›Er ist ziemlich beleidigt!‹ Liszt erfuhr davon und rächte sich in der ihm eigenen witzigen Art. Er dachte sich vier oder fünf Tage später folgenden Streich aus.

Die Gesellschaft hatte sich zur gleichen Stunde versammelt, das heißt gegen Mitternacht. Liszt flehte Chopin an, zu spielen. Nach langen Umschweifen willigte Chopin ein. Liszt bat darauf, man möge sämtliche Lampen und alle Kerzen löschen sowie die Jalousien herunterlassen, damit es vollkommen dunkel wurde. Es war eine Künstlerlaune, man tat, was er wollte. In dem Augenblick jedoch, als Chopin sich ans Klavier setzen wollte, flüsterte Liszt ihm ein paar Worte ins Ohr und nahm seinen Platz ein. Chopin, der keine Ahnung von dem hatte, was sein Freund im Schilde führte, setzte sich leise auf den Stuhl daneben. Da spielte Liszt genau dieselben Kompositionen, die Chopin an jenem denkwürdigen Abend, von dem wir sprachen, vorgetragen hatte, aber er spielte in so unvergleichlicher Nachahmung des Stils und der Vortragsweise seines Rivalen, daß es unmöglich war, sich nicht zu täuschen, und tatsächlich täuschten sich alle.

Die gleiche Verzauberung, die gleiche Rührung. Als die Ekstase sich auf ihrem Höhepunkt befand, rieb Liszt schnell ein Zündholz an und entzündete die Kerzen auf dem Klavier. Die Versammlung stieß einen Schrei des Erstaunens aus.

›Wie! Sie sind es?‹

›Wie Sie sehen!‹

›Aber wir haben geglaubt, es sei Chopin gewesen!‹

›Siehst du‹, sagte der Virtuose und erhob sich, ›Liszt kann Chopin sein, wenn er will, aber kann Chopin Liszt sein?‹

Das war eine Herausforderung, aber Chopin wünschte oder wagte nicht, darauf einzugehen. Liszt war gerächt.«

Zwist

Von August bis November 1839 machte die Freundschaft zwischen der Sand und Marie d'Agoult düstere Zeiten durch [13]. Die Schuld daran trug die Gräfin Marliani, die einen ziemlich scharfen und gemeinen Brief von Marie d'Agoult, in dem sie die Sand schlecht machte, dieser unklugerweise zeigte. Die tödlich gekränkte Sand schrieb darauf nicht mehr an Marie. Diese machte sich Sorgen, berief sich auf die Unschuld ihres Herzens – »Ich kann in allen Falten meines Gewissens suchen, aber ich finde nicht den Schatten des Anscheins einer Schuld« [14] – und verlangte eine Aussprache zu dritt. Die Sand überlegte es sich, bat die Marliani um Rat, wie man den Bruch vollziehen könne. Vor dem Treffen hielt sie es für richtig, an Marie d'Agoult zu schreiben, und sie tat es mit seltener Raffinesse: »Ihr Schmerz und Ihr Bedauern verraten nur Verachtung und Haß. Ja, Haß, meine arme Marie! Versuchen Sie nicht, sich selbst etwas vorzumachen: Sie hassen mich tödlich. Sie haben mich stets gehaßt. Warum? Ich ahne es nicht. Es gibt instinktive Antipathien, gegen die man sich vergeblich wehrt. Jetzt sind Sie wütend auf mich: das ist in Ordnung. Dies ist die erste und letzte Strafpredigt, die Sie von mir erhalten. Verzeihen Sie mir, so wie ich Ihnen verzeihe, daß Sie Moralpredigten über mich gehalten haben, ohne mir etwas davon zu sagen…«

Marie d'Agoult schlug dieser Schmähbrief auf den Magen. Sie konnte die Unterredung zu dritt nicht absagen, da sie sie selber gewünscht hatte, und begab sich klein und bescheiden hin. Sie meinte, die Sand sei eher traurig als wütend, die beiden Frauen umarmten sich. Jedoch am Tag nach der »Versöhnung« konnte Marie d'Agoult weder ihre Zunge noch ihre Feder im Zaum halten, denn sie war im tiefsten Herzen eifersüchtig auf die Sand und verärgert über das Talent Chopins, in dem sie einen Rivalen Liszts sah. Die bitteren Vorwürfe begannen von neuem. Da wurde geklatscht über »die undurchsichtige Freundschaft zwischen Marie Dorval und der Sand: sie ist wahnsinnig verliebt in sie!«, über die »Ehe Sand-Chopin, die vor dem Zerbrechen steht«, über die Sand, »die mich haßt: wir sehen uns nicht mehr…«, über Chopin, der, »obwohl er weiß, daß ich krank bin, nicht gekommen ist, um sich nach mir zu erkundigen«. Liszt versuchte, »die Ungeschicklichkeit Chopins zu entschuldigen«.[15] Es nützt nichts, und Balzac, der gerade *Beatrix* veröffentlicht hat, wo er in verschlüsselter Form die Liebe zwischen Liszt und Marie d'Agoult mit einer Anspielung auf das gleichzeitige Abenteuer von Chopin und der Sand erzählte, rief Potocki in der Oper zu: »Ich habe zwei Frauen auseinandergebracht!« Trotz seiner angeborenen Gutmütigkeit und seines ritterlichen Charakters spürte Liszt, wie seine freundschaftlichen Gefühle zu Chopin wegen der sich ewig wiederholenden Sticheleien seiner Gräfin nachließen. Dennoch schätzte er den Musiker weiterhin sehr.

Gegen Ende des Sommers stellte sich Chopin die Frage nach dem Herbst in Paris: Sollte er die Wohnung in der Chaussée-d'Antin behalten oder näher bei der Sand wohnen, deren Häuslichkeit ihm so etwas wie ein Ersatz für die Häuslichkeit seiner Familie geworden war? Der Emigrant hatte keine andere Familie als diese. Die Sand ihrerseits mußte sich in Paris eine Bleibe suchen. Sie beauftragte Grzymala mit der Wohnungssuche, wenn möglich nach Süden, auf die Gefahr hin, daß die Schlafzimmer klein seien und man im Salon nicht mehr als zwölf Personen auf einmal empfangen könne. Chopin ließ zuerst einmal durch Fontana eine Wohnung in der Rue Tronchet 5 anmieten, es sei denn, man finde eine besser gelegene in der Rue Laffitte für ihn. Von diesem Augenblick kamen jeden oder fast jeden Tag neue Empfehlungen an den treuen Fontana, der seinen Beruf als Pianist aufgeben und Faktotum spielen mußte: »Such mir glänzende und leuchtende taubengraue Tapeten mit dunkelgrünem Rand... Vor allem sollen sie nicht marktschreierisch wirken! Mir gefallen perlfarbene, weißt du... Laß mein Bett und meinen Sekretär von einem Schreiner in Ordnung bringen... Und denk daran, mir einen Diener zu suchen: eventuell einen braven, ehrlichen Polen... Laß die Sessel klopfen... Bezahle den Umzugswagen... Denk vor allem an die Musselinvorhänge... Das rote Sofa aus dem Eßzimmer könnte in den Salon gestellt werden, wenn es einen weißen Bezug aus einem ähnlichen Stoff wie die Stühle bekommt... Vergiß meine Manuskripte nicht, geh zu meinen Verlegern, mach es gut... Jetzt muß für Frau Sand eine passende Wohnung gefunden werden, zum Beispiel ein kleines Haus an einer neuen Straße in der Nähe der Rue de Clichy, der Rue Blanche oder von Notre-Dame-de-Lorette bis zur Rue des Martyrs [16], für eine Miete zwischen 2000 und 2500 Francs, mit Parkettböden, in gutem Zustand, so daß keine Reparaturen notwendig werden. Ein Hof und ein Garten. Vor allem *Ruhe*, Stille, kein Schmied in der Nachbarschaft, gute Sonnenlage. Helligkeit, kein schlechter Geruch, kein Rauch. Eine schöne Aussicht. Lieber

Gott, tu etwas, sei nicht faul (!). Habe Mitleid mit mir, beeil Dich! Geh bei Dupont vorbei und bestell bei ihm einen leichten Hut nach meinen Maßen... Geh zu Datremont, meinem Schneider, und gib ihm den Auftrag, mir sofort sehr einfache und gut sitzende dunkelgraue Hosen ohne Streifen zu machen. Und eine schwarze Samtweste mit kleinem unauffälligem Muster – oder eine aus einfarbigem Tuch... Ich will dem Diener nicht mehr als 80 Francs zahlen, wenn möglich 60, ich habe so viele Ausgaben vor mir... Um Himmels willen darf es in meinem Haus keine Ventilkornetts oder andere Instrumente dieser Art geben! Liebe mich und folge Deiner persönlichen Eingebung.«

Die sanften Romantiker hatten, was Aufträge für ihre Mitmenschen betraf, sehr präzise Vorstellungen! Man stelle sich den armen Fontana vor, wie er Brief nach Brief bekam, hierhin, dorthin geschickt wurde, wie er in alle Richtungen rannte, seinen fernen Quälgeist beriet, seine Wege vervielfachte und dabei immer fürchtete, nicht genug getan zu haben! Endlich fand er zwei Wohnungen. Für die Sand und ihre Kinder zwei Pavillons in einem Garten, Rue Pigalle 16. Für Chopin eine kleine Wohnung in der Rue Tronchet 5. Chopin bedankte sich bei ihm, kündigte seine Ankunft für den 11. Oktober an und teilte ihm mit, daß »sein Freund«, das heißt die Sand, entzückt sei! Er selber bringe außer den schon vorher angekündigten Manuskripten noch das 2. *Impromptu in Fis-Dur* op. 36 mit. Kurz darauf verkaufte er an den Verleger Schlesinger zwei der drei Etüden, die er als Ergänzung zu den vierundzwanzig ersten geschrieben hatte und die für die *Méthode des Méthodes des pianistes* bestimmt waren.

Recht bald gefiel es Chopin nicht mehr in seiner Wohnung in der Rue Tronchet, die er dunkel, feucht und ungesund fand. Doch erst Anfang November zog er in die Rue Pigalle. Die Sand und Solange wohnten in einem der Pavillons, Chopin und Maurice in dem anderen. So war der Schicklichkeit Genüge getan. Die gemeinsame Wohnung (sie blieb es bis zum Herbst 1842) wird uns von Balzac so geschildert: »George Sand wohnt in der Rue Pigalle 16, hinten in einem Garten, über den Remisen und Stallungen eines zur Straße liegenden Hauses. Sie hat ein Eßzimmer mit Möbeln aus geschnitzter Eiche. Ihr kleiner Salon ist hellbraun, und der Empfangssalon steht voll herrlicher chinesischer Vasen, die mit Blumen gefüllt sind. Stets ein Blumentisch voller Blumen. Die Möbel sind grün; es gibt da ein Gestell voller Raritäten, Bilder von Delacroix, ihr Porträt von Calametta... Das Klavier ist prächtig, viereckig und aus Palisanderholz. Übrigens ist Chopin immer dort. Sie raucht nur Zigaretten und nichts anderes. Sie steht erst um vier Uhr auf, um diese Zeit nämlich ist Chopin mit seinem Stundengeben fertig. Man steigt zu ihr auf einer geraden, steilen, sogenannten Müllertreppe hinauf. Ihr Schlafzimmer ist braun; ihr Bett besteht aus zwei nach türkischer Art auf den Boden gelegten Matratzen. Sie hat hübsche Kinderhändchen.«[17]

Gleich nach der Rückkehr nach Paris begegnete der Pianist Moscheles, der gerade nach Frankreich gekommen war, Chopin beim Bankier Léo. Chopin spielte sein *Prélude in As-Dur* und die *Sonate in b-Moll*. Gutmann trug das *Scherzo in cis-Moll* seines Lehrers vor. Und Moscheles war begeistert: »Sein Vortrag ist von liebenswürdiger Originalität, die härtesten Modulationen schockierten mich nicht mehr; sein Piano ist so hingehaucht, daß es keines kräftigen Fortes bedarf, um die gewünschten Kontraste hervorzubringen...«

Konzert in Saint-Cloud

Da der Graf de Perthuis, Adjutant von Louis-Philippe, dem König gegenüber die Talente der beiden Pianisten gerühmt hatte, wurden sie nach Saint-Cloud eingeladen, um vor der königlichen Familie zu spielen. Am 31. Oktober 1839 berichtete die *Gazette musicale* über das Konzert. Zuerst die vierhändige *Sonate* von Moscheles. Dann, nachdem Chopin Etüden und Nocturnes vorgetragen hatte, improvisierte er über Motive aus der *Irren* von Grisar[18] und Moscheles über Themen aus der *Zauberflöte*. Die Künstler waren »brüderlich glücklich« über diesen gemeinsamen Erfolg, aber Chopin konnte sich ein paar Tage später einer bissigen Bemerkung nicht enthalten. Er hatte vom König einen feuervergoldeten Pokal bekommen, Moscheles dagegen ein Reisenecessaire – »eine deutliche Art, ihm zu sagen: ich möchte Sie loswerden!« meinte Chopin. Im Verlauf des Abends drang der Graf de Perthuis in Chopin, er solle doch eine Oper schreiben. Chopin, der andere Pläne im Kopf hatte, sagte: »Ach, Herr Graf, lassen Sie mich Klaviermusik komponieren: das ist alles, was ich kann!«

Eines Herbstabends sagte Chopin, als er sich an die Prüfungen erinnerte, die er ein Jahr zuvor, als er nach Mallorca fuhr, durchmachen mußte, in aller Deutlichkeit zu Fontana [19]: »Wie gut geht es einem doch in Paris! Und, mein Gott, wie schlecht ging es uns in Palma! Beinahe wäre ich dort gestorben...« Merkwürdig, daß er George Sand gegenüber niemals ein Wort über die Reise äußerte. Mallorca war, abgesehen von der Liebe, ein trauriges Kapitel in ihrer gemeinsamen Geschichte: deswegen wurde es nie erwähnt. Das Kapitel war abgeschlossen.

Ein Tag von Chopin

Er stand zu verschiedenen Zeiten auf. Das wunderte George Sand, die Frau mit den festen Gewohnheiten, deren Stundenplan unverrückbar eingehalten wurde und die arbeitete, wenn ehrbare Menschen schliefen. Ihre unerschütterliche Gesundheit erlaubte es ihr, ein Leben zu führen, das nur wenige durchhalten könnten.

Kommen wir auf Chopin zurück, der in seinem Pavillon erwacht. Das Krähen der Hähne mischt sich mit dem Glockenspiel von Notre-Dame-de-Lorette. Da er gepflegt ist wie ein Stutzer, braucht er für seine Toilette viel Zeit. Ein Blick in den großen Spiegel, der in einer Ecke seines Zimmers steht. Eine Grimasse: seine Schlankheit grenzt schon an Magerkeit – 1,70 m, 43 kg. Während seines achtzehnjährigen Aufenthalts in Paris suchte er fünfundzwanzig Ärzte auf, die an ihm etwa ein Dutzend Krankheiten fanden: Lungentuberkulose, chronische Kehlkopfentzündung, hartnäckige Blutarmut, Muskelschwäche, Ochrodermie, Anfälligkeit der Verdauungsorgane, Psychasthenie [20]. Wie soll es einen da wundern, daß der kranke Chopin, nach den Worten der Sand, »im engen Kreis zum Verzweifeln ist«, und sie spinnt den Gedanken weiter: »Keine Seele war edler, zarter, uneigennütziger; keine Beziehung aufrichtiger und loyaler, kein Geist spritziger in der Freude, kein Verständnis tiefer und vollständiger in bezug auf das, was zu seinem Gebiet gehörte. Aber dafür war auch keine Stimmung unregelmäßiger, keine Phantasie dunkler und fiebriger, keine Empfindsamkeit unmöglicher zu befriedigen.« Die klinische Untersuchung bestätigt das psychologische Bild eines leidenden Menschen.

Er geht spazieren, er schreibt Briefe, wobei er »seinen instinktiven Widerwillen gegen Papier und Feder, außer es handelt sich um die Komposition von Musik«, überwinden muß. Gegen Ende des Vormittags gibt er ein oder zwei Stunden, ißt schnell zu Mittag, entweder allein oder zusammen mit einem engen Freund – Grzymala, Fontana, Franchomme, Witwicki –, dann gibt er wieder Stunden bis fünf Uhr, es sei denn, er findet zwischen zwei Schülern die Zeit, an dem Entwurf eines Werkes weiterzuarbeiten. In Paris jedoch revidiert er, ändert er, notiert er, korrigiert er – aber er komponiert nicht und hebt sich die Arbeiten, die einen langen Atem erfordern, für die Frühlings- und Sommermonate auf. Wir haben bereits erwähnt, daß Chopin seine Aufgabe als Lehrer mit beispielhafter Sorgfalt und großem Einsatz erfüllte. »Wenn ein Schüler seinen Erwartungen nicht entsprach«, erzählte einer seiner letzten Pariser Schüler, Mathias, »dann brauste er auf, raufte sich die Haare und zerbrach seine Bleistifte. Eines Tages packte er einen Stuhl an der Lehne und warf ihn auf den Boden. Wenn er dagegen den gewünschten geschmeidigen, wie ein Regenbogen schillernden Klang erreichte, dann zitterte seine Stimme vor Zuneigung: ›Wie gut, mein Engel!‹«[21] Von Monsieur Chopin »mein Engel« genannt zu werden, bedeutete im Jahre 1840 eigentlich Glück für ein ganzes Leben!

Oft setzt sich Chopin ans Klavier, gibt ein Beispiel, zeigt, wie man mit einer Schwierigkeit fertig wird, macht eine Nuance, einen Fingersatz, einen Akzent vor. Er gehört nicht zu den Lehrern, die zu ihren Schülern sagen: »Macht, was ich sage, und nicht das, was ich mache!« Manchmal bleibt er vor dem Klavier sitzen. Eines Tages spielt er seiner Schülerin Friederike Müller (die später, nach ihrer Heirat, Frau Streicher heißt) aus dem Ge-

dächtnis vierzehn Präludien und Fugen aus dem *Wohltemperierten Klavier* vor. Und als das junge Mädchen sich begeistert, sagt
Chopin einfach: »So etwas vergißt man nicht.« Es gibt kein si-
chereres Gedächtnis als das musikalische. »Das ist meine Welt,
hier bin ich Tag und Nacht...«

Die Freunde, die er zum Mittagessen entweder nach Hause
oder in die Frères Provençales einlädt, überhäuft er mit Boten-
gängen. Die kleinen Notwendigkeiten des Alltags lädt er auf sie
ab, denn er gehört zu den Menschen, die es ausgezeichnet verstehen, gleichzeitig Bewunderung und Ergebenheit hervorzurufen.
Wer könnte auch den Wünschen eines bezaubernden Kranken
widerstehen?

Ein Wort noch über die Frömmigkeit Chopins. Wir wissen
sehr wenig über dieses Kapitel, und unser Held war in diesem
Punkt verschwiegen wie gewöhnlich. Eines ist sicher: Chopin,
der von seiner Mutter im katholischen Glauben erzogen worden
war, ging in Paris nicht in die Kirche. Liszt behauptet, daß »er
betet«. Vielleicht, jedenfalls zeigt er seine religiöse Einstellung
nie und spricht auch nicht darüber. Die Sand mag ihn uns als »in
den katholischen Dogmen erstarrt« beschreiben – ganz sicher
hat sie ihn niemals auffordern müssen, wieder zum »schönen
Glauben seiner Kindheit« zu finden, doch wartet er bis zur vorletzten Stunde seines Lebens, bis er den Beistand der Kirche *annimmt*, ohne ihn ausdrücklich verlangt zu haben.

Meistens ißt er mit der Sand, ihren Kindern und manchmal
mit ein paar Freunden seiner Geliebten zu Abend. Nach dem Essen verbringt er den Abend oft in einem Salon, wo man ihn feiert:
im Hotel Lambert bei den Czartoryskis; bei der Fürstin Sapieha;
bei James und Betty de Rothschild; bei Delphine Potocka,
wenn sie in Paris ist; bei dem Baron von Stockhausen, der Prinzessin Beauvau, der Gräfin Plater, Frau de Noailles. Die Lubek-
kis, Wolickis, Lempickis, die Radziwills und der Großfürst
Konstantin gehören zu seinen engsten Freunden. In diesen aristokratischen Salons behandelt man Chopin ganz selbstverständlich als Fürsten.

Was spielt er in den Salons, wo im Halbdunkel die weißen
Kleider der jungen Mädchen wie Blüten leuchten? Selten seine

großen Werke. Am liebsten seine Walzer, Mazurken, Nocturnes, ein paar Etüden, seine Ecossaisen – eine Reihe von kurzen leidenschaftlichen und kapriziösen Stücken, in denen sich der elegante Geist einer Pariser Abendgesellschaft spiegelt. Er nannte das »kleine Geschichten mit Musik erzählen«. Oder er improvisiert, er tastet, er sucht seinen »blauen Klang«, das heißt genau die Tonalität oder den Klang, der die geheimnisvolle Übereinstimmung zwischen der Zuhörerschaft und seiner Inspiration möglich macht. Wenn er ihn gefunden hat, dann sprudelt die Musik hoch, wie einst die durch Moses' Stab befreite Quelle.

An anderen Abenden ist er nicht in Stimmung. Berlioz erzählt in seinen *Memoiren* und Liszt in seinem *Chopin*, daß ihr Freund einmal keine Lust hat, zu spielen. Die Herrin des Hauses jedoch, die ihren Gästen gerade ein recht mittelmäßiges Essen serviert hat, ist, wie man so sagt, auf diesem Ohr taub. Unerschütterlich dringt sie mit schmeichelnder und flehender Stimme in ihn: »Herr Chopin, ach, Herr Chopin, Sie spielen doch etwas für uns?« Chopin, der seine Ruhe haben will, tut so, als ließe er sich überreden und spielt tatsächlich etwas…

»Herr Chopin, das war entzückend, aber zu kurz. Sie müssen mehr spielen…«

»Oh, gnädige Frau«, sagt Chopin mit verzweifeltem Ton, »ich habe so wenig gegessen!«

Wenn er in Stimmung ist, spielt er, ohne daß man ihn bitten muß, bis zur Erschöpfung. Seine Augen werden rund, die Wangen röten sich, sein Atem geht schneller. Alle spüren, daß ein Stück seines Lebens mit dieser feurigen Musik dahingeht, aber er will nicht aufhören, und man kommt gar nicht auf die Idee, ihn zu unterbrechen. Sein Fieber erfaßt auch die Zuhörer. Es gibt nur ein Mittel, ihn vom Klavier loszureißen: das ist, wenn man ihn um den *Trauermarsch* bittet. Nach dem letzten Takt ist das Konzert zu Ende, denn er kann nach diesem Stück nichts mehr spielen, es ist so etwas wie der Schwanengesang seiner Heimat.

Wenn er sich unter seinen emigrierten Landsleuten befindet, versinkt er in Erinnerungen an seine Kindheit und Jugend, dann atmet er den Duft seines fernen Vaterlandes: wer weiß, ob er der Entfernung wenn auch nicht das Wesen so doch den Ansporn seines Genies verdankt? »Wäre er in Polen geblieben, er hätte sich vielleicht damit beschieden, ganz einfach ein begnadeter Musikant zu sein…«[22] In Paris lockt die Phantasie vielleicht das hervor, was in Warschau der tägliche Kontakt hätte verkümmern lassen. Hier verwandeln die Traumbilder, der Zusammenhalt einer kleinen Emigrantenkolonie, die gemeinsam wachgerufenen Bilder von Polen die Wirklichkeit. Chopin fühlt sich seinen besorgten Landsleuten gegenüber zu einer Mission berufen. Nach dem schönen Ausspruch seines Landsmannes Paderewski »wird er unbewußt zum genialen Schmuggler, der mit seiner Musik das verbotene Polentum über die Grenzen trägt, der Priester, der den überall verstreuten Polen das Sakrament des fernen Vaterlandes bringt.« Im *Trauermarsch* seiner *Sonate*, so schreibt Liszt, »empfindet man, daß man hier nicht den Tod eines einzelnen Helden beweint, … sondern vielmehr den Untergang einer ganzen Generation, die nur noch Frauen, Kinder und Priester überleben…«

Er hat aufgehört zu spielen, er steht auf, ein Seufzer entflieht seiner Brust, der Klavierdeckel klappt zu. Alle Blicke sind auf Chopin gerichtet, und als Kontrast zu dem durch seine Musik hervorgerufenen Sehnsuchtsgefühl sieht man statt des bleichen jungen Mannes mit der vertrauten Gestalt einen phlegmatischen Engländer oder eine skurrile alte Dame vor sich – und es ist wieder Chopin, der jetzt die Gesichter zum Lachen bringt, nachdem er den Leuten die Tränen in die Augen getrieben hat. Seine Devise ist: Abwechslung. Wie sein Abgott Mozart verharrt er niemals. Wie dieser singt er als der Vogel aus unbekanntem Land. »Reden Sie mir nicht«, sagt er, »von Menschen, die niemals lachen, sie sind nicht ernstzunehmen…«

Wenn Chopin nicht ausgeht, nimmt er entweder an einer Abendgesellschaft von George Sand teil, oder er empfängt selbst Gäste in seinem Pavillon. Von der einen zur anderen Behausung braucht man nur den Garten zu durchqueren. Es ist nicht die gleiche Wohnung: es ist das gleiche Haus.

Wen trifft er bei seiner Geliebten? Pierre Leroux, den Apostel des Saint-Simonismus, Louis Blanc, Raspail, Michel de Bourges und Blanqui, die den »politischen« Teil des Salons der Schrift-

stellerin vertreten. Lamennais mit seinen *Worten des Glaubens*
bringt manchmal das Salzkorn des christlichen Sozialismus hinein. Ganz im Fahrwasser der Ideen ihrer Freunde, schreibt die
Sand: »Das Volk ist geneigt, sein ganzes Vertrauen in das Bürgertum zu setzen. Das Bürgertum wird dieses Vertrauen nicht
mißbrauchen. Es wird sich keinesfalls durch perfide Ratschläge,
unbegründete Alarme, falsche Gerüchte und Verleumdungen
gegen das Volk irreführen lassen. Das Volk wird gerecht, ruhig
und vernünftig sein, solange die Mittelklasse ihm hierzu ein Beispiel geben wird.« Als großmütige, utopisch denkende Frau
glaubte die unreligiöse Sand an eine soziale Religion, da sie Priester brauchte, denen sie ein wahres Priestertum zubilligte. Balzac, ein weiterer Stammgast in der Rue Pigalle 16, arbeitete an
der *Menschlichen Komödie*, einer unverhüllten Satire auf die
französische Bourgeoisie, die er an den drei Fronten angreift, wo
sie ganz besonders verwundbar ist: dem Geld, der Lüge, dem Ka-
stengeist. Für die soziale Betätigung der Sand und die Überzeugung ihrer Freunde war Chopin taub, sei es aus natürlicher Diskretion, sei es jedoch, was wahrscheinlicher ist, aus tiefster
Gleichgültigkeit. Dagegen zog es unseren Musiker zu Künstlern
und Schriftstellern wie Heine, Delacroix, Ballanche, Arago, Pauline Viardot, Sainte-Beuve, Mickiewicz, Berlioz und Liszt, Marie
Dorval und Hortense Allart.

Heine bezauberte alle durch seinen Humor. Er war früher
einmal in die Sand verliebt gewesen und hatte sich Redeweise
und Verhalten des früheren Liebhabers bewahrt – was ihn nicht
daran hinderte, die Ex-Geliebte »Emancimatrice« zu nennen
und mit freundlichem Spott zu behaupten, sie sei mit Chopin
»polnischer als Polen«. Zusammen mit dem Musiker erging er
sich Abend für Abend in surrealistischen Plaudereien, wobei sie
immer wieder auf eine »lächelnde Nymphe« zurückkamen, die
sie nach Neuigkeiten fragten und sich informierten, »ob sie noch
immer ihr grünliches Haar so reizvoll kokett mit dem Silber-
schleier umhülle«. Chopin spielte mit, antwortete schlagfertig
und fragte, »ob der Meergott mit langem weißem Bart die wider-
spenstige Najade noch immer mit seiner lächerlichen Liebe ver-
folge«. Darauf beschwor Heine, der niemals um eine Antwort

verlegen war, wundervolle Märchenbilder herauf, die man »da unten« im Reich der Poesie sehen konnte: »Erglühen die Rosen dort noch immer in so stolzem Feuer, rauschen die Bäume im Mondschein noch immer so harmonisch?« Dann lobten sie beide in einer Geheimsprache, deren Schlüssel nur sie beide kannten, das ferne Heimatland, dessen entschwundene Bilder durch die Legende vom *Fliegenden Holländer* beschworen wurden: »Wo sind sie, unsere Gewürze, unsere Tulpen, unsere Hyazinthen, unsere Meerschaumpfeifen, unsere Porzellantassen? Amsterdam! Wann sehen wir Amsterdam wieder?« riefen sie, »während der Sturm im Takelwerk heult.« So verstanden sich zwei Poeten verschiedener Sprache ohne viele Worte.

Hiller, Meyerbeer und Berlioz bildeten zusammen mit Chopin die Musikerquadrilla. Der alte Niemcewicz durchlebte noch einmal die alten Heldentaten, als Chopin seine *Historischen Gesänge* vorlas. Düster und stumm wie ein »Dante des Nordens« hob sich die unbewegliche, stille und aufmerksame Gestalt von Mickiewicz ab. Der außerordentlich beredte Delacroix dagegen führte mit Chopin endlose Gespräche über die Kunst. Da er es mit einem Fachmann zu tun hatte, stellte der natürliche Sohn von Talleyrand unermüdlich Fragen. Die Antworten von Chopin grenzten manchmal ans Paradoxe: »Meinem Gefühl nach wurde Beethoven von der Bachschen Vorstellung gequält... Sicherlich, Mozart hat viel gearbeitet, aber nicht so ängstlich wie Beethoven, der immer von einer Gesamtsicht geleitet wurde, die es ihm nicht erlaubte, an seiner ursprünglichen Idee etwas zu ändern... Wodurch die Logik in der Musik erreicht wird? Vor allem durch Kontrapunkt und Fuge: wenn man die Fuge beherrscht, dann kennt man das Grundelement jeder Vernunft und jeder Konsequenz. Die wahre Wissenschaft ist nicht, wie manche Laien glauben, ein sich von der Kunst unterscheidender Teil der Erkenntnis, sondern die Kunst selbst. Die Eingebung ist die Vernunft selbst, verschönert durch das Genie. Wenn Beethoven irgendwo unklar und nicht einheitlich zu sein scheint, kommt es daher, daß er den ewigen Prinzipien den Rücken kehrt: Mozart niemals. Berlioz, der Schöpfer der lauten Kupferfanfaren, setzt Akkorde hin und füllt die Intervalle aus, so gut er kann. Erinnern

Sie sich, was Mozart sagte: ›Große Leidenschaft darf niemals so ausgedrückt werden, daß sie Abneigung hervorruft. Selbst in entsetzlichen Situationen darf sie niemals das Ohr verletzen und aufhören, Musik zu sein.‹«[23] Seltsam, Chopin und Delacroix, die beide, eher wegen der Zeit, in der sie lebten, als wegen ihrer Zugehörigkeit zu dieser Epoche als romantische Künstler bezeichnet werden, hatten einen ausgesprochen klassischen Geschmack. »Sehen Sie«, notierte Delacroix, »wie Chopin in seine Zeit gehört, wie er sich des Fortschritts bedient, den die anderen seiner Kunst angedeihen ließen, wie er Mozart bewundert und wie wenig er ihm ähnelt!«

Ein anderes Diskussionsthema: Was ist mehr wert, die Skizze oder das vollendete Werk? Ein paar Freunde Chopins, darunter Grzymala, behaupten, seine Improvisationen seien wesentlich kühner als seine schriftlich niedergelegten Stücke. »Alles Einbildung!« gab Delacroix zurück: »Man erhält verschiedene Eindrücke von einem Gebäude, dessen Einzelheiten noch nicht hervortreten, und von dem gleichen Gebäude, das mit all seinen Ornamenten fertiggestellt ist. Das gleiche ist der Fall bei einer Ruine, die durch die ihr fehlenden Teile einen Aspekt hinzubekommt. Die Details sind verschwunden oder angeschlagen, und so sieht man an dem Gebäude nur noch den Grundaufbau und die Andeutung von Gesimsen oder verzierten Teilen. Das vollendete Gebäude schlägt einen Kreis um die Phantasie und verbietet ihr, ihn zu überschreiten. Vielleicht gefällt die Skizze eines Werkes nur so sehr, weil jeder sie nach seinem Gutdünken vollendet. Als Correggio das berühmte: ›Anch'io son' pittore!‹ ausspricht, meint er damit: ›Das ist ein schönes Werk, aber ich hätte etwas hineingesteckt, was nicht darin ist!‹ Der Künstler verdirbt also sein Bild nicht, wenn er es vollendet. Wenn er auf das Unbestimmte der Skizze verzichtet, zeigt er nur mehr von seiner Persönlichkeit und enthüllt das ganze Ausmaß, aber auch die Grenzen seines Talents.«[24]

Was ist das schöne Ideal, wie lauten die Regeln der Wahrheit in der Kunst, existiert diese Wahrheit überhaupt? fragten sich Chopin und Delacroix. Am Beispiel des *Don Giovanni* wurden sie sich einig: das Schöne besteht sicher in dem Zusammentreffen aller Annehmlichkeiten – in der herrlichen Verschmelzung von Eleganz, Ausdruck, Spaßhaftem, Schrecklichem, Zärtlichkeit und Ironie. Die Künste erleben ihre Kindheit, ihre Mannesjahre und ihre Altersschwäche. Zu Zeiten Mozarts und Cimarosas gab es etwa vierzig Musiker, die ihrer Familie zu entstammen scheinen und deren Werke alle Bedingungen der Perfektion erfüllen. Doch das ganze Genie Beethovens und Rossinis rettete sie nicht vor einer gewissen Nachahmung: durch sie gefällt man, durch sie altert man aber auch.

Die Musik ist im Grunde die Lust der Phantasie. Was auf diesem wie auf anderen Gebieten den außergewöhnlichen Menschen ausmacht, ist die Art, die Dinge zu sehen, nicht die Geschicklichkeit, sie zu verwirklichen. Das Schöne ist die Frucht ständiger Inspiration, das Ergebnis von beharrlichen Bemühungen. Der Künstler muß so arbeiten, daß man seine Arbeit vergißt: so ist Rubens nicht einfach, weil er nicht genügend gearbeitet hat. Die höchste Schönheit liegt im Ergötzen. Auch in der idealisierten Wahrheit. Schöne Kunstwerke altern nicht, wenn sie von *echtem* Gefühl geprägt sind. Das wahre Genie schafft voller Kraft, aber nicht zufallsbedingt, wie Berlioz, dessen beste Stücke schließlich und endlich nur »ein heroischer Brei« sind.

Wenn dir etwas nicht zusagt, stellten die beiden Freunde gemeinsam fest, dann laß es bleiben! Suche nicht das Neue um jeden Preis. Der Gipfel der Kunst ist erreicht, wenn die Leute glauben, sie hätten noch niemals eine Nachtigall gehört, und wenn man sie in der ihr eigenen Art singen läßt. Vor allem sollte man nicht nach einer Sprache suchen, in der man sich ausdrücken will: vielmehr soll man, wie Sganarelle, das benützen, was man auf der Zunge hat. Man soll nicht glauben, daß die Schöpfung eines Idioms neue Ideen mit sich bringt. Und alles in allem soll man kurze Werke bevorzugen, die den Kunstfreund nicht mehr als den Verfasser anstrengen. Man soll Nachahmungen nicht fürchten: das ist der Weg zur Originalität. Künstler, die überall die Perfektion suchen, sind im allgemeinen dieselben, die sie nirgends erreichen können.

Man soll tatsächlich glauben, daß das Gefühl alles ist. Wer in der Musik die klangliche Hülle an die Stelle der Idee setzt, beweist Dekadenz und verleugnet die Kunst. Auch hier sind Berlioz und Mendelssohn im Unrecht! So redeten Chopin und Delacroix ganze Abende lang.

Es gibt Augenblicke, in denen verwandelt sich die Unterhaltung in einen Monolog: zum Beispiel jedesmal, wenn Delacroix sich nicht mehr auf die Musik bezieht, sondern über Bildhauerei, Malerei oder Literatur spricht. Dann verliert Chopin an Boden und zieht sich in Schweigen zurück, wagt es jedoch nicht, seinem Freund gegenüber zuzugeben, daß diese Künste für ihn keinerlei besondere Wichtigkeit haben und ihm im Grunde nichts sagen. Oder daß er, da er sie kaum kennt, sich weigert, über sie zu sprechen. Haben wir es hier mit einem beschränkten Geist zu tun? Nein, es handelt sich nur um die Zurückhaltung einer Seele, die ihre Grenzen kennt. Die Welt Chopins ist rein musikalisch. Das genügt ihm, da sein Genie ihre Horizonte beträchtlich erweitert hat.

Wenn Chopin Gäste empfängt, findet sich in seinem Salon ein großer Teil der Freunde der Sand ein, die auch seine Freunde geworden sind, vor allem aber seine polnischen Landsleute, in erster Linie Mickiewicz, Professor am Collège de France, und sofern sie in Paris sind, Delphine Potocka und ihre Schwester, die Fürstin von Beauvau. Delphine singt, Chopin begleitet sie. So vergeht der Sommer in Paris. In diesem Jahr 1840 nämlich hat die Sand ihre Finanzlage überprüft: da sie die notwendigen viertausend Francs für den Haushalt in Nohant nicht hat, bleibt sie lieber in der Hauptstadt. Hier muß sie mit der bitteren Enttäuschung über den Mißerfolg ihres Stückes *Cosima* fertig werden. Chopin begnügt sich gern mit Wagenfahrten in den Bois de Boulogne, in Begleitung von Solange, die eine ebenso begeisterte Reiterin ist wie ihre dragonerhafte Mutter, und die ihre Mitschülerinnen in der Pension Hérau durch ihr zentaurisches Temperament in Erstaunen versetzt. Sie unterscheidet sich darin völlig von ihrem Bruder Maurice, einem recht weichlichen Jungen, der für Zeichnen und Malerei begabt und Schüler von Delacroix ist, den er, wann immer es ihm gefällt, in seinem Atelier besucht. George macht im Vorhaltungen und verbietet ihm »schlechte

Gesellschaft, Puppen, dumme Dandys und anderen Zeitvertreib von Geldleuten.« Statt sich herumzutreiben, soll er lieber Chopin zu den Feierlichkeiten anläßlich der Überführung von Napoleons Asche begleiten. Legouvé hat Chopin zwei Karten für den 15. Dezember 1840 geschickt. Sehr wahrscheinlich ging der Musiker, dem es vor Menschenansammlungen graute, nicht hin. Das, was er nicht eines einziges Blickes würdigte, nahm Victor Hugo mit seinem unfehlbaren Gedächtnis auf, und er hinterließ uns eine Reihe äußerst farbiger Erinnerungsbilder. Große Kälte, es schneit.

»Der Wagen des Kaisers erscheint. Die Sonne, bis zu diesem Augenblick verhüllt, kommt im gleichen Moment hervor. Die Wirkung ist einzigartig.

In der Ferne im Dunst und in der Sonne vor dem grauen und rostroten Hintergrund der Bäume an den Champs-Elysées sieht man durch die großen weißen, geisterartigen Statuen eine Art von goldenem Berg sich langsam fortbewegen. Die Erscheinung wird von lautem Gemurmel begleitet. Man meint, dieser Wagen ziehe den Beifall der ganzen Stadt hinter sich her, so wie eine Fackel ihren Rauch.

Der Wagen kommt langsam voran. Allmählich erkennt man seine Form.

Jetzt erscheinen sechsundachtzig Legionsoffiziere mit den Bannern der sechsundachtzig Departements. Nichts kann schöner sein als dieses Viereck, über dem ein Wald von Fahnen flattert.

Zwei gewaltige Bündel mit den Fahnen aller Nationen Europas schaukeln wundervoll feierlich vorn und hinten an dem Wagen, gezogen von sechzehn Pferden, schrecklichen Tieren, die bis zum Schwanz mit weißen Federbüschen geschmückt und von Kopf bis Fuß mit einem glänzenden Panzer aus goldenem Tuch bedeckt sind; man sieht nur noch ihre Augen, was einen an irgendwelche Geisterpferde erinnert.

Die Worte waren einfach und groß. Der Prinz de Joinville sagte zum König:

›Sire, ich präsentiere Ihnen den Leichnam des Kaisers Napoléon.‹

Der König antwortete:

›Ich empfange ihn im Namen Frankreichs.‹

Dann sagte er zu Bertrand:

›General, legen Sie das ruhmreiche Schwert des Kaisers auf den Sarg!‹

Und zu Gourgaud:

›General, legen Sie den Hut des Kaisers auf den Sarg.‹

Das *Requiem* von Mozart hinterläßt keine große Wirkung. Eine schöne, schon runzelige Musik. Leider wird die Musik runzelig: sie ist eigentlich keine Kunst…«

Wenn Chopin, der zwar nicht an der Zeremonie teilnahm, dennoch einen solchen Bericht gelesen hat[25], sah er nur den letzten Satz, der ihn in Wut versetzen mußte: Wie kann man nur den göttlichen Mozart so behandeln? Chopin, wie kann man nur alles, was nicht Musik ist, übersehen, ja, sogar völlig ignorieren? Wirklich, große Männer sind unvollkommen, es sieht so aus, als hätten sie eine einzige Gesichtshälfte und als sei die andere in ein Dunkel getaucht, das sie blind macht.

Ein Portrait des Sylphen

Vielleicht ist jetzt der Augenblick gekommen, von dem Künstler, dessen Geschichte wir schreiben, ein Porträt des Körpers und der Seele zu zeichnen.

Was Chopins körperlichen Zustand betrifft, so haben wir uns schon früher veranlaßt gesehen, eine Reihe von Feststellungen über seine Gesundheit zu machen. Im Jahre 1840 war er offensichtlich schon tuberkulös und außergewöhnlich mager. Liszt sprach von der »zarten und schwächlichen Organisation Chopins« und fügte hinzu: »Seine ganze persönliche Erscheinung schien in ihrer Harmonie keines Kommentars zu bedürfen. Sein blaues Auge war mehr geistvoll als träumerisch, sein Lächeln fein und mild, nie bitter. Sein Teint war zart und durchsichtig, sein blondes Haar seidenartig, seine gebogene Nase ausdrucksvoll, seine Gestalt von mittlerer Größe, sein Gliederbau schwach. Er war von anmutiger Beweglichkeit. Seine Stimme klang ein wenig gedämpft, oft fast erstickt. Seine Haltung trug ein so vornehmes Gepräge, daß man ihn unwillkürlich wie einen Fürsten behandelte.« Alle Porträts von Chopin sind der Beschreibung Liszts ähnlich, auch wenn sie in Einzelheiten voneinander abweichen.

Vom Seelischen her gab es zwei Chopins – den Polen und den Gast in Frankreich.

In der gleichen körperlichen Hülle steckten also zwei sehr verschiedene Wesen: der geniale Künstler, der seine Umwelt blendete – der alltägliche Mensch, der ihr Mitleid verursachte.

Eine undurchdringliche Wand teilte unseren Helden im Grunde in zwei asymmetrische Hälften.

Auf der einen Seite »der Fremde im schwarzen Anzug« – auf der anderen ein fröhlicher, geistreicher Mann, der jedoch so verschwiegen war, daß man niemals den Grund seiner Seufzer oder die Ursache seiner Fröhlichkeit erfuhr. Musset zeichnete so seine Figuren, die geprägt sind von verwirrender Doppeldeutigkeit.

Um diesen seltsamen Charakter besser verstehen zu können, müssen wir ein paar Jahre zurückgehen und Chopin wieder in den Rahmen seiner frühen Jahre stellen.

»Ich bin ein reiner Masowier«, erklärte er stolz. Darin lag mehr Wahrheit, als er sich vorstellen konnte: Es gab nur wenig Menschen, die ihr ganzes Leben lang von ihrer Heimat, den familiären Gebräuchen und von der typisch polnischen Handlungsweise stärker geprägt waren als er.

Aus dem überschwenglichen, schalkhaften, heiteren, lachenden Kind, das sich in Scharaden, Zerstreuungen und »Hanswurstiaden« aller Art zu Hause fühlte, wurde ein melancholischer Mann, in dem noch ab und zu die erloschene Glut zum Leben erwachte. Der Gelegenheitsimitator – von dem der Schauspieler Bocage sagte, er habe seinen wirklichen Beruf versäumt: Komödiant zu werden – projizierte als Erwachsener die Fähigkeit eines Kindes, das von den Menschen, die es um sein zwölftes Lebensjahr gekannt hatten, als »Universalgenie« bezeichnet worden war.

Er war ein verwöhnter Junge, umgeben von Zärtlichkeit, aufgewachsen in einer Welt von Frauen, woher seine unauslöschliche Vorliebe für Kleidung und Ausstattung stammte. Seine Mutter und seine Schwestern umhegten ihn, sein geblendeter Vater dachte nicht daran, das zu begabte, zu feine, zu sensible Kind, das ihn durch eine Mischung aus tiefem Respekt und spontaner Zärtlichkeit entwaffnete, zur Männlichkeit zu erziehen. Durch den Kontakt mit seinen Schwestern gewöhnte er sich an das Leben in einer Frauenwelt, von der andere Jungen gar keine Vorstellung hatten. Auch erwachte in ihm der Geschmack an der Verführung, am Lächeln und der Verehrung der Frau, der sich eines Tages in übertriebene Zurückhaltung verwandelte. Eine Schwester wäre keine Frau? Doch, darin liegt ja die Gefahr! Seine Mutter, von der die Sand sagte, sie »sei die einzige Frau, die er jemals wirklich geliebt hat«, betrachtete ihn voll Bewunderung. Sie schärfte ihm strenge katholische Prinzipien ein, von denen sich Frédéric trotz seines eingefleischten »Konservativismus« ziemlich leicht trennte. Atheistisch? Nein, das nicht: gleichgültig.

Dieses so außergewöhnlich begabte Kind erhielt glänzende Zeugnisse, ohne sich in der Schule besonders anzustrengen. Nur auf einem Gebiet stürzte er sich mit wilder Energie in die Arbeit: das Studium der Kunst erforderte all seine Kräfte, seine schwache Natur konzentrierte sich, um bestimmte Schwierigkeiten zu meistern, mit einem ausschließlichen, wilden und leidenschaftlichen Eifer. Die Musik forderte seit seiner Jugend die ganze verfügbare Kraft des Menschen. An seinem Klavier oder vor seinem Notenpapier, und nur hier, bewies Chopin kämpferischen Charakter, der ganz im Gegensatz zu seiner zarten Körperbeschaffenheit stand.

Je mehr er vom Warschauer Klima getragen wurde, desto mehr wuchs sein Wunsch, es hinter sich zu lassen, um anderswo Beweise seines Talents zu liefern, das man in seiner Heimatstadt anerkannte und dessen er sich ohne eine Spur von Eitelkeit ganz klar bewußt war. So ging er fort und war sich zugleich sicher, daß er fort mußte und daß er, wo auch immer, leiden würde. Er reiste entschlossen dem Unglück entgegen.

In Stuttgart plötzlich, im Licht der dramatischen Nachrichten, holte ihn die Tragödie ein, die Dämme, die durch langes Wohlergehen gehalten hatten, brachen. Mit den Worten, die er in den beiden Nächten voller Alpträume niederschrieb, enthüllt uns Chopin endlich seine geheime Natur. Der Inhalt dessen, was er in sein Heft schrieb, entsprach im Ton den fiebrigen Stücken, die er komponierte. Das aufständische Warschau mußte Mann gegen Mann gegen den russischen Unterdrücker kämpfen, damit ein reservierter junger Mann, der immer Herr seiner selbst war, die Maske fallen ließ und sich so zeigte, wie er war: ein schmerzerfüllter, ein übersensibler, leidenschaftlicher Mann, der sich nicht durch Worte – außer bei dieser Gelegenheit –, sondern durch Noten ausdrückte. Sein wahres Wesen vertraute er nur der Musik an. Niemals mehr sollte er mit Worten auf seine innere Wunde anspielen: die Wunde eines schwachen, zarten Menschen, der körperlich nicht in der Lage war, sein Vaterland in Gefahr zu retten. In Wien und Stuttgart (24. *Etüde*, *1. Scherzo*, *Préludes in a-Moll* und *d-Moll*) begriff er ganz deutlich den Sinn seiner Mission: das von Patriotismus erfüllte Werk eines armen Kindes, das auf keine andere Weise dem Heimatland seine brennenden Gefühle zeigen konnte als auf diese. Vielleicht würde seine Musik dem Zuhörer das Rachegefühl vermitteln, vielleicht die Exilpolen, die er jeden Augenblick in Frankreich treffen wird, aufwiegeln?

Bei seiner Ankunft in Paris verkroch Chopin sich wie eine Schnecke. Von dem entsetzlichen Schock auf der Reise war nichts mehr zu spüren. Der Kontakt, den er mit einer unbekannten Stadt aufnehmen mußte, mit Leuten, deren Sprache er sprach, deren Wesen ihm aber fremd war, die Erregung eines Volkes, das gerade die Wirren einer Revolution hinter sich hatte – dies alles ließ seinen Kummer verfliegen. Er sah zu, ohne teilzunehmen, er nahm in sich auf, ohne jegliche Gegengabe, seine Angst löste sich im Laufe von Ereignissen, denen er absolut fremd gegenüberstand[26]. Gleich am Anfang gewöhnte er sich an, sich abzukapseln, er verweigerte sich geistig. Niemand konnte in sein Geheimnis eindringen. Er wurde vielen Leuten vorgestellt, machte eine Menge Bekanntschaften, ohne eine einzige wirkliche Freundschaft zu knüpfen. Die Polen in Paris waren seine einzigen Freunde. Den anderen gegenüber spielte er den

Verstoßenen. Er sagte immer wieder, er wolle »einen ganzen Tag lang niemanden sehen«. Nach einem sehr wahren Wort von Cortot[27] »leiht er sich mitunter her, gewährt sich aber nie«. Von ihm ergebenen »Kollegen« wie Liszt empfing er wesentlich mehr, als er ihnen gab. Egoistisch? Nein, das nicht: gleichgültig. Er hing nur an einer Ecke Europas, und die hatte er sich aus dem Herzen gerissen. Man konnte von ihm nicht verlangen, anderswo Wurzeln zu schlagen! Überall, wo er war, spielte er den durchreisenden Fremden, den verfügbaren Menschen, der entgegennahm, ohne sein Leben selbst zu organisieren. In Paris »hat er nun nichts mehr zu bestimmen, er darf nur dulden«.[28] Er verlor sich voller Wonne im Nebel des Spleens und in den Annehmlichkeiten der Neurasthenie, »jener Krankheit, die man sofort bekommt, wenn man Zeit hat, daran zu denken…« Zu gefallen war ihm wichtiger, als geliebt zu werden. So notierte sein Freund, der Marquis de Custine: »Man liebt ihn nicht bloß, sondern man liebt sich selbst in ihm.« Armer Chopin, ein Katalysator flüchtiger Zuneigungen!

Wir haben schon länger über die Besonderheiten seines Verhaltens in Gefühlsdingen gesprochen: Verschämtheit, Zurückgezogenheit, Angst, seine Gefühle zur Schau zu stellen, angeborene Schüchternheit Frauen gegenüber. Wie in der Affäre Gladkowska zeigte er sich auch in der Episode Wodzinska. Die einzige Frau, mit der er ein nicht nur geträumtes Abenteuer hatte, war George Sand, zu der er sich überhaupt nicht hingezogen fühlte, so entgegengesetzt waren ihre Charaktere, doch er hatte nicht die Kraft, ihrem Begehren zu widerstehen. Die Sand, die nach außen hin sehr poetisch, innerlich jedoch sehr prosaisch war[29], notierte ohne Umschweife: »Ich habe noch keinen Tuberkulösen gehabt: mein Gott, wie aufregend!« Der arme Schwindsüchtige geriet wie in eine Falle in die Arme dieser Frau, die an die Fangarme der Gottesanbeterin erinnern: wenigstens fraß sie ihn nicht. Chopin hatte nicht gewählt, nicht selbst entschieden: er war gewählt worden, sie hatte für ihn entschieden[30]. Seines schwachen Charakters war er sich bewußt, denn seine Wahrnehmungsfähigkeit war groß. Doch die Erkenntnis dieses speziellen Fehlers vermehrte seine Traurigkeit. Zum Ausgleich setzte er seine Liebenswürdigkeit, seinen natürlichen Charme wirkungsvoll ein. Chopin erfand den Flirt, bevor es ihn gab, wie er den Spleen verkörperte, bevor das Wort zu unserem Wortschatz gehörte. Die Sand bestätigte, daß er »mit über dreißig Jahren noch leicht entflammbar ist, und es kommt vor, daß er sich unterschiedslos in mehrere Frauen am gleichen Abend verliebt, um sie vollkommen zu vergessen, wenn er aus der Tür ist«. Wenn man ihn nicht aufforderte, der »groben Stofflichkeit des Fleisches« nachzugehen, noch überzeugende Beweise seiner Neigung zu liefern, war Chopin immer bereit, die Illusion herzustellen. »Was er sucht, ist nicht die Geliebte, sondern die liebende Gefährtin.« Kurz gesagt: die Schwester. Ah, hätte er sich mit einem Leben zwischen Louise und Titus begnügen können, in der Wärme zwischen ihr, die so zärtliche Zuneigung verbreitete, und ihm, der Inkarnation einer Männlichkeit, die er überhaupt nicht kannte.

Zumindest sollte niemand ahnen, was sich in den Tiefen seines Bewußtseins abspielte! Mit Hilfe seiner rein äußerlichen Umgänglichkeit, die mit tiefer Gleichgültigkeit gepaart ist, kann er das komplizierte Spiel, das ihm sein seltsames Wesen aufzwingt, ausgezeichnet durchspielen: »Da er sich nett und zuvorkommend gab, konnte man für artiges Wohlwollen halten, was im Grunde nur kalte Verächtlichkeit, ja unüberwindlicher Ekel war!«[31] Auch Liszt entging diese gekünstelte Haltung nicht, das Adlerauge des Ungarn hatte bald die Wahrheit über dieses Wesen entdeckt, »das aus tausend Schattierungen gemischt ist, die so sehr ineinanderspielen, daß sie zum Rebus werden, den keiner mehr zu entschlüsseln vermag«. So erklärte Liszt mit umständlichen Worten das Verhältnis Chopins nicht zur Musik, sondern zu seiner musikalischen Karriere: »Die Konzerttätigkeit ermüdete weniger Chopins physische Organisation, als sie vielmehr seine Reizbarkeit als Künstler herausforderte. Hinter seinem freiwilligen Verzicht auf rauschende Erfolge verbarg sich ein inneres Verletztsein. Ungeachtet eines sehr entschiedenen Bewußtseins seiner angeborenen Überlegenheit, entbehrte der polnische Pianist doch zu sehr des entsprechenden verständnisvollen Echos von außen, um sich dem sicheren Gefühl überlassen zu können, daß er nach seinem vollen Wert gewürdigt werde. Der Beifall des Volkes fehlte ihm, und nicht ohne geheime Betrübnis schien Chopin sich oftmals zu fragen, bis zu welchem Grad die Elite der Gesellschaft ihm durch ihre diskreten Beifallsbezeigungen die Menge und Massen ersetzte, von denen er sich freiwillig abkehrte? Nur wenige verstanden ihn: aber verstanden ihn diese wenigen genug? Ein Mißbehagen bemächtigte sich infolgedessen seiner, das ihm selbst, mindestens nach seiner wahren Quelle, vielleicht unklar blieb, aber heimlich an ihm nagte. Fast verletzt sah man ihn durch Lobpreisungen, die hohl oder falsch an sein Ohr klangen, er war geneigt, vereinzelte Huldigungen beleidigend zu finden. Weder Quantität noch Qualität des Beifalls befriedigten ihn. Selbst ein zu geistreicher Spötter, um dem Sarkasmus eine Blöße zu bieten, gab er sich nicht etwa als verkanntes Genie. Unter scheinbarer Befriedigung und liebenswürdiger Freundlichkeit verbarg er die Wunde, die seinem berechtigten Stolz geschlagen worden war, so völlig, daß man deren Existenz kaum bemerkte. Nicht mit Unrecht dürfte man jedoch die sich allmählich steigernde Seltenheit der Gelegenheiten, bei denen er sich zum Spielen bewegen ließ, mehr noch dem Wunsch beimessen, Huldigungen zu fliehen, die ihm nicht den schuldigen Tribut eintrugen, als seiner zunehmenden Körperschwäche, die ja durch sein andauerndes häusliches Spiel, wie durch die Unterrichtsstunden, die er beständig erteilte, auf nicht minder harte Proben gestellt wurde.«[32]

Dieses Verbergen des wirklichen Menschen hinter einer Maske hat die Sand in dem unter dem Deckmantel des Prinzen Karol verborgenen Porträt Chopins in *Lucrezia Floriani* sehr zutreffend beschrieben: »Er hatte nicht die kühne männliche Art eines Abkömmlings jener Rasse antiker Magnaten, die nur trinken, singen und Krieg führen konnten. Er besaß auch nicht die weibliche Freundlichkeit eines rosenfarbigen Cherubim. Er erinnerte an jene Idealwesen des Mittelalters: ein Engel mit dem schönen Gesicht einer großen traurigen Frau, rein und schlank wie ein junger Gott im Olymp und, als Krönung des Ganzen, ein zugleich zärtlicher und strenger, keuscher und leidenschaftlicher Ausdruck.

Es gab nichts Reineres und gleichzeitig Exaltierteres als seine Gedanken, nichts Eigensinnigeres, Ausschließlicheres und Ergebeneres als seine Zuneigung. Er verstand nur das, was ihm wesensgleich war, der Rest existierte für ihn nur als eine Art ärgerlichen Traums, dem er sich zu entziehen trachtete. Da er ständig in seine Träumereien versunken war, mißfiel ihm die Wirklichkeit, er konnte einem Menschen, der anders war als er selbst, nicht gegenübertreten, ohne sich an diesem lebendigen Widerspruch zu stoßen... Vor permanenter Feindseligkeit bewahrte ihn nur die freiwillige und bald fest verwurzelte Gewohnheit, das, was ihm mißfiel, weder entgegenzunehmen noch zu hören. Menschen, die nicht dachten wie er, wurden in seinen Augen zu Gespenstern. Seltsam, daß er bei einem solchen Charakter Freunde haben konnte. Er hatte dennoch welche, da es ihm von Natur gegeben war, zu gefallen. Menschen, deren Wesensart nicht so fein war, liebten seine erlesene Höflichkeit, sie empfanden sie um so stärker, als sie in ihrer aufrichtigen Art nicht begriffen, daß es sich nur um die Erfüllung einer Pflicht handelte und daß Sympathie dabei keinerlei Rolle spielte. Seine Liebenswürdigkeit war größer als seine Liebe.

In Kleinigkeiten des Lebens war er von zauberhafter Umgänglichkeit. Alle Formen des Wohlwollens drückten sich bei ihm in außergewöhnlicher Anmut aus, und seine Dankbarkeit zeigte er durch tiefe Rührung, die die Freundschaft mit Abnützung lohnte.

Gern stellte er sich vor, täglich dem Tod ins Auge zu sehen, unter dieser Voraussetzung nahm er die Hilfe eines Freundes an und zeigte ihm nicht, wie wenig Zeit er sie seiner Meinung nach noch nutzen könne. Nach außen besaß er großen Mut, und wenn er auch den Gedanken an einen baldigen Tod nicht mit der heroischen Sorglosigkeit der Jugend hinnahm, so hegte er doch das Warten auf den Tod mit einer Art bitterer Lust.«[33]

Das Portrait ist genau, nicht gerade schmeichelhaft und sicherlich richtig. Versuchen wir, noch ein paar Nuancen hinzuzufügen. Sollte es den Leser überraschen, daß dieser so persönliche Künstler, dieser Erneuerer, in allem, was nicht mit seiner Kunst zusammenhängt, einen zumindest erstaunlichen Geschmack am

Konventionellen fand? Kleinliches Urteil, tiefes Desinteresse an anderen, eine Menge von Vorurteilen: Mendelssohn, Schumann, Berlioz und selbst Liszt schenkte er nicht die geringste Aufmerksamkeit. In seinen Augen zählten nur die Meisterwerke der Vergangenheit und sein eigenes Werk, über das er sich jedoch nie hochmütig äußerte. Der Romantiker war ein fest verwurzelter Klassiker[34].

Liebe zu Blumen, keine Lust zu lesen: er las auch fast nichts; Horror vor dem Schreiben; Furcht vor Täuschung; absolutes Desinteresse an metaphysischen Dingen; mißtrauische Grundhaltung; Bitterkeit, durch gute Erziehung zurückgehalten, die seine Wutanfälle jedoch nicht zügeln konnte – »Chopins Zorn ist schrecklich«[35] –; Angst, daß man von »den Dingen erfährt« und vor allem, daß man in Warschau davon sprechen könnte; der mit manchen Tieren gemeinsame Instinkt, die Spuren zu verwischen oder Haken zu schlagen, im Grunde genommen das Verhalten eines Provinzlers, der sich in die Großstadt verirrt hat; außerordentliche Großzügigkeit, wenn man ihn um seine Mitwirkung bei einer Wohltätigkeitsveranstaltung bat, leoninisch, wenn es um einen Vertrag über die Veröffentlichung seiner Werke ging; das Bewußtsein, von Natur aus einen schwierigen Charakter zu haben: »Es ist nicht meine Schuld, wenn ich wie ein schädlicher Pilz bin, der vergiftet, wer ihn genießt!«[36] Dies sind die letzten Züge eines Charakters, dessen Besonderheiten ihre Erklärung in Krankheit und Entwurzelung finden. Stendhal hat recht, wenn er behauptet, »daß ein Teil der Lebensgeschichten großer Männer von ihren Ärzten geschrieben werden müßte«. Kein Zweifel, Chopin war durch ein kränkliches Temperament für außergewöhnliche Verwundbarkeit prädestiniert.

Besteht bei diesem Porträt, gemalt in Farben, die wir für lebensecht halten, nicht die Gefahr, daß bei dem Leser das Gefühl liebevoller Bewunderung schwindet, das dieses Buch doch eigentlich hervorrufen oder sogar verstärken sollte? Diese Befürchtung ist nicht gerechtfertigt, denn der Leser muß zugeben, daß man in dem Augenblick verfälscht, in dem man zugunsten psychologischer Klarheit, doch willkürlich, bei einem so ungewöhnlichen Wesen wie Chopin den Menschen von dem Künstler trennt. Wäre Chopin nicht der geniale Komponist gewesen, den wir kennen, dann hätte er sicher einen charmanten Mann mit recht anstrengendem, mißtrauischem Charakter abgegeben, der den Tribut, den sein Freund und Landsmann Mieckiewicz der Sand bei ihrer Trennung im Jahre 1846 zollte, voll gerechtfertigt hätte: »Die arme Frau ist das Opfer eines erbarmunglosen Quälgeistes gewesen.« Aber das Werk ist vorhanden, es schützt seinen Verfasser und läßt ihn in einem ewig strahlenden Licht erscheinen.

»Ich reise in seltsamen Weiten...« Wie kann man von diesem »Descubridor«, der sich in ein Abenteuer mit unbekanntem Ausgang eingelassen hat, uns aber Schätze davon mitbringt, erwarten, daß er außer Genie auch noch ein ausgeglichenes Wesen ohne Unvollkommenheiten und Unebenheiten, einen jener »goldenen Charaktere« hat, die vielleicht ihren Besitzer, aber weit seltener die Menschheit bereichern? Die Musik an sich, die Musik allein. Er bezog Musik aus allem und in erster Linie aus dem, was ihre Ausübung zu beeinträchtigen schien: aus der Krankheit. Die Gesundheit — »jene grobe Unverschämtheit gesunder Menschen«[37] — verletzte Chopin, sie schmerzte ihn wie eine Wunde, denn das Leiden hatte ihn empfindsam gemacht. Es hatte ihn aus dem stets etwas groben tauben Gestein der Gesundheit gelöst, hatte verborgene feine Fasern bloßgelegt, hatte ihn isoliert, zur Abstraktion von Gefühlen geführt, und im Grunde die Bedingungen geschaffen, die seiner schöpferischen Zurückgezogenheit zugute kamen.

Ist es nicht ungewöhnlich, daß ein so schwächlicher Mensch so außerordentlich schöpferisch begabt ist? Da er um seine zarte Konstitution wußte, sparte er all seine Kräfte wie das Öl einer Nachtlampe für das auf, was er für unerläßlich und bedroht hielt. Eine angeborene Aktivität bewirkte bei dem Kränklichen, dem ständig Müden außergewöhnliche Anfälle von Energie. Alles wurde dem Wichtigsten geopfert: Freundschaft, Freizeit, Liebe, Ruhe, sogar die Gesundheit. Alle Freuden traten zurück vor jener höchsten und anstrengendsten Freude, Schönheit zu gebären. Hier wurde ganz erstaunlich zwischen fruchtlosen und einträglichen Wünschen unterschieden.

Bekommt er nicht plötzlich Größe, dieser Krieger, der sein Blut verliert und sich ängstlich fragt, ob er das Ende der Schlacht erleben wird, dieser Mann, der in vielen zweitrangigen Dingen unstet, jedoch entschlossen ist, wenn das Wichtigste auf dem Spiel steht?

... Mein schwaches, sanftes Herz, das so viel Mut hatte für das, was es begehrte [38]!

Proust und Chopin

Warum sollte man nicht die Schranken der Zeit überspringen und in einem Buch über Chopin an Marcel Proust denken? Wenn man sie nebeneinanderhält, erkennt man zwei verwandte Gesichter. Wie Chopin lebte Proust in der Angst vor Erstikkungsanfällen. Da die herkömmlichen Arzneimittel nichts nützten, übte er eine unglaubliche Hygiene, die allein sein Leben ein bißchen verlängern konnte. Er lag ständig im Bett und enthielt sich jeder überflüssigen Nahrung, wobei er ganz genau das Verhältnis zwischen den Erfordernissen seiner Arbeit und den Opfern kannte, die notwendig waren, um den Tod hinauszuzögern. Er sann vor seinem Papier mit einer Lampe auf dem Nachttisch und bei geschlossenen Fensterläden. Er stellte sich das Leben mehr vor, als er es lebte. Er träumte von seiner Vergangenheit, ließ sie neu erstehen, indem er sie verschönte. Die Unfähigkeit, sich zu betätigen, wurde durch die schöpferische Arbeit ausgeglichen. Die Krankheit quälte ihn, und gleichzeitig half sie ihm durch die Gefangenschaft, in der sie ihn hielt, Gedanken zu formulieren und auszudrücken. Er kannte sein Leiden, er fürchtete den Ansporn und suchte ihn zugleich: »Nehmen Sie es ruhig auf sich«, läßt er eine seiner Personen sagen, »als nervös bezeichnet zu werden. Sie gehören der großartigen und beklagenswerten Familie an, die das Salz der Erde ist. Alles, was wir an Großem kennen, ist von Nervösen geschaffen. Sie und keine anderen haben Religionen begründet und die Meisterwerke hervorgebracht. Niemals wird die Welt genügend wissen, was sie ihnen verdankt, noch vor allem, was sie gelitten haben, um es ihr zu schenken. Wir genießen kunstvolle Musik, schöne Bilder, tausend erlesene Köstlichkeiten, aber wir wissen nicht, was sie ihre Schöpfer an Schlaflosigkeit, an Tränen, an krampfhaftem Lachen, an Nesselfieber, Asthma, Epilepsie gekostet haben, oder an Todesangst, die schlimmer als alles ist... Victor Hugo hat gesagt: ›Das Gras muß sprießen, und die Kinder müssen sterben.‹ Ich aber behaupte, das grausame Gesetz der Kunst besteht darin, daß die Wesen sterben, und daß wir selbst sterben und dabei alle Leiden bis auf den Grund ausschöpfen, damit das Gras, nicht des Vergessens, sondern des ewigen Lebens sprießt, der derbe harte Rasen fruchtbarer Werke, auf dem künftige Generationen, ohne Sorge um die, die darunter schlafen, ihr Frühstück im Freien abhalten werden.«[39]

Wie viele Ähnlichkeiten gibt es doch zwischen Proust und Chopin! Beide sind krank, beide leiden unter der Sorge aller schöpferischen Menschen, deren Leben bedroht ist: eine Spur auf Erden zu hinterlassen. Das irdische Leben des einen wie des anderen: Gefallen an der Welt und Abscheu vor ihr – Neigung zu ihren Freuden, Ekel vor den Marionetten, die sie bevölkern. Ihr tiefer Ernst unter dem Mantel der Oberflächlichkeit, der Instinkt für das notwendige Ausspannen nach der Arbeit des Tages. Ein ähnlicher Sinn für Komik und Imitation. Sorgfalt bis zur Erschöpfung. Ungewöhnliche, jedoch äußerliche Wärme in den Freundschaftsbeziehungen. Man wirft Proust die Eitelkeit seiner Figuren vor, ein paar Banausen haben Chopin die Unnatürlichkeit seiner Themen angelastet! Um Landschaft zu malen und Leidenschaft unvergänglich auszudrücken, genügen Proust ein kurzer Blick auf die Natur und eine Ahnung von Liebe. Und wenn Chopin vorgibt, er sähe nichts von seiner Umgebung – »er akzeptierte die Wirklichkeit nicht« –, liegt das nicht am Reichtum seiner inneren Welt, so daß ihm die äußere Welt unwichtig erscheint? Bis zu ihrem Ende sind sich die beiden Männer ähnlich. Proust arbeitet noch bis an die Schwelle des Todes an *Die wiedergefundene Zeit*. Dann gibt er sich auf, er hat sein Werk vollendet, er kann sterben. Chopin sagt nur, nachdem er 1848 seine Manuskripte neu geordnet hat: »Jetzt habe ich gesagt, was ich zu sagen hatte. Übrigens weiß ich nicht einmal mehr, wie man zu Hause singt...« Im Jahr darauf endet sein Leben. Seine Mission ist erfüllt. Wie ein Soldat, der abgelöst wird, fühlt er sich überflüssig und entschwindet im Dunkel.

Wir dürfen diese großen Ausnahmen nicht mit unseren Augen beurteilen, ihnen keine allgemeinen Maßstäbe anlegen. Wie die Sklaven, die in den Gärten Neros in lebendige Fackeln verwandelt wurden »verzehren sie sich im Dunkel, aber unser Weg ist erleuchtet[40]«. So ist die Erscheinung Chopins erbarmungswürdig und herrlich zugleich. Alles, was man über ihn weiß, kann man in dem einfachen und profunden Satz zusammenfassen, den Jane Stirling aussprach, als sie ihm auf dem Totenbett die Augen zugedrückt hatte: »Er war nicht wie die anderen.«

1841

Mit dem Jahr 1841 begann die kurze glücklichste und fruchtbarste Periode im Leben von Chopin. Obwohl er wiederholt Blut spuckte und das Zimmer hüten mußte, wenn sich das Wetter nur ein bißchen verschlechterte, führte er ein normales Leben, gab eine Menge Stunden[41], komponierte viel, genoß einen wohlbegründeten Ruf, spielte den König der Salons und unterhielt mit einer Menge talentierter Menschen höchst schmeichelhafte Beziehungen.

Im Gegensatz zu dem, was die Sand in der *Geschichte meines Lebens* schreibt, bezog Chopin den einen der beiden Pavillons, die sie in der Rue Pigalle 16 gemietet hatte, erst nach der Rückkehr von seinem zweiten Sommeraufenthalt in Nohant, am 2. November 1841. Über diese Annäherung enthielt sich Chopin jeglichen Kommentars, mit keinem Wort beantwortete er die Fragen seiner Eltern nach Einzelheiten über »seine Freundin«. Seiner Schwester Louise machte er bei ihrem Aufenthalt in Nohant keinerlei Geständnisse. Übrigens war in diesem Jahr 1841 keine Rede mehr von Liebe, sondern von Freundschaft und Gewohnheit. Chopin brauchte nur Zuneigung. Und die Sand fand sich mit ihrem »Jungfrauenstand« ab, der es ihr erlaubte, sich auf einen Altar zu erheben und von sich als »Heiliger und Märty-

rerin« zu sprechen. Hier zeigt sie sich einer erstaunlichen Selbstbeweihräucherung fähig, die einem ihr angeborenen Instinkt
entspricht.

Während des Winters 1841 spielte Chopin ein drittes Mal bei
Hof, und am 26. April gab er unter Mitwirkung der Sängerin
Damoreau-Cinti und des Geigers Ernst eines seiner gelungensten
öffentlichen Konzerte im Pleyel-Saal. Er trug vier seiner erst
kürzlich verlegten Kompositionen vor: die *Ballade* op. 38, das
Scherzo op. 39, die *Mazurken* op. 41 und die *Polonaise Nr. 1* op.
40, sowie, nach begeisterten Dacapo-Rufen, ein paar *Préludes*
und zwei *Etüden*. Legouvé sollte das Konzert besprechen, aber
Liszt, der sich vorübergehend in Paris aufhielt, ließ sich diese
Ehre nicht entgehen. Chopin drückte Legouvé sein Bedauern
aus: »Mir wäre es lieber gewesen, wenn Sie es gemacht hätten…«

»Was glauben Sie? Ein Artikel von Liszt ist ein Vermögen
wert, er kann Ihnen einen Platz im Königreich einbringen!«

»Ja, in seinem Reich!«

Hierzu muß bemerkt werden, daß Chopin niemals in einer Pariser Zeitung über Liszt oder seine Kollegen auch nur eine Zeile
schrieb.

Jedoch Liszt vergaß die Verstimmung, die die egoistische und
kleinliche, im Grunde langweilige Gräfin d'Agoult hervorgerufen hatte, und schrieb eine gute Kritik. Er rühmte die Vornehmheit des Publikums, »eine Aristokratie der Geburt, des Vermö-
gens, des Talents und der Schönheit. Was aus Chopin einen elegischen, tiefen, keusch versponnenen Poeten macht: alles an seinen Werken ist aus einem Guß, schwungvoll, jäh herausgeschleudert. Sie haben jenes freie, stolze Schreiten, mit dem das
Kind des Genius einherkommt.«

France musicale vom 2. Mai 1841 verglich die Kunst Chopins
mit der Schuberts (den Chopin mit Einschränkungen bewunderte, die sich seltsamerweise auf den »übergroßen Realismus«
mancher Lieder beziehen): »Was der eine für das Klavier gemacht hat, tat der andere für die Stimme. Chopin ist der ge-
fühlsmäßig betonte Pianist par excellence: er träumt, er weint, er
singt voll Süße, Zärtlichkeit und Melancholie, er drückt alle

seine höchsten Gefühle aus. Man kann sagen, daß er den Schöpfer einer Klavierschule und einer Kompositionsschule ist. Chopin ist ein außergewöhnlicher Pianist, der mit niemandem verglichen werden soll und kann...« Ein wahres Wort, ein richtiges Urteil!

Ihrer systematischen Bosheit getreu, hatte Marie d'Agoult vor dem Konzert niederträchtige Gerüchte in Umlauf gesetzt: »Eine kleine böswillige Gruppe bemüht sich, Chopin wieder ins Gespräch zu bringen... Frau Sand, die außer sich ist über die Triumphe von Liszt, hat Chopin veranlaßt, ein Konzert bei Pleyel unter Ausschluß der Öffentlichkeit[42] für Freunde zu geben...Frau Sand haßt mich, wir sehen uns nicht mehr...«

Tatsächlich war die Sand so geschickt, daß sie schwieg und sich nicht blicken ließ, aber sie schärfte ihre Krallen und malte in einem ihrer Romane, *Horaz*, ein schönes Porträt ihrer ehemaligen Freundin, die in dem Buch Vicomtesse de Chailly heißt:

»Ihre Magerkeit war erschreckend und ihre Zähne vielleicht nicht echt, aber sie hatte wunderschönes Haar, das immer sorgfältig und mit bemerkenswertem Geschmack frisiert war. Ihre Hand war lang und hager, aber weiß wie Alabaster und mit Ringen aus allen Ländern der Welt überladen. Kurz, sie war das, was man eine künstliche Schönheit nennen könnte...Sie hatte ein bißchen von allem gelesen: eine oberflächliche Intelligenz.

Jungen Frauen gegenüber war sie von unerträglichem Hochmut, und sie verzieh es ihren Freunden nie, wenn sie eine Geldheirat machten. Im übrigen bereitete sie den jungen Literaten und Künstlern bei sich einen recht guten Empfang. Sie spielte bei ihnen die ungenierte Patrizierin und tat nur vor ihnen so, als lege sie ausschließlich Wert auf das Verdienst. Schließlich besaß sie einen Adel, der so künstlich war wie der ganze Rest, wie ihre Zähne, ihr Busen, ihr Herz...«

Zu jener Zeit schrieb man Romane oder Memoiren, um sich gegenseitig eins auszuwischen. Schon Balzac hatte in seiner *Beatrix* die »Galeerensklaven der Liebe« porträtiert: Liszt und Marie d'Agoult. Später, nach dem Bruch, riß die letztere in ihrer *Nelida* Liszt in Stücke. Sand schrieb *Elle et Lui,* erlitt *Elle et Lui,* veröffentlichte *Lucrezia Floriani* und ließ *Horaz* wie eine

Bombe hochgehen. Das Buch geriet Liszt vor die Augen, der so die Gelegenheit erhielt, einen Pfeil auf Marie d'Agoult abzuschießen, die ihm allmählich unerträglich wurde: »Es besteht keinerlei Zweifel, daß es Ihr Portrait ist, das Frau Sand hat zeichnen wollen, als sie den oberflächlichen Geist, die künstliche Schönheit und den künstlichen Adel von Frau de Chailly beschrieb...«

Bei einer anderen Gelegenheit fand Liszt »die Sand-Chopins absurd. Ich mache ihnen einen schönen Abend, aber ich bin nicht der Meinung, daß es von ihrer Seite zu irgendeiner Erklärung kommen muß. Das beste in dieser Art von Fällen ist, daß man lächelt und noch tiefer verletzt. Seien Sie nur ganz ruhig in diesem Punkt, das übernehme ich...« Damit will er die Nerven seiner schönen Freundin beruhigen. Niemals wird Liszt seinen Plan zur Ausführung bringen.

Zu Beginn des Winters 1841 erfuhr Chopin durch einen Brief seiner Schwester Louise, daß Maria Wodzinska Josef Skarbek, den Sohn von Frédérics Paten, geheiratet hatte. »Skarbek wollte eine Frau heiraten, die ihn beherrschen würde, und die keinerlei Bedürfnis hat, selbst beherrscht zu werden: in Wirklichkeit gewinnt er bei dieser ungewöhnlichen Wahl ebenso viel wie sie verliert...« Getreu seinen Gewohnheiten nahm Chopin diese Nachricht ohne die geringste Reaktion entgegen.

Am gleichen Abend, an dem das Publikum Chopin im Pleyelsaal zujubelte, meldeten die Warschauer Zeitungen den Tod des alten Adalbert Zwyny, der den jungen Frédéric in die Werke von Bach und Mozart eingeweiht hatte. Einen Augenblick lang wäre Chopin gern nach Polen gefahren, in die von den Russen freie, aber von den Preußen besetzte Zone – doch dann verzichtete er. War Polen in seinem Geist nicht immer gegenwärtig, nahm es nicht den ersten Platz in seinem Herzen ein? Waren er und Mikkiewicz nicht seine unermüdlichen Barden? Waren nicht die *Ahnen* und *Pan Tadeusz* des einen – die *polnischen Balladen* und *Mazurken* des anderen von der gleichen patriotischen Glut beseelt, die die Entfernung nur schürt? Improvisierte Mickiewicz nicht trotz seines Duells mit Slowacki noch Verse an das entfernte Polen? Seit Dezember 1840 hatte er am Collège de France den Lehrstuhl für slawische Literatur, die damals als exotische Literatur betrachtet wurde. Er beherrschte zwölf Sprachen – darunter französisch wie ein Franzose – und faszinierte seine Zuhörer, darunter, zwischen den Studenten, Sainte-Beuve, Lamartine, Lamennais, Montalembert, Michelet, die Sand und Chopin. Letzterer mußte sich von seinem Landsmann vorwerfen lassen, daß er keine Oper schrieb, die dem Ruf Polens diente, statt seine Zeit in Salons zu vergeuden. Der übertriebene Mystizismus von Mickiewicz verstimmte Chopin, der aus diesem Grunde niemals über eine vorsichtige Sympathie hinausging und sich damit begnügte, in seinen Werken den entfernten Vorwurf für einige *Balladen* oder *Polonaisen* zu suchen[43].

1841 war für Chopin ein sehr fruchtbares Jahr: Es entstanden die 3. *Ballade,* die *Tarantella,* der *Bolero,* die *Fantasie in f-Moll,* die *Polonaise in fis-Moll,* das *Allegro de Concert*[44], zwei *Nocturnes* op. 48 und der *Walzer in As-Dur* op. 42.

Mitte Juni 1841 brachen sie nach Nohant auf, wo sie bis zum 1. November viereinhalb Monate lang blieben. In diesem Sommer kam Pauline Viardot mit ihrem Mann vierzehn Tage George Sand besuchen. Sie war die Schwester der Malibran, beide waren Töchter des spanischen Tenors Manuel del Popolo Vincente Garcia. Ihr Mann, Louis Viardot, war eng befreundet mit Leroux, einem Vertrauten der Sand. Chopin begleitete mit größter Freude die Sängerin auf einem neuen Pleyel-Klavier, das ihm gerade geliefert worden war und nun in seinem Zimmer stand. Pauline ihrerseits plante, ein paar *Mazurken* und *Etüden* des Polen für Singstimme zu bearbeiten.

Wenn Chopin nicht komponierte oder im Freundeskreis der Sand Zerstreuung suchte, widmete er seine ganze Zeit einer höchst nutzbringenden Korrespondenz. Zwar hatte er einen Horror vor dem Schreiben, verfügte jedoch, wie wir bereits erwähnt haben, über die außergewöhnliche Gabe, seine Freunde mit Aufträgen zu überhäufen. Fontana – der Ende des Jahres von Frankreich nach Amerika gehen wird – wohnte den Sommer über in Chopins Wohnung in der Rue Tronchet 5. Hier erhielt er eine beängstigende Menge Post: er bezahlte die Miete, entlohnte den Hausmeister und die Blumenhändlerin, kaufte Handschuhe,

Benzoeseife, verschiedene Parfüms, Tokayer, Gänseleber, sogar eine kleine Elfenbeinhand zum Kopfkratzen, außerdem zwei Exemplare einer Chopin-Büste von Dantan, ein paar Bücher usw. Fontana kopierte immer noch Chopins Manuskripte, schickte ihm Dinge, die er in Paris vergessen hatte, verhandelte mit Pleyel, öffnete die Post, warf die Briefe ein, suchte eine neue Wohnung, fand keine, bereitete den Umzug in die Rue Pigalle vor, erkundigte sich nach der genauen Schreibweise des Namens der Prinzessin Czernicheff, der Chopin ein soeben komponiertes 25. *Prélude in cis-Moll* op. 45 widmete, vermittelte bei den Musikverlegern, stellte einen neuen Kammerdiener an, lüftete den Pavillon der Sand, ließ dort Feuer machen und Duftstoffe verbrennen, vergewisserte sich, daß die Bettwäsche trocken war, der Haushalt gut aufgeräumt und das Holz in großen Mengen in den Schuppen gebracht worden war. Diesem glücklichen Mann blieb jede Langeweile erspart, so restlos war seine Zeit eingeteilt! Jetzt kann man seine Flucht nach Amerika verstehen...

Ein Roman

Heftige Stürme und Gewitter, das letztere psychologischer Natur, kennzeichnen den Sommer 1841 in Nohant. Marie de Rozières, Schülerin von Chopin, Klavierlehrerin von Solange Sand und Freundin von George, ihr nach außen hin ergeben, aber im Grunde indiskret, hatte sich in Anton Wodzinski verliebt. Dieser Wodzinski war ein ziemlich zweifelhafter Mensch. Als Bruder von Chopins »Braut« hatte er sich von diesem Geld geliehen und niemals zurückgezahlt. Er war jetzt der Liebhaber von Marie de Rozières. Die Aussicht, daß seine Schülerin und der Bruder von Maria Wodzinska nach Nohant eingeladen würden, war natürlich sehr unangenehm für Chopin. Die Sand sagte den beiden ab und glaubte, getreu ihren Gewohnheiten, alles in Ordnung gebracht zu haben, wobei sie »Chip-Chip«, das heißt Chopin, als Vogelscheuche benutzte. Mit beispielloser Falschheit schrieb sie an Marie de Rozières: »Hier herrscht eine gereizte Stimmung gegen Sie, und ich weiß nicht, woher sie kommt, sie läßt sich nicht erklären und ist wie eine Krankheit... Er ist sehr böse auf Sie... Er verübelt Ihnen meine Freundschaft zu Ihnen und mir die Art, in der ich Ihre Rechte auf Unabhängigkeit verteidigen mußte... Wenn ich diese krankhaften Freundschaften und Zerwürfnisse nicht seit drei Jahren selbst miterlebt hätte, würde ich nichts mehr verstehen...« Leider war es die Sand und nicht Chopin, die ihre Freunde für eine Politik der Freundschaften und Zerwürfnisse benutzte.

Sicherlich hatte Chopin gute Gründe, mißtrauisch zu sein, und er urteilte in einem vertraulichen Brief an Fontana sehr streng über Marie de Rozières, aber um nichts in der Welt hätte er derjenigen Vorwürfe gemacht, die sie so gut verdient hätte: »Was sie betrifft, so ist sie indiskret, mischt sich gern in die Angelegenheiten anderer, trägt alles weiter, und es ist nicht das erste Mal, daß sie aus einer Mücke einen Elefanten macht! *Unter uns gesagt* ist sie ein unerträgliches Schwein, das auf erstaunliche Weise in mein Gehege gelangt ist und jetzt unter den Rosen alles auf der Suche nach Trüffeln aufwühlt. Es ist eine Person, der man nichts anvertrauen darf, denn ihre Indiskretion ist ungeheuerlich...«

Nachdem Chopin seine Meinung über die Intrigantin deutlich geäußert hat, warf er Fontana – jedoch mit welcher Diskretion! – vor, er habe ungebeten eine der beiden Büsten von Dantan Wodzinski geschenkt. Chopin, der in allem sehr zartfühlend war, machte sich Gedanken darüber, welchen Kummer die Sand empfinden könnte, wenn sie erführe, daß ihr Liebhaber seine Büste der Familie seiner ehemaligen Braut geschenkt hatte. Chopin log niemals, er intrigierte nie, und er versuchte auch nicht, die Tatsachen zu seinen Gunsten zu verändern. Wirklich, die Verbindung zwischen diesem geborenen Aristokraten und der realistischen Plebejerin ist seltsam! Chopin, der sich nach außen hin um eine Menge Dinge nicht kümmerte, öffnete in diesem Sommer 1841 allmählich die Augen. Die Sand war so unvorsichtig gewesen, ihm die Briefe von Marie de Rozières und ihre Antworten zu zeigen – vor allem die, in der sie, die elementarste Diskretion außer acht lassend, fortfuhr: »Ich verstehe nicht, daß Sie mich beschuldigen, daß ich Sie beschuldige, da ich Ihnen doch zustimme und Sie aus ganzer Seele bedaure... Sie müssen wissen, daß ich nichts gesagt habe...« Schwätzer und Vielschreiber werden eines Tages alle die Opfer ihrer Worte und Schriften.

Wie vielschichtig ist doch der Mensch und wie viele edle Gefühle liegen in ihm neben den bösesten Anwandlungen! Man muß zum Beispiel einfach gerührt sein von der affenmütterlichen Sorge, mit der George Sand »ihren kleinen Chopin« Frau Marliani anvertraute, als sie im Herbst länger in Nohant blieb, um noch ein paar Arbeiten abzuschließen: »Er soll sein Zimmer offen und gelüftet vorfinden, warmes Wasser zum Waschen, jeden Morgen soll er seine Schokolade bekommen, am Nachmittag seine Bouillon, vor allem soll er nicht zu spät schlafen gehen, sein Pole soll ihm zu Mittag einen kleinen Eintopf oder ein schönes Kotelett zubereiten. Es geht ihm jetzt ganz gut, er muß nur essen und schlafen. Wenn er krank werden sollte, lasse ich alles stehen und liegen und komme ihn pflegen...« Die gleichen Empfehlungen an Marie de Rozières: »Ich habe Chopin überredet, seine Stunden wieder aufzunehmen und vom Land fortzugehen, das ihm am Ende nicht mehr gut getan hat, denn es ist in unseren großen Zimmern entsetzlich kalt... Geben Sie mir Bescheid, wenn Chopin sich in bezug auf seine Gesundheit wie ein Verrückter aufführt...« Und Chopin war ebenso aufmerksam, wenn die Sand leidend war: »Gestern«, so schrieb die indiskrete Rozières an Anton Wodzinski, »hat Frau Sand bis zum Abendessen das Bett gehütet. Du müßtest Chopin einmal in Ausübung seiner Pflichten als eifriger, geschickter und treuer Krankenpfleger erleben. Trotz ihres Charakters würde sie niemals wieder einen Chipette finden...« Und noch etwas: Als Chopin aus Paris einen Brief an die Sand schrieb, unterzeichnete er – war es Spott oder Ernst? –: »Ihr höchst untertäniger: Chopin«, und er setzte an Maurice Sand eine Nachschrift hinzu: »Bouli, ich umarme Dich von ganzem Herzen.«

Später dichtete die Sand ihrem Ex-Geliebten und ihrem Sohn eine gegenseitige Feindschaft an, die nur in ihrer Einbildung existierte. Im Augenblick war das Einvernehmen der drei Sands mit Chopin sehr herzlich. Was wäre aus Chopin geworden, ohne diese durch Zufall aufgetauchte Familie, in die er sich vollkommen integrierte?

Zum Jahreswechsel sandte Chopin allen Familienmitgliedern herzliche Wünsche, verbunden mit tausend Nachrichten aus der Heimat: Der ganze Klatsch einer Provinzhauptstadt steckte in den Briefen der beiden Schwestern, die ihren berühmten Bruder weiterhin von Ferne bewunderten. Nicolas Chopin riet seinem Sohn zur Sparsamkeit und empfahl ihm Geduld in bezug auf Liszt: Der Bruch zwischen der Sand und Marie d'Agoult hatte wohl auch die Freundschaft der beiden Männer getrübt? Tatsächlich nannte Liszt Chopin in einem Brief – sicher um ihn zu prüfen –: »Lieber ehemaliger Freund...«

Chopin hatte ein etwas schlechtes Gewissen, das sich schnell beruhigte. Nicolas Chopin hütete das Zimmer, in dem ihn ein bösartiger Husten gefangen hielt, seine Frau schrieb insgeheim an Frédéric, sie habe 3000 Gulden Schulden und wolle ihrem Mann davon nichts sagen. Wenn der geliebte Sohn seine Mutter aus dieser mißlichen Lage befreien könnte, wäre es schön. Auf diese zärtlich formulierte Bitte folgten hundert fromme Ermahnungen und ebensoviele gesundheitliche Ratschläge von Justyna Chopin: Wie geht es dir? Pflegst du dich auch gut?

Ja, er pflegte sich so gut wie möglich, aber sichtlich streikte die Maschine beim leisesten Luftzug, bei der geringsten Ermüdung. Frédéric litt an Drüsenschwellungen. Er wurde – zusammen mit Matuszynski, der tuberkulös war wie er – von ihrem Landsmann Doktor Racibowski behandelt und außerdem von dem Homöopathen Doktor Molin, dem Arzt von George Sand.

Als sich sein elender Zustand[45] ein bißchen gebessert hatte, gab Chopin, ermutigt durch den Erfolg des Konzerts vom 26. April 1841, ein zweites. Unter Mitwirkung von Pauline Viardot und dem Cellisten Franchomme spielte er im Pleyelsaal am 21. Februar 1842. Er begleitete seine beiden Freunde und trug eine Auswahl seiner Werke vor: drei *Mazurken*, die 3. *Ballade in As-Dur*, drei *Etüden* op. 25 (Nr. 1., 2., und 12.), vier *Nocturnes*, das *Prélude in Des-Dur*, das *Impromptu* op. 51. Großer Erfolg. *France musicale* berichtete darüber und notierte die Anwesenheit von »George Sand mit ihren beiden Töchtern«, wobei sie die Nichte, Augustine Brault, für die Schwester von Solange hielt. Louise Jedrzejewicz machte sich von Warschau[46] aus über diesen Fehler lustig und zeigte damit, daß die ferne Familie trotz der extremen Verschwiegenheit Frédérics wohlinformiert war. Nicolas Chopin seinerseits erkundigte sich indirekt bei seinem Sohn anläßlich eines Umzugs: »Du bist umgezogen: aber wirst Du nicht allein sein, wenn *andere Leute* nicht umziehen?« Sie wußten alles. Und der Vater wunderte sich in dem gleichen Brief, daß Frédéric seinen Dienern so oft kündigte: Wie sollte er wissen, daß die Sand als gebieterische Frau des Hauses die Ursache der vielen Kündigungen war? Nohant war für die Diener Chopins ein unheilvoller Ort.[47]

Delacroix

Das Frühjahr 1842 in Nohant hinterließ bei Chopin immerhin glückliche Erinnerungen. Delacroix, der sich hier aufhielt, schrieb an Pierret: »Der Ort ist sehr angenehm, und die Gastgeber überbieten sich mir gegenüber in Liebenswürdigkeiten. Wenn wir nicht zusammen sind, um zu essen, Billard zu spielen oder spazieren zu gehen, lesen wir in unseren Zimmern oder faulenzen auf dem Kanapee! Manchmal dringt durch das offene Fenster zum Garten Musik von Chopin, der seinerseits arbeitet, in Schwaden herauf. Das alles mischt sich mit dem Gesang der Nachtigallen und dem Duft der Rosen. Ich führe ein klösterliches Leben. Wir erwarteten Balzac, der nicht gekommen ist: ich bin deswegen nicht böse. Er ist ein Schwätzer, er hätte das allgemeine Wohlsein hier zerstört, in dem ich mich voller Freude wiege... Ich führe endlose Gespräche mit Chopin, den ich sehr gern habe und der ein Mann von seltener Intuition ist. Er gehört zu den wenigen, die man bewundern und schätzen kann...«

»Eine vollkommene Übereinstimmung des Geschmacks«, schrieb die Sand[48], »herrscht bei den beiden Künstlern. Beide waren Dandys. Beide liebten sie die Höflichkeit, die Eleganz, edle Gedanken, und sie verstanden sich von ganzem Herzen. Tatsächlich versteht Chopin Delacroix nicht: er schätzt, liebt und verehrt den Menschen, er verabscheut den Maler[49]. Der vielseitiger begabte Delacroix schätzt die Musik, er hat einen sicheren und erlesenen Geschmack. Er wird nicht müde, Chopin zuzuhören, er genießt seine Kunst, kennt vieles auswendig. Chopin nimmt das entgegen, ist davon gerührt: aber wenn er ein Gemälde seines Freundes betrachtet, leidet er und findet keine Worte. Er ist Musiker, nichts als Musiker. Sein Denken ist nur in Musik übertragbar. Er ist unendlich geistreich, fein und klug, aber er kann weder die Malerei noch die Bildhauerei verstehen. Michelangelo jagt ihm Angst ein, Rubens erschreckt ihn. Alles, was ihm exzentrisch erscheint, empört ihn. Er verschließt sich im Allerkonventionellsten, das man sich denken kann. Wie sonderbar! Er ist das originellste und individuellste Genie, das es gibt. Aber er will nicht, daß man es ihm sagt[50]. Allerdings ist Delacroix' literarischer Geschmack so klassisch und formalistisch, wie man es sich nur vorstellen kann. Maurice fällt ihm beim Dessert mit der Tür ins Haus. Er bittet, daß Delacroix ihm das Geheimnis der Reflexe erklärt. Chopin hört mit vor Überraschung weit geöffneten Augen zu. Der Meister stellt einen Vergleich an zwischen den Farbtönen der Malerei und den Tönen der Musik. Die Harmonie in der Musik beruht nicht allein auf dem Aufbau der Akkorde, sondern auch in ihren Beziehungen untereinander, in ihrer logischen Abfolge, in ihrer Verkettung, in dem, was Delacroix ihre akustischen Reflexe nennen würde. Nun, und in der Malerei ist es entsprechend. ›Der Reflex des Reflexes‹ führt uns ins Unendliche, und Delacroix weiß das genau, aber er wird es niemals beweisen können...

Ich erlaube mir, so gut ich kann, meine Zustimmung zu äußern. Chopin wird unruhig auf seinem Stuhl:

›Erlaubt mir, daß ich Atem schöpfe‹, sagt er, ›bevor ihr auf das Relief kommt. Die Sache mit den Reflexen genügt mir für den Augenblick. Sie ist gut erdacht, sie ist neu für mich, aber es ist ein bißchen Alchimie dabei!‹

›Nein‹, sagt Delacroix, ›das ist reine Chemie. Die Töne lösen sich voneinander und setzen sich wieder zusammen...

...Chopin hört nicht mehr zu. Er hat sich ans Klavier gesetzt und achtet nicht darauf, ob wir ihm zuhören. Er improvisiert scheinbar ganz zufällig. Er hört auf.

›Na, na‹, ruft Delacroix, ›es ist noch nicht zu Ende!‹

›Es hat gar nicht angefangen. Mir fällt nichts ein... nichts als Reflexe, Schatten, Reliefs, die keine feste Form annehmen wollen. Ich suche die Farbe und finde nicht einmal die Zeichnung.‹

›Sie werden das eine nicht ohne das andere finden‹, fährt Delacroix fort, ›und Sie werden beides finden.‹

›Aber wenn ich nur den Mondschein finde?‹

›Dann haben Sie den Reflex des Reflexes gefunden‹, wirft Maurice ein.

Die Idee gefällt dem göttlichen Künstler. Er fährt fort, ohne anscheinend von neuem zu beginnen, so unbestimmt und unsicher ist der Entwurf noch. Vor unseren Augen erscheinen nach und nach zarte Farben, die den anmutigen Modulationen entsprechen, die wir hören. Und dann ertönt der blaue Klang, und wir befinden uns im durchsichtigen Azur der Nacht. Leichte Wolken nehmen phantastische Formen an. Sie erfüllen den Himmel; sie drängen sich um den Mond, der ihnen große opalfarbene Scheiben zuwirft und die schlafende Farbe in ihnen weckt. Wir träumen in der Sommernacht; wir warten auf die Nachtigall.

Ein himmlischer Gesang ertönt!

Der Meister weiß genau, was er tut. Er lacht über die, die vorgeben, Menschen und Dinge mittels nachahmender Musik zum Sprechen zu bringen. Er kennt solche Kindereien nicht. Er weiß, daß die Musik eine Form menschlichen Ausdrucks und menschlicher Kundgebung ist. Es ist eine menschliche Seele, die in ihr denkt, eine menschliche Stimme, die sich in ihr ausdrückt! Es ist der Mensch mit seinen Regungen, die er durch das Gefühl, das er dabei empfindet, in Klänge übersetzt, ohne die Ursachen hervorzuheben. Diese Ursachen kann die Musik nicht ausdrücken, sie darf diesen Anspruch nicht erheben. Das ist ihre Größe: sie könnte nicht in Prosa reden.«

Außer Delacroix sind Witwicki und die wieder in Gnaden aufgenommene Marie de Rozières in Nohant. Am 27. Juli brechen die Sand und Chopin mit der Tradition und begeben sich nach Paris, auf die Suche nach einer neuen Wohnung, denn sie sind der Rue Pigalle endgültig müde. Fontana ist nicht mehr da: sie müssen selber suchen...

Der Gedanke einer Art von Wohngemeinschaft von Schriftstellern und Künstlern erschien ihnen verlockend. Es boten sich
ihnen zwei Wohnungen, eine größere im zweiten Stock und eine
zweite mit Salon und Schlafzimmer am Square d'Orléans 5 und 9
(Rue Saint-Lazare). Frau Marliani wohnte in der Nummer 7,
Pauline Viardot, Dantan, Zimmermann, Alkan und Alexandre
Dumas bewohnten ebenfalls dieses »Klein-Athen«.

»Wir brauchten nur einen großen bepflanzten und sandigen
Hof, der immer sauber war, zu überqueren, um zusammenzu-
kommen, manchmal bei ihr[51], manchmal bei mir, manchmal bei
Chopin, wenn er bereit war, für uns zu musizieren. Wir hatten
uns sogar ausgedacht, gemeinsame Küche zu machen und alle
zusammen bei Frau Marliani zu essen, was sparsamer und viel
vergnüglicher war, als wenn jeder zu Hause gegessen hätte: Die
gegenseitige Freiheit war hier weit mehr garantiert als in dem
Phalanster der Fourieristen. Chopin freute sich, an der Place
d'Orléans einen schönen eigenen Salon zu bekommen, wo er
komponieren oder träumen konnte. Aber er war gern unter Leuten, und er benutzte sein Allerheiligstes nur, um dort Stunden zu
geben. Nur in Nohant schuf und schrieb er. Maurice hatte seine
Wohnung und sein Atelier über mir. Solange hatte neben mir ein
hübsches Zimmerchen. Maurice stürzte sich con furia auf das
Atelier, und ich machte mich wie ein gepeitschter Hund wieder
an *Consuelo* ...«

Von seinem Aufenthalt in Nohant brachte Chopin das 4.
Scherzo op. 54 mit, die 4. *Ballade* op. 52, die *Polonaise in As-Dur*
op. 53, das 3. *Impromptu* op. 51, drei *Mazurken* op. 50 und die
Mazurka in As-Dur ohne Opuszahl. Er widmete seinen Unterrichtsstunden viel Zeit und Sorgfalt. Meyerbeer hatte ihm ein
paar Monate zuvor eine kleine blinde Pianistin von acht Jahren
geschickt, der er »Genie« zuschrieb. Von Lenz, der Verfasser der
Drei Stile Beethovens, berichtet in seinem Buch *Die großen Pia-*
nofortevirtuosen unserer Zeit, wie er die Bekanntschaft von

Chopin machte. Liszt hatte ihm für seinen Freund Frédéric eine Einlaßkarte mitgegeben. Chopin war mißtrauisch, ließ sagen, er sei nicht da. Von Lenz ließ sich nicht abweisen. Chopin erschien – »ein junger Mann mittlerer Größe, schlank, vom Kummer verzehrt und in elegantester Pariser Aufmachung: ich habe noch nie einen so reizvollen Menschen gesehen.

›Was wünschen Sie? Sie sind ein Schüler von Liszt?‹

›Ein Freund von Liszt und ich wünsche mir das Glück, Ihre Mazurken unter Ihrer Leitung zu üben. Ich habe schon ein paar mit Liszt einstudiert...‹

›Tatsächlich! Dann spielen Sie die, die Sie auch Liszt vorgespielt haben: ich habe ein paar Minuten Zeit...‹

Ich spiele die *Mazurka in B-Dur* und anschließend einen Lauf, den ich von Liszt gelernt habe.

›Dieser Lauf ist nicht von Ihnen, habe ich recht?‹ fragt Chopin. ›Den hat er Ihnen gezeigt – er muß doch an alles Hand anlegen...Na gut, einverstanden, ich gebe Ihnen Stunden, aber nur zweimal in der Woche...Was lesen Sie?‹

›Am liebsten George Sand und Jean-Jacques!‹

Er lächelte und war in diesem Augenblick bewundernswert schön:

›Das hat Ihnen Liszt eingegeben, ich sehe schon. Sie sind eingeweiht, um so besser. Wir werden uns näher kennenlernen[52]...‹«

An einer anderen Stelle spielt von Lenz auf den ersten Abend an, den er bei Frau Marliani zusammen mit der Sand und Chopin verbrachte: »Die Sand sagte kein Wort. Ich setzte mich neben sie. Chopin flatterte umher wie ein in seinem Käfig erschreckter kleiner Vogel.

›Kommen Sie nicht einmal nach Sankt Petersburg?‹ fragte ich George Sand im liebenswürdigsten Ton der Welt. ›Man liest Sie dort viel und bewundert Sie sehr.‹

›Ich werde mich niemals zu einem Sklavenland herablassen!‹

Sie erhebt sich theatralisch und geht in männlicher Haltung durch den Salon auf den brennenden Kamin zu. Sie zieht eine gewaltige Trabucco-Zigarre aus ihrer Kitteltasche und ruft quer durch den Salon:

›Frédéric, einen Fidibus!‹

Chopin schwankt gehorsam mit einem Fidibus auf sie zu.

›In Sankt-Petersburg‹, beginnt sie, ›könnte ich wohl nicht einmal eine Zigarre in einem Salon rauchen?‹

›In keinem Salon, gnädige Frau, habe ich jemals jemanden Zigarre rauchen gesehen!‹«

Spiegelfechtereien!

Den Sommer 1843 verbrachten die Sand und Chopin vom 22. Mai bis 1. November in Nohant. Pauline Viardot und Delacroix begleiteten die Sand und vor allem Chopin auf seinem Esel auf eine kleine Reise an die Creuse. Die Sand kehrte erfüllt von neuen Bildern zurück, die sie für ihre Romane verwenden wollte. Merkwürdig, Chopin war rückwirkend eifersüchtig auf den Schauspieler Bocage, der ein bescheidener Pensionär in der Vereinigung der ehemaligen Liebhaber von George Sand war! Er liebt mich also noch? dachte sie. Wie traurig, daß er so wenig aus sich herausgeht, so wenig Vertrauen zeigt!

Aber dafür wandte er alle Schliche eines Indianers an, um seinen Freunden verschlüsselte Briefe zu schicken. So nannte er die Sand: »die Gefährtin«, Frau Marliani: »die Spanierin«, Pierre Leroux: »den rothaarigen Mann«. Mitte August verbrachte er ein paar Tage in Paris, um seinen Verleger zu besuchen und Solange nach Nohant zu holen. Das Ende des Sommers verlief ruhig. Chopin fuhr einen Monat früher als die Sand nach Paris, und an der Place d'Orléans begann wieder »sein kleines einfaches Leben«. Chopin brachte die Manuskripte des letzten Sommers ins reine. Eines Abends besuchte ihn einer seiner Landsleute, Bogdan Zaleski. Chopin spielte, wie er es gern tat, für einen kleinen Kreis:

»Bleich, leidend, jedoch fröhlich, empfängt Chopin mich voller Herzlichkeit und setzt sich ans Klavier. Unmöglich zu sagen, was er spielt und wie er spielt. Zum erstenmal in meinem Leben empfinde ich die Schönheit der Musik so tief, daß ich in Tränen ausbreche. Ich erfasse die inneren Regungen des Meisters in all ihren Schattierungen und erinnere mich genau an die Themen und den Charakter eines jeden Stücks. Zuerst spielt er ein wundervolles Prélude, darauf die *Berceuse*, dann eine herrliche Polonaise, endlich zu meinen Ehren eine Improvisation, in der er die ausgelassenen und die traurigen Stimmen der Vergangenheit erklingen läßt, die er mit einem Trauergesang mischt. Er endet mit *Noch ist Polen nicht verloren*, was er auf alle möglichen Arten spielt: kriegerisch, dann kindlich und engelhaft. Man könnte ein ganzes Buch über diese Improvisation schreiben.«

Kaum war Chopin vom Klavier aufgestanden, da begann er schon, um seine eigene Rührung zu vertreiben und seine Zuhörer nicht einem zu leidenschaftlichen Gefühl zu überlassen, mit Imitationen. Die beliebten Pianisten der Zeit boten ihm reiche Beute: er parodierte ihre Stimmen, ihre Art zu sprechen, ihre Haltung, ihr Spiel. In seiner *Skizze eines Geschäftsmannes* erwähnte Balzac diese Art von Vergnügungen. Moscheles schrieb: »Wer möchte glauben, daß Chopin bei seiner Sentimentalität auch eine komische Ader hat?« Die Prinzessin von Beauvau erzählte, daß man den Kaiser von Österreich in Person in Wien vor sich sehen würde. »Seine Züge wurden dann völlig unkenntlich«, schreibt Liszt, »so fremdartig wußte er sie umzuwandeln. Aber selbst wenn er das Häßliche und Groteske darstellte, verlor er nicht seine natürliche Anmut.«

Im Frühjahr 1844 wirkte Chopin an einem von Charles Valentin Alkan veranstalteten Konzert mit. Mit ihm, Pixis und Zimmermann spielte er an zwei Klavieren achthändig Fragmente aus der 7. *Symphonie* von Beethoven.

Der Tod des Vaters

Mitte April des gleichen Jahres traf Frédéric ein furchtbarer Schlag: Sein Vater starb in Warschau im Alter von dreiundsiebzig Jahren. Einer der Schwiegersöhne des Verstorbenen, Barcinski, schrieb an seinen Schwager einen rührenden Brief, der von der Noblesse, der Resignation und der Ruhe berichtete, mit der der Pater familias vom Leben Abschied nahm. Dabei betete er zum Himmel, daß sein ferner Sohn diesen Schmerz, der sich zu so viel anderem Leid fügte, tapfer ertragen möge: »Er ist ganz einfach eingeschlafen...« Anton und Isabelle Barcinski nahmen

Frau Chopin zu sich. Frédéric solle sich keine Sorgen machen: das Wohlergehen der Familie beruhe einzig und allein auf seinem Glück... Er solle auch wissen, daß der Vater vor seinem Ableben die Familie gebeten hatte, seinen Leichnam nach dem Tod öffnen zu lassen – um ihm das schreckliche Schicksal derer zu ersparen, die im Grab erwachen[53]. »Du kannst sicher sein, daß Papa voll Heiterkeit in der süßen Gewißheit gestorben ist, daß er in seinen Kindern fortleben wird, die er nach seinem Herzen gebildet hat. Er war durchdrungen von der liebenswürdigen Sicherheit, daß die Einigkeit der Gefühle, der Bruderliebe, die gegenseitige Zärtlichkeit aller Mitglieder einer nicht sehr großen, aber von Grund auf ehrbaren Familie eine echte Garantie für unsere Glückseligkeit auf Erden wären...«

Louise in Nohant

Um »Chip« in seinem erbarmungswürdigen Schmerz zu trösten, lud die Sand klugerweise Louise Jedrzejewicz nach Nohant ein. Sie bereitete sie auf den Zustand ihres Bruders vor: ein kränklicher Mann, dessen Lunge Gott sei Dank »gesund ist und sein Organismus ohne Defekt. Kommen Sie mich doch besuchen und glauben Sie mir, ich liebe Sie im voraus schon wie eine Schwester. Auch Ihr Mann wird mir ein Freund sein. Ich empfehle Ihnen nur, den kleinen Chopin – so nennen wir den großen Chopin –, Ihren Bruder, gut ausruhen zu lassen, bevor Sie ihm erlauben, sich wieder mit Ihnen auf den Weg nach Berry[54] zu begeben; denn es sind achtzig Meilen, und das ist ziemlich anstrengend für ihn.«

Frédéric und die Jedrzejewiczs verbrachten ein paar Tage in Paris. Frédéric hieß seinen Schwager und seine Schwester willkommen. Zusammen applaudierten sie Rachel in der Comédie-Francaise, den *Hugenotten* in der Oper, besuchten polnische Freunde und legten Blumen auf das Grab von Matuszynski. Louise lernte die Freunde ihres Bruders kennen: die Léos, die Franchommes, die Marlianis, Marie de Rozières. In seiner Wohnung gab Chopin einen Empfang zu Ehren der Gäste.

Dann bestiegen sie die Postkutsche nach Nohant. Das Zusammensein von Bruder und Schwester war nur von kurzer Dauer: drei Wochen, wie man verschiedenen Zeugnissen entnehmen kann. Die beiden waren »wahnsinnig vor Freude«, daß sie sich wiedergetroffen hatten. Im übrigen scheint es, daß Louise und die Sand sich mochten. Wie neugierig muß die ältere Schwester gewesen sein, als sie sich der Frau näherte, die die Familie in den Briefen an Frédéric euphemistisch: »Deine Beschützerin« nannte... – was eigentlich auch der Wahrheit entsprach. »Zum erstenmal«, schrieb Philippe Jullian, »schlüpft Chopin ohne die geringste Verlegenheit über seine ungewöhnliche Lage aus der Rolle des Gastes in die des Hausherrn. Das Paar wohnt in dem neben seinem Schlafzimmer gelegenen Arbeitsraum. Das einfache, fröhliche Paar erobert sich die Sympathien der Kinder und bringt die Intrigen vorläufig zum Schweigen. Solange und Chopin spielen vierhändig Klavier, Kalasanty lehrt Maurice Polnisch. Abends liest George Sand Fragmente aus dem *Teufelsmaar* [55], Chopin geht am Arm seiner Schwester im Park spazieren, spricht von seiner Kindheit, er ist glücklicher, als er es seit langem gewesen ist. Eines Abends tanzen sie alle in dem großen Hof.«

Ende August erfolgte die Abreise, die Trennung. Frédéric begleitete die Reisenden bis Paris, dann kehrte er zurück, um noch zwei Monate in Nohant zu verbringen. Er war der Sand sehr dankbar, daß sie dieses Wiedersehen ermöglicht hatte, das seiner Gesundheit mehr genützt hatte als alle Pillen der Welt. Dieser Hauch polnischer Luft half ihm, freier zu atmen. »Eine Kusine [56] der ›Hausherrin‹«, schrieb Chopin an seine Schwester, »wohnt in unserer Wohnung. Wenn ich hereinkomme, dann suche ich oft, ob nichts von Euch beiden zurückgeblieben ist, und ich sehe nur noch den Platz neben dem Kanapee, wo wir Schokolade tranken, und die Zeichnungen, die Kalasanty kopiert hat. Ein paar Erinnerungen an Dich sind noch in meinem Zimmer. Auf dem Tisch liegt, eingewickelt in Seidenpapier, das Pantöffelchen, das Du gestickt hast, und auf dem Klavier der kleine Bleistift aus Deiner Brieftasche...« Chopin fühlte sich ganz außergewöhnlich stark mit den Erinnerungen, den Bildern aus der Kindheit verbunden: ein verlorenes Paradies, das der Zufall noch einmal öffnete. Auch die Sand bemerkte ganz richtig in ihrem Brief an Louise, daß ihre »Anwesenheit alle Bitternis aus seiner Seele genommen und ihn stark und mutig gemacht hat«. Voller Optimismus sah Chopin zu, wie die Sand zu Beginn des Herbstes plante, Nohant durch neue Einrichtungen zu verschönern: »Ein großer Rasen und Blumenbeete werden im Hof angelegt. Zum Billardsaal wird eine Tür durchgebrochen, um einen Zugang zu der künftigen Orangerie zu erhalten…« Augen und Seele erfüllt von den Bildern dieses schönen Sommers, kehrte Chopin nach Paris zurück.

Da Frau Marliani umgezogen war, änderten sich die Gepflogenheiten der Wohngemeinschaft. Es schneite[57], und Chopin hätte sich beim ständigen abendlichen Hin und Her zwischen Square d'Orléans und Rue de la Ville-l'Evêque erkälten können. Noch einmal nahm er sich seine sommerliche Arbeit vor: die *Sonate in h-Moll* op. 58, gewidmet Frau de Perthuis, und die *Berceuse* op. 57 – und er besorgte einen Stoff, aus dem die Schneiderin ein Kleid für George Sand machte. Es störte ihn nicht, daß er ein paar Tage das Leben eines Junggesellen unter einer zweifellos liebevollen, aber anstrengenden Vormundschaft leben mußte: »Gestern abend habe ich bei Franchomme am Kamin in meinem dicken Überrock gegessen. Er war rosig, frisch, warm und hatte nackte Beine. Ich war gelb, welk, kalt und trug dreifachen Flanell unter der Hose…Ihr mumienhaft alter Chopin.«

Niemals war die Zuneigung zwischen den beiden Lebensgefährten größer. Es herrschte ein angenehmes Übereinkommen aus Verständnis und winzigen Konzessionen zwischen ihnen. Jeder respektierte die Arbeit, die Ruhe, die Gewohnheiten des anderen. Die auf zufälligen Fundamenten erbaute Lebensgemeinschaft schien für die Dauer geschaffen zu sein.

Das Unwetter nahte.

»DIE LIEBE IST HIER NICHT MEHR«, schrieb Marie de Roziéres am Ende des Jahres 1845. Im Augenblick war sie noch da, Chopin brachte der Sand seine ganze Aufmerksamkeit entgegen. Sie selber schrieb aus Nohant an Chopin, der vor ihr nach Paris zurückgekehrt war: »Liebe mich, geliebter Engel, mein geliebtes Glück. Ich liebe Dich.«

Vorwürfe

Welches Ereignis trübte also die verliebten Herzen? Nicht eines: mehrere. Keines war in sich bedeutungsvoll. Aber die Anhäufung von winzigen Ärgernissen wog am Ende schwer.

Im Jahre 1847 war Solange Sand siebzehn Jahre alt und ihr Bruder Maurice einundzwanzig. Die Mutter beschrieb ihre Kinder folgendermaßen: »Maurice ist schön und gut, Solange hübsch und böse.« Das war leicht dahingesagt.

Solange war eine männliche Schönheit. Zu Pferd wirkte sie elegant. Charakterlich war sie schwierig und launisch – wir würden heute sagen »überspannt«. Um besser mit ihr fertig zu werden, schickte die Mutter sie ins Kloster, dann vertraute sie sie unklugerweise Marie de Rozières an, die von Anton Wodzinski verlassen worden war, nachdem er sie verführt hatte. Marie bekam den Auftrag, Solange männlicher Gesellschaft fernzuhalten[1], und sie tat ihr bestes. Natürlich änderte sich dadurch Solanges Charakter überhaupt nicht.

Maurice war »brünett, hat eine glanzlose Haut, rote Wangen, einen kleinen Schnurrbart, den er jeden Tag schneidet, er ist recht zufrieden mit sich und herrisch wie sein Vater«, schrieb die

Sand, die wie manche Witwen von ihrem Sohn wie von ihrem Mann sprach. Sie zog Maurice ganz offen Solange vor, die sich wegen dieser Rivalität, die ihr vollkommen bewußt war, erniedrigt und tief gekränkt fühlte.

Mittlerweile war die Sand auf den Gedanken gekommen, eine entfernte Kusine, die am Konservatorium ein bißchen Musik studiert hatte, zu sich zu nehmen: Augustine Brault. Das hübsche, sanfte, bescheidene Mädchen interessierte Maurice. Die beiden verbündeten sich gegen Solange und traktierten sie mit tausend kleinen Sticheleien, die wesentlich grausamer waren als eine echte Beleidigung.

Wie verhielt sich Chopin unter diesen Umständen? Er bewies beiden Kindern eine lebhafte Zuneigung – »Ich umarme die Fanfis«, schrieb er an ihre Mutter –, aber am Anfang ihres Streites enthielt er sich jeder Parteinahme. Und doch bezeichnete ihn die Sand als »immer zanksüchtig, er sucht mehr als gewöhnlich Streit mit Menschen. Ich lache, Fräulein de Rozières weint darüber, Solange vergilt ihm Gleiches mit Gleichem…« Dieses Urteil erscheint ungerecht, es sei denn, die »gute Dame« bezieht sich in ihren Argumenten auf Eifersuchtsszenen, die der Besuch von Pierre Leroux und Victor Borie zur Folge hatte. Außerdem ist es möglich, daß Maurice, der zum Mann gereift war, Eifersucht gegen Chopin, den Freund seiner Mutter, empfand, obwohl der Musiker niemals versucht hatte, bei den Kindern auch nur die mindeste pseudoväterliche Autorität auszuüben.

Wortspiele

Ein Sandkorn kann eine einwandfrei laufende Maschine bremsen. Die jeweiligen Diener Chopins hatten beim Hauspersonal der Sand immer wieder dramatische Szenen hervorgerufen. In diesem Sommer 1845 brachte ein gewisser Jan, ein Pole, der sehr schlecht französisch sprach, die Bombe zum Platzen. Da ihm die Feinheiten der Sprache nicht geläufig waren, glaubte er, der Kammerfrau nur einen kleinen Stich zu versetzen, wenn er sagte, sie sei »häßlich wie ein Schwein« und sie habe einen

»Mund wie ein Hintern«. Wenn man ihn fragte: »Ist Holz da?« antwortete er: »Es ist weggegangen...« Wenn man ihn fragte: »Ist Suzanne zu Hause?« dann antwortete er: »So was gibt's nicht.« Dazu schrieb Chopin an seine Familie, »er gefällt den Kindern nicht, weil er ordentlich ist und seine Arbeit pünktlich verrichtet. Es ist möglich, daß ich ihn um des lieben Friedens willen entlassen muß...«[2]

Küchenklatsch, Familienkrach!

Chopin, der weit davon entfernt war, sich wegen solcher Geringfügigkeiten entmutigen zu lassen, berichtete seiner Familie von hundert Kleinigkeiten und Klatschereien. Mendelssohn hatte ihn um eine handgeschriebene Seite seiner Musik für seine Frau Cécile gebeten. Eine Reihe von Unwettern hatte die Ebene in einen Morast und den Indre, der normalerweise ganz still war, in einen reißenden Strom verwandelt. Chopin hatte eine Einladung zur Einweihung eines Beethovendenkmals in dessen Heimatstadt Bonn bekommen. Er wollte um keinen Preis hinfahren, weil er diese Art von Zeremonien nicht mochte, bei denen das wahre Gesicht der großen Männer entstellt wird und nicht einmal ihre Gewohnheiten respektiert werden. »In Bonn werden echte Zigarren à la Beethoven verkauft, obwohl er gewiß nur Wiener Pfeifen geraucht hat. Und es sind dort bereits so viele Schreibtische und Regale aus seinem Nachlaß verkauft worden, daß man glauben muß, der Komponist der *Pastorale* hätte einen gewaltigen Möbelhandel betrieben...« Es folgt eine Anspielung auf das Mißgeschick von Victor Hugo, der auf Ansuchen des betrogenen Ehemannes vom Polizeikommissar in flagranti beim Ehebruch mit Frau Biard d'Aunet erwischt wurde. Um in Freiheit zu bleiben, mußte Hugo im Nachthemd dem Polizisten, der ihn verhaften wollte, die Medaille an seinem Hals zeigen: »Ich bin Vicomte Hugo, Pair de France und deswegen unantastbar...« »Aber nicht unantastend«, fügte Chopin hinzu, der ein großer Liebhaber von Wortspielen war – er brachte noch ein paar mehr: »Eine Dame sprach mit einer ihrer Freundinnen über das Abenteuer von Hugo und sagte: ›Er wurde *flagrant dans le lit*[3] gefunden...‹« Eine andere Papageiendame, die gerne Pferderennen sieht, möchte *six petites chaises* (ein Steeple-Chase) sehen. Eine dritte Musikfreundin will schließlich wissen, was es mit dem Tabak von Père Golèze (Stabat von Pergolèse[4]) auf sich hat. Und dann fragt eine Naive: »Hat Gottfried von Bouillon seinen Namen daher, parce qu'il fut le capitaine le plus consommé de son temps?«[5] Hierher gehört auch ein seltener Bericht aus der Feder von Chopin, den Wissenschaft und Politik im allgemeinen kalt lassen: »Der elektromagnetische Telegraf zwischen Baltimore und Washington bringt außergewöhnliche Resultate. Oft werden die Aufträge, die in Baltimore um ein Uhr nachmittags erteilt werden, bereits um drei Uhr ausgeführt, und Waren und Pakete sind in Washington zum Versand bereit.« Das Reiterstandbild des Herzogs von Orléans, der bei einem Wagenunfall ums Leben gekommen war, wurde an der Place du Louvre eingeweiht. In der Nacht wurden auf der Seine Regatten mit Lampions veranstaltet.

Solange

Am Rande dieser kleinen Meldungen ließ Chopin so etwas wie den Abglanz seiner Sorgen durchblicken: »Ich fühle mich dieses Jahr von einer seltsamen Atmosphäre umgeben…Ich lebe in Phantasiereichen… Ich weiß nicht, wie das kommt, daß ich nichts Rechtes schaffen kann, und doch faulenze ich nicht, ich schlendere nicht von einem Ort zum anderen, wie ich es mit Louise und Kalasanty tat. Ich sitze ganze Tage und Abende in meinem Zimmer. Und doch muß ich einige Manuskripte vor meiner Abreise fertigstellen, denn im Winter kann ich unmöglich komponieren. Gestern hat mich Solange bei einer Arbeit unterbrochen und mich gebeten, ihr etwas vorzuspielen. Heute sollte ich beim Baumfällen zusehen. Ich komme gerade von einer Spazierfahrt mit Solange zurück, sie hat mich im Kabriolett mitgenommen…«

Auf die enge Beziehung zu ihrer Tochter wurde die Sand langsam eifersüchtig. Man munkelte, Chopin habe um ihre Hand angehalten. Natürlich war das eine »Ente«, der sie sofort die Flügel beschnitt. Und doch war es ärgerlich. Die Ankunft der üblichen Logiergäste – Pauline Viardot, Adolph Gutmann, Delacroix – brachte eine willkommene Abwechslung: »Es ist der wunderbarste Künstler, den es gibt!« schreibt Chopin über Delacroix. »Ich verbringe kostbare Augenblicke mit ihm. Er liebt Mozart und kennt alle seine Opern auswendig.« Obwohl er sich beklagte, daß er schlecht arbeiten könne, schrieb Chopin die drei *Mazurken* op. 59, er entwarf die *Barcarole,* die *Sonate für Cello und Klavier,* die *Polonaise-Fantasie,* zwei *Lieder.* »Ich spiele nicht sehr viel, denn mein Klavier klingt falsch, und ich komponiere immer weniger...« Die Sand ihrerseits prophezeite: »Chopin verliert allmählich das Vertrauen zu mir.« Sie war sehr oft leidend – immer wieder diese Schmerzen im Unterbauch, diese Darmträgheit, der sie am Ende zum Opfer fiel – und entlockte Chopin, ihrem ergebenen Krankenpfleger, eine sehr richtige Überlegung: »Je gesünder man ist, um so schwerer erträgt man ein Mißbehagen.« Über sich selbst, der entsetzlich hustete, sowie die Luft etwas kühler wurde, bemerkte er: »Ich habe schon so viele stärkere und jüngere Menschen überlebt! Ich komme mir ewig vor...« So machte er sich tapfer Mut!

Ende November Rückkehr nach Paris. Er ging ins Theater, in die Oper, applaudierte Marie Dorval in einer »nicht besonderen« Tragödie von Dennery, schickte seiner Familie Geschenke zum Jahreswechsel. Er gab wieder Stunden. Leider war Filtsch im letzten Frühjahr im Alter von fünfzehn Jahren gestorben. Eines Tages suchte Louis Blanc[6] Chopin auf. Godefroy Cavaignac, ein Sohn des berühmten Konventsmitgliedes, lag im Sterben. Er wollte noch einmal Musik hören: »Chopin stellte sich mir eifrig und charmant zur Verfügung. Ich fuhr ihn zu Cavaignac, wo ein schlechtes Klavier stand. Der große Künstler beginnt. Plötzlich wird er durch ein Schluchzen unterbrochen. Cavaignac hatte sich auf seinem Schmerzensbett erhoben, und über sein Gesicht liefen die Tränen. Erschüttert hielt Chopin inne. Frau Cavaignac, die sich über ihren Sohn beugte, sandte ihm einen angstvoll fragenden Blick. Er rang um Fassung. Er versuchte ein Lächeln und sagte mit schwacher Stimme: ›Mach dir keine Sorgen, Mama, es ist nichts, nur eine Kinderei... Ah! Wie schön ist die Musik, wenn man sie so versteht!‹«

Im Frühjahr 1846 zeichnete sich ein vages Projekt am Horizont ab. Wenn es der Sand im nächsten Sommer gelang, genügend Geld zu verdienen, um mit ihren Kindern zu verreisen, dann wollte sie mit ihnen und Chopin im kommenden Winter die drei kältesten Monate in Italien verbringen. Der Plan fiel ins Wasser, »denn die Kinder sind eigentlich lieber auf dem Land«.

Lucrezia Floriani

Hatte die Sand gehofft, ein Vermögen mit der Veröffentlichung ihres letzten Romans *Lucrezia Floriani* im *Courrier français* zu verdienen, in dem sie sich selbst an der Seite Chopins beschreibt? Natürlich fällt ihr darin die bessere Rolle zu, während der Prinz Karol in blassen Farben gezeichnet ist. Lucrezia, eine berühmte italienische Schauspielerin, hat sich nach abenteuerlichem Leben aufs Land zurückgezogen, um hier ihre Kinder großzuziehen. Sie hat alles gegeben und nichts bekommen, ist also keine Kurtisane (hier sieht man das Evangelium der Liebe nach George Sand!). Sie begegnet einem sensiblen und sanften Jüngling, der dazu noch schön und von zarter Gesundheit, scheu und großzügig ist, es aber absolut ablehnt, die Unglücklichen als gleichwertig zu betrachten und sich vorzustellen, daß das Heil der Menschheit, wie es Wagner und die Sand glauben, sich auf Erden erfüllen könne. Alles was die Sand ideologisch von Chopin trennt, bedroht die Verbindung von Lucrezia und Karol.

Karol verliebt sich in Lucrezia, die sich ihm hingibt, und ihn »wie ein krankes Kätzchen« pflegt. Nach ein paar Wochen ungetrübten Glücks stört der schwierige Charakter Karols das gute Einvernehmen.

»Eines Tages war Karol eifersüchtig auf den Pfarrer, der gerade kam, um Almosen zu sammeln. An einem anderen Tag war er eifersüchtig auf einen Bettler, den er für einen verkleideten Galan hielt. An einem dritten Tag war er eifersüchtig auf einen Bediensteten, der, sehr verwöhnt wie alle Dienstboten des Hauses, mit einer Frechheit antwortete, die ihm nicht natürlich erschien. Und dann war es ein Hausierer und dann der Arzt und dann ein großer Tölpel von Vetter. Karol war sogar eifersüchtig auf die Kinder. Was sage ich, sogar? Man müßte sagen, *vor allem*... Und tatsächlich waren sie seine einzigen Rivalen, die einzigen Wesen, an die die Floriani ebenso oft dachte wie an ihn...«

Natürlich machte sich die »gute Dame von Nohant« kaum die Mühe, die Menschen, die sie beschrieb, zu maskieren und die täglichen Ereignisse zu verändern. Wie hatte sie nur glauben können, daß Chopin sich keinen Reim darauf machen könne?

Nun, sie hatte recht, denn Chopin tat so, als hätte er sich in dem höchst durchsichtigen Portrait des Prinzen Karol nicht erkannt. Eines Abends las die Sand Chopin und Delacroix aus *Lucrezia Floriani* vor. Letzterer vertraute Frau Joubert an: »Ich saß während der Lesung wie auf heißen Kohlen. Der Henker und das Opfer versetzten mich gleichermaßen in Erstaunen. Frau Sand erschien absolut ungezwungen, und Chopin hörte nicht auf, die Erzählung zu bewundern. Um Mitternacht zogen wir uns alle zurück. Chopin wollte mich begleiten, und ich ergriff die Gelegenheit, seine Eindrücke zu erforschen. Spielte er vor mir Theater? Nein, wirklich, er hatte nicht begriffen, und der Musiker bestand auf seinem begeisterten Lob für den Roman...«[7]

Niemand in der Umgebung der beiden Liebenden zweifelte einen Augenblick an der Echtheit dieser angeblichen Fiktion. Weder Liszt noch Balzac, noch Leroux, noch Frau Marliani, noch Marie de Rozières, noch Heine[8] ließen sich täuschen. Hortense Allart schrieb an Sainte-Beuve: »Ich habe ihnen nicht gesagt, wie entsetzt ich über die *Lucrezia* war. Frau Sand, die dabei ist, die Pianisten vollends zu opfern, gibt uns Chopin mit gemeinem Dienstbotenklatsch und mit einer Kälte, die sie durch nichts rechtfertigen kann, als ihren Sosias preis. Die Frauen können gar nicht genug gegen diesen Verrat von Bettgeheimnissen protestieren, der ihnen alle Liebhaber fernhalten könnte. Nelida in ihrer Leidenschaft war entschuldbar. Lucrezia in ihrer kalten Gereiztheit ist nicht zu entschuldigen. Wie kann ein so schönes Genie derart schlechten Inspirationen unterliegen?«

Um Klarheit zu erhalten, stellte Hortense Allart der Sand diese Frage. Und wieder einmal verteidigte sich die Sand, auf frischer

Tat ertappt, auf erbärmliche Weise. Sie tat so, als wäre sie gerade vom Himmel gefallen. Wie konnte man nur annehmen, sie habe ihre Liebesgeschichte als Roman geschrieben? Die Floriani hatte vier Kinder und sie nur zwei (lächerliches Argument!). War nicht der beste Beweis für ihre Unschuld, daß Chopin sich nicht erkannt hatte, obwohl sie unter seinen Augen arbeitete und ihm die Kapitel jeweils nach Fertigstellung vorlas? Nein, das sei nicht er, das sei nicht sie: »Ich kenne keinen Prinzen Karol, oder ich kenne ihn in fünfzehn verschiedenen Personen, wie alle vollkommenen Romangestalten...[9]«

Wir haben schon gesagt: Die Sand log, wenn sie den Mund auftat.

Und Chopin lehnte es in seinem Edelmut ab, selbst seinem liebsten Freund Waffen gegen eine Frau in die Hand zu geben, die er einmal geliebt hatte. Es machte ihm nichts aus, wenn man ihn für einfältig hielt: er spielte den Unwissenden – allerdings gab er zwei Jahre später in einem Brief aus Schottland zu verstehen, daß er das Spiel seiner Geliebten genau durchschaut hatte: »Ich habe nie jemanden verflucht, aber es ist mir jetzt so unerträglich, daß es mir scheint, als würde ich mir Erleichterung schaffen, wenn ich Lucrezia verfluchen könnte...«

Welcher Versuchung war die Sand erlegen, als sie diesen schlechten Roman herausbrachte? Der Bequemlichkeit? Der Verlockung eines »Pariser« Skandals, der ihr Buch lancieren würde? Dem Verlangen, dem Musiker anzudeuten, daß die Zeit der Liebe vorbei sei und man an die Trennung denken sollte, für die sie später unter Mißachtung der elementarsten Tatsachen Chopin verantwortlich machte? Bei dieser vieldeutigen Frau ist es unmöglich, das geheime Motiv der Geschichte ausfindig zu machen.

Eines ist jedoch sicher: Ihre Zuneigung zu Chopin gehörte bereits der Vergangenheit an. Mit Zaubertricks »sucht sie faule Ausreden«, widersprach sich von einem Brief zum anderen, behauptete etwas bei Peter, was sie bei Paul ableugnete, getreu einem einzigen hochheiligen Prinzip: sich ohne Unterlaß in ein günstiges Licht zu setzen. Sie muß historisch die Größte, die Reinste, die Edelste, die Unberührbare sein, eine Art von irdischer Heiliger. Daß sie umgeben ist von Monstren und Mittelmäßigen, erhöht nur ihre Verdienste! Frau Sand ist eine Mythomanin – das bedeutet nicht, daß man ihre Qualitäten nicht beachtet. Aber ihre Scheinheiligkeit ist widerwärtig.

Der letzte Sommer

Der Sommer, den Chopin 1846 in Nohant verbrachte – der letzte! – war düster:

»Der ganze Sommer hier ist mit Spazierfahrten und Ausflügen in die wenig bekannte Gegend des Vallée Noire vergangen. Ich selbst habe nicht daran teilgenommen, denn ich empfinde mehr Müdigkeit als Freude dabei. Ich bin müde, ich langweile mich. Das beeinflußt meinen Charakter, und die Jugend empfindet kaum noch Freude an meiner Gesellschaft...«[10]

Die Jugend, das heißt Solange, Maurice und die junge Augustine, war ein von Leidenschaft und Launen bewegtes Trio. Maurice war sicherlich der Geliebte von Augustine gewesen[11]. Um sie nicht heiraten zu müssen, hatte er sich auf die Unbeugsamkeit seines Vaters berufen. Die Sand, der die Feigheit ihres Sohnes bewußt war, hielt diesem eine Strafpredigt. Um Augustine zu entschädigen, begünstigte sie ihre Heirat mit dem Maler Théodore Rousseau und erklärte, daß sie dem jungen Mädchen als Aussteuer hunderttausend Francs aus ihren Autorenrechten geben wolle. Solange stiftete Zwietracht, sie ließ Rousseau hinterbringen, Augustine liebe jemand anderen, und wenn sie ihn heirate, geschähe das aus reinem Trotz. Rousseau zog sich zurück, obwohl die Sand – die in diesem Sommer die Fäden der menschlichen Marionetten um sie herum fester denn je in der Hand hatte – versuchte, ihn »wieder einzufangen«.

»Niederträchtige Geister«, schrieb sie an Rousseau, »wollen, daß ich, weil ich ein engelhaftes Kind aufgenommen und gerettet habe, die unwürdige Sand bin; und daß dieses edle Menschenkind, das die Hand meines Sohnes zurückgewiesen hat[12], weil sie sich nicht ihrem legitimen Stolz gemäß geliebt fühlte, eine Intrigantin sei, die fähig ist, sich mit mir zu verständigen, um einen ehrbaren Mann zu betrügen. Dabei könnte sie morgen die Frau von Maurice werden [13], wenn sie sagen würde, daß sie leidet...« Rousseau machte sich schließlich aus dem Staub, und Augustine »bleibt ruhig, wie Rosen nach dem Regen«.

Heiratspläne

Aber da nahte schon ein neues Ereignis. Zu Anfang des Herbstes gab Solange ihre Verlobung mit einem jungen Schloßherrn aus der Gegend von Nohant, Fernand de Préaulx, bekannt: »Meine Tochter, die stolzeste Edmée de Mauprat, hat sich von einer Art Bernard de Mauprat rühren lassen; nur besitzt er nicht dessen wildes Wesen, denn er ist sanft, zuvorkommend und gut wie ein Engel. Noch dazu schön und gebaut wie ein Gott. Aber er ist ein Waldmensch, gekleidet wie ein Jagdhüter, frisiert wie ein Wilder, ohne einen Heller und Legitimist dazu. Ich hatte mir als Schwiegersohn etwas ganz anderes vorgestellt als einen Adligen, einen Royalisten und einen Wildschweinjäger, der in Paris nicht gerade glänzen wird. So ist es: wir lieben ihn und er liebt uns...« Chopin billigte die Heirat. Fernand gefiel ihm. Dagegen verurteilte er scharf das Verhalten von Maurice seiner Kusine Augustine gegenüber. Maurice explodierte sofort: er könne ja Nohant verlassen: »Das konnte und durfte nicht sein«, schrieb die Sand [14]. »Chopin ertrug nicht mein berechtigtes und notwendiges Dazwischentreten. Er senkte den Kopf und verkündete, ich liebe ihn nicht mehr. Was für eine Blasphemie nach acht Jahren mütterlicher Ergebenheit! Aber das arme wunde Herz war sich seines Wahnsinns bewußt...« Im Augenblick griff die Sand natürlich auf diese Weise ein. Aber sie gebrauchte erstmals harte Worte: »Ihre Schwester ist hundertmal mehr wert als Sie!«

»Da haben Sie vollkommen recht«, gab Chopin zurück, der Louise abgöttisch liebte.

Sichtlich wollte die Sand den Rückzug antreten. »Chopins Freundschaft«, sagte sie, »ist für mich nie eine Zuflucht in traurigen Zeiten gewesen. Meine wirkliche Kraft bekomme ich von meinem Sohn.« Diesem geliebten Sohn gab sie immer recht:

»Maurice wurde von Chopin wegen einer nichtigen Angelegenheit ganz unvorhergesehen beleidigt. Sie umarmten sich einen Augenblick später, aber das Sandkorn war in den stillen See gefallen und nacheinander fielen Kieselsteine hinterher. Chopin war oft ohne Grund gereizt und verkannte manchmal in dieser Gereiztheit ungerecht die besten Absichten. Ich merkte, wie das Übel fortschritt und auf meine anderen Kinder übergriff, selten auf Solange, die von Chopin bevorzugt wurde, und das aus dem einzigen Grunde, weil sie ihn nicht verwöhnt hatte, jedoch mit erschreckender Bitterkeit auf Augustine. Wenn Chopin auch mir gegenüber die Ergebenheit, die Zuvorkommenheit, die Höflichkeit, die Gefälligkeit und Ehrerbietung in Person war, so hatte er seinem rauhen Wesen meiner Umgebung gegenüber in keiner Weise abgeschworen.«[14]

Im November 1846 verließ Chopin Nohant, ohne zu wissen, daß er niemals wiederkehren würde. Sechzehn Jahre zuvor hatte er sich für immer von Polen verabschiedet, ohne sich dessen bewußt zu sein. Nach und nach schloß das Schicksal die Türen, durch die er ging, ohne zu wissen, daß es das letzte Mal war.

Die Sand und ihre Kinder blieben bis Februar 1847 in Nohant. Es war der »guten Dame« ganz recht, ein bißchen Abstand zwischen Chopin und sich zu bringen. Sie hatte neue Pläne im Kopf.

Sobald er in Paris am Square in der Rue d'Orléans angekommen war, bemühte sich Chopin um tausend kleine Gefälligkeiten, schickte warme Winterkleidung nach Nohant, machte Besorgungen, die man ihm aufgetragen, suchte Stoffe, von denen er Muster mitgenommen hatte, kaufte Süßigkeiten, Parfüm usw. Er schrieb nur zärtliche Briefe an die Undankbare! »Ich hoffe, Sie sind glücklich und gesund. Schreiben Sie, wenn Sie irgend etwas brauchen. Wie nett ist es von Ihrem Salon, so warm zu sein, von dem Schnee in Nohant, so entzückend zu sein und von der Jugend, Karneval zu machen! Haben Sie ein ausreichendes Repertoire an Kontertänzen für das Orchester der Pantomimen? Amüsieren Sie sich so gut wie möglich. Bleiben Sie alle gesund, seien Sie glücklich. Mir geht es recht anständig.« Unter jedem der Briefe steht ein zärtliches P.S. für die Kinder.

Gibt es einen besseren Beweis, daß Chopin an diesem Jahresende 1846 die Sand immer noch liebte, daß er sich ihr verbunden fühlte, ihr treu und ergeben war und – im Gegensatz zu ihren Behauptungen – sich bemühte, ihr Gefälligkeiten zu erweisen, die seines Genies äußerst unwürdig waren? Und daß außerdem alle Wunden des Sommers verheilt waren und er in keiner Weise den drei Kindern böse war? Aber die Sand richtete nachträglich alles so ein, daß Chopin die ganze Zeche bezahlte und sie, so glaubte sie, fein aus der Affäre heraus war.

Bruch

Im Februar 1847 kamen die Sand und Solange für zwei Monate nach Paris. Die Sand machte sich Sorgen: Wann würde sie Solange an des Préaulx verheiraten, nachdem sie nacheinander gehofft hatte, Louis Blanc oder Victor de Laprade als Schwiegersöhne zu bekommen? »Als sie zum Kontraktabschluß hier zusammenkamen«, schrieb Chopin an seine Familie [15], »erklärte Solange, sie wolle von dieser Heirat nichts mehr wissen.« Was war geschehen?

Clésinger

Folgendes: der Bildhauer Jean-Baptiste Clésinger war in ihr Leben getreten. Um es genau zu sagen, hatte er schon ein Jahr vorher einen lächerlichen, emphatischen Brief an die Sand geschrieben, in dem er ihr eine Statue widmete. Die Sand, Komplimenten gleich welchen Ursprungs immer sehr zugetan, hatte ihn nach Paris zu sich eingeladen. Clésinger war früher Kürassierunteroffizier, jetzt war er ein Bohemien, ein Glücksritter, verschuldet, brutal, ein Mann, der seine Maitressen schlug und sie verließ, wenn sie schwanger waren. Als hochbegabter Bildhauer fertigte er ein Marmorbildnis der Sand an und bat Solange, ihm Modell zu stehen. Die »große Prinzessin«, wie ihre Mutter sie nannte, besuchte Clésinger regelmäßig. Chopin warnte die Sand: Dieser Künstler, der äußerst unanständige Statuen ausstelle, sei nicht der richtige Ehemann für Solange. Wenn sie ihn gewähren lasse, »wird er auch ihren kleinen Hintern für eine Ausstellung abbilden...« Daß Frau Sand ihn kühn, gebildet, aktiv und ehrgeizig fand, war ihre Sache: Chopin ahnte mit seinem unfehlbaren Spürsinn schon sehr bald, daß Clésinger ein talentierter Abenteurer und Flegel war, dessen einziges Verdienst darin bestand, daß er es verstanden hatte, Herz und Sinne von Solange zu rühren. Diese unsinnige Heirat mußte um jeden Preis verhindert werden. Chopin, der sanfte Träumer, sah hier ganz klar: Er versuchte, der Sand die Augen zu öffnen. Leider wollte sie nichts sehen.

In dieser Geschichte verhielt sich diese intelligente Frau wie eine dumme Gans, sie rannte blindlings ins Unglück, so groß war ihre Ungeduld, Solange loszuwerden.

Sie schrieb an Maurice: »Es wird so geschehen, weil dieser Mensch es will, denn er tut alles, was er will, zur nämlichen Stunde, zur nämlichen Minute, ohne daß er Schlaf oder Essen braucht. Während der drei Tage, die er hier ist, hat er nicht einmal zwei Stunden geschlafen, und er fühlt sich wohl. Diese Willensanspannung ohne Müdigkeit oder Schwäche erstaunt mich und gefällt mir. Hier sehe ich das sichere Heil für die unruhige Seele Deiner Schwester. Sie wird mit ihm geradeaus ihren Weg gehen...«

Einer Freundin gegenüber gab die Sand zu, daß sie ihre Einwilligung gegeben habe, als sie hörte, daß Clésinger im Fall einer Ablehnung Solange ganz einfach entführen wollte. War sie nicht selbst verliebt in ihren zukünftigen Schwiegersohn? Viele glaubten das. Auf jeden Fall hatte er sie umgarnt. Und der Warnungen Chopins müde, schrieb sie an Maurice: »Kein Wort von all dem an Chopin: Das geht ihn nichts an, und wenn der Rubikon überschritten ist, sind die ganzen Wenn und Aber nur von Übel...« Den ungünstigen Auskünften über Clésinger schenkte sie keinerlei Glauben. Am 20. Mai heiratete Solange Clésinger [16], und am nächsten Tag schrieb die Sand an Marie de Rozières: »Meine Tochter ist seit gestern verheiratet, gut verheiratet mit einem galanten Mann und großen Künstler, Jean-Baptiste Clésinger. Sie ist glücklich, wir alle sind es...«

Und was war aus Chopin geworden? Seit Anfang des Winters hatte er, wie er sagte, vor sich hin gelebt, hatte versucht, falsche Entscheidungen zu verhindern, Härten abzumildern und im ganzen die größtmögliche Diskretion zu wahren. Er hatte gearbeitet, bis zu sieben Unterrichtsstunden pro Tag gegeben, Ary Scheffer, Winterhalter, Lehmann und Kolberg Modell gestanden, vor Vieuxtemps gespielt, für Frau Potocka, »die ich sehr liebe«, zusammen mit Franchomme und einem Geiger sein *Trio* und seine *Sonate für Cello und Klavier* gespielt (danach war Delphine nach Nizza abgereist), hatte vergeblich auf den Besuch von Titus Woyciechowski in Frankreich gehofft und voller Unruhe zur Kenntnis genommen, daß die Sand Clésinger – aber nicht ihn, Chopin – nach Nohant engeladen hatte. Im übrigen wurde er vierzehn Tage vor dem Hochzeitstermin nach einem recht annehmbaren Winter krank: ein schwerer Asthmaanfall [17] warf ihn am 2. Mai 1847 auf sein Lager. In Nohant machte sich die Sand Sorgen. Aber sie schrieb darüber einen Brief an Grzymala, der ein Meisterwerk an Scheinheiligkeit ist, ein würdiges Pendant des Briefes, den sie zehn Jahre früher an den gleichen Empfänger gerichtet hatte.

Die Lügnerin

»Ich glaube, Chopin hat in seiner Abgeschiedenheit darunter gelitten, daß er nichts wußte, daß er nichts erfuhr und keinen Rat erteilen konnte. [18] Für das praktische Leben kann man seine Ratschläge allerdings nicht brauchen. Weder hat er die Tatsachen jemals richtig gesehen noch die menschliche Natur in irgendeinem Punkt verstanden. Seine Seele ist ganz Poesie und Musik, und er kann nichts ertragen, was anders ist als er [19]. Im übrigen würde sein Einfluß auf meine Familienangelegenheiten den Verlust all meiner Würde meinen Kindern gegenüber und all ihrer Liebe bedeuten [20].

Sprich mit ihm und versuche ihm ganz allgemein begreiflich zu machen, daß er aufhören soll, sich um sie zu bekümmern. Wenn ich ihm sage, daß Clésinger (den er nicht mag) unsere Zuneigung verdient, dann wird er ihn nur noch mehr hassen und sich den Haß von Solange zuziehen[21]. Das alles ist schwierig und heikel, und ich weiß kein anderes Mittel, eine kranke Seele zu beruhigen und zu heilen, die schon durch die Bemühungen zu ihrer Heilung aufgebracht ist. Das Übel, das diesen armen Menschen seelisch und körperlich auszehrt, reibt mich schon seit langem auf[22], und ich sehe schon, daß er dahingeht, ohne daß ich ihm etwas Gutes tun konnte; denn die unruhige, eifersüchtige und argwöhnische Zuneigung, die er mir entgegenbringt, ist die Ursache seiner Traurigkeit. Seit sieben Jahren lebe ich nun schon wie eine Jungfrau, mit ihm und den anderen[23], ich bin vorzeitig gealtert und sogar ohne daß es mich Mühe oder Opfer gekostet hätte, so sehr war ich der Leidenschaft müde und aller Illusionen beraubt, und keiner konnte mir helfen. Wenn eine Frau auf der Welt ihm absolutestes Vertrauen hätte einflößen müssen, so war ich das, und er hat es nie begriffen. Ich weiß, eine Menge Leute klagen mich an, die einen, daß ich ihn durch das Ungestüm meiner Sinne erschöpft hätte, die anderen, daß ich ihn durch meine mutwilligen Streiche zur Verzweiflung gebracht hätte. Ich glaube, Du weißt, wie es in Wirklichkeit ist[24]. Er selbst beklagt sich bei mir, ich hätte ihn getötet, weil ich mich ihm versagte, während ich die Gewißheit hatte, ihn zu töten, wenn ich anders handelte. Du siehst, in welcher Lage ich mich in diesem unheilvollen Freundschaftsverhältnis befinde, in dem ich mich zu seiner Sklavin gemacht habe, wo immer ich es vermochte, ohne ihn meinen Kindern in unmöglicher und schuldhafter Weise vorzuziehen, und in dem der Respekt, den ich meinen Kindern und meinen Freunden einflößen mußte, so heikel und schwierig zu erhalten war. Ich habe in dieser Hinsicht Wunder an Geduld vollbracht, deren ich mich nicht für fähig hielt. Ich bin beim Martyrium angelangt, aber der Himmel ist unerbittlich gegen mich, so als hätte ich große Verbrechen zu sühnen[25], denn inmitten all dieser Bemühungen und Opfer stirbt der, den ich durchaus keusch und mütterlich liebe, als Opfer der irrwitzigen Zuneigung, die er mir entgegenbringt[26].«

Diesem erstaunlichen Brief, der am 12. November 1847 in Nohant datiert ist, stehen zwei Briefchen von Chopin vom 15. und 16. Mai an die Sand und an Solange gegenüber. Hier sucht man vergeblich nach der Bosheit, der Bitterkeit, deren die »gute Dame« ihn beschuldigt, die diesen freundlichen Namen immer weniger verdiente. An die Sand: »Ich kann Ihnen gar nicht sagen, wie sehr mich Ihr lieber Brief gefreut hat, den ich gerade erhalten habe und wie sehr mich die vortrefflichen Details bezüglich all dessen, was Sie im Augenblick beschäftigt, interessiert haben. Keiner Ihrer Freunde, das wissen Sie genau, wünscht Ihrem Kind aufrichtiger Glück als ich. Richten Sie ihr das bitte von mir aus. Gott erhalte Sie immer bei gleicher Kraft und Aktivität. Seien Sie unbesorgt und glücklich. Ihr sehr ergebener: Ch.«

An Solange: »Ich habe bereits Ihre Frau Mutter gebeten, Ihnen meine aufrichtigsten Wünsche für Ihre Zukunft zu übermitteln – und dieses Mal kann ich es nicht unterlassen, Ihnen zu sagen, welche Freude mir Ihr reizendes Briefchen bereitet hat, in dem Sie so glücklich erscheinen. Sie befinden sich also auf dem Höhepunkt Ihres Glücks: und ich hoffe, daß ich Sie dort immer sehen werde. Ich wünsche Ihnen aus ganzem Herzen ungetrübtes Glück. Ch.«

Hört man aus diesen beiden Briefen Hader oder nur einfache Kritik heraus? Oder Indiskretion? Den Wunsch, Solange zu bevormunden? Wirklich nicht. Scheinheiligkeit? Auch nicht. Chopin hatte im Grunde seines Herzens die Heirat von Solange und das Verhalten der Mutter in dieser Angelegenheit niemals gebilligt. Er nahm nur ganz einfach die vollendete Tatsache hin, meinte, daß er sich nicht zum Richter aufzuwerfen habe und sandte in voller Aufrichtigkeit Wünsche für ein sehr unwahrscheinliches Glück an das junge Paar.

Dazu war er noch krank[27]. Daher kam es auf keinen Fall in
Frage, daß er an Solanges Hochzeit am 20. Mai 1847 in Nohant
teilnahm. Am Vorabend hatte Baron Dudevant den Ehekontrakt
seiner Tochter unterzeichnet: als Aussteuer bekam sie das Hotel
de Narbonne in Paris[28], das ihr ein Jahreseinkommen von sechs-
tausend Francs sicherte. Solange heiratete nicht unter dem Namen ihres Vaters, Dudevant, sondern unter dem Namen Sand.
Da George sich am Morgen der Hochzeit den Knöchel ver-
staucht hatte, wurde sie in die Kirche getragen. Um vier Uhr
morgens fuhr Baron Dudevant nach Guillery zurück, und Solange reiste mit ihrem Mann nach Besançon. »Nie verlief eine
Hochzeit weniger fröhlich«, schloß die Sand – was sie nicht
daran hinderte, Charles Poncy gegenüber ganz andere Töne an-
zuschlagen: »Meine Tochter ist seit gestern mit einem galanten
Mann und großen Künstler verheiratet. Sie ist glücklich. Wir alle
sind es. Der Herr Baron Dudevant ist ein seltsamer Vater, ein
Mann, der ständig voll ist von Wein, Fleisch, Eitelkeit, Falschheit und bösem Willen. Es möge ihm wohl bekommen. Jetzt, da
ich diese Ehe geschlossen habe, mache ich mich an die andere,
ich verheirate Augustine mit Théodore Rousseau...«[29]

Ein Kartenhaus

Die Freude der Sand, das ganze durch ihre Fürsorge aufge-
baute Glück, brachen zusammen wie ein Kartenhaus. Augustine
heiratete weder Maurice noch Rousseau. Clésinger bekam am
25. Juni 1847, fünf Wochen nach seiner Hochzeit, einen Brief, in
dem seine Schwiegermutter nicht mit Vorwürfen sparte: »In Paris fand ich Solange von ihrem Podest heruntergestiegen. Ich
fand, daß sie wieder in ihre boshaften Kleinlichkeiten, ihre häß-
lichen und dummen Eifersüchteleien verfallen war. Statt sie auf
Dein Niveau hochzuziehen, hast Du es zugelassen, daß sie wieder ein kleines, böses, verhätscheltes und unaufrichtiges Mäd-

chen wurde[30]. Sie hat mir beleidigende Dinge gesagt, und in einem Ton, daß man annehmen möchte, sie haßt mich.« Sie warf ihrem Schwiegersohn vor, er mache Schulden, werfe unvernünftig Geld hinaus, ohne irgendeinen großen Auftrag zu haben, habe sie wiederholt belogen, trinke usw. Er solle ja nicht mit Nohant rechnen. Kurz, es herrschte Verstimmung, jedoch noch kein Zerwürfnis. Wer hatte also recht gehabt? Chopin.

In einem langen Brief an seine Familie in Warschau schrieb er über seine begründeten Befürchtungen: »Von Anfang an mochte ich es nicht, daß er von Solanges Mutter dermaßen in den Himmel gehoben wurde, noch daß die beiden fast jeden Tag in sein Atelier gingen, um für ihre Büsten Modell zu stehen. Die Mutter ist bewundernswert, aber sie hat nicht ein Gramm Vernunft. Alle Fehler dieses zweiten Michelangelo setzt sie auf das Konto des Genies. Doch alles, was Frau Sand unternimmt, endet immer gut, selbst wenn es beim ersten Versuch unmöglich erscheint. Sie selbst arbeitet viel, es geht ihr gut, und nachdem sie so viele Bücher geschrieben hat (mehr als neunzig), sind ihre Augen noch in Ordnung. Alle Leute bewundern sie, sie ist nicht arm, sie ist barmherzig; statt ein großes Fest anläßlich der Hochzeit ihrer Tochter zu veranstalten, hat sie tausend Francs für die Armen ihrer Gemeinde gegeben[31]. Dennoch kommt es vor, daß sie nicht immer die Wahrheit sagt: Das sollte man einer Romanschriftstellerin zugestehen… Diese Heirat hat in Paris einen merkwürdigen Eindruck hinterlassen, wo man Clésinger als einen brutalen Menschen und Trinker ohne Skrupel kennt. Die Statue, die er kürzlich ausgestellt hat, stellt eine nackte Frau in einer mehr als unanständigen Haltung dar, und zwar so, daß er um ihre Positur zu rechtfertigen, eine Schlange um eines ihrer Beine hat wickeln müssen. Man bekommt richtig Angst, wenn man sieht, wie sie sich windet. Die Statue stellt eine in Paris sehr bekannte ausgehaltene Frau dar. Auch wundern sich eine Menge Leute, daß ein junges Mädchen wie Solange sich für einen Künstler begeistert, der so wollüstige, um nicht zu sagen unanständige Werke ausstellt. Ich garantiere Euch, bei seiner nächsten Ausstellung wird das Publikum die Gelegenheit erhalten, den Bauch und die Brüste seiner eigenen Frau in Form neuer Statuen betrachten zu können… Um mich vor der Rückkehr von Frau Sand in Paris noch ein bißchen zu erholen [32], bin ich zu Albrecht aufs Land nach Ville-d'Avray in der Umgebung von Paris, bei Versailles gefahren. Wenn einer von Euch die Absicht hat, diesen Sommer eine Reise zu unternehmen, könnte ich ihn vielleicht am Rhein erwarten. Wie schade, daß Titus von seiner Fabrik festgehalten wird! Noch einmal, die Mißheirat von Solange – die ich seit zehn Jahren jeden Tag sehe und für die ich bei ihrer Mutter oft eingetreten bin – hat mich schmerzlich berührt. Der Vater des Mannes, ein Bildhauer in Besançon, ist nicht gekommen. Préaulx tut mir leid. Er war in Ordnung. Was meine Musik angeht, so lasse ich bald meine *Sonate mit Violoncello* [33] und auch neue *Mazurken* [34] drucken. Ich habe Ary Scheffer, Lehmann und Winterhalter Modell gesessen. Keines dieser Porträts ist so ähnlich wie das, was Louise besitzt und das von Frau Sand stammt… Habt Ihr von der Entdeckung des Äthers erfahren? Seither hat es kein wichtigeres Ereignis gegeben, daß man dieses darüber vergessen könnte.«

Es folgen eine Menge kurzer Berichte an die Seinen, eine wahre Chronik der Pariser Ereignisse. Zu jener Zeit starb sein Freund Witwicki. Der Dichter, der ihn bei seinem Abschied von Warschau in einer Rede aufgefordert hatte, sein Vaterland zu ehren wo auch immer er sei, ging dahin, und die kleine Gruppe von Chopins polnischen Freunden schrumpfte damit noch mehr zusammen.

Ausbrüche

Gegen Ende Juni verbrachte das junge Paar auf dem Rückweg von der Hochzeitsreise ein paar Tage in Nohant. Hier spielten sich Szenen von unerhörter Heftigkeit ab. Die Sand berichtete davon in einem Brief an Marie de Rozières, in dem sie sich über Solange beschwerte: »Ich leide unter ihr, seitdem sie lebt. Dieses kalte, undankbare und verbitterte Kind hat bis zum Tag ihrer Hochzeit schön Komödie gespielt und ihr Mann mit ihr, sogar noch mehr als sie. Aber kaum waren sie im Besitz von Unabhängigkeit und Geld, haben sie die Masken fallen lassen und meinen,

sie könnten mich beherrschen, ruinieren und nach ihrem Gutdünken quälen. Mein Widerstand hat sie erregt, und in den vierzehn Tagen, die sie hier waren, haben sie sich skandalös und unverschämt benommen. Die Szenen, die mich zwangen, sie nicht
vor die Tür zu setzen, sondern zu werfen, sind unglaublich und
kaum wiederzugeben. In wenigen Worten ist folgendes geschehen: Wir hätten uns hier fast gegenseitig umgebracht, mein
Schwiegersohn hat einen Hammer gegen Maurice erhoben[35]
und hätte ihn vielleicht getötet, wenn ich mich nicht zwischen sie
gestellt und Clésinger ins Gesicht geschlagen hätte, wobei ich einen Faustschlag auf die Brust erhielt[36]. Wenn der Pfarrer, der gerade da war, Freunde und ein Diener nicht handgreiflich einge-
schritten wären, hätte Maurice, der mit einer Pistole bewaffnet
war, ihn auf der Stelle umgebracht... Dieses teuflische Paar, das
über die Ohren in Schulden steckt, ist gestern abend abgereist.
Schamlos triumphierten sie noch und hinterließen im Lande einen Skandal, von dem sie sich niemals wieder erholen können.
Drei Tage lang stand ich in meinem Haus unter dem Eindruck, es
werde ein Mord geschehen. Ich will sie nie wiedersehen, nie
mehr werden sie ihren Fuß über meine Schwelle setzen. Das Maß
ist voll. Mein Gott, ich habe nichts getan, um eine solche Tochter
zu verdienen!«

Sie schloß mit dem Geständnis, sie habe Chopin von all dem
nur teilweise berichtet, da sie fürchtete, er würde mitten in eine
Katastrophe hineingeraten und vor Schmerz und Ergriffenheit
darüber sterben. Tatsächlich bemühte sie sich, Chopin das, was
er von Solange und von Delacroix ohnehin erfuhr, zu verheimlichen, weil sie nicht gern zugab, daß er in der ganzen Angelegenheit richtig gesehen und sie sich geirrt hatte. Die unfehlbare Sand
konnte keinesfalls auch nur den geringsten Irrtum zugeben!

Zur gleichen Zeit kreuzten sich zwei Briefe. Der eine war von
der Sand an Marie de Rozières gerichtet und enthielt die Bitte,
Marie solle die Schlüssel ihrer Pariser Wohnung am Square
d'Orléans an sich nehmen, damit Clésinger sie nicht betreten
könne. »Sie haben aus Nohant Steppdecken und Leuchter mitgenommen. Sie würden am Square unliebsames Aufsehen erregen, und ich könnte dann niemals mehr dorthin zurück: Im übri-

gen sehe ich jetzt schon, daß sie in kurzer Zeit tödlich entzweit sein werden...« Der andere Brief war von Solange an Chopin gerichtet und in La Châtre aufgegeben. Sie fürchtete, daß die Rückreise nach Paris in der Postkutsche von Blois zu anstrengend werden könnte und bat Chopin inständig, ihr doch seinen eigenen Wagen zu leihen. Chopin willigte gern ein. Aus Korrektheit setzte er jedoch die Sand über seine Entscheidung in Kenntnis.

Auf dieses höfliche Schreiben antwortete die Sand mit einem verbitterten Brief, der leider nicht wiedergefunden wurde, den aber Delacroix in seinem *Tagebuch* erwähnt: »Chopin, der heute morgen kam, als ich gerade frühstückte, erzählte mir von dem Brief, den er erhalten hat. *Man muß zugeben, daß er abscheulich ist.*[37] Die grausamen Leidenschaften, die lange verhaltene Ungeduld kommen hier zum Durchbruch; und als Kontrast dazu, der komisch wäre, wenn es sich nicht um ein so trauriges Thema handelte, nimmt die Schriftstellerin ab und zu den Platz der Frau ein und ergeht sich in Tiraden, die aus einem Roman oder einer philosophischen Rede zu stammen scheinen.«

Chopin, der immer Kavalier blieb, wollte nicht kapitulieren. In seiner noblen Art erinnerte er die Sand daran, daß er sich oft bei ihr für die Kinder eingesetzt hatte, und zwar ohne eines vorzuziehen oder irgendwelche Unterschiede zu machen; sicherlich sei nur sie selbst »dazu berufen, sie immer zu lieben, denn das sind die einzigen Herzensbindungen, die sich nicht ändern: das Unglück kann sie verschleiern, aber nicht vollkommen verändern«. Dieses Unglück müsse im Augenblick sehr groß sein, wenn man der Sand gegenüber vertreten müsse, den Namen ihrer Tochter nennen zu dürfen, in einer Zeit, da sie wegen ihres körperlichen Zustandes[38] mehr denn je auf mütterliche Fürsorge angewiesen sei. Und Chopin schloß: »Angesichts einer so schwerwiegenden Tatsache, die Ihre heiligsten Gefühle berührt, werde ich mich nicht einmischen. Ich werde warten – *immer* der gleiche. Ihr sehr ergebener, Ch.«

Auf diesen bestimmten, aber höflichen, ehrerbietigen und immer liebevollen Brief antwortete die Sand, außer sich vor Zorn darüber, daß sie sich so vollkommen getäuscht haben sollte, mit der Mitteilung ihrer Trennung. Im folgenden zitieren wir den Brief, den sie im Juli 1847 aus Nohant an Chopin schrieb:

»Ich hatte gestern bereits die Postpferde bestellt und wollte bei dem schrecklichen Wetter mit dem Kabriolett abreisen. Obwohl ich selbst sehr krank bin, wollte ich einen Tag in Paris verbringen, um mich nach Ihnen zu erkundigen. Durch Ihr Schweigen war ich hinsichtlich Ihrer Gesundheit sehr beunruhigt. Während dieser Zeit nahmen Sie sich die Muße, zu überlegen, und Ihre Antwort ist auch sehr ruhig.

Gut, mein Freund, tun Sie das, was Ihr Herz Ihnen jetzt diktiert und betrachten Sie seinen Instinkt als die Sprache Ihres Gewissens. Ich verstehe vollkommen.

Was meine Tochter betrifft, so ist ihre Krankheit nicht schlimmer als sie es im vorigen Jahr gewesen ist, und niemals haben mein Eifer, meine Sorge, meine Befehle, meine Bitten sie dazu veranlassen können, sich nicht so zu verhalten, wie jemand, der gern krank ist.

Es zeugte sehr von ihrem bösen Willen, wenn sie sagte, sie bedürfe der Liebe einer Mutter, die sie haßt und verleumdet und *deren heiligste Taten* [39] und deren Haus sie durch niederträchtige Reden beschmutzt. Es beliebt Ihnen, das alles anzuhören, und vielleicht auch, es zu glauben. Ich möchte mich keinem Kampf dieser Art ausliefern: mir graut vor so etwas. Lieber sehe ich Sie zum Feind übergehen, als daß ich mich eines Feindes erwehren muß, der meinem Schoß entspringt und den ich mit meiner Milch genährt habe.

Pflegen Sie sie, denn Sie glauben ja, daß Sie sich ihr widmen müssen. Ich werde Ihnen deswegen nicht böse sein, aber Sie werden verstehen, daß ich mich in meine Rolle als gekränkte Mutter zurückziehe und daß nichts mich in Zukunft dazu veranlassen wird, Autorität und Würde einer Mutter zu mißachten. Ich bin lange genug Narr und Opfer gewesen. Ich verzeihe Ihnen und werde Ihnen in Zukunft keinen Vorwurf mehr machen, da Ihr Geständnis aufrichtig ist. Es erstaunt mich ein bißchen; aber wenn Sie sich so freier und besser fühlen, dann werde ich unter dieser seltsamen Kehrtwendung nicht leiden.

Adieu, mein Freund. Hoffentlich genesen Sie bald von allen Leiden, und ich werde Gott danken für dieses seltsame Ende einer neunjährigen ausschließlichen Freundschaft. Lassen Sie ab und zu einmal von sich hören.

Es lohnt sich nicht, auf das übrige noch einmal zurückzukommen.«[40]

In ganz anderem Ton kommentierte die Sand diese kalte Reaktion bei ihren Freunden. Zuerst einmal verließ sie ihre Wohnung am Square d'Orléans und zog in die Nummer 3, wo sie jedoch niemals wohnte, da sie fürchtete, Chopin zu begegnen. Bei Marie de Rozières erkundigte sie sich nach Frédérics Gesundheit: der Rest interessierte sie nicht, sie hatte keinen Anlaß, ihre Zuneigung zu bereuen. Im Herbst 1847 beschwerte sie sich bei Carlotta Marliani und behauptete, daß »Chopin offen die Partei für Solange gegen ihre Mutter ergriffen hat, obwohl er nichts von der Wahrheit wußte[41], was von einem großen Bedürfnis nach Undankbarkeit mir gegenüber zeugt. Ich nehme an, daß sie, um ihn so weit zu bekommen, sich seinen eifersüchtigen und mißtrauischen Charakter zunutze gemacht hat. Von ihr und ihrem Mann stammt auch sicherlich jene absurde Verleumdung, ich hegte *Liebe* oder ausschließliche Freundschaft für den jungen Mann, von dem man Ihnen erzählt hat[42]. Die Abtrünnigkeit von Chopin trägt zu der mißlichen Lage erst in zweiter Linie bei. Ich gestehe Ihnen, ich bin nicht böse, daß er mir die Herrschaft über sein Leben entzogen hat. Sein Wesen wurde von Tag zu Tag gereizter; er war so weit gekommen, daß er mir vor all meinen Freunden und meinen Kindern aus Trotz, Eifersucht und schlechter Laune heftige Vorwürfe machte. Maurice wurde ihm gegenüber langsam unwillig. Da ich ein Unwetter heraufziehen sah, ergriff ich Chopins Vorliebe für Solange als Gelegenheit[43], und habe ihn schmollen lassen, ohne etwas zu tun, um ihn zurückzuholen. Seit drei Monaten haben wir uns kein einziges

Wort geschrieben, ich weiß nicht, wie diese Entfremdung enden wird. Ich werde nichts tun, um sie zu vertiefen noch um sie zu beenden, *denn ich habe kein Unrecht begangen (!)*. Ich kann, ich darf, ich will nicht mehr unter jene geheime Tyrannei geraten, die mir durch ständige und oft recht tiefe Nadelstiche *sogar das Recht zum Atmen nehmen wollte*. Das arme Kind konnte nicht einmal mehr den äußeren Schein wahren, dessen Sklave es immerhin in seinen Prinzipien und Gewohnheiten war. Männer, Frauen, Greise, Kinder, alle waren ihm Gegenstand des Abscheus und einer wütenden, unsinnigen Eifersucht... Man wird ihn als Opfer hinstellen und die Annahme hübscher finden als die Wahrheit, daß ich ihn in meinem Alter – 43 Jahre – fortgejagt hätte, um mir einen Liebhaber zu nehmen. Über all das kann ich nur *lachen*. Was mich tief kränkt, ist die Bosheit meiner Tochter. Sie wird wiederkommen, wenn sie mich braucht, das weiß ich. Aber diese Rückkehr wird weder zärtlich noch schlüssig sein.«

Reiner Tisch

Drei Wochen später empfing sie Solange »frisch, schön, gesund, in keiner Weise reuig und bereit, mir zu sagen, ich solle sie um Verzeihung bitten.« Sie erwähnte ohne Nachdruck die »Gemeinheiten, die ihr Mann, sie und Chopin über sie ausgießen.« Die Sand machte reinen Tisch. Sie schickte Chopins Pleyelflügel zurück und entledigte sich im nächsten Jahr des Pianinos, da sie nicht wollte, daß »Chopin ihr ein Klavier bezahlt, obwohl er sie haßt«. Dann wusch sie als gute Hausfrau die schmutzige Wäsche: »Es gibt«, so schrieb sie an Pauline Viardot im Dezember 1847, »einen gewissen Grad an Respekt und Dankbarkeit, der uns das Recht nimmt, Menschen, die uns teuer werden, zu beurteilen. Chopin, der dieser Religion in keiner Weise weiterhin angehört, hat sie verloren und in den Schmutz gezogen... Gott möge alles verzeihen, denn er kennt unsere Versuchungen und die Schwäche unseres Geistes. Es gibt doch eine ewig wahre Religion, die uns gebietet, mit unseresgleichen so umzugehen wie Gott mit uns. Ich verzeihe also Chopin aus der Tiefe meines Herzens, wie ich Solange verzeihe, die noch mehr Schuld trifft, meinem Schwiegersohn, der vollkommen wahnsinnig ist, dem schwachen und frivolen Grzymala und der dummen Gans, Fräulein de Rozières.« Jeder bekam sein Teil ab, und die Sand entstieg wieder einmal dem Morast, in dem alle steckten, groß, edel und unfehlbar. Sie wollte nicht »seine (Chopins) Wut und seinen Haß mit Haß und Wut vergelten. Sie sieht Solange oft in Paris, aber sie findet bei ihr statt eines Herzens stets nur einen Stein.«

Zerschlagenes Geschirr

Fassen wir zusammen: Die Sand hatte gewollt, daß Chopin in allem sich ihrer Haltung, ihren lächerlichen Vorurteilen, ihren plötzlichen Sinnesänderungen bei ihrer Familie anschließen sollte. Daß er blind neben ihr herging, oder besser noch in ihrem Kielwasser schwamm. Sie verzieh ihm nicht, daß er schon klarsah, als sie noch Scheuklappen vor den Augen hatte. Sie wollte nichts davon wissen, daß Chopin niemals – weder vor noch nach dem Zerwürfnis, für das sie in einem Anfall demütiger Wut die volle Verantwortung übernommen hatte – ein einziges unfreundliches Wort über sie sagte. Es nützte nichts, daß Pauline Viardot ihr schrieb, daß »es absolut unwahr ist, daß Chopin sich mit Solange verbündet habe, um Sie (George) schlecht zu machen. Im Gegenteil, dieser teure und hervorragende Freund denkt nur an eines: an das Leid, daß diese ganze unglückselige Affäre Ihnen bereiten mußte und noch muß. Ich habe ihn nicht im mindesten verändert gefunden – er ist immer noch so gut und so ergeben, er bewundert Sie wie eh und je und freut sich nur, wenn Sie sich freuen und ist bekümmert über Ihren Kummer. Im Namen des Himmels, liebe Mignonne, glauben Sie niemals offiziösen Freunden, die Ihnen nur *dummes Zeug* erzählen.«
Umsonst sagte Louis Viardot, daß Chopin sich in keiner Weise unehrerbietig über die Sand geäußert habe: »Hier in aller Offenheit, was er zu uns gesagt hat: ›Solanges Heirat bedeutet ein großes Unglück für sie, für ihre Familie, ihre Freunde. Tochter und Mutter sind getäuscht worden, der Irrtum wurde zu spät er-

kannt. Aber warum soll man wegen dieses Irrtums, den beide begangen haben, nur eine anklagen? Die Tochter hat eine unpassende Verbindung gewollt und gefordert, aber trägt die Mutter, da sie zustimmte, nicht einen Teil der Schuld? Hätte sie nicht mit ihrem Verstand und ihrer großen Erfahrung ein junges Mädchen aufklären müssen, das mehr vom Trotz als von der Liebe getrieben war? Wenn sie sich einer Täuschung hingegeben hat, darf man wegen eines gemeinsam begangenen Irrtums nicht unbarmherzig sein. Und ich, der beide aus tiefstem Herzen bedauert, versuche derjenigen von beiden, die ich als einzige sehen darf, ein bißchen Trost zu spenden.‹ Sie sehen«, schließt Viardot, »das ist weder das Verhalten noch die Sprache eines Gegners. Ich fürchte, daß zwischen Ihnen nur böse Zungen stehen: Gott möge Sie davor bewahren!« Dies alles, was äußerst klar war, konnte den fest verwurzelten Hochmut der Sand nicht beeinflussen. Um ihr großes Werk der Selbstbeweihräucherung zu vollenden, mußte sie in allen Dingen recht haben. Chopin zahlte die Zeche für alles, er bezahlte für das zerschlagene Geschirr. Die Sand wußte eigentlich ganz genau, daß ihr ehemaliger Liebhaber auf der ganzen Linie recht gehabt hatte. Dies zuzugeben, bedeutete in ihren Augen Schwäche.

Im Grunde hatte sie die günstige Gelegenheit ergriffen und ein Verhältnis gelöst, das ihr nicht mehr viel einbrachte. Sie hatte ihre Lieblingsrolle der bewundernswerten Krankenpflegerin gespielt – alles war gesagt worden, man mußte an etwas anderes denken. Den gleichen Fehler wie den mit Solanges Hochzeit hatte die Sand acht Jahre früher begangen, als sie sich mit Chopin verband: sie waren nicht füreinander geschaffen. Dessen war sich Chopin vollkommen bewußt: »Man möchte annehmen«, schrieb er an seine Familie, »daß sie sich mit einem Schlag ihrer Tochter und meiner entledigen wollte, denn wir beide störten sie. Und da sie brieflich mit Solange verbunden bleibt, wird ihr Mutterherz, das Nachrichten über ihr Kind nicht vollständig entbehren kann, für eine gewisse Zeit beruhigt und ihr Gewissen beschwichtigt sein. Sie wird an ihre Gerechtigkeit glauben und behaupten, daß ich ihr Feind sei, weil ich für ihren Schwiegersohn Partei ergriffen hätte, den sie im Augenblick nicht ertragen kann, und das aus dem einzigen Grund, weil er ihre Tochter geheiratet hat. Und doch habe ich alles getan, was in meiner Macht stand, um diese Heirat zu verhindern. Ein merkwürdiges Wesen, trotz all seiner Intelligenz! Eine Art von Wahn hat von ihrem Geist Besitz ergriffen. Sie verwirrt ihr eigenes Leben und das Leben ihrer Tochter. Auch mit dem Sohn wird es schlecht enden: ich sehe es voraus, ich könnte es schwören. Um sich in ihren eigenen Augen zu rechtfertigen, sucht sie nach Missetaten bei denen, die ihr wohlwollen, die ihr vertraut, die ihr niemals die geringste Qual bereitet haben und die sie nicht um sich dulden kann, *weil sie der Spiegel ihrer Seele sind.* Aus diesem Grund hat sie mir kein Wort mehr geschrieben, darum kommt sie diesen Winter nicht nach Paris und deswegen hat sie zu ihrer Tochter kein Wort über mich gesagt. Ich bereue es nicht, daß ich ihr geholfen habe, die acht heikelsten Jahre ihres Lebens zu bestehen: die Zeit, in der die Tochter heranwuchs und sie ihren Sohn erzog. Ich bereue nichts von dem, *was ich gelitten habe*, aber ich bedaure ihre Tochter, diese schöne Blume, die sorgfältig behütet und vor so vielen Stürmen bewahrt wurde, um dann von Mutterhand mit einer Achtlosigkeit und Leichtigkeit zerstört zu werden, die man vielleicht noch einer zwanzigjährigen Frau zugestehen würde, nicht aber einer vierzigjährigen. Das Gewesene zählt nicht. Später einmal, wenn sie sich mit ihrer Vergangenheit beschäftigt, wird Frau Sand mir ein gutes Andenken bewahren. Im Augenblick befindet sie sich in einem äußerst seltsamen Zustand mütterlicher Überspanntheit; sie spielt die Rolle einer wesentlich vollkommeneren und besseren Mutter, als sie in Wirklichkeit ist. Es ist ein Fieber, gegen das es kein Mittel gibt, vor allem, wenn es einen Menschen mit überquellender Phantasie befällt, der sich noch dazu auf schwankendem Boden befindet…«

Der »Fall« Chopin

Die psychologische Analyse der Situation ist unparteiisch und einwandfrei. Stand Chopin, dieser traumverlorene Poet, doch manchmal mit den Füßen auf der Erde? Besaß dieser Phantast eine gute Beobachtungsgabe? Und sollte es dieser in allen Punkten stets bewundernswerten, unfehlbaren und heiligen Sand passiert sein, daß sie sich geirrt hatte? Gott sei Dank hatte sie immer noch die Möglichkeit, ihre Fehler in Strömen von Tinte zu ertränken. Denn nicht genug damit, daß sie ihr Liebesabenteuer mit Chopin in *Lucrezia Floriani* erzählte, sie hielt es auch noch für gut, in den zwanzig Bänden ihrer *Geschichte meines Lebens* in aller Ruhe auf den »Fall Chopin« zurückzukommen. Ihre Wut hatte nachgelassen. Natürlich gab sie keinen ihrer Fehler zu: die *Geschichte meines Lebens* ist ein Märchen, das ist sicher. Sicherlich sah sie auch einige Züge richtig, wenn sie Chopins Wesen beschrieb: »Manchmal war er den Annehmlichkeiten der Liebe und dem Lächeln des Schicksals aufgeschlossen, dann wieder Tage, ja ganze Wochen lang verletzt wegen der Ungeschicklichkeit irgendeines gleichgültigen Menschen oder der geringsten Widrigkeit des täglichen Lebens. Es ist seltsam: ein wirklicher Schmerz schmetterte ihn nicht so nieder wie ein geringer. Was seinen schlechten Gesundheitszustand betrifft, so nahm er ihn bei wirklicher Gefahr heroisch auf sich und quälte sich entsetzlich bei unbedeutenden Verschlechterungen. Das ist die Geschichte und das Schicksal aller Menschen, deren Nervensystem übermäßig entwickelt ist.« Sicherlich, sie zögerte lange, bevor sie eine Verbindung mit Chopin einging, da sie zwischen ihren mütterlichen Pflichten und ihren weiblichen Instinkten schwankte. Schließlich leistete sie keinen Widerstand mehr und betrachtete Chopin als »Schutz«[44] gegen andere Regungen, die sie nicht mehr kennen wollte: eine Pflicht mehr erschien ihr als ein Glück mehr, als ein Weg zu der Strenge, zu der sie sich mit einer Art religiöser (!) Begeisterung hingezogen fühlte. Das Schicksal trieb sie in die Arme Chopins: da war sie und merkte nicht, daß man sie gegängelt hatte (!). Ihre Lage war nicht nur rosig, denn Chopin »legt großen Wert auf Klarheit und straft einen mit Enttäuschung, wenn sich der geringste Schatten zeigt. Prinzipiell bescheiden und gewohnheitsgemäß sanft, instinktiv herrisch und erfüllt mit einem Hochmut, der sich selbst nicht kannte.« So war die Freundschaft, die die Sand lange für Chopin empfand, für sie niemals eine Zuflucht in traurigen Zeiten gewesen: tatsächlich hatte er nie die Nöte der »guten Dame« verstanden. »Als ich einmal in einer ernsten Familienangelegenheit mit ihm reden mußte, ertrug Chopin mein berechtigtes und notwendiges Dazwischentreten nicht. Er senkte den Kopf und verkündete, ich liebe ihn nicht mehr.«[45]

An all dem ist etwas Wahres und viel Falsches. Einige Züge von Chopins Wesen sind gut beobachtet. Was jedoch den Rest angeht, wundert man sich über die Virtuosität, mit der die Sand die Wahrheit zu ihren Gunsten verdrehte. Solche Verwandlungen beobachtet man oft in den Memoiren von Staatsmännern, die miteinander Krieg geführt haben: die gegnerische Nation trägt immer die Verantwortung für den Konflikt. Hier vergaß die Sand, daß sie es war, die die Trennung ausgesprochen hatte, daß sie nach allen Seiten sehr unfreundliche Dinge über Chopin geschrieben hatte, während er sich jeglicher Äußerungen in Wort und Schrift enthielt. Dazu beging er noch das Verbrechen, Solange seine Freundschaft zu bewahren. Sicher war weder die Sand noch Chopin vollkommen, aber eine Haupteigenschaft besaß Chopin seit seiner Geburt, und die fehlte der Sand: eine noble Gesinnung. Betrachtet man die obengenannte Baronin Dudevant und Frédéric Chopin, Sohn eines einfachen Schulmeisters bäuerlicher Herkunft, dann war er der Fürst und sie die Plebejerin. Trotz seines zarten Äußeren hatte Chopin einen festen Charakter, der an der Wahrheit nichts abstrich – die Sand, als Lügnerin von Geburt, bog alles, was auch kommen mochte, zu ihren Gunsten zurecht. Leider redete sie viel, unterhielt mit Hinz und Kunz eine völlig irrwitzige Korrespondenz und demaskierte sich selbst, da sie stets und überall ihr Herz auf der Zunge trug.

SOLANGE war tatsächlich mit einem begabten skrupellosen
Mann eine schlechte Ehe eingegangen, aber sie war ganz sicher
verliebt in ihn. In einer schweren Stunde hatte sie sich an Chopin
gewandt, den sie seit den frühen Jugendjahren kannte. Ihre Mutter ließ sie im Stich, ihr Vater bewies ihr keinerlei Zärtlichkeit –
sie wohnte trotzdem bei ihm in der Gascogne –, sie war neunzehn Jahre alt, und ihre einzige Zuflucht fand sie in der Familie
ihres Mannes. Sie lieh sich von Chopin fünfhundert Francs, gab
sie jedoch bald zurück. Ein erster Versuch, bei der Mutter wieder
in Gnaden aufgenommen zu werden, scheiterte: nur unter der
Bedingung, sich von ihrem Mann zu trennen, hätte sie in Nohant
bleiben dürfen.[1] Der stets egoistische und desillusionierte Maurice hatte den Zuvorkommenden gespielt. Schließlich war sie,
wesentlich bekümmerter, als wenn sie niemanden angetroffen
hätte, aus Nohant abgereist.[2]

Traurige Bilanz

Chopin ging es schlecht. Er bekam keine Luft, er hatte Kopfschmerzen, »er erwartete die Cholera«. Ein trauriges Jahresende. Trotz seiner verschiedenen Leiden gab er weiter Stunden[3]. Er
verdoppelte ihre Zahl sogar, denn er hatte jetzt keine andere
Einkommensquelle mehr: kein Nohant, keinen Sommer ohne finanzielle Sorgen, keine Gelegenheit, friedlich auf dem Lande zu
komponieren. Vielleicht ist es dieser Tatsache zuzuschreiben,
daß Chopins musikalische Produktion, die schon immer geringer geworden war, so gut wie versiegte? Sein schlechter Gesund-

heitszustand erklärt andererseits das Nachlassen. Für seine Familie schrieb er eine Chronik der Pariser Geschehnisse. Einer seiner Briefe endete mit einer eher spöttischen als boshaften Bemerkung über die unerschöpfliche literarische Fruchtbarkeit seiner früheren Ratgeberin: »Ich habe ihren Roman *Franz der Champi*[4] gelesen (*Champi* werden die Bastarde genannt, die man meist armen Frauen in Pflege gibt, die von den Spitälern bezahlt werden). Man spricht auch von ihren Memoiren: Frau Sand hat erklärt, es handele sich eher um eine Sammlung von Gedanken und Reflexionen über die Kunst, die Literatur usw., die ihr bis heute in den Sinn gekommen seien, und nicht das, was man normalerweise unter Memoiren versteht[5]. Tatsächlich wäre das verfrüht, denn die liebe Frau Sand wird noch manche schöne wie auch häßliche Abenteuer erleben[6]!«

Ein Portrait von Baudelaire

Dies ist eine sehr wohlwollende Bemerkung, wenn man sie mit dem vergleicht, was Baudelaire später schreibt: »Das Weib Sand wirft sich zum Richter über die Unmoral auf. Sie ist immer moralisch gewesen. Nur hat sie früher Gegenmoral geübt. Auch ist sie niemals Künstlerin gewesen. Sie hat den berühmten flüssigen Stil, den die Bürger so lieben. Sie ist dumm, sie ist schwerfällig, sie ist geschwätzig; ihre moralischen Vorstellungen sind von der gleichen Urteilskraft und Feinfühligkeit wie bei Hausmeistern und ausgehaltenen Mädchen. Daß sich ein paar Männer in diese Latrine verlieben konnten, ist nur ein Beweis für den Verfall der Männer dieses Jahrhunderts.

Sie behauptet, daß echte Christen nicht an die Hölle glauben. Die Sand ist für den Gott der anständigen Leute, den Gott der Hausmeister und der spitzbübischen Domestiken. Sie hat gute Gründe, die Hölle abschaffen zu wollen.

Der Teufel und George Sand: sie ist besessen. Der Teufel hat ihr eingeredet, daß sie sich auf *ihr gutes Herz* und *ihren gesunden Menschenverstand* verlassen solle, damit sie all die anderen Rindviecher auch überredet, sie sollten sich auf ihr gutes Herz und ihren gesunden Menschenverstand verlassen. Ich kann an diese dumme Kreatur nur mit einigen Schauern des Entsetzens denken. Wenn ich ihr begegnen würde, könnte ich mich nicht davor zurückhalten, ihr einen Weihwasserkessel an den Kopf zu werfen. George Sand gehört zu jenen gealterten Naiven, die niemals von der Bühne herunter wollen.«

Dieses Urteil ist übertrieben hart, aber nicht ohne Klarsicht. Ein paar Freunde der Sand dachten zwar nicht so unerbittlich wie Baudelaire, doch wurden ihre Besuche und ihre Briefe spärlicher: dazu gehörten Marie de Rozières, Delacroix und Grzymala. Witwicki war tot, Gutmann auf Reisen, Fontana für immer in Amerika, Delphine Potocka in Nizza.

Auch Chopin war ziemlich allein. Den ganzen Sommer 1847 hatte er in Paris verbracht, bis auf ein paar Tage in Ville-d'Avray und in Ferrières bei den Rothschilds. Ohne seinen Sommeraufenthalt komponierte er auch nicht mehr. Mit seiner Gesundheit ging es deutlich abwärts, er hustete viel, litt an Fieberanfällen; das Jahresende 1847 war traurig: es war kalt, es schneite, »es ist dunkel, draußen wie in meinem Herzen.«

Chopins Feinfühligkeit

Da die Sand von Chopin direkt nichts hörte, schrieb sie aus Nohant am 7. Februar 1848 an ihren Sohn Maurice: »In den Zeitungen steht, daß Chopin vor seiner *Abreise* ein Konzert geben wird. Weißt Du, wohin er fährt? Nach Warschau oder einfach nur nach Nérac?«[7] Drei Tage später schrieb Chopin an seine Schwester Louise in Warschau: »Pleyel, Perthuis, Léo und Albrecht haben mich zu einem Konzert überredet. Seit acht Tagen gibt es keine Karten mehr. Das Konzert wird am 16. dieses Monats (Februar 1848) stattfinden. Es gab nur dreihundert Karten zu zwanzig Francs. Die ganze Gesellschaft von Paris wird kommen. Der König hat zehn Karten nehmen lassen, die Königin zehn und der Herzog von Montpensier auch zehn, obwohl sie Trauer tragen und keiner von ihnen beim Konzert anwesend sein wird. Man läßt sich schon für ein zweites vormerken, das ich wahrscheinlich nicht geben werde, denn dieses langweilt mich schon.

Frau Sand befindet sich immer noch auf dem Lande mit Borie, ihrem Sohn und Augustine Brault, die – dieses Mal sicher – mit einem Freund von Borie, einem Zeichenlehrer aus der kleinen Stadt Tulle, verheiratet wird. Sie hat mir nicht geschrieben, ich ihr auch nicht. Sie hat den Hausbesitzer beauftragt, ihre Wohnung zu vermieten. Solange ist bei ihrem Vater, ihr Mann in Paris: sie haben kein Geld. *Reizender Honigmond*! Inzwischen veröffentlicht ihre Mutter ein schönes Feuilleton in *Les Debats*. Sie spielt auf dem Land Theater[8], in dem Hochzeitszimmer ihrer Tochter, sie versucht zu vergessen, sich so zu betäuben, wie sie nur kann. Sie wird erst erwachen, wenn ihr Herz, das heute noch vom Kopf beherrscht wird, sie zu sehr schmerzt. Ich habe ein Kreuz über all das gemacht. Gott möge sie leiten und beschützen, denn sie kann echte Zuneigung von Schmeichelei nicht unterscheiden. Übrigens erscheinen vielleicht nur mir manche andere als Schmeichler, und ihr Glück liegt vielleicht dort, wo ich es nicht sehe. Niemand wird jemals einem so launischen Gemüt auf all seinen Umwegen folgen können. Acht Jahre eines einigermaßen geordneten Lebens, das war zuviel. Gott hat es so gefügt, daß das gerade die Jahre waren, in denen die Kinder heranwuchsen. Wenn ich nicht dagewesen wäre, dann wären ihr Sohn und ihre Tochter schon lange nicht mehr bei ihr, sondern bei ihrem Vater[9]. Vielleicht sind das die notwendigen Bedingungen für ihr Leben, für ihr schriftstellerisches Talent, für ihr Glück? Gräme Dich nicht darüber: die Zeit ist ein guter Arzt. Bis jetzt bin ich noch nicht recht zu mir selbst gekommen. Aus diesem Grunde bekommt Ihr auch keine Briefe von mir, denn ich verbrenne alles, sobald ich anfange zu schreiben[10]. Zwischen uns (das heißt zwischen der Sand und Chopin) ist nur, daß wir uns seit langem nicht mehr sehen konnten, ohne daß es irgendeinen Streit, irgendeine Szene zwischen uns gab. Und ich bin nicht zu ihr gefahren, weil sie mir die Bedingung gestellt hat, ich solle über ihre Tochter schweigen.«

Dieser Brief sagt viel über Chopins Haltung und seine Psychologie aus. Er liefert den besten Gegenbeweis für diejenigen, die seine Intelligenz in Abrede stellen. Die Genauigkeit, mit der er die Situation analysiert, das Maßvolle seines Urteils, die Rolle des Vermittlers, die er immer wieder zwischen der Sand und ihren Kindern gespielt hat, erscheinen beispielhaft. Schließlich kommt es ihm nicht in den Sinn, wie andere Menschen nach einer Trennung – wenn sie nicht gerade mit einem geheuchelten Uff! aufatmen – eine falsche Gleichgültigkeit an den Tag zu legen, sondern er gibt zu, daß er verletzt und enttäuscht ist, jedoch ohne Reue, denn die Fortsetzung des Verhältnisses hätte einen Mangel an Loyalität von ihm verlangt.

Vielleicht begegnete die Sand zum ersten Mal einem Menschen, der ihr – ohne Geschrei, ohne Dramatik – die Stirn bot: und dieser Mensch war der zarte Sylphe, der bleiche Karol, die Marionette, die sie mit leicht mitleidiger Zärtlichkeit Chip oder Chipette nannte. Der wahre Charakter, die tiefgründige Männlichkeit, das noble Wesen von Chopin zeigen sich anläßlich eines Abenteuers, das – so glaubte die Sand naiv – eine starke, untadelige, unfehlbare Frau und einen schwankenden, lenkbaren Künstler zusammenführte, der bereit war, alles hinzunehmen, und dessen von der Krankheit ausgezehrter Körper von weiblicher Schwäche war. Wieder einmal irrte sich die Berrichonner Amazone in ihrer Psychologie.

Trotz seines schlechten Gesundheitszustandes – er konnte nicht mehr allein die Treppe hinaufgehen, er wurde in einem Stuhl getragen – arbeitete Chopin weiter viel. Er bereitete sein Konzert vor und gab eine Menge Stunden. »Ich muß der jungen Rothschild eine Stunde geben, dann einer jungen Marseillerin, dann einer Engländerin, dann einer Schwedin, um schließlich um fünf Uhr eine Familie aus New-Orleans zu empfangen, die durch Pleyel zu mir empfohlen ist. Dann ein Diner bei Léo und eine Gesellschaft bei den Perthuis; und *schlafen, wenn es geht...*«

Welch ein Unglück, daß die Medizin von 1848 noch in den Kinderschuhen steckte und daß Chopin, mit seiner schwer angegriffenen Lunge, aber gesundem Herz und gesundem Magen, darauf angewiesen war, an »homöopathischen Fläschchen zu schnuppern«! Ein Jahrhundert später hätte man sein kostbares Leben um viele Jahre verlängern können. Daß die Krankheit wegen der pathologischen Entwicklung, aber auch wegen der Trauer um eine verlorene Freundschaft schneller fortschritt, daran besteht gar kein Zweifel [11]. Getreu seiner Gewohnheit erfreute er die Seinen mit Berichten über nichtiges Geschwätz: immer wieder kehrte er im Geist an die Plätze zurück, wo er im Grunde glücklich gewesen war: »Ich bekomme gerade Nachricht aus Nohant [12], es geht ihnen gut, und das Haus wird wieder umgebaut, denn das haben sie gern: verändern, einrichten… Kein einziger Diener ist mehr da, den die Jedrzejewiczs kannten. Das alles seit der Ankunft jener Kusine, die ein Auge auf Maurice geworfen hat, was der junge Mann ausnützt. Was mich betrifft, ich bin so ruhig *wie möglich* …«

Kurz, das Leben Chopins hatte keinen rechten Sinn mehr, seit es seinen Widerpart verloren hatte, der notwendig war wie der Felsen für die Welle, die dagegen schlägt. Nach Polen zurückkehren? Das wäre dem Eingeständnis einer Niederlage gleich gekommen. Das einsame Leben weiterführen? Das überstieg seine Kräfte. Selbst wenn das Dekor der Umgebung, in der er bisher lebte, aus »Pappmaché« war, so war es doch wenigstens so etwas wie eine Kulisse, ein Marionettentheater, wo er seine Rolle und seinen Platz hatte. Vergeblich suchte er nach einem Freund, einem Landsmann, bei dem er »viel weinen könnte, wie früher«. Witwicki war tot; die Czartoryskis waren zu weltläufig; Delphine Potocka, »jeder weiß, wie sehr ich sie liebe«, stellte ihrerseits das Scheitern ihres Liebeslebens fest; Matuszynski lag unter der Erde; Fontana war fern, »Mickiewicz, die Platers und Sobanski haben uns verlassen«; Mickiewicz hatte sich ganz und gar einer mystischen Verzückung hingegeben, durch die Lehre

Towianskis am Collège de France war er in Neurasthenie verfallen; Nowakowski war da, natürlich: »Was für ein braver Mann, aber ein Dummkopf, Gott möge ihn beschützen!« Der Square d'Orléans war verlassen: sogar die Marliani war seit langem schon umgezogen. Das Lager der polnischen Emigranten, die Chopin bisher unterstützt, besucht und ermutigt hatten, versickerte in Tod oder Gleichgültigkeit. Da er keine Rolle mehr zu spielen hatte, gab er sich auf, ohne es jemals ganz einzugestehen. Noch bevor ihn der Tod erreilte, war sein Leben zu Ende.

Er hatte natürlich noch dieses Konzert in Aussicht, ein vorübergehendes Ziel: »Es findet am 16. dieses Monats (Februar 1848) statt. Ich brauche mich um nichts zu kümmern, soll mich nur ans Klavier setzen und spielen. Aus Brest und Nantes hat man an meinen Verleger geschrieben, um Karten zu bestellen. Ein solcher Eifer verwundert mich, und ich muß mich heute (11. Februar) an die Arbeit machen, und sei es nur, um mein Gewissen zu beruhigen, denn mir scheint, ich spiele schlechter denn je. Nur der Kuriosität halber werde ich mit Allard und Franchomme ein *Trio* von Mozart vortragen. Es wird weder Gratiskarten noch Plakate geben. Der Saal (Pleyel) ist elegant, er kann dreihundert Personen fassen. Pleyel, der mich immer wegen meiner Dummheit neckt, wird, um mich zum Spielen zu ermutigen, die Treppe mit Blumen schmücken. Ich werde wie bei mir zu Hause sein, und meine Augen werden vor allem befreundete Gesichter sehen. Das Klavier, auf dem ich spielen werde, ist schon bei mir...«

Das letzte Pariser Konzert

Am Mittwoch, den 16. Februar 1848, um halb neun Uhr abends gab Chopin sein letztes Pariser Konzert. Seit sechs Jahren hatte er sich in der Hauptstadt nicht mehr hören lassen. Dies ist das Programm jenes Abends, auf den kein weiterer mehr folgte:

ERSTER TEIL

Trio von Mozart für Klavier, Violine und Violoncello, ausgeführt von den Herren Chopin, Allard und Franchomme

Arien, gesungen von Antonia Molina di Mondi

Nocturne, Barcarole, komponiert und gespielt von Herrn Chopin

Arie, gesungen von Antonia Molina di Mondi

Etüde, Berceuse, komponiert und gespielt von Herrn Chopin

ZWEITER TEIL

Scherzo, Adagio und Finale der *Sonate in g-Moll* für Klavier und Violoncello, komponiert von Herrn Chopin und gespielt vom Komponisten und Herrn Franchomme

Neue Arie aus *Robert der Teufel* von Herrn Meyerbeer, gesungen von Herrn Roger

Préludes, Mazurken, Walzer komponiert und gespielt von Herrn Chopin

Der Saal war voll, das Treppenhaus und die Gänge mit Blumen geschmückt, die Frauen elegant, das Publikum erlesen. Chopin erschien sehr bleich, aber entschlossen. Er trug das Programm, das trotz seiner Gesangseinlagen recht lang war, ohne einen Anflug von Schwäche vor. Doch wurde er in der Pause im Foyer fast bewußtlos. Wie soll man diesen letzten Pariser Auftritt des romantischen Zauberers, dieses letzte Aufschluchzen eines kranken genialen Herzens anders bezeichnen als mit dem sozusagen wohlklingendsten Symbol der Agonie: dem Schwanengesang?

Die *Gazette musicale* vom 20. Februar berichtete in hymnischen Worten von dem Abend: »Ein Konzert des Ariel unter den Pianisten ist etwas viel zu Seltenes, als daß es wie alle anderen Konzerte jedem Einlaßbegehrenden frei zugänglich gemacht werden könnte. Für dieses hier wurde eine Liste angelegt: Jeder schrieb seinen Namen hinein, aber keiner war sicher, ob er das kostbare Billett auch bekäme. Man brauchte schon gute Beziehungen, um in das Allerheiligste zu gelangen und die Gunst zu erhalten, seinen Obolus zu erlegen; immerhin bestand dieser Obolus in einem Louisdor. Doch wer hat nicht einen Louisdor übrig, wenn er dafür Chopin hören darf?

Der Sylphe hat Wort gehalten, und mit welchem Erfolg, mit

welchem Enthusiasmus! Es ist leichter, die Aufnahme, die er fand, die Freude, die er auslöste, zu beschreiben, als die Geheimnisse eines Vortrags zu analysieren, der auf dieser Welt nicht seinesgleichen findet. Das Programm kündigte zuerst ein *Trio* von Mozart an, und es wurde so vorgetragen, daß man bei dem Gedanken verzweifelt, es nie wieder so gut zu hören. Dann trug Chopin Etüden, Préludes, Mazurken und Walzer vor. Anschließend zusammen mit Franchomme seine schöne Sonate. Fragen Sie uns nicht, wie all diese großen und kleinen Meisterwerke ausgeführt wurden. Wir haben vorne schon gesagt, daß wir darauf verzichten, das tausendfache Schillern dieses außerordentlichen Geistes aufzuzeigen, dem eine ebenbürtige Gestaltungskraft zu Diensten steht. Wir wollen nur noch sagen, daß der Zauber seine Wirkung auf die Zuhörer nicht einen Augenblick verlor, und noch anhielt, als das Konzert schon lange zu Ende war. Doch selbst wenn unserer Feder jene Macht gegeben wäre, die das zarte Wunder der Feenkönigin Mab schuf – nicht größer als im Ringe der Achat am Zeigefinger eines Ältermannes, in ihrer kleinen Kutsche, mit dem Gespann aus Sonnenstäubchen –, würde es uns kaum glücken, nur eine Idee von der idealen Begnadung zu vermitteln, in der es kaum noch etwas Stoffliches gibt…«

Der Marquis de Custine vermittelt uns in einem Brief an Chopin einen genaueren Eindruck: »Sie haben Leid erfahren und sind zum Dichter geworden: die Schwermut Ihrer Kompositionen dringt mehr denn je in alle Herzen; man ist inmitten der Menge allein mit Ihnen; das hier ist kein Klavier mehr, sondern eine Seele – und was für eine Seele! Man liebt sich, man versteht sich in Chopin. Sie haben aus Ihrem Publikum einen Freundeskreis gemacht; Sie haben sich selbst erreicht – und das heißt viel…«

Chopin schrieb am 17. Februar an Solange Clésinger: »Paris ist krank…« Die Diagnose war richtig. Sechs Tage später folgte tatsächlich der Aufstand.

Der Thron von Louis-Philippe hatte der Krise von 1837–1839 standgehalten. Der neuerlichen Krise von 1846–1848 fiel er zum Opfer. Seit 1840 warf man Guizot seine »antinationale, englandfreundliche« Politik vor. Anläßlich der Pritchard-Affäre in den Jahren 1844–1846 hatte der Minister nur wenige Stimmen Mehrheit bekommen. Noch konnte sich Guizot die Vorteile des englischen Bündnisses zunutze machen. Aber seine Argumente verloren Ende 1846 mit dem durch die sogenannten spanischen Hochzeiten[13] hervorgerufenen Bruch der Entente cordiale ihr ganzes Gewicht.

Um den Verlust des englischen Bündnisses auszugleichen, suchte die französische Regierung Annäherung an die konservativen Mächte. Metternich und Nikolaus I. hörten sich die Vorstellungen Guizots an, der im übrigen versuchte, in der Schweiz, Italien und Deutschland eine gemäßigt reformatorische Politik zu fördern – das war ebenso problematisch, da man in Frankreich selbst absolut reformfeindlich war. Lamartine erklärte im Palais Bourbon, daß Frankreich seit den spanischen Hochzeiten das hatte sein müssen, was es nach jahrhundertealter Tradition verabscheute: »Gibellinisch in Rom, priesterlich in Bern, österreichisch in Piemont, russisch in Krakau, nirgends französisch, überall konterrevolutionär.« Die Revolution, die in Frankreich ausbrach, war also gleichzeitig national und liberal. Das Vorgehen der Bewegung erinnert merkwürdig an die Ereignisse zu Ende der Regierung von Charles X.

Der alternde Louis-Philippe, der das Unwetter heraufziehen sah, straffte seine Autorität und, statt Konzessionen zu machen, beachtete er das Parlament kaum noch: »Es gibt keine Minister mehr, sie sind jeder Verantwortung enthoben, der König, der unsere konstitutionellen Institutionen hintergangen hat, regiert allein«, schrieb im November 1847 der Prinz von Joinville, der eigene Sohn des Herrschers. Darauf antwortete Louis-Philippe, er habe eine große Mission zu erfüllen, er müsse die Ordnung in Europa wiederherstellen. Die Skandale mehrten sich, die Opposition ließ einen Teil des Mißkredits, der auf den herrschenden Klassen ruhte, auf die Regierung zurückfallen. »Konservative, Progressisten und Republikaner, Legitimisten und Mitglieder der dynastischen Linken, dem Sozialismus angehörende Arbeiter und Bürger, die durch die Willkürherrschaft des Königs ihre ganze politische Macht verloren haben – all diese Gegner von Guizot haben nur ein Gefühl gemeinsam, das Beau de Loménie in einem ergreifenden Satz ausdrückt: ›ein unbestimmter Ekel vor dem Egoismus der Leute, die an der Macht sind.‹[14]«. Der Starrsinn Guizots beschleunigte den Gang der Ereignisse. Natürlich war Paris wieder einmal die Stadt, die der Provinz den Ton angab. Das Regime, das von niemandem mehr unterstützt wurde, fiel nicht dem Parlament, sondern einer Handvoll von Pariser Umstürzlern zum Opfer.

Pflastersteine und Barrikaden

Am 22. Februar 1848 wurden – als Protest gegen das Verbot eines reformistischen Banketts, das auf Veranlassung der dynastischen Linken, des linken Zentrums und der Republikaner veranstaltet werden sollte – Pflastersteine herausgerissen und Schüsse abgegeben. Guizot berief für den nächsten Tag die bürgerliche Nationalgarde ein, die bisher das sicherste Bollwerk der Regierung gewesen war. Aber als die Truppen am Vormittag des 23. Februar Aufstellung nahmen, beschimpften sie das Ministerium und riefen: »Es lebe die Reform!« Der König, der sich betrogen fühlte, wo er Rettung erhofft hatte, bat Guizot um die Entlassung, jedoch zu spät. Eine Bande von Pariser Bürgern protestierte gegen Guizot beim Ministerium für Auswärtige Angelegenheiten und stieß dabei auf eine Truppe, die auf sie feuerte: sechzehn Demonstranten wurden getötet. Die republikanischen Anführer fuhren mit ihren Leichen durch Paris, wo sich jetzt überall Barrikaden erhoben. Der besiegte Louis-Philippe dankte am Vormittag des 24. ab, denn er wollte nicht »unnötig französisches Blut vergießen.« Ein paar Stunden später hatte sich eine republikanische Regierung gebildet. Dies war das Ende eines

Regimes, das den Franzosen immerhin achtzehn Jahre Frieden eingebracht hatte. Während dieser Zeit war das geistige Leben rege gewesen, der Fortschritt der Wirtschaft ebenso wie der Fortschritt in Bildung und Presse unbestreitbar. Die parlamentarische Monarchie war in Frankreich nicht angekommen. Politische Scheinheiligkeit hatte den Fall des Regimes beschleunigt.

Die in Frankreich lebenden Emigranten aller Nationalitäten betrachteten das Ereignis mit Wohlwollen. Aber Chopin, der die Gunst des Königs errungen hatte, nahm es tragisch. Er empfand die Flucht des Königs und seine Ankunft in Newhaven unter dem Namen Smith als Katastrophe, und die von Lamartine vorgeschlagene Einführung der Trikolore erschien ihm als ein böses Zeichen. Sicherlich, unter den neuen Regierungsmitgliedern waren ein paar Freunde der Sand – Louis Blanc, Arago, Mallefille –, aber weniger denn je wollte sich die Sand zugunsten ihres früheren Liebhabers einsetzen. Jetzt überschlugen sich auch die Ereignisse. Am 28. Februar 1848 verließ Louis-Napoléon Bonaparte London und traf in Paris ein: am 10. Dezember des gleichen Jahres wurde er zum Präsidenten der Republik gewählt. Am 13. März wurde Metternich bei einem Volksaufstand verjagt. Die Barrikaden in ganz Frankreich mehrten sich. Monsignore Affre wurde getötet, als er die Aufständischen zurückhalten wollte. Am 4. Juli starb Chateaubriand. Doch zu der Zeit war Chopin nicht in Frankreich.

Eine Begegnung

Da sein Konzert so erfolgreich gewesen war, dachte er kurz daran, ein zweites am 10. März zu geben. Aber die Ereignisse im Land veranlaßten ihn, darauf zu verzichten. Am 3. März 1848 meldete ihm Solange Clésinger die Geburt eines Mädchens, das am 28. Februar, sechs Wochen vor dem Termin, zur Welt gekommen war. Am nächsten Tag besuchte er Frau Marliani in der Rue Godot-de-Mauroy. Hier traf er einen gewissen Edmond Combes, den französischen Vizekonsul in Rabat, der sich lange in Abessinien aufgehalten hatte: seine Reportage über das Land hatte ihm den Spitznamen »Abessinier« eingebracht. Als er mit Combes den Salon von Frau Marliani verließ, begegnete er George Sand zusammen mit Lambert, einem Freund von Maurice. »Ich grüßte Ihre Frau Mutter mit ›guten Tag‹«, schrieb er an Solange, »und dann fragte ich sie, wie lange sie schon nichts mehr von Ihnen gehört habe.

›Seit einer Woche‹, antwortete sie mir.

›Und gestern und vorgestern nicht?‹

›Nein.‹

›Also, dann teile ich Ihnen mit, daß Sie Großmutter geworden sind. Solange hat ein Töchterchen bekommen – und ich freue mich, daß ich Ihnen als erster diese Nachricht überbringen kann.‹ Dann grüßte ich und stieg die Treppe hinunter. Aber da ich vergessen hatte, zu sagen, daß Sie sich wohl fühlen, bat ich Combes, wieder hinaufzugehen, da ich es selbst nicht kann, um ihr zu sagen, daß es Ihnen und auch dem Kind gut geht. Ich wartete unten auf den Abessinier, als Ihre Frau Mutter mit ihm herunterkam und sich mit großem Interesse nach Ihrem Befinden erkundigte. Ich sagte ihr, *Sie selbst* hätten mir am Tag nach der Geburt Ihres Kindes [15] mit dem Bleistift geschrieben, daß Sie viel hätten durchmachen müssen, daß Sie aber der Anblick Ihres Töchterchens alles hätte vergessen lassen. Sie fragte mich, ob Ihr Mann bei Ihnen sei, ich antwortete, daß die Adresse des Briefes von seiner Hand zu stammen schien. Sie erkundigte sich, wie es mir ginge, ich antwortete, daß ich mich wohl fühlte – und bat den Hausmeister, die Tür zu öffnen. Ich grüßte und fand mich in meiner Wohnung wieder, der Abessinier [16] hatte mich zu Fuß nach Hause gebracht. Ihre Frau Mutter ist seit einigen Tagen in Paris. Sie fährt wieder nach Nohant. Es scheint ihr gesundheitlich gut zu gehen. Ich glaube, sie ist glücklich über den Sieg des republikanischen Gedankens…«

Was soll man von diesem eisigen, förmlichen, gezwungenen »Wiedersehen« halten? Sichtlich beobachten sich die beiden ehemaligen Freunde, jeder lauert auf die Reaktionen des anderen, und ohne Zweifel hat Chopin der Sand mit maliziöser Freude eine Neuigkeit mitgeteilt, die sie mehr berührt als ihn, und von der sie nichts weiß. Wie beurteilt die Sand diese – ganz zufällige – Begegnung? Sie schreibt kurz darüber in der *Ge-schichte meines Lebens*: »Im März 1848 sah ich ihn einen Augenblick wieder. Ich drückte seine zitternde, eiskalte Hand. Ich wollte mit ihm sprechen, aber er wandte sich ab. Jetzt hätte ich sagen können, daß er mich nicht mehr liebte. Ich ersparte ihm diesen Kummer und überließ alles der Vorsehung und der Zukunft. Ich sollte ihn nie wiedersehen...«

Wenn es richtig ist – und das ist sehr unwahrscheinlich –, daß die Sand die Unterhaltung fortsetzen wollte, dann hatte Chopin hundertmal Recht, wenn er schnell und höflich von seiner Egeria Abschied nahm. Wozu hätte eine richtige Unterhaltung geführt? Sie hätte nur an alten Hader erinnert und eine ausweglose Debatte eingeleitet. Chopin war nicht der Mann, der sich an jemanden hängte. Sie hatte ihm die Trennung ausgesprochen, er zog sich zurück. Ob er traurig war oder froh, ging niemanden etwas an. Tatsächlich war die Sand am 7. März wieder in Nohant. Sie ließ Maurice zum Bürgermeister der Gemeinde wählen.

Reisen?

Aus einem Brief von Frau Chopin an ihren Sohn vom 5. März wissen wir, daß der *Kurier* in Warschau von Reiseplänen des Musikers berichtet hatte. Chopin war kaum von einer Grippe genesen, die in Paris viele Menschen aufs Krankenlager geworfen hatte. Wohin wollte er? Nach Holland? Nach Deutschland? Nach Petersburg? »Vielleicht zu uns?« fragte seine Mutter vorsichtig an. »Wir haben uns darüber gestritten, wo Du wohnen wirst. Die Barcinskis wollen Dir ihre Wohnung geben. Louise wollte Dir ihre zur Verfügung stellen. Es war ein richtiges Kinderspiel mit Seifenblasen...«

Das Schicksal von Seifenblasen ist es, nach kurzem Glitzern zu zerplatzen. Weder nach Holland noch nach Deutschland, noch nach Rußland und auch nicht nach Polen. An diesem Aprilanfang 1848 hatte Chopin noch nichts beschlossen. Er, der die politischen Ereignisse im allgemeinen so wenig beachtete, analysierte zum erstenmal die internationale Lage.

In einem Brief an Fontana, der in New York lebte, vermittelte er diesem echte politische – oder sagen wir nationale Vorsichtsmaßnahmen: »Komm erst nach Hause, wenn alles richtig losgeht. ›Die Unsrigen‹ sammeln sich in Posen. Czartoryski ist als erster hingefahren, aber Gott weiß, was noch alles geschehen muß, bis es wieder ein Polen gibt. Die hiesigen Zeitungen verbreiten über dieses Thema nur Lügen. In Krakau ist nicht die Republik ausgerufen worden. Der Kaiser von Österreich wurde nicht zum König von Polen ernannt und ganz im Gegensatz zu dem, was man hier behauptet, haben die Zeitungen von Lemberg in ihrem Appell an den österreichischen Statthalter überhaupt nicht verlangt, daß er es wird. Der König von Preußen denkt ebensowenig daran, Posen zu räumen. Er hat sich im eigenen Land lächerlich gemacht, aber die Deutschen in Posen haben ihm dennoch einen Appell überreicht, in dem sie erklären: Da dieses Land mit dem Blut ihrer Väter erobert sei und sie nicht einmal Polnisch könnten, wollten sie unter keiner anderen Regierung leben als unter der preußischen. Du siehst, wie sehr das alles nach Krieg aussieht. Aber wo wird er ausbrechen? Man weiß es nicht. Wenn er begonnen hat, wird ganz Deutschland marschieren. In Italien wird schon gekämpft. Mailand hat die Österreicher vertrieben, aber es befinden sich noch welche in den Provinzen, und so wird weiter gekämpft werden. Sicherlich wird Frankreich Italien helfen, denn Frankreich muß unbedingt gewisse Leute aus seinem Territorium herausdrängen…Der Moskowiter wird in seinem Land Schwierigkeiten bekommen, wenn er gegen den Preußen marschieren muß. Die galizischen Bauern haben den wolhynischen und podolischen Bauern ein Beispiel gegeben. Es werden sich notwendigerweise schreckliche Dinge ereignen, doch am Ende wird ein glänzendes und großes Polen stehen, mit einem Wort: Polen! Also warten wir trotz unserer Ungeduld, bis die Karten richtig gemischt sind, damit wir nicht umsonst unsere Kräfte verausgaben, die wir zum richtigen Zeitpunkt so nötig brauchen. Diese Stunde ist nah, aber sie schlägt noch nicht heute. Vielleicht in einem Monat… vielleicht in einem Jahr. Hier ist man überzeugt, daß unsere Sache noch vor Herbst Gestalt annimmt…«

Chopin ist in diesem Brief überhaupt nicht der Dandy, »der sich für nichts und niemanden interessiert«, wie ihn die Sand beschreibt. Er bezeugt im Gegenteil ein leidenschaftliches Interesse am Schicksal seines fernen Vaterlandes. Jedoch um die Ereignisse und die Hoffnungen, die er hier erwähnt, richtig zu verstehen, wollen wir einmal sehen, wie es zu Beginn des Jahres 1848 in Polen stand.

Was geschah in Polen?

Im Gegensatz zu den Behauptungen von ein paar schlecht informierten Biographen hatte der polnische Aufstand von 1831 nichts gebessert. Die siegreiche russische Besatzung hatte erbarmungslose Unterdrückungsmaßnahmen eingeleitet: Hinrichtung der Anführer, Beschlagnahme von Grund und Boden, Massendeportationen nach Sibirien. Tausende von armen Adligen waren mit ihren Familien in den Kaukasus gebracht worden. Andere wurden zu freien Bauern oder Bürgern degradiert. Überall hatte man die staatlichen polnischen Organe durch russische Behörden ersetzt, die russische Sprache war bei Gericht und in den Schulen obligatorisch. Die Universitäten von Wilna und Warschau sowie das Gymnasium von Krzemieniec wurden geschlossen. Ein erster Schub von zweitausenddreihundert Emigranten war ins Exil gegangen, weitere folgten, verschreckt durch die Erklärungen von seiten Paskiewitschs, jetzt Fürst von Warschau, und Nikolaus, in denen angekündigt wurde, bei der kleinsten Rebellion werde Warschau zerstört und auf keinen Fall wieder aufgebaut.

Zwar wurde dem Königreich gnädigerweise im Jahre 1832 ein Grundgesetz gegeben, jedoch die liberalsten Klauseln kamen in ihrer Gesamtheit niemals zur Anwendung. Die Polen hatten weder einen Landtag noch eine Armee, aber man hatte ihnen ihre Sprache, ihr Bürgerliches Gesetzbuch und die Rückkehr zu einer im Prinzip autonomen Verwaltung zugestanden. Alle Stellen standen den Russen offen, die immer mehr Posten besetzten. Die Bischöfe wurden genau überwacht, der römische Klerus in den annektierten Territorien hart angefaßt, so daß Gregor XVI., der den Aufstand von 1831 noch verurteilt hatte, 1842 die religiöse Verfolgung bemängelte.

Die Tätigkeit der Emigranten beunruhigte die Besatzungsbehörden, die in ihrer Überwachung und ihren Repressalien von Jahr zu Jahr härter und brutaler vorgingen – obwohl sich eigentlich diese Emigranten in ihren Zielen sehr stark voneinander unterschieden.

Die Konservativen um den Fürsten Adam Czartoryski, der im Hotel Lambert in Paris residierte, pflegten Verbindungen mit vielen ausländischen Agenten. Ihr Ziel war es, einen europäischen Krieg zu schüren. Sie sorgten dafür, daß das Los der Bauern schrittweise verbessert wurde, um sie später nicht zu Feinden zu haben.

Dagegen waren die Demokraten der Meinung, man solle sich nur auf sich selbst verlassen, den Bauern freie Hand lassen und örtliche Aufstände provozieren.

Die polnische Jugend hörte auf die emigrierten großen Künstler, wie Chopin, Krasinski, Slowacki und vor allem Mickiewicz. In Paris hatte Mickiewicz die Schrift *Die Bücher der polnischen Nation und Pilgerschaft* herausgegeben, die Montalambert ins Französische übersetzte. Es ist eine Mahnung zum Martyrium: »Wir sind das, was das Volk Gottes in der Wüste war. Christus ist einst inmitten der Juden mit seinem Gesetz des Opfers und der Liebe aufgestanden. Auch wir werden einen Messias kommen sehen, der uns befreit. Die Nationen werden nicht durch das alte Gesetz, sondern durch die Verdienste der gequälten Nation gerettet. Ihr kämpft für die Freiheit der Welt.« Die Lektüre des *Pilgergebets* gab den Studenten neuen Schwung:

»Vater unser, der du dein Volk von der Sklaverei Ägyptens befreit und es ins Heilige Land geführt hast, bring uns in unser Vaterland zurück...

Sohn Gottes, unser Erlöser, der gefoltert und gekreuzigt wurde, der auferstanden ist und in der Herrlichkeit regiert, erwecke unser Vaterland von den Toten...

Beim Blute all der im Krieg für den Glauben und die Freiheit gefallenen Soldaten, erlöse uns, Herr. Gib uns den allgemeinen Krieg für die Freiheit der Völker, wir bitten dich, Herr…«[17]

Aufstand

In Posen, wo eine Zelle der demokratischen Partei arbeitete, beschlossen die Extremisten, einen allgemeinen Aufstand zu organisieren (obwohl Friedrich-Wilhelm IV. im Jahre 1840 liberalere Maßnahmen eingeführt hatte). Ein masowischer Philosoph, Dembowski, fuhr über Land und wiegelte Adlige und Bauern auf. In der Nacht vom 21. auf den 22. Februar 1848 erklärte eine Revolutionsregierung in Krakau den Aufstand und die Abschaffung der Fron. Fünf Jahre früher hatte das polnische Komitee in Versailles einen gewissen Mieroslawski, einen bemerkenswerten Militärschriftsteller und -redner abgeordnet, um die Bemühungen Dembowskis zu unterstützen.

Die genauestens vorbereiteten Operationen wandten sich manchmal gegen ihre Urheber. Mieroslawski fiel mit sechzig Verschwörern in die Hände der Polizei. In Tarnow erhoben sich die gebührend indoktrinierten Bauern dennoch gegen ihre Führer und lieferten sie den Österreichern gegen beachtliche Geldsummen aus. Mehr als vierhundert Herrenhäuser wurden von denen geplündert, die sie hätten verteidigen sollen, tausendfünfhundert Adlige ermordet. Um dem Zorn der Bauern Einhalt zu gebieten, warf Dembowski ihren Bataillonen Prozessionen mit Kirchenfahnen an der Spitze entgegen. Die österreichische Vorhut eröffnete das Feuer, Dembowski wurde getötet. Ohne das Eingreifen der Konservativen und der Kaisertreuen wäre Krakau niedergebrannt worden. Mieroslawski und sieben Anführer wurden dennoch zur Deportation verurteilt. Die Republik kam zu Österreich. Aber die Massaker von Galizien hatten zumindest eine positive Auswirkung: den Sturz von Metternich.

Außerdem brachte die französische Revolution von 1848 leider nur kurzfristig die allgemeine Meinung in Bewegung. Die Posener legten die Waffen nieder, die polnische Presse war geknebelt, und die Vereinigungen wurden aufgelöst. Eine Gruppe von Emigranten beteiligte sich an den Aufständen in Österreich. Galizien verlangte vollkommene Autonomie, die Bauern erreichten hier die Abschaffung der Fronarbeit. Die Ungarn wurden von Paskiewitsch niedergeknüppelt. Außer in Galizien war der Aufstand gescheitert. Den Emigranten blieb nur noch die Hoffnung auf den Regierungsantritt von Napoleon III. und auf die Milde von Alexander II., des Nachfolgers von Nikolaus I. Über diesen Ereignissen starb Paskiewitsch und wurde durch Gortschakow, einen alten liberalen Soldaten, ersetzt, der die Gründung einer Landwirtschaftsgesellschaft unter dem Vorsitz von Andreas Zamoyski gestattete und den Warschauer Studenten erlaubte, eine medizinische Fachschule und eine Hochschule für schöne Künste zu besuchen, die eine wichtige Rolle spielen sollten. Trotzdem bezahlte Polen wieder einmal teuer für den Wunsch nach Unabhängigkeit, und es mußte sich den Ausländern beugen, die sich auf dieses unglückliche Land stürzten, dessen Schicksal es war, überfallen, geplündert und geteilt zu werden wie ein Stück Fleisch unter wilden Tieren. In London drückte Chopin am 13. Mai 1848 seine Gedanken – oder sagen wir vielmehr seine Verbitterung – in einem Brief an Grzymala aus: »Die schrecklichen Nachrichten aus dem Großherzogtum Posen erhielt ich hier durch Szulczewski, für den mir Zaleski ein Briefchen mitgegeben hatte, und durch Kozmian Stan. Unglück über Unglück! Meine Seele hat zu nichts mehr Lust.« Es ist also wahr, daß die einzige Sorge Chopins, seitdem er Polen verlassen hatte, sich auf die Wiedergeburt seines Vaterlandes richtete und er mangels Waffen mit dem Geist daran mitarbeiten wollte. Eines Nachts las er wieder ein Gedicht von Krasinski und komponierte ein Lied, in dem sich sein Kummer als Emigrant spiegelt:

Kreuzfahrer, zogen sie zum fernen Osten,
lebten des Wahns, daß sie das Heil erlosten.
Sie sahn im Licht das Land nach langem Wandern,
das froh begrüßte von allen den andern.
Aber die beiden wanderten vergebens,
sie kosten nie den Wonnetrank des Lebens.
Nach kurzer Zeit sind beide schon vergessen, schon vergessen.

Nieder mit Frau Dudevant!

Die Haltung von Chopin, der unter dem Scheitern der polnischen Revolutionsbewegung litt, war realistischer als die recht lächerliche Begeisterung der Sand, die sich für die Jungfrau von Orléans hielt: »Ich lebe, ich bin stark, ich bin aktiv und erst zwanzig Jahre alt!« Statt auf den Scheiterhaufen zu steigen, reihte sie sich in die revolutionäre Linke ein, bezeichnete sich als Kommunistin, schrieb Communiqués für die Regierung und Artikel für die Reform, die sie neben Texten von Karl Marx veröffentlichte: »Wir sind verrückt, wir sind trunken, wir sind glücklich, denn wir waren im Schlamm eingeschlafen und sind im Himmel erwacht!« Die »gute Dame« von Nohant verlor den Kopf. Die Ereignisse machten ihre Verzückung lächerlich. Die Sozialisten bekämpften die Demokraten, und die Konservativen verdarben es gleichzeitig mit den Demokraten und den Sozialisten. Lamartine verwand seine Niederlage nur schwer. Die Bauern von Nohant, von ihrer Schloßherrin umworben und in den Himmel gehoben, lohnten ihr das – und zusammen mit seiner Mutter auch Maurice –, indem sie unter ihren Fenstern vorbeidefilierten und riefen: »Tod den Kommunisten! Nieder mit Frau Dudevant!«

Am Vorabend seiner Abreise nach England sagte Chopin zu seinem Freund Kozmian: »Meine Karriere ist zu Ende. Wenn Sie eine kleine Kirche in Ihrem Dorf haben, geben Sie mir ein Stück Brot und ich werde dort zu Ehren der Heiligen Jungfrau spielen!«

Polen, immer Polen und nichts als Polen!

Am 20. April 1848 schiffte er sich nach England ein.

Zu den schottischen Nebeln

Wozu DIESE REISE, trotz seines sehr schlechten Gesundheitszustandes; geschwächt wie er war von der Tuberkulose, die er
abwechselnd für Asthma oder Neuralgien hielt[1]? Auf die wohl-
tuenden Aufenthalte in Nohant, wo das Klima und die Ruhe ihm
sicherlich zugute kamen, mußte er jetzt verzichten, und sein Entschluß, den Frühling in London zu verbringen, war unüberlegt.

Warum London?

Seine Gründe? Es waren verschiedene. Die Revolution von
1848 hatte eine Anzahl seiner Pariser Schüler vertrieben, von
denen ein Großteil über den Ärmelkanal gegangen war. Die von
der Sand geschlagene Wunde blutete immer noch: Vielleicht
konnte er die Undankbare in der Ferne vergessen? Dazu kam
noch die Ungeduld des Tuberkulösen, der mit seiner Krankheit
nicht fertig wird und ihr zu entkommen hofft, wenn er den Zug
oder das Schiff besteigt – in diesem Fall sogar beides. Nichts hielt
ihn in Paris zurück. Außerdem setzten ihm seine Schülerin, Jane
Stirling, und ihre Schwester, Frau Erskine, zu, er solle sich für
immer in London oder in Schottland, ihrer Heimat, niederlassen. Die Pariser Freunde ermunterten Chopin, diese Reise zu unternehmen, die genauso unsinnig war wie zehn Jahre früher die
Reise nach Mallorca. Die Nebel von Schottland brachten das
Übel, das im entsetzlichen Klima von Valdemosa im Regen begonnen hatte, vollends zum Ausbruch. So spielte Jane Stirling,
ohne es zu ahnen, für Chopin die düstere Rolle des Todesengels.

Sie war vierundvierzig Jahre alt, sentimental, überspannt, von der Bibel durchdrungen, von unermüdlichem, jedoch manchmal ziemlich ermüdendem Eifer getrieben, verliebt in Chopin, dessen Widerstand sie zu besiegen und den sie zur Heirat zu überreden hoffte, zumal sie sehr reich war und Chopin keine andere Verdienstmöglichkeit hatte, als, krank oder gesund, Stunde auf Stunde zu geben. Das alles trug dazu bei, daß die Schwestern Chopin zu der Reise rieten, die ihm zum Verhängnis geraten sollte. Sie machten ihm klar, daß sein Ruf ihm schon nach Großbritannien vorangeeilt sei, daß die Londoner Gentry sich um den Pianisten und Professor reißen werde, und daß er in London wesentlich mehr Geld verdienen könne als in Frankreich. Die Aussicht, in London seine Verleger zu treffen, die Tatsache, daß Virtuosen wie Moscheles, Frau de Belleville-Oury, Sophie Bohrer, Field, Holmes, Pirkhert, Jowson, Bernett und andere seine Werke den britischen Musikfreunden bekannt gemacht hatten – all das veranlaßte ihn zu dem Entschluß, und in keiner Weise der Wunsch, Frankreich während der Revolution zu verlassen, wie die Sand boshafterweise zu verstehen gab. Und hatte er schließlich nicht, als er 1830 Warschau verließ, die Absicht, über Paris nach London zu fahren, so wie es auf seinem Paß vermerkt war? Er hatte siebzehn Jahre in Frankreich verbracht. Jetzt näherte sich die Reise ihrem Ende.

Und das Abenteuer nahm seinen Anfang. Mit dem wenigen Geld in der Tasche, das er bei seinem Konzert am 16. Februar verdient hatte – die Revolution hatte ihn daran gehindert, ein zweites zu geben, mit dem er seine Börse ein bißchen hätte auffüllen können –, traf er am Karfreitag, den 21. April 1848, in London ein, nachdem er sich ein paar Stunden in Folkstone ausgeruht hatte. Seine beiden Schutzengel empfingen ihn in einer Wohnung in der Bentick Street 10, Cavendish Square. Für seinen Komfort war alles getan: »Sie haben an meine Morgenschokolade gedacht, und mein Briefpapier ist mit meinen Initialen bedruckt. Trotzdem werde ich in ein paar Tagen umziehen, um näher bei meinen beiden Feen zu sein. Ich wohne dann in der Dover Street 48, Piccadilly«, schreibt Chopin an Grzymala. Ende April jenes Jahres war das Wetter unfreundlich. Die Sonne erschien am 1. Mai an einem blaugrauen Himmel. »Heute morgen atme ich ein bißchen leichter, doch die ganze letzte Woche habe ich mich nicht gut gefühlt…« »Erard hat mir eines seiner Klaviere zur Verfügung gestellt. Ich habe auch ein Instrument von Broadwood und ein weiteres von Pleyel – im ganzen drei Klaviere, aber was nützt mir das, wenn ich nicht die Zeit habe, darauf zu spielen? Ich muß eine Unzahl von Besuchen machen, meine Tage fliegen dahin wie Blitze. Und doch muß ich mich einmal hören lassen; man hat mir vorgeschlagen, in der Philharmonie zu spielen; ich möchte davon lieber absehen…« »Um hier Erfolg zu haben, muß man Mozart oder Beethoven und am liebsten Mendelssohn spielen. Dazu ist ihr Orchester wie ihr Roastbeef oder ihre Schildkrötensuppe: kräftig, gediegen und nicht mehr, und es gibt nur eine einzige – öffentliche! – Probe.« Chopin wollte, wenn möglich, vor der Königin spielen und ein paar musikalische Matineen in den Salons für eine begrenzte Anzahl von Zuhörern geben. Immer noch die Angst vor großen Sälen!

Enttäuschung

Zu jener Zeit wurde Musik in Großbritannien nur von einer Elite der Gesellschaft gehört. Ebenso wie in Frankreich gehörte sie noch nicht zu den Gepflogenheiten des Bürgertums und des Volkes. Das musikalische Leben fand, abgesehen von den Opernhäusern und einem oder zwei Konzertsälen, in den Salons statt: hier mußte man sich sehen lassen, hier um Zuhörer »werben«. »Hier ist die Musik«, schrieb Chopin, »ein Beruf, keine Kunst. Sie spielen exzentrische Verrücktheiten und präsentieren sie wie Werke voller Schönheit: es wäre ein Wahnsinn, sie für seriöse Dinge interessieren zu wollen. Das Bürgertum verlangt Außergewöhnliches und Mechanisches. Die vornehme Welt hört zuviel Musik, um ihr eine echte Aufmerksamkeit schenken zu können. Lady X., eine der größten Damen von London, in deren Schloß ich ein paar Tage verbracht habe, gilt als musikalisch. Eines Abends, als ich dort spiele, bringt man ihr eine Art Akkordeon, und sie beginnt mit vollem Ernst darauf die schrecklichsten Lieder zu spielen. All diese Leute sind ein bißchen verrückt. Diejenigen, die meine Kompositionen kennen, sagen zu mir: ›Spielen Sie mir doch Ihren zweiten Seufzer…ich liebe Ihre Glocken so…‹ Sie wissen mir nicht mehr zu sagen, als daß meine Musik wie Wasser sprudelt…Die alte Rothschild hat mich gefragt, wieviel ich koste. Da ich von der Herzogin von Sutherland zwanzig Guineen verlangt habe, antworte ich: zwanzig Guineen. Die gute Dame erwidert darauf, ich spielte wirklich sehr gut, aber sie rate mir dennoch, weniger zu verlangen, denn in dieser ›season‹ sei ›moderäschen‹ am Platze…« Magerer Geldeingang, Geiz der großen Herren, kein ernsthafter Kunstverstand – das waren nach zwei Monaten die Vorwürfe Chopins gegen ein Land, das nicht mehr das Land von Mister Pickwick, sondern schlicht und einfach von David Copperfield war: eine wesentlich fortschrittlichere Nation als Frankreich, wo das Proletariat seine ersten Siege über den industriellen Kapitalismus errungen hatte – angefangen bei den Gesetzen über Frauen- und Kinderarbeit. Aber von dieser sozialen Bewegung merkte Chopin überhaupt nichts.

Ein Ameisenhaufen von Künstlern

London war nach den Erfahrungen von Berlioz – der zu jener Zeit hier lebte – »ein Ameisenhaufen von Künstlern«. Thalberg kündigte zwölf Konzerte an, Kalkbrenner und Osborne traten häufig auf. Hallé wollte sich gerade in London niederlassen. Im Covent Garden und Haymarket bejubelte man Frau Viardot-Garcia[2], Jenny Lind[3], Lablache, Grisi, Alboni, Persiani, Mario und Flavio. Chopin traf mehrere seiner ehemaligen Schüler: den Norweger Tellefsen, Lindsey, Sloper. Um zu leben – und er beklagte sich über die hohen Lebenskosten: sechsundzwanzig Guineen im Monat für die Wohnung –, wurde er wieder Lehrer: Ende Mai hatte er fünf Schüler.

Natürlich waren die Engländer leicht verärgert darüber, daß Chopin die Einladung der Philharmonie absagte. Warum wollte er nicht eines seiner beiden *Klavierkonzerte* spielen? Wahrscheinlich fürchtete er, daß seine Werke von dem berühmten Orchester, das niemals Proben ohne Öffentlichkeit durchführte, umgebracht worden wären. Und doch wäre selbst ein unsicherer Auftritt besser gewesen als das Schweigen, hinter dem er sich verschanzte und die »Tees«, die Chopin zwar die Möglichkeit boten, sich zu zeigen, aber nicht sein Talent zur Geltung zu bringen. Allerdings verbot seine schwankende Gesundheit Anstrengungen und begünstigte seine Pläne nicht gerade. Er spuckte Blut, hielt sich mit Zitrone und Eis aufrecht, wehrte sich gegen zu häufiges Treppensteigen, verbrachte schließlich den ganzen Tag zu Hause und sparte Kräfte für seine gesellschaftlichen Verpflichtungen, die ebenso zahlreich waren wie in Paris. Bis zum Ende behielt Chopin seine Salongewohnheiten bei. Als geborenen Aristokraten, dem die Höflichkeit eine Tugend und die Selbstverleugnung ein Bedürfnis war, hätte es ihm nicht fern gelegen, »in einem Salon zu sterben und dabei Gleichgültigkeit zu heucheln«, um ein Wort von André Maurois aufzugreifen. »Wenn es mein Zustand erlaubte, den ganzen Tag von Annas zu Kaiphas zu laufen«, schrieb er an Grzymala, »wenn ich nicht Blut spucken würde, wenn ich jünger wäre, wenn ich nicht mit meinen Freundschaften so eingedeckt wäre, dann könnte ich vielleicht ein neues Leben beginnen…« Oder das alte zumindest fortsetzen.

Bei der Herzogin von Gainsborough

Während der drei Monate seines Aufenthalts in London spielte er in privatem Kreis fünfmal – zwei Abende zu zwanzig Guineen und drei private Konzerte –, bei Lady Gainsborough, beim Marquis von Douglas, bei der Herzogin von Sutherland, im Stafford House. »Stafford House«, schreibt Chopin an seine Familie, »liegt nahe beim St.-James Palast. Die Treppe ist wegen ihrer Pracht berühmt. Sie geht weder von einem Vestibül noch von einem Vorzimmer aus, sondern befindet sich in dem Appartement selbst, ist gleichsam ein riesiger Salon mit Gemälden, Statuen, Wandbehängen, kostbaren Teppichen, wundervoll angeordnet und mit den wunderbarsten Perspektiven für das Auge. Und so sah man die Königin, glitzernd von Diamanten und Ordensbändern, mit dem Hosenbandorden, wie sie mit perfektester Eleganz die Treppe hinabschritt, wobei sie manchmal auf den verschiedenen Absätzen stehenblieb, um sich zu unterhalten. Wenn Paolo Veronese bei einem solchen Schauspiel hätte anwesend sein können, gäbe es ein Meisterwerk mehr in der Malerei...« Darauf folgt eine genaue Beschreibung der gesamten Wappen von England. Königin Victoria und Prinz Albert waren Gäste der Herzogin, sie applaudierten Chopin nach einem Diner mit achtzig Gedecken, bei dem sich die Elite der Londoner Gesellschaft zusammenfand. Am Tag nach dem Konzert ging das Gerücht, die Königin habe Chopin um Privatstunden gebeten. Unterrichtsstunden erwartete er weniger als eine Einladung, im Palast zu spielen. Aber sie kam nicht: Chopin mußte für seine Ablehnung, als Solist in der Philharmonie aufzutreten, büßen.

Konzerte

Mehrere Male trat Chopin in öffentlichen Konzerten auf. Zum erstenmal in einer Morgenveranstaltung bei Frau Adelaide Sartoris, geborene Kemble, Tochter eines berühmten englischen Schauspielers und Sängerin bis zu ihrer Heirat mit einem reichen englischen Industriellen. Chopin war ihr in Paris begegnet. Er teilte sich das musikalische Programm mit dem Sänger Mario und spielte eine Auswahl von Nocturnes, Etüden, Mazurken, Walzern, um mit dem *Berceuse* zu schließen. *Athenaeum* veröffentlichte einen äußerst schmeichelhaften Artikel: niemals habe man in London einen vergleichbaren Enthusiasmus erlebt.

Das zweite Konzert fand am 7. Juli 1848 in den Salons des Grafen von Falmouth statt, den Chopin mit erstaunlicher Begeisterung beschreibt: »...ein großer Musikliebhaber, ein reicher Mann, ein Grand Seigneur und sehr liebenswürdig. Auf der Straße möchte man ihm einen Groschen schenken, und zu Hause hat er eine ganze Armee von Dienern, die besser angezogen sind als er...« Frau Viardot-Garcia wirkte bei diesem Konzert mit, sie sang Mazurken, die für ihre Stimme arrangiert worden waren. Die zweihundert Zuhörer spendeten den beiden Künstlern Beifall und zwei – tatsächlich war dieses Mal alles doppelt – Zeitungen, *Athenaeum* und die *Daily News,* liefen sich gegenseitig den Rang mit ihren Lobgesängen ab: »Herr Chopin spielte sein *Andante spianato et Polonaise,* ein *Scherzo* op. 31 und eine Auswahl anderer Stücke, in denen sich die außergewöhnliche Kraft seiner Komposition zeigt. Seine Musik ist ungewöhnlich durchgearbeitet, neu in ihren Harmonien, voll Geschick im Kontrapunkt und enthält viele geniale Einfälle; und doch haben wir noch nie etwas so spontan wirkendes gehört, so sehr scheint sich der Künstler den Impulsen seiner Phantasie hinzugeben, sich im Traum zu wiegen und ganz unbewußt die Gedanken und die Gefühle, die ihm durch den Kopf gehen, auszudrücken. Er überwindet extreme Schwierigkeiten, jedoch mit solcher Leichtigkeit und Geschmeidigkeit, so viel Zartheit und Raffinement, daß der Zuhörer kaum etwas davon ahnt. Sein Vortrag ist gekennzeichnet durch ausgesuchte Kunstfertigkeit, die harmonische Kraft seiner Tonarten, die Durchsichtigkeit seiner Läufe, während seine Musik die Freiheit der Gedanken, die Vielfalt des Ausdrucks und eine Art von romantischer Schwermut preist, die der normalen geistigen Verfassung des Künstlers zu entsprechen scheint.«

Bis auf das Wort »Tonarten« – es hat nur Sinn in bezug auf die Komposition, jedoch nicht, wenn es um den Vortrag geht: der Amateurkritiker verwendete ihn sicherlich anstelle von »Nuancen« – entspricht der Artikel den Tatsachen, er liefert einen genauen Bericht über das Werk Chopins, in seiner Grundsubstanz betrachtet, ebenso wie über die Art seines Spiels, wie Liszt es beurteilte. Leider schlugen die *Times* und die *Musical World,* die Chopin nicht wohlwollten, da sie glaubten, er wolle das Andenken Mendelssohns, ihres Gottes, zerstören, ganz andere Töne an: »Das ganze Werk von Chopin ist nur eine wirre, oberflächliche Mischung aus donnernden Übertreibungen und entsetzlichen Kakophonien...« Es gibt nichts Dümmeres!

Chopin traf Carlyle, Dickens, Hogarth und Lady Byron, über die er schrieb: »Es scheint, daß wir uns sympathisch sind. Tatsächlich sind unsere Unterhaltungen so, wie sie ein Huhn und ein Ferkel miteinander führen könnten: sie gluckst auf englisch, und ich schreie wie ein Schwein, das man abschlachten will, auf französisch. Ich verstehe, warum Byron sich mit ihr langweilte.« Seltsam, Chopin, der in Warschau auf dem Gymnasium Englisch gelernt hatte, behauptet, nichts zu verstehen und auch kein einziges Wort hervorzubringen: Sollte er es vergessen haben?

Mit einem Wort: er war wieder einmal unglücklich. Vor allem ließ ihn in London der Gedanke an Polen nicht los, so wie er ihn in Paris beschäftigt hatte; er fühlte, daß sein Schicksal nicht so bald gelöst würde: »In ein paar hundert Jahren«, schrieb er an Grzymala, »werden Deine Ur-Ur-Urenkel aus einem freien Polen in ein erneuertes Frankreich reisen können, nicht vorher…« Darin hatte er recht. Im übrigen war er durch seinen jämmerlichen Gesundheitszustand nicht gerade geneigt zu Optimismus und Illusionen: »Ich bin mit den Nerven am Ende und kann diesen Brief nicht fertigschreiben. Ich leide an einer ganz dummen Sehnsucht, und trotz meiner Resignation weiß ich nicht, was ich mit mir anfangen soll, und das quält mich…« »Ich kann mich nicht mehr grämen und nicht mehr freuen; ich empfinde wirklich nichts mehr; ich vegetiere nur noch und erwarte geduldig mein Ende…Ah! wenn ich nur wüßte, daß mich meine Krankheit nicht im nächsten Winter hier niederwirft!«

Über Solange Clésinger erfuhr er Neues von der Sand, die ihre lügnerische Politik weiterverfolgte: »Ich habe«, so schreibt sie an Pauline Viardot, »seine Wut und seinen Haß nicht mit Haß und Wut vergelten können.« Wie beurteilte sie eigentlich ganz in ihrem Inneren – wenn sie nicht überhaupt die erste war, die auf ihre eigenen Verleumdungen hereinfiel – ihr Verhalten? Großes Geheimnis. Chopin dachte seinerseits, und vielleicht nicht ohne Grund, daß »George sich gut mit ihrem Schwiegersohn versteht«. Fräulein de Rozières, die all diese Ereignisse aus der Nähe miterlebt hatte, schrieb ohne Umschweife an die Schwester von Chopin, Louise Jedrzejewicz, »man muß Gott danken, daß er Frédéric aus einem solchen Sumpf herausgeholt hat«. Die geheuchelt mitleidigen Briefe von der Sand an Louise beeindruckten diese überhaupt nicht mehr.

Die Schottinnen

Und die Schottinnen? Sie waren gütig, aufmerksam, anstrengend, und sie kosteten Chopin seine letzten Kräfte – um so mehr, als Jane, eine unausgefüllte alte Jungfer, nicht auf ihr sinnloses Vorhaben verzichtete, Frédéric zu heiraten. Sie wollte ihn »durch Ermüdungstaktik« bekommen, nach der Methode der Fischer, die immer wieder die Angel auswerfen, bis der Fisch aus Überdruß schließlich anbeißt. Nebenbei bemerkt, entbehrt die Hypothese von Wierzynski, nach der Jane Stirling »die Maitresse von Chopin gewesen sein soll« jeglicher Grundlage. Daß sie diskret versucht hat, ihn zum Heiraten zu bewegen, ist eine andere Sache. Aber Chopin dachte nicht daran: »Eher würde ich den Tod heiraten«, schreibt er in einem Brief an einen Freund[4]. Und in einem anderen erläuterte er sein Gefühl oder vielmehr sein fehlendes Gefühl näher: »Sie sind gütig, aber so anstrengend! Sie schreiben mir jeden Tag, ich antworte ihnen nicht, aber wenn ich irgendwo auftauche, sind sie sofort da, wenn sie können. Vielleicht hat deswegen jemand gedacht, daß ich heiraten würde. Aber dafür muß man doch auch irgendeine körperliche Anziehung spüren: die eine, die unverheiratet ist, ähnelt mir zu sehr. Wie soll ich mich denn selbst küssen? Freundschaft ist Freundschaft, habe ich deutlich erklärt, doch berechtigt sie nicht zu etwas anderem. Und selbst wenn ich mich verlieben würde und man mich wiederliebte, wie ich es wünschte, würde ich nicht heiraten, weil wir nichts zu essen und nichts zum Wohnen hätten[5]. Eine Reiche sucht sich einen Reichen, und wenn sie einen Armen findet, dann sollte er nicht krank sein, sondern kraftstrotzend und jung. Arm darf man nur allein sein, doch zu zweit ist es das größte Unglück. Ich möchte gern im Spital sterben, aber ich möchte keine Frau im Elend zurücklassen. Tatsächlich fühle ich mich dem Sarg näher als dem Ehebett. Ich habe resigniert. Im übrigen ist es zwecklos, daß ich Dir das alles schreibe, Du kennst meine Meinung über dieses Thema. (*Hier sind leider ein paar Worte gestrichen, die vielleicht wichtig gewesen wären.*) Also«, fährt Chopin in seinem Brief an Grzymala fort, »denke ich nicht daran, zu heiraten: ich denke an zu Hause, an die Mutter, an die Schwestern. Und was habe ich mit meinem Herzen gemacht? (*Mehrere Worte gestrichen.*) Ich weiß nicht einmal mehr, wie man zu Hause singt…« Da sich ihm die Erinnerung an das entzog, was ihn bis dahin aufrecht hielt, komponierte er nicht mehr.

Nach Schottland

Da Jane merkte, daß ihre Hoffnungen umsonst waren und ihre Bemühungen vielleicht auch, und da sie wußte, daß die Season in London Ende Juli 1848 aufhörte, überredete sie Chopin, sie und ihre Schwester zu ihrer Familie nach Schottland zu begleiten. Das bedeutete, sich vom Dunst in den Nebel, vom Regen in die Traufe zu begeben. Aber was tat's? Die Würfel waren gefallen. Chopin wußte, daß er seinem Ende nahe war. Ob er nun in Schottland oder Paris starb, war gleichgültig, da die höchste Gnade, seine Tage in Warschau, in den Armen seiner »drei Frauen« zu beenden, ihm durch die Umstände verwehrt war. Also, noch weiter hinauf in den Norden! Ende Juli packte er seine Koffer und bestieg den Zug von London nach Edinburgh. Hier blieb er bis zum 29. August, bis zu dem Tag, an dem er sich für zwei Konzerte in Edinburgh verpflichtet hatte.

Herrenhäuser

Am 6. August 1848, nach acht Tagen im Hotel, befand er sich im Calder House, zusammen mit seinem Diener Daniel, als Gast von Lord Torpichen, einem alten Edelmann von achtundsiebzig Jahren, einem Musikliebhaber mit schöner Stimme, der unter

Chopins Begleitung schottische Lieder summte. Das Herrenhaus, von hundertjährigen Bäumen beschattet und von einem riesigen Rasen umgeben, war äußerst komfortabel... »Die Mauern sind acht Fuß dick, endlose Korridore mit alten Porträts der Vorfahren, einer schwärzer und schottischer als der andere – nichts fehlt mir... Jeden Morgen werden mir die Pariser Zeitungen gebracht. Ich habe es hier ruhig und friedlich; es geht mir gut, abgesondert von den anderen kann ich spielen und tun, was mir gefällt. Ich werde niemals gestört, die erste Regel in diesem Land ist es, die Gäste in nichts zu stören. Ein Klavier in meinem Zimmer, ein weiteres im Salon. Das Schloßleben in Großbritannien ist sehr angenehm. Die Bibliothek, die Pferde, die Kutschen wie eine zahlreiche Dienerschaft stehen allen zur Verfügung.«

Der Ort hatte Charme, aber Chopin blieb nicht. Die unbezähmbare Stirling wollte ihn wie ein seltsames Tier bei ihren Freunden und Bekannten »vorzeigen«. Sie zerrte ihn von Schloß zu Schloß, und sie glaubte in ihrer Naivität, die »Luftveränderung« tue ihm gut. »Ich muß ganz abgelegene Orte besuchen, wie Keir, wo es weder Post noch Eisenbahn noch Wagen gibt (deshalb kann ich nicht einmal spazieren fahren), kein Boot, nicht einmal ein Hund, dem man pfeifen kann... Ich bin allein, allein, allein... Wenn die Nacht kommt, trägt mich mein braver Daniel über die Treppe – die ich nicht hinaufkann – in mein Zimmer, entkleidet mich, bringt mich zu Bett, läßt mir eine Kerze, und jetzt darf ich bis zum Morgen keuchen und träumen...« Die Träume sind nicht gerade rosig. An Fontana, der auf Durchreise in London war, schrieb er: »Wenn es mir besser ginge, wäre ich morgen in London, um Dich zu umarmen. Wahrscheinlich sehen wir uns so bald nicht wieder. Wir sind wie alte Zimbeln[6], auf denen die Zeit und die Umstände ihre elenden kleinen Triller ausgespielt haben. Die Tastatur ist ausgezeichnet, nur die Saiten sind gerissen und ein paar Wirbel verschwunden. Aber das Unglück ist dieses: wir sind das Werk eines berühmten Geigenbauers, eines Stradivarius *sui generis*, der aber nicht mehr da ist, um uns zu reparieren. Stümperhafte Hände können uns unsere Fähigkeit zu singen nicht wiedergeben, und so ersticken wir das in uns, was niemand mehr aus uns herausbringen wird, denn unser

Geigenbauer ist tot...Ich atme nur noch mühsam: ich bin bereit zu krepieren. Du wirst sicher vollkommen kahlköpfig sein und Dich über mein Grab beugen wie die heimatlichen Weiden, die, erinnerst Du Dich, ihren kahlen Schädel zeigen. Ständig muß ich an Jas Matuszynski, an Anton Wodzinski, Witwicki und Sobanski denken! Und jene, mit denen ich in so inniger Harmonie verbunden war[7], sind tot für mich – sogar Ennike, unser bester Klavierstimmer, ist ertrunken. Also werde ich auf dieser Welt nie mehr ein nach meinem Geschmack gestimmtes Klavier bekommen...Ich vegetiere und erwarte geduldig den Winter...Was mir bleibt, ist eine lange Nase und ein ungeübter vierter Finger...«

Zu bewundern ist hier die Virtuosität, mit der Chopin die Parabel handhabe, und die Klarsichtigkeit, mit der er seine kurze Zukunft voraussah.

»Wie an meiner eigenen Familie...«

Im Augenblick mußte er wieder seine Koffer packen. Er wurde in Manchester, Glasgow und Edinburgh zu Konzerten erwartet. In Manchester war er bei Neukomm, dem besten Schüler Haydns eingeladen. Die Aussicht auf Reisen und Konzerte erschien ihm beunruhigend, aber »ich werde es tun, ich werde sie geben, denn ich weiß nicht, wie ich diesen Winter durchkommen soll: wenn ich nur sicher wäre, etwas zu essen zu haben! Ich habe immer noch meine Wohnung in Paris. Man will mich, trotz des Klimas, in London zurückhalten. Ich selbst möchte es anders, aber wie? ...Wenn dieses London nicht so schwarz wäre und die Menschen hier nicht so schwerfällig, gäbe es nicht diesen Nebel und den Kohlenstaub, dann würde ich Englisch lernen. Doch die Engländer sind so verschieden von den Franzosen, an denen ich hänge wie an meiner eigenen Familie!...«

Chopin spielte am 28. August in Manchester[8]. »Man hat mich sehr gut aufgenommen, und ich mußte mich dreimal ans Klavier setzen. Ein schöner Saal: tausendzweihundert Personen.« Drei berühmte Sänger – Alboni, Frau Corbari und Signor Salvi – wirkten bei dem Konzert mit. Der »schöne Saal« beunruhigte

Chopin, der zu Osborne, dem Begleiter der italienischen Stars, sagte: »Sie haben mich doch oft in Paris gehört, behalten Sie Ihre Eindrücke von damals im Gedächtnis. Mein Spiel wird in diesem Saal untergehen, und meine Kompositionen [9] kommen hier nicht zum Tragen...« Hierin bekam Chopin recht, denn der *Manchester Guardian* äußerte in dem Bericht über den Abend die gleiche Meinung: »Chopin scheint etwa dreißig Jahre alt. Seine Erscheinung ist vornehm, sein Ausdruck fast schmerzerfüllt, so daß er in gewisser Weise schwach wirkt. Dieser Eindruck verschwindet jedoch, wenn er vor seinem Instrument Platz nimmt, das ihn ganz und gar gefangen nimmt... Chopins Musik und sein Vortragsstil zeigen die gleichen Merkmale: mehr Verfeinerung als Kraft; subtile Durcharbeitung anstelle von Direktheit; schneller und eleganter Anschlag anstelle von fester und lebhafter Beherrschung der Tasten... Seine Kompositionen ebenso wie sein Spiel eigneten sich vollkommen als Kammermusik, aber ihnen fehlt es an Größe, an plastischer Kühnheit und an Stärke im Vortrag, die für ein Konzert in einem riesigen Saal erforderlich sind.« Auch das hatte Chopin wieder richtig gesehen und vorausgesagt [10].

Komponieren?

Warum komponieren Sie nicht mehr? fragten ihn seine Gäste und Freunde. »Tatsächlich«, schrieb er an Franchomme, »habe ich keine einzige musikalische Idee mehr im Kopf: ich fühle mich überhaupt nicht mehr in meinem Element. Ich komme mir vor wie ein Esel auf einem Maskenball oder wie eine Geigensaite auf einer Bratsche...Ich bin verwirrt, aus meiner Fasson gebracht...« Sein Element, seine Fasson, das war Nohant gewesen, wo es so ruhig, so friedvoll bequem war, die langen Vormittage, das Klavier direkt in seinem Zimmer, wo er zu Mittag aß, um seine Arbeit nicht unterbrechen zu müssen, der Salon gegen vier oder fünf Uhr nachmittags, ein Blick auf die Blumenbeete, die langen Gespräche mit Delacroix und Pauline Viardot, die Zusammenkünfte nach dem Essen unter den großen Bäumen in der

Abendkühle, ein paar eingestreute Musikstücke für die durchreisenden Gäste, die Scharaden, das Marionettentheater. Hier
fühlte er sich sicher, geschützt vor den Wechselfällen des Lebens.
Doch all das war so weit!

Glasgow, Edinburgh und Co.

Besuch bei Frau Houston, einer Schwester der schottischen
Feen. Ein schönes elegantes Schloß. Weiterreise zu Lady Mur-
ray. Zwei Konzerte, eines in Glasgow, das andere in Edinburgh.
Das erste beschränkte sich auf eine Matinee am 17. September in
der Merchant Hall in Anwesenheit von »ein paar Dutzend Ver-
tretern des Adels«, unter denen er voll Freude den Fürsten Alexander und die Fürstin Marcelline Czartoryski wiedersah [11]. Zusammen erinnerten sie sich an die Abende im Hotel Lambert.
Das Konzert brachte Chopin sechzig Pfund ein, er hatte mit dem
Doppelten gerechnet, nicht wissend, was es mit der berühmten
schottischen Sparsamkeit auf sich hat! Das Konzert in Edinburgh kündigte sich noch schlechter an. Glücklicherweise erfuhr
Jane Stirling, daß der Vorverkauf schwach war und kaufte selbst
hundert Karten, die sie an ihre Freundinnen verteilte. Chopin
selbst kümmerte sich um nichts, ja er schrieb sogar an Grzymala:
»Ich soll morgen abend hier spielen, aber ich habe den Saal noch
nicht gesehen und das Programm ist auch noch nicht zusammengestellt.« Er war nicht mehr mit dem Herzen dabei, was der
enttäuschte Satz an Marie de Rozières beweist: »Viele Leute hier
plagen mich, ich solle spielen, und aus Höflichkeit willige ich ein.
Aber ich spiele immer mit erneutem Bedauern und schwöre, daß
ich mich nicht mehr überreden lasse, denn ich schwanke zwischen Überreizung und Zerschlagenheit.«

In Hopetown Rooms gab er das vorletzte Konzert seines Lebens – dieses Mal allein auf dem Podium. Das Programm:

1. *Andante spianato* und *Impromptu*
2. *Etüden* (darunter die Nr. 1 und 2 aus op. 25)
3. *Nocturnes* (op. 9, Nr. 2 und 55, Nr. 1) und *Berceuse*

4. *Grande Valse brillante* op. 18
5. *Préludes*
6. *Ballade in f-Moll*
7. *Mazurken* und *Walzer*

An Gutmann schrieb er am 16. Oktober: »Die ganze vornehme Welt der Umgegend hatte sich versammelt. Man sagt, es sei gut gewesen. Es brachte ein bißchen Erfolg und ein bißchen Geld…« Tatsächlich war der Abend ein großer Triumph.

Von nun an reiste Chopin wie ein fahrendes Gespenst von Schloß zu Schloß, von Lady zu Lady. Um seine Zeche zahlen zu können, setzte er sich ans Klavier, es sei denn, die ahnungslose Herrin des Hauses setzte sich dort nieder und spielte »Entsetzliches«. Eine dieser Sonntagsmusikantinnen »begleitete sich zum Gesang stehend am Klavier – eine ziemlich seltsame Haltung – und trug eine französische Romanze vor, in der sie die französischen Wörter englisch aussprach: ›Schej ejmej‹ – Was bedeutet: ›J'ai aimé!‹ Die Fürstin von Parma vertraut mir an, daß eine ihrer Hofdamen mit Guitarrebegleitung bemerkenswert pfeifen könne. Es wird uns nichts erspart!«

In Edinburgh verbrachte Chopin ein paar Tage bei seinem Landsmann Doktor Lyszczynski, einem homöopathischen Arzt, polnischer Emigrant und Ehemann einer sehr guten englischen Musikerin. Hier ließ man ihn wenigstens in Ruhe, man stellte ihn nicht wie einen gelehrten Hund aus, man pflegte ihn und erlaubte ihm, nach Belieben Klavier zu spielen. Es war ein Ruhepunkt in dieser letzten Tournee, in der Tragisches und Burleskes so nahe beieinander lagen. Das Ganze erinnert an jene Art von Abschiedstourneen, die von gewissen Schaustellern aus Gewinnsucht veranstaltet werden und bei denen eine alte Schauspielerin ihre letzten Kräfte hergibt, so daß man sich jeden Abend fragt, ob sie nicht auf der Bühne sterben wird. Ein dreiviertel Jahrhundert nach Chopin werden Sarah Bernhardt, Réjane und die Duse diese abschüssige Bahn betreten: sich bis zum Ende auf der Bühne gerade halten und den Müßiggängern zwar kein Schauspiel großer Kunst bieten, sondern lediglich die Möglichkeit, daß sie in ihren alten Tagen sagen können: Ich, der jetzt mit Ihnen spricht, hat in seiner Jugend noch die Sarah gesehen ... Ach! es war nicht gerade überragend, aber immerhin, eine Erinnerung! Die schreckliche Traurigkeit einer verfrühten Altersschwäche überkam Chopin. Aber seine Höflichkeit besiegte die Erschöpfung. Die Tournee durch die Schlösser ging weiter. In Wishaw war er bei Lady Belhaven, beim Herzog von Hamilton. Das Geschwätz in den Salons war so leer wie die Magdeburger Halbkugeln: »Es gibt hier nur Cousinen und Vettern von adligen Familien, die große Namen führen, von denen niemand auf dem Kontinent je etwas gehört hat. Die Unterhaltung dreht sich nur um genealogische Themen. Es ist ähnlich wie im Evangelium: jener zeugt diesen, und dieser zeugt einen weiteren und das über zwei ganze Seiten bis zu Jesus Christus!«

Ein bißchen Glück lachte ihm während dieser traurigen Reise, wenn er sich bei Landsleuten aufhielt – bei Lyszczynski oder den Czartoryskis –, die seine Sprache sprachen und ähnlich waren wie er. Bei ihnen erkundigte er sich nach ein paar Scherzen besorgt nach der Choleraepidemie, die in Frankreich wütete und schon eine Menge Leute in London erfaßt hatte. War sie vielleicht schon in Warschau? Dann spottete er über sich selbst: »Bald habe ich das Polnische vergessen, ich werde das Französische englisch aussprechen und das Englische schottisch. Schließlich werde ich so sein wie der alte Jaworski, der fünf Sprachen zugleich sprach ...« Die schönsten Landschaften der Welt reizten den armen Kranken nicht: »Ich sehe Berge und Seen und einen herrlichen Park: kurz, eine der berühmtesten Ansichten von Schottland. Ich sehe dennoch nur etwas davon, wenn es dem Nebel gefällt, ein paar Minuten einer nicht sehr kampfesmutigen Sonne zu weichen. Und ich schleppe mich jede Woche auf einen anderen Ast. Was soll ich sagen über die tödliche Langeweile der Abende, an denen ich um Atem ringe und mich um Haltung bemühe, ein bißchen Interesse heuchle für die Albernheiten, die von Stuhl zu Stuhl ausgetauscht werden? Überall ausgezeichnete Klaviere, schöne Bilder, erlesene Bibliotheken, Stühle, Hunde, endlose Diners, Ruinen, Abgründe, Nebel und Spleen, den es massenhaft bei den Herzögen, Grafen und Baronen gibt. Ist es möglich, sich so zu langweilen, wie ich mich langweile?«

Am 31. Oktober 1848 fuhr er von Schottland nach London zurück, wo er auf Bitten von Lord Stuart bei einem Wohltätigkeitsfest zugunsten der Polen am 16. November mitwirken wollte. Er litt an Schnupfen, Kopfschmerzen und Atemnot und wurde notdürftig von einem Homöopathen, Doktor Mallan, auf die Beine gestellt. Ein glanzloser Abend, der von dem nach dem Konzert stattfindenden Ball in den Schatten gestellt wurde. Chopin war keine Ehre damit getan, wenn er vor Gassenhauern spielen mußte. Dies war die Meinung eines Ohrenzeugen, Doktor Hueffer, der schrieb: »Seine Anwesenheit und Mitwirkung bei solchem Anlaß waren beide völlig fehl am Platz…« Das mag wahr sein: jedoch hätte Chopin niemals seine Mitwirkung versagt, wenn das Interesse Polens, so gering es sein mochte, auf dem Spiel stand. Obwohl ihn nichts mehr in England zurückhielt, war er unentschlossen: sollte er bleiben oder nicht? Er wollte in der Nähe des Saint James Place 4 »eine Wohnung mieten, wo die Zimmer größer sind und ich besser werde atmen können«. Ganz nebenbei bat er Grzymala, ihm eine Wohnung in Paris zu suchen: an den Boulevards, angefangen bei der Rue de la Paix oder Rue Royale, irgendwo im ersten Stock, nach Süden, nahe der Madeleine oder in der Rue des Mathurins, auf keinen Fall in der Rue Godot-de-Mauroy oder in einer traurigen engen Gegend. Unmöglich konnte er seine alte Wohnung behalten, die im Winter zu feucht war – diese Erfahrung hatte er schon gemacht. Grzymala solle sie jedoch nicht kündigen, ohne ihm vorher Bescheid zu geben. Diesen Brief schmückte Chopin inmitten seiner Wohnungssorgen mit einem plötzlichen Ausfall an die Adresse der Undankbaren: »Ich habe nie jemanden verflucht, aber es ist mir jetzt so unerträglich, daß es mir scheint, als würde ich mir Erleichterung schaffen, wenn ich Lucrezia verfluchen könnte…« Denn zwischen ihm und der Sand hatte sich anstelle einer echten Liebe eine Art von Symbiose eingestellt. Fern von ihr fühlte er sich verloren.

Am 23. November 1848 verließ Chopin London und verbrachte eine Nacht in Boulogne. Begleitet von seinem Diener Daniel und Leonhard Niedzwiedzki, der Bibliothekar in der polnischen Bibliothek in Paris wurde, traf er am Square d'Orléans ein, wo man auf seine Bitte seit einer Woche Tag und Nacht Feuer gemacht hatte, damit die Bettücher auch trocken waren. Er war ganz aufgedunsen: das Ödem der unteren Gliedmaßen und ein Herzschaden machten sich bemerkbar. Pleyel hatte ein Klavier geschickt. Grzymala hatte einen Strauß Veilchen gekauft, damit es im Salon duftete. Zumindest fand Chopin »ein bißchen Poesie zu Hause, und wenn ich den Salon auch nur durchquere, um mich in mein Schlafzimmer zu begeben, wo ich sicherlich lange liegen werde…«

So endete die britische Reise traurig. In sieben Monaten hatte er einundsechzigmal den Wohnsitz gewechselt, war gleichgültigen Menschen begegnet, hatte Konzerte ohne Erfolg gegeben, seine Zeit vergeudet, gespürt, wie sich sein Gesundheitszustand verschlimmerte, und als Lohn für all die Mühsal brachte er nicht einen Pfennig nach Paris mit. Sein Ende war gewiß nahe, er wußte nur nicht, wie lange er noch Zeit hatte.

»Sie fragen mich nach Chopins Befinden«, schrieb am 15. Februar 1849 Pauline Viardot an George Sand. »Seine Gesundheit verschlechtert sich langsam, es gibt bessere Tage, an denen er im Wagen ausfahren kann, und andere, an denen er Blut spuckt und unter erstickenden Hustenanfällen leidet. Am Abend geht er nicht mehr aus. Dennoch kann er noch ein paar Stunden geben, und an seinen guten Tagen kommt es sogar vor, daß er fröhlich ist. So sieht es jetzt aus. Im übrigen ist es lange her, daß ich ihn gesehen habe. Er wollte mich dreimal besuchen kommen, hat mich jedoch nicht angetroffen. Er spricht von Ihnen immer mit größtem Respekt, und ich kann bestätigen, daß es nie anders ist...« Zur gleichen Zeit sagte die Sand offen, Chopin ergehe sich in »schrecklichen Anschuldigungen« über sie. Die »gute Dame« begnügte sich nicht damit, sich selbst einen Glorienschein nach dem anderen zu verleihen, sei war von einem wahren Verfolgungswahn befallen. Außerdem verhielt sie sich ganz logisch, da sie ein für allemal beschlossen hatte, in der Affäre Chopin recht gehabt zu haben. Sie mußte weiß wie Schnee daraus hervorgehen, und dafür mußte sie Chopin anschwärzen.

Hochs und Tiefs

Pauline Viardot hatte über den Gesundheitszustand von Chopin die Wahrheit gesagt. Hochs und Tiefs folgten aufeinander. Schon vor seiner Rückkehr nach Paris hatte Chopin sein Testament gemacht, hatte »ein paar Empfehlungen aufgeschrieben, was man mit meinem alten Gerippe anfangen soll, wenn ich meinen letzten Seufzer getan habe.« Auf das gleiche Blatt Papier zeichnete er einen Sarg, ein Kreuz, einen Friedhof und Noten.

Unfähige Ärzte

Der Arzt, zu dem er absolutes Vertrauen hatte, Doktor Molin – »er allein konnte mich behandeln« –, starb, während Chopin noch in London war. Nacheinander oder gleichzeitig vertraute er seine Gesundheit den Ärzten Louis, Schwindsuchtspezialist, Roth, Simon, Homöopath, Fraenkel und Cruveilhier an. Diese Doktoren besuchten ihn zweimal täglich, forderten erhöhte Honorare und beschränkten sich darauf, unnütze Arzneien zu verschreiben. Im Jahre 1849 konnte man die Tuberkulose noch nicht heilen, man kannte ihren wahren Charakter, angefangen bei der bakteriellen Ursache, noch nicht. Chopin ahnte, daß seine Ärzte unfähig waren, ihn richtig zu behandeln: »Sie sind sich alle einig über das Klima, die Ruhe, die Schonung. Die Ruhe werde ich eines Tages ohne sie haben… Sie tasten nur herum und bringen mir keine Erleichterung…«

Delacroix

Das *Tagebuch* von Delacroix vermittelt uns einige wertvolle Einzelheiten über den seelischen und körperlichen Zustand Chopins, den er oft besuchte:

29. Januar 1849. Am Abend Chopin besucht; ich bin bis zehn Uhr bei ihm geblieben. Teurer Mann! Wir haben über Frau Sand gesprochen, über dies merkwürdige Schicksal, über diese Mischung aus Tugenden und Lastern. Es handelt sich um ihre Memoiren. Er meinte, sie würde sie nicht schreiben können. Sie hat all das vergessen: sie ist mitunter plötzlich gereizt und vergißt schnell. Sie hat ihren alten Freund Pierret beweint und dann nicht mehr an ihn gedacht. Ich sagte zu ihm, ich sähe ein unglückliches Alter für sie voraus. Er glaubt es nicht…[1] Ihr Gewis-

sen wirft ihr nichts von dem vor, was ihre Freunde ihr vorwerfen. Sie ist gesund, und das kann noch lange vorhalten. Nur ein einziges würde sie tief treffen: der Verlust von Maurice, oder wenn es ein übles Ende mit ihm nähme.

Chopin wird durch sein Leiden daran gehindert, sich für irgend etwas zu interessieren, geschweige denn für die Arbeit. Ich habe ihm gesagt, daß das Alter und die täglichen Aufregungen mich auch allmählich abstumpfen würden. Er sagte zu mir, er schätze, ich hätte die Kraft zu widerstehen: »Sie erfreuen sich Ihres Talents«, sagte er zu mir, »mit einer Art von Sicherheit, die ein sehr seltenes Privileg ist und das fieberhafte Streben nach Ruhm lohnt.«

5. März. Prudent[2] kennengelernt; er macht Chopin sehr stark nach. Ich war stolz für meinen armen sterbenden großen Mann.

8. März. Am Abend Chopin. Habe bei ihm ein Original getroffen, das von Quimper gekommen ist, um ihn zu bewundern und zu heilen: denn er ist oder war Arzt und verachtet die Homöopathen jeglicher Art. Er ist ein leidenschaftlicher Musikfreund, aber seine Bewunderung beschränkt sich fast allein auf Beethoven und Chopin. Mozart erscheint ihm nicht so groß wie diese Namen. Cimarosa ist zopfig usw. Man muß schon aus Quimper kommen, um auf solche Gedanken zu verfallen und sie mit einer solchen Überzeugung auszusprechen.

30. März. Am Abend bei Chopin die bezaubernde Potocka. Ich hatte sie zweimal gehört; kaum ist mir etwas Vollkommeneres begegnet. Frau Kalergis gesehen: sie hat gespielt, jedoch nicht sehr sympathisch; dafür ist sie wirklich sehr schön, wenn sie beim Spielen nach der Art der Magdalenen von Guido Renis oder Rubens aufsieht.

7. April. Bei Chopin. Alkan war da. Gegen halb vier Chopin mit dem Wagen auf seiner Spazierfahrt begleitet. Obwohl müde, war ich froh, daß ich ihm irgendwie nützlich sein konnte.

11. April. Heute abend Frau Potocka bei Chopin wiedergesehen. Die gleiche wunderbare Wirkung ihrer Stimme.

14. April. Am Abend bei Chopin. Ich traf ihn entkräftet, er atmete kaum. Meine Anwesenheit belebte ihn nach einer Weile wieder. Er sagte mir, die Langeweile sei für ihn die grausamste

Qual. Ich fragte ihn, ob er vorher nicht jene unerträgliche Leere gekannt habe, die ich manchmal verspüre. Er sagte mir, er habe sich immer mit etwas zu beschäftigen gewußt; wenn sie auch noch so unwichtig sei, helfe eine Beschäftigung über den Augenblick hinweg und vertreibe die Grillen. Etwas anderes sei es mit dem Kummer.

22. April. Nach dem Abendessen bei Chopin gewesen, er ist ein ausgezeichneter Mensch, an Herz und, ich brauche es nicht zu sagen, an Geist. Er hat mit mir von Leuten gesprochen, die wir gemeinsam kannten. Er hat sich zur Erstaufführung des *Propheten* geschleppt. Sein Abscheu für diese Rhapsodie.

17. Mai. Bei Chopin. Es ging ihm tatsächlich ein bißchen besser. Frau Kalergis ist gekommen.[3]

Posthume Werke

Im Mai faßte Chopin in einer Phase deutlicher Besserung den Entschluß, einen Teil seiner Manuskripte zu verbrennen. Was gehörte dazu? Wir wissen es nicht. Er hinterließ eine Notiz mit dem Verbot, die bisher unveröffentlichten Werke, die er nicht verbrannt hatte, herauszugeben. Dieses Verbot formulierte er ein zweites Mal, kurz bevor er starb. Fontana folgte diesem zweimal ausgedrückten Wunsch nicht, er veröffentlichte die zu einem Schattendasein verurteilten Manuskripte, gab ihnen Phantasietitel und brachte die Opus-Zahlen so durcheinander, daß es heute schwierig ist, sich in dem Katalog der Chopinschen Werke zurechtzufinden[4]. Im Laufe der beiden letzten Jahre seines Lebens komponierte der Kranke, obwohl er behauptete, »keine einzige Note mehr schreiben zu können«, noch ein *polnisches Lied,* einen *Walzer in H-Dur* (ohne Opuszahl) und die beiden *Mazurken* op. 67, Nr. 2 *in g-Moll* und op. 68, Nr. 4 *in f-Moll.* Mit einem »ländlichen Tanz«, der in seiner straffen Kürze die Seele seiner Nation heraufbeschwört, nahm er Abschied. »Ihm ist es zu verdanken«, schreibt Cyprien Norwid, »daß die weithin vergossenen Tränen des polnischen Volkes in kristalliner Form zum Diadem der Menschheit vereint wurden.«[5]

Im Sommer zog Chopin, um bessere Luft atmen zu können, in die Rue de Chaillot 74 [6] (heute zwischen Rue Quentin-Bauchart 10 und 16), das bedeutete zu jener Zeit vor die Tore von Paris, wo damals auch noch die Viertel Passy, Auteuil und Boulogne lagen. Die Miete betrug vierhundert Francs, wovon eine russische Dame, Frau Obreskoff, eine Freundin von Chopin, zweihundert Francs bezahlte. Chopin wohnte im zweiten Stock eines kleinen Häuschens auf einem Hügel. Durch die fünf Fenster seines Salons sah er wie von einem Observatorium auf die Deputiertenkammer, Saint-Germain-l'Auxerrois, die Tuilerien, Saint-Etienne-du-Mont, die Türme von Notre-Dame, das Panthéon, Saint-Sulpice, Val-de-Grâce, den Invalidendom und »zwischen diesen Gebäuden nichts als Gärten«. Man kann sich den Blick des Kranken vorstellen, wie er über das Paris irrte, in das er so gern gekommen war und das ihm fern von seiner Heimatstadt ein paar Freunde, jedoch noch mehr Verdruß und gescheiterte Hoffnungen gebracht hatte. »Er hat in dieser Stadt alles kennengelernt«, schreibt Jaroslaw Iwaszkiewicz, »den Ruhm, die Liebe, den Erfolg, unzählige Illusionen und noch mehr Enttäuschungen – und jetzt verwandelt sich alles in Staub. Es blieb ihm nichts, und in Augenblicken der Verzweiflung lag ihm die lastende Frage auf dem Herzen: ›Und was ist aus meiner Kunst geworden?‹

Die Stadt triumphierte: sie lebte, wie würde überdauern, größer, schöner werden – er war unbarmherzig zum Sterben verurteilt. Aber dennoch mußte er verstehen, daß die Schönheit dieser Stadt, daß gerade ihr Glanz aus Tausenden von Leben wie seinem entstanden waren, aus ihrer Arbeit und ihrem Genie, aus ihren Plänen und ihren Ideen, die seit Jahrhunderten hier gereift waren; er mußte verstehen, daß in dieser Stadt der *Mensch* triumphierte.

Aber vielleicht fand er an diesem Panorama, das er durch fünf Fenster betrachtete und das uns heute noch bewegt, in dem grauen Dunst von Paris, aus dem die Denkmäler menschlicher

Existenzen und Gedanken herausragten, schließlich und endlich doch Trost? Das, was er hier erlebt, empfunden hatte, wurde nicht zu Staub; nein, es hatte sich fest in die Farbe, den Ton, die Form, die Landschaft, den Rhythmus dieser wundervollen Stadt eingeprägt. Und vielleicht fand er hier die Antwort auf die Frage, die er sich über seine Kunst stellte: Wie ein mächtiger Strom hatte er sich in den Ozean des Menschenlebens ergossen – hier in dieser wundervollen Stadt, dort in seinem fernen Heimatland, das seinem Herzen dennoch so nahe war, und schließlich überall, in der ganzen Welt...

Und in diesen Augenblicken erhob sich Chopin über den Staub seiner täglichen Sorgen, über den Staub seiner Liebschaften, über den Staub seiner Plackereien, er wurde zum unsterblichen Künstler. Seltsam verklärt.«

Lebensüberdruß

Chaillot liegt beinahe auf dem Land. In dieser Klause empfing er die Besuche von Norwid, dessen Zeugnis nicht ohne Interesse ist.

»In seinem Salon nimmt Chopin um fünf Uhr sein Essen ein. Dann geht er, so gut er kann, hinunter und fährt mit dem Wagen in den Bois de Boulogne. Dann wird er die Treppe hochgetragen, denn er kann nicht mehr allein hinaufsteigen. Ich aß mit ihm, ich begleitete ihn oft auf seinen Ausfahrten. Eines Tages, als wir Bogdan Zaleski besuchen wollten, der in Passy wohnte, blieben wir an der Straße stehen, aber da niemand da war, der Chopin hinaufbefördern konnte, blieben wir im Garten vor dem Haus, wo der kleine Sohn des Dichters im Gras spielte.«

Wurde Chopin behandelt? Ja – auf die Art jener Zeit, das heißt, man dokterte an ihm herum. In einem Brief an Grzymala schrieb der Patient über die immer wieder wechselnden Methoden des Doktor Fraenkel: »Man kann seiner Meinung nach unmöglich sagen, ob ich in ein Bad oder nach dem Süden fahren soll. Er hat mir einen Tag den Tee verboten, den er mir am Tag vorher verordnet hatte, er hat mir ein anderes Medikament verschrieben, das ich nicht mehr brauche – und wenn ich ihn frage, wie ich leben soll, dann sagt er mir, ich sei nicht gezwungen, ein geregeltes Leben zu führen. Kurz, er ist verrückt.«

Chopin verlor, von der unfähigen Wissenschaft im Stich gelassen, die Hoffnung und verfiel in Verzweiflung. Eines Tages sagte er traurig: »Jetzt habe ich gesagt, was ich zu sagen hatte…« Einen anderen Tag machte er Zukunftspläne, kaufte trotz seiner fast vollkommen zusammengeschmolzenen Geldmittel zwei teure Möbelstücke, stellte sich weite Reisen zusammen und verfiel am nächsten Tag wieder in jenen »Lebensüberdruß«, von dem er mit Delacroix sprach und der im Grunde sein Unvermögen ausdrückte, eine Arbeit zu Ende zu führen. Die Musik war sein Leben, und eines wie das andere entzog sich ihm…

Ein Besuch

Eines Tages bekam er Besuch von seinem früheren Mitschüler Abt Alexander Jelowicki. Sie hatten sich lange nicht gesehen. Ohne es sich im Augenblick anmerken zu lassen, war der Priester über das Aussehen seines Freundes schmerzlich überrascht: »Sein Gesicht war kalt wie Marmor, bleich und durchsichtig. In seinen Augen, die wie von einem leichten Schleier überzogen waren, blitzte manchmal ein klarer Blick auf. Er war von einer Sanftheit, einer hervorstechenden Liebenswürdigkeit, er sprühte vor Geist, von außerordentlicher Güte und schien schon kaum noch dieser Erde anzugehören. Aber leider dachte er nicht an den Himmel…«

Wie bereits erwähnt, hatte Chopin in Paris die Gebote vergessen, die seine fromme Mutter ihm eingeprägt hatte. Niemals die mindeste Anspielung auf den »schönen Glauben seiner Kindheit«. Nicht ein Wort, nicht eine Zeile im Zusammenhang mit der Religion – Liszt ist Bürge dafür. Sichtlich hatte er mit jeder Religionsausübung gebrochen. »Nur seiner erlesenen Feinfühligkeit«, bemerkte Abt Jelowicki, »war es zu verdanken, daß er die heiligen Dinge nicht ins Lächerliche zog.« Chopin verstand genau, daß der Besuch des Kirchenmannes kein Zufall war: sicherlich hatte Frau Justyna, die eifrige Christin, ihn geschickt, um nach Frédéric zu sehen. So sagte er dem Abt: »Ich möchte nicht sterben, ohne die Sakramente empfangen zu haben, denn ich will meiner Mutter keinen Kummer bereiten. Aber ich kann sie eigentlich nicht entgegennehmen, denn ich verstehe die Dinge nicht so wie du.« Hatte die Lektüre von Voltaire – einer der wenigen Autoren, die ihn begeisterten, Chopin las fast nichts – diesen Skeptizismus bei ihm hervorgerufen? Sicher ist jedenfalls, daß Abt Jelowicki sich ein paar Wochen später an den Satz Chopins erinnerte und ihm am 13. Oktober 1849 die Letzte Ölung gab.

Wie er war...

Aus dieser Zeit stammt das einzige Photo – es handelt sich in Wirklichkeit um eine Daguerrotypie –, das im Jahre 1849 in Paris aufgenommen wurde und Chopin darstellt.

Dieses merkwürdige Dokument ist heute im Chopin-Institut in Warschau ausgestellt und zeigt uns im Gegensatz zu allen anderen Chopin-Portraits einen offensichtlich untersetzten Körper (obwohl natürlich durch das sichtliche Übereinanderziehen mehrerer Kleidungsstücke dieser Eindruck entstehen kann), ein rundes Gesicht, vielleicht etwas aufgedunsen – aber vor allem wirkt er verschlossen, hat einen argwöhnischen Gesichtsausdruck, den der bittere Mund und die beiden eingezogenen Fältchen am Nasenansatz, die ziemlich tief sein müssen, noch verstärken. Die Augen verbittert, fast böse. Das ganze Bild scheint zu sagen: »Wozu denn? Laßt mich doch in Ruhe! Mein Geheimnis steht euch nicht zu. Versucht nicht, in meine intimsten Gedanken zu dringen: wenn ihr wüßtet, wie sehr sie mich selbst enttäuschen...« Es kann tatsächlich auch sein, daß Chopin, überrascht durch den Apparat, der seine Gesichtszüge festhalten soll, seine gewohnte Urbanität vergessen und fast unwillkürlich diese düstere Haltung eingenommen hat. Ganz gleich: dieses Dokument ist eine Offenbarung im photographischen wie im physiognomischen Sinn des Wortes[7].

Wie während seines ganzen Pariser Aufenthalts, blieben die Freunde Chopin bis zu seinem Ende treu. Er bekam zahlreiche Besuche. Eines Abends sang Jenny Lind für ihn in Anwesenheit von Delphine Potocka, Frau de Beauvau und Frau de Rothschild. Cichowski, Gutmann, Pleyel, Franchomme, die Fürstin Sapieha und die Czartoryskis gehörten zu den eifrigsten Besuchern. Eine junge Krankenpflegerin, Virginie, verbrachte die übrige Zeit bei ihm. Die Wochen verstrichen, es ging ihm einmal besser, einmal schlechter. Dennoch schrieb Chopin am 25. Juni an seine Schwester Louise und ihren Mann Kalasanty: »Wenn Ihr könnt, so kommt! Ich fühle mich schwach, und kein Arzt wird mir so gut tun wie Ihr. Wenn Ihr kein Geld habt, dann leiht Euch welches. Wenn es mir besser geht, dann werde ich es leicht verdienen und dem zurückzahlen, der es Euch geliehen haben wird. Meine Wohnung in Chaillot ist groß genug, um Euch, sogar mit zwei Kindern, unterzubringen. Wenn es Kalasanty lieber ist, kann er in meiner Wohnung am Square d'Orléans wohnen. Besorgt Euch also einen Paß. Ich weiß selbst nicht, warum mein Verlangen nach Louise so groß ist, es ist wie das Verlangen einer schwangeren Frau… Bringt also, Mama Louise und Töchterchen, Fingerhut und Nadeln mit, ich werde Euch Taschentücher zum Umsäumen und Strümpfe zum Stricken geben und ihr werdet ein paar Monate in frischer Luft in Gesellschaft Eures alten[8] Bruders und Onkels verbingen. Schreibt mir sofort ein paar Zeilen. Euer getreuer, doch ziemlich schwacher Bruder. Ch.«

Um Polen verlassen zu können, brauchte man jedoch einen Geleitbrief. Sie wollten auf die Anwesenheit des Zaren in Warschau warten, um ihm den Antrag vorzulegen. Eine Verwandte von Delphine Potocka[9] setzte sich ihrerseits ein. Chopin wartete voller Angst auf die Entscheidung. Die Blutstürze wurden häufiger. Er ging zu Doktor Cruveilhier, der ihm eine Behandlung auf der Basis von Isländisch Moos verschrieb. Und was noch bedeutsamer war, er gab dem Patienten zu verstehen, daß er schwindsüchtig sei. Tatsächlich hatte Chopin das nicht gewußt, so sehr

war man um ihn herum besorgt, seine Krankheit unter ungenau-
en, harmlosen Bezeichnungen zu verbergen: Neuralgien, Kehl-
kopfreizung, Schwellungen, nervöse Störungen. Die Ärzte Gaubert und Papet hatten George Sand geschworen, ihr Liebhaber
sei nicht tuberkulös. Doch ob latent oder akut, man kann sagen,
daß Chopin von Geburt an schwindsüchtig war.

Zu jener Zeit – am 16. Juli 1849 – schrieb Delphine Potocka,
die sich zur Kur in Aachen aufhielt, an Chopin den Brief, den wir
weiter vorn zitiert haben [10]. Dieser *einzige* Brief steckt so voll
Würde, Traurigkeit und Enttäuschung, und enthält in keiner
Weise auch nur die harmloseste Vertraulichkeit, daß es einfach
unmöglich ist, ihn einer ehemals verliebten Frau zuzuschreiben,
die sich an ihren Geliebten wendet. Man spürt, daß sie mit Chopin übereinstimmt und aus ganz anderen Gründen »von allem
Abstand genommen« hat. Nein, selbst wenn die Liebe nicht
mehr da ist, paßt dieser Ton nicht zu einer früheren Geliebten.
Dies ist der freundschaftlich gedrechselte Stil einer großen
Dame, die an einen Musiker schreibt, dem sie sich durch künstlerische Bewunderung verbunden fühlt.

Ein Brief

In der gleichen Zeit schrieb eine gewisse Frau Grille de Beuzelin – eine Freundin von Marie de Rozières, an die George Sand
zwei ihrer Werke geschickt hatte – an die Dame von Nohant. Sie
wußte, daß zwischen dieser »und einer anderen Berühmtheit
eine lange Freundschaft bestanden hat. Er ist sehr schwer krank,
und ich glaube mich nicht zu täuschen, wenn ich sage, daß ihm
grausam bewußt ist, wie sehr Sie ihm fehlen. Seine Lage gibt Anlaß zu der Befürchtung, gnädige Frau, daß wenn er sich am Ende
seines langen Leidens befindet und wenn Sie ihm, da Sie es nicht
wissen, nicht den Trost eines Zeichens Ihres Gedenkens spenden, Sie großen Schmerz erleiden und er vielleicht in der Verzweiflung enden wird…«

Das ist eine deutliche Einladung, daß sie das Schweigen brechen und Chopin ein Lebenszeichen geben solle, bevor es zu spät

sei. Würde die Sand darauf reagieren und sich nach dieser Aufforderung an das Bett Chopins begeben, ihm wenigstens ein paar freundschaftliche Zeilen schreiben? In keiner Weise. Die »gute Dame« hatte sich ihr persönliches Märchen über den Bruch zusammengedichtet und es so vielen Leuten erzählt, daß eine Sinnesänderung gleichbedeutend mit einem Eingeständnis ihres Unrechts gewesen wäre: »Ich bin gezwungen[11], gnädige Frau, zu leben, wo ich bin, und wenn auch unsere Beziehungen nicht willentlich von dem einen oder anderen beendet worden sind, haben uns die Umstände doch unvermeidlich getrennt. Ich mußte zwischen meinem Sohn und meinem Freund[12] wählen. Ich glaube, auch Sie hätten getan, was ich getan habe. Früher oder später hätte ich mich des Geldes wegen nicht mehr in Paris aufhalten können und mein Freund wegen seiner Kräfte nicht mehr auf dem Lande. Nur zitternd ließ ich ihn so weit entfernt von der Hilfe großer Ärzte[13] und in einem Haus, das ihm an sich nicht gefiel: er verhehlte das nicht, denn er verließ uns in den ersten Herbsttagen…[14]

Die anderen haben uns entzweit: zwischen ihm und mir gab es nicht ein einziges Mal eine Abkühlung der Freundschaft. Nachdem das alles geschehen war, ist immer noch Zeit, werden Sie mir sagen, sich gegenseitig mit süßen Worten und ewigen Bezeigungen gegenseitiger Wertschätzung zu trösten. Nichts wäre mir lieber. Ich habe ihn seither einmal getroffen, ich habe ihm die Hand gereicht… Er ist vor mir fast geflohen, ich schickte ihm jemanden nach[15], er kam mit äußerstem Widerwillen zurück und sprach zwar weder von mir noch von sich, zeigte mir jedoch durch seine Haltung und seine Blicke Wut, fast Haß. Seitdem hat er sich in bitteren Bemerkungen und schrecklichen Anklagen gegen mich ergangen[16]. Ich habe das so aufgefaßt, wie ich es auffassen mußte: als Wahnsinn, und ich schwöre Ihnen, daß ich ihm aus ganzem Herzen verzeihe. Aber was hätte ich bei einer solchen Abneigung und solchen Rachegefühlen tun sollen? Nichts.

Hätte er mich während meiner kurzen Aufenthalte in Paris gerufen, wäre ich hingegangen, hätte er mir ein paar liebevolle Zeilen geschrieben oder schreiben lassen, dann hätte ich geantwortet, aber jetzt sollte er wirklich von mir ein Wort der Freundschaft, des Verzeihens (!) oder auch nur des Interesses wünschen? Ich bin bereit. Ich fürchte jedoch, daß ich bei ihm, wenn ich ihm schreibe, eine eher abträgliche als heilsame Wirkung hervorrufe. Und außerdem weiß ich nicht, unter welchem Vorwand ich ihm schreiben soll, denn wenn ich ihm zeige, welche Sorgen ich mir mache, würde das die Sorge über seine eigene Situation in ihm wecken. Ein Besuch bei ihm ist mir im Augenblick vollkommen unmöglich, und er würde, glaube ich, nur das Übel verschlimmern. Ich habe noch die Hoffnung, daß er weiterlebt, ich war so oft dabei, wie er kurz vor dem Sterben war, daß ich bei ihm die Hoffnung nie aufgebe. Also, wenn der Belagerungszustand (?) aufgehoben ist, wenn ich ein paar Tage in Paris sein kann, ohne verfolgt oder verhaftet zu werden, und wenn er mich sehen will, dann werde ich mich sicherlich nicht weigern…

Doch in meinem tiefsten Inneren möchte ich es nicht. Seine Liebe ist schon lange tot, und wenn er sich mit der Erinnerung an mich quält, dann geschieht das nur, weil er im Grunde seines Herzens einen Vorwurf spürt. Sollte es möglich sein, ihm mitzuteilen, daß ich keinerlei Groll empfinde, vermitteln Sie ihm diese Gewißheit, ohne dabei zu riskieren, daß er durch ein neues Gefühl leiden müßte…«

Dieser Brief ist ein Muster an verlogener Arglist und lügnerischem Zynismus. Die Sand erklärt sich bereit, die Initiative zur Trennung – die sie ergriffen hat – zu vergessen, und das, was sie getan hat, ihm zu verzeihen, das ist wirklich großartig und paßt im übrigen vollkommen zu der ganz persönlichen Logik dieser unfehlbaren Frau, die niemals für sich selbst das geringste Unrecht zugibt. Sie sieht sich als ein erhabenes Opfer. Die Geschichte hat unparteiisch und ruhig ganz anders geurteilt. In Wirklichkeit wollte sie Chopin nicht wiedersehen, und doch behauptete sie beim Tod des Musikers, daß »schlechte Herzen sie getrennt« hätten. Das Bild von Solange, die nichts dazu getan hatte, stand immer zwischen ihnen. Ihre schlechte Ehe, die die Sand jedoch gewollt, gewünscht und begünstigt hatte, spielte im Geiste dieser Frau die Rolle der Gewissensbisse und der Lüge, und sie nahm Chopin übel, daß er alles vorher so klar durchschaut hatte.

Darauf geschah etwas Seltsames. Die Choleraepidemie forderte viele Opfer in Paris, darunter Angelica Catalani – eine berühmte Sängerin: sie hatte Frédéric als Kind eine goldene Uhr geschenkt –, den Pianisten Kalkbrenner und weitere Freunde von Chopin. Da die erste Krankenpflegerin in die Bretagne gegangen war, schickten die Czartoryskis Chopin ihre alte Dienerin, Matuszewska, die in der Nacht bei ihm wachte. Die brave Frau empfahl ihm vollkommen sinnlose Dinge, so wie Honig- und Mehlpflaster… Inzwischen lud Solange Clésinger Chopin zu den Eltern ihres Mannes ein. Ein Anfall von Bluthusten brachte den Plan zum Scheitern. Im übrigen war Chopin finanziell am Ende. Wohlmeinende Freunde benachrichtigten Jane Stirling, die aus dem Staunen nicht herauskam. Hatte sie nicht ein paar Monate zuvor Frau Etienne – der Hausmeisterin vom Square d-Orléans – ein anonymes Kuvert mit dem Namen Chopin übergeben, das fünfundzwanzigtausend Francs enthielt? Frau Erskine, die Schwester von Jane Stirling, erzählte alles Chopin: dieser war wie vom Schlag gerührt.

»Wußte nicht mehr«, schrieb er am 28. Juli an Grzymala, »ob ich meine Schottinnen der Halluzinationen bezichtigen, mich selbst für gedächtnislos oder wahnsinnig halten sollte, oder Frau Etienne verdächtigen: kurz, mir platzte der Schädel. Frau Erskine ist mit Bekenntnissen zu mir gekommen, und sie erzählte mir so dummes Zeug, daß ihre Schwester von nichts wüßte, daß ich mich gezwungen fühlte, mich ganz deutlich auszudrücken. Ich habe ihr gesagt, ich könnte niemals ein solches Geschenk annehmen, es sei denn, es käme zum Beispiel von der Königin von England…«

Was war tatsächlich geschehen? Eine ganz unwahrscheinliche Geschichte. Jane Stirling hinterlegte bei Frau Etienne auf den Namen von Chopin ein Kuvert, auf dem kein Absender angegeben war und das fünfundzwanzigtausend Francs in Banknoten enthielt. Die Hausmeisterin nahm den Umschlag entgegen, den sie, nach ihren Worten, sofort dem Adressaten überbringen

wollte. Tatsächlich steckte sie den Brief in eine Schublade und
vergaß ihn. Nach einiger Zeit wunderte sich Jane Stirling, nichts
in den Worten Chopins oder in seinem Lebensstil zu bemerken,
was darauf hätte schließen lassen, daß er die Summe erhalten
hatte. Besorgt bat sie ihre Schwester, Frau Erskine, Grzymala zu
fragen, der seinerseits dazu riet, an Chopin zu schreiben. Dies geschah. Währenddessen war Jane Stirling, die endlich Bescheid
wissen wollte, zu einem berühmten Hellseher, Alexis, gegangen.
Dieser bat um Haare, ein Taschentuch oder Handschuhe der
Person, die den fraglichen Umschlag entgegengenommen hatte.
Chopin rief Frau Etienne und bat sie um eine Haarlocke von ihr!
Die Hausmeisterin gab sie ihm. Der Hellseher berührte das Haar
und erklärte, der Umschlag stecke unversehrt in einem kleinen
Möbelstück neben dem Bett der Hausmeisterin. Man begab sich
an den Square d'Orléans und fand das Päckchen genau an der
Stelle, die Alexis beschrieben hatte. Große Verblüffung! Endlich
nahm Chopin, der nur mühsam an diese unwahrscheinliche Ge-
schichte glauben konnte, nach langem Bitten fünfzehntausend
Francs von den fünfundzwanzigtausend an.

Louise kommt

Anfang August ließen sich Solange Clésinger und ihre Tochter
in Chaillot nieder, und Chopin war ganz glücklich darüber.
Doch nachdem er früher immer zu Clésinger gehalten hatte, fand
er ihn jetzt »entsetzlich dumm, seine Frau mit Kind und Amme«
mitten in den Hundstagen, ohne Geld, nach Paris zu bringen,
»zu einer Zeit, da alle Leute aufs Land fliehen«. Leider hatte
Louise noch nicht die Erlaubnis bekommen, aus Polen auszurei-
sen, und Chopin war vollkommen ratlos: »Ich schnaufe, huste,
bin matt; ich tue nichts und habe zu nichts Lust…« Am 8. August kamen ganz überraschend die Jedrzejewiczs mit ihrer Tochter nach Paris. Chopin war schwächer denn je, fand aber dennoch die Kraft, seine Schwester zum Square d'Orléans zu begleiten, um den Mietvertrag für seine Wohnung zu kündigen. Nach
ein paar Tagen fuhr Kalasanty wieder nach Polen zurück. Louise

bemühte sich, ihren Bruder aufzuheitern, aber sie begriff sehr bald, daß er verloren war. Der Sommer war glühend heiß, Paris vollkommen entvölkert, Chopin lag im Bett und schwitzte dicke Tropfen hinter den schweren Bettvorhängen. »Ich bin heute morgen bei ihm vorbeigegangen«, erzählt Norwid [17]. »Sein französischer Diener sagte mir, er schliefe, ich machte also so wenig Lärm wie möglich, hinterließ eine Karte und ging. Kaum hatte ich ein paar Stufen hinter mir, als mich der Diener zurückrief und mir sagte, daß Chopin, als er hörte, um wen es sich handelte, gebeten habe, man möge mich hineinlassen. Kurz, er schlief nicht, wollte nur niemanden empfangen. Ich ging also in das Zimmer neben dem Salon, wo Chopin lag und sehr glücklich war, daß er mich eingelassen hatte. Ich fand ihn vollkommen angezogen, jedoch auf dem Bett liegend, seine Beine waren geschwollen, ich bemerkte es sofort, obwohl er Strümpfe und Schuhe trug. Die Schwester des Künstlers saß neben ihm; im Profil sieht sie ihm seltsam ähnlich… Er lag im Schatten des großen Bettes mit den Vorhängen, gestützt auf seine Kissen und in einen Schal gehüllt; er war sehr schön; wie immer waren seine geringsten Bewegungen von einer Art klassischer Vollkommenheit… Dann begann er mit einer von Husten und Atemlosigkeit gebrochenen Stimme, mir Vorwürfe zu machen, daß ich so lange nicht zu ihm gekommen sei. Dann scherzte er und begann mich wegen meiner mystischen Neigungen zu necken; da ich sah, daß es ihm Freude machte, ließ ich ihn gewähren. Ich sprach mit seiner Schwester; er bekam Hustenanfälle, und bald wurde es Zeit, ihn allein zu lassen. Ich verabschiedete mich von ihm, er hielt meine Hand fest in der seinen, warf sein Haar zurück, das ihm über die Stirn gefallen war und sagte zu mir: ›Ich gehe…‹ und begann wieder zu husten. Als ich das hörte, küßte ich ihm den Arm, und da ich wußte, daß er es gern hatte, wenn man ihm ein bißchen heftig widersprach, sagte ich in dem Ton, den man starken und mutigen Menschen gegenüber anschlägt: ›So gehst du jedes Jahr, und, Gott sei Dank, sehen wir dich immer noch am Leben.‹ Darauf beendete Chopin den Satz, den der Husten unterbrochen hatte, und sagte: ›Ich wollte sagen, daß ich aus dieser Wohnung ausziehen und mich an der Place Vendôme niederlassen werde.‹«

Blieb die Sand stumm? Nicht ganz. Sie erkundigte sich bei Louise nach ihrem Bruder und bezeugte damit ihre Sympathie, ohne bei dem Kranken Besorgnisse über seinen eigenen Zustand zu wecken. »Liebe Louise«, schrieb sie aus Nohant am 1. September 1849. »Ich höre, daß Sie in Paris sind: ich wußte es nicht. So bekomme ich endlich wahre Auskünfte über Frédéric. Die einen schreiben mir, er sei viel kränker als sonst, die anderen er sei nur schwach und leidend, so wie ich ihn immer erlebt habe. Schreiben Sie mir kurz, ich wage es, Sie darum zu bitten, denn man kann von seinen Kindern verkannt und verlassen werden, ohne daß man aufhört, sie zu lieben. Berichten Sie mir auch von sich und glauben Sie nicht, daß ich, seit ich Sie kennenlernte, auch nur einen Tag meines Lebens verbrachte, ohne an Sie zu denken und Ihr Andenken in Ehren zu halten. Die Erinnerung an mich hat man wahrscheinlich in Ihrem Herzen verdorben, aber ich glaube nicht, daß ich all mein Leiden verdient habe.«

Immer wieder die unschuldige Märtyrerin, die ihren Henkern hochherzig vergibt! Louise, die durch ihren Bruder Bescheid wußte, antwortete nicht.

Titus

Inzwischen erhielt Chopin einen Brief von Titus Woyciechowski. Dieser machte eine Kur in Karlsbad und wollte dann nach Ostende fahren. Würde er nach Paris kommen können? Die Genehmigung eines Passes war eine lange und schwierige Angelegenheit. Chopin schaltete einen Freund ein, um die Formalitäten zu beschleunigen. »Schon wollte ich«, so schrieb er am 12. September an Titus, »mich mit dem Zug nach Valenciennes aufmachen, um Dich zu umarmen, aber vor ein paar Tagen konnte ich nicht einmal nach Ville-d'Avray fahren, um meine Patentochter zu besuchen. Die Ärzte verbieten mir, Paris zu verlassen. Sie wollen nicht einmal, daß ich im Winter in ein wärmeres Klima fahre. Das ist meine Schuld, weil ich krank bin, sonst wäre ich gern irgendwo in Belgien mit Dir zusammengetroffen. Vielleicht findest Du eine Möglichkeit, nach Paris zu kommen.

Ich bin nicht so egoistisch, daß ich Dich hier für mich allein haben will. Krank wie ich bin, wirst Du bei mir ein paar Stunden voller Langeweile und Enttäuschung erleben, gemischt mit ein paar Stunden der Freude und der guten Erinnerungen. Dennoch wäre es mir lieber, wenn die Zeit, die wir zusammen verbringen, eine Zeit vollkommenen Glücks bedeutete…«

Wegen der unsicheren politischen Lage in Frankreich erhielt Titus keinen Paß. Die höchste Freude, den teuren Freund seiner Jugend wiederzusehen, war Chopin verwehrt. Wie fern waren die Tage, die sie zusammen in Poturzyn verbrachten, in der Erinnerung des Sterbenden klapperten noch die Hufe ihrer Pferde, wenn sie Seite an Seite, die Haare im Wind, über die polnische Landschaft galoppierten!

Ohne allzuviel Illusionen willigte Chopin Anfang September in ein Konsilium von drei Ärzten ein: Cruveilhier, Louis und Blache – letzterer ein berühmter Kinderarzt, über den Chopin scherzhaft sagte: »Er wird mir sicher helfen, da ich doch der Kindheit so nahe bin.« Bei dem Konsilium kam nichts heraus, außer dem Rat, eine Südwohnung zu suchen. Chopin teilte das Franchomme mit. Es war der letzte Brief, den er auf den Tag genau einen Monat vor seinem Tod – am 17. September – schrieb.

Place Vendôme

»Nach langem Suchen hat man mir endlich eine sehr teure Wohnung gefunden, in der die beiden Bedingungen erfüllt sind – an der Place Vendôme 12. Hier hat Albrecht[18] seine Büros. Méara war mir bei der Wohnungssuche eine große Hilfe. Kurz, ich werde Euch alle im nächsten Winter unter günstigen Bedingungen wiedersehen. Meine Schwester bleibt bei mir, es sei denn, man ruft sie in ihrer Heimat zurück. Ich liebe Dich, das ist alles, was ich Dir sagen kann, denn ich falle um vor Müdigkeit und Schwäche…«

Gegen Ende September wurde Chopin zur Place Vendôme gebracht, an den gleichen Platz, wo sich, welcher Hohn! früher die russische Botschaft erhob. Immer besorgt um die äußerste Vollkommenheit, fand er noch die Kraft, Möbel zu bestellen und Stoffe auszusuchen. Die Wohnung ist wunderschön: das Schlafzimmer sonnig, der Salon sieht auf einen der schönsten Plätze der Welt hinaus. Ab und zu stand Chopin auf, ging von einem Zimmer ins andere und sann vor der Säule, die aus der Bronze russischer und österreichischer Kanonen gegossen war. In den Augen des Emigranten, der nur von der Rache Polens träumte, erschien sie wie ein Symbol des Sieges. Die glühende Stirn gegen die große Fensterscheibe gepreßt, dachte er verzweifelt an Warschau.

Die letzten Tage

Proust schreibt über den Tod seiner Großmutter, daß »der Todeskampf etwas Festliches hat«, wenn viele Menschen um einen Sterbenden herumlaufen, sich zu schaffen machen und mit leiser Stimme sprechen. Diese Beobachtung paßt sehr gut auf den Tod Chopins.

Während der letzten zehn Tage, vom 7. Oktober an, war ein unaufhörliches Kommen und Gehen in der Wohnung an der Place Vendôme. »Alle großen Damen von Paris«, schrieb Pauline Viardot an die Sand, »fühlten sich verpflichtet, in seinem Zimmer in Ohnmacht zu fallen, wo eine Menge von Zeichnern hastig Skizzen machte und ein Daguerrotypist das Bett ans Fenster stellen wollte, damit der Sterbende in der Sonne läge. Darauf hat der treue Gutmann diese fleißigen Männer voller Abscheu vor die Tür gesetzt...«

Dieser Brief bedarf einiger Kommentare. Zuerst einmal, daß die Sand nicht darauf antwortete und nicht kam. In der *Geschichte meines Lebens* bemerkte sie: »Ich sollte ihn nicht wiedersehen: zwischen uns standen böse Herzen[19]. Es gab auch gute, die nichts ausrichten konnten[20]. Es gab auch leichtfertige, die sich lieber nicht in heikle Angelegenheiten mischen wollten. Gutmann war nicht da[21]. Man sagte mir, er hätte mich gerufen[22], sich nach mir gesehnt und mich bis zum Ende kindlich geliebt. Man glaubte, mir dies bis jetzt verschweigen zu müssen. Man glaubte auch, vor ihm verbergen zu müssen, daß ich bereit war, zu ihm zu eilen[23]. Daran hat man gut getan, wenn die Erregung über ein Wiedersehen mit mir sein Leben auch nur um einen Tag, um eine Stunde verkürzt hätte. Ich gehöre nicht zu denjenigen, die glauben, daß die Dinge auf dieser Welt ihre Lösung finden. Sie beginnen zwar hier, doch ganz sicher enden sie hier nicht. Als Krankenpflegerin, denn das war meine Aufgabe während einer beachtlichen Zeit meines Lebens, mußte ich, ohne große Umstände und vor allem ohne Verdruß die Höhenflüge und Depressionen einer Seele, die unter dem Eindruck des Fiebers stand, auf mich nehmen. Ich habe an den Betten von Kranken gelernt, das zu respektieren, was wirklich ihr gesunder und freier Wille ist, und das zu verzeihen, was den Verwirrungen und Wahnvorstellungen ihres Schicksals zuzuschreiben ist.

Ich bin für die Jahre der Nachtwachen, der Angst und der Hingabe belohnt worden durch Jahre der Zärtlichkeit, des Vertrauens und der Dankbarkeit, die vor Gott nicht durch eine Stunde der Ungerechtigkeit oder Verirrung zunichte gemacht werden können. Gott hat nicht gestraft, Gott hat nur nicht jene böse Stunde bemerkt[24], an deren Leid ich mich nicht erinnern möchte. Ich habe sie ertragen, nicht mit kaltem Stoizismus, sondern mit Tränen des Schmerzes und der Begeisterung (!) in meinen geheimen Gebeten. Und deshalb habe ich zu denen gesagt, die im Leben oder im Tod nicht hier sind: ›Seid gesegnet‹ und ich hoffe, im Herzen derer, die mir einst die Augen schließen, den gleichen Segen für meine letzte Stunde zu finden!«

Requiescant in pace! Bis zum Ende legte sich die Sand feine Unwahrheiten zurecht. Leider liegen die Tatsachen offen zutage und widersprechen ihrer Scheinheiligkeit. Doch kommen wir auf Chopin zurück.

Zuerst einmal, wie verhielt er sich vor dem Tod der Metaphysik gegenüber?

Wir haben schon mehrere Male erwähnt, daß Chopin in Paris, das heißt seit 1831, auf jede Ausübung von Religion verzichtet hatte und daß er niemals in seiner Korrespondenz und in Gesprächen irgendeine Anspielung auf Probleme mystischer Art machte. Offensichtlich glaubte er nicht mehr: die Unterhaltung, die er mit einem seiner Jugendfreunde, dem Abt Jelowicki[25] darüber führte, beweist das. Aber der Priester wagte, wenn man so sagen darf, einen erneuten Angriff. In einem Brief an eine polnische Dame mit dem Datum vom 21. Oktober – vier Tage nach dem Tod Chopins – gab er seine Version von der »Rückkehr des Musikers zu Gott«, während der letzten zehn Tage seines Lebens wieder.

»Alle wunderten sich, daß die Seele in einem so zarten Körper nichts von ihrer Lebendigkeit eingebüßt hatte. In seinen Augen, die meistens wie von einem leichten Schleier überzogen waren, blitzte manchmal ein klarer Blick auf. Er schien kaum noch der Erde anzugehören – aber leider dachte er nicht an den Himmel! Er hatte wenige gute Freunde und viele schlechte, ungläubige, und letztere vor allem bildeten den Kreis seiner Bewunderer. Die Triumphe, die ihm die feinste aller Künste eintrug, brachten in seinem Herzen die unaussprechlichen Klagen des Heiligen Geistes zum Verstummen. Die Frömmigkeit, die er bei seiner polnischen Mutter mit der Muttermilch eingesogen hatte, war für ihn nur noch eine familiäre Erinnerung, während die Gottlosigkeit der Freunde und Freundinnen seiner letzten Jahre immer mehr von seinem so empfänglichen Geist Besitz ergriffen und sich wie eine Bleiwolke in der Form des Zweifels in seiner Seele festgesetzt hatte. Es war nur seiner eleganten Anständigkeit zu verdanken, daß er sich über heilige Dinge nicht lustig machte oder noch nicht über sie spottete…«

Beichte

»Die Nachricht von dem nahen Tod Chopins traf mich bei meiner Rückkehr von Rom[26]. Ich ging zu ihm, nutzte seine Nachgiebigkeit, um mit ihm über seine Mutter zu sprechen und in ihm den Glauben wieder zu wecken, in dem sie ihn erzogen hatte…

Ich versuchte, Chopin zu gewinnen, indem ich zu ihm von der Heiligen Jungfrau und dann von unserem Herrn Jesus Christus sprach und schließlich indem ich ihm das bewegende Bild der göttlichen Barmherzigkeit vor Augen hielt. Vergebliche Mühe.

Ich bot an, ihm einen Beichtvater seiner Wahl zu schicken. Schließlich sagt er zu mir: ›Wenn ich eines Tages beichten will, dann werde ich es bei dir tun.‹ Nach all dem, was er mir gesagt hatte, fürchtete ich das am meisten.«

Mehrere Monate vergingen zwischen diesem Gespräch und dem 12. Oktober 1849, an dem Doktor Cruveilhier dem Abt Jelowicki mitteilte, »daß er für die Nacht nicht mehr garantieren« könne. Der Priester begab sich an die Place Vendôme, jedoch hörte er nur: »Ich liebe dich sehr, aber ich sage nichts, geh schlafen…«

Am nächsten Tag, dem 13. Oktober, frühstückte der Abt Jelowicki zusammen mit Chopin. Es fand folgender Dialog zwischen den Freunden statt:

»Heute ist der Namenstag meines Bruders Eduard. Zu seinen Ehren mußt du mir etwas schenken.«

»Ich schenke dir, was du willst.«

»Schenke mir deine Seele…«

»Ich verstehe: nimm sie.«

»Glaubst du?«

»Ich glaube.«

»Wie deine Mutter es dich gelehrt hat?«

»Wie meine Mutter es mich gelehrt hat.«

»Und mit dem Blick auf den Gekreuzigten beichtete er unter einem Strom von Tränen.

Er erhielt sofort die heilige Wegzehrung und die Letzte Ölung, um die er gebeten hatte. Einen Augenblick später ließ er dem Sakristan zwanzigmal soviel geben als man normalerweise gibt… Ich sage zu ihm: ›Das ist zuviel.‹

›Es ist nicht zuviel! Was ich gerade empfangen habe, steht über jedem Preis.‹ Und in diesem Augenblick ist er, verwandelt durch die göttliche Gnade, durch Gott selbst, ein anderer Mensch geworden, *schon ein Heiliger*, möchte ich sagen.«

Und der Abt fährt in seinem Bericht fort, er behauptet, daß Chopin von dieser Stunde an bis zum Ende nur noch die erbaulichsten Worte gesagt, nur vom Himmel gesprochen und sich gewundert habe, daß man um ihn herum nicht betete. Er habe Gott gedankt, daß er ihm zur Sühne seiner Schuld die größten

Leiden auferlegt hatte und fröhlich wie ein Junge, zu seinem Freund und Beichtvater gewandt, geschlossen: »Ohne dich, mein Lieber, wäre ich wie ein Schwein krepiert!« Im letzten Augenblick soll Chopin immer wieder »die süßen Namen von Jesus, Maria und Joseph« hergesagt haben. »Er hat das Kreuz an seine Lippen und sein Herz gedrückt und in einem letzten Seufzer folgende Worte gesagt: ›Ich bin schon an der Quelle des Glücks!‹ Und er schied dahin.«

Diese erbauliche Erzählung erfordert einige Kommentare. Daß Chopin dem Abt Jelowicki gebeichtet und von ihm die letzten Sakramente erhalten hat, ist ohne Zweifel richtig. Was die Verwandlung des Sterbenden betrifft, so scheint der Gottesmann die Wahrheit ein bißchen ausgeschmückt zu haben, denn keiner von denen, die in der letzten Stunde bei Chopin waren, hat etwas davon bestätigt. Es scheint sogar, daß die Beichte des Todkranken, nach einem Wort von Alfred Cortot »nicht ganz freiwillig« gewesen sei. Chopin hat der Beharrlichkeit seines alten Freundes nicht widerstanden, er hat ihm vielleicht eher aus Überdruß als aus Überzeugung nachgegeben[27]. Dies ist ein Punkt in der Geschichte, der niemals richtig aufgeklärt wurde. Dafür scheint es, daß auch in anderen Dingen der Abt Jelowicki die Wahrheit oft zurechtgerückt hat. Das heißt, eine Besinnung, eine Rückkehr zu Gott in der letzten Stunde, sind schon möglich. Dafür gibt es Beispiele in der Geschichte. Wer weiß, was – Angst oder Befreiung? – den Geist eines Mannes in Besitz nimmt, der seinen Tod nahe weiß?

Vom 13. bis 17. Oktober folgten die Tage und Nächte des eigentlichen Todeskampfes. Viele Besucher wurden in den Salon eingelassen, in dem Chopin seine letzten Tage verlebte. Welche vertrauten Menschen waren bis zum Ende bei ihm? Seine Schwester Louise und ihre Tochter Ludwika[28], Delphine Potocka, das Personal Chopins: Daniel und Frau Matuszewska, Solange Clésinger, Charles und Elise Gavard, Grzymala, die Prinzessin Marcelline Czartoryska, der Cellist Franchomme, Jane Stirling, Adolph Gutmann, der in einem Brief vom 22. Oktober an eine deutsche Freundin behauptete, Chopin hätte im letzten Augenblick gesagt: »Wer hält mir die Hand?« und als er seine Stimme

erkannte, hätte er die Hand seines Freundes küssen wollen.
»Darauf«, so fährt Gutmann fort, »umarmten wir uns, und er
gab mir einen Abschiedskuß auf die Wange, wobei er sagte:
›Lieber Freund!‹ Der Kopf fiel ihm auf die Brust, seine Seele war
entflohen.« Als dieser Brief Gutmanns im Jahre 1892 von Karasowski veröffentlicht wurde, schickte Frau Ciechomska, die
Nichte Chopins, ein striktes Dementi an den *Warschauer Ku-*
rier: »Chopin starb nicht in den Armen von Gutmann, denn dieser war zu der Zeit nicht einmal in Paris. Er konnte weder bei
Chopin Wache halten noch ihn in seinen Armen aufrichten, wie
Herr Karasowski sagt, und das wäre auch nicht nötig gewesen,
denn bis zum Ende seines Lebens hat sich mein Onkel allein im
Bett aufrichten und aufsetzen können. Als Beweis, daß Gutmann
im Augenblick von Chopins Tod nicht in Paris war, kann ich
hinzufügen, daß er später kam und meine Mutter ihn kennenlernte, als er das, was man ›Beileidsbesuch‹ nennt, abstattete.«
Das klingt einleuchtend. Fügen wir dennoch hinzu, daß sich die
Erklärung von Frau Ciechomska im Widerspruch zu zwei zeitgenössischen Zeugnissen befindet: dem von Grzymala, der bei
Chopins Tod anwesend war[29] und dem von Pauline Viardot, die
sich ihrerseits nicht an der Place Vendôme befand. Am Totenbett
eines berühmten Mannes möchten so viele Leute sein, daß einige
der Versuchung nicht widerstehen können, die Tatsachen auszu-
schmücken. Wie soll man aus der Ferne das Wahre vom Unwah-
ren unterscheiden?

Delphine

Eines ist sicher: am 15. Oktober kam Delphine Potocka, als sie
hörte, daß es Chopin sehr schlecht ging, aus Nizza nach Paris. Sie
war »schöner denn je«. Bei ihrem Anblick erhellte sich Chopins
Gesicht, und er sagte: »Deswegen hat Gott also gezögert, mich
heimzuholen: er wollte mir die Freude gewähren, Sie wiederzusehen.« Er bat Delphine, ihm etwas vorzusingen. Der Abt Jelowicki bat sie ebenfalls darum. Man rollte das Pianino aus dem
Schlafzimmer des Kranken in den Salon: »Die unglückliche Grä-

fin«, schrieb Charles Gavard, »unterdrückt ihren Schmerz, sie hält ihre Tränen zurück und zwingt sich, zu singen. Ich selbst hörte nichts. Ich weiß nicht, was sie sang. Diese Szene aus düsteren Kontrasten und namenloser Traurigkeit war für mich zu schmerzlich. Ich erinnere mich nur noch an den Augenblick, in dem ein neuer Hustenanfall des Kranken die zweite Arie, die die Gräfin sang, unterbrach.«

Was sang Delpine? Wir wissen es nicht genau. Einige sagen, einen *Psalm* von Marcello und die *Hymne an die Jungfrau* von Stradella. Andere – vor allem Grzymala – meinen, Melodien von Bellini (*Beatrice di Tende*) und Rossini gehört zu haben.

Letzte Worte

Ungewiß sind auch die letzten Worte, die Chopin gesprochen hat. Ganz sicher empfahl er, die Manuskripte unveröffentlicht zu lassen, die er selber als der Verbreitung unwürdig befunden hatte[30]. Franchomme sagte, er habe den Sterbenden murmeln gehört: »Sie (George Sand) hatte mir doch gesagt, ich würde nur in ihren Armen sterben«, dann habe er nach seiner Mutter gerufen: »Mama!« Vor dem gleichen Franchomme soll Chopin zu der Fürstin gesagt haben: »Sie werden zusammen zu meinem Gedächtnis Mozart spielen...« Zu Elise Gavard und der Fürstin: »Sie spielen zusammen, Sie denken an mich und ich höre Ihnen zu.« Er soll nicht gebeten haben, daß man das *Requiem* von Mozart zu seiner Beerdigung spielt. Auch soll er den folgenden, ein bißchen zu literarischen Satz nicht gesagt haben, den einige ihm zuschreiben: »Es ist eine seltene Gunst, die Gott dem Menschen gewährt, wenn er ihm die Stunde enthüllt, in der sein Todeskampf beginnt. Diese Gnade hat er mir erwiesen: Stören Sie mich nicht.« Hat er »Lieber Freund...« zu Gutmann gesagt? Auch weiß man nicht genau, ob der Zettel authentisch ist, auf den er, da er nicht mehr sprechen konnte, mit Bleistift auf französisch gekritzelt haben soll: »Comme cette toux[31] m'étouffera, je vous conjure de faire ouvrir mon corps, pour je sois pas (sic!) enterré vif.«[32] Diese Befürchtung – vielen Schwindsüchtigen gemeinsam, die den Erstickungsstod sterben – und diesen Wunsch hatte auch der Vater Chopins, der ebenfalls an Tuberkulose litt, noch zu seinen Lebzeiten geäußert. Man weiß nicht, ob der Zettel, der zu der Sammlung von Chopins Nichte, Louise Ciechomska gehört, von der Hand Frédérics oder der seines Vaters stammt.

»Nicht mehr…«

Charles Gavard hat ein schriftliches Zeugnis der letzten Stunden von Chopin hinterlassen: »Am 16. Oktober abends untersuchten ihn zwei Ärzte. Einer von ihnen, Doktor Cruveilhier, nahm eine Kerze, hielt sie Chopin vor das Gesicht, das von der Atemnot bleich geworden war, und teilte uns mit, daß seine Sinne den Dienst versagten. Aber als er Chopin fragte, ob er Schmerzen empfinde, hörten wir noch ganz deutlich die Antwort: ›Nicht mehr.‹ Das ist das letzte Wort, das ich von seinen Lippen hörte. Er starb ohne zu leiden, zwischen drei und vier Uhr am Morgen des 17. Oktober.«

Man sagt, daß Jane Stirling ihm die Augen zugedrückt und dabei die beiden Sätze gesagt habe, die berühmt wurden: »Er war rein wie eine Träne…« und: »Er war nicht wie die anderen.« Clésinger wurde von seiner Frau gerufen und nahm die Form seines Gesichts und seiner Hand ab. Kwiatkowski machte mehrere Bleistiftskizzen von seinem Kopf. Erst drei Tage nach dem Tod schritt Cruveilhier zur Autopsie der Leiche und erklärte, daß die Lunge weit weniger angegriffen sei als das Herz: das Herz entnahm er. Es wurde nach dem Willen des Kranken und seiner Schwester Louise in einer Säule der Heiligenkreuzkirche in Warschau beigesetzt. Der Leichnam wurde einbalsamiert und angezogen inmitten von Blumen wieder auf das Bett gelegt und den Blicken von Freunden und Unbekannten ausgesetzt, die unaufhörlich zur Place Vendôme strömten. Chopin hinterließ keinen Pfennig. Grzymala legte eine Subskriptionsliste für den bei Clésinger bestellten Grabstein auf dem Père-Lachaise aus. Pleyel, Delacroix, Franchomme, Albrecht, Kwiatkowski und Herbault vervollständigten die von dem Bildhauer geforderte

Summe. »Der Entwurf von Clésinger ist wundervoll«, schrieb Grzymala an Léo. »Es ist der vom Schmerz gebeugte Musikgenius, der mit einer Leier mit gesprungenen Saiten auf das Medaillon des begrabenen Künstlers zeigt.«

Noch in der Todesnacht schrieb Louise Jedrzejewicz an ihren nach Polen zurückgekehrten Mann: »Oh, mein Liebster, er ist nicht mehr! Ludka und ich, wir sind gesund. In meinem Herzen umarme ich Euch. Steh meiner Mutter und Isabelle bei. Adieu.« An den gleichen Kalasanty, den Schwager Chopins, schrieb die Fürstin Czartoryska: »Unser armer Freund lebt nicht mehr. Er hat viel gelitten, bevor seine letzte Stunde schlug, aber er hat die Prüfung mit engelhafter Geduld und Resignation ertragen. Ihre Frau hat ihn vorbildlich gepflegt. Gott hat ihr die körperlichen und seelischen Kräfte dazu gegeben. In ein paar Tagen wird sie Ihnen Näheres berichten, und sie bittet Sie, sich ihretwegen keine Sorgen zu machen. Die Freunde Chopins helfen ihr in allem, und was die Reise betrifft, so versichert sie, daß sie sie allein bewältigen kann. Ich habe nicht die Kraft, Ihnen mehr zu schreiben, aber mein Herz gebietet mir, Ihnen zu sagen, daß ich mein Versprechen, das ich einem sterbenden Freund gab, getreu einlösen und mich um Ihre Frau sorgen werde wie um meine eigene Schwester...«

Requiem

Von wem ging die Initiative aus, daß das *Requiem* von Mozart in der Madeleine-Kirche gespielt wurde, wo die Trauerfeier stattfinden sollte? Man weiß es nicht. Soviel ist gewiß, daß das Erzbistum Paris, als es von diesem Wunsch erfuhr, Sänger, die fähig waren, es vorzutragen, nicht engagieren wollte[33]. Erst als der Abbé Deguerry, der Vikar der Madeleine und ein Freund und Bewunderer Chopins, auf seinen Forderungen beharrte, wurde die Erlaubnis erteilt. Aber die Tage vergingen, und der Leichnam Chopins wartete in der Krypta der Kirche bis zum 30. Oktober, ein Datum, das nach vielem Hin und Her festgesetzt wurde.

Um elf Uhr vormittags füllten dreitausend Menschen die schwarz ausgeschlagene Kirche. Um zwölf Uhr wurde zu den

Klängen des von Reber für Orchester bearbeiteten *Trauermarsches* der Sarg in das Seitenschiff gebracht und auf einen hohen Katafalk gestellt. Chor und Orchester der Konzertgesellschaft des Konservatoriums spielten und sangen unter der Leitung von Narcisse Girard das *Requiem* von Mozart, das man seit der Rückführung der Asche Napoleons in den Invalidendom nicht mehr gehört hatte. Die Solisten waren Frau Viardot-Garcia und Lablache[34], Jeanne Castellan und Alexis Dupont. Der Organist der Madeleine, Lefébure-Wély, spielte die Transkriptionen der *Préludes in e-Moll* und *in h-Moll* von Chopin. Dann improvisierte er Variationen über das Thema eines dritten Prélude.

Während der Überführung von der Kirche zum Friedhof Père-Lachaise wurde das Bahrtuch von Franchomme, Delacroix, Pleyel und dem Fürsten Alexander Czartoryski gehalten. Fürst Adam Czartoryski, als Vertreter Polens, und Meyerbeer, als Vertreter der Musik, führten den Trauerzug an. Keine Rede am Grab, man warf nur die Handvoll polnischer Erde auf den Sarg, die Chopin bei seinem Abschied aus Warschau im Jahre 1830 von Witwicki erhalten und in einem Silberpokal aufbewahrt hatte.

Am 17. Oktober 1850 wurde in der Friedhofskapelle eine Messe zelebriert und der Grabstein von Clésinger – von Norwid und Delacroix scharf verurteilt, von Jane Stirling mit Begeisterung aufgenommen – enthüllt. Wenn man die verschiedenen Portraits von Chopin vergleicht, so scheint es, daß das Medaillon wie im übrigen auch die auf Bestellung von Jane Stirling ausgeführte Marmorplatte[35] einander sehr ähnlich sind. Jane Stirling fügte alle Erinnerungen an Chopin, die sie an der Place Vendôme finden konnte – seine persönlichen Papiere, sein Notizbuch, die Briefe von Maria Wodzinska, die Rose von Dresden – zusammen, legte das, was sie besaß, hinzu und ließ das Ganze der Familie Chopin zukommen.

Frau Justyna war beim Tod ihres Sohnes siebenundsechzig Jahre alt: sie überlebte ihn um neunzehn Jahre. Louise starb 1855 und hinterließ drei Söhne und eine Tochter, Frau Ciechomska, die nach dem Tod von Isabelle, der jüngeren Schwester Chopins, im Jahre 1881, alle Erinnerungn an ihren Onkel sammelte. Der größte Teil davon wurde am 19. September 1863 bei dem polnischen Aufstand gegen Rußland von Kosaken verbrannt. Das Buchholz-Klavier, auf dem Frédéric studiert hatte, Manuskripte, Briefe, Bücher, die für ein Chopinmuseum bestimmt waren, wurden zu Asche.

George Sand ließ die Briefe, die sie an Chopin geschrieben und die Alexandre Dumas Sohn in Myslowitz in Schlesien wiedergefunden hatte, vernichten. Die Schriftstellerin überlebte ihren früheren Geliebten um siebenundzwanzig Jahre. Maurice starb 1889, zehn Jahre vor Solange, die sich von ihrem Mann getrennt hatte und ein abenteuerliches Leben führte.

Letzte Ehre

Zahlreiche Artikel erschienen bei Bekanntwerden von Chopins Tod in der polnischen und französischen Presse. Berlioz, Jules Janin, Eugène Guinot und Théophile Gautier schrieben Nachrufe zu seinem Gedächtnis. Aus diesem Strauß von Zeugnissen greifen wir den Artikel von Janin in *Les Débats* heraus.

»Anläßlich des Todes des großen Künstlers Chopin wollen wir es nicht versäumen, seinen Namen mit dem Ausdruck aufrichtiger Hochachtung und tiefen Mitgefühls zu nennen. Ein Geschickterer als ich würde sicherlich hier an dieser Stelle sagen, wer dieser junge, von der Menge kaum gekannte Mann war, den so tiefe Bewunderung und eine so aufrichtige Verehrung von Freunden umgab, die sein Genie liebten. Er war die Musik und die Inspiration selbst; er berührte die Erde, auf der wir uns bewegen, kaum, sein Talent war wie ein Traum! Nur die, die ihn gehört haben, können sich eine Vorstellung von diesem so feinen, so zarten, so vielseitigen Talent machen, das sich an den ehrlichsten und anmutigsten Teil der menschliche Seele wandte. Er vermied das, was andere anstreben: den Lärm, die Fanfare und sogar den Ruhm. Man nannte ihn den Ariel des Klaviers, und der Vergleich traf zu. Er war im Exil gewachsen, er ist hier gestorben, umgeben von Emigranten wie er, denen er die ferne

Heimat ins Gedächtnis rief! Oh, Unglücklicher! wie hat er gelitten! Welch ein harter Kampf gegen den Tod!...

Von allen Künstlern unserer Zeit ist es Chopin, der Seele und Geist der Frauen am meisten ergriffen hat. Seine Schülerinnen, und er hat Schülerinnen hervorgebracht, die seiner würdig waren, liebten ihn mit fast mütterlicher Zärtlichkeit, sie umgaben ihn mit ehrfürchtiger Bewunderung, so tugendsam und keusch sprach seine Musik zu ihnen. Sie haben ihn zum Unglück verloren und sie beweinen ihn! Sie haben erlebt, wie er dahinging und ihm die Augen zugedrückt.«

Gautier schloß in *La Presse* den Bericht über die Beerdigung Chopins mit folgenden Worten: »Ruhe in Frieden, große Seele, edler Künstler! Für dich hat die Unsterblichkeit begonnen, und du weißt nach dem traurigen irdischen Leben besser als wir, die hohen Pläne und die großen Gedanken wiederzufinden!«

Totenmaske, vom Bildhauer J. B. Clésinger
am 18. Oktober 1849 abgenommen.
Foto: Roger Viollet, Paris.

Postludium

SOLLTE ICH DICH ENTSTELLT HABEN – während ich doch nichts mehr wünschte, als ein getreues Bild dessen zu liefern, den du nicht gekannt hast: von dir selbst? Habe ich dich beim Studium deines Lebens, bei der Durchforschung der Umwege deines vielschichtigen Wesens, beim Miterleben deines traurigen und wundervollen Abenteuers veredelt oder verzerrt? Wenn es stimmt, daß eine Lebensbeschreibung viel Liebe verlangt, dann muß ich wohl zumindest ein aufrichtiges und wahrhaftiges Werk geschrieben haben.

Laß mir noch ein paar Augenblicke der Meditation an der Place Vendôme, wo du zwischen den Blumen ruhst. Mit den wenigen Freunden, die ratlos zwischen dem Schlafzimmer, das du kaum benutzt hast, und dem Salon, wo du gerade erloschen bist, umherirren, gehe ich, meditiere ich – aber immer komme ich wieder zu deiner Maske mit den geschlossenen Augen zurück, die sich über das Geheimnis deines Lebens gelegt hat.

Diese Maske hat Kwiatkowski mehrere Male skizziert: sie ist von Qualen gezeichnet. Clésinger hat sie abgenommen. Etwas später hat er sie in Stein gehauen, und dabei die Stigmata eines Todeskampfes von vier Tagen und vier Nächten, durch die dein Profil dem eines Hingerichteten glich, verwischt. Der Künstler hat das Wesentliche hervorgeholt, das der Wahrheit näher ist als die einfache Wirklichkeit, als hätte der Tod all das ausgelöscht, was im Gesicht des Lebenden trog. Ein Gemälde zeigt viel mehr als eine ähnliche Photographie. Und die Erinnerung, die die Entschwundenen bei uns hinterlassen, entspricht ihrem wahren Wesen mehr als ein Tag ihres Lebens. Was an ihnen vergänglich, zweitrangig war, woran sie manchmal als erste litten, nimmt der

Tod mit sich, und sie erscheinen mit Abstand betrachtet sich selbst ähnlicher, als sie es ihr ganzes Leben lang gewesen sind. Darin liegt der tiefe Sinn der Maxime von Sacha Guitry: »Totenmaske? Im Gegenteil: Demaskierung!« – und der Überlegung von Marcel Proust vor seiner Großmutter, die an einem Urämieanfall gestorben war: »Das Leben ging und nahm die Enttäuschungen des Lebens gleichfalls mit sich fort. Ein Lächeln schien auf den Lippen meiner Großmutter zu liegen. Auf dies letzte Lager hatte der Tod sie wie ein Bildhauer des Mittelalters mit den wiedergefundenen Zügen des jungen Mädchens hingestreckt.«

Kommen wir zu dir zurück. Der Tod hat dich von einer langen Prüfung erlöst, die dir unter hundert verschiedenen Formen begegnete. Vielleicht war die Krankheit nicht einmal die schlimmste. War dein grausamstes Mißgeschick nicht das Schicksal des ewigen Emigranten? Denn nicht genug, daß du aus Polen fort nach Frankreich gingst, bist du nicht auch aus einem wundersamen Garten Eden auf diese Erde gekommen, auf der du wie ein verdächtiger, durchreisender Fremder lebtest und weder ihre Bewohner noch ihre Sitten, noch ihre lächerlichen Ambitionen anerkanntest? Woher bist du gekommen, daß du dich nirgends wohl fühltest? Übrigens…Das Wunderkind, dessen Geschichte ich erzählt und dessen erstaunliche Fortschritte ich beschrieben habe, kam vom Himmel zu uns herunter, begabt mit einer Anmut, an der nichts Menschliches war. Ein königliches Privileg? Sicherlich. Aber belastet mit etwas Außergewöhnlichem, unter dem er bis zu seiner letzten Stunde unaufhörlich litt, wie an einem körperlichen Mangel, wegen dem sich die Leute auf der Straße umdrehen. Die Gehörlosen und die Bucklichen rufen Gelächter hervor, die Blinden Mitleid, das Genie Bewunderung und Verwunderung: es gehört nicht zu uns. Es ist wirklich »ein gefallener Gott, der sich an den Himmel erinnert«, ein Ikaros, dessen aufgelöste Flügel den Gang eher behindern als erleichtern, ein Albatros, der sich auf das Deck eines Schiffes verirrt hat und sich an seine Flüge am azurblauen Himmel erinnert. Der Heimatlose, immer Heimatlose, der sein vertrautes Klima, sein schönes verlorenes Paradies, seine Welt, in der er atmen kann, nicht wiederfindet. Für immer einsam – das ist sein Los.

Die Botaniker lehren uns, daß manche leichte Samen, Körnchen ohne Gewicht, vom Winde aufgehoben werden, manchmal die Meere überfliegen und sich in einer Felsspalte festsetzen, wo ein bißchen feuchte Erde sie zum Keimen bringt. Die Aussichten einer Pflanze, die Zukunft eines Baumes, unbekannt auf dieser Seite des Ozeans, hängen von dieser Wanderung ab, die nur einmal unter Milliarden gelingt. So vermehren sich Arten, von denen das Volk ganz richtig sagt, sie seien von einer anderen Welt. Vom Himmel gefallen – das ist das Schicksal des Heiligen, des Weisen, des Künstlers, des großen Mannes.

Muß man sich dann wundern, wenn einer, der solche Reisen unternimmt, nur schwerlich in unsere Normen hineinpaßt, wenn er sich nur unwillig unseren Statistiken beugt? Bis hin zu unseren Gefühlen, die er mit Mißtrauen im Herzen entgegennimmt. Wie ein Reisender, der in einer unbekannten Stadt nur sein Hotel kennt und, sobald er, der Außergewöhnliche, der Fremde unter Fremden, sich davon entfernt, auf Erden ein Leben führt, das ihn in allem wundert, in nichts befriedigt und in vielerlei Hinsicht verletzt. Nur sagt er nichts. Er behält alles für sich – und für sein Werk.

Selbst in deiner Heimatstadt warst du im Verborgenen schon heimatlos. Aber die Nestwärme deiner Familie wiegte dich in Illusionen. Hochverehrte Eltern, drei zärtlich geliebte Schwestern behüteten deine zerbrechlichen Träume. Du warst fröhlich, schalkhaft, begeisterungsfähig und diszipliniert. Als Hochbegabtem ist es dir nie in den Sinn gekommen, das bescheidene Wissen deiner Lehrer zu verleumden. Im Gegenteil, du empfandest bis zu deinem Tod eine rührende Dankbarkeit für sie: ein Zeichen von Größe. Ein weiteres Zeichen: niemals wurdest du bei einem Erfolg stolz, Gott weiß jedoch, daß du in der Nacht von Warschau der Stern von Bethlehem warst! Du warst sanft, liebevoll und zärtlich. Ein Herz zum Erobern. Nie wird es jemand ganz besitzen.

Du mußtest tatsächlich einer großen Banalität des Lebens ausweichen: der Liebe. Du, der Umschmeichelte, der Gefeierte, hast niemals geliebt. Man gab dir den Vorzug – du wähltest nicht. Das hat die Sand genau verstanden: »Niemals hat das

Feuer der Liebe in ihm gebrannt, er hat niemals sein Herz gegen das Herz einer Frau schlagen gehört. Er verbrachte sein Leben mit dem Zweikampf des Geistigen gegen das Stoffliche. Er sah in der Heiligung der Ehe und in der gesegneten Vereinigung zweier jungfräulicher Menschen die einzige Rehabilitation jenes Aktes, der nach seiner Meinung nicht göttlich sein konnte, weil er notwendig war [1].«

Konstanze und Maria erwecken eine Zuneigung in dir, die du unmöglich in ein stärkeres Gefühl umwandeln kannst. Die eine wie die andere verheirateten sich. Wer weiß, ob du nicht, fern von jeder Enttäuschung, sogar insgeheim erleichtert darüber warst? *Moja bieda* – vergängliches Leid, schnell in Musik umgesetzt! Im übrigen ist es deine Art, daß du deine Schmerzen, deine Besorgnisse, deine Ängste einmal ausdrückst – und dann fallen sie wie Steine auf den Grund des Wassers: die Oberfläche kräuselt sich, dann schließt sich alles, du sprichst nie mehr, außer auf dem Klavier, über deine Qual.

Titus begriff nicht die übertriebenen Herzensergüsse deiner Freundschaft, die man zur Not für Überschwang halten konnte. Deine verhüllten Geständnisse nahm er mit einem Zucken seiner robusten Schultern hin, und du, selbst im Gewirr deiner Gefühle verloren, bestandest nicht weiter darauf. Aber die Sand ließ sich nicht täuschen. Schlau wie sie war, konnte sie sehr bald unterscheiden zwischen dem – erlesenen, fürstlichen – Mann von Welt und dem Liebhaber, der so zurückhaltend war, daß sie ihn zu dem »heiligen Akt, der nur im Himmel einen Namen hat« auffordern mußte. Bei ihren nächsten Freunden entrüstete sie sich dann über deine Reserviertheit, die an Widerwillen grenzte. Unbestreitbar hatte der weibliche Körper keine Anziehungskraft für den Mann, dessen Musik unaufhörlich von der Liebe, dem Heldentum und dem fernen Vaterland sang. Wie viele Monate von den acht Jahren deines Verhältnisses mit George waren dem verliebten Zeitvertreib gewidmet? Wenige, wenn man den wenigen verschleierten Vertraulichkeiten der wachsamen Amazone glauben kann. Über die anderen Verhältnisse – Delphine, die Kammerfrauen der Sand – haben wir schon zu Gericht gesessen. Es stimmt zwar, daß man in solchen Dingen nie etwas mit Sicherheit behaupten kann, doch hier ist die Wahrscheinlichkeit sehr groß, sind die Beweise des Gegenteils zu grob gewirkt, als daß man ernsthaft die Hypothese wagen könnte, die wir angefochten haben.

Schwindsüchtige deiner Art, sorglose Kranke, fühlen sich im allgemeinen zum sexuellen Akt hingezogen, als wollten sie es in dem Wissen um ihr bedrohtes Leben durch das Trugbild der Fortpflanzung verlängern. Aber von einem bestimmten Grad der Schwäche an ist der Hang zur Liebe erloschen. Liszt notiert: »Von 1846 zu 1847 ging er fast nicht mehr aus, da er keine Treppe steigen konnte, ohne es mit den ärgsten Beklemmungen zu büßen. Fortan erhielt ihn nur die sorgliche Vorsicht und Pflege noch am Leben.« Schon lange vorher littest du an starker Anämie. Mitten im Sommer vor einem großen Feuer gestehst du: »Ich friere immer, erst im Grab werde ich mich aufwärmen können.« Einer zarten jungen Frau vertraust du an: »Oh, meine arme kleine Dame, wir beide haben wohl kaum das Blut eines Mannes in uns!« Die Sand sagt ohne Umschweife: »Ich hatte das Gefühl, mit einer Leiche zu schlafen…« Diese Art von Anämie macht gleichgültig. Selbst die Sticheleien der Sand lassen dich kalt. Du bist wollüstig und keusch, in der Jugend aus Schüchternheit, als Erwachsener aus körperlicher Schwäche. Eine heiße Seele, ein eisiger Körper – du bist heikel geboren. Nur dein Geist fängt schnell Feuer. Um so mehr als du – das berichtet Jane Stirling – »eine so edle Vorstellung von dem hast, wie eine Frau sein muß…« Im übrigen hast du so oft bezeugt, daß die Ausnahme die Regel bestätigt! Dir genügte ein kurzer Blick auf die Liebe, um sie auszudrücken – so wie einem Maler ein Blick auf eine Blume genügt, um ihre Farben wiederzufinden. Immer dieser Abgrund zwischen Phantasie und Wirklichkeit!

Warum hast du Polen verlassen, warum bist du nach Frankreich gekommen? Um als Halbfranzose die Heimat deines Vaters zu ehren? Nein, obwohl du kurz vor deinem Tod erklärt hast, »die Franzosen ebenso geliebt zu haben wie die Deinen«. Deine Musik ist polnisch, nichts als polnisch, sie ist das lebendige Zeugnis von dem Genius eines Volkes. Was dann? Wer zwang dich, ein so gefährliches Abenteuer zu unternehmen? In

Warschau hättest du weiter nach deinem Geschmack in deiner Umgebung gelebt, verwöhnt von deinen Freunden, gehätschelt von den Damen, dank deines Talents vor Not behütet, du hättest die gleiche Musik geschrieben wie in Paris, hättest nur die Ohren zu spitzen brauchen, um zu wissen »wie man zu Hause singt«. Was dann? Mein Gott, wie ärgerlich ist doch das Schweigen der Toten, denen all die Fragen, die wir ihnen stellen, so gleichgültig sind! Dieses Marmorgesicht, das nicht einmal mehr die Spuren der Stürme trägt, die darüber hinweggingen – welcher Höhenflug, welches Vergessen, welche Verlockung. Da du mir nicht antwortest, werde ich dir die Gründe eines Exils erklären, die dir vielleicht gar nicht bewußt geworden sind.

Du gingst fort, um der freien Welt zu bezeugen, zu sagen, daß dort hinten im Osten eine vom russischen Riesen gefangengehaltene Nation litt, wie ein Vogel, der unter einem verfluchten Stiefel zertreten wird. Du wolltest den Rücken nicht beugen, aber du warst körperlich unfähig, zu kämpfen, und so hast du auf andere Weise mit den dir eigenen Waffen Krieg geführt: diese waren weder Zeit noch Gegenwehr ausgesetzt. Du warst ein Widerstandskämpfer, obwohl es dieses Wort noch nicht gab: du hast ihm seinen tiefen Sinn gegeben. Du hast dich als Sühneopfer hingestellt, damit die ferne Klage deines getretenen Landes gehört würde, damit die Welt für immer vom Preis des polnischen Stolzes erführe. Da du für dein Volk eine lange Zeit der Drangsal voraussahst, hast du das wilde Gesicht der Rache mit Noten, Voluten und Arabesken gezeichnet. Du hast an deinem Klavier mehr für Polen getan als deine Freunde mit dem Schwert in der Hand in den Straßen von Warschau. Der Kanonenlärm von Warschau ist vergessen, aber in deiner Musik klingt immer noch die Bürde eines heroischen Verzichts auf. Man fällt, aber man ergibt sich nicht: Das ist die Devise deiner Musik.

Man kann sich sogar fragen, ob du nicht dein Vaterland verlassen hast, um in der Ferne noch mehr zu leiden? Da du nicht umsonst Pole warst, brauchtest du vielleicht die Entfernung, um die Kraft einer schmerzerfüllten Liebe und den langen Draht zu spüren, der dich mit den Landschaften deiner Kindheit verband?

Du warst, so scheint es, kein einfacher Mensch? Das hätte gerade noch gefehlt! Einfach, während so viele Widersprüche sich in dir sträubten, wie Stacheln, die dich als ersten töteten? Als Kranker war deine Geduld engelhaft. Als Armer empörtest du dich gegen die geizigen Musikverlage, die dir lächerliche Honorare zahlten, aber niemand, der dich nach der letzten Mode gekleidet sah, konnte sich jemals vorstellen, daß du ohne deine Klavierstunden unter den Brücken geschlafen hättest. Du hattest Angst vor dem Auftreten in der Öffentlichkeit, aber wenn eine Vereinigung deiner emigrierten Landsleute um deine Mitwirkung bat, sagtest du zu und hättest um nichts in der Welt auch nur einen Pfennig angenommen. Du haßtest das Schreiben, aber auf einen Brief oder einen Besuch reagiertest du sofort mit einem Besuch oder einem Brief. Du hast deine Freunde ausgenutzt? Ich glaube vor allem, daß du sie begeistert hast, wenn du um ihre Mitarbeit batest. Du warst übelnehmerisch? Ja, aber nicht nachtragend. Launisch? Gut: geben wir es zu angesichts deiner Krankheit. Können wir das schreckliche körperliche und seelische Leid vergessen, das dich unaufhörlich quälte? Berlioz erinnert uns daran: »Seine Schwäche und seine Schmerzen waren so stark geworden, daß er am Ende weder Klavier spielen noch komponieren konnte. Sogar das kleinste Gespräch ermüdete ihn beängstigend. Meistens versuchte er, sich soviel wie möglich durch Zeichen verständlich zu machen. Daher die Isolierung, in der er die letzten Monate seines Lebens verbrachte...«

Hochmütig? Nein, klarsichtig. Mißlaunig gegenüber deinen »Kollegen«? Das ja – aber um er selbst zu sein, darf ein schöpferischer Mensch nicht zu viel Bewunderung empfinden: sie unterhöhlt sein Glück. Erste Pflicht des Künstlers ist, allein auf der Welt zu sein. Wagner ist dir in diesem Punkt einiges schuldig. Egoistisch? Sagen wir konzentriert. Unverschämt zur Sand? Niemals. Spieltest du den Hausherrn in Nohant? Keinesfalls. Aber du triebst es mit der Vornehmheit so weit, daß du dich in einem schlechten, absichtlich gemeinen Roman deiner Geliebten nicht wiedererkennen wolltest, als alle Leute zu dir sagten: »Das bist du!« Und wir haben die Episode der Trennung noch zu genau im Gedächtnis, um hier nicht den Fürsten von der Plebejerin unterscheiden zu können. George, die gern sagte: »Ich muß lieben oder sterben«, hörte auf zu lieben, aber nicht zu leben – während du, der seine Gefühle nicht aussprach, verlassen von der robusten Matrone, die dich poetisch: »Mein lieber Leichnam…« oder im Berry-Dialekt: »Vater Gatiau…« nannte, ihr recht gabst und ihr einen Sterbenden zum Fraß botest, an dessen Lager sie nicht mehr kam. Wir haben so oft über sie zu Gericht gesessen, daß wir am Ende zugeben können, sie habe sich betragen wie eine Bauersfrau, wobei sie sich der Lüge mit einer Virtuosität bediente, die deine Virtuosität am Klavier in den Schatten stellte. Aber wir wollen nichts Kränkendes über einen Schatten sagen. Sie ist im Dunkel entschwunden, während du im Licht strahlst.

Glücklich oder unglücklich? – Ich glaube, du hast dir diese Frage niemals gestellt. Du lebtest, hin und her gerissen zwischen Hoffnung und Verzweiflung, genährt von den Bildern deiner Jugend, verfolgt von Vorahnungen, du gingst deinen Weg und sahst das Ende der Straße, du schriebst, bis dir die Feder aus der Hand fiel, du bautest mit vergänglichen Leiden eine ewige Welt.

Als sie dir die Augen zudrückte, sagte Jane, die Schottin, die dich in deinem Leben oft verärgert hat, angesichts des Todes ein vieldeutiges, vielsagendes Wort: »Er war nicht wie die anderen…« Mit wenigen Worten ist alles gesagt. Nein, sicherlich nicht wie die anderen! In keiner Weise. So daß man glauben möchte, du seiest auf die Welt – auf die ganze Welt – gekommen, um sie zu erfreuen. Deine wenigen verfügbaren Kräfte hast du verwendet, um mit deinen schwachen Händen eine unvergängliche Musik zu schaffen: welche Musik hat wie deine den Einfällen der Virtuosen, den ungeschickten Fingern, der Minderung durch den Abstand, dem Zahn der Zeit widerstanden? Ich sehe kaum eine.

Du bist auf die Welt gekommen, um ein einziges auszudrükken, und dieses einzige hast du auf hundert verschiedene Arten gesagt. Was kümmert dich deine Erschöpfung – du mußt um jeden Preis eine andere Müdigkeit ausdrücken: den Überdruß eines Volkes, das nicht mehr dienen will, und nur noch für den Aufstand lebt. Deine Polonaisen, deine Balladen, deine Scherzi, deine Sonaten – ein Peitschenknall! Deine Mazurken, deine

Walzer – Liebkosungen nach dem Hieb! Daß diese männliche Musik aus einem geschwächten Körper kommen konnte, läßt einen an Gott glauben: Warum glaubtest du nicht, glaubtest du nicht mehr? Vielleicht weil du Gott, der die Schönheit ist, in deinem Herzen durch ein ähnliches Bild ersetzt hattest: durch deine Musik, die glaubt, hofft und liebt. Wer weiß? Alles ist Gnade, und es gibt so viele Arten, Gott zu sagen: »Ich liebe dich!«

Für dich ist das Leiden vorüber. Der lange Marsch ist zu Ende. Du entfernst dich in dieser langgestreckten Form, die noch aussieht wie du, deren Herz jedoch nicht mehr dabei ist, im wörtlichen wie im übertragenen Sinne. Ein Körper ohne Seele. Du bist jetzt im gelobten Land. Über Wege, an denen Apfelbäume stehen, gehst du inmitten von Weizenfeldern, die fern der »geliebten Stadt« erzittern, zu dem bescheidenen Garten deiner frühen Jahre, die du seither in deinen Träumen unaufhörlich hast erblühen lassen. Genie ist die Gabe zu erfinden, das heißt auferstehen zu lassen. Die meisten Menschen verlieren beides mit ihrer Kindheit. Was ist ein Poet anderes als ein ewiges Kind? Du bist tot, »rein wie eine Träne«, einer Hülle, die dir nicht paßte, entwichen, wie das Insekt, das sich verwandelt – endlich frei!

Die Hälfte deines Lebens hast du fern von den Deinen verbracht, fern von dem Land deiner Geburt, dem du jedoch treu geblieben bist mit deinem Herzen und deinem Genie, und du wußtest dabei besser als jeder andere, »daß ein Vogel nie so gut singt wie auf seinem Stammbaum«!

ANHANG

Das Werk

Vor der Einzelanalyse der Werke Chopins, nach ihrer musikalischen Form geordnet, erscheinen ein paar allgemeine Betrachtungen über den Charakter seines Werkes notwendig, wenn wir auch im Verlauf dieses Buches verschiedene Aspekte seines schöpferischen Genies bereits beleuchtet haben. Vor der Analyse also zuerst einmal der Versuch einer Synthese.

Und wenn möglich, einer ausgewogenen Synthese ohne Voreingenommenheit, ganz nahe an der komplexen, schillernden Wahrheit, die es unbedingt zu erreichen gilt und die ihrer Natur gemäß uns stets zu entgleiten droht. Zumindest wollen wir versuchen, nicht in den Fehler einer Erläuterung a priori zu verfallen. Keine These: Tatsachen.

Ganz sicher wäre es lächerlich, das Werk Chopins nur unter dem Gesichtspunkt seiner langen Krankheit zu betrachten, darin nur die lange Klage eines Fremden zu sehen, der fern seiner Heimat lebt, und alles auf Polen zu beziehen. Ganz ohne Zweifel wäre es jedoch noch unrichtiger, den dreifachen Einfluß der Tuberkulose, des Polentums und des Exils unbeachtet zu lassen. Hier handelt es sich nicht um Bilderbogen, sondern um ganz reale Aspekte in Leben und Persönlichkeit Chopins.

Kommen wir ein letztes Mal auf den schlechten Gesundheitszustand von Chopin zurück. Edouard Ganche beschreibt das Portrait Chopins, gemalt von Miroszewski in Warschau, wie folgt: »Das Original stellt ihn als jungen Mann dar, der von der Schwindsucht bedroht ist. Unser Musiker hat eine weiße Haut, einen hervorstehenden Kehlkopf, die hohlen Wangen lassen die Backenknochen und die beiden Kiefer hervortreten, die Ohren stehen leicht vom Kopf ab, wie das bei Lungentuberkulösen der

Fall ist. Ganz offensichtlich handelt es sich um einen kränkelnden Mann, der zu akuten Erkrankungen neigt.

Das Schizoide wie das Psychasthenische sind leicht zu erkennen. Doch ist ihr Vorhandensein von keinerlei pathologischem Interesse für uns und hat auch Chopin in keiner Weise beeinträchtigt. Dafür enthüllt es die Grundlagen einer großen Anzahl seiner Äußerungen und verschiedener Formen seines künstlerischen Schaffens.«

Wir haben an anderer Stelle das »Charakterbild« Chopins von dem Psychologen André Rabs zitiert.[1]

Weder das polnische noch das französische Lager hat das Kriegsbeil in Sachen Chopin begraben. Es ist ein fruchtloser, doch erbitterter Kampf. Jeder will den Musiker auf seiner Seite wissen: slawisches Genie, französisches Genie? Sagen wir: ein universelles Genie, und schließen uns damit der These von Alfred Cortot in einem Kapitel seines Buches *Chopin, Wesen und Gestalt* an.[2] Die Grundlage Chopin'schen Genies ist ganz sicherlich polnisch. Das Pariser Klima bereichert sein Talent, ohne seine Komponenten zu verändern, es verhilft seiner klassischen Seite, das heißt der Universalität seiner Botschaft, zum Durchbruch.

Der Emigrant: wieder ein Wort, über das viele lächeln – zu Unrecht. Das Exil ist in bezug auf Chopin eine historische Tatsache, auf die unser Held unaufhörlich anspielt, wenn er an seine Freunde schreibt oder sich mit ihnen unterhält.

Sicher, Chopin hat 1830 seine Heimat aus musikalischen und nicht aus nationalen Gründen verlassen. Ebenso offensichtlich versucht er nie ernsthaft zurückzukehren – ebenso wenig wie sein Vater danach gestrebt hatte, sich wieder in seine Heimat, Lothringen, zu begeben. Doch kaum hat er die polnische Grenze überschritten, sehnt er sich nach seinem Vaterland, und mit blutendem Herzen verfolgt er von ferne seinen qualvollen Weg. Das alles hindert ihn jedoch nicht, die Atmosphäre von Wien, von Großbritannien, Deutschland und Paris zu genießen und viele glückliche Tage weit von Warschau zu verbringen – doch immer wieder packt ihn in Abständen das Heimweh. Das beste Mittel, seine Nostalgie zu vertreiben, ist für ihn, wenn er den Abglanz dieser Nostalgie auf Notenpapier bannen kann. Die Psychologie läßt sie vermuten, die Tatsachen bestätigen sie: Übertragung des Schmerzes auf eine Musik, in der Chopin sich nach eigenem Geständnis »austobt« – sagen wir, sich bekennt.

So kindisch der Streit zwischen den Polen und den Franzosen auch sein mag – während doch Chopin als Halbpole und Halbfranzose alle unter einen Hut bringen müßte –, verharren wir einen Augenblick bei den Argumenten der Polengegner. Die Gründe für ihre Verärgerung lassen sich folgerndermaßen zusammenfassen:

1. Chopin ist zuerst einmal und vor allem Klassiker, Schüler von Bach und Mozart, in deren Musik keinerlei Nationalismus zu erkennen ist.

2. Chopin bleibt ungerührt von den dringenden Bitten seines Freundes Witwicki, seines Lehrers Elsner und seiner Schwester Louise, die unbedingt eine polnische Oper von ihm wünschen, um das lebendige Genie seiner von russischen Truppen besetzten Heimat unter Beweis zu stellen.

3. Chopin hat sein ganzes Leben lang ein ideales Polen, das Polen seiner Kindheit (Zelazowa-Wola, Szafarnia, Warschau) besungen, er hat jedoch auch Elemente anderer Länder (ruthenische, ukrainische, italienische usw.) in seine Musik hineingenommen. Gewiß, Polonaisen und Mazurken sind in Polen bekannte Tänze, aber die Polonaise ist seit dem 16. Jahrhundert in Europa verbreitet; Beispiele dafür finden sich in den Werken von Bach, Telemann, Mattheson und W. F. Bach, der möglicherweise die Tradition dieses Tanzes an den Grafen Oginski, einen Landsmann Chopins, weitergegeben hat. Vor der Mazurka muß man natürlich kapitulieren, aber was tut's…

4. Die polnische Volksmusik wird von Chopin stark stilisiert. Folkloristische Elemente sind im übrigen selten. Und selbst wenn Chopin einmal sein Masowiertum durchblicken läßt, erscheint er eher als Seher in die Zukunft denn als Sänger der Gegenwart. Er verwandelt alles, was er berührt – Gott sei Dank, müssen wir dazu sagen.

5. Ein entscheidendes Argument liefert uns Robert Schumann:

»Das kleine Interesse der Scholle, auf der er geboren, mußte sich dem weltbürgerlichen zum Opfer bringen, und schon verliert sich in seinen neueren Werken die zu spezielle sarmatische Physiognomie, und ihr Ausdruck wird sich nach und nach zu jener allgemeinen idealen neigen, als deren Bildner uns seit lange die himmlischen Griechen gegolten, so daß wir auf einer andern Bahn am Ende uns wieder im Mozart begrüßen.«

Ich muß zugeben, daß mir keines dieser Argumente ausschlaggebend erscheint, daß vielmehr jedes von ihnen noch etwas zu dem Bild beiträgt, das es eigentlich zerstören sollte: das Bild eines Künstlers, dessen Genie aus nationalen Quellen schöpft, der jedoch seine Errungenschaften verallgemeinert und der Menschheit eine aus typisch polnischer Erfahrung entstandene Botschaft überbringt. Sacha Guitry schreibt sehr zutreffend darüber: »Um universell zu sein, muß man zuerst einmal leidenschaftlich heimatgebunden sein – und Cervantes wäre nicht in der ganzen Welt bekannt, wenn er nicht anfänglich die Inkarnation Spaniens gewesen wäre.«

Soll ich also vorbehaltlos dem »polnischen Lager« recht geben, dessen Anführer, Ignaz Paderewski, der legendäre Pianist und Präsident des polnischen Exilparlaments, unumwunden über seinen berühmten Landsmann äußert: »Vertraute Tänze des masowischen Landes, melancholische Nocturnes, hüpfende Krakowiaks, geheimnisvolle Préludes, ausdrucksstarke Polonaisen, mächtige mythische Etüden, epische Balladen, in denen der Sturm wütet, heroische Sonaten – er versteht alles, er fühlt alles, weil alles zu ihm gehört, alles ist polnisch. Chopin hat alles verschönt, alles veredelt. Er hat in den Tiefen der polnischen Erde Edelsteine gefunden und für uns einen Schatz daraus gemacht. Er hat als erster dem polnischen Bauern den höchsten Adel verliehen: den Adel der Schönheit. Er hat unseren Bauern in der weiten Welt eingeführt und ihn an die Seite des Eroberers gestellt und neben die höchste Dame das enterbte Waisenkind. Als Poet, Zauberer und Herrscher durch die Macht des Geistes hat er alle Klassen gleich gemacht, nicht in den niedrigen Gefilden des Alltags, sondern hoch oben auf dem erhabenen Gipfel des Gefühls. So hört der Pole Chopin. Der Pole lauscht und, wie den Poeten, überfluten ihn reine Tränen. So hören wir ihn alle – denn wie anders soll man ihn hören, jenen Sänger des polnischen Volkes?«

Mir scheint, daß zwischen den flammenden Worten von Paderewski und den kleinlichen Einschränkungen der französischen Biographen genügend Platz ist für eine wahrheitsgemäße Auffassung von einem romantischen Chopin auf stark klassischer Grundlage, der in keiner Weise literarisch interessiert ist, jedoch aufmerksam dem Rauschen des Windes lauscht, »der uns die Geschichte der Welt erzählt«. Selbstverständlich ist Chopin auf keinen engen Nationalismus beschränkt, er ist Europäer. Will man jedoch daraus die Behauptung herleiten, er sei nicht mehr Pole als Liszt wirklich Ungar[3], befindet man sich am Rande eines Irrtums.

Der polnische Boden Chopins ist so offensichtlich, daß es mir unnötig scheint, ihn weiter zu betonen. Viele Autoren, darunter Ludwik Bronarski, haben sich jedoch voller Leidenschaft damit befaßt und so im guten Glauben dem Exegeten hochinteressante Argumente geliefert.

1. Zuerst einmal legt er Wert auf das, was unsere Erzählung zu Anfang zeigt: Chopin hat in seiner Jugend die Volkslieder der Bauern gut gekannt. Ihre Rhythmen, Kadenzen, Melodiebogen, Tonarten, Harmonien sind ihm geläufig, dank der »Masurek«, die er in Musik und Tanz erlebt. Karasowski schreibt, auf Grund von Informationen, die ihm die Familie Chopin geliefert hat, über dieses Thema: »Wenn er mit seinem Vater Ausflüge in die Umgegend machte oder die Schulferien auf dem Lande zubrachte, horchte er auf jedes Lied, das über die Lippen der Mäherinnen oder aus dem Bogenstrich eines ländlichen Geigers kam.[4]«

2. Einer der Hauptbiographen, Ferdinand Hoesick, zitiert Woycicki, einen Freund von Chopin, der im gleichen Sinne bezeugt: »An einem Winterabend auf dem Heimweg hörte Frédéric plötzlich einen Dorfmusikanten, der in einem Gasthof Masureks und Obereks mit unvergleichlichem Temperament spielte. Der junge Künstler, der beeindruckt war von der Originalität und dem ausgeprägten Charakter der Melodien, blieb vor dem Fenster stehen und bat seinen Vater, ebenfalls stehenzubleiben, damit er die Musik hören konnte. Er blieb mindestens

eine halbe Stunde, trotz der Vorstellungen seines Vaters, der schnell nach Hause wollte. Frédéric rührte sich nicht, bis der Dorfmusikant aufgehört hatte zu spielen. Bei den schönen Dorffesten, vor allem denen, die in Polen nach der Ernte gefeiert werden, wohnte Frédéric immer den bäuerlichen Belustigungen bei. In Szafarnia bei den Dziewanowskis hörte er die Lieder, die einfachen Musikkapellen, er sah den Tänzen zu, und da merkte man, welche Freude er dabei empfand, wie sehr er sich in seinem Element fühlte.«

3. Erstaunlich, daß Chopin sein ganzes Leben lang nur für polnische Folklore aufgeschlossen war. Er hört zum Beispiel in Nohant eine Menge berrichonnischer Ritornelle, die Sand spielt sie auf dem Klavier und singt dazu. Er hört in Mallorca Fandangos, in Genua sizilianische Tarantellen, in Schottland, am Ende seines Lebens, Dudelsäcke. Allerdings sind seine »drei Ecossaisen« 1849 schon seit vielen Jahren geschrieben, der *Bolero* vor seiner Reise zu den Balearen komponiert und nur die *Tarantella* (1841) entstand nach seiner Reise durch Italien. Keines dieser Stücke enthält auch nur den geringsten volkstümlichen Anklang. Außer ein paar flüchtigen Anspielungen auf die Ukraine ist alles, was Chopin schreibt, frei erfunden oder aus polnischen Rhythmen neu gestaltet.

Die siebzehn Polonaisen

Liszt verbreitet sich in seinem Buch über Chopin, das er nach dem Tod seines Freundes schrieb, recht lange über die Ursprünge und den Charakter der Polonaise.[5] Er unterstreicht von Anfang an den Unterschied – den Abgrund, der Chopins heroische Musik von anderen Polonaisen trennt: »Sie erinnern keineswegs an die verschnörkelten und geschminkten Polonaisen à la Pompadour, wie sie durch die Ballorchester, die Konzertvirtuosen, das abgedroschene Repertoire der manierierten und abgeschmackten Salonmusik verbreitet wurden. Die edelsten traditionellen Empfindungen des alten Polen kommen darin zur Darstellung. Der Mehrzahl nach ritterlichen Charakters, geben sie Bravour und Tapferkeit mit der Einfachheit des Akzents wieder, die bei diesem kriegerischen Volke jene Eigenschaften versinnbildlichte. Sie atmen eine ruhige, bewußte Kraft, wie sie, so sagt man, das Erbteil seiner großen Männer der Vorzeit war. Mit diesem Tanz eröffnete der Herr des Hauses jeden Ball, nicht mit der jüngsten noch der schönsten, sondern mit der geehrtesten, oft der bejahrtesten der anwesenden Frauen. Dem Hausherrn folgten die angesehensten Männer. Es war ein Defilé, in dem die ganze Gesellschaft sich pfauengleich daran ergötzte, daß sie sich zu ihrer eigenen Bewunderung so schön, so vornehm, so prunkreich und höflich sah.« Mickiewicz hat die Polonaise in dem letzten Lied seines *Pan Tadeusz* beschrieben, in dem die ersten Jahre des Jahrhunderts und eine Tradition heraufbeschworen werden, die im Laufe der Zeit sich abgeschwächt haben, deren letzten Abglanz Chopin jedoch in seiner Jugend noch hat wahrnehmen können.

Von welchen Vorbildern ließ Chopin sich inspirieren? Von der ernsten, anmutigen legendären *Kosciuszko-Polonaise;* von den düsteren, traurigen Polonaisen des Grafen Oginski; von den zärtlichen, frühlingshaften Polonaisen von Lipinski; aber vor allem von den strahlenden, lebendigen, leidenschaftlichen Polonaisen von Weber. Chopins *Polonaisen in A-Dur, As-Dur, es-Moll,* erinnern an die Polonaisen von Weber und übertreffen sie noch. Vollkommen neuartig ist die *Große Polonaise in fis-Moll,* in deren Mitte ein Mazur ganz plötzlich die Stimmung des Stückes verändert. »Elegische Traurigkeit herrscht in der *Polonaise-Fantaisie* vor, nur unterbrochen von melancholischem Lächeln, ungestümen Bewegungen, von bangem Erzittern und Funken, was zu einer fast an Wahnsinn grenzenden Erregtheit führt.« So äußert sich Liszt in seiner bilderreichen Sprache. Im ganzen beschreiben die siebzehn Polonaisen, einschließlich der sieben Polonaisen aus seiner Jugend, einen Bogen, der bei den rhythmischen Stücken beginnt, an den Volkstanz erinnert, die epische Dichtung streift und sich im Stilisierten verliert. Man denkt an ein Kaleidoskop von Polen, gesehen mit den Augen von Chopin.

Das erste von Chopin komponierte Werk ist eine Polonaise. Er ist sieben Jahre alt. Es folgen bis 1829 sechs weitere Polonaisen, seine Jugendpolonaisen. In diesem Jahr ist Warschau zwar von den Russen besetzt, die Unterdrückung ist jedoch noch nicht so hart wie 1830–1831.

Der junge Musiker gibt den Polonaisen noch nicht die Bedeutung einer patriotischen Revolte, er komponiert sie einfach aus Tradition, weil dieser Tanz Mode ist.

1. Die in keiner Weise tragische, 1817 komponierte *Polonaise in g-Moll* wurde hundertzehn Jahre später von Jachimecki inmitten einer Sammlung von in Warschau erschienenen Stücken entdeckt. Der kleine Chopin mit seinen sieben Jahren kannte sicherlich nur die Polonaisen von Oginski, Elsner, Kurpinski und Weber. Erstaunlich ist der sichere Instinkt des siebenjährigen Kindes für eine richtig eingesetzte Harmonie, für einen festen Rhythmus, eine »talentvolle« Modulation, eine geschickte Replik in der linken Hand und ein anmutiges Trio in der Mitte. Ein mehr als vielversprechendes Stück.

2. Die *Polonaise in B-Dur* stammt ebenfalls aus dem Jahre 1817. Lebhaft, naiv, fast mozartisch, imitiert sie zeitweise die klassische Spieldose.

3. Die höchst anmutige *Polonaise in As-Dur* (1821) verdient ihren Namen nur wegen des charakteristischen Rhythmus.

4. Die Zwyny gewidmete *Polonaise in As-Dur* hat er vielleicht überarbeitet, indem er modische virtuose Floskeln einfügte und zur Befolgung eines sehr strengen Planes riet. Er schrieb sie in seinem elften Lebensjahr. Angesichts der geschickten Modulationen und der typischen Verzierungen in der rechten Hand sagt der Zuhörer bereits: »Das ist Chopin!«

5. Chopin hat die *Polonaise in gis-Moll*, genannt »Abschiedspolonaise«, mit sechzehn Jahren komponiert und seinem Freund Wilhelm Kolberg gewidmet. Sie ist weiter entwickelt als die vorigen, geschickt ist das Überkreuzen der Hände eingesetzt. Melancholische Modulationen; die Kavatine aus der *Diebischen Elster* von Rossini wird hier in eine Polonaise umgewandelt. Außer Chopin wäre wohl keiner fähig, in diesem Alter ein so vollkommenes Stück zu komponieren.

6. Drei posthume Polonaisen mit Vorspiel, nach dem Tod des

Musikers unter der Opuszahl 71 zusammengefaßt, sind zwischen 1827 und 1829 komponiert. In ihnen kommt eine immer persönlichere Schwermut zum Ausdruck. Die erste, in d-Moll, ist verträumt, bezaubernd; die zweite, in B-Dur, läßt so etwas wie ein Geheimnis durch die Virtuosenkunststücke hindurchblicken; die dritte, in f-Moll, ist in der Melodie stärker durchgearbeitet und kündigt von ferne den schwermütigen Zauber der *Vierten Ballade* an.

7. Chopin ist zwanzig Jahre alt. Als Virtuose schon hoch geschätzt, schreibt er seine *Grande Polonaise brillante in Es-Dur* op. 22, der er fünf Jahre später ein Andante spianato voranstellt. Es ist ein Bravourstück, das zuerst eine Orchesterbegleitung enthielt, später jedoch auf das Klavier reduziert wurde. Man spürt hier unter den reichverzierten Läufen den Bewunderer der italienischen Oper. Das verträumte Andante hebt sich stark von der unbändigen Polonaise ab.

8. Bei seiner Ankunft in Paris erfolgte eine spürbare Veränderung. Chopin hat in seinen beiden *Polonaisen* op. 26 (1835) in *cis-Moll* und *es-Moll* endgültig seinen Stil gefunden. Cortot hat recht, wenn er darin eher »die Seele eines Polen als die Seele Polens« sieht. Der martialische und lyrische Charakter der ersten, der mysteriöse und dramatische Charakter der zweiten (den Niecks als »verschwörerisch« bezeichnet), hat nichts mehr mit der Brillanz der Polonaise zu tun, wie sie zu jener Zeit in Warschau getanzt wird. In seinen Harmonien verwendet Chopin ein reiches und persönliches Vokabular, er pflegt die enharmonische Verwechslung, läßt dem Zuhörer nicht einen Augenblick Ruhe und drückt seine Gedanken in der Art eines Heldengedichts aus. Sein visionäres Genie bestätigt sich in diesen beiden schicksalsbetonten Stücken.

9. Die beiden in Mallorca komponierten *Polonaisen* op. 40 *in A-Dur* und *c-Moll*, wurden einst von Anton Rubinstein als die Darstellung der beiden Gesichter Polens bezeichnet: das eine ruhmreich, das andere geschlagen. Vergessen wir nicht, daß Chopin, der wenigst literarische unter den genialen Menschen, nur Musiker sein will. Eins ist gewiß: die militärische Polonaise erinnert an Fahnen, Trommeln, Parademärsche, strahlende Ho-

rizonte. Die männliche Glut ist immer gleich stark: das Forte hält vom Anfang bis zum Ende durch. Die zweite Polonaise, in c-Moll, symbolisiert, nach einem äußerst treffenden Ausdruck von Alfred Cortot, »Ruhm in Trauerkleidern«. Die linke Hand spielt, begleitet von einer Figuration aus gleichen Achtelnoten in der rechten Hand, ein Klagelied. Diese stilistisch sehr eigenartige Polonaise ist von plötzlichen Zuckungen durchbrochen, von kriegerischen Rhythmen durchsetzt, von prächtigen harmonischen Fortschreitungen erhellt, die jedoch den Nebel nicht zu durchdringen vermögen; schließlich endet sie so, wie sie begonnen hat.

10. Die *Polonaise in fis-Moll* op. 44, der ein geheimnisvolles, in einem ergreifenden Crescendo mündendes Vorspiel vorangeht, läßt sich in drei Teile aufgliedern:
– die eigentliche Polonaise, martialisch, gebieterisch, kriegerisch;
– eine lange Episode in Zweiunddreißigstel-Noten, die den Eindruck eines Trommelwirbels vermittelt;
– vollkommen unvermutet ein »Tempo di Mazurka«, das Chopin hier in die Mitte eines ungestümen Stückes eingefügt hat. Dank seines Genies wirkt dieses ausgedehnte Zwischenspiel nicht langatmig und führt nach zwei donnernden Läufen zur Wiederholung des Vorspiels und des ersten rhythmischen Themas. Im Verlauf des Stückes wechseln spannungsgeladene Augenblicke mit Episoden der Entspannung ab. In seinem gesamten Werk, mit Ausnahme der *Polonaise in A-Dur*, spielt Chopin mit dieser Art von Kontrasten.

11. Die heroische *Polonaise in As-Dur* op. 53 stammt nicht aus dem Jahre 1843, wie gewöhnlich angenommen wird, sondern aus dem Jahre 1836. Am 12. September des Jahres überreicht Chopin auf seiner Reise über Leipzig Clara Wieck eine eigenhändig angefertigte Kopie, mit einem kurzen Gruß »ihres Bewunderers«. 1843 wird das Werk gedruckt und dem Bankier Léo gewidmet. Einer Legende zufolge soll Chopin, als er die »Heroische« vor ein paar Freunden spielte, mitten in der Episode mit den Oktaven in der linken Hand innegehalten haben, wie fasziniert von der Vorstellung von Marschkolonnen, die

dem auf Befreiung wartenden Polen zu Hilfe eilten. Dieser Bericht ist recht zweifelhaft. Viel wichtiger erscheinen mir die übereinstimmenden Zeugenaussagen von Gutmann, Hiller und Liszt, nach denen Chopin, getreu seinem ästhetischen Empfinden – und wahrscheinlich auch durch seine physische Schwäche gezwungen – die beiden Crescendi in Oktaven äußerst behutsam spielte, angefangen bei einem Mezzo forte bis zu einem Forte ohne besonderen Glanz, jedoch die großartige Modulation von E-Dur in Dis-Dur mit einem einschneidenden Akzent unterstrich. Sicher verlieh der Glanz der Liszt'schen Technik diesem höchst kämpferischen Stück – in dem eingefleischte Kartesianer nur den Ausdruck von Enttäuschung in der Liebe (!) sehen wollen – etwas Grandioses, was Chopin in seiner vornehmen Virtuosität nur schwerlich herausarbeiten konnte. Dabei ist noch zu bemerken, daß der Verfasser die übertriebene Schnelligkeit rügte, mit der einige Interpreten das Stück vortrugen. Ganz ohne Zweifel spielt man heute wesentlich schneller, als Chopin es empfahl.

12. *Polonaise-Fantaisie in As-Dur* op. 61. In einem Brief von 1845 schreibt Chopin seiner Familie, »wie schwer es ihm fällt, einen Titel für eine neue Komposition zu finden«. Warum nicht »Polonaise«? Weil das Stück, abgesehen von einer immer wiederkehrenden rhythmischen Anspielung, nichts mit einer Polonaise gemeinsam hat. Tatsächlich handelt es sich um eine Fantasie, oder, wenn man so will, um eine epische Träumerei, deren Schwermut ab und zu durch einen Trompetenstoß unterbrochen wird. Chopin scheint im Verlaufe des ganzen wundervollen Stückes Erinnerung, Klage und den Widerschein eines von Krankheit geschwächten Temperaments heraufzubeschwören. »Dann«, schließt Alfred Cortot, »folgt ein Schwarm aufsteigender Klänge, der sich nach und nach von der Unwirklichkeit des Traumes befreit. Darauf erscheint dann die ergreifende Vision, die ihren Inspirator selbst mit ruhmvollen Bildern blendet: das siegreiche Polen wird seinem eigenen Schicksal zurückgegeben.« Chopin hat vielleicht nie ein so freies, stilistisch so unterschiedliches Stück komponiert, das formal so weit geht wie dieses. Hier bietet sich die Gelegenheit, auf die bewundernswerte Unabhängigkeit Chopins musikalischen Formen gegenüber hinzuweisen.

Sein angeborener Sinn für den »Zuschnitt« tritt an die Stelle kleinlicher Ehrfurcht vor bestehenden Mustern. Deshalb unterscheiden sich die Balladen und die Scherzi so stark in ihrem Aufbau.

Die siebenundfünfzig Mazurken

Die Mazurka ist ein Volkstanz aus den Masuren, wo sie den Krakowiak verdrängt hat. Mit ihrem Dreivierteltakt bietet sie den Absätzen der Tänzer die Gelegenheit zu herrlichen Kontratempi. Sie wird getanzt, sie wird auch gesungen: man singt sie auch während des Tanzes.

Über den Unterschied zwischen Mazurken und Polonaisen schreibt Liszt: »Das weibliche und weichere Element…macht sich hier in erster Linie geltend. Die Frau erscheint nicht mehr als die Beschützte, sondern als Königin. Der Mann ist aufbrausend, stolz, anmaßend, dem Schwindel des Lebensgenusses hingegeben…Chopin entfesselte die unbekannte Poesie, die in den Originalthemen der echt nationalen Mazurken nur angedeutet lag. Ihren Rhythmus beibehaltend, veredelte er die Melodie, erweiterte die Verhältnisse und führte ein harmonisches Helldunkel ein, das ebenso neu war als die Gegenstände, an die er es anpaßte; denn in diesen Schöpfungen, die er uns gern als Staffeleibilder[6] bezeichnen hörte, schilderte er die tausendfältigen Erregungen, welche das Herz hienieden bewegen, wie den Tanz selbst und zumal die langen Pausen, während welcher der Tänzer nicht von der Seite seiner Dame weicht. Fast alle Mazurken sind erfüllt von dem gleichen poetischen Liebesduft, der über seinen Préludes, seinen Nocturnes und seinen Impromptus schwebt. In denselben spiegeln sich alle Phasen der Leidenschaft reiner und vergeistigter Seelen wider.« Liszt unterstreicht an anderer Stelle die unendliche Verschiedenartigkeit der siebenundfünfzig Mazurken, die Chopin von seinem vierzehnten bis zu seinem letzten Lebensjahr geschrieben hat. »In einzelnen glauben wir das Rasseln der Sporen zu vernehmen; in der Mehrzahl aber unterscheiden wir das leise Rauschen von Tüll und Gaze unter dem leichten

Wehen des Tanzes, das Geräusch der Fächer, das Geklirr von Gold und Steinen. Aus dem Rhythmus des Tanzes hört man die Trennungsseufzer heraus, die sich hinter der Lust verbergen. Andere scheinen die Angst und die geheimen Sorgen zu offenbaren, die selbst das Festgeräusch nicht zu betäuben vermag. Alle seine Kompositionen müssen in dieser schwebenden, eigentümlich betonten und prosaischen Weise wiedergegeben werden, deren Geheimnis man schwer beikommt, wenn man ihn nicht oftmals selber zu hören Gelegenheit hatte. ›Zal‹ färbt alle Werke Chopins.[7]«

Die Mazurka ist eine Zusammenfassung mehrerer Volkstanzarten: des Oberek, des Kujawiak und des Mazur im eigentlichen Sinne. Der typische Rhythmus dieses Tanzes im Dreier-Takt ist:

oder

Eine der Chopin'schen Varianten kann so geschrieben werden:

In der Mazurka-Sammlung ist noch eine große Anzahl anderer, vom Urtyp abgeleiteter Kombinationen zu finden.

Ein exzellent ausgeführtes Tempo rubato ist hier unerläßlich.

Chopins Mazurken drücken drei Arten von Gefühl aus:
– Feuer, Verve, Fantasie, Verwegenheit (zaciece)
– Leichtigkeit, Grazie, Koketterie, Schelmerei (ohne Bezeichnung)
– Schwermut, Entmutigung (zal)

Von entscheidender Bedeutung sind die Akzente, nach denen die Tänzer springen: regelmäßiger beim Oberek und Kujawiak, verschiedenartiger bei der Mazurka, wo sie im allgemeinen auf dem unbetonten Taktteil liegen. Die Synkopen tragen hier die italienische Bezeichnung Sforzati.

Chopins Mazurken sind weit davon entfernt, einheitlich aus dem Dur-Moll-System abgeleitet zu sein, sondern sie berufen sich oft auf griechische Tonarten (lydisch, phrygisch) und auf exotische Tonarten, die eine übermäßige Sekunde enthalten. Häufig sind leere Quinten, die den Kontrabaß und den Dudelsack oder die Geige und die Klarinette der Dorfmusikanten nachahmen. Ebenso die chromatische Schreibweise, die Kunstgriffe des Kontrapunkts (Nachahmungen, Kanons) und die systematische Wiederholung kurzer Phrasen von acht bis sechzehn Takten. Die Themen, in ihrer Mehrzahl erfunden, erinnern nur selten an Volkstümliches. Wieder einmal hat Chopin polnische Musik nur unter der Bedingung machen wollen, daß er sie stilisieren darf.

»Unter Blumen eingesenkte Kanonen«, notiert Schumann in einer ergreifenden Abhandlung.

Chopin veröffentlichte zu Lebzeiten siebenundvierzig Mazurken. Fontana veröffentlichte im Jahre 1858 auf seine eigene Verantwortung zehn weitere, gegen die Absicht des Verfassers, der sie einer Herausgabe nicht würdig fand. Es sind also insgesamt siebenundfünfzig Mazurken, zu der noch eine achtundfünfzigste, jedoch fragwürdiger Authentizität, kommt.

Da wir zuvor schon den poetischen Grundstoff und den Volkscharakter genau definiert haben, wollen wir nicht jedes einzelne dieser kostbaren Juwele analysieren: es wäre eine langweilige und sinnlose Aufgabe.

Nachdem wir uns dreimal sämtliche Mazurken, mit dem Text vor Augen, angehört haben, erscheint es uns sinnvoller, unseren Lesern zu empfehlen, sie auch einmal aufmerksam zu hören. Wahrscheinlich werden sie dann die gleiche herrliche Überraschung erleben wie wir. Da man normalerweise etwa ein Dutzend der von den Virtuosen am meisten gespielten Mazurken gehört hat, glaubt man, eine umfassende Kenntnis dieser Stücke zu besitzen. Das ist eine Illusion.

Im Gesamtwerk von Chopin nehmen die Mazurken einen bevorzugten Platz ein. Sicherlich drücken sich in ihnen nur flüchtig Gefühle von Heldentum, Größe und Rache aus, die in den Sonaten, Scherzi, Balladen und Polonaisen so häufig vorkommen. Aber auf dem Gebiet des Musikalischen im eigentlichen Sinne sind sie vielleicht das Raffinierteste, Persönlichste und Originellste, was Chopin geschrieben hat.

Man muß tatsächlich auf Gabriel Fauré warten, um einer solchen Ausnutzung von Mitteln wiederzubegegnen, die eigentlich traditionell sind, jedoch durch eine harmonische Feinsinnigkeit verwandelt, die sich ebenso wenig lernen läßt, wie man es lernen kann, Rutengänger oder Hellseher zu werden. Hier braucht man einen angeborenen Sinn, unabhängig vom Studium, der einem in die Wiege gelegt wird, man findet die einzige, die unersetzbare Note, die flüchtige Modulation, die enharmonische Verwechslung, die den Kenner vor Wohlbehagen lächeln läßt. Das Ohr wird verzaubert. Das Auge kontrolliert seinerseits das Gehörte, und der Musikfreund muß sich, doppelt aufgeklärt, eingestehen: »Das ist alles? Es gibt im Grunde nichts Einfacheres. Man muß nur darauf kommen...«

Wir wissen, wie kurz die theoretischen Studien Chopins dauerten: ein paar Harmonie- und Kontrapunktstudien bei dem guten Elsner, die Grundprinzipien der Komposition – die Natur sorgte für den Rest. Instinktiv fanden die Finger des jungen Chopin »den sanftesten Weg«: den Weg der Erwählten, die keine neuen Wörter brauchen, um einen orginellen Gedanken auszudrücken – es genügt ihnen, ihren Sätzen eine persönliche Wendung zu geben. Ein Feuerwerk von enharmonischen Verwechslungen, Vorschlägen, Vorhalten und Auflösungen, manchmal bei einem sehr einfachen, manchmal bei einem sehr gesuchten, in beiden Fällen jedoch immer »erfundenen« Thema, bringt jeweils eine neue Farbe in eine kurze Mazurka. Die häufige Chromatik mindert dabei ihren tonalen Charakter nicht. Wenn man auch noch so weit von der Originaltonart entfernt ist, bringt sie ein Taschenspielerkunststück wie durch Zauberei wieder hervor. Das sind nicht die Spiele eines Talents, sondern eines Genies.

Wir werden uns mit der Erwähnung der köstlichsten dieser Stücke begnügen, von denen André Messager sagte, er verbringe in ihrer Gesellschaft einsame Abende voll geheimer Reize.

Eine Welt von neuen Gefühlen steckt in ihnen.

Ob »getanzt« (Typ op. 6, Nr. 1), »gesungen« (Typ op. 41, Nr. 2), »getanzt und gesungen« zugleich, und so raffiniert auch immer, sie alle sind bäuerlichen Ursprungs. Sie sind erst in die Salons gekommen, so bemerkt Alfred Cortot[8], nachdem sie lange Zeit mit ihren obstinaten Rhythmen das Spiel der masowischen Dorfmusikanten belebt hatten, ein Rhythmus, der im allgemeinen gekennzeichnet ist durch ein mehr oder weniger langes Verharren auf dem zweiten oder dritten Teil eines jeden Taktes. Eine Anekdote von Sir Charles Hallé beleuchtet die Freiheit, die sich Chopin beim Takt, wenn nicht gar beim Rhythmus nahm. Hallé berichtet, daß er bei Chopin war, als dieser die *Mazurka in C-Dur Nr. 24*, op. 33 spielte. Er machte ihn darauf aufmerksam, daß man vier Takteinheiten zählen könnte statt der drei, wie die Taktangabe vorschrieb. Nach energischem Protest sah Chopin sich gezwungen, dem Zuhörer recht zu geben. Lachend erklärt er diese Unregelmäßigkeit durch die Sorge, daß er sich der nationalen Tradition anpassen müsse, die wegen des Tanzes verlange, daß man den zweiten Schlag erheblich verlängern müsse.

1. Die *Mazurka op. 6, Nr. 1* ist in drei Abschnitte unterteilt. Beim ersten, fröhlichen, ist die Anwendung des Rubato angezeigt, um nicht in rhythmische Monotonie zu verfallen. Der zweite mit volkstümlichem Charakter erfordert einen stark betonten Rhythmus. Der dritte dagegen ist »herausgeputzt und graziös«. Es gibt zahlreiche Mazurken mit dieser Form, die daher außerordentlich frei und verschieden sind.

2. Die *17. Mazurka op. 24, Nr. 4* kündigt stilistisch die *4. Ballade* und die *Berceuse* an. »Nur bei ihnen«, notiert Cortot, »gewähren uns die vier Einleitungstakte Einlaß in eine musikalische Welt, von der wir bisher nichts ahnten.« Ein erster Gedanke ist von außergewöhnlicher harmonischer Zartheit. Eine zweite Idee hat »Walzerart«. Ein Zwischenspiel, unisono, ist von asiatischem Charakter. Dann folgt eine Episode von vier Takten, wo mit hoher chromatischer Kunst moduliert wird. Dann gemeinsame Rückkehr der beiden ersten Gedanken: »Ein Wunder an Sensibilität und poetischer Bedeutung; die seltsame Süße scheint über das Murmeln des sich entfernenden Tanzes eine geheime Bitterkeit zu bewahren.« Wir haben es hier nicht mehr mit einer einfachen Mazurka, sondern mit einem wahren Tanzpoem zu tun, das inhaltlich weit über einen Volkstanz hinausgeht. Unter den achtundfünfzig Mazurken gibt es viele, die auf diese Weise die ursprüngliche Form sprengen.

3. Die *21. Mazurka in cis-Moll* verdient zusammen mit einigen anderen die Bezeichnung »alla Mazurka«, so sehr idealisiert sie den masowischen Tanz durch ihre Stilisierung. Über den arpeg-

gierten Akkorden, die die Guitarre imitieren, wirbelt ein geheimnisvolles Thema und läßt seine Terzen auf und nieder hüpfen. Ein zweiter, monodischer Gedanke erhebt sich über einem Ostinatorhythmus der linken Hand. Ein drittes Motiv, mit »con anima« bezeichnet, bringt eine Abwechslung, durch die jetzt die Rückkehr zur Schwermut des Anfangs lastender wird. Alles endet in Bitternis.

4. Die 27. *Mazurka op. 41, Nr. 2*, in Palma komponiert, ist ein Beispiel für einen in Musik umgesetzten Seelenzustand, das heißt die Schwermut ist stärker als der Tanz. Das Stück endet, wie es angefangen hat, traurig.

5. Der Kritiker James Huneker sagt, die 31. *Mazurka op. 50, Nr. 2 in As-Dur* sei das perfekteste Beispiel einer aristokratischen, für den Salon geschriebenen Mazurka. Zuerst sinnlich, weiblich, strafft sie sich in der Mitte, krümmt sich, bäumt sich auf, erschlafft wieder und verschwindet ohne Aufsehen – wie ein Gast, der weiß, was sich gehört.

6. Die 32. *Mazurka op. 50, Nr. 3, in cis-Moll*, ist mit ihren »Imitationen« eine Art fugiertes Unterhaltungsstück. Ein Motiv von ritterlichem Glanz und vollkommen ungekünstelt, steht den Spielereien der Feder gegenüber. Und die immer wieder außergewöhnliche Subtilität der harmonischen Sprache führt zu der Frage: Handelt es sich hier um eine Schreibtischarbeit – oder ist es möglich, daß Chopin mit seinem Handwerkszeug, das heißt dem Klavier, quasi improvisando, einen solch komplexen Teppich gewirkt hat?

7. Ganz im Gegensatz zu den raffinierten vorgenannten Stücken, ist die 34. *Mazurka op. 56 in C-Dur* voll bäuerlichen Lebens, ein Volksfest voller Frohsinn – während die folgende (*Nr. 35 in c-Moll op. 56, Nr. 3*) die Bezeichnung »nachdenklich« verdient. Sie spielt im Verhältnis zu den anderen Mazurken die gleiche Rolle wie die Polonaise-Fantaisie unter den anderen Polonaisen. Sehr »erdacht«, genauestens durchgearbeitet, nichts deutet auf eine mögliche Improvisation hin. Eine kluge Mischung aus sehnsüchtiger Träumerei und tänzerischem Schwung, manchmal köstlich polytonal, gehört sie zu denen, die weit über den Rahmen der traditionellen Mazurka hinausgehen.

8. Muß man annehmen, daß Chopin gegen Ende seines Lebens, deprimiert über sein Schicksal als kranker Mann, sich immer mehr der Melancholie hingibt? Überhaupt nicht. Bis zu seinem Ende erlebt er wechselweise Tage der Fröhlichkeit und Augenblicke unendlicher Traurigkeit. So ist die *39. Mazurka op. 63, Nr. 1, in H-Dur*, datiert 1847, von köstlicher Frische und fast dörflichem Charakter. Die *41. Mazurka op. 63, Nr. 3, in As-Dur* – die letzte, die zu Lebzeiten Chopins veröffentlicht wird – ist jedoch nach einer hervorragenden Definition von Cortot »der Schatten der Erinnerung, der mit dem Schatten der Reue nach einer fernen Melodie tanzt«. Nocturnestimmung, ein Gedicht, in dem ein ganz klassisch eingesetzter »Kanon« von erlesener Eleganz für den Hörer, wenn nicht sogar für den Leser, unbemerkt bleibt. Hier bringt Chopin, getreu dem Lehrsatz von Rameau, »die Kunst durch die Kunst selbst zum Verschwinden«. Bis zu seinem letzten Tag wandelt er seinen Stil ab, bringt er neue Gedanken und führt mit seinen Mazurken das genaueste Tagebuch, das nur möglich ist.

Die zwei Klavierkonzerte

Einem französischen Chopin-Kommentator, dessen Urteile die lustvolle Anmut von Knüppelschlägen haben, gebührt die Schmach, daß er im Larghetto des *Klavierkonzerts in f-Moll* und in der Romanze des *Klavierkonzerts in e-Moll* »armselige Phrasierungen der italienischen Oper, geschmückt mit vielen Locken falscher Haare« entdeckte. Daß diese beiden wundervollen Träumereien, die im Herzen eines jungen Mannes von achtzehn und neunzehn Jahren entstanden, ganz entfernt an das »melodische Bänderwerk« von Rossini und Bellini erinnern, nimmt Chopin nicht ein Gramm von seiner Originalität. Man sagt auch, er habe sich Mozart, Hummel und Kalkbrenner zum Vorbild genommen. Was den ersten betrifft, so gibt es Schlimmeres. Was die beiden anderen angeht, so findet auf dem Gebiet des in den dreißiger Jahren modernen Virtuosentums eine so vollständige Erneuerung der musikalischen Substanz statt, daß man an keinen dieser glänzenden Techniker denkt: alles kommt von Chopin, alles ist von ihm, alles ist schon jetzt genial.

Welche Vorbilder hat Chopin vor Augen und unter den Fingern, als er seine beiden Klavierkonzerte komponiert, die sich formal und geistig sehr ähnlich sind, wobei das zweite in der Orchesterbegleitung etwas stärker durchgearbeitet ist?

Mendelssohn und die Virtuosen seiner Zeit. Mozart inspiriert ihn nur ganz entfernt. Tatsächlich weist alles, was den einmal verträumten, einmal brillanten Zauber dieser beiden Meisterwerke ausmacht, auf die so absolut persönliche Schreib- und Denkweise Chopins hin. Er ist jung – das merkt man –, aber er ist er selbst.

Schwächer ist seine Art, mit dem Orchester umzugehen. Für ihn bedeutet Instrumentieren, einen Klavierpart symphonisch zu transkribieren. Ohne wie Berlioz gleich von »einer tristen und fast überflüssigen Begleitung« sprechen zu wollen, merkt man doch, daß Chopin ausschließlich Pianist war, jedoch schon sehr geschickt in der Durchführung, in der Auswahl der Themen und in der Anordnung der Modulationen, von denen die meisten großartig sind.

Die beiden Allegri sind fast symmetrisch, am Anfang sehr rhythmisch, dann gehen sie in zwei gesungene Themen mit deutlich vokalem Charakter über. Das Larghetto in f-Moll überträgt die Züge von Konstanze Gladkowska, der Unerreichbaren, ins Musikalische. Die Romanze des *Klavierkonzerts in e-Moll* ist »wie ein Blick, der auf unseren liebsten Erinnerungen liegt, eine Träumerei vom Frühling im Mondschein [9]«. Die beiden Schlußrondos unterscheiden sich nur durch einen Mazurkarhythmus, der das Finale des *Klavierkonzerts in f-Moll* kennzeichnet. Zu bemerken sind in dem *Klavierkonzert in e-Moll* erstaunliche harmonische Kühnheiten, darunter »eine Reihe von Septimakkorden oder chromatischen Tonfolgen auf dem Orgelpunkt h, vor dem Eintreten des zweiten Themas in den ersten Satz [10]«. Die Romanze des gleichen Klavierkonzerts kündigt schon Form und Stil der *Barcarole* an – wobei man wieder einmal die unglaubliche Frühreife Chopins betonen muß. Schon in ganz jungen Jahren besitzt er zwei Eigenschaften, die sein ganzes Werk prägen

sollen: die Bravour, die Begabung zur Virtuosität auf dem Instrument – den Instinkt, die harmonische Persönlichkeit. Vor
seinem zwanzigsten Lebensjahr weist seine Kunst schon keinerlei Unebenheiten mehr auf.

Sonstige Werke
für Klavier und Orchester

Abgesehen von den beiden Klavierkonzerten hat Chopin drei
seiner Werke mit Orchesterbegleitung zum Klavier versehen.
Dabei ist zu bemerken, daß es sich hier um Stücke handelt, die
vor seinem zwanzigsten Lebensjahr komponiert wurden. In seinen späteren Jahren wird Chopin nie mehr das Orchester einsetzen, das seiner Art nicht entspricht.

Die *Variationen über La ci darem* op. 2, Titus Woyciechowski
gewidmet und 1830 in Wien veröffentlicht, regen Schumann
1831 zu einem begeisterten Lob an: »Hut ab, ihr Herren, ein
Genie! Hier aber war mir's, als blickten mich lauter fremde Augen, Blumenaugen, Basiliskenaugen, Pfauenaugen, Mädchen-
augen wundersam an: an manchen Stellen ward es lichter – ich
glaubte, Mozarts ›La ci darem la mano‹ durch hundert Akkorde
geschlungen zu sehen, Leporello schien mich ordentlich wie an-
zublinzeln und Don Juan flog im weißen Mantel vor mir vorüber.« In Klammern versetzt Schumann hier jenen Pedanten einen kräftigen Hieb, die keine poetische Analyse der Musik zulas-
sen; dabei sind die beiden einander nächsten Künste gerade die
Poesie und die Musik! Das heißt, diese bezüglich der Rolle des
Orchesters recht unbedeutenden Variationen (es begnügt sich
damit oder zumindest fast, den Refrain zwischen den Variationen zu skandieren) sind pianistisch äußerst brillant, obwohl sie
die Variationen nicht erreichen, die Liszt später über die Themen
aus dem *Don Giovanni* schreiben wird. Chopin läßt sich hier
nicht von der »großen erweiternden Variation« Beethoven'scher
Art inspirieren. Abgesehen von einer geheimnisvollen Frage, die
mit einer kostbaren, mehrmals wiederholten Harmonie geschmückt ist, huldigt er geschickten virtuosen Wendungen, die

das Thema aufblitzen lassen, ohne die Substanz wirklich zu erneuern. Die 4. *Variation* ist am besten gelungen, und die Polonaise am Schluß hat Schwung. Das Ganze ist sehr anmutig und von einem siebzehnjährigen Musiker mehr als vielversprechend.

Die *Große Fantasie über polnische Weisen* op. 13, die zwei Jahre nach den Variationen entstand, entwickelt Themen von Kurpinski, die an sich recht saft- und kraftlos sind. Chopin verleiht ihnen mit einzigartigem Talent Persönlichkeit und vervielfacht die Verzierungen. Zwei Volkstänze hinterlassen eine starke Wirkung: eine ukrainische Kolomyjka und ein polnischer Kujawiak. Das Stück wirkt wie eine volkstümliche Rhapsodie mit Heimatduft.

Das *Rondo in f »à la Krakowiak«* op. 14, ebenfalls 1828 komponiert, beginnt mit einem gewollt mysteriösen, wundervoll erdachten Andantino, das schon in den ersten Takten eine poetische »Aura« schafft, deren sich Chopin so sehr bewußt ist, daß er seinem Freund Titus darüber schreibt: »Dieses Vorspiel ist viel origineller als ich selbst in meinem Gehrock.« Ihr Dreierrhythmus steht im Gegensatz zu dem Zweiertakt des Krakowiak, eines polnischen Tanzes, der in Krakau sehr beliebt ist. »Die Männer in bunten Anzügen«, schreibt André Coeuroy, »schlagen den Takt mit ihren eisenbeschlagenen Schuhen und mit runden Metallscheiben an ihren Gürteln. In die Zöpfe der Frauen sind Bänder eingeflochten. Der Tanz, für den die Betonung auf dem zweiten Wert charakteristisch ist, beginnt langsam, wird dann schneller und endet mit einem Galopp, dem Suwany.« Von den drei Werken, die wir hier gerade summarisch besprochen haben, ist das letzte ganz zweifelsfrei das gelungenste. Chopin war im übrigen der gleichen Ansicht.

Die drei Klaviersonaten

Seit der *Sonate in c-Moll* op. 4, die Elsner gewidmet und im Jahre 1828 komponiert ist, bestätigt sich immer wieder die erstaunliche natürliche Virtuosität bei Chopin, von dem man annimmt, daß er schon seit seiner frühesten Jugend mit einer angeborenen Technik begabt ist. Sobald er seine Studienjahre hinter sich hat, übt er wenig und behält dennoch die Geschicklichkeit und die Geschwindigkeit, die er sicherlich ziemlich leicht erworben hat. Als geborener Pianist braucht er nicht lange Stunden bei der Arbeit am Klavier zu verbringen, die für den Großteil seiner Nacheiferer notwendig sind, um »in Form« zu bleiben.

Eine weitere Beobachtung im Hinblick auf die drei Klaviersonaten, von denen die erste akademisch und die beiden anderen genial sind: diese drei Stücke stoßen bei Komponisten wie Liszt und Schumann und bei dem gestrengen Professor, der Vincent d'Indy war, auf vollkommene Gleichgültigkeit. Bei den beiden ersten – die kaum dem scholastischen Zwang unterlagen – erstaunt die Prinzipienstrenge. Warum soll man Chopin das verweigern, was seiner Phantasie die besondere Färbung verleiht: die Freiheit in der Form, die Mißachtung stereotyper Vorbilder? Bei Vincent d'Indy ist der Rigorismus ganz natürlich. Ich habe selbst gehört, wie der Verfasser von *Fervaal* in einem Kurs der Schola Cantorum, an dem ich ein Jahr lang als freier Zuhörer teilnahm, erklärte »es ist schade, daß Schubert und Chopin den Kontrapunkt nicht beherrschten: daher die Armseligkeit ihrer Sonaten...« Wesentlich mehr schade war es, daß d'Indy und seine Schüler blind auf die Schulschemata vertrauten: daher die perfekten, leblosen Sonaten mit einer Seele aus Eisenbeton...Für d'Indy bedeutete Musik nicht Hingabe an die Freude, sondern Erfüllung einer Pflicht. Zwischen diesem strengen Theoretiker und unseren beiden Romantikern herrschte eine vollkommene Unvereinbarkeit in der Gemütsart. Schade um den Erben des *Pater Seraphicus*!

Die *Sonate Nr. 1* op. 4 stammt aus dem Jahre 1828. Hier zeigt sich der Eifer des jungen Chopin: man merkt, daß er Elsner gern beweisen möchte, daß sein Unterricht nicht vergebens gewesen ist. So vervielfacht er, ausgehend von einem recht banal dramatischen Thema, die Nebenthemen durch Imitation. Wegen der zu engen Schreibweise enttäuscht die erwartete Entwicklung, denn er fällt wieder in die gleichen symmetrischen Formeln zurück. Glücklicherweise erhellen ein paar fließendere Episoden dieses kompakte Allegro. Es folgt ein freundliches Minuetto, dessen angenehme Mutwilligkeit noch durch ein paar Triolen betont und durch ein paar Walzertakte offen unterbrochen wird. Trotz seines Fünfertaktes ist das Larghetto in der Stimmung eines Nocturne recht blaß. Hier ist das Talent zu ahnen, aber es zeigt sich kaum. Das zu lange Finale, das durchsetzt ist mit langweiligen Wiederholungen, glänzt nur durch die Schnelligkeit der Finger und den Schwung des Vortrags. Im ganzen haben die Pianisten recht, wenn sie so selten – um nicht zu sagen niemals – diese Schulaufgabe spielen, die nichts zum großen Namen Chopins beiträgt. Am besten, man vergißt es einfach.

Phantasielose Kommentatoren haben sich vergeblich bemüht, die *Sonate mit dem Trauermarsch in b-Moll* op. 35 zu entmystifizieren. Sie ist von allen Musikstücken unbestritten das einfallsreichste, und hinter ihren Noten verbirgt sich die unanfechtbarste Bedeutung. Nicht daß Chopin, der Feind jeder literarischen Analyse, diese Bedeutung selbst definiert hätte [11] – sie geht aus dem hervor, was man darüber weiß. Und Anton Rubinstein äußert sich immer noch sehr gemäßigt, wenn er dieser bebenden Sonate den Namen *Poem des Todes* gibt. Die Aussage der Sand über die Todesahnungen, die Chopin verfolgten, als er auf Mallorca die *Sonate in b-Moll* skizzierte, unterstützt noch die Meinung des berühmten Pianisten. Auch Alfred Cortot, ihr inspirierter Interpret, hat recht mit der Behauptung, er sähe im ersten Satz »das Aufbegehren und das Flehen eines tragischen Kampfes gegen ein hoffnungsloses Schicksal; im Scherzo das drohende Wirken geheimnisvoller Kräfte im Dunkel; im Trauermarsch das stilisierte Echo aller menschlichen Schmerzen; im Schaudern des spukhaften Finales den eisigen Windhauch über den Gräbern«. Solche Bilder waren auf jeden Fall gerechtfertigt durch die Interpretation auf dem Klavier durch Cortot. Ich zweifle, daß die Kartesianer, die Gegner jeglicher Bildhaftigkeit, als Virtuosen die *Trauersonate* überzeugender interpretiert hätten als Rubinstein und Cortot. Bleibt natürlich noch das gestrenge Urteil Schumanns, nach dem das Finale »eher einem Spott als irgend Musik« gleicht, »und doch…weht uns ein eigener grausiger Geist an…Ja, es scheint, als verschwände der nationale polnische Beigeschmack…als neige er sich (über Deutschland hinüber) gar manchmal Italien zu.« Der atonale Charakter dieses Stücks mußte Schumann mit seinem tief traditionalistischen Wesen in Harnisch bringen. Deutschland bleibt dem Genie Chopins gegenüber fremd. Man muß schon ziemlich weitsichtig sein, um den kleinsten Italianismus in diesem Gedicht mit vier Gesängen zu sehen, das mehr als irgendein anderes das besondere Talent des Verfassers zum Ausdruck bringt. Die liedhaften Teile der *Sonate* haben tatsächlich nichts mit den für die Erfolgsarien von Rossini oder Bellini so typischen Kavatinen und Koloraturen gemeinsam! Finden wir uns ein für allemal damit ab, daß Chopin ein polnischer Komponist ist und daß das Schicksal seines Vaterlandes ihn ständig beschäftigt! Es gibt noch deutlichere Beweise dafür als diesen!

Daß die besprochene Sonate nicht den Regeln ähnlicher Werke von Haydn, Mozart und Beethoven gehorcht, ist bei weitem kein Zeichen von Unterlegenheit. Wer beklagt sich über eine unvollständige Reprise im ersten Satz – in dem das Anfangsmotiv zweimal (beliebig) ausgedrückt wurde und dann erst wieder in der Durchführung erscheint, wo die beiden Motive mit ergreifender Atemlosigkeit einander gegenübergestellt werden?

Findet man die angsterregende Art des Scherzos übertrieben? Cortot spricht vom »Wirbeln der Eumeniden« und Chopin selbst von »unterirdischen Wesen«, die nach dem jagenden Rhythmus der wiederholten Oktaven wie nach dem Rhythmus der chromatischen Sextenschritte zum Diskant der Tastatur tanzen. Selbstverständlich wird das Trio, das eine höchst unsichere Beruhigung bringt, noch des Italianismus angeklagt, obwohl seine krankhafte Kraftlosigkeit typisch slawisch ist und – bildhaft – symbolisch für verschleierten Mondschein.

Zwei Gedanken stehen sich im Trauermarsch gegenüber: einem Trauerzug stellt sich eine Meditation entgegen, wie sie einem bei einer knienden Menge in den Sinn kommt. Dann geht der Zug weiter beim Klang einer Totenglocke, deren ganzes Geheimnis in der Abwechslung eines vollständigen Mollakkords und eines Sext- und Quartakkords in der gleichen Tonart liegt.

Im Finale spielen die beiden Hände, die mehr über die Tasten streifen als darauf schlagen, unisono eine lange Tonfolge, von einer harmonischen Seltsamkeit, die vor Chopin ohne Beispiel ist. Hier lösen die Tonarten einander mit einer solch erschreckenden Geschwindigkeit ab, daß man, außer bei den ersten und letzten Takten, nicht mehr von einer Tonart im eigentlichen Sinne sprechen kann. Schönberg hat wahrscheinlich dunkel von dem geträumt, was man mit der Atonalität machen kann – Genie vorausgesetzt!

Ebenso wenig wie in der vorausgegangenen findet man im Allegro von Chopins *Sonate in h-Moll* op. 58 eine Reprise. Nicht einen Augenblick denkt der Zuhörer daran, diese Auslassung zu bedauern, die Debussy begeisterte: »Warum«, so schrieb er, »muß man unbedingt zweimal das gleiche sagen? Wozu soll man den Leuten sagen: prägt euch das schön in eure Köpfe ein?« Der Gedanke, Chopin hätte aus Unerfahrenheit einen Fehler gemacht, ist absurd. Zeigt er nicht am Anfang seiner Entwicklung eine Virtuosität in der Kompositionsweise, die sogar Pedanten verwirren kann, die ständig das Haar in der Suppe suchen? Man kann sogar, ohne das Verdienst dieser *3. Sonate* schmälern zu wollen, sagen, daß sie mehr als die zweite der Beethoven'schen Ästhetik entspricht.

Das flüchtige Scherzo wird unterbrochen durch ein wiegenliedähnliches Trio, das ein bißchen an das zweite Thema des ersten Scherzos erinnert.

Nach einer feierlichen Introduktion entwickelt das Largo in großer Breite ein elegisches, stark rhythmisches Thema, gibt einem Motiv, dessen ganzer Reiz in der Harmonie liegt, die Möglichkeit zu langer Entfaltung und endet, wie es angefangen hat, mit einer Variante in der linken Hand.

Das Finale in der klassischen Form eines Rondos ist ein Stück, in dem sich die ganze kraftvolle Männlichkeit Chopins zeigt. Das Thema, das, wie es sich gehört, zahlreiche Reprisen erfährt (in der linken Hand unterstützt durch Triolen, Quartolen, dann Sextolen), wird periodisch von einem Motiv unterbrochen, das vom Diskant bis zum Baß in einem eindrucksvollen Feuerwerk über die Tastatur fegt. Dieses Stück ist besonders schwer zu spielen. Es gibt eine Vorstellung von der angeborenen Virtuosität Chopins.

»Keine Musik ohne Hintergedanken«, schreibt Chopin. Er erklärt Schumann bei seinem Besuch in Leipzig, daß ihm seine vier Balladen bei der Lektüre der Gedichte von Mickiewicz eingefallen seien. Wir nehmen diese Mitteilung mit der notwendigen Zurückhaltung hin, wenn man bedenkt, wie wenig Geschmack Chopin an der Übersetzung von Gedichten in Musik fand. Wir haben das oft genug im Verlaufe dieses Buches erwähnt: Chopin ist Musiker und nichts als Musiker, er findet keinerlei Geschmack an Literatur und Poesie. Man muß also sehr vorsichtig sein, wenn man mögliche Quellen seiner Musik erwähnt. Aber andererseits müssen wir die Mitteilung an Schumann in Betracht ziehen: wir können sie unmöglich anzweifeln. Stellen wir die Tatsachen dar. Dann kann jeder daraus schließen, was ihm paßt.

Hier also der Inhalt der vier Gedichte von Mickiewicz, auf die Chopin bei seinem Gespräch mit Schumann anspielte, zusammengetragen von Laurent Cellier, dem Redakteur der Notizen über historische Konzerte, die Alfred Cortot im Jahre 1924 aufzeichnete.

1. *Ballade* op. 23: »Konrad Wallenrod«. Wallenrod rühmt am Ende eines Banketts, von der Trunkenheit erhitzt, die Heldentaten der Mauren bei ihrer Rache an den Spaniern, ihren Unterdrückern; sie hatten ihnen bei scheinheiligen Umarmungen die Pest, die Lepra und andere Krankheiten, die sie sich vorher freiwillig zugezogen hatten, übertragen. Wallenrod gibt den verblüfften Gästen zu verstehen, daß auch er als Pole seinen Gegnern im Notfall den Tod in einer schicksalhaften Umarmung bringen könne.

Trotz der Anspielung auf den Haß der Polen gegen die russische Besatzung muß man sagen, daß bei aufmerksamer Lektüre der 1. *Ballade* keinerlei genaue Übereinstimmung zwischen der Erzählung von Mickiewicz und dem Stück von Chopin zu finden ist. Daß dieser durch seine Begeisterung für das Gedicht zu der Ballade angeregt wurde, ist etwas ganz anderes.

2. *Ballade* op. 38: »Der Switez«. Der Willisee, glatt wie ein Tischtuch aus Eis, in dem sich in der Nacht die Sterne spiegeln, liegt an der Stelle, wo früher eine Stadt von den russischen Horden belagert worden war. Um der drohenden Schande zu entgehen, flehten die jungen Mädchen den Himmel an, daß sie lieber vom Erdboden verschluckt würden, der sich dann unter ihren Füßen plötzlich öffnete, als den Siegern ausgeliefert zu werden. In geheimnisvolle Blumen verwandelt, schmücken sie jetzt die Seeufer: zum Unglück für den, der sie berührt!

Hier entsprechen die beiden Stürme, die die idyllischen Themen der Ballade unterbrechen, wesentlich mehr den Bildern des Gedichts. Die Übereinstimmung ist plausibel, wenn nicht sogar offensichtlich.

3. *Ballade* op. 47: »Die Undine«. Am Ufer eines Sees hat ein junger Mann einem Mädchen, das er nur kurz gesehen hat, die Treue geschworen. Diese zweifelt an der Standhaftigkeit des Jungen, entfernt sich trotz der Proteste des Liebhabers und erscheint in der bezaubernden Gestalt einer Undine wieder. Kaum hat sie den jungen Mann in Versuchung geführt, als er dem Zauber auch schon unterliegt. Um seine Schuld zu sühnen, wird er in die Tiefe des Wassers gezogen und dazu verurteilt, klagend der fliehenden Undine zu folgen, die er niemals erreichen wird.

4. *Ballade* op. 52: »Die drei Budrys«. Die drei Budrys – drei Brüder – werden von ihrem Vater auf der Suche nach den reichsten Schätzen auf weite Expeditionen geschickt. Der Herbst vergeht, dann der Winter. Der Vater glaubt, daß seine Söhne im Krieg umgekommen seien. Inmitten von Schneestürmen kehren sie doch noch nach Hause zurück. Aber sie bringen als einzige Beute drei Bräute mit.

Wenn auch das vorletzte Gedicht mehr oder weniger in den Rahmen der Chopin'schen Musik paßt, so hat dieser Text keinerlei Ähnlichkeit mit der langen tumulthaften Elegie der 4. *Ballade*.

Es muß noch einmal gesagt werden, daß wir diese verschiedenen Texte mit großem Vorbehalt zitieren.

Vor Chopin galt die Bezeichnung »Ballade« ausschließlich für Vokalmusik. Hier also aus der Feder des polnischen Komponisten die ersten Instrumentalballaden. Ihre Umrisse sind von keinerlei fester Form bestimmt. Im übrigen sind die vier Balladen sehr verschieden aufgebaut.

Die 1. *Ballade in g-Moll*, 1830 begonnen und sechs Jahre später vollendet, bringt nach einer arpeggierten Einleitung ein erstes fragendes Thema, dessen melodische Linie aus einem Septakkord mit Vorschlag stammt. Ein zweites Motiv mit Vokalcharakter singt lyrisch aus voller Kehle. Es folgt wie im ersten Sonatensatz eine Durchführung, in deren Verlauf sich die beiden Themen gegenübergestellt werden, unterbrochen von großen virtuosen Läufen, all das in einem Stil ohne Strenge – bis zu dem Augenblick, in dem ein Presto con fuoco eine stürmische Koda auslöst, die äußerst schwierig zu spielen ist. (Widerstandsfähigkeit der Finger, Geschmeidigkeit des Handgelenks, Spannfähigkeit der Hand.) Sein Vortrag bereitete Chopin »keinerlei Probleme«: ein Beweis seiner Fingerfertigkeit und seiner unvergleichlichen Technik. Glitzernde Skalen, abwechselnd mit Erinnerungen an das Hauptthema, bringen das Stück zum Abschluß. Von seinen vier Balladen war Chopin die erste am liebsten.

Die 2. *Ballade in F-Dur* ist Schumann gewidmet, der Chopin seine Höflichkeit damit vergalt, daß er ihm seine *Kreisleriana* zueignete. Diese Ballade ist aufgebaut auf der Abwechslung eines idyllischen Themas mit einem heftigen Sturm, ohne Durchführung im akademischen Sinne des Wortes. Das Agitato am Schluß könnte das Versinken der Stadt am See symbolisieren, und die letzten Takte, die seltsamerweise in a-Moll [12] enden, könnten an die in Blumen verwandelten jungen Mädchen erinnern. Musikalisch bietet diese Ballade eine außerordentliche Fülle an Modulationen durch enharmonische Verwechslungen, an übermäßigen Quinten, Vorschlägen, kühnen Dissonanzen, die für jene Zeit ganz neu sind – und für unsere auch. Langsam gespielt, sind die dramatischen Episoden von verblüffender Modernität: schnell gespielt, sind sie »eingängiger«.

»Bei den zwei letzten Balladen«, notiert Alfred Cortot, »scheint Chopin auf das Prinzip der dramatischen Gegenüberstellung der Themen zu verzichten, auf der der musikalische Aufbau der beiden ersten beruhte. Mehr Einigkeit als Konflikt.

Wie man auch immer zu einer möglichen durch eine Geschichte von Mickiewicz oder ein Gedicht von Heine inspirierten poetischen Geschichte stehen mag, die acht ersten Takte der 3. Ballade in As-Dur scheinen den zärtlichen Dialog des imaginären Liebespaares auszudrücken: ›Wirst du mich immer lieben?‹ – ›Ja, ich schwöre es. Und du, wirst du mir deine Treue bewahren?‹ – ›Solange ich lebe.‹ In dieser frühlingsfrischen Atmosphäre macht sich eine rhythmische Durchführung Raum: die Ausbreitung jugendlichen Glücks, die reine Glut eines unschuldigen Gefühls.«

Ein zweites geschmeidiges, wogendes Thema erinnert an das Wiegen einer Barkarole, das in gewisser Weise die Anspielung auf die Undine rechtfertigt. Man sagt ganz richtig, daß der Stil im ganzen über das Klavier hinausgeht und an Orchester erinnert. Trotz der Virtuosität der Läufe ist die Stimmung des Schlusses eher schmerzlich als triumphal.

Die 4. *Ballade in f-Moll* ist zweifellos die schönste, die substanzreichste, die polyphonste und auch die subtilste. Der Verfasser und der Hörer werden hier nur von Träumen geleitet. Durch ihre Innerlichkeit ist diese Ballade schwerer zugänglich und ihre Wirkung nicht so breit. Ihr Hintergrund ist vage, sehnsüchtig, fast impressionistisch. Ihre Form hat etwas von einem Rondo, einer Sonate und einer Variation. Chopin läßt sich ganz gehen, ohne sich jemals zu verirren. Aus dem Nocturne und der Barkarole gelangt er mit Hilfe einer ganzen Menge bewundernswerter Übergänge zu einer Atmosphäre der Gewalt, die sich bei ihm ganz natürlich der Träumerei widersetzt und in einem Agitato endet, dessen Ausführung extrem schwierig ist für den, der den polyphonen Charakter der drei übereinanderliegenden Themen deutlich hervorheben will. Hier kommen wieder einmal die Anhänger eines sanft verträumten Chopin auf ihre Kosten. Tatsächlich bestehen die beiden Seiten dieses eminent komplexen Wesens in seiner außerordentlich flüssigen Art und seiner verschlingenden Leidenschaftlichkeit. Unter dem modischen Anzug verbirgt sich ein wachsamer Krieger. Diesen tiefgründigen Dualismus hat Delacroix besser als jeder andere in sein berühmtes Porträt übertragen.

Auch hier bringt Chopin in der Benennung wie in der Form eine Erneuerung.

Bei Beethoven bedeutet Scherzo ein Divertimento, das – wie das Menuett in den Sonaten von Mozart und Haydn – das Allegro vom Adagio oder die beiden Teile des Finales voneinander trennt.

Chopin vernachlässigt diese Tradition und gibt dem Scherzo eine ganz andere Bedeutung: »Es sind dennoch Spiele«, notiert Alfred Cortot, »aber angsterregende; Tänze, jedoch fiebrig, voller Halluzinationen; sie scheinen nur den herben Rundtanz menschlicher Qualen rhythmisch auszudrücken.« Mit diesen Bemerkungen sind vor allem Form und Inhalt der drei ersten Scherzi gemeint.

Das vierte ist eher sehnsüchtig als heftig, es ist eher melancholisch als aufrührerisch.

Alle vier Scherzi sind dreiteilig: zwei Themen, Rückkehr des ersten Themas, Dreiviertel-Takt presto.

Die darin ausgedrückten Gefühle sind ebenso zahlreich wie verschiedenartig: »Leidenschaft, Gewalt, Träumerei, Zärtlichkeit, Märchenphantasie, von all dem gibt es etwas in den Scherzi«, notiert Louis Aguettant, »und noch eine Menge anderer Akzente.«

Daß Chopin, dem Kommentator zufolge, »eher übereinanderstellt als aufbaut«, steht auf einem anderen Blatt. Sagen wir, daß Chopin sich den akademischen Regeln ebensowenig beugt wie den stereotypen Klischees – er gehorcht einer persönlichen, aus einem inneren Gleichgewicht entstandenen Logik, der seine Musik die Befreiung von klassischen Formen und die ausgeprägte Persönlichkeit verdankt.

Das *1. Scherzo in h-Moll*, das ihm in einer angsterfüllten Nacht im Dom zu Wien bei erloschenen Kerzen einfiel, das er in Stuttgart wieder aufnahm und in Paris im Jahre 1835 vollendete, beginnt mit zögernden Akkorden und bricht sofort danach los, wobei es dem Interpreten ernsthafte Probleme stellt. Wie soll man diesem wütenden, peitschenhiebartigen Lauf gleichzeitig seinen Schwung, sein Gewicht, seinen schmähenden oder herausfordernden Charakter verleihen? Wie soll man plötzlich den feurigen Ritt zügeln, um ganz friedlich eines der seltenen Volksliedthemen von Chopin erklingen zu lassen: das Thema aus einem Wiegenlied aus der Weihnachtszeit: »Schlaf, mein Jesulein, schlaf, mein Küchlein!« Dieses zärtliche Motiv, das eher wiederholt als wirklich durchgeführt wird, räumt seinen Platz bei der Rückkehr des wütenden Laufes, der erst nach der Wiederholung unterbrochen wird, niedergeschlagen von einem einzigartig kühnen Akkord, den Ravel so liebt, um dann wieder loszubrausen und zu einem Horizont aus Schwefel und Flammen zu fliegen.

Das 2. *Scherzo in b-Moll*, das populärste unter den vieren, beginnt mit einem fragenden Motiv, das mehrmals im Baß auftaucht. Die Antwort im Diskant wird triumphierend skandiert. Ein Hauptthema entfaltet sich in einer Aufwallung unendlicher Zärtlichkeit. Eine ruhige Melodie erhebt sich in A-Dur. In der Koda bemerkt man eine plötzliche Modulation von Des in A-Dur über den enharmonischen Vermittler des = cis, dessen sich Fauré in dem ersten Satz seines 6. *Nocturne* bedient. Schumann vergleicht ziemlich wörtlich das ganze Werk mit einem Gedicht von Byron.

Das 3. *Scherzo in cis-Moll* beginnt in gewittriger Atmosphäre mit Klangblitzen. Ein Choral in Des läuft in vier Strophen ab, die getrennt sind durch das Rauschen zitternder Flügel. Darauf folgen Arpeggio-Spiele, die die Reprise des Scherzos mit sich bringen, mit einer Deklamation des Chorals in E-Dur, dann in e-Moll. Am Ende steht eine ungestüme Koda.

Das 4. *Scherzo in E-Dur* erinnert am Anfang an die Spiele des Ikaros. Die Musik besteht in einer einzigen Flucht in den Raum, in harmonischen Feinheiten, in Abweichungen vom Ton und unvermittelter Rückkehr in den Heimathafen. Dieses in keiner Weise dramatische Scherzo ist einzig und allein der Poesie geweiht. Es erblüht in der Farbe einer wundervoll modulierten Melodie. Ganz nebenbei wollen wir den Scharfsinn der Kommentatoren bewundern, die unter Vermeidung jeglicher literarischer oder ethnischer Anspielung in diesem Scherzo, das im Jahre 1843 veröffentlicht wurde, das Echo der ersten Mißhelligkeiten zwischen Chopin und George Sand sehen. Kritiker mit kurzer Sicht und langen Ohren!

Die sechsundzwanzig *Préludes*

Als Chopin von Paris nach den Balearen fährt, sind ein paar der vierundzwanzig künftigen *Préludes* vollendet, die meisten anderen skizziert. Er zeigt seinem Freund Pleyel, dem Erbauer seiner Lieblingsklaviere, die vollendeten *Préludes* und vertraut ihm seine Absicht an, ihre Zahl auf vierundzwanzig zu bringen, nach den zwölf Dur- und den entsprechenden Molltonarten der chromatischen Tonleiter. Pleyel ist begeistert, verspricht zweitausend Francs für die vollständige Serie und gibt Chopin fünfhundert Francs à conto. Chopin vertraut Gutmann an: »Ich habe meine *Préludes* an Pleyel verkauft, weil er sie liebte.«

Gleich nach seiner Ankunft auf Mallorca machte sich Chopin an die Arbeit. Am 15. November schrieb er an Julian Fontana: »Bald bekommst Du die *Préludes*.« Dann wurde er krank, und am 3. Dezember schrieb er: »Ich kann Dir die Manuskripte nicht schicken, weil ich sie noch nicht beendet habe.« Am 14. des gleichen Monats hatte er die Absicht, »Dir bald meine *Préludes* und *Balladen* zu schicken«. Am 28.: »Ich kann Dir die *Préludes* nicht schicken, weil sie nicht fertig sind. Aber mir geht es jetzt besser, und ich werde arbeiten.« Am 12. Januar 1839: »Ich schicke Dir die *Préludes*: kopiere sie mit Wolf. Ich glaube, es sind keine Fehler darin. Übergib eine Kopie Probst (dem Verleger) und das Manuskript Pleyel…« »Ich möchte, daß meine *Préludes* Pleyel dediziert werden und meine 2. *Ballade* Schumann. Wenn Pleyel nicht auf die Widmung der *Ballade* verzichten will, dann dediziere die *Préludes* Schumann. Sag dann Probst wegen der Änderung der Dedikationen Bescheid.« Schließlich wird die *Ballade* Schumann gewidmet, die französische Ausgabe der *Préludes* Pleyel und die deutsche Kessler. Der englische Verleger Wessel veröffentlicht sie ebenfalls. Sie erscheinen im September 1839.

Wir haben schon die Meinung der Sand über die Préludes zitiert[13]. Hier jedoch das Urteil von Liszt: »Chopins Präludien sind Tondichtungen ganz eigener Art. Sie sind nicht als Einleitung zu anderen Stücken gedacht, wie ihr Name vermuten lassen könnte, sie sind dichterische Präludien, ähnlich jenen eines großen zeitgenössischen Lyrikers (Lamartine), die unsre Seele in goldne Träume wiegen und in Bereiche eines hohen Sinns erheben. Erstaunlich in der Vielfalt, vermag die Arbeit und das Können nur zu schätzen, wer sie genauer Prüfung unterzieht. Da ist alles aus einem Guß, schwungvoll, jäh herausgeschleudert. Sie haben jenes freie, stolze Schreiten, mit dem das Kind des Genius einherkommt.« Schumann berichtet seinerseits über das Erscheinen der Préludes: »Die Präludien bezeichnete ich als merkwürdig. Gesteh ich, daß ich sie mir anders dachte und wie seine Etüden im größten Stil geführt. Beinahe das Gegenteil; es sind Skizzen, Etüdenanfänge, oder will man, Ruinen, einzelne Adlerfittige, alles bunt und wild durcheinander. Aber mit feiner Perlschrift steht in jedem der Stücke: ›Friedrich Chopin schriebs‹; man erkennt ihn in den Pausen am heftigen Atmen. Er ist und bleibt der kühnste und stolzeste Dichtergeist der Zeit. Auch Krankes, Fieberhaftes, Abstoßendes enthält das Heft; so suche jeder, was ihm frommt, und bleibe nur der Philister weg.«

Schließlich notiert Gide in einer Studie über Chopin zu Recht, daß dieser große Romantiker mehr als jeder andere von der klassischen Reinheit begeistert war. »Es gibt keine weniger deutsche Musik[14]. Wäre Barrès Musiker gewesen, welchen Lothringer hätte er nicht aus Chopin gemacht. Als geborener Improvisator läßt sich Chopin von den Noten leiten…Schumann ist ein Dichter, Chopin ist ein *Künstler*, vergleichbar mit Baudelaire…Der Chopin der Virtuosen ist zu brillant, zu hastig, zu bestimmt – der Chopin der höheren Töchter zu sentimental.« Tatsächlich spielen die meisten Virtuosen Chopin zu schnell: das ist auf die Erklärungen des Verfassers zurückzuführen. Aber Gide gerät auf Abwege, wenn er sich auf seine anstrengenden Erfahrungen als Amateurpianist beruft. Ich habe das Privileg genossen, ihn Klavier spielen zu hören: ein Klang wie Pappe, Finger ohne jeglichen Ausdruck, der unbegabteste aller Pianisten, trotz eines täglichen

Trainings von manchmal bis zu drei Stunden. Wenn er als Motto über seine Préludes den Vers von Valéry wünscht:

Gibt es eine zartere Kunst
Als diese ruhige Bewegung?

dann verwechselt er den Willen Chopins mit den Schwierigkeiten für den Pianisten Gide. Wenn er schreibt, daß »diese Musik nicht schwierig genug« sei, hat er den Gipfel der Lächerlichkeit erreicht. Wenn er notiert: »Unerträglich ist die Gewohnheit, Chopin zu *phrasieren* und die Melodie sozusagen in kleinste Bestandteile zu zergliedern«, dann weist er unbewußt auf die mechanische Starre seines Spiels wie bei einem alten protestantischen Pastor hin. Und hier der Gipfel: »Man kann Bach genauso gut und sogar besser spielen als ich (*zweifellos!*). Bei Chopin ist das etwas anderes, um ihn gut zu spielen, muß man zuerst einmal Künstler sein (*aber vor allem Pianist!*).« Am Ende findet er »die Interpretation der Préludes durch Cortot, außer ein paar, bestürzend«. Nach allgemeiner Meinung ist Cortot zweifellos der genialste Vermittler der Préludes gewesen. Die Fabel von dem Frosch, der größer sein wollte als der Ochse, gilt noch immer!

Und da wir von Cortot gesprochen haben, zitieren wir mit allem Vorbehalt die Untertitel, die der große Pianist als persönliche Hypothesen den Préludes beigegeben hat. Er wußte mehr als jeder andere, daß Chopin die »Literatur« haßte, und deshalb versuchte er auch nicht, einem weiszumachen, daß der Verfasser dieser magischen Skizzen sich von einem poetischen roten Faden leiten ließ: er unterbreitete dem Publikum ganz einfach nur seine Reaktionen als Interpret:

1. »Fieberhaftes Warten auf die Geliebte«
2. »Schmerzliche Meditation; in der Ferne das einsame Meer…«
3. »Lied des Baches«
4. »Auf einem Grab«
5. »Der Baum voller Lieder«
6. »Heimweh«
7. »Köstliche Erinnerungen schweben wie ein Duft durch das Gedächtnis«

8. »Der Schnee fällt, der Wind heult, das Unwetter tobt, aber in meinem traurigen Herzen ist das Unwetter noch viel schrecklicher«

9. »Prophetische Stimmen«

10. »Zurückfallende Raketen«

11. »Mädchenwunsch«

12. »Ritt in der Nacht«

13. »Auf fremdem Boden in einer sternklaren Nacht und im Gedenken an die ferne Geliebte«

14. »Aufgewühltes Meer«

15. »Aber der Tod ist da, im Dunkel...«

16. »Der Weg zum Abgrund«

17. »Sie sagte mir: Ich liebe dich...«

18. »Verwünschungen«

19. »Flügel, Flügel, zu dir zu fliehen, oh, meine Geliebte!«

20. »Begräbnis«

21. »Einsame Rückkehr zum Ort der Geständnisse«

22. »Aufruhr«

23. »Spielende Najaden«

24. »Vom Blut, der Wollust und dem Tod«

Zu bemerken ist schließlich noch, daß zu den 24 Préludes, die unter der Opuszahl 28 veröffentlicht wurden, noch zwei weitere Stücke gleichen Stils gehören: ein *Prélude* op. 45 *in cis-Moll*, datiert 1841, und ein weiteres in *As-Dur* ohne Opuszahl, gewidmet »meinem Freund Pierre Wolf« 1834. Wir werden also nicht 24, sondern 26 Préludes kurz analysieren.

1. *C-dur: Agitato*. – Ungeduldige Lebhaftigkeit, leidenschaftliches Erzittern, ausgedrückt durch den aufsteigenden Bogen des Stückes und die Schreibweise in keuchenden Synkopen, die weder trocken noch klebrig, noch schwülstig gespielt werden dürfen.

2. *A-Moll: Lento*. – Niedergeschlagenheit, Bitterkeit, durch eine ferne Totenglocke unterstrichen. Dieses Prélude wurde von einigen Zeitgenossen Chopins als »unharmonisch« oder sogar »unspielbar« bezeichnet. Tatsächlich sind hier die Gesetze traditioneller Harmonie im Hinblick auf die gewünschte psychologi-

sche Wirkung vernachlässigt worden. Es schwankt unaufhörlich zwischen Dur und Moll.

3. *G-Dur: Vivace.* – Über einem fließenden und nicht zu virtuosen Lauf in der linken Hand entwickelt sich in der rechten Hand eine zarte, geschmeidige, spontane und gefühlvolle Melodie. Es ist nicht leicht, so viele manchmal widersprüchliche Merkmale herauszuhören.

4. *E-Moll: Largo.* – Klagend, belebt durch unstete Zuckungen, fast verzweifelt, entwickelt sich die Melodie auf einer Reihe regelmäßiger, in chromatischer Bewegung abfallender Akkorde, die »Note für Note die Harmonien trennt«. Das Ganze verklingt und verlischt in einer Art von Nichts.

5. *D-Dur: Allegro molto.* – Hier stellt Chopin sich technische Aufgaben: Verbindung des Legato und Spannfähigkeit bei schneller Bewegung, gleichmäßiges Spiel trotz unbequemer Handhaltung. Das hier ausgedrückte Gefühl entspricht einem leisen Rauschen oder Wasserplätschern.

6. *H-Moll: Lento assai.* – Die Préludes Nr. 4 und 6 wurden bei der Beerdigung Chopins gespielt. Das zweite von den beiden besteht in einer elegischen, jedoch keineswegs emphatischen Melodie in der linken Hand über gleichmäßigen Klangfiguren der rechten. Handelt es sich hier um das sogenannte »Regentropfen-Prélude«? Die *Préludes Nr. 8 und 15* machen ihm diesen Vorrang streitig, über den Chopin niemals den geringsten Hinweis gegeben hat.

7. *A-Dur: Andantino.* – Sechzehn Takte einer improvisierten, wie geträumten Mazurka. Die einzige Schwierigkeit besteht in der Wahl des Klangcharakters, der sich für diesen Frühlingstraum eignet.

8. *Fis-Moll: Molto agitato.* – Liszt sieht hier den berühmten »Regentropfen«, während Chopin dem Interpreten vier Schwierigkeiten bietet: den klaren Legato-Vortrag eines sehr rhythmischen Gesangs mit dem Daumen der rechten Hand; den schnellen Sprung des Daumens zwischen weit voneinander entfernten Noten; die Ausführung eines Melodievorlaufes, in dem Oktaven und eingeschaltete Verzierung übereinanderliegen; der kräftige Anschlag der linken Hand.

9. *E-Dur: Largo.* – »Eherne Stimmen, prophetisch und feierlich«, notiert Cortot mit vollem Recht. Eine Klangstudie, in der
Posaunenklang ohne Schwere erreicht werden soll.

10. *Cis-Moll: Allegro molto.* – Ein diatonischer Lauf in der
rechten Hand, der in eine Kadenz abfällt, während die linke
Hand diesen Sturz durch Arpeggioakkorde abstützt.

11. *H-Dur: Vivace.* – Eine flüchtige, zärtliche Skizze, die viel
schwerer zu spielen ist, als es scheint, und in der die Melodie
nicht unter der Polyphonie der rechten Hand leiden darf. Hier ist
alles Anmut, Leichtigkeit, Zartgefühl.

12. *Gis-Moll: Presto.* – Eine Etüde, die auf der Wiederholung
der Melodienoten beruht, die polyphon von der rechten Hand
begleitet werden, während die linke Hand nervös die Sporen
gibt. Wahrscheinlich ist es leichter, die technischen Probleme
dieses temperamentvollen Stücks zu lösen, als seinen ganzen
Charakter zum Ausdruck zu bringen.

13. *Fis-Dur: Lento.* – Ein zärtlich sehnsüchtiges Nocturne.
Chopin der Träumer nach Chopin dem Zornigen. Eine Modulation nach Cis reißt plötzlich den Nebel auf, in dem sich dieses
melancholische Stück bewegt.

14. *Es-Moll: Allegro.* – Man meint, dies sei die Skizze – oder
der Reflex – des Finales aus der *Sonate in f-Moll*, entworfen in
Mallorca. Das Stück ist atonal geschrieben und von tragischem
Charakter.

15. *Des-Dur: Sostenuto.* – Der sicherste Anwärter auf den Titel »Regentropfen«. Dieses schöne Nocturne entfaltet in seiner
Mitte eine erschreckende Fortschreitung in Cis-Dur, die die
Rückkehr zum Licht in Des durch den Kontrast noch ergreifender erscheinen läßt.

16. *B-Moll: Presto con fuoco.* – Hier wird alles bestimmt
durch den peitschenden Impuls der linken Hand. Man denkt an
den düsteren Galopp der »schwarzen Rösser« aus *Fausts Ver-
dammung* auf einer Straße, die durch den Lauf der rechten Hand
vorgezeichnet ist. Die Gegner jeder Bildhaftigkeit sehen in diesem Prélude das Dokument eines männlichen Chopin: man ahnt
ihn tatsächlich...

17. *As-Dur: Allegretto.* – Eine Romanze ohne Worte? Das be-

deutete, Chopin auf die Größe eines Mendelssohn reduzieren, dessen liebenswürdigen Charakter er rühmte, jedoch keinesfalls seine Musik. Sagen wir, es handelt sich um ein exaltiertes glückliches Liebeslied voll Überredungskunst. Und daß die Schwierigkeit darin besteht, diese Geständnisse zurückzuhalten, ohne sie zu zerstören oder sie abzuschwächen. Cortot verlieh diesem Stück eine nie wieder erreichte berauschende Interpretation.

18. *F-Moll: Allegro molto agitato.* – Ein Schrei in Musik. Ein vehementes Rezitativ, Symbol der Herausforderung, nahe dem Wahnsinn; aus der Episode von Stuttgart hervorgegangen.

19. *Es-Dur: Vivace.* – Ein Vogel fliegt dem Licht entgegen. Seine Flügel schlagen ohne sichtbare Mühe; die Hauptsorge des Interpreten besteht darin, die versteckten Schwierigkeiten dieses luftigen Stücks nicht hervortreten zu lassen.

20. *C-Moll: Largo.* – Ein Trauerzug entfernt sich und trägt mit sich für immer die Erinnerung an einen großen Mann. Um die von Chopin gewollte Kälte und Priesterlichkeit herauszubekommen, muß man sich sorgfältig davor hüten, auch nur den kleinsten Akkord zu arpeggieren und sich bemühen, wie die Klavierlehrer sagen, »auf den Grund der Tasten zu gehen«.

21. *B-Dur: Cantabile.* – Eine zauberhafte Melodie ergießt sich über ein Gewebe aus Achtelnoten, ein Vorwand für geschickte Fingersätze. Wir wollen hierin nur Musik sehen.

22. *G-Moll: Molto agitato.* – Wieder ein ungestümes Stück, in dem die beiden Hände abwechselnd die Gewitteratmosphäre hervorrufen; dadurch wirkt dieses kurze Werk wie ein Kupferstich à la Miryon.

23. *F-Dur: Moderato.* – Hier begegnen wir wieder der flüchtigen, geschmeidigen, glücklichen Art des *Prélude in Es-Dur*. Eine Technik der flüchtigen Berührung und der Unabhängigkeit der beiden Hände, wobei die linke auf und nieder hüpft, während die rechte ihren eleganten Schwung beibehält.

24. *D-Moll: Allegro appassionnato.* – Von diesem Prélude nimmt man an, daß es wie das 2. *Prélude in a-Moll* in Stuttgart komponiert wurde. Sein Ungestüm drückt ganz zweifellos die nervösen Schrecken des Emigranten aus, den die Entfernung zur Ohnmacht verurteilt. Dies ist eines jener Stücke, bei denen der

Interpret das Klavier vergessen – aber nicht vernachlässigen – muß, um nur noch an das Gefühl des mächtigen Zornes zu denken, das es ausdrücken will.

25. *Cis-Moll* op. 45 – Eine »ziemlich stark modulierte« Träumerei, um mit ihrem Verfasser zu sprechen. Tatsächlich frönt Chopin hier einer sehr merkwürdigen Unbeständigkeit in den Tonarten, er geht spielerisch von Dur auf Moll über und eröffnet damit den Liebhabern der »Musik der Zukunft« geschickte Möglichkeiten.

26. *As-Dur*. – Von diesem kurzen, 1918 in Genf veröffentlichten Stück sagte Saint-Saëns: »Dieses Prélude ist hübsch, aber nicht von großem Interesse. Es könnte ebensogut von einem anderen talentierten Komponisten stammen: hier merkt man nichts von Genie.« Wollen wir Saint-Saëns wegen Kleinigkeiten nicht tadeln.

Die vierzehn Walzer

Vierzehn Walzer, davon sechs posthum, hintereinander zwischen 1829 und 1847 erschienen: so sieht der Katalog dieser anmutigen oder schwermütigen Stücke aus, von denen Chopin vor allem verlangte, »daß nicht nach ihnen getanzt würde, denn sie sind nicht dazu bestimmt«. Er erlaubte ebensowenig, daß man sie als »Salonmusik betrachtete. Ich werde keine einzige Note mehr an diesen Nichtsnutz von Wessel [15] schicken, der eines meiner Impromptus ›Salonunterhaltung‹ nannte, es sei denn, es handelt sich gar um einen meiner Walzer.«

Gleichermaßen darf man in den Walzern von Chopin nicht das suchen, was den Zauber der Wiener Walzer ausmacht. Bei seinem Aufenthalt in Wien sagt Chopin: »Ich habe nicht das Zeug dazu, Strauß oder Lanner nachzuahmen.«

Aber Alfred Cortot hat recht, wenn er in der Reihe der Chopin'schen Walzer drei Stile unterscheidet: die *Valses brillantes*, die trotz des Wunsches ihres Verfassers an Ballsäle erinnern, in denen sich die Paare drehen; eine Reihe von *Salonwalzern* (wieder einmal, Verzeihung!), deren Erfinder Chopin ist: verträumte Stücke, die manchmal bei einem Mazurkarhythmus erwachen, der Illusion geweiht; schließlich die *Ausdruckswalzer,* in denen der für diese Form charakteristische Rhythmus zugunsten reiner Poesie an Kraft verliert.

Wie auch anderswo entsprechen die Opuszahlen in keiner Weise der Chronologie ihrer Entstehung. Chopin führte seinen Katalog sehr unordentlich, und Fontana leistete nicht die Arbeit eines sorgfältigen Sachwalters, als er nach seinem Tod, gegen den Willen seines Freundes, die posthumen Stücke veröffentlichte.

1. *Grande Valse brillante in Es-Dur* op. 18
Es ist der zuerst erschienene, aber nicht der zuerst komponierte: wir finden unter den »posthumen« noch fünf frühere Walzer. Dieser verdient seinen Namen. Stampfend, herausgeputzt, entfaltet er sich beim Glitzern der Lüster, belebt sich bei jedem Nebenthema und endet mit einem Accelerando, das den imaginären Tänzern den Atem nimmt.

2. *Valse brillante in As-Dur* op. 34, Nr. 1
Über die drei »Valses brillantes« op. 34, notiert Schumann, es seien »nicht Tänze des Körpers, sondern der Seele«. Die Vielfalt der Rhythmen in dem ersten der drei ist ergreifend. Ein gebieterisch maskulines Thema, ein sanft wiegendes feminines Thema, eine sinnliche zweite Idee lenken das Interesse auf eine Fülle feinster Modulationen.

3. *Walzer in a-Moll* op. 34, Nr. 2
Stephen Heller meint, daß von allen seinen Walzern dieser der Lieblingswalzer von Chopin gewesen sei, vielleicht wegen seiner Schwermut, die wie das Echo eines Schmerzes erscheint.

4. *Walzer in F-Dur* op. 34, Nr. 3
Die Pianisten haben ihn »Katzenwalzer« genannt, weil die kleinen Noten der mittleren Passage tatsächlich die Kapriolen unseres Haustieres darstellen könnten.

5. *Walzer in As-Dur* op. 42
Von diesem Walzer schreibt Schumann, »sollte er ihn zum Tanze vorspielen, so müßten unter den Tänzerinnen die gute Hälfte wenigstens Comtessen sein«. Die Überlagerung eines Zweiertaktes in der rechten Hand und eines Dreiertaktes in der linken schafft eine köstliche Doppeldeutigkeit, die nur hier und

da von kräftigen Akkorden unterbrochen wird. Eine brillante Koda setzt den Schlußpunkt unter diesen sich schlängelnden Walzer.

6. *Walzer in Des-Dur* op. 64, Nr. 1

Dieses Mal springt keine Katze, sondern ein kleiner Hund herum. Der Lieblingshund der Sand amüsierte sich damit, hinter seinem Schwanz herzujagen, indem er sich um sich selbst drehte, und Chopin scheint die Spiele des Tierchens musikalisch in der Form einer Improvisation notiert zu haben. Er spielte diesen Walzer nicht sehr schnell, behielt sich einen Raum für Beschleunigungen vor, doch verlieh er den Tonleitern einen »Fluß«, für den sich die schönen Zuhörerinnen begeisterten, und er hütete sich, dem Bericht von Mathias zufolge, sehr wohl, im zweiten Teil zu sinnlichem Sich-gehen-lassen Raum zu gewähren.

7. *Walzer in cis-Moll* op. 64, Nr. 2

Komponiert im Jahre 1847, zwei Jahre vor dem Tod des Komponisten, ist er vielleicht der vollkommenste, der aristokratischste seiner Walzer und auch der berühmteste. Der Refrain, der mehrere Male auf die vorausgegangene Strophe antwortet, gewinnt dadurch, daß er niemals zum Ritornell wird. Es ist ganz klar, daß ein zu rasches Tempo und ein mechanischer Vortrag den Charme dieses Stückes unwiderbringlich zerstören würden.

8. *Walzer in As-Dur* op. 64, Nr. 3

Dieses Stück scheint aus der Liebe eines Walzers und einer Mazurka entstanden zu sein. In der linken Hand bringt ein Nebenthema in regelmäßigem Rhythmus eine hinreißende Abwechslung mit sich.

9. *Posthumer Walzer in As-Dur* op. 69, Nr. 1

Wir haben bereits darüber geurteilt, ob dieses »Abschiedswalzer« genannte Stück mit der Auflösung der Verlobung zwischen Chopin und Maria Wodzinska zusammenhängt. Er wurde ihr nicht gewidmet, sondern geschenkt, einem Brauch zufolge, dem Chopin mehr als einmal nachkam. Der wehmütige Charakter dieses hübschen Walzers könnte – das Jahr der Komposition, 1835, kommt noch zu Hilfe – zu Verwirrung führen.

10. *Posthumer Walzer in h-Moll* op. 69, Nr. 2

Im Jahre 1829 komponiert, ist er von allen Chopin'schen

Walzern der zarteste, und wird deshalb von Amateuren am meisten gespielt. Er moduliert in H-Dur, kehrt dann zur Haupttonart zurück und endet so, wie er angefangen hat.

11. *Posthumer Walzer in Ges-Dur* op. 70, Nr. 1

Im Jahre 1835 datiert, seltsamerweise von Chopin verdammt, ist dieser Walzer fast volkstümlich im Stil und hüpfend in seiner Art. Ein Nebenthema, das an österreichische Ländler erinnert, unterbricht die unmerklich drohende Monotonie.

12. *Posthumer Walzer in f-Moll* op. 70, Nr. 2

In diesem, im Jahre 1842 komponierten Walzer sieht Cortot einen »gesprochenen Tanz«, so verschiedenartig ist der Rhythmus, wie bei einer zärtlichen Unterhaltung, die ein zweites Thema rhythmisch belebt.

13. *Posthumer Walzer in Des-Dur* op. 70, Nr. 3

Über dieses köstlich polyphone, im Jahre 1829 komponierte Stück schreibt Chopin an Titus Woyciechowski, daß er darin ein »zauberhaftes Wesen« heraufbeschwöre: Konstanze Gladkowska. Er spielt auf eine hervorgehobene verliebte Passage an, deren Bedeutung nur sein Freund verstehen kann: »Aber ich weiß, es ist nicht notwendig, Deine Aufmerksamkeit auf dieses Detail zu lenken: Du wirst es selber fühlen.« Wer weiß, ob die beiden Stimmen in der rechten Hand nicht zwei im gleichen Gefühl vereinte Herzen darstellen sollen.

14. *Posthumer Walzer in E-Dur* ohne Opuszahl

Wieder ein Jugendwalzer – der letzte –, datiert 1829. Er ist zauberhaft in seiner Ungeschicklichkeit und verdient im Grunde genommen keinen Kommentar.

Die siebenundzwanzig Etüden

Begonnen in Warschau, ebenso wie die »Exercisses« (sic) dazu bestimmt, die Virtuosität des jungen Komponisten zu fördern, weitergeführt in Paris, schließlich 1832 und 1837 hier herausgegeben, sind die 24 Etüden von Chopin, gefolgt von drei weiteren, für die *Méthode des Méthodes* von Moscheles bestimmten, zum Brevier des anspruchsvollen Pianisten geworden. Sie sind zwar

als einfache Übungsstücke gedacht, tatsächlich jedoch Meisterwerke. Hier geht in keiner Weise Geschicklichkeit über Einfalls-
reichtum. Im Gegenteil, sie erhöht ihn noch.

Das erste Heft, op. 10, ist Liszt, ihrem hervorragenden Interpreten, gewidmet, das zweite, op. 25, Marie d'Agoult.

Etüden op. 10

1. Etüde: C-Dur.

Diese Etüde mit langen Arpeggi in der rechten Hand soll mehrere Fähigkeiten entwickeln helfen: die Spannfähigkeit und die
Sicherheit in der Versetzung der Hand über die ganze Breite der
Klaviatur; die kräftemäßige Gleichheit aller Finger; ihre Widerstandsfähigkeit, ein perfektes Legato – während die linke Hand,
mit harmonischen Stützen betraut, keinerlei Schwierigkeiten
bietet.

2. Etüde: a-Moll.

Für die rechte Hand in chromatischen Stufen geschrieben,
hilft sie die Unabhängigkeit der schwachen Finger (3.,4.,5.) entwickeln, indem sie den Pianisten zu ungewöhnlichen Fingersätzen und zu einem ständigen Übersetzen zwingt, um ein vollkommen gebundenes Spiel zu erreichen. Die beiden ersten Finger
der rechten Hand begleiten das sich windende Band, das die drei
anderen über dem Wiegen der linken Hand entrollen. Die Fingersätze sind von Chopin genauestens festgelegt.

3. Etüde: E-Dur.

Von einem titelsüchtigen Verleger »Tristesse« genannt, von
einem anderen mit nichtssagenden Worten bezeichnet, entlockte
die *Etüde in E-Dur*, als Gutmann sie spielte, Chopin den
schmerzerfüllten Ausruf: »Oh, mein Vaterland!« Es ist eine
Romanze, die in einem absoluten Legato das polyphone Spiel
fördert, ferner die versetzten Fingersätze, die Fähigkeit, die verschiedenen Stimmen zum Singen zu bringen, die Sicherheit des
Anschlags in ungünstigen Positionen. Beim ersten Anschein einfach, enthält sie doch eine ganze Menge schwieriger Probleme.

4. Etüde: cis-Moll.

Diese feurige Toccata à la Bach (s. *Präludium in c-Moll* des
Wohltemperierten Klaviers, 1. Band) entwickelt die Gleichheit

der Finger beider Hände, ihr Brio und ihre Beweglichkeit. »Die Hand«, erklärt Cortot, »ist mal zusammengezogen, mal gespreizt.«

5. Etüde: Ges-Dur.

Geschrieben für die schwarzen Tasten und deshalb manchmal »die Negerin« genannt, bietet die *5. Etüde* dem Pianisten die Gelegenheit, den berühmten »Daumenübergriff« auf die schwarzen Tasten zu üben, Brio und perlendes Spiel bei großer Schnelligkeit und das weiche und schnelle Versetzen der Hand zu erreichen. »Eine wundervolle Improvisation«, urteilt Liszt.

6. Etüde: es-Moll.

Die ausdrucksvolle Intensität des polyphonen und melodiösen Spiels, das Legato in der Spannweite sind die hauptsächlichen Merkmale dieser bewundernswerten Etüde, die schmerzerfüllt und leidenschaftlich zugleich ist.

7. Etüde: C-Dur.

Übung von Tonwiederholungen, Verbindung von weiter Spannung und Legato, in einer flüchtigen Leichtigkeit. Geschmeidigkeit des Handgelenks.

8. Etüde: F-Dur.

Schnelles und flüssiges Übergreifen des Daumens. Extreme Gleichmäßigkeit der Finger, Unabhängigkeit der beiden Hände. Genauigkeit in Kleinigkeiten.

9. Etüde: f-Moll.

Beweglichkeit der linken Hand bei weiter Spannung. Übung am »einmal zögernden, einmal ruhigen« Vortrag. Unabhängigkeit beider Hände. Aus der Feder Chopins gibt es nichts Einfaches, und diese Elegie ist ein Muster an poetisch verschleierter Schwierigkeit.

10. Etüde: As-Dur.

Individuelle Beweglichkeit der Finger, Dehnungsübung, Entwicklung der Kraft des kleinen Fingers. Bülow stellte fest: »Wer diese Etüde in einer wirklich vollkommenen Weise spielen kann, kann sich rühmen, den höchsten Gipfel der Kunst des Klavierspiels erreicht zu haben.«

11. Etüde: Es-Dur.

Diese Etüde, bestehend aus großen Arpeggien in beiden Händen gleichzeitig, ist begründet auf der Spannfähigkeit. Sie entwickelt außerdem den melodiösen Klang der Oberstimme.

12. Etüde: c-Moll.

In Stuttgart komponiert und deshalb »Revolutionsetüde« genannt, beginnt diese Etüde mit einem Furiosolauf in der linken Hand und fegt über die ganze Baßklaviatur. Die Schwierigkeit liegt in der besonders komplizierten Ausführung der Tonlinie in der linken Hand und des mehrmals wiederholten Aufruhrschreies in der rechten. Gewalt, Leidenschaft, Ruf nach Rache.

Etüden op. 25

1. Etüde: As-Dur.

Schumann schreibt, nachdem er sie von Chopin gespielt hörte: »Denke man sich, eine Äolsharfe hätte alle Tonleitern und es würfe diese die Hand eines Künstlers in allerhand phantastischen Verzierungen durcheinander, doch so, daß immer ein tieferer Grundton und eine weich fortsingende höhere Stimme hörbar... Mehr ein Gedicht als eine Etüde. Man irrt aber, wenn man meint, er hätte jede der kleinen Noten deutlich hören lassen; es war mehr ein Wogen des As-Dur-Akkords, vom Pedal hier und da von neuem in die Höhe gehoben: aber durch die Harmonien hindurch vernahm man in großen Tönen die Melodie, wundersame, und nur in der Mitte trat einmal neben jenem Hauptgesang auch eine Tenorstimme aus den Akkorden deutlicher hervor. Nach der Etüde wird's einem wie nach einem sel'gen Bild, im Traum gesehen, das man, schon halbwach, noch einmal erhaschen möchte.«

Diese duftige und genaue Etüde fordert vom Interpreten große Leichtigkeit und die Fähigkeit, die Oberstimme, trotz der Verwendung nur eines einzigen Fingers, vollkommen legato zu spielen.

2. Etüde: f-Moll.

Sechs Noten in Triolen in der rechten Hand, drei in der linken: die Schwierigkeit besteht darin, dem klingenden Band, das sich im Sopran entrollt, vollkommene Gleichmäßigkeit und flüchtige Anmut zu verleihen, ohne jegliche Akzentuierung, um das gemessene Eingreifen des Basses zu erleichtern. Das erreicht man, indem die Hand unbeweglich bleibt und die Finger allein am Tastenrand spielen.

3. Etüde: F-Dur.

Sauberkeit im schnellen Spiel, die Hand muß auf die Tasten zurückfallen, ohne sich zu verkrampfen, um den leichten Klopfeffekt und die von Chopin gewünschte Schnelligkeit zu erreichen.

4. Etüde: a-Moll.

Staccato und schnelles Versetzen der beiden Hände. Flexibilität und Elastizität des Handgelenks.

5. Etüde: e-Moll.

Zwei Themen stehen sich in dieser Etüde gegenüber, deren Ausführung außerordentliche Risiken birgt. Zuerst eine Passage, in der Vorschlagsnoten arpeggierte Akkorde der linken Hand ergeben. Dann eine lyrische Melodie in der linken Hand über einer Klangfigur in der rechten Hand, zuerst in Triolen, dann in Sechzehnteln. Am Ende Rückkehr zum anfänglichen Thema. Die größte Schwierigkeit ist, daß der Anschlag niemals mechanisch gehackt sein darf, sondern weich in der lebhaften Akzentuierung der schnellen Tempi.

6. Etüde: gis-Moll.

Die berühmte Etüde mit den chromatischen Terzen ist wegen ihrer Schnelligkeit und den ungewöhnlichen Fingersätzen, die sie erfordert, eine der schwierigsten der Sammlung. Es gibt Hände, die unfähig sind, ihren Zauber und ihre Freiheit zum Ausdruck zu bringen. Gewisse Interpreten haben sie »die Sibirische« genannt, weil sie an die Schellen einer Troika auf vereistem Boden erinnert.

Chopin spielte sie gern und anscheinend leicht, dank seiner ideal gebauten Hand.

7. Etüde: cis-Moll.

Sie wird zu Unrecht »Etüde für die linke Hand« genannt, weil sich eine Cellomelodie im Baß entfaltet. Cortot meint ganz vernünftig, »daß auf die schmerzliche Klage der linken Hand die verletzte, traurige und zärtliche Stimme der rechten Hand antwortet«. Zwei verschiedene Ausdrucksarten befinden sich hier in vollkommenem Gleichgewicht.

8. Etüde: Des-Dur.

Eine Etüde in gebundenen Sexten für die rechte Hand und in Sexten und Quinten für die linke. Dem Fingersatz sind hier entsetzliche Probleme gestellt – unter der Berücksichtigung, daß das Handgelenk hier eine ebenso wichtige Rolle spielt wie die Finger selbst.

9. Etüde: Ges-Dur.

Eine lebhafte, leichte, ungezwungene Etüde. Verlangt wird ein besonders beseelter Anschlag und ein vom Handgelenk losgelöstes Spiel, das zum weichen Abprall auf den Tasten verhelfen soll. Seltsamerweise stammt das Thema im Sopran aus einem Allegretto einer Sonate von Beethoven: Zitat oder Zufall? Man weiß es nicht.

10. Etüde: h-Moll.

Eine Etüde in schnellen Oktaven, die zugleich Geschmeidigkeit und Ausdauer erfordert. Der Mechanismus des Handgelenks wird harten Anforderungen unterworfen, um so mehr, als der Interpret die vertikale Bewegung der Hand mit der seitlichen Versetzung hinauf oder hinunter verbinden muß. Die Ausführung des Lento in der Mitte erfordert im Gegensatz zu dem wilden Staccato am Anfang die Zuhilfenahme eines rigorosen Legato, das man nur mit recht komplexen Fingersätzen erreichen kann.

11. Etüde: a-Moll.

Eine Etüde mit Orchestercharakter, heftig, schnell und leidenschaftlich. Den wilden Läufen der rechten Hand steht in der linken Hand ein stark rhythmisches Motiv gegenüber. Deswegen kann diese Etüde, wenn sie ohne Nuancen und nicht ausdrucksvoll genug gespielt wird, leicht zum langweiligen Übungsstück werden.

12. Etüde: c-Moll.

Es ist möglich, jedoch nicht sicher, daß die Etüde gleichzeitig mit der Etüde Nr. 12, op. 10, die in ihrer aufrührerischen Art eine würdige Antwort auf diese hier darstellt, in Stuttgart komponiert wurde. Fortissimo-Arpeggi in beiden Händen, Hervorhebung der Baßmelodie, schnelle Versetzung der Hände, kräftige Betonung der Akzente auf dem ersten Sechzehntel eines jeden Taktes, machtvolles Legato – das sind die hauptsächlichen Schwierigkeiten, die dieses wild bewegte Stück dem Ausführenden bietet.

Drei Etüden (ohne Opuszahl) für die Méthode des Méthodes.

Die drei Etüden, die für die *Méthode des Méthodes* von Moscheles und Fétis komponiert wurden, sind 1840 ohne Opuszahl erschienen.

Etüde Nr. 1: f-Moll.

Sie basiert einzig und allein auf der Überlagerung zweier verschiedener Rhythmen – einem Dreiertakt und einem Zweiertakt –, Sextolen in der rechten Hand, Achtelnoten in der linken. Eine schwankende Melodie irrt traurig, ohne Ruhe oder Halt finden zu können. Ihre Kontinuität erzeugt das Gefühl ergreifender Melancholie.

Etüde Nr. 2: Des-Dur.

Die rechte Hand, in zwei Teilen geschrieben, bietet die Besonderheit, daß sie im oberen Teil gebunden und im unteren Teil staccato vorgeschrieben ist, während die linke Hand eine einfache harmonische Stütze gibt. Daher die große Schwierigkeit in der Ausführung.

Etüde Nr. 3: As-Dur.

Bezüglich des »drei zu zwei« gleich mit der 1. *Etüde*, im »drei zu vier« entgegengesetzt zu ihr, im vorliegenden Fall kompliziert durch die polyphone Schreibweise der rechten Hand, die ein striktes Legato erfordert, das die Akkorde des oberen Teils miteinander verschmelzen läßt.

Die zwanzig Nocturnes

Im 18. Jahrhundert bezeichnet das vor allem von Haydn verwendete Wort Notturno eine Serenade oder ein kleines Freiluft-Musikstück, das in keinerlei Beziehung steht zu der Form Chopin'scher Nocturnes. Kurz darauf schafft der Ire John Field, ein Schüler von Clementi, das romantische Nocturne, das von Marmontel mit folgenden Worten beschrieben wird: »Er war der Erfinder einer Art typischer kleiner Stücke: einer Art von

Träumereien, von Meditationen, in denen der Gedanke eines zärtlichen, manchmal ein bißchen manierierten Gefühls meist begleitet wird von einem wogenden Baß in Arpeggien oder gebrochenen Akkorden, einem harmonischen Wiegen, das die Melodie unterstützt und sie durch das Unvorhergesehene seiner Modulationen belebt, jedoch nur sehr selten Zwiesprache mit ihr hält.«

Seit seiner Schulzeit kannte Chopin die Nocturnes von Field, und er läßt sich so lange von ihnen inspirieren, bis er dieser ein wenig gezierten Form die Seele verleiht, die ihr vorher fehlte: »Und diese Seele«, schreibt Louis Aguettant, »gehört ganz zweifellos ihm, aber es ist auch die Seele der Zeit – jene große diffuse Wolke aus Träumereien und Seufzern einer ganzen romantischen Generation, die um 1830 zwischen Himmel und Erde schwebte. Um sich die Atmosphäre dieser Zeit vor Augen zu führen, muß man an die schönen, seltsamen Worte von Chateaubriand über ›das große Geheimnis der Melancholie, das der Mond gern den großen Eichen und den antiken Ufern der Meere erzählen möchte‹, an die duftigen Verse von Lamartine und das Pathos von Musset denken. All das steckt in den Nocturnes von Chopin. Außer in den nach dem *Nocturne in c-Moll* op. 48 geschriebenen, macht er sich dieses Genre vollkommen zu eigen, das er bei einem Vorläufer entlehnt hat, und er verwandelt das in eine persönliche Botschaft, was bisher nur Salonträumerei gewesen ist.«

1. Nocturne in b-Moll.
Hier verwendet Chopin als Grundlage das ein bißchen monotone und von Field sehr häufig und zu häufig verwendete Arpeggio. Ein klagendes Thema von vornehmer Trauer entfaltet sich lange quasi improvisando in der rechten Hand. Eine Albumseite, eine Stimmungsstudie.

2. Nocturne in Es-Dur.
Eines der berühmtesten und meistgespielten. Sinnlich und melancholisch, durchsetzt mit Koloraturen und Nachtigallentrillern, bewegt es sich auf einem Baß in Triolen, gerät einen Augenblick in Schwärmerei und endet in Ruhe. Dabei sind (in der Cortot-Ausgabe) die sehr merkwürdigen, von Chopin empfoh-

lenen Fingersätze zu bemerken, die auf einen durchsichtigen Klang zielen [16].

3. Nocturne in H-Dur.

Von Chopin mit »scherzando« überschrieben, ist dieses Stück trotz allem eher schwermütig als fröhlich. Die Anmerkung bedeutet ganz einfach, daß Chopin die künstliche Kraftlosigkeit fürchtet. Ein mit »agitato« bezeichnetes Nebenthema in der Mitte gibt dem Nocturne eine gewisse Breitschultrigkeit, auf die Chopin noch öfter zurückgreifen wird.

4. Nocturne in F-Dur.

Auch hier wird wieder die reine Welle, die unwiderstehlich an den *See* von Lamartine erinnert – obwohl Chopin darüber keinerlei Hinweise gibt – plötzlich durch einen Orkan aus der Tiefe aufgewühlt. Und das Nocturne endet, wie es begonnen hat.

5. Nocturne in Fis-Dur.

Man könnte mit Cortot sagen, es sei »aus dem Zauber des Sonnenuntergangs entstanden«. Ein Gefühlserguß in der Mitte, eine Komplikation im Rhythmus beleben das Stück, das am Ende wieder zur Ausgangslage zurückkehrt.

6. Nocturne in g-Moll.

In diesem Stück zeigt sich eine vorübergehende Rückkehr zur großen harmonischen Einfachheit. Eine Träumerei à la Field, die in einer Art von religiösem Choral mündet, mit dem alles erlischt.

Dieses eine Mal hat Chopin an den Rand seines Manuskripts geschrieben: Nach der Lektüre von Hamlet.

7. Nocturne in cis-Moll.

Vielleicht die Perle der Sammlung, der vollkommenste, der inbrünstigste Traum, den Chopin dem Klavier anvertraute. Zwar wird es bewegt, doch schließt es in friedvollem Sternenschein.

8. Nocturne in Des-Dur.

Die ganze Argumentation dieses wundervollen Nocturne besteht aus drei Strophen einer Koda, abgesehen von der Reprise, wo zwei verliebte Stimmen wie Tristan und Isolde Zwiesprache halten.

9. Nocturne in H-Dur.

Nach seinem ruhigen romanzenhaften Verlauf, und gäbe es

nicht eine sehr geschickte Modulation vor den letzten Takten, würde man dieses Stück gern in die Warschauer Zeit einordnen.

10. Nocturne in As-Dur.

Das gleiche kann man von diesem Nocturne hier sagen; es ist eines der schwächsten in der Reihe.

11. Nocturne in g-Moll.

Ein Choral nimmt die Stelle des Mittelteils bei diesem Stück ein, dessen Melancholie so typisch ist, daß Schumann darüber schreibt: »Chopin könnte jetzt alles ohne seinen Namen herausgeben: man würde ihn doch gleich erkennen.« Tatsächlich, man denkt an eine Imitation Chopins durch Chopin.

12. Nocturne in G-Dur.

Eine Barkarole unter Sternen – dieses nicht sehr gewagte Bild hat dazu geführt, daß man dem *Nocturne in G-Dur* ein Kompositionsdatum (1838) zur Zeit der Reise nach Mallorca zugeschrieben hat. Ein zweites wiegendes Thema unterstreicht noch den Eindruck von Meereswogen, die ruhig das Boot schaukeln, in dem die Reisenden sitzen.

13. Nocturne in c-Moll.

Dieses geniale Stück, op. 48, ist im eigentlichen Sinne kein Nocturne, das heißt in dem Sinne, wie Chopin es bis dahin aufgefaßt hat. Ernst und feierlich steigt die Melodie hoch wie eine Flamme, beleuchtet einen Choral, der sich belebt und zur neuerlichen bewegten Exposition des Hauptthemas führt.

14. Nocturne in fis-Moll.

Für Barbedette geht von diesem Nocturne eine »herzzerreißende Traurigkeit« aus: ist die Ursache das berühmte »Zal«, das wir mehrmals erwähnten? »Die Gegenüberstellung gebieterischer Akkorde und einer klagenden Skizze«, schreibt A. Coeuroy, »zeigt wieder einmal den doppelten Chopin auf der Suche nach dem Gleichgewicht durch musikalischen Ausdruck.«

15. Nocturne in f-Moll.

Das vielleicht populärste, aber nicht das beste, ganz sicher aber das subtilste. Die außergewöhnliche Einfachheit seiner melodischen Stimmführung rückt es in die Nähe des polnischen Volksliedes, von dem Chopin sich nur sehr wenig inspirieren ließ.

16. Nocturne in Es-Dur.

Eine einzige melodische Idee ist die ganze Substanz dieses sehr schönen Nocturne, das an eine mit sehr seltenen Harmonien durchsetzte und von einem Ende zum anderen vor Bewegung zitternde Improvisation erinnert.

17. Nocturne in H-Dur.

Es gehört nicht zu den einfallsreichsten Stücken von Chopin, obwohl es gleichzeitig mit den großen Meisterwerken wie der *Barcarole* und der *Polonaise-Fantaisie* entstand.

18. Nocturne in E-Dur.

Wie eine Arabeske oder eine Kantilene, unterstützt von raffinierten Harmonien. Das Stück ist im Ganzen wunderschön.

N.B. Die beiden posthumen *Nocturnes in cis-Moll* und *e-Moll* sind nur von minderem Interesse. Diese Jugendstücke scheinen uns nicht einmal eine kurze Notiz wert zu sein.

Die vier Impromptus

Ethymologisch ist »impromptu« ein Synonym für Improvisation. Selbst wenn Chopin sich die Themen seiner Impromptus am Klavier erträumt hat, so folgte doch danach am Schreibtisch eine genaue Durcharbeitung. So verbindet sich in den vier Stükken, von denen wir hier sprechen, der Duft des Spontanen mit der Vollkommenheit einer ausgefeilten Niederschrift. Die Form ist sehr einfach. Sie entspricht dem Schema A-B-A: das bedeutet, daß ein Mittelteil eingerahmt wird von zwei symmetrischen, gleichgearteten Teilen. Die Impromptus von Chopin sind nicht wegen ihrer Form, sondern wegen ihrer musikalischen Substanz interessant. Jedoch kommt es ganz auf den Interpreten an, wie er den spontanen Charakter dieser vier Juwele wiederzugeben vermag. Wie Cortot ganz richtig sagt: »Die Musik muß gewissermaßen unter den Fingern des Ausführenden neu entstehen.« Schumann schreibt, nachdem er das *1. Impromptu* gelesen hat: »So wüßte ich obigem Impromptu, so wenig es im Umkreis seiner Werke zu bedeuten hat, kaum eine andere Chopin'sche Komposition zu vergleichen; es ist wiederum so fein in der Form, eine Kantilene zu Anfang und Ende von reizendem Figurenwerk eingeschlossen!«

Zwar sollte man – manchmal sogar bei der Entgegnung – allzu literarischen Exegeten Chopins immer mißtrauen, doch einem außergewöhnlichen Künstler muß man zugestehen, daß er sich selbst poetische Vorstellungen macht, deren Gehalt er dann auf musikalische Werke überträgt, die keinerlei Hinweis vom Komponisten enthalten. Die Inspiration des Komponisten ist mit der seines Interpreten vom Grund her nicht zu vergleichen. Dies nur, um ein paar Zitate zu rechtfertigen, die aus den Arbeitsausgaben von Alfred Cortot stammen.

1. Impromptu in As-Dur op. 29

»Das Rieseln frischen Wassers, das Rascheln von Blättern in den Laubkronen, das Murmeln der Brise im heranbrechenden Morgen, alles, was sie streift, was gleitet und flüstert, scheint den köstlichen Umriß dieser Klangarabeske inspiriert zu haben«: man kann unmöglich die flüssige Frische dieses wundervollen Stücks besser charakterisieren. Triolen in beiden Händen geben ihm Schwung, bis es einen Augenblick in der Entspannung eines mit »sostenuto« bezeichneten Themas verhält, auf das dann eine Reprise des Anfangsmotivs folgt.

2. Impromptu in Fis-Dur op. 36

Wenn Chopin »Nocturne« statt »Impromptu« darübergeschrieben hätte, wäre niemand verwundert. Denn diese mit »andantino« bezeichnete Kantilene hat nichts Flüchtiges. Sie verweilt im Gegenteil bei einem Gesang mit hübschen Modulationen bis zum Eintritt eines Themas in Zweiunddreißigstel-Noten: eine duftige, luftige und zärtliche Koda.

3. Impromptu in Ges-Dur op. 51

Vielleicht das vollkommenste in der Reihe der Impromptus, überschrieben mit »vivace giusto«, das sich in seiner Schreibweise und in seinem Gefühl der berühmten *Leggerezza* von Liszt nähert. Aber Chopin huldigt niemals der grundlosen Virtuosität. Hier wie anderswo erzittert seine Musik unter der Fülle der Geständnisse, füllt sie sich mit Gefühlsaufwallungen und trunkener Ekstase. Die Tatsache, daß im Verlauf des Stücks ein zweiter Teil in Form von Doppelnoten in der linken Hand dazukommt, darf keinesfalls den Fluß des Vortrags behindern. Auch soll der Ausführende die Melodie des Cellos nicht »pathetisieren«, die in einem Zwischenspiel, sostenuto, in seiner linken Hand liegt, bis zur Rückkehr des anfänglichen Gemurmels.

Fantaisie-Impromptu in cis-Moll op. 66

Warum hat Fontana diesem vierten Impromptu, das mit den posthumen Werken veröffentlicht wurde, den Titel *Fantaisie-Impromptu* gegeben? Das ist ein Geheimnis. Und warum hat Chopin dieses Stück, das genauso gelungen ist wie die drei ersten, aus dem Katalog seiner Werke herausgenommen? Man weiß es nicht. Sicher ist, daß unter den vier das *Fantaisie-Impromptu* das populärste geworden ist, und zwar in dem Maße, daß nach den Worten eines Humoristen der Musikunterricht in den Mädchenpensionaten nicht mehr stattfinden könnte, wenn es dieses Impromptu nicht gäbe! Das kommt sicherlich daher, weil der erste Teil dieses Stückes schnell ist, ohne den Fingern allzu große Schwierigkeiten zu bereiten, und der außerordentlich melodiöse zweite Teil der Gefühlsseligkeit im zarten Alter die Möglichkeit gibt, sich zu verströmen, wenn auch manchmal natürlich zu reichlich. Weder entfesselte Leidenschaft noch ein in der Wirrnis des Pedals badendes Pathos, sondern ein ungeduldiges Flüstern, gefolgt von einem Augenblick scheuen Verzichts.

Die vier Rondos

Vier Rondos – oder Rondeaux –, davon eines posthum.

Rondo in c-Moll op. 1

Das zuerst komponierte (1825) trägt auch die Nummer 1 im Katalog nach Opuszahlen. Schumann bereitete Chopin eine große Freude, als er schrieb: »Eine Dame würde sagen, daß es recht hübsch, recht pikant sei, fast moschelessisch…« Das ist nicht so sicher.

Über einem Polkarhythmus erhebt sich das volkstümliche Thema mit ungezwungenem polnischem Charakter, verziert mit Grupetti. Wie Alfred Cortot meint, bezieht sich ein mit »piu lento« überschriebenes Nebenthema auf mittelmäßige Vorbilder, von denen Chopin sich entfernen mußte, um an Persönlichkeit zu gewinnen. Das Stück besteht aus modulierenden Nebenmotiven und mehrmaliger Rückkehr zum Anfangsthema. Die Komposition im eigentlichen Sinne gehört wegen der Unerfahrenheit des jungen Komponisten zu den gewagtesten.

Rondo à la Mazur in F-Dur op. 5

Schumann äußerte sich schmeichelhafter über dieses zweite Rondo: »Wer ihn (Chopin) noch nicht kennt, wird am besten mit diesem Stück den Anfang machen.«

»Rondo à la Mazur« bedeutet: »Rondo im Stil einer Mazurka« – wie im Finale des *Klavierkonzerts in f-Moll* und dem *Krakowiak*. Die Anspielung auf einen typisch polnischen Tanz ist hier ganz klar ersichtlich. Es handelt sich um ein Volksvergnügen, aber, so sagt Schumann, die Teilnehmer bewegen sich aristokratisch. Zwei Themen beleben dieses Rondo, durch zusätzliche Episoden voneinander getrennt. Der Fortschritt seit dem vorigen Werk ist ganz deutlich. Wir befinden uns hier noch nicht in der Galerie der Meisterwerke, sondern, wenn man so sagen darf, auf der Treppe dorthin.

Rondo in Es-Dur op. 16

Ein noch deutlicherer Fortschritt. Sehr einfache Themen, die raffinierte pianistische Schreibweise bringen einen auf den Gedanken, daß sich Chopin die Noten aus der Jugend noch einmal vorgenommen hat, um sie 1834 in ein raffiniertes harmonisches und instrumentales Kleid zu stecken. Ein Salonstück, sicherlich, aber ganz gegensätzlich zu dem polnischen Stil der beiden ersten Rondos. Die Komposition ist sicher, die Strophen reihen sich mit einer Poesie aneinander, die die etwas mechanische Symmetrie dieses Stückes unterbricht, ohne seine Länge zu kaschieren, die im Mißverhältnis zum inneren Wert seiner Motive steht.

Rondo in C-Dur für zwei Klaviere op. 73 (posthum)

Datiert 1828 und ursprünglich für ein Klavier allein vorgesehen, ist dieses Rondo später für zwei Pianos umgeschrieben worden, wahrscheinlich mit dem Ziel, die Klangfülle zu bereichern. Wie André Coeuroy schreibt, »Themen, Durchführungen, Aufbau haben nichts Außergewöhnliches, nur an manchen Stellen Chopin'sche Anklänge: Chromatik, Kontraste, Poesie«.

Trio in g-Moll op. 8

1828 geschrieben, wird das *Trio in g-Moll* für Klavier, Violine und Violoncello erst im Jahre 1833 veröffentlicht. Vier Sätze: Allegro con fuoco, Scherzo, Adagio, Finale. Eine gewisse Unerfahrenheit, die bei einem Studenten ganz natürlich ist und sich vor allem in einer gewissen Undurchsichtigkeit der Schreibweise bemerkbar macht, kann dennoch dem Zauber dieser Komposition, die sehr selten gespielt wird, nicht viel anhaben. Ein kraftvolles Allegro, ein banaleres Scherzo, ein poetisches Adagio, ein volkstümliches Finale hören sich angenehm an, daß Schumann sich zu einer Bemerkung veranlaßt sieht, in der er sich wundert, daß Chopin den Weg der Kammermusik nicht weiter gegangen ist, auf dem er, wenn er das Handwerk einmal verstünde, sicherlich »Genieblitze« leuchten lassen würde. Aber außer ein paar seltenen Ausflügen in dieses Gebiet sollte er sich ganz dem Klavier widmen.

Introduktion und Polonaise in C-Dur op. 3

Erinnern wir uns, daß Chopin bei dem Fürsten Radziwill in Antonin im Jahre 1829 speziell für seine Gastgeber eine Alla Polacca mit Violoncello komponiert hat: »Es ist nur Blendwerk, gut für den Salon, für die Damen.« Das Urteil des Verfassers trifft zu. Die Introduktion wurde nach der Polonaise komponiert und dieser vorangestellt. Das Cello wird sehr schüchtern eingesetzt. Der Einfluß von Rossini, auf den André Coeuroy aufmerksam macht, ist tatsächlich spürbar.

Großes konzertantes Duo für Klavier und Cello über Themen aus »Robert der Teufel« (ohne Opuszahl)

1832 – also in Paris – unter Mitwirkung von Franchomme, dem Violoncelloprofessor am Konservatorium, komponiert, ist das Große Duo Gegenstand einer treffenden Bemerkung von Schumann: »Es scheint mir durchaus von Chopin entworfen zu sein und Franchomme hatte zu allem leicht Ja sagen; denn was Chopin berührt, nimmt Gestalt und Geist an… auch in diesem kleineren Salonstil.« Tatsächlich hat Chopin sich wahrscheinlich damit begnügt, Franchomme zu fragen, ob gewisse Läufe leicht oder im Gegenteil unmöglich zu spielen seien. Des »Salonstils« bedient sich Chopin gerade zu einer Zeit, als die Paraphrasen über Themen aus beliebten Opern in ganz Europa große Mode waren. Das Regiment der »reinen Musik« ist noch weit – sehr weit sogar.

Sonate in g-Moll op. 65 für Cello und Klavier

Erinnern wir uns, daß Chopin diese Sonate erstmals mit Franchomme, dem sie auch gewidmet ist, anläßlich seines letzten Konzerts in Paris am 16. Februar 1848 im Pleyelsaal spielte. Übrigens nur teilweise, denn da er mit dem Allegro zu Beginn nicht zufrieden war, nahm er es aus dem Programm. Das Gleichgewicht der beiden Instrumente ist tatsächlich im Scherzo, Largo und Finale besser.

Von seinen früheren Erfahrungen hat Chopin in dem Sinne profitiert, als das Klavier hier das Cello frei singen läßt. Wir haben es mit einem echten konzertanten Duo zu tun. Sicherlich erinnert das Largo unwiderstehlich an ein zwischen Klavier und Cello aufgeteiltes Nocturne. Das Gleichgewicht ist in dem sehr fröhlichen Scherzo besser; das Cello erhält den Löwenanteil in dem Trio, das mit »cantabile« überschrieben ist. Das sieghafte Finale ist zweifelsohne durch seinen belebenden Schwung das beste Stück der Sonate.

Verschiedene Stücke

Fantasie in f-Moll op. 49

Drei literarische – sagen wir psychologische – Hypothesen sind zur Erklärung der Struktur der *Fantasie in f-Moll* aufgestellt worden. Charles Rollinat sieht darin den Abglanz der Streitigkeiten und Versöhnungen zwischen Chopin und der Sand in Nohant. Der Bericht von Rollinat ist so kindisch wie ein Comic. Edouard Ganche sieht hier nur Polnisches: Kavalkaden, Paraden und Umzüge. Viel vorsichtiger verbindet Alfred Cortot die Komposition des Werkes mit einem Traum, den Chopin kurz vorher gehabt haben soll und auf den er in seiner Korrespondenz anspielt: »Einst träumte mir, ich sei im Spital gestorben, und dies ist mir fest im Gedächtnis haftengeblieben. Jetzt träume ich oft mit offenen Augen, was vielleicht weder Sinn noch Verstand hat.«

Es soll hier noch einmal betont werden, daß Chopins Einfälle rein musikalisch sind, und abgesehen von den Erinnerungen an Polen und seine Jugend, sucht er niemals in einer bestimmten Tatsache oder in der Lektüre eines Buches die Vorlage für seine Werke. Wenn er in der Komposition beschreibt, dann einzig und allein sein eigenes Bild.

Die *Fantasie* beginnt mit einem Tempo di marcia, nicht einem Trauermarsch, sondern feierlich, fern, wie verschleiert – bis zu dem Augenblick, in dem ein deutlicheres Thema sich mit Trompetenklang piano ankündigt. Es folgt eine jener improvisationsartigen Episoden, in denen Chopin, immer schneller werdend, von einem Seelenzustand zum anderen moduliert. Jetzt kommt man zum Kernpunkt, mit Hilfe eines düster gefärbten Themas, das sich bis zu einer verführerischen, begeisterungsvollen Phrase erhellt: das Licht siegt über den Schatten. Durchführung, rhythmische Spiele, pianistische Jongleurkunststücke. Darauf entwickelt sich eine nobel chevareske Melodie, unterbrochen von »schleifenden« Pizzicati in der linken Hand. Ab hier spielt Chopin, ohne auf die Elemente der Einleitung zurückzukommen, mit den anderen Motiven und gelangt zu einem nachdenklichen, gesammelten und friedvollen Lento sostenuto – das im übrigen sehr kurz ist. Darauf folgen eine transponierte Reprise der ersten Episode nach der Introduktion und ein Fächer von Modulationen, der ganz schnell über einem Plagalabschluß zufällt.

Barcarole in Fis-Dur op. 60

Dieses Meisterwerk unter den Meisterwerken hat Maurice Ravel kurz, aber überzeugend analysiert: »Die *Barcarole* ist die Synthese der ausdrucksvollen und prächtigen Kunst dieses großen, italienisch geschulten Slawen.[17] Chopin hat hier all das verwirklicht, was seine Lehrer aus Nachlässigkeit nur unvollkommen ausdrückten. Das geschmeidig-weiche Terzenthema wird ständig eingehüllt von betörenden Harmonien. Die melodi-

sche Linie ist nirgends unterbrochen. Einen Augenblick lang löst
sich ein Rezitativ, bleibt in der Schwebe und fällt weich herab,
angezogen von magischen Akkorden. Die Intensität steigert sich.
Ein neues Thema von wundervoller Lyrik, ganz italienisch,
bricht hervor. Dann beruhigt sich alles. Aus dem Baß erhebt sich
zitternd ein schneller Lauf und schwebt über den kostbaren,
zärtlichen Melodien. Es ist wie eine geheimnistiefe Apotheose.«
Möglicherweise wollte Chopin, als er die *Barcarole* schrieb, Venedig mit seinen Kanälen und seinen Gondeln heraufbeschwö-
ren, angeregt durch die Erinnerungen der Sand an die Stadt der
Dogen, die einst Ziel ihrer unseligen Pilgerfahrt mit Musset gewesen war. Zum Schluß sei noch einmal bemerkt, daß Chopin
sich niemals – und hier noch weniger als anderswo – um stereo-
type klassische Formen kümmert. So wie er seine eigene Harmo-
niesprache erfindet, schafft er für alle Stücke auch die Form, die
nur von seinem eigenen Sinn für Proportionen und Kontraste
abhängt. In dieser Hinsicht ist er Vorläufer von Debussy, der
ebenso wie Chopin keinen fetischistischen Respekt vor den traditionellen Regeln hatte.

Berceuse in Des-Dur op. 57
Ein Stück in Form von Variationen über einem eintaktigen
Baß, der mit winzigen Varianten wiederholt wird – hier und da
eine Terz statt einer Quinte –, das Ganze in Des, bis zu dem Augenblick, in dem ein köstlich dissonantes Ces den Vortrag, wenn
das möglich ist, auflockert. In seiner Delikatesse erinnert dieser
Überraschungseffekt gewissermaßen an das Ende des *Bolero*
von Ravel, wo in einer strahlenden Apotheose von C-Dur nach
E-Dur moduliert wird: hier wie dort handelt es sich um eine
plötzliche Veränderung des Lichts.

Tarantella in As-Dur op. 43
Muß man annehmen, daß Chopin sich für dieses Stück von
den Tänzen inspirieren ließ, die er bei einem kurzen Aufenthalt
in Genua auf der Rückkehr von Mallorca mit der Sand sah?
Diese Hypothese wird durch nichts unterstützt. Es ist viel wahrscheinlicher, daß er, nachdem er von Kalkbrenner und Thalberg
eine Menge Tarantellen gehört und Stücke gleichen Stils von
Liszt und Rossini gelesen hatte, sich einmal in einem Genre ver-

suchen wollte, das gerade in Mode war. Aber er drückt diesem schnellen Tanz, in dem sich der hüpfende und unaufhörlich abprallende Rhythmus niemals verändert, durch das Schillern subtiler Harmonien und das Spiel von drei Motiven, die sich den Ball mit verwirrender Geschicklichkeit zuwerfen, seinen persönlichen Stempel auf.

Allegro de Concert op. 46

Chopin hat wohl nach seinen beiden Klavierkonzerten, die er in Warschau komponierte, ein 3. Klavierkonzert skizziert und ist dann bei dem Allegro des Anfangs in einer Klavierversion geblieben. Man erkennt mühelos die feierlichen Stellen, die nach einer Orchestrierung verlangen. Später, in Paris hat er sich die Skizze des genannten Allegros wieder vorgenommen und die Harmonien vervollkommnet, wobei er zahlreiche rein virtuose Episoden so ließ, wie er sie ursprünglich geschrieben hatte. Wegen seiner anspruchsvollen Technik ist dieses Stück von ständigem Interesse. Die musikalische Substanz ist geringer, konventioneller als in den beiden *Klavierkonzerten in f-Moll* und *e-Moll*. Chopin zeigt sich hier kaum ehrgeiziger als ein Ries oder ein Moscheles. Das *Allegro de Concert* ist eines der seltenen Konzessionen Chopins an den »Stil der Zeit«.

Bolero op. 19

Im Jahre 1834 unter dem Titel »Erinnerung an Andalusien« veröffentlicht, ist dieser *Bolero* wahrscheinlich in Warschau um das Jahr 1828 herum komponiert worden. Zu dieser Zeit sah Chopin eine Aufführung der *Stummen von Portici*, in der ein Bolero vorkommt, dessen Schwung dem jungen Frédéric gefiel. Ein Salonstück, das zahlreichen »Schablonen« von zweifelhaftem thematischem und harmonischem Interesse gehorcht. Ohne einen bestimmten ethnischen Charakter, ist dieses Stück eines der schwächsten, die Chopin hinterlassen hat.

Variationen in E-Dur über ein deutsches Volkslied (ohne Opuszahl)

Im Jahre 1851 veröffentlicht, aber 1824 komponiert (Chopin war vierzehn Jahre alt). Diese Variationen über ein Ländlerthema: »Der Schweizer Bua« huldigen ganz unverblümt der oberflächlichen Virtuosität, die in jener Zeit hoch im Kurs steht. Der große Pianist zeichnet sich hier deutlicher ab als der künftige Komponist. Hier und dort schaut jedoch – vor allem in der Moll-Variation – das »Wesen« des Musikers hervor, der sehr bald und für immer sich von dem Stil der Salonstücke entfernt, in deren Atmosphäre er während der Jahre seiner musikalischen Studien gelebt hatte.

Variationen in E-Dur, aus dem Hexameron (ohne Opuszahl)

Im Jahre 1837 komponiert und 1841 herausgegeben, ist diese einzigartige Variation die sechste aus einer Gruppe, die von Chopin, Liszt, Thalberg, Pixis, Herz und Czerny dazu bestimmt war, von ihren Verfassern bei einem Wohltätigkeitskonzert der Fürstin Belgiojoso gespielt zu werden. Das Thema stammt aus dem *Marsch der Puritaner* von Bellini. Chopin schreibt über dieses recht langweilige Thema ein Largo von edelster Poesie. Es ist – im doppelten Sinne des Wortes – eines der besten Stücke aus seinem Werk.

Variationen in B-Dur op. 12 über das Lieblingsrondo aus Ludovic: »Ich verkaufe Skapuliere«

Ludovic ist eine unvollendete Oper von Hérold, die von Halévy fertiggestellt und in dieser Form in Paris 1833 aufgeführt wurde. Chopin hörte das Werk, notierte das Thema des Rondos und komponierte nach dieser Vorlage *Variations brillantes* im französischen Geschmack der Zeit, der nicht gerade der beste ist. Der Pariser »Tagesgeschmack« wird paradoxerweise bestimmt von den Paraphrasen eines Liszt, eines Thalberg und eines Kalkbrenner – alles ausländische Künstler. Schumann gibt über die *Variationen* von Chopin ein zufriedenes Urteil ab. Zur Entlastung des Komponisten muß man sich auf die extreme Banalität des Themas berufen, das absolut tonal und auch der flüchtigsten Modulation ledig ist. Das Verdienst Chopins wird dadurch nur noch größer, weil er es verstanden hat, geschickte Arabesken in dieses dürftige Gewebe zu wirken. Das Stück ist dennoch von nur zweitrangigem Interesse.

Fuge in a-Moll (ohne Opuszahl)

Im Jahre 1862 veröffentlicht, ist diese *Fuge* die einzige, die Chopin geschrieben oder zumindest in seinen Manuskripten aufbewahrt hat. Sie zeigt im Stil von Bach, aber mit deutlich romantischer Färbung, die erstaunliche Fähigkeit Chopins für die Spielarten der kontrapunktischen Schreibweise. Dieses Stück enthüllt ganz deutlich die strenge Erziehung, die Zwyny und Elsner ihrem Schüler angedeihen ließen, der aus diesem Grunde seine Jugendjahre zwischen dem Studium abstrakter Formen und einer natürlichen Neigung folgend, in den leichtlebigen Salons von Warschau zubrachte.

Variationen für Flöte und Klavier (ohne Opuszahl)

Diese nichtssagenden Variationen über ein Thema aus *La Cenerentola* von Rossini, sicherlich auf Anregung eines Amateurflötisten oder vielleicht auf die Bitte von Nicolas Chopin zwischen 1826 und 1830 geschrieben, sind nur interessant, weil sie die Unterschrift von Chopin tragen, dessen Persönlichkeit hier überhaupt nicht hervortritt. Ihr Wert ist fast gleich Null.

Drei Ecossaisen op. 72

Im Jahre 1830 komponiert, gehören diese drei brillanten Skizzen zu den Stücken, die Chopin nicht zu Lebzeiten herausgeben wollte. Hier war er übertrieben anspruchsvoll, scheint es, wenn man ihre wirklichen Vorzüge, ihre hüpfende Nervosität und die Geschicklichkeit im Klavierstil, bedenkt. Bei der Ausführung dieser drei »Scottishs« begegnet man zahlreichen Fallen.

Albumseiten

Erwähnen wir noch – ohne Kommentar – ein paar Albumseiten, die uns durch Zufall in die Hände geraten sind und die aus reinem Fetischismus veröffentlicht wurden: ein kurzes *Nocturne* für die Gräfin Cheremetiew (1843), ein unveröffentlichtes Lied – Liebeszauber – für das Album von Maria Wodzinska; ein Virtuosenstück für Klavier, das die Familie Katyl aufbewahrt hat; eine *Erinnerung an Paganini*, vom *Warschauer Musikalischen Echo* veröffentlicht. Zeitschriften haben Walzer und Mazurken von mehr als zweifelhafter Authentizität herausgebracht.

Genannt seien noch ein *Largo in Es-Dur*, eine Art feierlicher Marsch, dessen Manuskript sich in der Bibliothek des Pariser Konservatoriums befindet; ein *Trauermarsch* op. 72 (posthum); ein *Kantabile in As-Dur*, komponiert 1834; ein *Kontertanz in Ges-Dur*, komponiert 1827 für Titus Woyciechowski; vier *Walzer* aus der Jugendzeit *in e-Moll, E-Dur, a-Moll* und *Es-Dur*.

Die neunzehn Lieder

Zwischen 1828 und 1845 schreibt Chopin nacheinander, wie in verliebter Stimmung oder patriotischer Aufwallung, neunzehn Lieder. Inspiriert wurde er zu diesen Stücken durch die Lektüre polnischer Gedichte, die zugleich banal und bedeutsam sind. Ich muß das näher erklären.

Sicherlich ist das, was Chopin in diese Lieder einbringt, weniger er selbst als die Erinnerung an sein Land. Es ist fast unmöglich, in diesen melancholischen oder temperamentvollen naiven Bildchen die künstlerische Persönlichkeit des Komponisten zu entdecken. Der Mann, der sein Klavier besser als irgend jemand zum Singen bringen konnte, war nicht für das Lied geschaffen. Außerdem schätzte er – seltsamerweise – die Lieder von Schubert und Schumann nicht besonders. Sicherlich kannte er sie nur oberflächlich und ungenau. Das Klavier war seine Welt. Das Reich des Gesangs blieb ihm im großen ganzen verschlossen.

Und doch stammt die Substanz seiner Lieder aus der Erinnerung an den Gesang, den er in Warschau, Poturzyn, Szafarnia, Antonin oder Zelazowa-Wola gehört hat. Es sind spontane Schöpfungen, sicherlich am Klavier gesummt, ohne allzuviel Raffinesse. Vergeblich würde man die Subtilität suchen, die zum Beispiel in den Mazurken vorhanden ist. Ein paar Akkorde, einfache Begleitfiguren, Arpeggi, das äußerst Notwendige, um ein Lied einzukleiden. Wollte man dieser Liedergirlande einen Untertitel geben, müßte man den Aufschrei des Herzens aus einem der letzten Briefe von Chopin dafür verwenden: »...wie man in der Heimat singt.«

Vielleicht tat Chopin recht daran, daß er uns dieses ganz unverfälschte Zeugnis polnischer Folklore lieferte. Statt eines geschliffenen Brillanten bietet er uns Rohdiamanten – oder eine Art von persönlichem Tagebuch mit Erinnerungen an die Jugend. Man erfährt hier viel über die polnische Seele, da er seine eigene Persönlichkeit in den Hintergrund zurücktreten läßt. Das ist, glauben wir, die richtige Einstellung, mit der man diese neunzehn Perlen eines bäuerlichen Halsbandes betrachten sollte.

Keines der Lieder erschien zu Chopins Lebzeiten. Im Jahre 1855 lieferte Fontana siebzehn davon als posthume Werke. Die beiden letzten – *Verzauberung* (oder *Verzückung*) und *Dumka* – wurden getrennt davon veröffentlicht.

Da die Übersetzung den Sinn der Gedichte fast vollkommen verfälscht, haben wir jedes von ihnen nacherzählt und in Klammern den Namen des Autors angegeben.

1. »Meine Schöne« (Mickiewicz).

Wenn meine Hübsche in ihrer tollen Fröhlichkeit lacht und schwätzt, dann möchte ich nur den Trillern dieses Gezwitschers lauschen. Aber wenn sie in Feuer gerät, wenn ihre Augen glühen, ah! welch ein Zauber! Ich sehe sie an, und höre nicht mehr zu, ich verschließe ihr die Lippen und küsse sie, küsse sie.

Volkslied im Mazurkarhythmus. Hübsche Modulationen.

2. »Die Botin« (Witwicki).

Leichte Schwalbe, treu kehrst du zurück vor meine Tür. Sei willkommen. Schon fliegst du davon, fröhlich kreist du und singst. Zeig nicht so viel Freude: mein Mädchen ist fort. Sie hat geheiratet. Ein Soldat hat sie genommen. Bist du ihr begegnet? Sag mir, ich bitte dich, ob der Hunger sie quält, ob sie herrlich und in Freuden leben.

Frisch und nett, nicht mehr.

3. »Litauisches Lied« (Osinski).

Am Morgen setzt sich die Mutter ans Fenster und fragt ihre Tochter: »Woher kommst du? Warum ist dein Kranz so feucht?« – »Das ist nicht verwunderlich«, antwortet das Mädchen, »denn ich war am Brunnen.« – »Still«, fährt die Mutter fort, »du hattest ein Stelldichein im Feld.« – »Ja, Mutter, in den Feldern habe ich ihn getroffen, den ich liebe, und ein einziger Augenblick genügte, daß die Blumen auf meinem Kopf benetzt waren vom Tau.«

Eine typisch slawische Melodie in einem zärtlichen, geheimnisvollen Dialog.

4. »Frühling« (Witwicki).

Die Quellen murmeln, eine Glocke läutet, meine Herde verweilt am steilen Hang und ich, der sie sorglos hütet, ich singe. Die Büsche blühen, die Lerche trillert und mein Herz seufzt. Ich sage zu dem Vogel: »Geh, kleiner Psalmensänger, trag das Lied unserer Erde in die himmlischen Sphären.« Volkslied.

5. »Mädchens Wunsch« (Witwicki).

Wäre ich die Sonne, ich würde nur für dich scheinen. Wäre ich ein Vogel, ich würde an deinem Fenster mein schönstes Lied nur für dich singen.

Auf einem Mazurkarhythmus.

6. »Was hier fehlt« (Zaleski).

Traurig ist das Herz, aus dem sich das Dunkel erhebt, traurig die Augen, die das Dunkel erfüllt. Dumka, du wirst und vergehst auf meinen Lippen. Stille und Nacht, wiegt meinen Schmerz. Das Scheiden, oh weh, man kommt davon nicht los, man erholt sich davon nicht. Hier fehlt, was des Lebens wert ist: Himmel und Sonne, die Liebe und die Rosen… Wer wird mich hören, wer bietet mir die Blume eines Antlitzes dar? Wenn der Wind die Kälte gegen die Türen treibt, öffne ich mein Herz einem anderen Murmeln und fühle, daß anderswo, Dumka, du dich hinreißen läßt.

Dumka in mehreren Strophen. Sehr melancholisch.

7. »Ein schöner Bursch« (Zaleski).

Schön von Statur, mit lebhaften schwarzen Augen: was für ein schöner Bursch! Kommt er eine Stunde zu spät, dann stampfe ich mit den Füßen, dann weine ich. Schickt er mir ein Lächeln, dann taumle ich vor Schwäche. Tanzen wir zusammen, dann erzittere ich vor Wonne. Wie wird mein Leben sein, wenn wir einmal verheiratet sind?

Fröhlich, keck, über einer angedeuteten Mazurka.

8. »Die Blätter fallen« (Pol).

Der Himmel ist bleich, die Blätter fallen. Ein Vogel singt auf den Gräbern. Vergebens waren unsere Träume. Unsere Söhne liegen unter der Erde. Wann kehren unsere Tapferen zurück? Viele sind in der Schlacht gefallen, andere, auf der Flucht, verbergen sich im Wald. Geier schweben über unseren Köpfen. Unser Glaube erschöpft sich. Geliebte Heimat! Oh, geliebtes Polen! Was können wir tun? …Wir können nicht mehr leben unter der infamen Gewalt. In der Stille zurückgezogen tragen wir unser Leid ohne Aussicht, unsere Ketten zu zerreißen.

Ein Trauerlied. Ein Psalmodieren, unterbrochen von ein paar drängenden Takten auf dem Klavier. Dann verschmelzen Stimme und Begleitung in Schwermut.

9. »Das Ringlein« (Witwicki)

Du warst noch ein Kind, als ich das Ringlein an deinen Finger steckte. Meine Liebe vermochte zu warten. Aber ein anderer kam und nahm dich, dich und deinen Ring. Das Dorf lacht über meine Niederlage. Ich zeige ein fröhliches Gesicht und weine insgeheim.

Gemütsbewegung und Fröhlichkeit mischen sich.

10. »Doppeltes Schicksal« (Zaleski).

Ein Jahr lang liebten sie sich. Dann sahen sie sich lange nicht. Jetzt ruhen sie weit voneinander. Das junge Mädchen in seiner Hütte, der Kosak im einsamen Wald. Dann sterben sie beide. Für sie läuten die Glocken traurig und sanft. Für den Kosaken heulen die Wölfe unter den Bäumen.

Recht nahe an Mussorgski. Eine der schönsten Melodien des Zyklus!

11. »Jugend« (Witwicki).

Das Wasser strebt zur Ebene, das Kaninchen zum Gehege, die Vögel flattern am Himmel, die Jugend liebt das Lachen. Das Leuchten blauer Augen bezaubert sie, das Feuer schwarzer Augen verführt sie…Alles scheint ihr voller Zauber.

Volksliedmelodie.

12. »Dumka« (Zaleski).

Aus meinem Herzen erhebt sich Traurigkeit. Das Lied erstirbt mir auf den Lippen. Glücklich der, der singt, weil er liebt. Ich hoffe vergebens, ich rufe vergebens. Niemand auf der Welt kann mich hören.

Schwermütiger Gesang.

13. »Verzauberung« (auch »Verzückung«) (Witwicki).

Ist es ein Zauber, ein Fluch, Hexerei, was weiß ich? Hier hat der Teufel die Hand im Spiel. Tag und Nacht versuche ich, diesem Zauberkreis zu entkommen. Tag und Nacht sehe ich nur noch sie. Vergeblich möchte ich entfliehen. Schmiedet sie Ränke, um mich zu unterwerfen? Man kann diesen falschen, verräterischen Wesen nicht trauen…

Lebhaft, hübsch, gut geraten.

14. »Melodie« (Krasinski).

Sie tragen das Kreuz vom grauen Felsen herab und sehen vor sich das Gelobte Land, die goldenen Strahlen des göttlichen Lichts, das Ziel, auf das ihre Brüder zugehen. Aber niemals werden sie ihnen folgen und an ihrem Glück teilhaben können. Vielleicht sogar werden sie für immer verschwunden, im Laufe der Zeiten vergessen sein.

Kein Kommentar.

15. »Der Krieger« (Witwicki).

Mein Pferd scharrt mit dem Feuerhuf die Erde. Du Vater, du Mutter, ihr Schwestern, adieu! Die Schlacht beginnt, komm, mein Fuchs! Wir kehren fröhlich zurück, die Mähne im Wind. Gehen wir, und wenn dein Herr in der Schlacht fällt, kehrst du allein zum Haus der Ahnen zurück. Oh, Pferd, meine Schwestern rufen mich, machen wir kehrt! Aber nein! Dein Lauf ist so schön. Bieten wir dem Schicksal die Stirn.

Lebhaft, wild, kriegerisch.

16. »Deine Augen schicken mich fort« (Mickiewicz).

Deine Augen verjagen mich aus ihrem Licht, dein Herz befiehlt mir zu gehen, aber sinnlos ist die Mühe, willst du meine Erinnerung zum Schweigen bringen.

Dem deutschen Kunstlied ähnlicher.

17. »Trauriger Fluß« (Witwicki).

Warum sind deine Wasser trüb, Fluß ferner Länder? Fern an meiner Quelle sitzt eine Mutter in Tränen. Sieben Töchter hat sie gewiegt. Sieben Töchter hat sie begraben, am Fuße eines Baumes. Sie ruft sie, und über ihrem Grab murmelt ein trauriges Lied.

Typisch slawisch.

18. »Der Bräutigam« (Witwicki).

Wo willst du hin, junger Mann, im Galopp deines Pferdes, Geisterreiter?« — »Liebste, ich bin des Wartens müde, öffne deine Tür.« — »Armer Junge, deine Braut ist tot.« — »Ich will ihr die Augen zudrücken... Mit meinem Schrei, mit meinen Tränen werde ich den Zauber ihres eisigen Schlafes brechen.«

Mit einem stürmischen Klavierrefrain. Der Stil ist sehr bildhaft, was selten ist bei Chopin. Eines der charakteristischsten Lieder dieses Zyklus.

19. »Schenkenlied« (Witwicki).

Woran denkst du, ungeschickte Kellnerin? Ich bin böse, denn du verdirbst mir meinen besten Anzug. Um dich zu strafen, gebe ich dir einen Kuß. Und du, finsterer Bruder, trink, um dein Elend zu vergessen. Wozu soll das schlecht sein, wenn du dich betrinkst? Deine Frau wird dich Mores lehren. Trink, oder hüte dich vor meinem Stock. Kellnerin, mit den sanften Augen, leere die Flasche ganz.

Der Titel sagt alles.

Schallplatten

Wir halten ein genaues Schallplattenverzeichnis des Chopin'schen Werkes hier für nicht angezeigt. Nichts »vergeht« so schnell wie eine Platte. Begnügen wir uns mit der Feststellung, daß unserer Meinung nach und zu der Zeit, in der das Buch in Frankreich erschien (1973/74), die besten zeitgenössischen Chopin-Interpreten Alfred Cortot, Arthur Rubinstein, Vladimir Horowitz, Samson François und Maurizio Pollini waren. Ferner möchten wir darauf aufmerksam machen, daß das Gesamtwerk von Chopin von der staatlichen polnischen Edition in Warschau geprägt und von Erato, 60, rue de la Chaussée-d'Antin, Paris 9e nachgeprägt wurde. Diese Kassette mit fünfundzwanzig Platten ist unerläßlich für den, der die Musik des polnischen Meisters in ihrer Gesamtheit kennenlernen möchte.

Anmerkungen

Präludium · S. 13–17

[1] Albin Michel. Unter dem deutschen Titel *Chopin, Wesen und Gestalt*, 1954 im Atlantis-Verlag, Zürich erschienen (d. Ü.)

ERSTER TEIL

»Masowier mit Leib und Seele« · S. 21–35

[1] Nicolas Chopin schrieb ein fehlerhaftes Französisch (d. Ü.)

[2] Ihre Fehler wurden in der deutschen Übertragung berücksichtigt (d. Ü.).

[3] Der oben zitierte Brief ist erst 1949 entdeckt worden. Bis dahin hatte man geglaubt, daß Nicolas Chopin die Seinen wegen Familienstreitigkeiten verlassen hatte. Die Wahrheit taucht nur sehr langsam aus den geschichtlichen Quellen auf.

[4] Es ist möglich – und sogar wahrscheinlich –, daß Nicolas Chopin, wie viele Männer seiner Zeit, zu den Freimaurern gehört hat. Die Tatsache, daß Frédéric später in Paris mit bekannten Freimaurern wie Albert Grzymala und dem Bankier Léo verkehrte, führt zu dieser Annahme. Jedoch wird diese These durch keinerlei präzise Fakten gestützt.

[5] Das Geburtshaus von Chopin, ein Anbau des Herrenhauses, existiert heute noch. Von Mai bis Oktober pilgern Musikfreunde aus der ganzen Welt hierher, um dieses Haus zu besichtigen, in dem noch eines der Klaviere von Chopin steht; polnische Virtuosen spielen hier den Touristen die berühmten Stücke des Komponisten vor.

[6] 1815 wurde das Herzogtum mit Rußland vereinigt.

[7] Frau Chopin wurde über achtzig Jahre alt, ihr Mann dreiundsiebzig.

[8] Später jedoch bestätigte Frédéric Chopin immer wieder, er sei am 1. März unter dem Zeichen der Fische geboren: »Er weiß dieses Datum von seinen Eltern, die sich wohl ein erstes Mal geirrt hatten, aber nicht einen zweiten Fehler begehen wollten.« Viele Biographen bleiben dabei, Chopin das Geburtsdatum vom 22. Februar zuzuschreiben: Es steht – fälschlicherweise – auf der Tafel an seinem Pariser Sterbehaus an der Place Vendôme 12.

[1] Dessen Talent er später nicht ohne Humor als zweifelhaft beurteilte.

[2] Verkleinerungsform von Johann oder Jan (d. Ü.)

[3] Kajetan Gorski, Schüler in der Chopinschen Pension. 1825 hatte Frédéric schon seit drei Jahren keinen Unterricht mehr bei Zwyny.

[4] Man betrachtete Bach damals als einen »Übungenschreiber«. Später in Leipzig begann Mendelssohn mit einem neuen Bachkult.

[5] Darin war Chopin zu seiner Zeit übrigens keine Ausnahme.

[6] Das erste bekannte Portrait stammt von Miroszewski; es stellt Frédéric Chopin in seinem 17. Lebensjahr dar.

[7] Lyon hatte zu der Zeit 106 000 Einwohner.

[8] Im Jahre 1949, zum 100. Todestag von Chopin, wurde in der ganzen Welt – doch mit nur geringer Verbreitung – ein kommunistischer Film über *Die Jugend von Chopin* gezeigt, der die Fakten und die Menschen nach marxistischer Lehre darstellte. Die polnischen Szenen zeigten die russische Besatzung als gutmütig, fast in der Rolle des lieben Gottes. Dafür verbrachten die Grundbesitzer die meiste Zeit damit, ihre Arbeiter zu knuten. Chopin selbst fühlte sich von der polnischen Aristokratie in keiner Weise angezogen, es gefiel ihm nur auf Volksfesten, und er zog Wirtshausbedienungen den Herzoginnen vor. Dieser Kommunist reinsten Wassers spielte ausgezeichnet Klavier: das war das einzige, was er mit Frédéric Chopin gemeinsam hatte!

[9] Wir haben schon früher erwähnt, daß Nicolas Chopin aus diesem Grund, um seine Familie zu ernähren, eine Pension eröffnen mußte. Mit diesen zusätzlichen Einkünften konnte er sein Lehrergehalt aufbessern.

[10] Es muß angenommen werden, daß dieses Werk nicht wertlos war, denn Chopin schrieb, als er es im Jahre 1826 kennenlernte, an einen Freund: »Er hat mir seinen *Faust* gezeigt, und ich habe darin viel gut Durchdachtes, sogar Geniales gefunden, was ich nie und nimmer erwartet hätte. Unter anderem ist eine Szene darin, in der Mephisto das Gretchen in Versuchung führt, indem er unter ihrem Fenster Guitarre spielt und singt, während man gleichzeitig Chorgesang aus einer benachbarten Kirche hört. Der Kontrast ist außerordentlich wirkungsvoll. Außerdem ist der Fürst ein überzeugter Anhänger Glucks. Daraus kannst Du seine Auffassung von Musik ersehen.«

[11] »Was macht man, wenn man vierhundert Personen ernähren, wärmen und empfangen muß und in der Wohltätigkeitskasse nur noch siebenundvierzig Zloty sind? Ein Konzert? Gute Idee! Die zarte Jugend des kleinen Chopin wird die Leute anziehen. Da kommt mir eine noch bessere Idee. Der kleine Chopin ist zwar schon acht Jahre alt, aber um die Neugier der Leute zu reizen, werden wir auf die Einladungen drucken, daß Chopinek (Verkleinerungsform von Chopin, d. Ü.) erst drei ist. Ein Kind von drei Jahren, das ein großes Konzert auf einem Klavichord spielt, so daß seine Händchen von links nach rechts eilen müssen, ah! die Leute werden in Massen kommen, um das Wunder zu erleben! Aber wenn sie

auf der Bühne sehen, daß Chopinek gar nicht so klein ist, wenn die List aufgedeckt wird?«

[12] Zu den bereits genannten Mäzenen, die sich den lieben kleinen Frycek aus den Händen rissen, gehörten ebenfalls noch die Nakwaskas, die Puszaks, die Wolickis, die Okolows, die Mokronowskis, die Gutkowskis, die Kozmians, die Potockis, die Kickas usw.

[13] Ein Foto des Bucholz-Klaviers, das Frédéric bei seinen Eltern benützte, zeigt, daß es sich eigentlich um ein Klavichord mit senkrechten Saiten handelte. Es war der direkte Vorgänger des Klaviers. Der Klang dieses Instruments, bei dem die Saiten angeschlagen werden (und nicht mehr gezupft wie beim Cembalo), ist sehr dünn. Es hatte schon zwei Pedale.

[14] Alfred Cortot sagte rundheraus: »Chopin hat niemals eine einzige Klavierstunde genommen!« Sagen wir, er hat eine Grundausbildung überdurchschnittlich genutzt.

[15] Dies sind die Noten, die Elsner Chopin am Ende jedes seiner drei Studienjahre in der Zentralschule für Musik gab:

1. Jahr – Unterricht in Komposition und Kontrapunkt. Der Schüler ist besonders begabt.
2. Jahr – Bemerkenswerte Fähigkeit.
3. Jahr – Besondere Fähigkeit. Musikalisches Genie.

[16] Liszt behauptete später ohne böse Absicht, daß Fürst Radziwill die Erziehung von Frédéric Chopin finanziert habe. Nichts ist unrichtiger. Nicolas kam für alle Bedürfnisse der Familie auf.

[17] »Frédéric Chopin war, als ich bei seinem Vater in die Pension kam, ein schwächlicher, außerordentlich musikbegabter kleiner Junge. Wir erzählten uns gegenseitig Episoden aus der polnischen Geschichte, und der kleine Chopin spielte uns all das auf dem Klavier vor. Manchmal geschah es, daß wir beim Zuhören weinten. Zwiny geriet in Ekstase…«

[18] Die beiden Brüder von Wilhelm gehörten ebenfalls zu Chopins Freunden: Oskar, ein mittelmäßiger Komponist, aber hervorragender Ethnograph, Verfasser eines umfangreichen Werkes: *Das Volk, seine Gebräuche, seine Lebensweise, seine Sprachen, seine Legenden, seine Sprichwörter*, und Anton, ein begabter Maler, der später eines der besten Portraits von Chopin malte.

[19] Zur gleichen Zeit nannte Frau d'Agoult Liszt »Kretin« und später nannte ihn die Prinzessin de Sayn vertraulich »guter Zwilling« (Bon Besson). Liszt unterschrieb oft seine Briefe »B.B.« Entwaffnend.

[20] Connaître steht im Text französisch. Es handelt sich hier um ein Wortspiel. Das Partizip der Vergangenheit »connu« klingt wie das polnische Wort »na Koniu«, was »zu Pferd« bedeutet.

[21] Chopin veröffentlichte diese *Mazurka op. 17, Nr. 4* im Jahre 1834, nachdem er sie noch etwas bearbeitet hatte.

[22] Es war nicht das erstemal, daß Chopin auf seine große Nase ebenso wie auf seine Magerkeit anspielte. Tatsächlich ist auf dem ersten bekannten Gemälde, dem von Miroszewski, auf dem Chopin im Alter von 17 Jahren dargestellt ist, die

große Nase zu sehen, die er von seinen Eltern geerbt hat. Selten sind die Portraits, die die charakterisierende Biegung der Nasenspitze zeigen. Weder Ary Scheffer noch Maria Wodzinska heben sie hervor. Dafür erscheinen die große gebogene Nase und die vollen Lippen auf den Bildern und Skizzen von Delacroix, Sand, Rubio, Winterhalter, Kolberg und natürlich auf der unanfechtbaren Totenmaske, die Clésinger abgenommen hat.

23 »Der Ton, der durch fußbetriebene Bälge von dem Ausführenden hervorgerufen wird, kann so gesteigert werden, daß er ebenso stark wird wie der von fünfzig Sängern und fünfzig Instrumenten zugleich. Man verändert die Klangfarbe, indem man den Luftdruck verstärkt oder vermindert.« (Sikorski.)

24 Das Äolopantalon ist ein Zwischending zwischen Harmonium und Klavier. Ein paar Klaviere, die von dem Klavierbauer Pantaleon Hebenstreit gebaut wurden, trugen zu jener Zeit den Namen »Pantaleon«. Chopin verwendete dieses Wort häufig.

25 Skrodzki, *Souvenirs sur Chopin.*

26 Wie kann man hiernach behaupten, Chopin hätte keinen Sinn für Natur gehabt? Die Frische seiner ländlichen Eindrücke widerlegt diese Behauptung. Er sagte zwar später von seinem Aufenthalt in Nohant: »Ich bin nicht für das Land geboren...« Aber vielleicht langweilte er sich ein bißchen in Nohant.

27 Pianist. Chopin gebraucht oft dieses altmodische Wort, das von dem klassischen Klavizimbel kommt.

281 Volkstanz aus Masowien, der mittleren Provinz Polens, in der Warschau und Zelazowa-Wola liegen. Die Mazurka ist ebensowenig wie der Walzer eine Komposition, die zum Tanzen bestimmt ist.

Der junge Meister · S. 69–103

1 1894, bei der Einweihung des Chopindenkmals in Zelazowa-Wola, befand sich unter dem Publikum ein polnischer Bauer, Antonin Krysiak, ein Zeitgenosse Chopins, der sich sehr gut an die »sternklaren Abende« erinnerte, »an denen man das Klavier unter eine große Tanne trug: hier mußte der junge Improvisator sich niedersetzen, und er entlockte allen, die ihm zuhörten, Tränen. Die Musik war noch im Obstgarten vernehmbar, und die Leute aus den Nachbardörfern kamen herbei. Auf die Einfriedung gestützt, hörten sie dem Gast aus Warschau zu...« (Alexander Rajchmann: *Le Berceau des Chopin*).

2 Ich habe Zeit und Mühe vergeudet.

3 Im Original deutsch (d. Ü.).

4 Beeinflußt durch seine Mutter, die sehr fromm war, verhielt sich Chopin bis zu seiner Abreise aus Warschau als überzeugter, wenn nicht sogar eifriger Katholik. Es scheint so, als habe er später niemals mehr seine Religion ausgeübt. Aber er erhielt die Letzte Ölung und beichtete, »um meiner Mutter eine Freude zu machen und nicht wie ein Hund zu krepieren...« Offensichtlich spielten religiöse

Gefühle in seinem Leben keine wichtige Rolle. Über Gott und die Religion niemals ein Wort, keinerlei Anspielung in seinen Briefen. Nur Liszt meinte, seine zurückhaltende Art habe Chopin davon abgehalten, diese Probleme anzugehen.

[5] Im Jahre 1821 gegründet, hatte sich diese bekannte Anstalt, die auch unter dem Namen Institut für Musik und Vortragskunst bekannt ist, 1826 in zwei Schulen gespalten: das Konservatorium im ehemaligen Kloster des Bernhardinerordens unter der Leitung von Carlo Soliva, wo der Instrumentalunterricht erfolgte, und die Zentralschule für Musik in den Gebäuden der Universität. Ihr Rektor war Joseph Elsner. Hier wurde Theorie unterrichtet.

[6] Ich habe mir erlaubt, meinem illustren Freund, Arthur Rubinstein, Verfasser dieses kühnen Portraits, freundliche Vorwürfe zu machen. Ich glaube, als er Chopin, den er besser als irgend jemand anderer spielt, so beschrieb, hat er sich selbst im Spiegel gesehen!

[7] Siehe Seite 150 (Thérèse)

[8] Und Frédéric war der erklärte Verfechter der Liebschaften seines Freundes.

[9] Im Jahre 1830 spielte Chopin sein *Trio* in privatem Kreis in Warschau vor. Er war »recht zufrieden« darüber, aber es kam ihm eine Idee: er wollte die Violine durch eine Bratsche ersetzen, die »in diesem mittleren Bereich jetzt besser klingt und mit dem Cello wirksamer kontrastiert«. Am 4. November 1829 bestätigte Anton Radziwill auf französisch den Empfang des Trios, das ihm gewidmet war, und bat Chopin, den Druck zu beschleunigen, damit er die Freude habe, es mit ihm in Posen aufführen zu können, wenn er nach Berlin führe.

[10] So wundervoll sie auch sein mögen, ragen die 32 Sonaten eher wegen der darin ausgedrückten Gedanken heraus als durch die Eignung dieser Gedanken für die Möglichkeiten des Instruments, das sie vermitteln soll. Einige von den letzten scheinen nach einem imaginären Orchester zu schreien.

[11] Während die Orchesterwerke von Ravel oder Debussy, die für das Klavier transkribiert wurden, weiterhin ausgezeichnet klingen: der gute Klangeffekt hängt mehr von der Strenge des Stils als von der Wahl der Instrumente ab.

[12] Maurice Ravel weist in bezug auf die *Barcarole* sehr treffend darauf hin.

[13] Nach dem so einfachen und richtigen Ausspruch von Jane Stirling, als sie am 17. Oktober 1849 Chopin die Augen zugedrückt hatte.

[14] Im Original »exercisses« (d. Ü.)

[15] Aus diesem Bild und einigen Schriftproben hat der Psychologe André Rabs auf die Bitte von Marise Querlin, der Autorin von *Chopin, explication d'un mythe*, den »Charakterumriß von Chopin« gezeichnet, den ich mit Erlaubnis der Verfasserin wiedergebe:

»Eher deduktiv als intuitiv trotz des Anscheins. Sehr starke Fixierung auf die Vergangenheit. Wählerische Soziabilität. Sehr starker Wille, der bis zum Despotismus gehen kann. Instinktebene stark entwickelt, reicht aber nicht bis ins Gefühlsleben hinein. Geistigkeit erst am Ende des Lebens. Präzise und konzise Vorstellungswelt. Paradoxerweise erscheint künstlerischer Sinn überhaupt nicht in der Schrift: dieser Sinn ist bei Chopin zusätzlich, gleich einer Verdoppelung seiner Persönlichkeit. Diese Schrift ist der Pascals erstaunlich ähnlich. Wie seine zeigt sie besonders beim Buchstaben f, der nur noch ein Strich ist, eine Art von Sterilität, ein inneres Glühen, das Nervenleiden kennzeichnet. Gegen Ende des Lebens zeigt sich ein Bedürfnis nach Öffnung, nach Veräußerlichung, während in der ersten Hälfte eher Zurückhaltung, übermäßige Anspannung zutage treten. Wäre er nicht so früh gestorben, dann hätte der Schreiber etwas sehr Seltsames auf metaphysischer Ebene verwirklicht. Er hat erfolglos versucht, sich daran zu klammern. An seinem Ende zeigt sich eine schreckliche Aggressivität, und er wird extrem hart: er zappelt wie am Angelhaken. Diese Schriftanalyse sagt auch, daß er an den Augen leiden muß und daß er wie ein Feuerball war, der das Innere verklärt, aber alles, womit er in Berührung kommt, verwüstet.«

[16] Und doch war er später in Paris sehr besorgt um das, was man in Warschau über ihn sagte, dachte und schrieb! Heimweh...

[17] Im Jahre 1806 bewirtete Fürst Lichnowsky, der Wohltäter Beethovens, in seinem Schloß durchreisende französische Offiziere. Aufgefordert, sich ans Klavier zu setzen, lehnte Beethoven ab. Der Fürst wiederholte seine Aufforderung. Darauf lief der wütende Beethoven hinaus und schloß sich in seinem Zimmer ein. Der Fürst befahl seinem Diener, die Tür aufzubrechen, hinter der sich der Meister mit vor Wut blitzenden Augen befand. Er ergriff einen Stuhl, schwenkte ihn; man riß ihn ihm aus der Hand. Darauf verließ er sofort das Schloß. Beim ersten Halt auf dem Weg nach Wien schickte er seinem Mäzen eine Nachricht, die dieser mit äußerster Verärgerung las: »Fürst, was Ihr seid, seid Ihr durch den Zufall der Geburt. Was ich bin, bin ich durch mich selbst. Fürsten wird es immer geben, aber es wird nur einen Beethoven geben!«

Das war nicht die Handlungsweise eines sanften, gütigen, nachgiebigen Menschen!

[18] Der zweite Abend fand eine großartige Aufnahme, aber Gallenberg zahlte Chopin nicht einen einzigen Schilling...

[19] Während Chopin Wanda Stunden gab, zeichnete Elisa das Portrait des jungen Meisters. Zwei ausgezeichnete Bleistiftzeichnungen zeigen ihn, einmal als Brustbild, die andere in anmutiger Pose am Klavier sitzend: »Sie hat mich skizziert, und man hat mir gesagt, es sei sehr ähnlich...«

Ein zaghafter Liebhaber · S. 105–120

[1] Tochter eines Verwalters im königlichen Palast.

[2] Brief vom 3. Oktober 1829.

[3] *Walzer in h-Moll, op. 69, Nr. 2.*

[4] Der Brief ist vom 18. September 1830, und Chopin verließ Warschau am 2. November.

[5] 11. Oktober 1830.

[6] Einige polnische Biographen haben eine ganz andere Hypothese aufgestellt. Sie behaupten, Chopin hätte insgeheim an den Vorbereitungen für den polnischen Aufstand teilgenommen, und seine Komplizen hätten ihn mit einer gehei-

men Mission beauftragt, die ihn zwang, über Breslau, Dresden und Prag zu fahren, wo man viel Sympathie für die Aufständischen von Warschau aufbrachte. Um ihre These zu stützen, führen sie an, daß Chopin auf seinem Weg von Warschau nach Wien einen großen Umweg machen mußte, um über die drei Städte zu kommen und sich hier aufzuhalten. Die Beteiligung Chopins an der Erhebung würde erklären, daß er nach dem Scheitern des nationalen Aufstandes nicht mehr nach Polen zurück konnte. Die Hypothese ist verführerisch: sie stützt sich leider nur auf keinerlei ernsthaftes Indiz. Warum hat Chopin danach niemals etwas davon erwähnt?

[7] Er spielte regelmäßig mit einem deutschen Pianisten, Joseph Kessler (*Oktett* von Spohr, *Quartett* von Ries, *Trio* von Hummel und das *Trio für den Erzherzog*, das ihm einen Bewunderungsschrei entlockte). Er wirkte an einem Konzert am 19. Dezember 1829 in der Handelskammer mit. Er spielte seine *Polonaise mit Cello* bei den Lewickis usw.

[8] Und doch wird immer behauptet, Chopin sei der Natur gegenüber vollkommen gleichgültig gewesen. Ja und nein.

[9] Und wollte er damit nur Mochnacki widersprechen, nach dessen Meinung »Fräulein Gladkowska ein feines Gehör hat und recht gewandt ist – *aber sie kann nicht singen...*« Entsetzlich!

[10] Ein Band, das er bei Titus gefunden hatte...

[11] War Chopin selbst Freimaurer? Es gibt keinerlei Anhaltspunkte dafür. Man weiß nur, daß er in Paris von den Vorteilen seiner mit der Freimaurerei verbundenen Freunde wie Valentin Radziwill, James de Rothschild, Bankier Léo und Grzymala, profitierte. Chopin wurde durch die breiten Fittiche der weltweiten Freimaurerei gefördert. Und sicherlich erklärt seine Freundschaft für überzeugte Freimaurer bis zu einem bestimmten Punkt seine Abkühlung dem Katholizismus gegenüber, was am Ende seines Lebens zu einer deutlichen religiösen Gleichgültigkeit führte. Seine Schlußbeichte beim Abt Jelowicki – er legte sie ab, ohne danach verlangt zu haben – ist eher auf Konformismus als auf Glauben zurückzuführen (Siehe Seite 432 ff.).

[12] Barbey d'Aurevilly.

Von Warschau nach Paris · S. 121–138

[1] Delphine Potocka war eine geborene Gräfin Komar.

[2] Im Laufe des November 1830 sah er *Fra Diavolo*, *Titus* von Mozart und *Wilhelm Tell*.

[3] Johann III. Sobieski schlug 1683 die Türken und befreite Wien.

[4] 22. November 1830: der erste Tag des polnischen Aufstandes.

[5] Joseph Grabowski

[6] Der Ring, den ihm Zar Alexander im Jahre 1825 geschenkt hatte.

[7] Witwicki emigrierte nach dem Scheitern des Aufstandes nach Frankreich. Zehn von neunzehn Liedern des op. 74 (posthum) von Chopin sind nach Gedichten von Witwicki komponiert.

[8] Wilhelm Kolberg

[9] Der junge Pole sollte bald verstehen, daß das Volk von Frankreich – hätte es die Freiheit gehabt – seinem Vaterland zu Hilfe geeilt wäre. Später wurde ihm klar, daß Louis-Philippe selbst nicht für die reservierte Haltung, die Frankreich unter diesen tragischen Umständen einnahm, verantwortlich gemacht werden konnte.

ZWEITER TEIL

Paris im Jahre 1831 · S. 139–177

[1] Sie wurden am Sonntag, den 25. Juli, in Saint-Cloud unterzeichnet, schafften die Pressefreiheit ab, lösten die neue Kammer auf, schufen ein neues Wahlsystem und erschwerten den Wahlzensus, so daß vor allem die industrielle und kommerzielle Bourgeoisie benachteiligt wurde. Die Verletzung der Verfassung war damit offenkundig.

[2] Ein Soundso (d.Ü.)

[3] Knirps (d.Ü.)

[4] War Louis-Philippe nicht der Sohn des Prinzen, der zum Ruhm des Palais-Royal beigetragen hatte?

[5] Gesellschaft der politisch Verurteilten, Gesellschaft der Juli-Beschwerdeführer, Gallische Gesellschaft, Gesellschaft der erneuerten Franken, Gesellschaft der Menschenrechte, Gesellschaft Hilf dir selbst dann hilft dir Gott, Gesellschaft des Fortschritts, Gesellschaft der Volksfreunde, Gesellschaft der Familien, Gesellschaft der Hölle: der Vorsitzende dieses letzten Clubs hieß Pluto, und die Sitzungen fanden im Großen Kessel statt!

[6] Wortspiel aus expiatoire – Sühne…und poire – Birne (d.Ü.)

[7] Sticheleien (d.Ü.)

[8] Robert Burnand: *La vie quotidienne en France en 1830*. 1834 wurden die Gräben zugeschüttet. Vier Jahre später wurde der Obelisk errichtet.

[9] Eugène Sue gab sich gern als »volksnaher« Schriftsteller aus. Tatsächlich war er ein vollkommener Dandy, verkehrte emsig in der besten Gesellschaft des Boulevard Saint-Germain, kleidete sich immer nach der letzten Mode und sogar ein bißchen exzentrisch. Er führte ein bequemes Leben und gab sich allen Freuden hin: Jagd, Pferde, Hunde, Bücher, gutes Essen – ganz zu schweigen von den Damen. Seine Freunde gaben ihm einen merkwürdigen Spitznamen: »Sulfate de Quinine« (Chininsulfat), das heißt »Sue-le-Fat«, das Anhängsel »de Quinine« bekam er wegen seiner Adelsansprüche. Das ganze paßte recht gut zu ihm, da er in seiner Jugend etwas Medizin studiert hatte.

[10] Henry Bidou, *Paris*

[11] Eugène Sue, s. Anm. 9.

[12] Später, auf den Seiten 217–227 steht zu lesen, was wir von seiner »Liaison« mit Delphine Potocka und den berühmten Briefen halten, die er ihr angeblich geschrieben haben soll.

[13] Valmy-Baysse, *La Curieuse Aventure des Boulevards extérieurs*

[14] J. Bertaut, *Le Faubourg Saint-Germain sous la Restauration*

[15] Henry Bidou, *Paris*

[16] Französischer Dramatiker (d.Ü.)

[17] Virmaître, *Paris-Canard*

[18] Amédée Kernel, *Paris ou le Livre des Cent et un*

[19] Georges Duval, *Frédérick Lemaître et son temps*

[20] Jules Bertaut, *Le Boulevard*

[21] Robert Burnand, *La Vie quotidienne en France en 1830*

[22] *La Mode,* Juli 1840

[23] H. de Viel-Castel, *Mémoires*

[24] Roger de Beauvoir, *Souvenirs*

[25] Arvers ist wegen eines einzigen Sonetts bekannt (d.Ü.).

[26] Die Bezeichnung entstammt einer falschen Gewohnheit. Der Belcanto ist eine spezielle Art von lyrischem Gesang.

Erste Kontakte · S. 179–216

[1] Marmontel, *Les Pianistes célèbres*

[2] Brief von Chopin an Titus (12. Dezember 1831)

[3] Ziemlich schnell sollte Chopin diese übertriebene Meinung ändern. Als er Liszt näher kennenlernte, begeisterte dieser ihn wirklich. Niemals mehr verglich er ihn mit dem guten Herz, einem französischen Pianisten und Klavierbauer, ebensowenig wie mit seinem Freund Hiller, einem ehrbaren deutschen Virtuosen. Sicherlich widmete er sein *Klavierkonzert in e-Moll* Kalkbrenner, »um einem Mann ein wenig Hof zu machen, der damals an erster Stelle rangierte...« Aber im gleichen Jahr 1833 widmete er seine *Etüden op. 10* Liszt, nachdem er gehört hatte, wie sein Freund sie in seiner Gegenwart mit einer Meisterschaft vom Blatt spielte, »die mich außer Fassung brachte«. Von Kalkbrenner war nun nur noch sehr selten die Rede.

[4] Chopin, der sich öfter widersprach, schrieb zwei Tage später an Elsner: »Heute ist ganz unbestreitbar die erste Sängerin Europas nicht die Pasta, sondern die Malibran.«

[5] Siehe die Episode von Stuttgart, Seite 136. Chopin hatte es Louis-Philippe noch nicht verziehen, daß er, als Russen und Polen sich gegenüberstanden, nicht eingegriffen hatte.

[6] Dieser Zeitgenosse und Landsmann von Chopin, Schüler von Elsner wie er, wurde Kapellmeister am Theater von Rouen.

[7] Alfred Cortot, *Chopin, Wesen und Gestalt*

[8] Vgl. in diesem Zusammenhang *Chopin vu par ses élèves* von J.-J. Eigeldinger (Ed. de La Baconnière, Neuchâtel)

[9] Siehe Alfred Cortot, *Chopin als Lehrer* in *Chopin, Wesen und Gestalt* (Atlantis). Ich habe bei Cortot oft in dem Manuskript der *Méthode* geblättert, das er erworben hat.

[10] Kalkbrenners Klavierstunden brachten 25 Francs ein. Im übrigen gab Chopin einem Freund gegenüber ganz offen zu: »Ich muß heute fünf Stunden geben. Sicherlich glaubst du, ich mache damit Geld? Mach dir nichts vor, das Kabriolett und die weißen Handschuhe kosten mehr, als ich verdiene, aber sie gehören nun mal zum guten Ton!«

[11] Die Klaviere waren nicht gemietet, sondern Pleyel stellte sie Chopin gratis zur Verfügung, da sein Talent ein Vermögen für seine Firma bedeutete. Unter einem Artikel in *France musicale* kann man die diskrete Werbung lesen: »Man weiß, was für hinreißende Wirkungen Chopin mit den großartigen Klavieren von Pleyel erzielen kann...« Chopin, der Star der Firma, zahlte die Zeche auf diese Weise.

[12] A. Vuillermoz, *Musiques d'aujourd'hui*

[13] Jaroslaw Iwaszkiewicz, *Chopin*

[14] Nicolas Chopin erläuterte nicht näher, ob es sich um seine Stelle als Lehrer am Gymnasium zu Warschau handelte: sicherlich spielte er darauf an.

[15] Nach dem Dank an Frédéric für kleine Geschenke, die dieser an seine Familie geschickt hatte, und der Ankündigung der baldigen Verheiratung seiner Schwester Isabelle mit Barcinski.

Eine mysteriöse Liebesgeschichte · S. 217–227

[1] Guy de Pourtalès *vermutet*, daß es ein Liebesverhältnis gegeben hat und schließt, ohne etwas bewiesen zu haben: »Das Abenteuer dauerte nicht lange. Die Gräfin hatte einen eifersüchtigen Gatten. Dieser nahm seine Frau nach Polen mit, von wo sie erst später zurückkehrte. Aber sie bewahrte Chopin stets ihre aufrichtige Zuneigung. Ihre einzigen Zeilen an den Künstler, die man wiederfand, bezeugen dies in diskreter Weise.« (Siehe Seite 218 f.)

[2] Miecislas Karlowicz, *Souvenirs inédits sur F. Chopin*

[3] Die Gräfin Potocka hatte Chopin eingeladen, den Winter in ihrem Haus in Nizza zu verbringen.

[4] Louise hatte um einen Paß gebeten, um zu ihrem sterbenden Bruder nach Paris reisen zu können.

[5] Anspielung auf den Bruch mit George Sand.

[6] Das ist die Meinung von Sydow. Wir müssen dazu bemerken, daß die Raczynskis in dieser Angelegenheit nie ein Sterbenswörtchen haben verlauten lassen. Nur ein Biograph von Chopin, Ferdinand Hoesick, hat erklärt, daß er die Briefe aus dem Besitz der Raczynskis gelesen habe. Er war »erstaunt über den frivolen

Ton« dieser Briefe – aber auch er konnte nicht den geringsten ernsthaften Beweis liefern.

⁷ Am 14. Mai 1836 schrieb Liszt an die Gräfin d'Agoult: »Chopin, den ich heute morgen gesehen habe, liebt mich zärtlich und ausschließlich...« Die Beweise für die Zuneigung Chopins zu Liszt sind zahlreich.

⁸ »Ich habe Zeit und Mühe vergeudet.«

⁹ Natürlich hat ein Gegengutachten die Echtheit bewiesen – darauf folgte ein Gegen-Gegen-Gutachten, das die Schlüsse der vorangegangenen wieder für nichtig erklärte.

¹⁰ Unter dem Titel *Briefe an Delphine* hat »Mateo Glinski«, mit dem ich einen umfangreichen Briefwechsel geführt habe, in New York in polnischer Sprache einen Band herausgebracht, in dem er die Echtheit der berühmten Briefe, die Chopin an Delphine Potocka geschrieben haben soll, beweisen will. Seine Methode ist folgende: da es ihm unmöglich ist, wirkliche Beweise für die Echtheit zu erbringen, führt er alle Argumente seiner Gegner an, versucht zu beweisen, daß keines stichhaltig ist und schließt daraus, daß seine es sind: »Da man keine Antwort hat auf die Frage, wer der Verfasser der Fälschungen ist, sind die Briefe echt.« Aber nein, in keiner Weise.

So meint er, daß in dem einzigen Brief, den Delphine am 16. Juli 1849 an Chopin richtete, die Anrede: »Lieber Herr Chopin« auf unbestreitbare Weise klarmache, daß sie sich an ihre »alte und unerschütterliche Liebe« wende. Dieser Beweis einer Liebesbeziehung ist sehr komisch! Wenn die Frauen mit all denen, die sie »Lieber Herr X« nennen, Liebesbeziehungen unterhielten, genügten dazu die Damen der ganzen Welt nicht.

Glinski gibt zu, daß »die Art, wie Frau Czernicka in Besitz der Briefe Chopins gelangt ist, durch nichts zu erklären ist«. Daß Frau Czernicka die Originalbriefe nacheinander an Edouard Ganche geschickt und dann in einer Bank deponiert haben will und daß sich beides als unwahr herausgestellt hat, scheint ihm nicht auszureichen, um in dieser polnischen Dame eine Lügnerin oder Mythomanin zu sehen. Er gibt zu, daß Hoesick keinen zweifelsfreien Beweis für die Existenz der berühmten Briefe liefert.

Der polnische Schriftsteller Iwaszkiewicz, der in diesem Band oft zitiert wird, schreibt: »Von diesem Idyll wissen wir nichts. Alles, was darüber gesagt wurde, ist Legende. Wenn Frau Czernicka präzise Fragen über den Aufbewahrungsort der Originale gestellt wurden, gab sie verschiedene und widersprüchliche Antworten. All das sah sehr nach einer Täuschung aus. (...) Die Brieffragmente halten keiner gründlichen Analyse stand. Diese Korrespondenz setzt sich ausschließlich aus bekannten Fragmenten echter Briefe von Chopin zusammen: warum hätte er von sich selbst abschreiben sollen, als er an Delphine schrieb? Also ist es sehr wahrscheinlich, daß wir es mit einer geschickten Fälschung zu tun haben, die in bezug auf Chopins Schriften nicht die erste wäre. (...) Wenn es die Briefe wirklich gegeben hat, dann ist es möglich, daß sie beim Brand des Palais Raczynski im Jahre 1939 in Warschau vernichtet wurden.« Glinski schreibt: »Iwaszkiewicz hat enthüllt, daß die Briefe sich in den Privatarchiven der Familie

Raczynski befanden.« Seltsamer Widerspruch. Glinski behauptet andererseits, daß Opienski, der als erster die Chopin-Korrespondenz veröffentlichte, zwar die Briefe an Delphine nicht erwähnt habe, aber »doch nichtsdestoweniger von ihrer Existenz überzeugt war«, aber er liefert keinerlei Beweis für diese Annahme. Er gibt zu, daß die Briefe nicht unterzeichnet sind, aber er wundert sich darüber nicht, obwohl Chopin all seine Briefe mit »Chopin« oder »F.« unterschrieb.

In bezug auf die neuen Wörter, die Chopin erfunden hat, denn sie gehörten noch nicht zum Wortschatz jener Zeit, und auf die Prophezeiung, Schumann werde im Wahnsinn sterben, äußert Glinski geschickt, Chopin besitze genügend Genie, um Wörter zu erfinden und über die Gabe der Hellseherei zu verfügen: das ist grotesk!

Schließlich meint Glinski: »Es erscheint sehr wahrscheinlich (?), daß sich die handgeschriebenen Originale in den Händen unbekannter Sammler (?) befinden, die geduldig darauf warten, daß die Bemühungen um diese Korrespondenz zu ihrer offiziellen Anerkennung führen, und daß sich eine günstige Konstellation (?) ergibt, um die kostbaren Erinnerungen an Chopin in Geld umzusetzen (!).«

Auch ich warte darauf, daß die handgeschriebenen Briefe einmal das Tageslicht erblicken. Solange erscheint mir die Hypothese der Fälschung aus den von mir genannten Gründen wahrscheinlicher als alle Theorien, die ihre Echtheit behaupten.

Moja Bieda · S. 229–242

[1] Nicht einmal während der achtzehn Jahre seines Aufenthalts in Paris reiste Chopin in die Vogesen nach Marainville, der Wiege seiner Familie väterlicherseits. Er schrieb auch nicht an seine beiden Tanten, die dort lebten. Seltsame Gleichgültigkeit!

[2] Hier noch einmal Chopins Pariser Wohnungen:

1831: Boulevard Poissonière 27
1832: Cité Bergère 4
von 1833 bis 1836: Chaussée-d'Antin 5
von 1836 bis 1839: Chaussée-d'Antin 38
1839: Rue Tronchet 5
von 1840 bis 1841: Rue Pigalle 16
von 1842 bis 1849: Square d'Orléans 4 (Rue Saint-Lazare 34)
1849: Grand-Rue 74 (Chaillot) zwischen Rue Quentin-Bauchart 10 und 16
1849: Place Vendôme 12

[3] Stutzer

[4] Modenarren

[5] Michael Skarbek nahm sich das Leben. In seinem Testament hatte er keinerlei Vorsorge getroffen, daß Nicolas Chopin sein Geld zurück erhielt.

[6] Chopin empfand große Zuneigung zum Komponisten der *Puritaner* und *Norma*. Ihre Freundschaft dauerte nicht lange, denn Bellini starb kurz darauf mit

vierunddreißig Jahren. Über die Italienfreundlichkeit Chopins ist viel geschrieben worden. Tatsächlich fand Chopin viel Geschmack an der italienischen Oper. Von hier zu dem Schluß, daß er die Stimmübungen und das Tempo des Belcanto nachgeahmt habe, ist nur ein Schritt. Schumann notierte: »Nur ein leises Hinneigen nach südlicher Weise ist es; sobald der Gesang geendet, blitzt wieder der ganze Sarmate in seiner trotzigen Originalität aus den Klängen heraus.«

[7] Es handelt sich um den *Walzer in As-Dur op. 69, Nr. 1,* genannt der *Abschiedswalzer.* Über diesen berühmten Walzer ist lang und so falsch wie nur möglich geschrieben worden. Man hat noch die bildhafte, aber leider erfundene Erzählung des Grafen Wodzinski, Neffen der Maria Wodzinska, vor Augen: »Es war an einem lauen Septemberabend, der noch leuchtete wie eine Sommernacht. Unten vor der Tür wartete die Postkutsche. Auf dem Tisch stand ein Rosenstrauß. Maria nahm eine Blume heraus und reichte sie Frédéric. Er blieb sehr bleich stehen, sein Blick war abwesend, als hätte er eine jener inneren Melodien gehört, die ihn heimsuchten. Dann ging er zum Klavier und improvisierte einen Walzer. Maria nannte ihn später den *Abschiedswalzer.* Man glaubt darin nach dem Geflüster der Stimmen zweier Liebender die wiederholten Schläge einer Uhr und das Rollen der Räder auf dem Pflaster zu hören, dessen Lärm das unterdrückte Schluchzen übertönt. Ein paar Wochen später erhielt Maria aus Paris den kopierten Walzer. Ich habe das kostbare Manuskript gesehen. Oben stand nur die einfache Widmung: ›Für Fräulein Maria‹ und unten: ›Dresden, September 1835‹.« (Auszüge aus: *Les trois romans de Frédéric Chopin*)

Das alles ist tatsächlich ein Roman. Vielleicht hat Chopin den *Walzer in As-Dur* in Dresden komponiert. Aber zuerst einmal ist er nicht Maria Wodzinska gewidmet, sondern Fräulein Charlotte de Rothschild. Chopin hat, wie er es oft tat, eigenhändig den Namen Maria als freundlichen Gruß darauf geschrieben. Von einigen seiner Werke gibt es mehrere Kopien: neben der eigentlichen Widmung stehen dann verschiedene Namen. Das einer bestimmten Person gewidmete Werk wird gleichzeitig mehreren Bekannten *dediziert.* Es muß noch hinzugefügt werden, daß Chopin den sogenannten *Abschiedswalzer* zu seinen Lebzeiten nie veröffentlichen ließ, denn er hielt ihn für mittelmäßig!

[8] Am Ende verzichtete Frau Chopin auf diesen Plan.

[9] Ferdynand Hoesick, *Chopin*

[10] Tatsächlich ist der Adelsursprung der Familie mehr als zweifelhaft, und er hatte keinerlei Recht auf den Titel, der seiner Eitelkeit schmeichelte.

Sand · S. 243–269

[1] George Sand, *Geschichte meines Lebens*
[2] Alfred de Vigny, *Journal d'un poète*
[3] Balzac, *Briefe an die Fremde*
[4] Dostojewski schrieb: »Wenigstens war bei uns (in Rußland) Mitte der vierziger Jahre bekannt, daß George Sand eine der hervorragendsten, strengsten und

folgerichtigsten Vertreterinnen jener Kategorie der damaligen neuen Menschen des Westens war, die mit der einfachen Ablehnung jener ›positiven‹ Errungenschaften auftraten und begannen, mit denen die blutige französische Revolution ihre Tätigkeit abschloß. Sie erklärten, daß die Sache unrechterweise und an der falschen Stelle zum Stehen gekommen sei – daß die Erneuerung der Menschheit eine radikale, eine soziale sein müsse. Den Platz (von George Sand) muß man am Anfang der Bewegung suchen.«

[5] George Sand, *Geschichte meines Lebens*

[6] Bei ihm blieb es beim Händchenhalten und einem Kuß, den er ihr an einer Wegbiegung auf den Hals gab.

[7] Etwa: Ich will nichts wissen, weder ob die Felder blühen, noch was aus dem menschlichen Trugbild wird, noch ob die immensen Himmel noch morgen beleuchten, was sie verhüllen.

Ich sage mir nur: »Zu dieser Stunde, an diesem Ort wurde ich geliebt, ich liebte, sie war schön.« Ich begrabe diesen Schatz in meiner unsterblichen Seele, und ich nehme ihn mit zu Gott. (d.Ü.)

[8] Sehr interessant ist die unbarmherzige Anklage von Henri Guillemin: *La Liaison Sand-Musset*

[9] Pif heißt in der Volkssprache Nase. (d.Ü.)

[10] Denen, die fälschlicherweise behaupteten, sie sei in Liszt verliebt, antwortete die Sand unumwunden: »Ich mag ihn nicht mehr als Spinat...«

[11] Die Gräfin Marliani war mit einem italienischen Flüchtling, dem Grafen Emmanuel Marliani verheiratet. Carlotta Marliani, eine lebhafte, geistreiche, liebenswürdige, geschwätzige, gefährliche Frau, war George Sand und Marie d'Agoult eine ergebene Freundin.

[12] Franz Liszt, *Chopin*

[13] Er ging leider verloren.

[14] Die Sand nannte Grzymala ihren Ehemann, weil »Chopin ihr gemeinsames Kind ist«.

[15] Es handelt sich offensichtlich um Maria Wodzinska.

[16] Einerseits war die Sand verheiratet, wenn auch getrennt von ihrem Mann; andererseits lebte sie in Nohant mit Mallefille zusammen.

[17] Es handelt sich um Mallefille.

[18] Die Zukunft wird das Gegenteil beweisen.

[19] »Unsere Liebe...« Das würde notfalls beweisen, daß George Sand nicht die Wahrheit sagt, denn in der *Geschichte meines Lebens* behauptet sie, niemals mehr als Freundschaft für Chopin empfunden zu haben.

[20] Die Schriftstellerin zeigt einen starken Hang, sich zu idealisieren.

[21] Und die Liebhaber gewechselt!

[22] Im Himmel gibt es eben keinen Namen mehr dafür!

[23] Ein schönes Beispiel für Doppelzüngigkeit!

[24] Natürlich teilte Grzymala mit, daß die Verlobung Chopins nicht mehr bestand, und die Schriftstellerin fuhr nach Paris.

[25] siehe Seite 249 f.

[26] siehe Seite 150

[27] Guy de Pourtalès, *Der blaue Klang*

[28] Colette, *L'Etoile Vesper*

[29] Chopin zog den echten Vornamen der Sand, Aurore, »George« vor – er übersetzte ihn sogar ins Polnische mit Jutrzenka, was »Tagesanbruch« bedeutet.

[30] Ein recht perfider Brief, den die Gräfin d'Agoult unter dem Datum vom 1. Januar aus Florenz an Major Pictet schrieb, schildert uns den »armen Mallefille im Bett, krank vor verletzter Eitelkeit, für immer enttäuscht, desillusioniert und ernüchtert«. Ein erstes Mal durch den Schauspieler Bocage aus dem Herzen von George verdrängt, begeisterte er sich für das Genie Chopins, schrieb ihm einen bewunderungsvollen Brief, schöpfte dann Verdacht und legte sich vor der Tür Chopins auf die Lauer, hinter der die Sand jede Nacht verschwand. Er kam dem Geheimnis auf die Spur, brüllte vor Wut, dachte an Mord, wurde von Grzymala beruhigt – während »George mit Chopin entweicht, um die vollkommene Liebe im Schatten der Myrthen von Palma zu erleben…« Die geschickten Pläne von George Sand, denen zufolge sie angeblich mit all ihren Liebschaften fertig wurde, waren gescheitert.

Mallorca · S. 271–285

[1] G. Sand, *Ein Winter in Mallorca*

[2] Wie verschleiert werden diese Dinge doch ausgesprochen!

[3] G. Sand, *Geschichte meines Lebens*

[4] G. Sand, Brief an Carlotta Marliani

[5] G. Sand, *Ein Winter in Mallorca*

[6] Hierdurch wird das Märchen widerlegt, die *Préludes* seien auf Mallorca komponiert. Chopin hat sie lediglich überarbeitet und vielleicht einige von ihnen, die nur skizziert waren, vollendet.

[7] Chopin erfand: es gibt nicht die Spur einer Moschee in Valdemosa.

[8] Denn zu jener Zeit wurde in Mallorca keine Unterkunft möbliert vermietet. Der Mieter mußte alles, was er brauchte, kaufen und dann wieder mit Verlust verkaufen. Außerdem konnte man nur wenig an Ort und Stelle erwerben. »Wenn man«, so schrieb die Sand, »sich den ungeheuerlichen Luxus eines Nachtgeschirrs erlauben will, muß man nach Barcelona schreiben.«

[9] »Wagen in diesem Land«, so schrieb die Sand, »gibt es nur in zwei Ausführungen: den öffentlichen Wagen, eine Art Omnibus auf zwei Rädern, ohne irgendeine Art von Federung, und den Birlucho, ein Kabriolett mit vier Plätzen, in dem einen halben Fuß hoch Flockwolle liegt. Der eine wie der andere Wagen sind äußerst primitiv.«

[10] Bartomeu Ferra, *Chopin et George Sand à Mojorque*

[11] Brief an Fontana vom 28. Dezember 1838.

[12] G. Sand, *Ein Winter in Mallorca*

[13] G. Sand, *Geschichte meines Lebens*

[14] Aus dieser wahrscheinlich richtigen Erzählung ist die Legende um das *Pré-lude Nr. 15 in Des-Dur*, genannt »Regentropfen-Prélude« entstanden. Nach den rten der Sand »glaubte Chopin sich in einem See ertrunken, schwere, eisige Wassertropfen fielen ihm im Takt auf die Brust. Als ich ihn auf das Geräusch der Regentropfen, die tatsächlich im Takt auf das Dach fielen, aufmerksam machte, leugnete er, sie gehört zu haben. Er wurde sogar böse über das, was ich als nachahmende Musik bezeichnete. Er protestierte mit ganzer Kraft – und er hatte recht – gegen die Kinderei solcher Nachahmung von Gehörtem. Sein Genie war voll geheimnisvoller Harmonien der Natur, die in seinem musikalischen Denken einen gleichwertig erhabenen Ausdruck fanden und mittels sklavischer Wiederholung von außen hereindringender Töne gestaltet wurden. Seine Komposition jenes Abends war voller Regentropfen, die auf den Ziegeln der Kartause widerhallten, aber sie hatten sich in seiner Phantasie und in seinem Gesang in Tränen verwandelt, die vom Himmel herab auf sein Herz fielen.« Es gibt keine bessere Definition für Chopin, den Musiker und ausschließlichen Musiker, gesehen mit den Augen einer Literatin, für die in der abstraktesten Kunst der Welt – der Musik – zwangsläufig verbal ausdrückbare Entsprechungen und Bilder enthalten sein müssen.

[15] War Chopin pathologisch gesehen schizophren, schizoid oder nur psychasthenisch? Das Hauptsymptom der Schizophrenen ist die Unterbrechung des Kontakts zur Wirklichkeit, die Patienten leben nur noch in einer inneren Welt. Die Schizoiden haben die Fähigkeit, sich von ihrer Umgebung zu isolieren. Die Psychasthenie ist gekennzeichnet durch geistige Entschlußunfähigkeit, eine Tendenz zu instinktiver, vernunftunabhängiger Ängstlichkeit.

Über den morbiden Charakter Chopins gibt ein Zeugnis seiner Schülerin Frau Streicher, geborene Friederike Müller, der das *Allegro des Klavierkonzerts* gewidmet ist, Auskunft: »Wunderschön hörte ich ihn oft präludieren. Einmal versank er so ganz in sein Spiel, war der Welt völlig entrückt – da kam sein Diener leise herein und legte einen Brief auf das Notenpult. Mit einem Aufschrei brach Chopin sein Spiel ab, sein Haar sträubte sich in die Höhe; was ich bisher für unmöglich gehalten, sah ich nun mit eigenen Augen; doch währte dies nur einen Augenblick.«

[16] Wir haben früher schon darauf hingewiesen, daß Chopin die *Préludes* in Mallorca nicht komponiert, sondern nur überarbeitet hat.

[17] In diesem bäuerlichen Milieu, das erst kürzlich durch die Vertreibung der Mönche »geschockt« worden ist, konnten die gesellschaftlichen Auffassungen der Sand das Gemüt der vollkommen traditionellen Bevölkerung nur verletzen. Ihre männlichen Kleider, ihre Zigarre, die Bubenkleidung der kleinen Solange regten alle auf... Die Damen von Palma flohen vor »dieser exzentrischen Frau, die es wagt, sich mit ihrem Liebhaber in einem Land niederzulassen, wo die freie Liebe nicht erlaubt ist«.

[1] Brief an Albert Grzymala

[2] Dazu ist zu bemerken, daß es in dieser Richtung erst im Jahre 1846 die Eisenbahn gab. Sie ging auch nicht über Vierzon hinaus. Von Vierzon nach Châteauroux und von Châteauroux nach La Châtre fuhr man mit der Postkutsche oder einer unbequemen Landkutsche.

[3] Philippe Jullian, *l'Hôte de Nohant* (*Chopin*: Ed. Génies et Réalités)

[4] Der natürliche Sohn von Maurice Dupin, dem Vater von George und einer Bäuerin namens Chatiron. Hippolyte war mit Emilie de Villeneuve verheiratet. Er lebte in der Nähe von Nohant, in Mougivray.

[5] »In Nohant brauche ich 4000 Francs im Monat. In Paris lebe ich mit der Hälfte.«

[6] Und sie sind zahlreich! Neben ihren literarischen Arbeiten schrieb die Sand jeden Tag ein Dutzend Briefe.

[7] Ihr ganzes Leben lang hatte die Sand ein empfindliches Verdauungssystem. Sie starb schließlich an einem Darmverschluß.

[8] Chopin hatte ihn zwei Jahre vorher komponiert.

[9] Man hat gesehen, mit welcher Bitternis er die begeisterte, aber literarische Kritik von Schumann über seine *Variationen* in der Jugend aufnahm.

[10] Persönliche Sammlung. Dieser handgeschriebene Brief, den ich in London erworben habe, ist, soviel ich weiß, niemals veröffentlicht worden.

[11] Während Joseph Elsner immer wieder eine Oper von ihm verlangte!

[12] George Sand, *Dernières Pages*

[13] *Souvenir de Nohant* (Beilage im *Figaro*, 22. Oktober 1876)

[14] Sie suchte schlecht!

[15] Liszts Geduld ist leicht zu erklären, wenn man Franchomme, dem Cellisten und Freund von Liszt und Chopin glaubt: Franz soll eine Abwesenheit Chopins ausgenützt und eine Frau in die Wohnung seines Freundes mitgenommen haben: daher eine Verstimmung zwischen den beiden Musikern. Liszt wollte sie mit allen Mitteln wieder gutmachen.

[16] Unter den Brief schrieb die Sand noch andere mögliche Straßen: Rue de Verneuil, Rue de Bougogne, Rue de Beaune, Rue Las Cases – und sie machte eine Skizze von der idealen Wohnung.

[17] Brief an Frau Hanska.

[18] Kapellmeister in Saint-Omer, von dem man eine Zeitlang annahm, er sei der wahre Verfasser der *Marseillaise*.

[19] Berichtet von Georges Mathias, Lehrer von Alfred Cortot.

[20] Die damals noch nicht benannte Krankheit gab es schon.

[21] Georges Mathias, *Souvenirs inédits* (Sammlung A. Cortot)

[22] Alfred Cortot, *Chopin, Wesen und Gestalt*

[23] Zitate aus dem *Tagebuch* von Delacroix

[24] *Tagebuch* von Delacroix

[25] Aber er liest ihn nicht, denn die *Choses vues* von Victor Hugo werden noch lange nicht erscheinen.

[26] »An keiner hervorragenden Tat, an keiner Knotenschürzung oder -lösung hat er sich beteiligt. Auf keine Existenz hat er entscheidenden Einfluß geübt. Den Despotismus des Herzens hat er nie geübt, nie die erobernde Hand an ein fremdes Schicksal gelegt: er begehrte nichts, und etwas zu fordern, hätte er verschmäht.« (F. Liszt, *Chopin*)

[27] Cortot zitiert hier Louis Esnault, Historiograph. (d.Ü.)

[28] A. Cortot, *Chopin, Wesen und Gestalt*

[29] Siehe H. Guillemin, *La Liaison Sand-Musset*

[30] Einmal, aber nicht zweimal! Das war die geheime Devise von Chopin, was weitere Liebesabenteuer betraf. Als am Ende seines Lebens seine Schülerin Jane Stirling, die ihm sehr ergeben war, ihm zu verstehen gab, sie sei einer Heirat nicht abgeneigt, schrieb Chopin an seinen Schüler Gutmann: »Meine Bereitschaft, sie zu heiraten, ist so groß, als hätte man mir vorgeschlagen, den Tod zu heiraten!«

[31] G. Sand, *Lucrezia Floriani*

[32] Liszt, *Chopin*

[33] G. Sand, *Lucrezia Floriani*

[34] »Er lehnte die rasende, frenetische Seite der Romantik ab, er ertrug die Bestürzung fieberhafter Effekte und Exzesse nicht. Shakespeare mochte er nur mit starken Einschränkungen: er fand, seine Figuren seien zu sehr dem Leben abgesehen und sprächen eine zu echte Sprache.« (G. Sand, *Lucrezia Floriani*)

[35] George Sand, *Briefe*

[36] »In seiner eisigen Wohlerzogenheit war er aber erst recht unerträglich, denn dann wurde er rechthaberisch und wollte das wirkliche Leben, das er doch nie begriffen hat, unter Grundsätze beugen, die er nicht zu bestimmen vermochte. Dann entwickelte er Geist, einen falschen und blendenden Geist, nur um die zu quälen, die er liebte. Er höhnte, erging sich in geschraubten Redensarten, und alles war ihm zuwider. Als ob er sacht bisse, lediglich zu seinem Vergnügen, aber sein Biß drang bis hinunter in die Eingeweide. Oder aber, wenn er nicht den Mut hatte, zu widersprechen und zu spötteln, zog er sich in verächtliches Schweigen zurück, in ein verletzendes Schmollen...« (G. Sand, *Lucrezia Floriani*)

[37] Colette

[38] Anna de Noailles

[39] Marcel Proust, *Auf der Suche nach der verlorenen Zeit*

[40] François Mauriac

[41] Auf den Rat der Sand nahm Chopin für seine Stunden 30 Francs. Madame de Musset, die Mutter des Verfassers der *Nächte*, bat Chopin, ihre Tochter zum Üben anzuregen. Seltsam, Musset und Chopin, die sich eigentlich gut hätten verstehen müssen, begegneten sich nur ein einziges Mal in der Comédie Française.

[42] Nicht unter Ausschluß der Öffentlichkeit, sondern unter Ausschluß der vielen, die keine Karten mehr bekamen. Das ist ein Unterschied. Kaum hatte man das Konzert angekündigt, waren alle – übrigens recht teuren – Karten schon ausverkauft!

[43] Die 2. *Ballade* soll Chopin bei der Lektüre der Ballade *Switezianka* von Mickiewicz eingefallen sein.

[44] Sicherer Teil eines 3. Konzerts für Klavier und Orchester, das über den ersten Satz nicht hinaus gelangte.

[45] »Chopin hustet so vor sich hin«, schrieb G. Sand.

[46] Sie kam gerade aus Szafarnia, wo sie mit ihren Kindern die Ferien verbracht hatte und wo man sich noch genau an Frédéric erinnerte. »Den Pitus geht es gut…«

[47] Der Tod von Jan Matuszynski, »Jas«, am 20. April 1842 erschütterte Chopin tief. Beim Anblick seines für immer stummen Freundes überkam ihn ein heftiges Schluchzen. Die Sand beschleunigte klugerweise die Formalitäten. Die Beerdigung fand am 21. April statt, und eine Woche später fuhren alle nach Nohant.

[48] *Impressions et souvenirs.*

[49] Das ist sicherlich übertrieben!

[50] Und hier urteilt die Sand richtig.

[51] Frau Marliani. Die obige Beschreibung stammt aus *Geschichte meines Lebens*.

[52] Dieser Ausspruch ist ziemlich zweifelhaft. Von Lenz hatte eine böse Zunge, und man kann seine Behauptungen nur mit größter Zurückhaltung aufnehmen.

[53] Diesen letzten Wunsch von Nicolas Chopin äußerte Frédéric fünfeinhalb Jahre später auch – es sei denn, man hat einen Zettel, den der Vater in französischer Sprache verfaßt hat, dem Sohn zugeschrieben.

[54] Chopin fuhr seiner Schwester und seinem Schwager nach Paris entgegen.

[55] Ein Jahr später schenkt sie das Manuskript Louise. *Das Teufelsmaar* ist Chopin gewidmet. (Deutsche Ausgaben sind auch unter den Titeln *Der Teufelssumpf* und *Das Teufelsmaar* erschienen. d.Ü.)

[56] Es handelt sich um die unglückliche Augustine Brault.

[57] »Ihr Gärtchen«, schrieb Chopin an die Sand, die in Nohant geblieben war, um das Haus in Ordnung zu verlassen, »ist weiß wie Schneebälle, wie Zucker, wie Schwanengefieder, wie Rahmkäse, wie die Hände von Solange, wie die Zähne von Maurice…«

Unwetter · S. 345–373

[1] »Es kommt ein Augenblick, da die kleinen Mädchen nicht mehr klein sind und man darauf achten muß, welche Wirkung in ihrem Geist all die Worte annehmen können, die sie hören. *Kein Wort*, nicht einmal ein gleichgültiges, über das männliche Geschlecht: das ist die Vorsicht, zu der ich Ihnen rate.« (Brief von George Sand am Marie de Rozières.)

[2] Tatsächlich entläßt Chopin Jan bei seiner Rückkehr nach Paris Ende November 1845 und nimmt einen Franzosen in seine Dienste, »der sieben Jahre lang bei den Eltern meines *Walzers in As-Dur*« (den Horsfords) gedient hat.

³ Frisch im Bett, statt: en flagrant délit (auf frischer Tat). d.Ü.

⁴ Pergolesi d.Ü.

⁵ Consommé heißt im Französischen die Bouillon, als Adjektiv aber auch soviel wie perfekt. d.Ü.

⁶ Die Geschichte wird erzählt in der *Histoire de la Révolution de 1848.*

⁷ Caroline Joubert, *Souvenirs, lettres, correspondances*

⁸ Heine schrieb an seinen Freund Laube: »Sie (George Sand) hat meinem Freund Chopin in einem abscheulichen, doch göttlich geschriebenen Roman niederträchtig mitgespielt.«

⁹ Man sollte sich einmal die Mühe machen, das Bild des Prinzen Karol in *Lucrezia Floriani* mit der Beschreibung zu vergleichen, die die Sand von Chopins Charakter in der *Geschichte meines Lebens* liefert. Die beiden Portraits gleichen sich vollkommen.

¹⁰ Sofort widersprach die Sand Chopin: »Was Chopin betrifft, so ist sein Gesundheitszustand in diesem Jahr wesentlich besser, seine Nerven haben sich beruhigt, er ist über das Gröbste hinaus, dadurch ist sein Wesen auch besser und ausgeglichener.« (20. September 1846 an Frau Marliani.)

¹¹ Das ist zumindest die Meinung von Solange.

¹² Um so mehr, als er sie ihr gar nicht angeboten hat!

¹³ Aber nein!

¹⁴ *Geschichte meines Lebens*

¹⁵ Je mehr sich die Bindungen zwischen Chopin und der Sand lösten, desto stärker hing er an seiner Familie. Er, der nicht gern schrieb, schickte den Seinen endlose Briefe.

¹⁶ Die Sand hatte unter Druck Clésingers gehandelt, dem es gelungen war, sie zur Eile zu überreden, wie dieser Brief vom 7. Mai an Maurice zeigt: »Beeil Dich, Maurice, beeil Dich, am 12. oder 13. wirst Du diese letzte Aufforderung erhalten: Du mußt sofort mit oder ohne Papa aufbrechen und seine Einwilligung und seine Anweisungen für die Abfassung des Vertrages mitbringen. Komm, unsere Stellung ist unhaltbar, komm…Deine Alte.« Zwei Anzeigen wurden gedruckt. Auf der einen zeigte George Sand die Heirat von Solange mit Herrn Clésinger an. Auf der anderen steht: »Fräulein Solange Sand gibt sich die Ehre, ihre Heirat mit Herrn Clésinger anzuzeigen.«

¹⁷ Er spottete über sich selbst, indem er seinen Diener nachmachte, der überall von der »cerise« (statt »crise«) des Herrn sprach. (cerise = Kirsche; crise = Anfall d.Ü.)

¹⁸ Eine weitere Lüge. In einem Brief an Dumas Sohn erklärte die Sand, daß Chopin ihr zweites Ich sei und daß sie in bezug auf ihre Kindern gern seinen Rat entgegennehme. Im vorliegenden Fall hatte sie Chopin nicht gefragt, aus Angst, er könne von der Heirat abraten.

¹⁹ Ganz im Gegenteil, Chopin verzieh anderen sehr gern, daß sie anders waren als er.

²⁰ Und doch hätte sie eine Inkonsequenz vermieden, wenn sie auf ihn gehört hätte.

[21] Als Clésinger Solange geheiratet hat, beweist Chopin ihm echte Freundschaft.

[22] Seien wir nur beruhigt, sie wird trotzdem überleben!

[23] Die Sand vergißt absichtlich die Avancen, die sie dem Schauspieler Bocage gemacht hat und ihre Liaison mit dem Maler Paul Delaroche. Eines wie das andere lösten bei Chopin tiefe Verbitterung aus. Vergessen wir nicht das Urteil von Titus Woyciechowski: »Es hat sich nicht gelohnt, daß ich Frédéric daran hinderte, sich beim Aufstand von Warschau umbringen zu lassen, damit er in die Krallen der Sand gerät!« Und: »Chopin weiß nicht alles...«, sagte der Bankier Léo.

[24] Wir wissen es nicht. Wie soll man jene »Forderungen« Chopins verstehen, wenn die Sand selbst sich zu Beginn ihres Verhältnisses darüber beklagt, Chopin willige nur ungern in das ein, was »zu jenen heiligen Dingen gehört, die nur im Himmel einen Namen haben«? Wie viele Jahre oder Monate ihre körperliche Verbindung bestand, kann man nicht sagen. Wir meinen, gestützt auf vertrauliche Mitteilungen der Sand an ihre Freunde und auf verschiedene Zeugnisse, daß das Verhältnis nach der Rückkehr aus Mallorca im Sommer 1839 zu Ende war. Daß Chopin die Sand angefleht haben soll, ihre »Beziehungen« wieder aufzunehmen, ist ganz sicher reine Phantasie. Die Sand nimmt ihre Wünsche wie immer für Wirklichkeit. Übrigens war Chopin ein armseliger Liebhaber und »der verliebte Vampir« (Marquis de Custine) hatte sicherlich in dieser Hinsicht Enttäuschungen erlebt.

[25] Nein, aber eine ganze Reihe von kleinen und großen Fehlern!

[26] Das unterstützt das Urteil von Jules Sandeau: »Diese Frau ist ein Friedhof...« und das von Edouard Ganche: »Die Sand ist würdig, mit Tartuffe von Molière verglichen zu werden. Ihre Scheinheiligkeit oder ihre Verirrung sind verblüffend.«

[27] »Ich bin sehr erschrocken«, schrieb die Sand am 8. Mai 1847 an Marie de Rozières, »Chopin ist sehr krank gewesen. Die Fürstin (Czartoryska) hat es mir gestern geschrieben und mir gleichzeitig mitgeteilt, es ginge ihm besser. Ich bin krank vor Unruhe. Ich habe Schwindelanfälle. Ich kann meine Familie unter diesen Umständen nicht verlassen, denn ich habe nicht einmal Maurice, um den Anstand zu wahren und seine Schwester vor jeder persönlichen Unterstellung zu schützen. Sagen Sie Chopin von mir, was Sie für richtig finden. Ich wage es nicht, ihm zu schreiben, ich fürchte ihn aufzuregen, ich fürchte auch, daß die Heirat von Solange ihm sehr mißfällt...«

[28] Am 8. Mai, also vierzehn Tage vor der Hochzeit, schrieb die Sand an Solange und Clésinger. Sie erklärte, sie könne weder Nohant mit einer Hypothek belasten, noch einen Teil auf Solange überschreiben. Sie sollte sich mit dem Hotel de Narbonne begnügen (200 000 Francs, von denen 50 000 Francs Hypotheken abzuzahlen waren). Beim Tod ihrer Mutter bekomme sie aus Nohant 125 000 Francs. Die 50 000 Francs Hypothek auf dem Hotel de Narbonne würden ausgeglichen durch die »Gratis«-aufenthalte des jungen Ehepaares in Nohant.

[29] Wieder ein Traum, der in Rauch aufging!

[30] Solange hat einige Entschuldigungen – der Apfel fällt nicht weit vom Stamm!

[31] Hier bemerkt man die große Güte Chopins. *Lucrezia Floriani* hatte ihm die Augen nicht geöffnet. Sichtlich war seine Zuneigung für die Sand noch unverändert.

[32] Von dieser Rückkehr benachrichtigte die Sand Chopin nicht. Sie war kurz in Paris und fuhr dann gleich nach Nohant, ohne ihn gesehen zu haben.

[33] Op. 65, gewidmet Auguste Franchomme.

[34] Op. 63 (H-Dur, f-Moll, cis-Moll) gewidmet Laura Czosnowska. Ebenfalls bei Breitkopf und Härtel erschienen die *Drei Walzer op. 64*.

[35] Dem Solange gerade erklärt hatte, sie wisse ganz genau, daß er der Liebhaber von Augustine gewesen sei.

[36] Eine reizende Familienepisode! Der folgende Dialog zwischen der Schriftstellerin und dem Bildhauer vervollständigt die Erzählung der Sand: »Mein Herr«, sagte die Sand, »ich werde Sie in einem meiner Romane beschreiben, und viele Leute werden Sie erkennen!« »Gnädige Frau«, antwortete Clésinger, »ich werde Ihren Arsch in Stein meißeln, und die ganze Welt wird Sie identifizieren!« (*Erinnerungen* von J.-B. Clésinger)

[37] In dem verlorenen Brief, den Chopin Delacroix vorlas, erklärte die Sand (das wissen wir von Chopin selbst), daß sie seine Rückkehr nach Nohant nur zulasse, wenn er sich verpflichte, den Namen von Solange nicht mehr auszusprechen. Im Grunde wollte George nur um jeden Preis vermeiden, zugeben zu müssen, daß sie sich getäuscht hatte, als sie die Heirat von Solange und Clésinger trotz der schlechten Auskünfte über letzteren dennoch befürwortete. Lieber hätte sie mit Chopin gebrochen, als ihren Irrtum zugegeben. Außerdem wollte sie, die derzeitige Geliebte des jungen Victor Borie und von Eugène Lambert, einem Ateliergenossen von Maurice, »bei sich zu Hause keine klarsehenden Zeugen« (A. Maurois, *Dunkle Sehnsucht*), angefangen bei Chopin!

[38] Solange war schwanger.

[39] In jeder Situation versteht es die Sand, sich auf den Altar zu heben.

[40] Jetzt versteht man noch besser, warum die Sand später so viel Eifer darauf verwendete, wie ein Wüstenfuchs die Spuren der Liebe zu verwischen, die sie für Chopin empfunden hatte. Zwei Jahre nach dem Tod des Musikers fand Alexandre Dumas' Sohn an der russisch-polnischen Grenze die Briefe der Sand an Chopin. Seine Schwester Louise hatte sie von Paris nach Polen mitgenommen und dort bei Freunden hinterlegt. Dumas berichtete der Sand von seiner Entdeckung, und diese schrieb ihm am 7. Oktober 1851: »Da Sie die Geduld aufbrachten, diese durch ihre häufigen Wiederholungen ziemlich unbedeutende Briefsammlung zu lesen, die mir nur für mein eigenes Herz interessant zu sein scheint, wissen Sie jetzt, welch mütterliche Zärtlichkeit neun Jahre meines Lebens erfüllt hat. Sicherlich, darin liegt kein Geheimnis, und ich müßte mich eher rühmen als erröten, daß ich dieses edle und unheilbare Herz wie mein Kind gepflegt und getröstet habe…« Wir sind untröstlich, daß wir diese Briefe, die die Sand verbrennen ließ, nicht mehr einsehen können.

⁴¹ Er wußte alles!

⁴² Victor Borie. Wenn Chopin über dieses Gerücht informiert war, dann sicherlich nicht durch Solange Clésinger.

⁴³ Sagen wir lieber, als Vorwand!

⁴⁴ Im Französischen »préservatif«. (d.Ü.)

⁴⁵ »Wie gewöhnlich habe ich mich wieder von meinem dummen Herzen zum Narren halten lassen. Während ich sechs schlaflose Nächte damit verbrachte, mir über seine Gesundheit Gedanken zu machen, war er damit beschäftigt, bei den Clésingers Schlechtes über mich zu denken und zu sagen. Das ist die Höhe. Sein Brief strotzt von lächerlicher Würde, und die Predigten dieses biederen Familienvaters werden mir tatsächlich eine Lehre sein… Ich finde es großartig von Chopin, daß er Clésinger besucht und den billigt, der mich geschlagen hat, weil ich ihm den Hammer entriß, den er gegen Maurice erhoben hatte. Chopin, von dem mir alle sagten, er sei mein treuester und ergebenster Freund! Das ist wahrlich bewundernswert!«

Einsamkeit · S. 375–394

¹ In der Folgezeit sah die Sand sie oft in Paris, aber es herrschte keine Freude: das Verhältnis zwischen Mutter und Tochter war zerstört.

² Clésinger und Solange hatten das Hotel de Narbonne sehr bald zu einem niedrigen Preis über das Gericht auf Antrag der Gläubiger verkaufen müssen, weil sie die Hypotheken nicht bezahlen konnten. Die Sand setzte darauf ihrer Tochter großzügig eine Rente von 3000 Francs aus.

³ Vor allem Frau Kalergis, »die sehr gut spielt und in jeder Hinsicht viel Erfolg bei der höheren Pariser Gesellschaft hat«.

⁴ Neuerdings unter dem Titel *Das Findelkind* erschienen. (d.Ü.)

⁵ Es handelte sich natürlich um die *Geschichte meines Lebens*.

⁶ Die Sand war nach der Abreise von Chopin von einer ganzen Menge junger Männer umgeben, alle Freunde von Maurice: Victor Borie, Journalist; Eugène Lambert, Maler; Alexandre Manceau, Kupferstecher; Aucante usw. Diese fröhlichen jungen Leute nahmen die Sand mit nach Italien: eine kleine Auffrischung ihrer Reise mit Musset… War die Sand die Geliebte des einen oder anderen ihrer Reisegefährten – oder sogar von allen vieren? Das ist möglich und wahrscheinlich. Die Sand als Sozialistin, die sich jetzt dem politischen Journalismus widmete, war sicher fähig, mehrere Verhältnisse gleichzeitig zu haben!

⁷ Das heißt zum Baron Dudevant. Merkwürdige Annahme!

⁸ Außer dem Marionettentheater hat Maurice eine richtige Bühne in Nohant bauen lassen.

⁹ Es ist vollkommen richtig, daß Chopin in den ganzen acht Jahren seiner Verbindung mit der Sand immer wieder die Rolle des Friedensstifters spielte.

¹⁰ Wer weiß, ob unter diesen Briefen, die niemals das Tageslicht erblickten, nicht ein paar an die Sand gerichtet waren?

[11] Was für ein Unterschied liegt zwischen der schmerzerfüllten Aufrichtigkeit von Chopin, wenn er, ohne ihren Namen zu nennen, über die für immer ferne Freundin spricht – und dem trockenen Ton der Sand, wenn sie an Maurice in Paris schreibt: »Wenn Du etwas für Chopin hast, dann sag es einfach seiner Hausmeisterin. Wenn Du ihm begegnest, sag guten Tag, als wenn nichts wäre: ›Es geht Ihnen gut? Na, dann um so besser!‹ Nicht mehr, und dann gehst Du weiter. Wenn er Dir allerdings aus dem Wege geht, dann tu das gleiche. Wenn er sich bei Dir über mich erkundigt, sag ihm, ich sei wegen meines Kummers sehr krank gewesen. Sag ihm das trocken und gerade heraus...« Bei Chopin ist alles echt. Bei der Sand ist alles verfälscht, vorbedacht, überall hat sie verborgene Fallen aufgestellt. Und sie verwechselt ihren eingebildeten Kummer mit einer gewöhnlichen Enttäuschung.

[12] Das heißt Nachricht von Solange.

[13] Philippe Vigier, *la Monarchie du Julliet* (Presses Universitaires de France)

[14] Die gleichzeitige Verehelichung der Königin von Spanien, Isabelle, mit dem Herzog von Cadix und der Infantin, der Schwester der Königin, mit dem Herzog von Montpensier.

[15] Das Kind lebte nur acht Tage. Chopin sprach Solange unaufhörlich Mut zu.

[16] Der an die Sand schrieb: »Sie tun recht daran, Chopin nicht gram zu sein: ich habe ihn ziemlich traurig und niedergeschlagen nach Hause gebracht.«

[17] Mickiewicz, der große Dichter, handelte mit der Wirklichkeitsfremdheit eines Visionärs. So hatte er die Idee, eine italienische Truppe zur Rettung Polens auszuschicken, während Slowacki, nicht weniger utopisch, die Abrüstung predigte! Viel einleuchtender erscheint einem da das Urteil von Chopin.

Zu den schottischen Nebeln · S. 395–412

[1] Wie wurde Chopin behandelt? Nach den Methoden der Zeit. Liest man ein Rezept von Laennec, das er im Jahre 1823 einem Schwindsüchtigen ausschrieb, so bemerkt man, daß Chopin es genauestens befolgte. Laennec empfahl »Luftveränderung, Reisen nach dem Süden, das Tragen von Flanell auf der Haut, Massagen mit warmer, mit Benzoedämpfen getränkter Wolle, Spazierfahrten mit dem Wagen, milde Getränke, Gummiwasser, Hühnerbrühe und Isländisch Moos«. Da man über die bakterielle Ursache der Krankheit noch nichts wußte, konnte man sie auch nicht richtig behandeln. Die Ärzte Louis und Clarke, bekannte Schwindsuchtspezialisten, richteten sich genau nach den Vorschriften von Laennec. Matuszynski hatte Chopin vorher auf die gleiche Art »behandelt«. Vor Laennec riet Broussais zu blasenziehenden und entzündungshemmenden Mitteln: Ätzmittel, Brennzylinder, Aderlaß, Brechwurz, Kermes, Opium, Chinarinde, Schwefelbäder, Kreosot, Arsenikpräparate – und dazu Diät. Schon durch die Aderlasse erschöpft, wurde der Patient dazu noch durch ungenügende Nahrung geschwächt.

² Die im Covent Garden die *Mazurken* von Chopin sang.

³ Chopin hatte sie in Anwesenheit der Königin gehört und schrieb an Grzymala: »Es ist eine unvergleichliche Schwedin, nicht ein gewöhnliches Licht, sondern eine Art Polarlicht. Sie singt die *Nachtwandlerin* rein und ungewöhnlich sicher. Ihr Piano ist so glatt und ebenmäßig wie ein Haar.«

⁴ Anderen Übersetzungen zufolge soll Chopin ohne Anspielung auf Jane Stirling geschrieben haben: »Mir bleibt nur noch, den Tod zu heiraten.«

⁵ Chopin hätte unter keinen Umständen danach getrachtet, ein reiches junges Mädchen zu heiraten.

⁶ Vorläufer des Klaviers, dessen Saiten von Hämmerchen angeschlagen werden. Auf polnisch bedeutet »cymbal« Einfaltspinsel, Idiot – was Chopin die Gelegenheit zu einem Wortspiel bietet.

⁷ Eine klare Anspielung auf George Sand. In einem Brief an seine Familie kam Chopin auf den »Fall« Sand zurück: »Solange hat in Paris ihre Mutter gesehen, der man geraten hat, die Hauptstadt zu verlassen. In Nohant haben die Bauern sie sehr schlecht empfangen, und sie hat nach Tours flüchten müssen. Man schreibt ihr die aufrührerischen Proklamationen zu, die zum Bürgerkrieg aufreizten. Ihre zweite Zeitung hatte keinen größeren Erfolg als die erste. Weil sie ultra war und die Kurzsichtigen nur erregte, wurde sie verboten, aber sie war, wie die erste, aus Mangel an Lesern sowieso zum Untergang verurteilt. Gedruckt und in den Straßen feilgeboten wurde ihre Biographie, verfaßt vom Vater von Augustine Brault, der sich darin beschwert, daß sie seine Tochter verdorben, sie zur Maitresse von Maurice gemacht und sie dann an den Erstbesten verheiratet habe, trotz des Widerstandes der Eltern, denen sie versprochen hatte, sie ihrem Sohn zur Frau zu geben. Der Vater zitiert Briefe von Frau Sand: es ist eine häßliche Geschichte, die dem Pariser Plebs da ausgeliefert wird. Es ist eine Gemeinheit von dem Vater, aber es ist die Wahrheit. Das ist also die Wohltat, die sie zu vollbringen meinte und gegen die ich, seit der Ankunft dieses jungen Mädchens im Hause, mit all meiner Kraft ankämpfte! Jedes Mal, wenn der Vater seine Tochter zurückholen wollte, ließ man das nicht zu, weil Maurice dagegen war. Frau Sand empfand ihre Tochter als störend, weil sie zum Unglück alles vorausgesehen hatte: daher die Lügen, das Unbehagen, die Schande und alles übrige.« Wieder zeigt sich deutlich, daß die Sand Chopin seine Klarsicht nicht verziehen hatte.

⁸ Am Tag vor der Abreise mit dem Zug hatte Chopin einen Unfall mit dem Wagen, der ihn beinahe das Leben gekostet hätte. Als er in der Kalesche an der Küste entlangfuhr, sah er plötzlich, wie die Pferde durchgingen. Die Zügel rissen, der Kutscher fiel vom Bock, wurde gegen einen Baum geschleudert, der Wagen brach in Stücke, Chopin erwartete gelassen seine letzte Stunde.

⁹ Das *Andante spianato et Polonaise*, ein Scherzo, ein paar Etüden, ein Nocturne, die *Berceuse* und am nächsten Tag privat die *Sonate in b-Moll* (siehe Seite 293 f.).

¹⁰ Das Konzert von Manchester brachte ihm sechzig Pfund ein.

¹¹ Entfernte Verwandte des Fürsten und der Fürstin Adam Czartoryski, Gäste im Hotel Lambert in Paris.

[1] Wieder einmal sah Chopin klar. Die Sand verbrachte ihr Alter umgeben von Respekt und Anerkennung.

[2] Mit richtigem Namen Racine Gaultier, französischer Pianist und Komponist (1817–1863).

[3] »Sie hat einen unvergeßlichen Eindruck hinterlassen«, schreibt Iwaszkiewicz, im Gegensatz zu dem, was Delacroix sagt. »Ich kannte Leute, die gehört haben, wie sie Chopin spielte. Ihr Erscheinen genügte, um das Publikum zu rühren. Eine sehr hellblonde Frau, bis ins Alter weiß gekleidet, eine wahre ›Symphonie in Weiß-Dur‹ wie Gautier sie nannte.«

[4] Siehe Kapitel »Das Werk«, Seite 455–522.

[5] Zu dieser Zeit versuchte Chopin einen alten Plan zu verwirklichen: er wollte nach seinen pädagogischen Erfahrungen eine *Methode des Klavierspiels* schreiben. Das Manuskript, das die älteste Schwester Chopins der Fürstin Czartoryska vermachte, wurde im Jahre 1936 von Alfred Cortot erworben, bei dem ich oft darin blätterte. Es beschränkt sich auf ein Dutzend Seiten, deren Text nicht sehr interessant ist. Ein paar Gemeinplätze, ein paar Fingersätze für Anfänger, ein paar Ratschläge, kluge Bemerkungen über die Rolle der verschiedenen Finger der Hand – das ist alles, und es ist nicht viel. Dennoch sollte man ein paar Sätze herausgreifen, die eine besondere Bedeutung erlangen, wenn man an die seltsame »moderne« Musik denkt, die man zur Zeit, in der dieser Band erscheint, komponiert: »Das Wort entstand aus dem Klang – der Klang war vor dem Wort. Das Wort ist eine gewisse Modifikation des Klanges. Klänge benützt man, um Musik zu machen, wie man Worte braucht, eine Sprache zu bilden. Die Gedanken werden durch Klänge ausgedrückt; der unbestimmte menschliche Laut ist der unbestimmte Klang. Die Kunst, die Töne zu handhaben, ist Musik. Die Bewegung des Handgelenks beim Spielen ist dem Atemholen beim Singen in gewisser Beziehung vergleichbar.«

[6] Ohne jedoch seine Wohnung am Square d'Orléans aufzugeben, in die er Ende Juli zurückkehren wollte.

[7] Diese Daguerrotypie hat den schon zitierten Psychologen André Rabs (s. Seite 524, Anm. 15) dazu veranlaßt, eine morphologische Studie anzufertigen: »Eine außergewöhnlich breite rechteckige Stirn. Große Aufnahmefähigkeit in der äußeren Mitte. Die sehr tiefliegenden und sehr eng zusammenstehenden Augen deuten auf eine Form von Spezialisierung und technisches Verständnis hin. Die waagerechten Augenbrauen deuten auf eine Ablehnung aller metaphysischen Probleme.

Während die sehr breite Nasenwurzel das Bedürfnis nach Aktivität, verbunden mit dem Bedürfnis, ebenso zu geben wie zu empfangen, verrät. Der Kopf deutet auf Konzentration. Ein Hang zu Methodik und Ordnung. Der recht große Mund, die volle Lippe lassen auf Naturtriebe schließen, die er ständig mit dem Gehirn zu verarbeiten sucht. Die Art, wie er die rechte Hand auf die linke legt, und der linke Scheitel im Haar deuten auf eine ständige Suche nach der Vergangenheit, von der er sich niemals hat freimachen können. Sie kann bis zu einem bestimmten Punkt erklären, daß die Krankheit von Chopin eher die Auswirkung einer psychischen Konsequenz ist als das Ergebnis eines rein physiologischen Zustandes.« (Zitiert von Marise Querlin, *Chopin, explication d'un mythe*). Wir zitieren diese Analyse unter großen Vorbehalten.

[8] Chopin war neununddreißig Jahre alt.

[9] Siehe Brief Seite 218 f.

[10] Siehe Seite 218 f.

[11] Durch wen oder was?

[12] In keiner Weise: Maurice hatte mit dem Ende der Beziehungen zwischen seiner Mutter und Chopin überhaupt nichts zu tun.

[13] Die fragliche Hilfe war gleich Null. Und in Nohant behandelte Doktor Papet Chopin, so gut er es vermochte. Aber hier läßt sie sozusagen die Katze aus dem Sack. Hat die Sand, als sie spürte, daß Chopin sehr krank war, wirklich die Absicht gehabt, bis zum Ende die Rolle der Krankenpflegerin zu spielen, die sie bis 1847 tapfer übernommen hatte? Fühlte sie sich von etwas übermannt, was Tristan Bernard mit leichtem Spott über die leidenschaftliche Hingegebenheit gewisser Frauen »Krankenschwesternglorie« nennt? Das ist gar nicht sicher. Ein Gedanke, den Heine Fanny Lewald im März 1848 mitteilt, unterstützt unsere Hypothese in gewisser Weise: »Ich habe die Sand sehr gern gehabt«, sagt Heine, der schwer krank ist, »aber jetzt habe ich lange nichts mehr von ihr gehört. Es ist erlaubt, einem gesunden Mann untreu zu sein – er kann sich trösten – es ist jedoch unwürdig, einen Sterbenden zu verlassen.«

[14] All das ist unwahr. Chopin gefiel es sehr gut in Nohant, und manchmal kam es vor, daß er bis Dezember dort blieb, und zwar freiwillig.

[15] Im Gegenteil, Chopin hatte Edmond Combes (siehe Seite 386 ff.) der Sand nachgeschickt, da er selbst die Treppen bei Frau Marliani nicht hinaufsteigen konnte.

[16] Nein, überhaupt nicht.

[17] Zitiert aus C. Wierzinsky, *La Vie de Chopin;* Originalausgabe: *The Life and Death of Chopin*, London 1951.

[18] Ein Freund von Chopin, der Pate von dessen Tochter war.

[19] Das gilt Solange.

[20] Das gilt Pauline Viardot und Frau Grille de Beuzelin (siehe Seite 422 ff.).

[21] Siehe Seite 434 f.

[22] Siehe einen der letzten Sätze, die Chopin zugeschrieben werden, Seite 436 f.

[23] Das ist unwahr. Siehe die Antwort der Sand an Frau Grille de Beuzelin, Seite 422 f.

[24] Für die der Sand die ganze Verantwortung zukommt!

[25] Siehe Seite 419 f.

[26] Wo Abt Jelowicki angeblich eine Audienz beim Papst gehabt hatte. Die Unrichtigkeit dieser Behauptung ist bewiesen.

[27] »Armer Junge«, schrieb Pauline Viardot nach dem Tod Chopins an George

Sand, »er starb, gepeinigt von den Priestern, die ihn sechs Stunden lang ununterbrochen zwangen, die Reliquien bis zu seinem letzten Seufzer zu küssen, umgeben von einer Menge bekannter und unbekannter Menschen, die an seinem Bett weinten...«

Grzymala äußerte in seinem Brief an Auguste Léo, einen Freund von Chopin, eine andere, sicherlich übertriebene Ansicht: »Im letzten Augenblick befiel mich die feste Überzeugung, daß er, wenn er nicht das Unglück gehabt hätte, G. S. gekannt zu haben, das Alter Cherubinis hätte erreichen können.« Also urteilte der Herzensfreund der Sand, an den sie eine Unmenge Briefe schrieb, in denen sie ihn »Mein Mann« nannte, mit außerordentlicher Strenge über die Haltung der Schriftstellerin. Dennoch ist es ganz sicher, daß die Tuberkulose Chopin das Leben gekostet hat, doch woher weiß man, welchen Einfluß das große Leid auf das mehr oder weniger schnelle Fortschreiten der Krankheit, hatte?

[28] Sie war jetzt fünfzehn Jahre alt. Später wurde sie durch Heirat Frau Ciechomska, die den Großteil der Gegenstände, Briefe und Manuskripte ihres Onkels in die Hände bekam.

[29] Der Bericht scheint die Worte des Abtes Jelowicki zu bestätigen: »Am letzten Tag seines Lebens, in seiner letzten Stunde, war Chopin vollkommen klar bei Verstand. Er setzte sich oft auf und wandte sich an die mindestens zwanzig Personen, seine Bewunderer in Hermelin und in Lumpen, die vier Tage und Nächte hintereinander auf Knien Gebete gesprochen hatten, er wandte sich an sie, sagte ich, und gab ihnen Ratschläge und Ermahnungen, beinahe Trostworte, mit einem fast unbegreiflichen Anstand, Takt und Treffsicherheit, einer Güte und einer Nachsicht, die nicht von dieser Welt sind.«

[30] Siehe Seite 416.

[31] Oder »diese Erde« (frz. »toux« oder »terre«)

[32] »Da dieser Husten mich ersticken wird, beschwöre ich Euch, meinen Körper öffnen zu lassen, damit ich nicht lebendig begraben werde.« d.Ü.

[33] Immer diese Abneigung der Kirche gegenüber Meisterwerken der religiösen Musik! Man kennt den Ausspruch, den Huysmans dem Satan in den Mund legt (*Die Rache des Teufels*), als er den katholischen Prunk und den Triumph Gottes voraussieht: »Zumindest wird es häßlich sein!« Die zeitgenössische Liturgie gibt Huysmans – und dem Bösen! – mehr als recht.

[34] Diese beiden großen Künstler, die Chopin sehr gut gekannt hatten, verlangten nicht weniger als je zweitausend Francs für die letzte Ehre an ihrem Freund; »ihre Selbstachtung hätte es ihnen gebieten müssen, kostenlos zu seinem Gedächtnis zu singen«, schrieb Grzymala in einer Nachschrift zu einem Brief an Léo. Dafür schickte Jane Stirling für die Beerdigungskostn fünftausend Francs an die Schwester Chopins. Sie galt allgemein als die »Witwe von Chopin«.

[35] In einem von Schmiedeeisen umgebenen, innen mit Samt ausgeschlagenen Eichenholzschrein ist sie in einem der Säle von Calder House in Schottland ausgestellt.

[1] *Lucrezia Floriani*

Das Werk · S. 455–522

[1] Siehe Seite 86.

[2] »Was Chopin Frankreich schuldet«.

[3] Vergessen wir nicht, daß Liszt Raiding mit sechs Jahren verläßt und daß sein Heimatort nicht weit von Österreich liegt.

[4] Karasowski, *F. Chopin*, Berlin 1878

[5] Über den *Trauermarsch* (der nichts mit einer Polonaise gemeinsam hat) aus der *Sonate in b-Moll* schreibt Liszt: »›Das konnte nur ein Pole schreiben!‹ hörten wir einmal einen seiner jungen Landsleute sagen. In der Tat, alles was der Leichenzug eines seinen eigenen Tod beweinenden Volkes Feierlichen und Herzzerreißendes haben kann, klingt aus dem dumpfen Glockenklang heraus, der ihm hier das letzte Geleite zu geben scheint.« Hier bezeugt ein Musiker, der Chopin und Polen ausgezeichnet kannte, ganz klar das »Polentum«.

[6] »Tableaux de Chevalet« (Chevalet bedeutet zugleich den Steg der Musikinstrumente). Anmerkung von La Mara, der Übersetzerin des Liszt-Werkes.

[7] Siehe Seite 186 f.

[8] *Edition de travail des œuvres de Chopin*, Salabert.

[9] Brief von Chopin an Titus Woyciechowski.

[10] Jachimecki

[11] Obwohl … Siehe Seite 293 f.

[12] »Ich erinnere mich sehr gut«, notiert Schumann, »als Chopin die Ballade hier spielte und in F-Dur schloß: jetzt schließt sie in a-Moll.« Ein Beweis, daß das Stück überarbeitet wurde und daß akademischer Fetischismus nichts für Chopin ist.

[13] Siehe Seite 279 f.

[14] Tatsächlich sind deutsche Chopin-Interpreten sehr selten. »Er liegt ihnen nicht«, notiert Paderewski.

[15] Sein englischer Verleger.

[16] Die manchmal ungewöhnlichen, doch immer durchdachten Fingersätze, die Chopin angab, wären eine eigene Studie wert.

[17] Eine klare Übertreibung. Wie wir bereits bemerkt haben, findet Chopin viel Gefallen an den Opern von Rossini und Bellini. Aber seine musikalische Erziehung ist im Slawischen und Germanischen verwurzelt.

Jahr	Chopins Leben	Werke	Gewidmet
1810	1. März. Geburt Chopins in Zelazowa-Wola. Die Familie zieht nach Warschau.		
1811	Kindheit		
1812	—		
1813	—		
1814	—		
1815	—		
1816	Chopin beginnt mit seinen Klavierstudien.		
1817	Chopin schreibt seine ersten beiden Musikstücke.	*Polonaise in g-Moll* und *in B-Dur Militärmarsch*	Gräfin Skarbek Großfürst Konstantin
1818	Chopin spielt zum erstenmal vor der Öffentlichkeit Klavier.		
1819	—		
1820	Zahlreiche Konzerte in privatem Kreis.		

Erstdruck	Literatur und Kunst	Geschichte
	Geburt von Schumann und Musset.	Metternich Kanzler des österreichischen Kaiserreiches
	Geburt von Liszt. Kleist nimmt sich das Leben.	Geburt des Königs von Rom.
	Beethoven: *7. Symphonie*	Rußlandfeldzug.
	Geburt von Wagner und Verdi. Geburt von Büchner.	Völkerschlacht bei Leipzig.
	Gründung der Editions Peters. Beethoven: *Fidelio*.	Einmarsch der Alliierten in Paris.
	Schubert: *Erlkönig*.	Waterloo. Geburt von Bismarck.
	Rossini: *Der Barbier von Sevilla*.	Großherzog Karl August gibt Sachsen-Weimar eine Verfassung.
1830, Warschau	Stendhal: *Vies de Haydn et de Mozart* Hegel: *Enzyklopädie der Wissenschaften im Grundriß*.	Wartburgfest Die Familie Rothschild läßt sich in Paris nieder.
	Beethoven: *Sonate* op. 106. Geburt von Karl Marx.	Bernadotte wird König von Schweden.
	Schubert: *Forellenquintett*. Geburt von Clara Schumann.	Karlsbader Beschlüsse. Erste Überquerung des Atlantik mit einem Dampfschiff.
	Beethoven: *Sonate* op. 109 Schopenhauer: *Die Welt als Wille und Vorstellung*.	Erfindung der Glühbirne.

Jahr	Chopins Leben	Werke	Gewidmet
1821	—	*Polonaise in As-Dur* ohne Opuszahl (posthum)	Adalbert Zwyny
1822	Komponiert einen Marsch für den Großfürsten Konstantin.	*Polonaise in gis-Moll* ohne Opuszahl (posthum)	Frau Dupont
1823	Chopin tritt ins Gymnasium von Warschau ein. Ferien in Zelazowa-Wola.		
1824	Aufenthalt in Szafarnia, Harmonie- und Kontrapunkt- studium bei Elsner.	*Variationen über ein deutsches Lied* ohne Opuszahl	Ohne Widmung
1825	Konzert vor dem Zaren.	*Rondo in c-Moll* op. 1	Frau Linde
1826	Kur in Bad Reinerz. Aufenthalt in Antonin. Abitur.	*Abschiedspolonaise in Ges-Dur* ohne Opuszahl (zwischen 1826 und 1830)	Wilhelm v. Kolberg
		Variationen für Flöte und Klavier über das Thema aus *La Cenerentola* von Rossini ohne Opus- zahl (posthum)	Ohne Widmung
1827	Chopin schließt seine klassischen Studien ab. Tod von Emilie Chopin.	*Variationen über Don Giovanni* op. 2	Titus Woycie- chowski
		Polonaise in d-Moll op. 71, Nr. 1 (posthum)	Ohne Widmung

Erstdruck	Literatur und Kunst	Geschichte
1864, Warschau	Weber: *Der Freischütz.* Geburt von Baudelaire.	Griechischer Aufstand. Tod von Napoleon.
1864, Warschau	Erard bringt Klaviere mit doppelter Auslösung heraus. Mickiewicz: *Balladen* und *Romanzen.* Schubert: *Die Unvollendete.* Beethoven: *33 Variationen* op. 20. Stendhal: *Vie de Rossini.* Beethoven: *9. Symphonie.*	Champollion entziffert die ägyptischen Hieroglyphen.

Monroe-Doktrin. |
1851, Paris	Beethoven: *Missa Solemnis.* Tod von Byron.	Bolivar befreit Peru.
1825, Warschau	Geburt von Johann Strauß (Sohn).	Ende der spanischen Herrschaft über Südamerika.
1826, Warschau	Tod von Carl Maria von Weber.	Begründung der nicht-euklidischen Geometrie durch Lobatschewski.
1872, Paris	Eichendorff: *Aus dem Leben eines Taugenichts.*	
1830, Warschau	Tod Beethovens. Schubert: *Die Winterreise.*	Schlacht von Navarino.
1855, Paris	Heine: *Buch der Lieder.*	

Jahr	Chopins Leben	Werke	Gewidmet
1827 (Forts.)	Aufenthalte in Strzyzewo und Danzig.	*Rondo à la Mazur in F-Dur, op.* 5	Alexandrine de Moriolles
		Trauermarsch op. 72 B (posthum)	Ohne Widmung
		Nocturne in e-Moll op. 72 A (posthum)	Ohne Widmung
		Kontertanz in Ges-Dur	Titus zum Geburtstag
1828	Reise nach Berlin und Prag. Beginnt seine *Etüden* zu komponieren.	*Etüden Nr.* 1 *und* 2 op. 10	siehe unten
		Trio op. 8	Fürst Radziwill
		Rondo für 2 *Klaviere* op. 73 (posthum)	Ohne Widmung
		Fantasie für Klavier und Orchester nach polnischen Weisen op. 13	A. J. Pixis
		Rondo de concert oder »*Krakowiak*« op. 14	Fürstin Adam Czartoryska
		Polonaise in B-Dur op. 71, Nr. 2 (posthum)	Ohne Widmung
		Sonate in c-Moll op. 4 (posthum)	Ohne Widmung
1829	Konstanze Gladkowska. Reise nach Wien, Prag, Teplitz, Dresden und Breslau. Aufenthalt in Antonin	*Polonaise in f-Moll* op. 71, Nr. 3 (posthum)	Ohne Widmung
		Walzer in E-Dur (posthum) ohne Opuszahl	Ohne Widmung
		Walzer in h-Moll op. 69, Nr. 2 (posthum)	Ohne Widmung
		Walzer in Des-Dur op. 70, Nr. 3 (posthum)	Ohne Widmung
		2 *Mazurken* op. 68 (posthum)	Ohne Widmung
		Klavierkonzert in f-Moll op. 21	Delphine Potocka

Erstdruck	Literatur und Kunst	Geschichte
1827, Warschau		
1855, Paris		
1855, Paris		
1934, Paris		
1832, Paris	Tod Schuberts. Lithographien zum *Faust* von Delacroix.	
1833, Paris		
1855, Paris		
1833, Paris		
1833, Paris		
1855, Paris		
1851, Paris		
1855, Paris	Mendelssohn dirigiert in Leipzig die *Matthäuspassion*.	Braille erfindet die Blindenschrift.
1855, Paris		
1855, Paris		
1855, Paris		
1855, Paris		
1836, Paris		

Jahr	Chopins Leben	Werke	Gewidmet
1829 (Forts.)		*Polonaise für Cello und Klavier* op. 3	A. J. Merck
1830	3 Konzerte in Warschau. Chopin verläßt Warschau. Aufenthalt in Wien, nach Reise über Breslau und Dresden.	*Grande Polonaise* op. 22	Baronin d'Est
		3 Ecossaisen op. 72 (posthum)	Ohne Widmung
		Walzer in e-Moll, ohne Opuszahl	Ohne Widmung
		Verzückung oder *Verzauberung* für Gesang und Klavier, ohne Opuszahl	Ohne Widmung
		Klavierkonzert in e-Moll op. 11	Kalk-brenner
1831	Wien, München. In Stuttgart erfährt Chopin von der Einnahme Warschaus. Er schreibt das Stuttgarter Tagebuch und komponiert fieberhaft mehrere Klavierstücke.	*1. Scherzo* op. 20 (Skizze beendet 1831 in Zarisen)	Th. Albrecht
		Etüde op. 10, Nr. 12	siehe unten
		Mazurka in C-Dur, ohne Opuszahl	Ohne Widmung
		4 Mazurken op. 6	Fräulein Plater
		5 Mazurken op. 7	Johns
			Frau
		3 Nocturnes op. 9	C. Pleyel
		Nocturnes op. 15, Nr. 1 und 2	Ferdinand Hiller
		Etüden op. 10, Nr. 3, 4, 5	siehe unten
		Préludes op. 28, Nr. 2 und 24	siehe unten
1832	Erstes Konzert in Paris. Aufenthalt in der Touraine.	*Duo Cello-Klavier über Robert der Teufel* ohne Opuszahl	Ohne Widmung
		12 Etüden op. 10	Franz Liszt

Erstdruck	Literatur und Kunst	Geschichte
1833, Paris		
1835, Paris	Berlioz: *Symphonie Fantastique.* Stendhal: *Rot und Schwarz.*	Julirevolution. Polnischer Aufstand.
1855, *Paris*		
1833, Paris		
1835, Paris	Bellini: *Norma.* Meyerbeer: *Robert der Teufel.* Erstaufführung der 9. *Symphonie* in Paris. Tod Hegels.	Niederwerfung des polnischen Aufstandes. »In Warschau herrscht Ordnung«.
1832, Paris		
1832, Paris		
1833, Paris		
1832, Paris		
1832, Paris		
1833, Paris	Hérold: *Der Zweikampf.* Silvio Pellico: *Mein Leben in Gefängnissen.* Mickiewicz gründet in Paris eine Zeitung: *Der Pilger.* Tod Goethes.	Tod des Herzogs von Reichstadt. Versuch eines Aufstandes in der Vendée durch die Herzogin von Berry. Ministerium Soult.

Jahr	Chopins Leben	Werke	Gewidmet
1833	Chopin verkehrt mit Mickiewicz und Berlioz. Sitzt Vigneron Modell. Spielt mit Liszt und Hiller das *Tripelkonzert* von Bach.	*Nocturne* op. 15, Nr. 3	Ferdinand Hiller
		Bolero op. 19	Gräfin de Flahaut
		Variations brillantes über »Ich verkaufe Skapuliere« op. 12	Fräulein Horsford
		4 *Mazurken* op. 17	Fräulein L. Frappa
		Rondo in Es-Dur op. 16	Fräulein Hartmann
1834	Reise nach Aachen. Begegnung mit Mendelssohn in Düsseldorf. Konzerte mit Liszt.	*Etüden* op. 25	Gräfin d'Agoult
		Fantaisie-Impromptu op. 66 (posthum)	Baronin d'Est
		Walzer op. 18	Fräulein Horsford
		Largo in Es-Dur ohne Opuszahl (posthum)	Ohne Widmung
		Cantabile in As-Dur	Ohne Widmung
1835	Reise nach Dresden: Maria Wodzinska. Wiedersehen mit den Eltern in Karlsbad.	4 *Mazurken* op. 24	Graf de Perthuis
		4 *Mazurken* op. 67	
		Nr. 1	Fräulein Mlokosiewicz
		Nr. 3	Frau Hoffmann
		Nr. 2 und 4	Ohne Widmung
		Polonaise op. 26	J. Dessauer
		1. *Ballade* op. 23	Baron von Stockhausen
		2 *Nocturnes* op. 27	Gräfin d'Apponyi

Erstdruck	Literatur und Kunst	Geschichte
1833, Paris	Geburt von Brahms. *Lélia* von George Sand.	Baron Taylor bringt den Obelisk von Luksor nach Paris.
1834, Paris		Ausbruch des Vesuvs.
1837, Paris		
1834, Paris		
1834, Paris		
1837, Paris	Schumann: *Etudes Symphoniques*. Gogol: *Taras Bulba*.	Meutereien in Paris und Lyon.
1855, Paris	Lamennais: *Worte des Glaubens*, die von der Enzyklika	
1834, Paris	Singulari verdammt wurden.	
1834, Paris hrsg. 1923 in Paris		
1835, Paris	Schumann: *Carnaval* op. 9.	Gründung der Agence Havas.
1835, Paris	Balzac: *Die Lilie im Tal*. Büchner: *Dantons Tod*.	Attentat von Fieschi. Tod von Marschall Mortier. Erste deutsche Eisenbahn.
1836, Paris		
1836, Paris		
1836, Paris		

Jahr	Chopins Leben	Werke	Gewidmet
1835 (Forts.)		3 *Walzer* op. 69, Nr. 1 (posthum)	Fräulein Charlotte de Rothschild[1]
		op. 70, Nr. 1	Ohne Widmung
		op. 34, Nr. 1	Ohne Widmung
1836	Begegnung zwischen Chopin u. George Sand. Reise nach Marienbad: Maria Wodzinska. Fährt nach Leipzig, wo er Schumann und Mendelssohn begegnet. Freundschaft mit Bellini.	*Mazurken* op. 30, 4 Nummern	Prinzessin von Württemberg
		Arbeit an den *Préludes*	siehe unten
		Heroische Polonaise in As-Dur op. 53	Léo
1837	Auflösung seiner Verlobung mit Maria Wodzinska. Kurze Reise nach London.	Arbeit an den *Préludes* und an der 2. *Ballade*	siehe unten
		2. *Scherzo* op. 31	Gräfin von Fürstenstein
		1. *Impromptu* op. 29	Gräfin von Lobau
		2 *Nocturnes* op. 32	Baronin von Billing
		Variationen in E-Dur über den Marsch aus *Die Puritaner* von Bellini ohne Opuszahl (posthum)	Ohne Widmung
		Trauermarsch in b-Moll op. 39 (später Teil der *Sonate in b-Moll*)	siehe unten

[1] Der sogenannte »Abschiedswalzer« ist Fräulein de Rothschild gewidmet. Er ist keineswegs für Maria Wodzinska vor dem Abschied von Dresden improvisiert worden. Chopin hat sich damit begnügt, eine Kopie an Maria zu schicken mit der Notiz: »Für Fräulein Maria.«

	Literatur und Kunst	Geschichte
	Glinka: *Leben für den Zaren*.	Gründung der Firma
	Eckermann: *Gespräche mit Goethe*.	Schneider & Cie.
		Paris von der Seine
		überschwemmt.
1843,		Einweihung des Obelisken
Paris		und des Arc de Triomphe.
		Abdankung von Thiers.
		Versuch eines Aufstandes
		der Garnison Straßburg
		durch Louis-Napoléon
		Bonaparte.
	Tod von John Field.	Eröffnung der
	Musset: *Oktobernacht*.	Eisenbahnlinie Paris –
1838,	Berlioz: *Requiem*.	Saint-Germain-en-Laye.
Paris	Geburt von Cosima Liszt.	Thronbesteigung
1837,		von Königin Victoria.
Paris		Einnahme von
1837,		Konstantine:
Paris		Tod von Damrémont.
1841,		
Paris		

Jahr	Chopins Leben	Werke	Gewidmet
1838	Verbindung mit George Sand. Spielt in den Tuilerien und in Rouen. Reise nach Mallorca.	2 *Polonaisen* op. 40	J. Fontana
		4 *Mazurken* op. 33	Fräulein Mostowska
		4 *Mazurken* op. 30	Prinzessin von Württemberg
		Arbeit an den *Préludes*	siehe unten
		2. *Ballade* op. 38	R. Schumann
		3 *Walzer* op. 34, Nr. 1	Fräulein von Thun-Hohenstein
		Nr. 2	d'Ivry
		Nr. 3	Fräulein von Eichtal
		2. *Impromptu* in Fis-Dur op. 36	Ohne Widmung
1839	Mallorca. Rückkehr über Marseille, Genua, Nohant nach Paris, Rue Tronchet. Spielt in den Tuilerien.	4 *Mazurken* op. 41	Witwicki
		Vollendung der *Préludes* op. 28	Camille Pleyel[1]
		3 *Etüden* für Moscheles ohne Opuszahl	Ohne Widmung
		Sonate in b-Moll op. 35	Ohne Widmung
		3. *Scherzo in cis-Moll* op. 39	Ohne Widmung
		2 *Nocturnes* op. 37	Ohne Widmung
1840	Ein Jahr ununterbrochener Arbeit in der Rue Pigalle.	*Mazurka in a-Moll* op. 42	Emile Gaillard
		Polonaise in fis-Moll op. 44	Fürstin de Beauvau
		Fantasie in f-Moll op. 49	Fürstin von Souzzo
		Walzer in As-Dur op. 42	Ohne Widmung
		Allegro de concert op. 46	Fräulein F. Müller

[1] Die deutsche Ausgabe ist J. C. Kessler gewidmet.

Erstdruck	Literatur und Kunst	Geschichte
1840, Paris	Schumann: *Kreisleriana* gewidmet Chopin.	Bessel mißt zum erstenmal die Entfernung eines Sternes.
1838, Paris	Liszt: *Six Etudes d'exécution transcende.*	Gründung der Literatengesellschaft.
1838, Paris	Delacroix: Portraits von der Sand und von Chopin. Debüt der Grisi. Tod von Büchner.	Gasbeleuchtung an der Place de la Concorde.
1838, Paris	Tod von Puschkin.	
1838, Paris		
1838, Paris		
1839, Paris	Geburt von Bizet. Schumann: *Kinderszenen.* Geburt von Mussorgsky. Tod von Maurice de Guérin.	Beginn des Opiumkrieges. Tod von Talleyrand. Arago zeigt die ersten Daguerrotypien.
1840, Paris	Stendhal: *Die Kartause von Parma.*	Verhaftung von Blanqui.
1839, Paris		
1839, Paris		
		Erste Briefmarke in England. Rückführung der Asche Napoleons.
1841, Paris	Tod Paganinis. V. Hugo: *Licht und Schatten.*	Einweihung der Julisäule. L.-N. Bonaparte geht in
1841, Paris	Geburt von Tschaikowsky.	Boulogne an Land und wird in Fort Ham eingesperrt.
1840, Paris		Bugeaud Generalstatthalter in den nordafrikanischen
1842, Paris		Besitzungen.

Jahr	Chopins Leben	Werke	Gewidmet
1841	Konzert im Pleyelsaal. Sommer in Nohant.	*Mazurka in a-Moll* ohne Opuszahl	Emile Gaillard
		Prélude in cis-Moll op. 45	Fürstin Czernicheff
		3. Ballade op. 47	Fräulein de Noailles
		2 Nocturnes op. 48	Fräulein L. Duperré
		Tarantella op. 43	Ohne Widmung
		Fuge in a-Moll ohne Opuszahl	Ohne Widmung
1842	Einzug am Square d'Orléans. Konzert im Pleyelsaal. Sommer in Nohant.	*3 Mazurken* op. 50	Léon Szithowski
		4. Ballade op. 52	Baronin de Rothschild
		4. Scherzo op. 54	Fräulein de Caraman
		3. Impromptu in Ges-Dur op. 51	Gräfin Esterházy
		1 Mazurka in a-Moll ohne Opuszahl	Ohne Widmung
		2 Walzer (posthum) op. 70	Ohne Widmung
1843	Sommer in Nohant.	*3 Mazurken* op. 56	Fräulein Maberly
		2 Nocturnes op. 55	Jane Stirling
		Albumseite in E-Dur	Gräfin von Cheremetiew
1844	Tod von Chopins Vater. Sommer in Nohant mit Schwester Louise.	*Sonate in h-Moll* op. 58	Gräfin de Perthuis
		Berceuse op. 57	Elise Gavard
1845	Sommer in Nohant.	*3 Mazurken* op. 59	Ohne Widmung

	Geburt von Chabrier.	Cook gründet eine
	Balzac: *Ursule Mirouët*.	Reiseagentur.
1841, Paris	Victor Hugo gewinnt seinen Prozeß gegen Donizetti.	
1841, Paris	Poe: *Der Doppelmord in der Rue Morgue*.	
1841, Paris	Geburt von Dvořak.	
1841, Paris		
1862, Warschau		
1841, Paris	Rossini: *Stabat mater*.	Die Engländer nehmen
	Flaubert: *November*.	Hongkong in Besitz.
1842, Paris	Tod von Stendhal.	Unfalltod des
	Eugène Sue:	Herzogs von Orléans.
1843, Paris	*Die Geheimnisse von Paris*.	
	Tod von Stendhal.	
1842, Paris	Geburt von Karl May.	
1853, Paris		
1855, Paris		
1844, Paris	Wagner: *Der Fliegende Holländer*.	Einnahme von Abd-el-Kader.
	Poe: *Der goldene Skarabäus*.	Eröffnung der Eisenbahn-
1844, Paris	Hugo: Mißerfolg von	linie Paris–Rouen.
	Les Burgraves.	
1844, Paris		
1844, Paris	Mendelssohn: *Violinkonzert*.	Mazzini gründet
	Vigny: *La maison du berger*.	das »Junge Europa«.
1845, Paris	Dickens auf Durchreise in Paris.	Französischer Sieg über
	Heine: *Deutschland, ein Wintermärchen*.	die Marokkaner nach deren Angriff auf Algerien.
1846, Paris	Geburt von Fauré und Widor.	Königin Victoria be-
	G. Sand: *Lucrezia Floriani*.	sucht Louis-Philippe. Weihe der Madeleine-Kirche.

Jahr	Chopins Leben	Werke	Gewidmet
1845 (Forts.)		*Barcarole* op. 60	Baronin von Stockhausen
		Arbeit an der *Polonaise-Fantaisie* und der *Sonate für Cello und Klavier*	siehe unten
1846	Sommer in Nohant. Erste Streitigkeiten mit der Sand.	Vollendung der *Polonaise-Fantaisie* op. 61	Frau Veyret
		und der *Sonate für Cello und Klavier* op. 65	Albert Franchomme
		2 Nocturnes op. 62	Fräulein R. de Könneritz
1847	Trennung von G. Sand.	3 *Walzer* op. 64	
		Nr. 1	Delphine Potocka
		Nr. 2	Frau N. de Rothschild
		Nr. 3	Gräfin Bronicka
		Vollendet die *17 polnischen Lieder* op. 74 (posthum)	Ohne Widmung
		3 *Mazurken* op. 63	Gräfin Czornowska
1848	Letztes Konzert in Paris. Reise nach England und Schottland.	*Walzer in H-Dur* ohne Opuszahl	Ohne Widmung
1849	17. Oktober: Tod von Chopin.	1 *Mazurka* op. 68, Nr. 4 (posthum)	Ohne Widmung

Erstdruck	Literatur und Kunst	Geschichte
1846, Paris	Chateaubriand beendet seine Erinnerungen. Renan tritt aus dem Kloster aus. Uraufführung des *Tannhäuser* in Dresden.	
1846, Paris	Berlioz: *Fausts Verdammung*. Baudelaire: *Salons*.	Beginn einer neuerlichen Erhebung in Polen.
1846 Paris		L.-N. Bonaparte entweicht aus Ham. Le Verrier entdeckt den Neptun.
1846, Paris		Aufruhr in Faubourg Saint-Antoine.
	Tod von Mendelssohn. E. Brontë: *Sturmhöhe*. Heine: *Atta Troll*.	Entdeckung von Gold in Kalifornien. Meutereien in der Rue Saint-Honoré.
1847, Paris	Hoffmann: *Struwwelpeter*.	
1847, Paris		
1855, Paris		
1847, Paris		
1855, Paris	Schumann: *Album für die Jugend*. Dumas Sohn: *Die Kameliendame*. Marx und Engels: *Das kommunistische Manifest*.	Revolution in Europa. Meutereien und Barrikaden in Paris. L.-N. Bonaparte wird zum Präsidenten der Republik gewählt.
1855, Paris	Liszt: *1. Konzert für Klavier und Orchester*. Tod von Poe.	Reaktion in Europa. Die Cholera in Paris. Tod von Bugeaud.

Humboldt, Alexander von 85 f.
Hummel, Joh. Nepomuk 41, 90, 112, 124, 196, 205, 472, 532
Huneker, James 471

d'Indy, Vincent 476
Ingres, Jean Auguste Dominique 176
Iwaszkiewicz, Jaroslaw 209, 417, 535 f., 551
Jachimecki, Zdzislaw 462, 554
Jan (Diener) 544
Janin, Jules 159, 440
Jarocki, Feliks Pawel 85
Jawurek, Jozef 69
Jedrzejewicz, Joseph Kalasanty 52, 71, 213, 342 f., 348, 380, 421, 426, 434, 438, 544
Jedrzejewicz, Louise (s. Chopin)
Jedrzejewicz, Ludwika (s. Ciechomska)
Jelowicki, Abt Alexander 117, 419, 431–435, 532, 552 f.
Johann III. Sobieski, König von Polen 25, 35, 125, 532
Joinville, François Prinz de 142, 313, 380
Joubert, Caroline 351, 545
Jozefowa (Köchin) 71
Jullian, Philippe 343, 542

Kaczkowski, Joachim 41
Kalergis, Marie Gräfin de 195, 415 f., 548
Kalkbrenner, Friedrich Wilhelm Michael 41, 62, 179–184, 189, 191, 194, 214, 398, 425, 472, 513, 515, 534 f.
Karasowski, Moritz 435, 459, 554
Karl X., König von Schweden 25
Kasimir, König von Polen 25, 27
Kernel, Amédée 162, 534
Kessler, Joseph Christoph 486, 532
Klengel, August Alexander 99, 122
Kolberg, Anton von 528

Kolberg, Oskar von 528
Kolberg, Otto von 358, 529
Kolberg, Wilhelm von 59, 61, 70, 134, 462, 528, 533
Kologriwof, Vera von (s. Rubio)
Komar, Gräfin (s. Potocka)
Konstantin, Pawlowitsch Großfürst 49, 53, 117 f., 123, 305
Kosciuszko, Tadeusz 26, 35, 86, 192
Kozmian, Stanislas 255, 393, 400
Krainski, Zygmund 41, 520
Krasinski, Zygmunt Graf 218, 391, 393, 521
Kreutzer, Rodolphe 96
Krysiak, Antonin 529
Krzyzanowska (s. Chopin)
Kumelski, Norbert-Alphonse 130, 150, 217
Kurpinski, Karol Kazimierz 41, 111 ff., 116, 462, 475
Kwiatkowski, T. 437, 443

Labarre, Théodore 211
Labiche, Eugène 160
Lablache, Luigi 175, 184, 236, 398, 439
Lachner, Franz 96
Laczynska, Maria (Maria Walewska) 30, 32
Laennec, René (Arzt) 549
La Fayette, Marie Joseph 117, 140, 152
Laferrière (eigentl. Adolphe Delagerrière) 159
Laffitte, Jacques 192
Lamarque, Maximilien 145
Lamartine, Alphonse de 204 f., 330, 386, 394, 487, 503 f.
Lambert, Eugène 387, 547 f.
Lamennais, Félicité de 204 f., 308, 330
Landowska, Wanda 23
Lanner, Joseph 124, 493
Lannes, Marschallin 214

rowohlts bildmonographien

**Thema
Musik**

ro
ro
ro
bildmono graphien

C 2055/6

rowohlts bildmonographien

**Thema
Musik**

rororo
bildmonographien

C 2055/6 a

C 2056/7

C 2058/5 d

**Thema
Theater,
Film**

bildmono
rororo
graphien

C 2056/8 a

rororo
bildmono
graphien

C 2057/7 b